中国宗教研究年鉴

1996

中国社会科学院世界宗教研究所编
主编　　曹中建

中国社会科学出版社

(京)新登字 030 号

图书在版编目(CIP)数据

中国宗教研究年鉴 1996/曹中建主编. —北京:中国社会科学出版社,1998.11

ISBN 7-5004-2382-9

Ⅰ. 中… Ⅱ. 曹… Ⅲ. 宗教-研究-中国-1996-年鉴 Ⅳ. B928.2-54

中国版本图书馆 CIP 数据核字(98)第 31822 号

中国社会科学出版社出版发行
(北京鼓楼西大街甲 158 号 邮编:100720)
北京兆成印刷厂印刷 新华书店经销
1998 年 11 月第 1 版 1998 年 11 月第 1 次印刷
开本:850×1168 毫米 1/32 印张:22.75 插页:2
字数:560 千字 印数:1—4000 册
定价:40.00 元

《中国宗教研究年鉴·1996》
编辑人员名单

主　　编　曹中建

副 主 编　李富华　黄夏年　张新鹰

执行副主编　邢东田

编　　辑　于　光　王子华　陈　平

目　录

学术专稿

研究综述

资　料

发刊词

中国社会科学院世界宗教研究所副所长
《中国宗教研究年鉴》主编　曹中建

从原始人的意识有了主体和客体的区分，就有了宗教的萌芽。宗教是人类最早的精神活动之一。

从上古“神话时代”直到漫长的中世纪结束，来自宗教的原因经常与人们创造文明的热情紧密相连。宗教是人类文化基本的组成部分。

世界现有人口中三分之二以上信仰各种宗教，从政治、经济到日常生活的各个领域，宗教的印记随处可见。宗教是全球社会重要而普遍的现实存在。

在目前还无法确指其时限的未来，整体而言的宗教作为不断演变的观念形态、精神传统、文化现象、组织群体和生活方式，仍然具有强大的生命力和深远的影响力。

对于这样一种上下千万年、纵横千万里，几乎与人类的成长脚步和心智历程相始终的客观事物，我们没有理由不去加以研究。

中国是一个有着悠久历史的文明古国。中国的宗教文明与中国的历史同样长久，同样辉煌，在世界宗教史、世界文化史上的地位十分突出，这不仅表现在除了中国自己的宗法性传统宗教、土生土长的道教和形形色色的原始崇拜之外，世界各主要宗教如佛教、伊斯兰教、天主教、基督教乃至印度教、拜火教以及景教、摩尼教等等都曾先后传入中国，而且表现在无论是固有的还是引进的宗教，在中国土地上一般都能够获得充足的营养，理论更加赡博，思维更加深刻，形态更加多彩，内容更加丰富，甚而传播、再传播到域外周边，使中国文化得以呈现生生不息的旺盛活力，海纳百川的阔大气象，描绘出一幅本土文化与异质文化之间相互激荡、相互融摄，在更高的层次上相互转化、相互统一的历史画卷。我们引以为自豪的中华民族优秀传统文化当中，有着在中国长期扎下了根的各个宗教的贡献；即使是那些由于种种原因而被时间湮没了的匆匆过客，也在中国宗教史、思想史、中外文化交流史上留下了不可磨灭的足迹，给后人以思考、以启迪、以遐想。

今天的中国，是历史的中国的延续，是多元一体的世界大家庭的成员。在她的怀抱里，拥有为数上亿的宗教信仰者，受到传统宗教观念潜移默化影响的人群更为广大。社会主义初级阶段的现实国情，使宗教在努力适应社会主义社会的前提条件下保持着相当的发展余地；中国对外开放方针的实行，也使宗教有了借助国际交往舞台扮演自己多重角色的可能。

所有这一切提示我们：宗教，是应该认真去研究的。宗教研究大有必要，大有可为。

在中国，试图用科学的态度研究宗教，起于本世纪初。“五四”新文化运动的兴起，不仅对以孔子为代表的儒家文化发起了冲击，对传统宗教也作了一些深刻的认识和反省。许多著名学者和革命先驱都曾经研究、探讨过一系列与宗教有关的问题，取得了不少有益的成果。这些成果在一定程度上奠定了当代中国宗教学研究的基础。1964 年，在毛泽东、周恩来等老一辈革命家的直接关怀、部署下，现在中国社会科学院的前身中国科学院哲学社会科学部建立了世界宗教研究所，宣告我国现代完整意义上的宗教学研究事业就此诞生。1978 年以后，随着中国历史新时期的开始，我国的宗教学研究正式步入全面发展轨道，并且在20年时间里成为了我国人文社会科学研究领域的热门学科之一，研究队伍不断壮大，研究成果层出不穷。尤其是运用马列主义、毛泽东思想和邓小平理论来探索宗教的本质和它发生发展的原因、规律、趋向，探索宗教在社会主义社会的功能、地位、前景，是我国宗教学研究的显著特色。它极大地丰富了我国人文社会科学研究的内容。经过老中青三代学者筚路蓝缕、锲而不舍的努力，中国的宗教学研究已在国际学术界占有了宝贵的一席之地，世界宗教研究殿堂内的“中国风格”、“中国学派”正在逐渐显露头角。

但是，在我国宗教学研究取得长足进展的同时，也还存在一些不尽如人意之处。由于宗教研究曾一度被视为禁区，我国当代宗教学研究起步较晚，分支学科发育不够平衡，研究水平参差不齐，特别是信息封闭、缺乏交流、各自为战、重复劳动的现象比较突出，浪费了资源，也浪费了人力，给我国的宗教学研究事业造成了不应有的损失。这种情况急需改变。

于是，无论从强调宗教研究的意义着眼，还是从反映宗教研究的成绩出发，或是从促进宗教研究的发展起见，都已经有必要把定期编辑一部《中国宗教研究年鉴》的计划提上日程。事实上，早在10年前，我们就有过这个设想，只是当时的条件还不够成熟，没能及时付诸实施。去年秋天，我所下决心开始这项“基本建设”，组织了以《世界宗教研究》杂志社、资料室人员为主的编辑力量，经过半年多的紧张工作，《中国宗教研究年鉴·1996》终于应运而生。

《中国宗教研究年鉴·1996》大致分为学术专稿、研究综述、资料附录三部分。后两部分的迄止时间基本以1996年底为限，起始时间则根据具体情况或早或晚，这是作为一部年鉴最初的一卷，追溯跨度不能不大一些所决定的。从现有内容上看，尽管附录中收入了一部分宗教界机构和活动的资料，但我们对这部年鉴仍然定位在学术的范畴。我们在这本不过45万字的书里，对我国宗教学研究的部分领域作了一些回顾，对一个时期以来涌现的部分学术著作作了一些介绍，对已经故去的部分老一辈学者作了一些追记，对1996年当中发表的部分专业书刊、论文的目录作了一些展示，意在尽量使读者对一段时间里我国的宗教学研究有一个带全局性的把握，对所关心的学科有一个概括性的印象，从而提供给有志趣了解中国宗教研究状况的学术界及各方面人士一本具有保存价值的参考工具书。所以，这部年鉴还是要称为《中国宗教研究年鉴》，而不是《中国宗教年鉴》，虽然我们渴望见到一部《中国宗教年鉴》的心情甚至更为殷切。

《中国宗教研究年鉴·1996》的编纂出版得到了上级机关、兄弟单位和学术界同仁的大力支持。中国社会科学院科研局拨出了一定经费，我所的主要领导和各研究室多次召开专门会议讨论框架和重点内容，所内外许多学有专长的研究人员抽出空隙时间按期交出高质量的文稿，担任具体编辑工作的同志不厌其烦地认真编排、反复校改，中国社会科学出版社不计经济效益，慷慨允诺给予出版。

凡此种种，保证了《年鉴》在较短的期限内顺利完成，及时问世。在这里，我谨以本所的名义，向所有为《年鉴》的出版付出辛劳、做出奉献的集体和个人，表示由衷的感谢和真诚的敬意！

当然，万事开头难，在很短的时间里，用很局促的编辑力量，首次编纂这样一部历史上从未有过的《中国宗教研究年鉴》，问题和欠缺必不可免；审视面前的书稿，内容、体例、栏目、文字等方面的遗憾使我们并不感到一身轻松。但最重要的是，我们已经开了头。我们有信心在各界贤士学人的扶掖襄助之下，把这项工作铺开来，做下去，争取这部《年鉴》一本比一本编得更有特色，更有水准。

祝我国年轻的宗教学研究事业蒸蒸日上！

祝我国奋发有为的宗教研究工作者前程似锦！

1998 年 6 月

学术专稿

我国宗教学研究现状与发展趋势

吴云贵

学科发展综述

我国是多种宗教信仰并存的国家，各种宗教皆有很长的历史沿革。佛教、基督教（含天主教）、伊斯兰教三大世界性宗教，以及道教、民间宗教等中国本土宗教，都曾在中国历史上发生过程度不同的影响，成为中国传统文化的组成部分，并以其特有的方式继续潜移默化地影响着人们的精神生活、社会文化生活。各种宗教的长期存在、发展和演变的基本事实，构成宗教研究的客观前提，使之应当并可能成为我国人文科学、社会科学不可或缺的分支学科之一。

宗教研究我国古已有之，未曾中断。但现代科学的宗教研究则起步较晚、起点较低，同西方国家宗教研究状况形成强烈反差。以往我国的宗教研究规模狭小，手段陈旧，缺乏组织性、计划性、系统性，选题多出自个人兴趣，缺乏科学的方法论，带有明显的局限性。这种研究远远落后于现实需求的状态，直到解放后很长一个时期不仅未能引起足够的重视，反而出现了一种形同于取消或禁止宗教研究的趋势。针对普遍忽视宗教研究的倾向，1963 年毛泽东主席在一份加强涉外研究的报告上批示，要求我国学术界加强对具有广泛影响的世界三大宗教的研究，指明不研究宗教、不批判神学，就写不好哲学史、文学史或世界史。1964年9月，遵照批示精神，世界宗教研究所（隶属原中国科学院哲学社会科学部）宣告成立，从而使我国终于有了一个以马列主义为指导思想的宗教研究机构。但研究工作刚刚开始，就因“文革”而被迫中断。

我国宗教学研究事业取得实质性进展是在1978年党的十一届三中全会以后至今的十余年间。其间宗教研究得益于三个有利的相关因素：(1) 总体政治与社会环境的改善。1979年以后，我国进入了一个以经济建设为中心的新时期，国家对科研事业给予了空前的关注和一定的财政支持，尊重知识、尊重人才成为新风尚，全国上下形成了有益于科研事业发展，安定团结和宽松的总体社会氛围；(2) 端正了对马列主义宗教观的全面理解。随着理论上“拨乱反正”工作的不断深入以及党的宗教信仰自由政策的恢复和落实，我国宗教管理工作、宗教研究工作逐渐克服了一度存在的“左”的干扰和影响，从而理顺了与宗教界的关系，人们开始用实事求是的态度，全面地、历史地、辩证地来观察和对待宗教现象；(3) 加强了对宗教研究工作的宏观指导和协调。1979年“全国宗教学研究规划会议”以后，宗教学成为单列的规划学科，首次成立了中国宗教学学会，并陆续召开了一系列地区性的规划会议，就学科建设问题作出规划，提出了一批有代表性的研究课题，从而极大地推进了宗教研究。随着一系列宗教研究机构设立以及全国社科规划“六五”、“七五”、“八五”项目的陆续完成，相继推出一批科研成果和部分精品，宗教研究初具规模，开始成为一个有血有肉、形神兼具的学科。

宗教学研究取得实质性进展的基本标志是：

（一）科研机构不断增加，科研队伍不断扩大

经过多年不懈的努力,“文革”前那种全国几无宗教研究机构、人们对宗教所知甚少的反常现象已大有改变。我国现已形成分属于四个系统的宗教研究机构。一是社会科学院系统专业研究机构。主要有:中国社会科学院世界宗教研究所、上海社会科学院宗教研究所以及宁夏、青海、新疆、内蒙、云南、西藏等社科院系统的研究机构。此外,还有一些兼顾宗教研究的机构,如中国社会科学院民族研究所、亚太所、西亚非洲所等。二是高校系统教学与研究相结合的研究机构。南京大学、北京大学、中国人民大学、中央民族大学、复旦大学、四川大学、中山大学、云南大学、郑州大学、杭州大学、华东师大、上海教育学院、华中师范大学、哈尔滨师范大学、内蒙古大学等都设有侧重于某一宗教的研究机构。三是党和政府主管部门的研究机构,以国务院宗教事务局宗教研究中心为主。其研究兴趣偏重于应用研究,涉及中国宗教现状、宗教与民族政策、宗教法规和宗教事务管理等领域。类似的研究机构还有中国藏学研究中心、甘肃省民族研究所等。四是宗教团体系统的研究机构及宗教院校,如中国佛教文化研究所、中国伊斯兰教协会研究部、中国佛学院、中国道教学院、金陵协和神学院、中国天主教神哲学院、中国伊斯兰教经学院等。其研究兴趣在于协助政府全面贯彻宗教政策、协调信教者之间关系,满足各教自身建设和宗教生活的需求。此外,中国“五大”宗教内部都有一些具有某种专门宗教知识和研究能力的非专业研究人员,活跃于全国各地。以上四个系统及全国各地从事宗教研究的其他人员约有500人左右。从研究规模、人员素质、成果水平看,以社会科学院系统的研究力量更强,实为我国宗教研究的骨干力量。不同系统的研究机构和研究人员,在经费来源、研究领域、研究方法、成果形式、成果流通渠道上互有差异、各具优势,在研究中取长补短、互相协作,有利于总体水平的提高和综合优势的发挥。

(二)研究领域逐渐拓宽,研究成果不断推出

从民国初期到解放后的前30年间，我国学者研究较多的两个领域是佛教和道教，其他领域涉及甚少。这种状况现已不复存在。研究领域不断拓宽、成果不断推出已成为我国宗教学的显著走势之一。从基础较好的二级分支学科的设置看，宗教学的范围现已扩及佛教、基督教、伊斯兰教、道教、民间宗教、原始宗教、少数民族宗教、当代中国宗教、宗教学原理等领域，从而使学科内容更加充实。以往缺乏研究的一些宗教或教派，如萨满教、犹太教、印度教、东正教、神道教、锡克教、摩门教、火祆教、摩尼教、巴哈伊教、各种新兴宗教等，也开始引起部分学者的兴趣。从横向关联（交叉研究）上看，宗教学现已触及更广阔的范围，涉入了政治、社会、民族、哲学、经济、文化、教育、法律、伦理、艺术、建筑、音乐、民俗习尚的相关研究，几乎包括了人类文明大部分领域。

以上各分支学科中，尤以佛教研究基础更加坚实，研究热度最高，涉及范围最宽，成果数量最多，甚至远远超过其余各科成果的总和。佛教四个方面（汉传、藏传、南传上座部、外国佛教）中，以流传广泛、人们更熟悉的汉地佛教研究最为深入和充分，涵盖经籍文献、历史发展、宗派义理、佛教哲学、寺院经济、寺院建筑、佛教文化艺术、地方佛教、高僧传记、佛教与中国传统文化的关系等领域。汉传佛教著述以史学著作最为突出，既有多卷本通史著作，又有简史著作、断代史著作、地方史著作；既有佛教文化史著作，又有佛教思想史著作，规模不一，种类繁多，相当细密。

较之佛教，其他分支学科研究领域要狭窄些，成果数量也较少。但同以往相比，各科研究领域也在不断拓宽，陆续推出一批有代表性的基础著作。例如：基督教研究过去学术专著极少，现已出版了一部分译著和专著，涉及到圣经研究、世界基督教史、基督教思想史、教会史、基督教哲学、伦理学、中国基督教史研究、基督教与中外文化比较研究等领域。伊斯兰教研究出版了部分基础研究著作，扩及伊斯兰教的历史、经籍、教义、教派、教法、哲学、经济思想，以及中国伊斯兰教的史籍文献、教派门宦、传播发展史、与民族的关系史等领域；道教研究仍以传统领域为主，但较之过去大有起色。《道藏提要》和大部头《中国道教史》的出版为道教研究打下更坚实的基础，其研究领域涉及道教典籍、道教史、道教哲学、道教宗派、道教养生、道家思想与中国传统文化的关系等领域。中国民间宗教过去缺乏系统的研究，如今有所加强，大部头《中国民间宗教史》的面世，为之奠定了学科基础。当代中国宗教与宗教学原理属于新兴分支学科，二者既有联系，又有区别。前者侧重于中国宗教现状的调查研究和应用宗教理论研究，后者侧重于马列主义宗教学基础理论体系的研究、建设。当代中国宗教研究难度大、敏感性强，学科基础薄弱，不易出成果。但经过多年努力，已初见成效。除报刊论文、综述和调研报告外，还推出了两部有代表性的专著，就宗教与社会主义社会相适应问题作了比较系统的论述。宗教学原理领域拓宽，以借鉴、吸纳近代西方宗教学成果、丰富发展马克思主义宗教学的内涵为主攻方向。这一领域出版了一批有代表性的译著，学术专著。儒教研究的开展拓宽了宗教学的领域，深化了人们对传统文化与宗教关系的认识，推动了哲学及其他相关学科研究的深入。

（三）基础研究有所加强，应用研究引起重视

过去的 20 年间，我国宗教学领域出版了数量相当可观、种类繁多的著作，仅中国社会科学院世界宗教研究所出版的各类著作就达 150 种以上。这些成果适时地满足了学科建设与社会发展的现实需求，展现出学术价值和社会价值。除散见于报刊杂志的文章和内部调研报告外，我国宗教学领域的出版物大致可分为：1. 宗教史学著作；2. 宗教哲学著作；3. 宗教学基础理论著作；4. 侧重各类主题的学术专著；5. 宗教知识普及读物；6. 宗教典籍与注释性著作；7. 整理出版的宗教古籍、前人著作和研究资料；8. 整理出版的宗教出土文物文献；9. 宗教辞书、工具书；10. 各类主题的译著等。据初步调查，上述数以千计的宗教出版物中，大量的是属于层次不高、学术含量较少的普通著作，而学术水平较高、对学科建设或社会发展需求具有重要价值的学术专著则数量尚少。但同过去相比，从出版物看，我国宗教学的一些主要分支学科大都有了一批基础著作，包括史学著作、概论著作，不同主题的专著、严肃的普及读物、典籍资料、辞书、工具书等，从而使基础研究明显加强。与此同时，纯基础理论和应用理论研究、对策性研究则因难度较大、不易公开出版等因素，显得比较薄弱，相关著作较少。但值得注意的是，近年来我国学术界已开始重视对宗教现状、应用理论的研究，围绕着宗教与社会主义社会相协调相适应这一中心课题，展开了比较广泛的讨论，发表了一批有代表性的文章和少量专著，形成一个小气候。这是前所未有的现象。

宗教学基础研究强、应用研究弱的现象在世界各国皆有普遍性。这主要因为宗教本质上属于人文基础科学，研究者更多地还是把宗教作为社会历史现象来加以研究，加之研究人员大多是以人文科学为背景知识，短时间难以改变和优化知识结构。另一原因则同文化市场相关，理论著作、以现实为题材的著作市场销路狭小，难以面世。

（四）仍以传统方法为主，但方法论上日趋多元化

方法论意在解决研究过程中主客体的关系。我国学者在宗教研究中采用历史主义和哲学思辨的方法论，坚持用历史唯物论、辩证唯物论来观察、分析、描述宗教现象，方法论上比较单一。近10年间，随着思想的解放和对外学术交流的扩大，宗教研究方法论上开始出现多元化的趋向，与我国社会科学方法论多元化的总体趋势相趋同。这种趋同在对马克思主义理论不甚熟悉的部分中青年学者身上尤为明显，一些理论功底较强的老一代学者，也在坚持马克思主义理论的同时，吸纳了某些近代西方宗教学的方法。

宗教学研究多元化方法论趋向的出现，与研究领域不断拓宽、研究规模不断扩大有直接的关系，它从一个层面反映了研究工作中的开放意识、宗教研究理论上的某种困惑和探索。随着一批有代表性的近代宗教学著作的翻译出版，西方宗教学方法成为我国学者方法论借鉴的主要对象。例如，吕大吉大部头的《宗教学通论》，不仅比较系统地介绍了西方宗教学中的宗教人类学、宗教社会学、宗教心理学、比较宗教学、宗教现象学等分类方法论，而且在对宗教现象的区分和主体框架设计上采用了宗教现象学的分类方法。这样既拓宽了我国宗教学研究的领域和视野，同时又对其他分支学科的具体宗教研究具有方法论上的指导意义。方法论多元化以宗教社会学方法的广泛采用最为突出。我国学者大多比较重视欧洲近代宗教社会学功能学派的理论观点，肯定宗教伦理与社会发展的一定关系，认为必须正确把握宗教正负面两种性质不同的社会功能。戴康生、彭耀合著的《社会主义与中国宗教》一书，在坚持马列主义宗教观的同时，试图用宗教社会学理论来解释当今中国宗教的功能，肯定宗教具有心理调适、社会整合、社会控制、个体社会化、群体认同、文化认同、国内国际交往七种正面功能，同时指明宗教可能产生的七种负面功能。宗教心理学也开始成为我国学者借鉴的方法论之一。我国学者尚未写出成熟的宗教心理学专著，但已有两部有代表性的西方宗教心理学译著面世，有些学者开始用宗教心理学方法来描述、诠释宗教现象。例如，罗竹风主编的《中国社会主义时期的宗教问题》论及宗教的长期性，就以专门章节来论述宗教的心理因素，并把宗教传统的影响、社会根源和心理因素看作宗教长期性的三大原因。此外，散见于报刊、杂志中的论文也有一些是用宗教心理学来解释宗教现象、建构宗教研究理论的。有的用以解释佛教的禅宗、伊斯兰教的苏非神秘主义，有的用以阐述宗教的本质和相应的方法论，认为宗教中的价值判断不同于科学、哲学领域中的事实判断，因而不宜用科学和理性作为判定宗教现象的唯一尺度。比较宗教学方法因对研究者的宗教知识要求很高，目前尚未广泛地为我国学者所吸纳，但也有一些学者开始应用这一方法从事某一专题的比较宗教研究。比较宗教学已对传统的宗教观产生一定的影响，许多学者注意到单从所熟悉的某一宗教来界定宗教往往产生片面性、局限性，认为宗教构成的基本要素（如四要素说）只有从具体的各个宗教的个性抽象而出，才能具有更充分的说服力，在对宗教伦理学的建树上，吕大吉的《人道与神道》作了有益的尝试。

（五）目前存在的一些问题

我国宗教学研究在发展进程中也出现诸多困难和问题，受各种主客观因素的制约，存在许多局限和不足。同西方相比，同学科发展和社会现实需求相比。最突出的问题是：

1. 研究人员总体素质有待提高。真正对宗教比较熟悉、具有渊博的宗教学知识和较深的学术功底，可担任项目牵头的研究人员人数有限。因而，难以出更多的学术精品。对宗教学专门人才的培养急需加大力度、拓宽途径。现有队伍也要保持相对稳定，创造条件，不使其过多流失。

2. 学科发展不平衡。各分支学科中，以同中国传统文化关系更密切的佛教、道教研究力量较强，其他学科基础较弱，人才不足，成果较少，急待加强。

3. 从学科发展需求看，不论是理论建设还是资料建设仍有很大的距离。尤其在基础理论、应用理论、应用研究上远远落后于实际，尚不能满足“两个文明”建设的需求。

4. 研究工作缺乏开拓性，研究人员缺乏开创意识。表现在研究领域和研究成果上则是避重就轻，结果出现冷的越冷、热的越热的倾向（如佛教的禅宗热、其他宗派和分支较冷或乏人问津；各教研究中的史学热、理论和现实研究冷，以及高品位成果少、一般性著作多和课题重复等)。

5. 研究经费拮据。严肃性宗教学著作出版非常困难，宗教现状的社会性调查、宗教文化遗产的抢救与整理，都缺乏必要的资金投入。

但是，在人文、社会科学领域，宗教学研究仍将是一个热门学科，其势头在若干年内不会衰减。就宗教学本身，从宗教文化层面进行深入的开拓，可能引起人们更多的关注。在宗教学各分支学科中，佛教、道教、基督教研究具有人力上的优势。佛教、道教研究是“显学”。基督教、伊斯兰教研究正处于上升阶段。但是，强弱学科的不均衡局面仍将保持，近期不可能有太大的变化。今后，宗教同传统文化的关系、宗教同社会发展的关系、宗教同民族团结的关系、宗教同国际政治的关系以及宗教学同其他学科交叉而形成的专业（如宗教哲学、宗教文学、宗教艺术，等等）将是研究的重点。

主要成果

十一届三中全会近20年来，我国的宗教学研究成果丰硕，今大体按各分支学科介绍如下：

（一）佛教研究

在宗教学分支学科中，佛教（佛学）研究起步最早，研究人员最多，研究领域几乎遍及各个子类学科，成果丰硕且产生了一定的社会影响。这种状况除佛教研究本身的因素外，与中国知识界传统的“学问”观念不无关系。

1983年以后，佛教研究开始有组织有规划有重点地进行工作。由全国社科规划办立项、得到国家社科基金资助的佛教研究项目，分别为：

重点项目

“六五”有《中国佛教史》。

“七五”有《西藏现存梵文贝叶经整理与研究》、《长安佛教》、《中华大藏经》汉文及藏文部分的分别整理、《敦煌古藏文写经整理与研究》。

“八五”有《中国佛教伦理研究》、《藏传佛教宁玛派与萨迦派概论》。

一般项目

1988年有《中国佛教艺术史》、《康区寺院研究》。

1989年有《敦煌遗书疑伪经集成》、《四川藏传佛教发展的历史与现状》、《日本的佛教和佛教研究》。

1991年有《河西佛教史》、《五台山佛教史》。

1992年有《中国天台宗研究》、《中国佛教禅宗寺院沿革及其宗派源流通考》、《汉文佛典翻译史》。

1993年有《居士佛教研究》、《因明学代表作翻译》。

1994年有《太虚的人间佛教思想与中国佛教的现代化》、《唐、五代敦煌民间佛教研究》。

青年项目

1989年有《池田大作与创价学会研究》、《中国佛教伦理思想研究》。

1991年有《中国佛教目录学》、《藏传佛教与藏民族的发展》。

1992年有《藏传佛教诸宗派基本教义比较研究》。

1993年有《中国华严宗通史》。

近十多年来佛教研究的主要成果，按“汉传佛教”、“藏传佛教”、“南传上座部佛教”、“外国佛教”等四部分别叙述。

1. 汉传佛教

历史著述

《中国佛教史》(任继愈主编)、《佛教史》(杜继文主编)、《中国佛教简史》(郭朋)、《汉魏两晋南北朝佛教》(郭朋)、《隋唐佛教》(郭朋)、《宋元佛教》(郭朋)、《明清佛教》(郭朋)、《西夏佛教史略》(史金波)、《峨眉山佛教史略》(骆坤琪)、《甘肃佛教史》(胡恩厚)、《上海近代佛教简史》(游有维)、《中国佛教哲学简史》(严北溟)、《中国佛教思想史》(郭朋)、《中国近代佛学思想史稿》(郭朋等)、《佛教文化与近代中国》(高振农)、《传统佛教与中国近代化》(邓子美)、《宋代禅宗文化》(魏道儒)、《汉唐佛教社会史论》(谢重光)、《唐五代敦煌寺户制度》(姜伯勤)、《汉化佛教与寺院生活》(白化文)、《中国僧官制度史》(白文固等)等。

理论著述

《吕澂佛学论著选辑》(吕澂)《佛教哲学》(方立天)、《中国佛性论》(赖永海)、《因明学研究》(沈剑英)、《中国佛教与传统文化》(方立天)、《佛教与中国传统文化》(苏渊雷)、《中国佛教文化论稿》(魏承思)、《佛教与中国文化》(薛克翘)、《法门寺佛教文化》(陈景富)、《龟兹佛教文化》、《禅宗与中国文化》(葛兆光)、《禅宗:文化交融与历史选择》(顾伟康)、《佛教禅学与东方文明》(陈兵)、《禅悟之道》(邢东风)、《禅外说禅》(张中行)、《佛教与人生》(麻天祥)、《救世与救心》(李向平)等。

综论著述

《佛教常识答问》(赵朴初)、《佛教文化百问》(何云)、《长安佛教丛书》(长安佛教研究中心)、《华夏诸神》(马书田)、《中国佛教图象解说》(业露华)、《中国古塔》(罗哲文)、《中国塔林漫步》(徐伯安)等。

文献学、目录学著述

《北宋〈开宝大藏经〉雕印考释及目录还原》(童玮)、《佛教大藏经史(八——十世纪)》(方广锠)、《佛典精解》(陈士强)等。

工具书

《中国佛教》(佛协)、《佛教文化辞典》(任道斌主编)、《禅宗词典》(袁宾主编)。

2. 藏传佛教

《西藏佛教发展史略》(王森)、《达赖喇嘛传》、《班禅额尔德尼传》(牙含章)、《西藏佛教史略》(王辅仁)、《西藏佛教史》(西藏社会科学院宗教所，藏文版)、《西藏宗教概论》(彭全英)、《藏传佛教思想史纲》(班班多杰)、《藏传因明学》(杨化群)、《论西藏政教合一制度》(东嘎·洛桑赤列)、《清政府与喇嘛教》(张羽新)、《藏传佛学辞典》(王沂暖主编)、《土观宗派源流》(译)、《教法史》(译)、《青史》(译)、《西藏王臣记》(译)、《安多政教史》(译)、《红史》(译)、《萨迦世系》(译)、《王统世系明鉴》(译)、《佛教史大宝藏论》(译)、《至尊宗喀巴传》(译)、《章嘉活佛若必多吉传》(译)、《塔尔寺志》(译)、《桑耶寺志》(译)等。

3. 上座部佛教

《南传佛教与傣族文化》(刘岩)、《贝叶文化论》(张公瑾)、《云南宗教概论》等。

4. 外国佛教

《印度佛教》(黄心川)、《印度哲学与佛教》(巫白慧、英文版)、《佛教的起源》(杨曾文)、《佛教起源论》(高杨等)、《从佛陀到阿育王》(崔连仲)、《日莲论》(何劲松)、《日本当代佛教与政治》(高洪)、《中朝佛教文化交流史》(黄有富等)、《当代佛教》(杨曾文主编)。

任继愈主编的《中国佛教史》，拟撰写8卷，现已出版3卷，共136万余字。这是中国佛教通史的一部开山之作。除充分利用《大藏经》及有关史籍、考古材料外，还吸收了中外学术界的近期研究成果，对不同时期的佛教作了系统的介绍，试图揭示其在不同历史时期的社会影响与作用。杜继文主编的《佛教史》有关中国部分的论述，摆脱了印度佛教中心论和汉传佛教为中国佛教唯一代表的传统窠臼，使之更符合佛教发展的历史实际。郭朋的中国佛教断代史，另有生发，使人耳目一新。他的佛教思想史著作，梳理了中国佛教思想发展的基本历程和基本线索。史金波主要利用考古材料和西夏文写经而著述的《西夏佛教史略》填补了中国佛教史和民族文化史的空白。方立天的《佛教哲学》从宇宙观、本体论、认识论等方面对佛学哲理作了深入的探讨。赖永海的《中国佛性论》对中国与印度的佛性理论作了对比研究。高振农的《中国佛教》篇幅虽小，但开拓了从文化史层面审视中国佛教基本特点的新角度。方立天的《中国佛教与传统文化》强调了把佛教作为一种文化现象进行考察与研究的重要性。吕建福的《中国密教史》是中国第一部密宗历史专著，有开拓之功。白文固等的《中国僧官制度史》是佛教专门史中的一部佳作。何兹全主编的《五十年来汉唐佛教寺院经济研究（1934——1984)》对寺院财产、寺院特权等内容作了探讨。姜伯勤的《唐五代敦煌寺户制度》论证了寺院经济由劳役制向租出制的转变。谢重光的《汉唐佛教社会史论》指出寺院经济是社会经济结构中的一个系统，社会经济结构的变化制约着寺院生产方式的变化。葛兆光的《禅宗与中国文化》和顾伟康的《禅宗：文化交融和历史选译》探讨了禅宗对中国文化的影响。他们认为，在佛教各个宗派中，禅宗施于中国文化的影响是最重要的。洪修平的《禅宗思想的形成与发展》、潘柱明的《中国禅宗思想历程》勾勒了禅宗发展的基本线索。杜继文、魏道儒的《中国禅宗通史》是系统论述禅宗历史的一部专著，宋代以后材料较详。童玮的《北宋〈开宝大藏经〉雕印考释及目录还原》和方广锠的《佛教大藏经史（八——十世纪)》都是佛教文献学方面的力作。后者大体上摸清了唐朝流行的8种佛经目录，并对敦煌藏经目录作了还原。陈士强的《佛典精解》对26部文史类经典作了分类和解说。袁宾主编的《禅宗词典》在国内亦属首创之举。王森的《西藏佛教发展史略》在整体上打破了旧的方法与思路，把佛教与藏族社会联系在一起，其著作滋育了一代学人。

西藏社会科学院宗教所的《西藏佛教史》（藏文）系统地论述了藏传佛教的发展史。班班多杰的《藏传佛教思想史纲》是一部较有份量的作品。杨化群的《藏传因明学》对该学说的形成与发展、传习特点与基本内容作了阐述，是这一学科的代表作。刘岩的《南传佛教与傣族文化》以调查材料为主介绍了云南上座部佛教概况，但对宗教的传播与发展等内容涉及无多。黄心川的《印度佛教》是在印度佛教研究上近期取得的重要成果。它把印度佛教的产生与发展放到整个社会的大背景中去探讨，揭示了佛教与其他宗教之间的联系与区别，勾勒了印度佛教特别是其佛教哲学的发展历程。巫白慧的《印度哲学与佛教》（英文）别具特色。崔连仲的《从佛陀到阿育王》是40多年来描述印度早期佛教篇幅最多的一部著作。高洪的《日本当代佛教与政治》和何劲松的《日莲论》各自在题材上开发了我国研究日本佛教的新生面。黄有富、陈景富的《中朝佛教文化交流史》也有很独到的价值。

（二）基督教研究

我国从事基督教专业研究的人员不多，据初步统计不足百人。在中国，作为社会科学的研究对象，基督教研究的历史不过几十年。基督教研究从广度和深度两个方面讲都有待加强。近十余年，在基督教研究上，已出版的专著和译著约有200部左右。论文和译文约有千余篇。由全国社科规划办立项，得到国家社科基金资助的基督教研究项目，分别为：

重点项目

“六五”有《中国基督教史》（未能完成）。

一般项目

1989年有《基督教在西南少数民族地区传教及影响》。

1990年有《四书和新约之对称性及逆对称性浅析》。

1991年有《福建基督教史》。

1992年有《东正教与苏联七十年》。

1994 年有《中梵关系研究》。

青年项目

1990 年有《当代基督教思潮》。

1992 年有《云南少数民族宗教信仰向基督教转变的研究》。

1994 年有《中国与罗马教廷关系史（1294——1951）》。

近十多年来基督教研究的主要成果如下：

历史著述

《基督教史纲（上）》（杨真）、《基督教简史》（译作、福建师大外语系）、《古代基督教史》（徐怀启）、《基督教会史》（译作、孙善玲等）、《宗教改革史》（译作、孙祥民等）、《基督教会史》（张绥）、《基督教史》（唐逸主编）等。

理论、综述著述

《基督教哲学》（尹大贻）、《20 世纪宗教思想》（译作、高师宁等）、《基督教与美学》（阎国忠）、《走向十字架上的真理》（刘小枫）、《20 世纪西方宗教哲学文献》（刘小枫主编）、《现代基督教思想》（译作、何光沪）、《西方文化与中世纪神哲学思想》（唐逸）、《尼布尔》（卓新平）、《猫头鹰与上帝的对话》（张志刚）、《基督教哲学 1500 年》（赵敦华）、《基督教文化面面观》（中国社会科学院世界宗教研究所基督教研究室编）、《耶稣传》（译作、吴永泉）、《基督教知识百问》（乐峰、文庸）、《基督教文化百问》（卓新平）、《基督教千问》（乐峰等）、《当代基督新教》（于可主编）、《宗教改革与西方近代社会社会思潮》（李平晔）、《晚期希腊哲学和基督教神学》（范明生）、《上帝·宇宙·人》（李秋零）等。

工具书

《基督教文化百科全书》（丁光训、杨慧林等主编）、《圣经百科辞典》、《圣经典故辞典》（梁工主编）、《圣经词典》、《简明基督教百科全书》、《基督教词典》等。

经典研究

《圣经后典》(译作、张久宣)、《圣经文学十二讲》(朱维之)、《圣经鉴赏》(卓新平)、《圣经蠡测》(文庸)、《新约导读》(蔡咏春)、《死海古卷》(译作、王神荫)等。

中国基督教研究

《传教士与近代中国》(顾长声)、《中国古代基督教及开封犹太人》(江文汉)、《利玛窦中国札记》(译作、何高济等)、《1550年前的中国基督教史》、(译作、郝镇华)、《中华归主》(译作、中国社会科学院世界宗教研究所)、《从马礼逊到司徒雷登》(顾长声)、《东正教和东正教在中国》(张绥)、《明清间在华天主教耶稣会士》(江文汉)、《耶稣会士与中国科学》(樊洪业)、《中西文化与教会大学》(章开沅主编)、《中国教案史》(张力、刘鉴唐)、《中国教会大学史》(译作、曾生)、《中国天主教的过去与现在》(顾裕禄)、《中国和基督教》、《明清间入华耶稣会士和中西文化交流》(译作、耿升)、《早期传教士进藏活动史》(伍昆明)、《中西文化交流先驱》(许明龙主编)、《中国教会学校史》(高时良主编)、《中国景教》(朱谦之)、《十字架与龙》(孙江)、《龙与上帝》(董丛林)、《利玛窦评传》(译作、管振湖等)、《基督教与近代文化》(朱维铮主编)、《利玛窦与徐光启》、《基督教与明末儒学》(孙尚扬)、《在华耶稣会士列传及书目补编》(译作、耿升)等。

我国基督教研究处于初创阶段，研究领域尚不够宽广，其总体进展亦相对缓慢。基督教历史研究已初具规模，出版了几部简史和断代史，但通史研究仍是空白。教会史特别是中世纪和近现代教会史的研究也很薄弱。基督教神学思想探讨正处于起步阶段。虽然已有一些涉及某一主题或思想的专著或散论问世，但却没有系统的基督教思想史著作。中世纪基督教神哲学研究已有几部专著，其中比较详尽的是赵敦华的《基督教哲学1500年》。中国基督教史的研究虽然有一批专论与小册子问世，但缺乏一部自古贯今、史料翔实的中国基督教史。中国教会教育研究侧重于教会学校的历史。在中国教案研究和资料整理方面，成果相对多一些。四川社联的《近代中国教案研究》和张力等的《中国教案史》填补了空白。在景教研究上，朱谦之的《中国景教》是一部划时代的著作，在学术界产生了很大影响。

（三）伊斯兰教研究

在中国，把伊斯兰教作为社会科学研究的一个对象是近几十年的事情。虽然最近十年在穆斯林集居地区陆续成立了一些专业性的研究机构，但是从总体上看研究人员仍然过少。全国的专业和业余研究人员总计也不足百人。伊斯兰教研究是一个亟需加强的学科。

由全国社科规划办立项、得到国家社科基金资助的伊斯兰教研究项目，分别为：

重点项目

“六五”有《中国新疆地区伊斯兰教史》、《中国回族伊斯兰教宗教制度概论》。

“七五”有《中国伊斯兰教史》、《中国伊斯兰思想文化研究》。

“八五”有《我国历代政权关于伊斯兰教事务治理策略的研究》、《伊斯兰原教旨主义》。

一般项目

1987 年有《伊斯兰百科辞典》。

1989 年有《伊斯兰教与当代中东政治关系研究》。

1990 年有《伊斯兰教与陕西回民文化》。

1991 年有《近现代伊斯兰教思潮与运动》、《宋元时期西北地区伊斯兰教史研究》。

1993 年有《伊斯兰教在中亚的复兴与发展趋势研究》

1994 年有《宗教与教派》（翻译）。

青年项目

1990 年有《伊斯兰教与西北穆斯林社会》。

1991 年有《当代国际伊斯兰原教旨主义》。

1992 年有《关于中国伊斯兰报刊在近现代社会政治环境中孕育、发展与演变的研究》。

近十多年来伊斯兰研究的主要成果如下：

历史著述

《伊斯兰教史》、(金宜久主编)、《伊斯兰教各民族与国家史》(译作、孙硕人等)、《伊斯兰教简史》(译作、王怀德)、《伊斯兰教简史》(译作、吴云贵等)、《伊斯兰教史》(王怀德等)、《伊斯兰简史》(马万里等)、《阿拉伯通史》(译作、马坚)、《历史上的阿拉伯人》(译作、马肇椿、马贤)、《阿拉伯史纲》(郭应德)、《喀喇汗王朝史稿》(魏良韬)、《新疆宗教》(李泰玉主编)、《甘肃宗教》(马祖灵主编)、《阿拉伯——伊斯兰文化史》(第一、二、三册)、(译作、纳忠等)、《伊斯兰哲学史》(译作、陈中耀)、《阿拉伯哲学史》(蔡德贵)、《伊斯兰思想历程》(译作、秦惠彬)、《伊斯兰教法律史》(译作、吴云贵)、《伊斯兰教派历史概要》(译作、王怀德)、《中国伊斯兰教史》(李兴华、秦惠彬、冯今源、沙秋真)、《新疆伊斯兰教史》(新疆社会科学院宗教所)、《宁夏伊斯兰教派概要》(勉维霖)、《中国伊斯兰教教派门宦制度史略》(马通)、《中国伊斯兰教派门宦溯源》(马通)等。

理论、综述著述

《伊斯兰教概论》(金宜久主编)、《伊斯兰教法概略》(吴云贵)、《当代伊斯兰教》(金宜久主编)、《中国西北伊斯兰教的基本特征》(马通)、《伊斯兰教文化面面观》(中国社会科学院世界宗教研究所伊斯兰教研究室主编)、《中国的伊斯兰教》(秦惠彬)、《中国的伊斯兰教》(冯今源)、《伊斯兰教与中国文化》(余振贵、杨怀中)、《中国穆斯林朝觐纪实》(铁维英、李学忠)、《中国穆斯林人口》(张天路等)、《大西北对外开放的新思路》、《中国西北地区开发与向西开放》(余振贵、张永庆)等。

人物传记

《穆罕默德传》(译作、买买提·赛来、秦德茂等)、《穆罕默德生平》(译作、王永方等)、《穆罕默德》(译作、朱水飞)、《穆罕默德》(译作、周燮藩)等。

工具书

《简明伊斯兰世界百科全书》(译作、吉益)、《中国伊斯兰百科全书》(宛耀宾总主编)、《中国伊斯兰文献译著提要》(余振贵、杨怀中)等。

资料整理

《中国伊斯兰教史参考资料汇编(1912——1949)》(李兴华、冯今源)、《世界穆斯林》(书刊摘录)、《广州伊斯兰古迹研究》(中元秀等)、《昌吉回族与伊斯兰教》、《兰州回族与伊斯兰教》等。

其他著述

《漫谈清真寺》(杨永昌)、《泉州伊斯兰教石刻》(陈达生集释)、《中国伊斯兰教建筑》(刘致平主编)等。

经典翻译

《古兰经》(马坚译)、《古兰经韵译》(林松译)、《古兰经》(仝道章译)、《布哈里圣训实录精华》(买买提·赛来、宝文安译)等。

金宜久主编的《伊斯兰教史》和李兴华、秦惠彬、冯今源、沙秋真的《中国伊斯兰教史》都是具有开拓性、实在性意义的作品。在国内分别是第一部系统、全面论述世界和中国伊斯兰教史的大部头作品。魏良弢的《喀喇汗王朝史稿》利用中外文资料,廓清了回鹘人在回鹘汗国灭后直到12世纪这300余年的历史,详细地描述了这个王朝改宗伊斯兰教的过程以及伊斯兰教对其文化发展的影响。新疆社会科学院宗教所的《新疆伊斯兰教史》是中国伊斯兰教地方史的开篇之作,具有重要意义。在专门史中,马通的《中国伊斯兰教教派门宦制度史略》和《中国伊斯兰教教派门宦溯源》、勉维霖的《宁夏伊斯兰教派概要》是三部最杰出的作品。它们详细叙述了中国伊斯兰教各教派产生、发展的历史及其宗教功修的基本特点。该三书所利用的资料多为作者亲身调查所得，翔实可靠。金宜久主编的《伊斯兰教概论》系统地阐释了伊斯兰教的基本知识，是近几年来难得的一部力作。吴云贵的《伊斯兰教法概略》是论述伊斯兰教法的一部专著。教法是伊斯兰教两大重要内容之一，国内这方面的著述甚少，本书堪称凤毛麟角。作为学科建设不可或缺的工具书有宛耀宾总主编的《中国伊斯兰百科全书》。王岱舆、刘智、马注、马复初这些著名的中国伊斯兰教义学家们的主要著作，近几年都有标注本行世。在这方面，宁夏社会科学院的余振贵作为较多。陈达生集释的《泉州伊斯兰教石刻》（英文翻译陈恩明）在国外曾一度引起轰动。

为了系统地阐释伊斯兰教基本知识，中国社会科学院世界宗教研究所伊斯兰研究室组织编写和参与编写了两套系列“伊斯兰文化丛书”，即：

“百问系列”

冯今源和沙秋真的《伊斯兰教历史百问》、冯今源和铁国玺的《伊斯兰教文化百问》、秦惠彬的《伊斯兰教哲学百问》、吴云贵的《伊斯兰教典籍百问》、陈广元等的《〈古兰经〉百问》、《伊斯兰教礼俗百问》等。

“文化丛书系列”

吴云贵的《伊斯兰教法》、《近代伊斯兰运动》、肖宪的《当代伊斯兰复兴运动》、周燮藩的《〈古兰经〉简介》、周国黎的《伊斯兰教育与科学》、王怀德的《伊斯兰教教派》、《穆罕默德》、《伊斯兰教义学》、沙宗平的《伊斯兰哲学》、金宜久的《苏菲神秘主义》、元文琪的《伊斯兰文学艺术》、秦惠彬的《中国伊斯兰教与传统文化》、周用宜的《中国的穆斯林民族》等。

这两套书都是普及性的专著，在读书界很受欢迎。教内读者对这两套书也给予很高评价，有的清真寺把这些著作作为寺内藏书。

（四）道教研究

道教研究在宗教学各个分支学科中是基础比较雄厚的一个学科。近十多年来，整体水平又有了新的提高。

由全国社科规划办立项、得到国家社会科学基金资助的道教研究项目，分别为：

重点项目

“六五”有《中国道教史》。

一般项目

1990年有《道教养生文化》。

1992年有《道教哲学》。

1994年有《道教上清派史略》、《藏外道书提要与研究》。

青年项目

1989年有《道教文学史》。

1991年有《道教典籍语言研究》。

近十多年来道教研究的主要成果如下：

历史著述

《中国道教思想史》（卿希泰）、《道教论稿》（王家佑）、《魏晋南北朝时期的道教》（汤一介）、《魏晋神仙道教》（胡孚琛）、《南宋金元的道教》（詹石窗）、《中国道教史》（任继愈主编）、《中国道教史》（卿希泰主编）、《天师道》（郭树森主编）、《天师道史略》（张继禹）、《武当道教史略》（王光德等）、《楼观道源流考》（王士伟）、《青城山志》（王纯五主编）、《中国重玄学》（卢国龙）等。

修持、科仪著述

《周易参同契新探》（周士一）、《中国炼丹术与丹药》（张觉人）、《道教气功养生学》（李远国）、《金丹》（王尔峰等）、《中国古代养生文化》、(郝勤)、《道教气功百问》(陈兵)、《内丹养生功法指要》(王沐)、《秘传道家易筋经内丹功》(王庆宗)、《中国武当山道教音乐》(史新民主编)等。

理论、综论著述

《道家和道教思想研究》(王明)、《道教与中国文化》(葛兆光)、《道教与中国传统文化》(卿希泰主编)、《道教与传统文化》、《众妙之门:道教文化之谜探微》(肖莲父等主编)、《道教与科学》(金正耀)、《道教文学史》(詹石窗)、《道教与美学》(高楠)、《中国道教文化透视》(刘仲宇)、《道教概说》(李养正)、《道教通论:兼论道家学说》(牟钟鉴等主编)、《道教手册》(李养正主编)、《中国道学文化丛书》(王家佑等主编)、《道家思想通论》(黄钊主编)、《道教基础知识》(曾召南)、《道教知识百问》(卢国龙)、《道教答问》(朱越利)、《道教文化面面观》(中国社会科学院世界宗教研究所道教研究室)、《道教神话》(陈雄群)等。

工具书

《简明道教辞典》(黄海德、李刚编)、《道教大辞典》(闵智亭、李养正主编)等。

经籍整理与研究

《〈抱朴子内篇〉校释》(王明)、《〈无能子〉校注》(王明)、《道藏源流续考》(陈国符)、《长生不死的探求:道经〈真诰〉之谜》(钟来因)、《道藏提要》(任继愈主编)、《道经总论》(朱越利)、《道教养生术》(陈耀庭)、《悟真篇浅解》(王沐)、《道藏要籍选刊》(胡道静等)、《老子道德经河上公章句》(王卡点校)等。

任继愈主编的《中国道教史》是第一部完整系统的道教通史,资料翔实、纲领明晰、叙论精当,在许多方面有突破性贡献。《道藏提要》是对道教经书的第一次系统的研究,对版本源流、作者、主要内容作了解说。卢国龙的《中国重玄学》、金正耀的《道教与科学》也都在各自研究专业有所突破,开拓了道教研究的新领域。

牟钟鉴主编的《道教通论》是由中国社会科学院多位道教研究专家联合编写的一部关于道教、道家研究的较为系统的著述。胡孚琛的《魏晋南北朝时期的道教》是一部道教断代史方面的杰作。卿希泰的《中国道教思想史》勾勒了道教思想的脉络，对一些代表性人物作了思想上的分析，形成对道教的一种整体性认识。从思想史角度研究道教本书为第一部著作，有开拓之功。卿希泰主编的《中国道教史》(多卷本)，取材广泛，叙论平实，对一些道教事项、思想的研究，填补了空白。《道教与中国传统文化》、葛兆光的《道教与中国文化》都试图在中国文化的大背景中解说和把握道教。王家佑的《道教论稿》在学术界具有一定影响。朱越利的《道经总论》、詹石窗的《道教文学史》都是有学术价值的著作。萧萐父主编的《众妙之门：道教文化之谜探微》拓宽了中国哲学史的知识范围。

（五）民间宗教研究

民间宗教研究是基础比较薄弱的学科。但是，近十多年来，这一学科的研究却取得了可喜的进展，成果较多，有突破性。

由全国社科规划办立项、得到国家社会科学基金资助的民间宗教研究项目，分别为：

重点项目

“七五”有《中国民间宗教史》。

一般项目

1991 年有《宝卷提要与研究》。

近十多年来民间宗教和民间信仰研究的主要成果如下：

历史著述

《明代白莲教研究》(喻松青)、《清代八卦教》(马西沙)、《中国民间宗教史》(马西沙、韩秉方)。

理论、综论著述

《民间宗教常识问答》(李尚英)、《中国民间秘密宗教》(濮文起)、《天理教大闹紫禁城》(周熙等)、《晓望洞天福地：中国的神仙与神仙信仰》(郑土有)、《神仙信仰与传说》(于春松)、《元代白莲教资料汇编》(杨讷)、《神仙传》(黄雨)、《中国神仙传》(王兆祥主编)、《仙道正传》(徐兆仁主编)、《海神天后东渡台湾》(肖一平等)、《妈祖千年祭》(要文豪主编)、《妈祖研究资料汇编》(肖一平等)、《妈祖文献资料》(蒋维锬编校)、《中国民间信仰》(金泽)、《生殖崇拜与死亡抗拒——中国民间信仰的功能与模式》(张铭远)、《中国鬼信仰》(张劲松)、《民间诸神》(金良年)、《中国民间诸神》(宗力等)。

喻松青的《明代白莲教研究》力图走出解释农民起义的局限，着眼于秘密宗教的历史嬗变，在国内学术界是一次有意义的尝试。马西沙的《清代八卦教》在民间宗教的研究中开拓了一个新领域，冲破了民间宗教研究附属于史学的旧樊篱。濮文起的《中国民间秘密宗教》是研究秘密结社性质的宗教活动的。马西沙、韩秉方的《中国民间宗教史》内容丰实，统理各教派源流系统而清晰。这部著作在国内外同行学者中产生了巨大影响。

（六）当代中国宗教的研究

当代中国宗教的研究主要侧重于中国宗教现状的调查，并对其进行应用性、对策性和预测性的研究。

由全国社科规划办立项、得到国家社会科学基金资助的当代中国宗教研究项目，分别为：

重点项目

“六五”有《我国社会主义时期的宗教问题》。

“七五”有《中国社会主义时期宗教问题研究》。

“八五”有《中国宗教现状调查与研究》(未能完成)

一般项目

1988年有《宗教与社会主义社会发展相协调问题》。

1990年有《改革开放形势下的宗教问题》、《改革开放以来的陕西宗教》。

近十多年来当代中国宗教研究的主要成果如下：

《中国社会主义时期的宗教问题》（罗竹风主编）、《宗教论稿》（云南社会科学院宗教所）、《宗教协调论：中国宗教的过去、现在和未来》（顾伟康）、《当代中国宗教问题的思考》（肖志恬）、《今日中国宗教》（朱越利主编）、《当代宗教问题》（龚学增）、《社会主义与中国宗教》（戴康生、彭耀）、《天津市农村天主教现状与思考》（内部调研报告、中国社会科学院世界宗教研究所当代室）、《河南省宗教现状调研报告》（内部调研报告、中国社会科学院世界宗教研究所当代室）、《社会蓝皮书·中国宗教形势分析与预测（1992—1995）》（三篇报告，胡安、冯今源）。在《当代宗教研究》、《宗教》、《宗教学研究》、《云南宗教研究》和《世界宗教研究》上发表了许多关于当代中国宗教研究的论文和调研报告。

罗竹风主编的《中国社会主义时期的宗教问题》以马克思主义的观点、立场和方法，分析了中国宗教的历史特色，在社会主义时期的变化，分析了宗教长期存在的原因，回答了宗教能否同社会主义社会相适应问题。此书在理论上有突破，在国内外引起一定反响，并被译介到美国、日本等国家。肖志恬的《当代中国宗教问题的思考》对社会主义时期宗教的性质、特点、作用以及同社会主义社会相适应问题作了深刻的阐述。戴康生、彭耀的《社会主义与中国宗教》吸收了近几年的研究成果，在理论上又有新的独到的建树。作者认为，“宗教主要作为一种社会意识和历史文化传统的内在物而存在，在社会生活里，宗教主要表现为公民个人思想领域的信仰和传统风俗问题”。对于宗教与社会主义社会相适应的问题，作者作了比较全面系统的论述。

（七）宗教学原理及综合性研究

系统地研究宗教学原理，是近十年来的事情。前期主要开展了马克思主义宗教观以及无神论的研究与宣传。随着改革开放的深入，学术界逐步扩大视野，在研究马克思主义宗教理论的同时，也开始注意宗教哲学、宗教社会学等方面的研究。从总体上说，这一学科力量还相当薄弱，亟待加强。

由全国社会科学规划办立项、得到国家社会科学基金资助的宗教学原理研究项目，分别为：

重点项目

"六五"有《宗教学概论》。

"七五"有《人·社会·宗教》、《宗教心理学》（未能完成）、《中国原始宗教问题》。

"八五"有《马克思主义宗教理论与无神论研究》。

一般项目

1987年有《宗教与科学关系的研究》、《宗教社会学》、《宗教比较学》、《宗教学教学资料汇编》。

1988年有《宗教社会学》、《萨满教及其生理学、心理学基础研究》。

1989年有《汉民族宗教信仰与传统文化研究》。

1990年有《民族与宗教》、《〈宗教学概论〉及其配套著作》、《土家族原始宗教研究》。

1991年有《宗教哲学》。

1993年有《中国历史上的政教关系研究》、《魏晋南北朝宗教政策研究》、《宗教现象学》（翻译）。

1994年有《从〈周礼〉看中国国家宗教的特征》。

青年项目

1989年有《中国的宗教禁忌》。

1991年有《宗教与近代上海社会变迁》。

1992年有《马克思主义宗教学发展的历程》。

1993年有《商代宗教及其政教关系研究》。

近十多年来宗教学原理研究的主要成果如下：

《宗教学概论》(陈泽民主编)、《宗教学原理》(陈麟书)、《宗教学通论》(吕大吉主编)、《西方宗教学研究导引》(卓新平)、《宗教·科学·哲学》、《宗教·道德·文化》(中国社会科学院世界宗教所宗教学原理室)、《人道与神道》(吕大吉)、《多元化的上帝观》(何光沪)、《西方宗教学说史》(吕大吉)、《宗教论稿》(云南社会科学院宗教所)、《马克思主义与宗教》(唐尧)、《宗教:一种文化现象》(马德邻)、《宗教社会学通论》(陈麟书主编)、《西方无神论史》(陈麟书)、《中国无神论史》(牙含章)、《宗教学基本理论》(陈麟书)、《马克思恩格斯论无神论、宗教和教会》、《列宁论无神论、宗教和教会》(郑天星、张雅平译)、《马克思主义宗教观简明读本》(李康宁主编)、《当代视角下的宗教》(米寿江)、《中国原始宗教资料集成》(吕大吉主编)、《中国各民族宗教与神话大词典》。

陈泽民主编的《宗教学概论》侧重于"客观性"的描述。陈麟书的《宗教学原理》侧重于"主观性"的批判。吕大吉主编的《宗教学通论》主张既采用客观性方法即"描述性研究",又采用主观性方法的"规范性研究"。在以历史唯物主义为指导思想的同时,借鉴西方比较宗教学的理论与方法,对宗教现象进行多层次、多角度的分析。此书产生了较大的社会影响。陈麟书主编的《宗教社会学通论》、《西方无神论史》和牙含章主编的《中国无神论史》是国内比较突出的这类著作。

有计划、有规模地译介当代西方宗教学理论的,有两套丛书,一是"西方学术译丛"之宗教学系列,一是"宗教与世界"丛书。前者已出8种,包括宗教学创始人缪勒、当代宗教社会学大师贝格尔、当代哲学神学家麦奎利和比较宗教学家夏普等人的著作。后者已出20种,包括汤因比、朋霍费尔(D·Bonheeffer、潘霍华)、蒂里希(P·Tillich)等人的著作。在世界宗教通史、概况以及印度教、犹太教、摩尼教、锡克教等领域的研究中,较有影响的成果有《宗教词典》(任继愈主编)、《各国宗教概况》、(中国社会科学院世界宗教研究所编)、《宗教史》(译作、王先睿等)、《世界各民族历史上的宗教》(译作、魏庆征)、《世界宗教总览》(宗教研究中心编)、《世界宗教人物辞典》(初秀峰等主编)、《宗教通史简编》(罗竹风主编)、《世界三大宗教》(黄心川等)、《世界七大宗教》(陈麟书等)、《世界十大宗教》(黄心川主编)、《世界宗教与宗教学》(卓新平)、《世界宗教名胜》(黄夏年主编)、《中西宗教与文学》(马焯荣)、《中国宗教名胜》(任宝根等)、《中国少数民族宗教概览》(覃光广等)、《五十奥义书》(译作、徐梵澄)、《薄伽梵歌》(译作、张保胜)、《中国境内犹太人的若干历史问题》(潘光旦)、《犹太教与中国开封犹太人》(张绥)、《'90中国犹太学研究总汇》(朱威烈等)、《摩尼教及其东渐》(林悟殊)、《锡克·辛格·阿卡利》(高建章)等。这些成果亦反映出我国宗教学已达到的深度与广度。

未来展望

(一)关于佛教研究

佛教研究正在发展,研究机构、研究人员不断增加壮大,已出版书籍上千种,论文之多难以数计。佛教研究既保持了史学、哲学、教义、经典、宗派、寺庙建筑等传统领域,又开拓了诸如心理学、伦理学、政治、经济、医学、语言学、美学、音乐等新领域。佛教研究在观念上和方法论上都有不同程度的推陈出新。这是以前佛教(佛学)研究不可比拟的。近十多年的佛教研究有实质性和突破性的进展,呈现出崭新的面貌。其成果受到了国内外学术界的重视。

我们应该看到,佛教在中国已经流传了2000年,仅一部《大藏经》就有2000万字,实际上它是一部中国历史思想文化的百科全书。当前佛教研究以汉传佛教研究成果最多，藏传佛教研究次之，印度佛教研究又次之，上座部佛教研究更次之。研究的热点，就汉传佛教而言，是禅宗；就藏传佛教而言，是格鲁派，就印度佛教而言，是中观派。云南上座部佛教研究至今未形成气候，看不出热点所在。这些热点的形成与传统因素有关。例如禅宗，它一直是学者们关注的重心。禅宗研究的重点在人物、派别、历史、经典、教义、公案等方面。格鲁派的研究反映了西藏中心地带的佛教研究，成果比较突出。这些热点的形成也有同国外佛教研究接轨的趋向。在国际上对于佛教的研究有两个热点：一是禅宗热，一是藏学热。

在佛教各个领域的研究中，以历史为最突出。相比之下，教义研究有萎缩的倾向。在最近几年，佛学义理研究方面没有影响较大的成果出现。由于教义研究不够深入，也影响了佛教其他领域的研究进展。甚至有不懂教义的人去写佛教书籍评论的事情。教义研究的这种现状制约着佛教研究整体水平的提高。

在当前，一些对学科建设意义重大但几乎很难找到人力财力“投入”的课题，无法开展工作。例如唯识学。法相唯识学在我国曾经一度兴盛过，以后就衰落了。现在这个课题极少有人再去做深入的研究。不研究唯识宗就很难讲好佛学理论。又如净土宗。净土宗是在我国影响最大的派别之一，宋代以后与禅宗并立。由于净土宗文章不好做，因此至今无人写出有关专著。上座部佛教研究也有类似情况。这方面研究可以说至今仍在外围打转，还没有深入其里。

佛教研究各个学科的配置并不十分合理。由于功利思想和其他因素的影响，研究人员往往过分集中于某一学科，而其他学科则少人问律。于是，热者更热、冷者更冷；课题重复、浪费劳动。

佛教研究应该加强学术交流和信息交流。这种交流一是国际上的、二是国内的。佛教研究是世界性的学问，许多国家都有这方面的研究机构和人员。佛教是世界性宗教，对国际社会有着广泛的影响。因此必须了解世界佛教发展动态的未来趋势。中国的佛教研究要在世界上占有一席之地，必须同国际佛学界加强联系与交流，国内交流也不可忽视。人自为战、材料垄断、信息不通，绝非个别现象。如在法门寺地宫唐密曼陀罗学术研讨会上，很多学者以为中国无人研究密教，而实际上早有一部这方面的专著问世。

佛教研究长处在于：

（1）专业学者基本功扎实，由于母体文化关系，对佛教典籍的阅读与理解水平较高，在教理研究上有自己的特点，观点鲜明，综合研究能力强，形成了独特的学风和学术特色。

（2）在资料、实物的占有上，中国学者有有利条件。

（3）学科齐全，从地方到中央都有研究力量。

（4）群体性强，可以承担大型的综合研究课题。

佛教研究的短处在于：

（1）微观研究不够，主要表现在资料的整理与注释方面。

（2）对国际上佛学研究成果不能及时获得信息。

（3）受研究经费的制约。

（4）学术课题与社会现实联系不够。

关于佛教研究的未来发展，提出如下建议：

（1）在资料上，要继续进行系统的整理。对于佛教典籍和重要的史料要进行校勘、标点和研究，对于藏文、傣文典籍尤其应该这样做。

（2）在宗派研究上，除了禅宗、格鲁派以外，净土、天台、法相、华严、密宗等宗派也应深入研究。藏传佛教、上座部佛教必须加强研究力量。

（3）在历史研究上，重点要放在宋代以后。地方佛教史志也应抓紧时间撰写。

(4) 开展专题研究，如寺院建筑、美术、音乐、伦理、文学、医学、化学、天文学、心理学等方面的研究。

(5) 开展汉传佛教、藏传佛教和上座部佛教的对比研究。

(6) 社会主义时期的佛教问题研究。

(7) 世界佛教研究亦应纳入议事日程。除印度、日本、泰国等国的佛教外，韩国、越南的佛教应是研究的当务之急。

(二) 关于基督教研究

当前基督教研究的热点在于历史、神学思想、中国教会、教案、文化、现状等方面。其中教史研究已初具规模。神学思想探究正处于起步阶段。虽然有了几部专著和散论，却尚无系统的思想史著作问世。当代神学思潮研究是学者关心的热点之一，但因资料匮乏和信息不足而很难把握。目前研究侧重新教神学，而天主教和东正教神学之探索则刚刚启动。中国基督教史研究是一个薄弱环节。目前还没有一部系统的中国基督教史。一些小册子多涉及传教人物如利玛窦、汤若望、南怀仁、艾儒略等以及“礼仪之争”、“神名之辨”、“自立”、“本色”等问题。中国基督教史应成为今后研究的重点。此外，像中国教会教育、中国教案等问题亦应深入研究。中国基督教史料有待系统整理，这是撰写中国基督教史必须进行的先期工作。在中国基督教研究方面，人们对于“中国化”、“本色化”的看法有着不同的意见。一派认为，中国基督教会及其神学的真正奠立，要摆脱近代以来西方传教士及其神学思想、方法和话语的影响，进入中国文化境域，实现“本色教会”、“本色神学”。另一派认为，“本色化”或“中国化”是对基督教本真的一种误认。“化”本身有悖于基督教的普世性与超越性，所以不存在“中国化”、“本色化”这一问题，在中国“处境”中应致力于“汉语神学”的建构和发展。基督教现状研究，目前仅限于宏观把握和微观调研上，尚未同当代世界政治、文化思潮以及中国国情研究有机结合起来，也没有有份量的成果问世。

国外基督教研究以西方各国为主，历史悠久，门类齐全。研究机构和人员大体上可分为两大类：一类为神学院或神学系之系统，研究人员以认信为前提；另一类为人文及社会科学分支中同基督教研究相关的学科，研究人员不以认信为前提。概言之，前者大多可归于神学范围，后者可归于宗教或哲学、社会学、历史学、语言学等范围。国外基督教研究包括教史、教会史、教义神学、宗教哲学、圣经神学、实践神学、宣教神学、教会法学、教会经籍、文学艺术等分支学科。中国基督教研究属于宗教学的二级学科，以历史、经典、思想史和中国基督教史的研究来涵盖上述国外研究内容。但与国外研究不同，中国研究的主流不具神学特色，而体现为人文、社会科学的多层面探讨。从整体上看，西方基督教研究在学科体系和科研实力上将保持其传统优势，对世界基督教研究发展仍起主导作用，不过，中国基督教因其存在与发展的特殊性，使我国的研究工作亦有其特殊的意义，在世界基督教研究上占有重要的一席。今后，中国在基督教与中外文化关系、基督教与儒释道对话、基督教对中国现代化的作用及影响等领域中，有可能保持领先或优势。

我国基督教研究各分支学科的发展方向，是在研究系统化、规范化前提下走中外比较研究和体现中国特色的道路。按照系统化、规模化的要求，我们必须补齐研究门类，填补空白。在基础研究上要有所突破。在中国特色的体现上要抓好适应中国国情、具有迫切意义的前沿课题。这些前沿课题包括当代神学、同其他宗教的对话、与世界和平及环境保护的关系、西方政教关系及其历史沿革、与民族文化及经济发展的关系、与现代化及后现代化的关系、现代天主教会的革新运动、与新兴宗教的关系、中国基督教的历史及现状，等等。基督教之基础研究的重大课题有基督教史、概论、思想史、伦理史、文化史、灵修史、文献史、圣经研究、罗马教廷及教皇史、中国基督教的历史本色化运动、汉语神学、《圣经》汉译史、在文化冲突与融合中的作用及意义，等等。

我国基督教研究的有利因素很多。许多原来从事文史哲研究的学者已转入基督教研究领域，为其提供了新视野、新见解和新方法。在这一领域可供发掘的课题很多，大有作为，前景美好。而中国教会中的专家也开始注意宗教的社会功能。面对开放性的世界，结合中国国情开展基督教研究，就能获得突破。

我国基督教研究也有一些不利因素，主要是人员少，受过专业训练的人尤其少，资料缺乏、信息不灵、经费不足。在课题选择上，我国同基督教世界的联系刚刚开始，在许多领域尚未能接轨。

当前，我们有必要以抓一些重大的基础课题和现实前沿课题来积累资料、培养人才。在资金不足的情况下，要相对集中地使用人力物力，扶植专业研究中心，以点带面，良性发展。我国基督教研究不应走封闭式的老路，而应与国际上有关研究机构与专家学者开展交流，或者进行双边、多边的合作研究。在国内也应加强专业研究人员之间的交流，形式可以多种多样。此外，专业人员也应加强同史学、哲学研究人员的合作与交流。

（三）关于伊斯兰教研究

我国的伊斯兰教研究尚未覆盖其全部领域。在史学方面，虽然有一、二部通史，但还没有断代史、专门史。特别需要写出一部有见地的哲学史和派别发展史。至于文化史，还只能是翻译他人的著述。在教义方面，中世纪至现代的许多优秀名著，至今没有汉译本。这也是我国研究人员在哲学义理研究上踏步不前的原因。关于宗教伦理的研究，当前还是一片空白。什叶派的研究、苏非主义和苏非教团的研究，投入的力量也很不够。伊斯兰世界其实也是一个多样化的世界。对于世界伊斯兰教，我们的研究宏观审视多，微观把握少。我们有通史著作、概论著作，但是，我们没有国别史，特别是东南亚国家（如马来西亚、印尼、菲律宾等）的伊斯兰教，还没有进入专业研究人员的视野。苏联解体后，中亚国家伊斯兰教的动向也是必须予以关注的。

中国伊斯兰研究近十几年取得了丰硕的成果。而这些成果也主要表现在史学方面。中国伊斯兰教史、门宦教派史是有大部头著作的。至于其他领域的研究则不太深入。在义理方面，有些文章和书籍见解独到，但还缺少架构宏伟的巨著。中国历代王朝的伊斯兰教政策以及穆斯林社会的回应，这样的课题还没有人去研究。中国伊斯兰教有很厚重的文化积淀。从文化层去研究它，不久前还是一个禁区。中国伊斯兰教现状的调查与研究是有待加强的一个领域。因为敏感性较大，所以成果就不多。学术上的这种反比关系，古今中外概莫能外。在中国伊斯兰教研究上还有一个“中国化”的问题。这是一个存在争论的问题。一派认为，伊斯兰教在中国的传播与发展确定无疑地使其中国化了。其主要标志是在中国伊斯兰教内创制了中国伊斯兰教义学体系。这同时是中国伊斯兰教的特色。另一派认为，伊斯兰教就是伊斯兰教，决没有某个国家的伊斯兰教，以宗教的普世性否定宗教的个性。

国外伊斯兰教研究可分为两种类型:一是穆斯林世界的研究;二是西方世界的研究。前者多为“在教研教”者，但研究方法已经现代化。他们又可分为两类：一是在宗教机构内或在附属于宗教机构的研究实体内，一是在社会性大学内或在附属于社会性大学的研究实体内。在穆斯林世界的伊斯兰教研究，以埃及、摩洛哥、黎巴嫩、土耳其为最著名。伊朗是什叶派研究的中心。在东南亚，马来西亚则正在开展“回儒对话”的研究活动，在意识形态领域已经初步形成了回儒思想协调的氛围。这些国家的研究仍局限在传统领域即历史、文化、艺术的范围内。在西方世界，关于伊斯兰教的研究，多为战略研究，重点是对策性、预测性的问题。因为他们已经完成了对伊斯兰教历史学和哲学的把握。西方世界的伊斯兰教的研究力量多集中在大学里。美国、加拿大、英国对于伊斯兰教研究比较热心。俄罗斯是中亚伊斯兰教研究的中心。

国内的伊斯兰教研究力量分为两大块：一是研究世界伊斯兰教，一是研究中国伊斯兰教。前者集中于北京、西安、昆明、乌鲁木齐、昆明等地，人数不多。后者集中于北京、银川、兰州、西宁、西安、乌鲁木齐、昆明等地，人数稍多于前者。就世界伊斯兰教的研究而言，除加强重大的基础性课题研究外，应同国际特别是西方世界的研究接轨。把研究重心移于原典的后生命力上，即着重研究伊斯兰教与国际政治的关系，完成对伊斯兰教的政治学和社会学的把握。换句话说，我们必须跨越几个环节，舍弃应该舍弃的东西，在国际政治生活层面对伊斯兰教进行应对和预测研究。我们也应该联系儒家文明和基督教文明，对伊斯兰文明进行再审视。国际上伊斯兰教研究的热点问题也应该是我们的热点，这样的热点大概有以下几个：历史、教派史、清代、中国化、同传统文化关系、同民族关系等。关于教史的研究，今后大概会清静下来。人们的注意力将集中在中国伊斯兰教哲学文化等层面的开拓上，并可能形成三个热点：(1) 同传统文化的关系，(2) 同民族的关系，(3) 同社会主义社会相调适问题。

我国伊斯兰教研究力量相对比较集中，但是还存在各自为战、信息不通的弊端。资金投入太少，而且不能集中使用于有重大意义的基础性研究和应用性研究上，在规划中立项并得到资助的项目，也有的拖后或难以完成的情况。今后应该合理配置科研力量，把有限资金投入一两个学科建设和社会急需的课题上，使伊斯兰教研究攀上一个新高峰，这才是有意义的。

（四）关于道教研究

综观十多年来的研究成果，可以说道教研究又有了长足的进步，开拓了新领域，登上了新台阶。道教研究是从历史和哲学两个学科中分化出来的。经过学者们十余年的努力，它已在历史、经书整理与研究、概论通论等三个方面，奠定了厚实的基础，已发展成为独立的学术专业。但是，整体发展水平还很不平衡。比如道教与传统文化关系的研究、神仙信仰的研究比较薄弱。

国外道教研究以英、法、日的研究力量较强。英国的李约瑟从科技史角度研究道教，通过道教的有关材料，在矿物、冶炼、天文、医学、化学等领域取得了重大的成果。法国学者主要从社会学、文化人类学角度，研究道教的斋醮科仪、法术等。日本对道教的研究在60年代形成高潮。在历史、思想、文献等方面都有重要的成果问世。他们甚至说，道教在中国，但道教研究在日本。

在道教研究领域，国内研究近十余年来一直处于优势的地位。这主要表现在对道教整体的正确认识和对道教思想理论的准确理解两个方面。

这一研究领域也存在着不少困难。在人才的培养上，应多发挥专业人员的积极性。资金投入较少，难以系统深入地开展工作。如对《道藏》及《藏外道书》的汇总整理、对明清和近现代道教的研究等，皆因缺乏资金还只能停留在计划上。同其他人文、社会科学学科比较，道教研究在整体水平上还不够深入，站在中国历史、文化的大背景中去考察道教的文化意义及其变化轨迹者极少。道教本来就有“杂而多端”的特点，所以有的论述者偏执于某些方术，满足于所谓揭秘。他们并未意识到研究道教有一个学术价值准则问题。

关于未来的道教研究，有如下建议：

（1）资料整理。必须投入足够资金进行这一工作。如果完成，将会使研究工作有突破性进展。

（2）加强明清时期道教的研究。

（3）从学科建设角度看，道教研究的进一步开展，将是以横向拓宽视野为前提的纵向深入。实际上，在历史上并不存在一部独立的道教史，学术研究要深入，则研究者对宗教学其他专业的了解必须加强。为推动这个深入发展的大势，对现阶段专业人才培养的不合理现象，有必要作一些调整，以便更好地发挥像中国社会科学院世界宗教研究所这样的科研机构在横向拓宽视野方面的优势，发挥专业学者学科带头人的作用。

（五）关于民间宗教研究

综观十多年的研究成果，可以认为民间宗教研究已经奠定了扎实的基础，发展成为独立的学术专业。

国外关于民间宗教的研究，日本开展得最早。此外，法国、德国、前苏联也有学者从事这项工作。港台地区的研究，在现实民间宗教及追溯源流等方面，也取得了一定的成绩。在民间宗教研究领域，国内学术研究的崛起，大有后来居上之势。这主要表现在两个方面：调查和档案材料的利用，以及在历史、文化、社会的整体背景中进行考察，因而有突破性成绩，为世界瞩目。

这一研究领域也存在一定困难，关于人员培养还缺乏专业途径，尚未设置博士点，研究人员老化，后继乏人现象一时也很难彻底解决。

（六）关于当代中国宗教的研究

当代中国宗教的研究属于应用性研究。这一学科难度大，敏感性强。正确对待和处理宗教问题，是建设有中国特色社会主义的一个重要课题，对保持国家稳定、加强民族团结、推进社会主义“两个文明”建设、维护世界和平，都具有非常重要的意义。当代中国宗教研究今后要以“宗教在社会主义社会中的位置与作用”、“宗教与‘两个文明’建设的关系”、“宗教与民族团结、社会稳定的关系”等问题为研究重点。

当前，主要困难与问题有：

（1）研究人力少且分散，研究素质相对其他宗教学科较低。

（2）主要成果虽有一定数量，但高质量的、对社会具有广泛深刻影响的著作不多。

(3) 科研手段落后，资金投入不足。

(4) 仍有一些思想禁区和阻力存在，导致理论研究严重滞后。

关于宗教与社会主义社会相调适的问题是当代中国宗教研究的一个重头戏。从另一角度说，也就是要对中国宗教现状进行理论的把握。目前有三种意见。

一种意见认为，社会主义社会里的宗教只能是旧社会遗留下来的意识形态，在社会主义社会的上层建筑体系中，没有宗教的任何地位。对于社会主义社会，宗教始终只能是多余之物。这是少数派的见解。

多数派意见认为，宗教能够也必须同社会主义社会相协调、相适应。有人说，在当今条件下，宗教的社会政治状况已发生了根本性变化，不再是旧的半封建半殖民地社会上层建筑的残余，而是社会主义社会上层建筑的组成部分。不仅宗教实体、宗教文化可以为社会主义经济基础服务。而且宗教思想信仰体系中的积极精神也可以为社会经济基础服务。

第三种意见认为，在社会主义社会里，宗教是社会结构中的一个子系统。宗教在社会主义社会是一种结构性存在。宗教无疑是一种文化现象，但更能表现其本质属性的是信仰体系。宗教能够也必须同社会主义社会相调适。这种调适决不是两者的完全合一。它还存在不相协调、不相适应的部分与因素。至于强调什么，那是另一个问题——一种技巧，一种功利主义。

（七）关于宗教学原理研究

宗教学原理研究近十多年来的发展，对于宗教学术界、宗教工作部门、宗教界以及一般文化学术界加深对宗教的认识，产生了重要的作用。它不但为宗教研究提供了新视角、新方法和新观念，促进了研究的深入和认识的全面化，在社会上盲目的“宗教热”中，还有助于人们以冷静、严肃和理性的态度去审视宗教问题。

80年代初期对于“宗教是人民的鸦片”的讨论，从看似对立的两种观点逐步走向了认识的一致与深化，即反对过去对这句话语的极左的和片面的理解，为全面认识宗教功能和信仰自由政策作出了合理的论证。

如果说过去把宗教等同于反动的政治观念是对宗教进行学术研究和全面认识的最大障碍和思想禁锢，那么，近年来得到广泛认同的宗教是文化（是构成民族文化的重要内容）的命题，则有利于思想解放，有利于在更高层面上把握宗教。从文化层面认识宗教是当前本学科的热点之一。

关于宗教与现实社会相适应或相协调的问题，是本学科的另一个热点。关于这一问题，本学科关注的，是其基本理论的建树。如果坚持从宽松的、积极的、法制的、发展的观点去研究这一问题，那么就肯定会得出有利于社会安定、减少矛盾，有利于双方健康发展的结论。

近期，研究宗教学原理的一些学者提出中国宗教改革的问题。这是一个难点。这一问题的提出有其重要的现实意义。

宗教学原理研究目前存在的问题是：

（1）研究机构少、人材奇缺且后继乏人。在已有的研究机构中，研究人员多从事佛、道、基督、伊斯兰各教的研究，研究宗教学原理的人很少。在具体宗教研究上，多从文化的、历史的层面展开，采用宗教社会学、宗教心理学、宗教哲学等方法对其进行比较研究者就更少。

（2）学科本身比较薄弱，而且还有空白领域。宗教社会学处于起步阶段，宗教心理学几无进展，宗教人类学虽有一定的资料积累，但缺乏系统的整理。宗教哲学总体的或比较的研究仍付阙如。宗教现象学则属于空白学科，迄今无人专门研究。

（3）系统规划不够、联系实际不够。由于人员不足，本学科的研究很难进行可操作的系统规划，既无法补齐缺门，又无力组织攻关。由于客观和主观条件的限制，本学科总的研究基本上还处于资料和理论的准备阶段。虽有联系社会实际的努力，但同实际需要有相当差距。

为了完成本学科的基本建设，为了联系实际更加深入的开展研究，特提出如下建议：

（1）加强研究人员的培养和研究机构的建设。这首先要彻底改变本学科人材梯队的“倒金字塔”现象（即水平和年龄较高者多于较低者的结构），增加本专业硕士生和博士生的人数。

（2）鼓励有志于宗教学原理研究的人员进入专业研究部门，特别是上述薄弱的和空白的分支学科，如宗教社会学、宗教心理学、宗教人类学、宗教现象学和宗教哲学。

（3）资金投入要给予适当的倾斜。

（4）加强规划，鼓励对学科建设有重大意义的基础性课题以及社会实际需要的前沿性课题的研究。

（本文是1995年受全国哲学社会科学规划办公室委托提交的一份研究报告，由吴云贵主持撰写，宗教学规划组成员和中国社会科学院世界宗教研究所部分研究人员参加执笔和讨论，一些地方的宗教研究机构和人员提供了帮助）

继往开来，开创宗教研究新局面

——纪念中共中央《关于我国社会主义时期
宗教问题的基本观点和基本政策》发布十五周年

戴康生

我国是一个多民族多宗教的国家。我们党从民主革命到社会主义革命，一直十分重视宗教问题。根据马克思主义的宗教观及我国的具体国情，在实践中逐渐形成了党对宗教工作的一系列方针政策，曾相应制定过宗教信仰自由的条例与法规。但五十年代后期，由于“左”的错误路线的干扰，阶级斗争扩大化倾向波及到宗教领域，党对宗教的正确政策开始偏离马克思主义科学轨道。十年“文革”时期，宗教被视为阻碍社会进步的消极因素，成了扫“四旧”的对象，关闭了宗教活动场所，解散了宗教组织，将宗教界人士乃至信教群众作为社会异己力量打成牛鬼蛇神，连党的宗教工作也被迫取消。随着“四人帮”的倒台，1978 年党的十一届三中全会开始了全面的拨乱反正，以邓小平同志为核心的第二代党和国家的领导集体重新提出了解放思想，实是求是的思想路线，一度被中断的党的宗教工作及宗教信仰自由政策全面恢复与落实。

1982 年 3 月 31 日党中央发表了《关于我国社会主义时期宗教问题的基本观点和基本政策》的重要文件（下简称“文件”），系统全面地总结了建国以来党在宗教问题上正反两方面的经验教训，科学地阐明了党在社会主义时期对待与处理宗教问题的基本观点和基本政策。这个指导我国社会主义时期宗教工作的马克思主义纲领性文件，不仅标志着我们党对宗教问题在指导思想上完成了拨乱反正的历史任务，也表明我们党和国家关于宗教的理论与政策更加完善与成熟。

文件发表后，在1991年又颁发了《中共中央、国务院关于进一步做好宗教工作若干问题的通知》；1994年国务院又相继颁布了关于宗教的两个行政法规：《中华人民共和国境内外国人宗教活动管理规定》、《宗教活动场所管理条例》，从而形成在新时期一套对待与处理宗教问题行之有效的方针、政策，并成为邓小平建设有中国特色社会主义理论的重要组成部分。实践证明，15年来，从中央有关宗教问题文件的发表到近年中央领导同志一系列有关的重要指示精神，我们党和国家在宗教工作中已走出了一条具有中国特色的正确道路。

一

文件是解放思想，一切从实际出发，实事求是思想路线在宗教问题上的生动体现。粉碎“四人帮”后，我们国家进入了新的历史发展时期。当时我国各条战线百废待兴，要处理的问题千头万绪，任务繁浩而艰巨。我们党不失时机，较早地把宗教问题提到重要的工作日程，1982年3月党中央书记处专门作了研究，通过对历史经验的总结，形成了这个文件。中央认为，通过对宗教问题的总结，从中得到启发，推及至“其他各方面的工作，各地区各部门的工作，也都需要进一步系统地总结自己的经验”。（《三中全会以来重要文献选编》下，人民出版社，1982年第1142页）这反映了党中央对宗教问题及尽早恢复党的宗教政策的高度重视与关切。

文件首先实事求是地对我国的宗教现状及宗教的性质作出了科学的正确的评估与分析，指出在我国少数民族中由于历史的原因有大量的信教群众，但“在我国总人口中，特别是在占全国人口绝大多数的汉族中，信鬼神的人不少，而真正信教的人所占的比重是不大的；同解放初相比，现在信教群众的绝对人数虽然有所增加，而在全国总人口中的比重则又进一步有所降低。”（同上，第 1145 页）文件还指出，随着剥削制度和剥削阶级的消灭，经过社会经济制度的深刻改造和宗教制度的重大改革，我国“宗教存在的阶级根源已经基本消失”（同上，第 1144 页）发生了根本的变化，宗教问题上的矛盾已经“主要是属于人民内部的矛盾”。文件的分析是深刻的。一方面，它认为我国的宗教发展是正常的，并没有出现超常的“泛滥”。这个基本判断直到今天仍是适用的；另一方面，它指明我国宗教已发生了质的变化，同阶级对抗社会中的宗教不同，从总体和主流上说是能够同我国社会主义社会相适应的。

文件还实事求是地从正反两方面总结了我们党在建国以来宗教工作所经历的曲折道路，既肯定了前 17 年中宗教工作所取得的重大成就，也对 60 年代中期及林彪、江青反革命集团在宗教问题上所犯下的一系列罪行进行了清算，并指出了所造成的严重恶果。告诫全党和全国人民必须认真吸取经验教训，克服一切困难和阻力，勇于抛弃错误的东西，坚持正确的东西，使党的宗教政策和党的宗教工作回到马克思主义、毛泽东思想的正确路线上来，因为“我们在宗教问题上能否处理得当，对于国家安定和民族团结，对于发展国际交往和抵制国外敌对势力的渗透，对于社会主义物质文明和精神文明的建设，仍然具有不可忽视的重要意义。”（《三中全会以来重要文献选编》下，人民出版社，1982 年第 1146 页）

二

宗教有其发生、发展和消亡的过程，具有客观的规律性。

由于我国信教人口占全国总人口的比重不大，历史上没有出现过国家宗教，也不象西方国家宗教在社会生活中有举足轻重的地位；解放后在我国主导的意识形态是马克思主义，因此在人们中间对宗教难免有陌生或不全面的看法。特别是在“左”倾错误路线的影响下，一切以阶级斗争为纲，宗教不仅是“落后”、“愚昧”、“迷信”的标志，而且成了具有“反动”性质的政治问题。在许多人的脑子里，尤其是一些干部和不信教者中，都不同程度地存在着这种错误的认识。文件针对党内和社会上对宗教问题错误或片面的认识，分析了产生宗教深刻的社会原因，强调宗教有自身的规律性，明确指出宗教“只有经过社会主义、共产主义的长期发展，在一切客观条件具备的时候，才会自然消亡”，（同上，第1144 页）。换言之，“这就是马克思、恩格斯所说的全部社会生活都处于人的有意识有计划的控制之下，摆脱一切异己力量支配的时代，也就是毛泽东同志所说的人们自觉地改造自己和改造世界的时代。只有进入这样的时代，现实世界的各种宗教反映才会最后消失。”（同上，第 1162 页）

事实也确实如此。宗教是人类史上一种最悠久而且是普遍存在的社会现象，世界上我们还找不到一个没有宗教的民族和国家。当然，对不同的地域或不同的历史时期，某种具体的宗教会出现消长起伏，但对宗教总体而言，在现今人类社会的条件下，可否说，它的发展具有一定的必然性、合理性和普遍性。既然宗教有其自身发展的客观规律，它就不是由人们的好恶、愿望、意志所决定的。人们只能努力地去认识和掌握这种规律，使之向着有利于社会进步的方向发展。对于宗教问题，我们既要认识它的客观规律，又要按照客观规律办事，即“尊重和保护宗教信仰自由”，“使全体信教和不信教的群众联合起来，把他们的意志和力量集中到建设现代化的社会主义强国这个共同目标上来”，为此，文件针对那种忽视客观规律，认为可以依靠行政命令或其他强制手段一举消灭宗教的想法与做法，严肃地指出这是“背离马克思主义关于宗教问题的基本观点的，是完全错误和非常有害的”。（同上，第1144页）

尊重事物的客观规律，不等于无事可做。在宗教问题上，有必要在全国干部和各族人民群众中开展学习与宣传马克思主义宗教观的活动，加深对宗教客观规律及宗教本质的认识，把对待与处理宗教问题的态度和行为统一到党的宗教方针政策上来。同时，针对一切违背客观规律，凭主观想法或行使命令的做法，要加强宗教方面的法制建设与依法对宗教事务进行管理，通过保护合法，制止非法，打击违法的法律手段，使宗教工作与宗教活动在健康的轨道上开展。在我国现阶段，宗教会有一定程度的发展，关键在于积极引导宗教与社会主义社会相适应。重在引导，是十分重要的，即创造条件，因势利导，做好思想教育工作和交朋友工作；通过摆事实讲道理，化解已经出现或可能出现的矛盾。引导工作是互动的，政府有关部门要做，爱国宗教团体也要做，这样才能取得积极效果。

三

文件强调我国宗教具有长期性、群众性、复杂性、民族性和国际性。

50年代李维汉等同志针对建国后在我们的干部中曾存在对宗教问题的急躁冒进情绪，为了统一党内同志的认识，在调查研究的基础上，曾就我国宗教的基本特性提出过自己的看法，得到毛泽东同志为核心的党中央的高度评价。其后，在1958年的第五次全国宗教工作会议的报告中，明确提出了我国宗教具有群众性、民族性、国际性、长期性和复杂性。1982年的这个文件重申了宗教的“五性”，而且用“务必要有足够的清醒的认识”，“必须充分估计到”，“具有不可忽视的重要意义”等字眼予以强调。

“五性”是对宗教所具有的社会特性的概括，它揭示了宗教运动进程中的特征。虽然“五性”并不是宗教所独有，也不是宗教的定义，但有其特定的内涵和针对性。认识宗教的“五性”，使我们在对待与处理宗教问题时，不仅要尊重宗教存在和发展的客观规律，还要考虑到宗教问题所涉及的方方面面的复杂关系，使工作做的更加审慎、扎实、冷静和周全，减少主观盲目性和片面性。

关于宗教的“五性”，近读叶小文同志的《当前我国的宗教问题——对宗教五性的再探讨》一文，(该文收集在叶小文《多视角看社会问题》一书中（中共中央党校出版社，1997年），并刊载于《世界宗教文化》1997年春季号、夏季号）很受启发。宗教是人类社会中比较特殊而又复杂的一种社会现象。它既是一种意识形态，是人类的一种精神生活；又是有组织的社会实体；同时宗教也是一种文化现象，是文化的重要载体。宗教纵贯古今，从横的方面说又连系着社会生活的各个层面，包括政治、经济、道德、法律、科学、教育、艺术、文学以至民族的风俗、生活方式等，对社会影响深远。因此，考虑和处理宗教问题时就要有政治观点、全局观点、长期观点、政策观点和法制观点。

宗教的“五性”正是提示我们，对待宗教问题千万不要忽视这些观点。宗教的长期性，就是告诉人们即使在社会主义条件下，宗教还会作为一部分人的精神生活需要而长期存在，这是正常的。对待与处理宗教问题，既要从实际出发，也要从服务于以经济建设为中心，有利于改革、发展、稳定，国家的长治久安的大局着想。一定要把尊重和保护宗教信仰自由，作为一项长期的、基本的国策来对待，丝毫不能含糊。

宗教的群众性，就是告诉人们这样一个客观的基本事实：在我国有1亿以上的人民群众信仰宗教，他们与不信教群众的根本利益完全一致，都是社会主义事业依靠的基本群众，是国家的主人。宗教信仰是信教群众精神世界问题，是个人可以自由选择的私事。尊重与满足他们宗教信仰的要求，直接关系到千千万万群众的实际利益，牵动着他们的情绪与心声。换言之，正确对待宗教问题实质上也是正确对待群众的问题，是群众观点的体现。在某种意义上讲，宗教工作就是群众工作。

宗教的民族性表明，宗教问题与民族问题密切关联。我国是由56个民族组成的大家庭，其中55个少数民族较集中地居住在64％的国土上，大约半数以上的少数民族是多数人或基本上全民信教。民族与宗教既有可分性又有不可分性。说可分性，因为民族与宗教是两个不同的范畴，宗教不是构成民族的先决条件和本质特征，混淆为一是不科学的。但历史上宗教又与民族的生活方式、传统文化、心理感情、风俗习惯等交织在一起。宗教的神圣性往往被视为该民族具体利益的象征与体现，特别在基本上全民信奉某一种宗教的民族，宗教容易成为民族凝聚力、号召力的一种手段，被某些民族或宗教势力所利用，触发、演变为政治的或民事的争端。这样，宗教问题与民族问题又呈现出不可分性。一旦民族问题通过宗教形式表现出来，就增加了问题的复杂性。因此，在对待与处理这方面问题时要有很强的政策观点。在错综复杂的情况下，需要冷静分析，区别对待。“要善于具体地分析各个民族和各种宗教的不同情况，善于体察民族问题与宗教问题的区别和联系，并且正确地加以处理”.（《三中全会以来重要文献选编》下，人民出版社，1982年，第1157页）在执行中央政策时，一定要从实际出发，实事求是，是什么问题就解决什么问题。在反对民族分裂主义的斗争中，要高举维护人民利益、维护法律尊严这两面旗帜，警惕和反对任何利用宗教狂热来分裂人民，破坏各民族团结进步的言行。同时，要切实尊重和保护群众的宗教信仰自由，争取与团结广大信教群众和爱国宗教界人士，孤立、打击极少数利用宗教进行民族分裂、违法犯罪的不法分子。

国际性就是如同文件所指出的:“在我国宗教中占有重要地位的佛教、伊斯兰教、天主教宗教的和基督教，同时也是在国际上占有重要地位的几大宗教”，“都有广泛的社会影响”。在新的国际政治格局下，我国与各国人民的友好交往愈益频繁，在国际事务中的地位与作用日益增强，以更高、更宽阔的视野去观察与思考具有国际性的宗教问题，对于我国制定发展战略，参与国际事务，争取有利的国际环境，是十分必要的。我国现有的五大宗教，随着改革、开放的深入发展，国际交往日益增多，这对世界和平与增进各国人民的友谊合作具有重要的意义。事实已经证明，全面贯彻执行党的宗教政策及加强宗教界的对外友好活动，有力地支持了我国建设有中国特色的社会主义事业，有利于扩大我国的政治影响，促进了我国的对外经济合作与文化交流，增进了各国人民的友谊团结，打击和孤立了国际上某些反华敌对势力的政治图谋。同时，有大量事实表明，国际反华敌对势力利用宗教问题，作为进行“西化”、“分化”的突破口，这已成为当今世界资本主义同社会主义两种社会制度进行斗争的一种重要辅助手段；国际宗教反动势力也在利用各种机会，妄图实现“重返中国大陆”的梦想。对此我们也不能丧失警惕。

宗教的复杂性表明，宗教是人类社会中一种比较特殊而复杂的社会现象。它涉及到人类自身较为复杂的精神世界问题。宗教是社会的产物，宗教问题归根到底要还原为社会、人与人的社会关系，正如马克思所说：“人就是人的世界，就是国家、社会。”（《马克思恩格斯选集》第1卷，人民出版社，1972年，第1页）在社会中，宗教具有心理调适、社会整合、社会控制、个体社会化、人的相互认同、文化和交往等社会功能。由于宗教本身二重性的矛盾特征，因此这些社会功能既具有正功能，也有与正功能相对应的负功能。（有关宗教的社会功能，参阅戴康生、彭跃：《社会主义与中国宗教》，江西人民出版社，1994 年，第 64—70 页）宗教的复杂性，还表现在我国的五大宗教在发展演变进程中有许多共同的特点，也有各自不同的个性；每种宗教在不同的民族与地区中发展又是不平衡的、多样的。在民间，还存在着准宗教的民间信仰及与宗教有严格政策区别的封建迷信活动。此外，宗教与社会、宗教与民族、宗教观念同占主导地位的社会主义意识形态、宗教传统与现代化、宗教活动与市场经济、宗教群体内部、宗教与各种利益群体之间都有可能发生矛盾。这就是它的“复杂性”。

宗教的“五性”说，是经过长期宗教工作实践总结出来的，对宗教问题的拨乱反正起过重大的作用，已为大多数人所共识。近年来，有的同志在宗教的“五性”外又提出一些特性，如“欺骗性”、“愚昧性”与“落后性”，意在指出人们信仰宗教的认识论根源及提示人们克服宗教的消极社会影响。我们认为这种提法不符合文件精神，同时，作为对宗教总体的把握，显然也是片面的。过去我们曾把信仰宗教只归结为经济的落后、科学文化的不发达，但事实上在当今许多发达国家，信仰宗教仍是一种普遍的社会现象，不仅人数众多，其中还不乏有社会精英与科学家。据报道，通过调查发现在美国仍有 40%的科学家相信上帝和灵魂存在。令人惊奇的是，这一比例居然与 80 年前的调查结果相同。在我国经济文化发展水平相对较高的某些沿海省份，宗教也还在一定程度上有较大发展。这些情况又作何解释？今天，我国宗教与社会主义社会相适应是主流（不相适应的一面是次要的），广大信教群众有着爱国爱教的优良传统，积极参与社会主义两个文明的建设。若把宗教说成具有欺骗性、落后性与愚昧性，势必伤害宗教界和信教群众的感情，不利于政治上的团结与调动他们投身于社会主义事业的积极性。

四

我国的宗教信仰自由政策是真正符合人民利益的唯一正确的宗教政策。

文件依据马克思主义宗教观，结合中国的具体国情，科学地制定了我国的宗教信仰自由政策，并对宗教信仰自由的含义作了全面的、准确的解释："每个公民既有信仰宗教的自由，也有不信仰宗教的自由；有信仰这种宗教的自由，也有信仰那种宗教的自由；在同一宗教里面，有信仰这个教派的自由，也有信仰那个教派的自由；有过去不信教而现在信教的自由，也有过去信教而现在不信教的自由。"（《三中全会以来重要文献选编》下，人民出版社，1982年，第1148页）文件强调指出，宗教信仰自由政策的实质，就是要使宗教信仰"成为公民个人的私事"。对社会主义国家政权来说，"绝不能被用来推行某种宗教，也绝不能被用来禁止某种宗教，只要它是正常的宗教信仰和宗教活动"；对宗教而言，绝不允许"干预国家行政、干预司法、干预学校教育和社会公共教育，绝不允许强迫任何人特别是十八岁以下少年儿童入教、出家和到寺庙学经，绝不允许恢复已被废除的宗教封建特权和宗教压迫剥削制度，绝不允许利用宗教反对党的领导和社会主义制度，破坏国家统一和国内各民族之间的团结。"（《三中全会以来重要文献选编》下，人民出版社，1982年，第1149页）当前，宗教工作的基本任务依然是坚定地贯彻执行党的宗教政策，巩固和扩大各民族宗教界的爱国政治联盟，团结全体信教和不信教群众，把他们的意志和力量集中到建设现代化的社会主义强国这个共同目标上来。这也是我们对待与处理一切宗教问题的根本出发点和落脚点。

我们党和国家的宗教信仰自由政策有以下几个特点：

1. 这是一项党和国家对宗教问题的基本政策，决不是临时性的权宜之计，更不是什么表面文章，具有稳定性和长期性。因为它是符合全国人民的根本利益与全国各族人民共同建设社会主义现代化强国的战略目标

2. 宗教信仰自由政策是一整套十分完备的政策。它不只是对信教群众讲的，保障人民有信教自由，也同样保障人民有不信教自由，适用于全国人民；同时政策考虑到各方面的复杂情况，作到政策性与灵活性的高度结合。如明确指出马克思主义同任何有神论在世界观上是对立的，但在政治行动上，马克思主义者和爱国的宗教信徒完全以而且必须结成“为社会主义现代化建设共同奋斗的统一战线”；共产党员要做坚定的无神论者，在世界观上同宗教信仰划清界限，不得信仰宗教和参加宗教活动，但在那些基本上是全民信教的少数民族中，要在生活中尊重和适当随顺民族的风俗习惯；既要积极开展宗教方面的国际友好往来，又要坚决抵制外国一切宗教敌对势力的渗透；学术界要尊重宗教界的思想信仰，宗教界要尊重学术界对于马克思主义的宗教理论的研究和宣传活动；贯彻宗教信仰自由政策同政府依法加强对宗教事务的行政管理与监督是一致的，不能对立起来；坚持党的宗教信仰自由政策，同在广大人民群众中，特别是青少年中进行辩证唯物主义与历史唯物主义科学世界观、马克思主义宗教观的宣传教育是一个问题的两个方面，不能对立起来；既要保护一切正常的宗教活动，又要坚持打击在宗教外衣下的违法犯罪活动以及取谛各种不属于宗教范围的、危害国家与人民利益的迷信活动，等等。

3. 在我国坚持实行独立自主、自办教会的原则，反对境外势力干预我国的宗教事务。

4. 在我国争取、团结和教育宗教界人士，有计划地培养和教

育年轻一代的爱国宗教职业人员，充分发挥爱国宗教组织的作用，是宗教工作的重要内容之一，也是贯彻执行宗教政策的重要组织保证。

5. 加强党的领导，是贯彻政策的根本保证。一切有关部门统一思想、统一认识、统一政策、分工负责、密切配合，是做好宗教工作的关键。

五

15 年来丰富的实践，充分证明了文件所阐述的社会主义时期我们党关于宗教问题的基本观点与基本政策是完全正确的。同时在建设有中国特色社会主义理论指导下，我们党还不断及时地总结新经验，研究新情况、新问题，充实和发展了文件的精神。中央领导同志一再指出，“民族、宗教无小事”，“必须坚持维护人民利益、维护法律尊严、维护民族团结、维护祖国统一的原则”。强调无神论者和宗教信仰者在政治上、经济上的根本利益是一致的，处理同宗教界朋友们的关系时，要做到“政治上团结合作，思想信仰上互相尊重”，鼓励宗教界人士走“爱国爱教，团结进步”的道路。

江泽民同志在 1993 年一次重要的会议上提出，在宗教问题上要强调三句话：一是全面、正确地贯彻执行党的宗教政策，二是依法加强对宗教事务的管理，三是积极引导宗教与社会主义社会相适应。这三句话高度概括了党的宗教政策的精神实质，进一步从整体上指明了在社会主义时期对待与处理宗教问题必须坚持的原则，具有重要的理论意义与指导实践的现实意义。

宗教与社会主义社会相适应是主要方面。不相适应虽是次要方面，但也客观存在。因此，在宗教与社会的互动中，一方面全社会都要认真贯彻好党的宗教政策，国家依法对宗教事务进行管理；另一方面，不要求宗教信徒放弃有神论的思想和宗教信仰，而是要求他们在政治上热爱祖国，拥护社会主义制度与共产党的领导，把宗教活动纳入宪法和法律的范围，按国家的方针政策办事，利用宗教教义、教规和宗教道德中的某些积极因素为社会主义社会服务。事实已经证明，我国宗教作为整个社会有机体的一个组成部分，必须而且能够同社会主义社会相适应。这是历史的必然要求，也是时代潮流的走向。

六

文件为我国宗教理论研究指明了方向，开辟了前进的道路。

打倒“四人帮”，结束“文革”，被中断的宗教研究工作始得恢复。“文革”中宗教方面是重灾区，马克思主义关于宗教问题的科学理论在“左”的错误路线干扰下也被践踏得面目全非，因此，正本清源的任务极其繁重。文件明确指出，“用马克思主义立场、观点、方法对宗教问题进行科学研究，是党的理论工作的一个重要组成部分”（《三中全会以来重要文献选编》下，人民出版社，1982年，第1161页）给宗教理论工作者以极大的鼓舞。文件关于宗教问题的基本观点的阐述为宗教理论研究者指明了解放思想、转变观念、实事求是，理论联系实际的大方向。正是在文件精神的指引和推动下，理论界举行了一系列具有重要意义的学术讨论，这就是关于宗教本质及宗教社会作用的讨论；宗教与社会主义社会相适应问题的讨论；宗教与传统文化的讨论；宗教文化的价值与意义的讨论等。通过这些讨论，批判了“四人帮”“左”的错误路线，解放了思想，统一了认识，并开始形成宗教理论学习和研究的空前活跃的新局面。当前，宗教理论界对社会主义市场经济下宗教的定位及发展趋向，宗教在社会主义时期与上层建筑、经济基础的关系，宗教与现代化，宗教与社会主义精神文明建设的关系等问题愈益关切，宗教理论研究正在深入地开展。理论的源泉来自丰富的社会实践，在建设有中国特色社会主义这一前无古人的伟大事业中，理论工作者大有可为。在宗教领域，需要我们能够准确地把握不断变化着的客观实际，敏锐地发现并潜心研究现实问题，不断地研究新情况，总结新经验，探索新思路，解决新问题，开创新局面。这是党和人民对我们理论工作者的期望，也是时代的要求，任重而道远。

要完成这个艰巨而繁重的任务，需要有人才和机构组织上的保证。文件指出，“建设一支用马克思主义武装起来的宗教理论研究工作队伍，努力办好用马克思主义研究宗教问题的研究机构和大学的有关专业，是党的理论队伍建设的一个不可缺少的重要方面”。(《三中全会以来重要文献选编》下，人民出版社，1982年，第1161页）回顾走过的15年，在宗教研究的机构设置，队伍建设方面，已经取得了突破性的进展。“文革”前，在毛主席亲自建议下，原哲学社会科学学部（中国社会科学院前身）成立了世界宗教研究所，机构只此一家，队伍二、三十人。如今全国有四个系统（社科、高校、国家政府有关部门、宗教界）近40个单位设有宗教研究机构，著名大学开设了宗教系及宗教专业，已形成了约500余人的专业研究队伍。全国及地方还相继成立了各种民间学术团体或研究会，开展多种形式的宗教研究活动。各机构虽规模不等，在研究角度、领域、方法及成果形式、流通渠道及社会影响上有差异，但各具优势，相互协作，取长补短，推动了我国宗教研究向纵深发展及总体水平的提高。

现在宗教学在我国已形成一个单独学科，其分支学科几乎已扩及到宗教学的各个领域。15年间宗教研究的学术著作及出版物数量可观，硕果累累。仅中国社会科学院世界宗教所就出版或发表了学术专著180部，译著70部，论文近千篇，辞典15种，出版期刊132期，还有各种普及读物、调研报告及整理编辑的大型学术资料数十种。各类获奖作品19项，其中有《中华大藏经》、《中国佛教思想史》、《宗教学通论》、《中国民间宗教史》、《基督教史》、《中国道教史》、《伊斯兰教史》、《佛教史》、《中国禅宗通史》等。就全国而言，这些成果只是其中的一部分。可以说，我国宗教研究工作已打开了前所未有的局面，呈现出蓬勃发展的良好势头。

江泽民同志指出："社会科学研究方向正确与否，社会科学发展状况如何，对人们的思想意识和道德风尚，对经济建设，对社会的稳定和发展，都会产生巨大而深刻的影响"。在推进建设有中国特色社会主义事业的伟大进程中，宗教理论研究是不可缺少的，它的成果能直接为党和政府的决策服务，为两个文明建设服务。党的十四届六中全会关于加强社会主义精神文明建设若干重要问题决议中也明确地向我们提出了任务："在加强民族团结、维护祖国统一的教育中，要坚持党的民族政策和宗教政策，宣传马克思主义民族观和宗教观"。当我们重温1982年党中央发布的《关于我国社会主义时期宗教问题的基本观点和基本政策》这一重要文件时，面对党和人民的重托与期望，我们一定要增强信心，百倍努力，在宗教理论研究工作中勇于探索，刻苦钻研，扎实工作，多出精品，多出人才，努力做出新的贡献，开创新的局面，只有这样，才能无愧于我们的时代。

宗教是什么?

——宗教的本质、基本要素及其逻辑结构

吕大吉

一

对于一个像宗教那样的复杂而又庞大的对象，用一两句话清楚明白地下个定义，那是一桩很难做到的事。古今中外宗教品种繁多，情况千差万别，一个专业学者虽穷毕生之力也难窥其全貌；更难升堂入奥，曲尽其妙。如果执意要对宗教下个断然的判断，说它是什么，难免会闹出瞎子摸象似的笑话。科学的宗教定义必须揭示一切宗教必然具有的本质规定性，使之适用于一切宗教。但学者越是对古往今来的各种宗教有广泛的了解，就越是感到难以做到这一点。无论我们从那一方面来确定宗教的本质和涵义，似乎都可以找到例外的情形。特别是近百余年来，随着宗教学术研究的发展，宗教学者从不同的立场和角度，应用不同的观点和方法去研究宗教，他们笔下的宗教定义展现出了千姿百态的多样性。近代宗教学的奠基人弗雷德里赫·麦克斯·缪勒（Friedrich Max Müller 1823—1900）谈到这种状况时使用了这样的措辞：

各种宗教定义从其出现不久，立刻就会激起另一个断然

否定它的定义。看来，世界上有多少宗教，就会有多少宗教的定义，而坚持不同宗教定义的人们之间的敌意，几乎不亚于信仰不同宗教的人们之间的对立。[①]

此种宗教定义多元化的趋势，近年来在我国的宗教研究者之中也有所表现，他们对此问题也有不同的意见。我认为，这种众说纷纭的情况，并非什么"混乱局面"，而是宗教研究日趋深入，对宗教的理解更加全面的反映。企图"一劳永逸"地作出了断，既无必要，更无可能。学者的任务应该是认真研究这种多元化的趋势，分析各种宗教学说的内容，取其所长，避其所短，使我们对此问题有一个更加全面、更加深入、更为准确的理解。这种研究不是终结不同意见的讨论，而是把这种讨论推向更新的境界和更高的水平。

回顾宗教定义多元化的历史过程是必要的，但如想对各种说法一一展开分析却是不可能的，本文选择的做法是在众多的学说中抓住几种最有影响和代表性的主张进行必要的分析。

在近代宗教学中，有三种研究方法最有影响，一是宗教人类学和宗教历史学，二是宗教心理学，三是宗教社会学。它们对宗教的本质和基本特性的看法各有侧重，在此基础上对宗教提出了不同的界说。宗教人类学和宗教历史学一般强调以宗教信仰的对象（神和神性物）为中心来规定宗教；宗教心理学则着眼于宗教信仰者个人内心世界对神或神性物的内在体验；宗教社会学则往往以社会为中心来看待宗教，把宗教对于社会生活的影响和功能视为宗教的核心和基础。可以这样概括：在把握和规定宗教的本质问题上，第一种是以宗教信仰的对象（神或神性物）为中心；第二种是以宗教信仰的主体（人）为中心；第三种则是以宗教信仰的环境（社会）为中心。

---

① 弗·麦·缪勒：《宗教的起源和发展》，1972年印度重印版，第21页。

第一种主张：以神或神性物为中心来规定宗教的本质。

各种传统的制度化宗教显然是以对神灵的信仰和崇拜作为所信宗教的核心的。如果我们问一个犹太人：什么是宗教？他会说：宗教就是对上帝耶和华的信仰。如果问的是基督徒或穆斯林，他则会把对上帝、基督或真主的信仰作为宗教的核心内容。各个地区、各个时代的宗教都把对神灵的信仰和崇拜体制化了。所不同者，只是他们赋予神的神性各有不同的特点而已，中国历史上的宗教也不例外。

我们现在常用的"宗教"一词，源于西文"Religion"，意义广泛，主要意指对神道的信仰。尽管"宗教"为外来词，但我国古籍上亦有类似的说法。神道设教的思想，古已有之，它是把宗教理解为用鬼神之道来教化人民。《礼记·祭义》说："合鬼与神，教之至也"。其意是说，对鬼神的信仰与崇拜，是教化人民的至理。我国近代有些学者仍根据这个传统来解释"宗教"的涵义：宗者本也；宗教者，有所本而以为教也。他们所谓的"本"，即本诸神道。这是"神道设教"的另一种说法。

19世纪末、20世纪初的近代西方宗教学以宗教人类学和宗教史学为主流，学者们着重研究人类历史上宗教的形成和演进。传统宗教以神道信仰为中心的历史事实，使宗教学者自然倾向于把宗教理解为某种以神道为中心的信仰系统。但由于学者们逐渐积累了世界历史上各种神道宗教的经验事实，对它们进行比较性的研究，这就促使宗教学者们超出特定宗教的神道，把各种各样的宗教信仰对象抽象化、一般化，使用"无限存在物"、"精灵实体"或"超世的"、"超自然存在"之类抽象的哲学概念来表述，使之适用于世界历史上的各种宗教体系。麦克斯·缪勒、爱德华·伯尼特·泰勒（Edward Burnet Tylor 1832—1917）、赫伯特·斯宾赛（Herbert Spencer 1820—1903）、詹姆斯·乔治·弗雷泽（James George Frazer 1854—1941）……等人的宗教观是这方面的典型。麦克斯·缪勒认为人们产生宗教意识的种子，乃是人们对有限物背后的无限存在物的追求，因此，所谓宗教就是对某种无限存在物的信仰。[1]在爱德华·泰勒看来，宗教发端于万物有灵的观念，因此，他对宗教所下的定义就是“对于精灵实体的信仰”[2]。泰勒关于宗教的本质和定义的观点是根据他对原始宗教的研究作出来的，没有概括出其他宗教信仰系统的特点，所以，他以后的弗雷泽便提出了更概括的说法，认为宗教是对超人力量讨好并祈求和解的一种手段：“我说的宗教，指的是对被认为能够指导和控制自然与人生进程的超人力量的迎合或抚慰。”[3]奥地利宗教人类学家威廉·施米特（William Schmidt 1868—1954）虽然在宗教学说上持反对上述几位学者的宗教进化论的“退化论”观点，但仍以宗教信仰的对象（神）为中心来规定宗教的本质和定义。他在其《比较宗教史》一书中曾对宗教下了一个比较完整的定义：“宗教的定义，有主观与客观之分，从主观上来说，宗教是人对系属于一个或多个超世而具有人格之力的知或觉；根据这种知识或感觉，人与此力有一种相互的交际。从客观来说，宗教即是表现这主观宗教之一切动作的综合，如祈祷、祭献、圣事

① 麦克斯·缪勒的《宗教学导论》一书对宗教的特点作了如下的说明：“如果我们说把人与其他动物区分开来的是宗教，我们指的并不是基督徒的宗教或犹太人的宗教，而是指一种心理能力或倾向，它与感觉和理性无关，但它使人感到有“神”（the Infinite 意为无限）的存在。……”（该书第13—14页）。后来，他在《宗教的起源和发展》一书中把这段话说成是他给宗教所下的定义（见该书1972年印度重印本，第22—23页）。

② 泰勒在其《原始文化》中指出，一切宗教，不管是发展层次较高的种族的宗教，还是发展层次较低的种族的宗教，它的最深层、最根本的根据是对“灵魂”或“精灵”的信仰。他根据他当时掌握的大量宗教人类学资料论证说：在人们已经完全了解的所有低级种族中，都存在着对“精灵”的信仰。据此，泰勒直接把对精灵的信仰作为宗教的最低限度的定义。（详见《原始文化》第11章“万物有灵观”）。

③ 弗雷泽：《金枝》，徐育新、汪培基、张泽石译，中国民间文艺出版社，1987年版，上卷，第77页。

(Sacraments)、礼仪、修行、伦理的规条等。"① 简言之，施米特所理解的宗教，主观上是对"超世（即超自然界的）而具有人格之力"的知觉，客观上是对这种力量的崇拜。

上述这些宗教学家所说的"无限存在物"、"精灵实体"、"超人力量"、"超世而具有人格之力"……实际上都是关于上帝或神灵的哲学术语，所以，他们都是把宗教规定为信仰和崇拜神灵的体系。

这种类型的宗教定义，后来受到了各种批评。各种异议的共同点是说它不适合于一切宗教。据他们说，虽然有些宗教中的神灵是具有无限性的存在，但有些宗教体系中的神灵并不具有无限性；虽然有些宗教中的神灵具有超自然和人格化的性质，但另一些宗教的神灵则并不具有此种性质。更大的异议是：许多宗教学者认为，有些宗教（如原始佛教和"儒教"）崇奉的对象，并非人格化的神灵。它们被说成是"无神的宗教"。因此，他们认为，对于宗教信仰和崇拜的对象，最好不要用"神"（God）的观念，而改用"神圣事物"（The Sacred）的观念。他们所理解的"神圣事物"这一概念，其主要特性是：它是不同于普通的世俗事物的事物。一件事物，只要被人视为不同于世俗之物，便被尊奉为"神圣"而成为宗教信仰、宗教禁忌和宗教仪式的对象。"神圣事物"这个概念可以把一切宗教信仰的对象（不管是有限的，还是无限的；超人的，还是非超人的；超自然的，还是非超自然的；宗教的，还是巫术的……）一包在内、涵盖无遗。因此，在这种宗教观看来，宗教就是对某种被奉为"神圣事物"的信奉。此说的主要代表人物是法国的杜尔凯姆(Emile Durkheim 1858—1917)、瑞典的瑟德布罗姆(Nathan Soderblom 1866—1931)、英国的马雷特

① 威廉·施米特：《比较宗教史》，萧师毅、陈祥春译，辅仁书局，1948年版，第2页。

(Robert Ranulph Marett 1866—1943)。这种“宗教即神圣”[1]之说，被认为是关于宗教之本质的一种最简单、包容性最广的规定。

更有一种倾向，不仅回避使用“神”观念，甚至连“神圣事物”观念也不用。有些宗教学家认为，宗教的本质就在于信仰并俯首听命于某种比人更高的力量。例如，英国的马林诺夫斯基就把宗教规定为“对于较高势力的乞求”。

第二种意见：把信仰主体的个人体验作为宗教的本质和基础。

宗教心理学特别强调宗教信仰者个人内在的心理活动在宗教生活中的意义，他们把信仰者个人的主观性的宗教感受和宗教体验视为宗教之最本质的东西和宗教之真正秘密所在。有些宗教心理学者认为，正是由于信教者有了关于神或神圣物的宗教感情和宗教体验，才对他们体验到的神圣对象进行崇拜、祈祷、祭祀，从而形成各种宗教体系。美国的哲学家和宗教心理学家威廉·詹姆士（William James 1842—1910）的名著《宗教经验之种种》，专从个人的宗教体验来研究宗教的性质和作用，实际上是把个人的宗教体验作为宗教的基础和本质。他说，以个人的宗教体验为本质的“个人宗教”，比以神学信条和教会制度为根本的制度宗教更为根本。以教会为基础的制度宗教一经成立，就变成因袭相承的传统。可是，每个教会创立者的力量，最初都是由教会创立者个人直接与神感通的宗教经验而来。不仅佛陀、耶稣、穆罕默德等超人的创教者如此，而且一切创建教派的人也是如此。可见，个人的宗教体验是宗教中最先起、最根本的因素。据此，他提出了自己的宗教定义：“因此，我现在请你们武断地采纳的对于宗教的定义，就是：各个人在他孤单时候由于觉得他与任何种他认为神

---

① 例如，按照瑟德布罗姆的说法：“宗教徒就是视某物为神圣的人”（引自他的论文：《神圣》，载于《宗教与伦理百科全书》第6卷，第731页）。由此推论出：宗教就是视某物为神圣之事。

圣的对象保持关系所发生的感情、行为和经验。”[①] 詹姆士所理解的宗教就是个人对于神圣对象的感情和经验。此后，西方宗教学者把个人的宗教感情和宗教体验作为宗教的基础和本质因素，并以此来分析各种宗教现象的研究方法大为时兴。德国的鲁道夫·奥托（Rudolf otto 1869—1937）在1917年出版的名著《论神圣观念》中发挥了这种主张，把信仰者个人对神圣物的直觉性体验——“对神既敬畏又向往的感情交织（The numinous）”说成是一切宗教的本质特征，认为这种对神既敬畏又向往的感情和经验就是宗教。奥托的宗教本质论迎合了西方世界在20世纪个人主义高度发展时期的宗教心理，引起了很大的反响。英国当代著名的宗教学者麦奎利（John Macguarrie 1919—　）认为宗教中最根本的东西就是人与神的交际与感通。他据此对宗教下了这样一个定义：宗教就是存在本身（神或上帝）对人的触及，以及人对这种触及的反应。麦奎利这里所说的人对神的感触和反应，是指宗教信仰者个人对信仰对象的主观感受或宗教经验而言。

当然，在宗教心理学中，对于“宗教经验”的看法并不完全相同。有由此出发来肯定宗教者，也有由此而对宗教持批判态度者。例如，弗洛伊德（Sigmund Frend 1856—1939）从分析人类的潜意识出发推论宗教的起源和本质。他认为人类的宗教信仰和精神病一样，起源于童年时代潜意识冲动受到压抑的经验，本质上是对性冲动的强迫性压制。他对宗教的态度是批判性的。[②]

第三种意见：以宗教的社会功能来规定宗教的本质。

宗教社会学者一般把宗教在人类社会生活中的功能和作用作为宗教的基本因素。以杜尔凯姆为例，他一方面把宗教规定为一种与神圣事物相关联的信仰和行为的统一体系；同时又认为，宗

---

① 威廉·詹姆士:《宗教经验之种种》，唐钺译，商务印书馆1947年版，第30页。

② 关于弗洛伊德的宗教观，请参见拙作:《西方宗教学说史》第16章。

教的基础是社会的需要，故被宗教尊奉为“神圣”的事物，本质上无非就是社会本身。用他的话讲，神明不是什么别的东西，而无非是被改造和被象征地表现出来的社会。一切宗教的祭祀、礼仪、道德诫命、神学信条、宗教团体和宗教制度，都是由社会需要所决定，为维护社会的一体化而产生的。[①]杜尔凯姆的宗教观在宗教社会学中颇有代表性。宗教社会学家逐渐趋向于完全撇开宗教在观念上与其他社会文化形式区别开来的本质，专门致力于研究宗教的社会功能。有些学者甚至还把宗教的社会功能当成宗教的本质，并以此来规定宗教的定义。当代美国宗教社会学家密尔顿·英格（M. Ying）在其《宗教的科学研究》中把宗教规定为“人们藉以和生活中的根本问题进行斗争的信仰和行动的体系”[②]他所谓的人生根本问题就是“存在”问题，其中包括死亡、罪恶、痛苦、不幸等，宗教的功能则在于减轻人生的不幸和痛苦，使之转化为最高的幸福。宗教是人们获得最高幸福的手段。

日本很有影响的宗教学家岸本英夫在其《宗教学》一书中规定宗教定义时也贯穿了这种社会功能学派的宗教观。他明确地说，他是以人的生活活动为中心来观察作为社会文化现象的宗教，从宗教在人们的生活中具有什么作用、发挥何种效能的角度来规定宗教。在他看来，所谓宗教，就是一种使人们生活的最终目的明了化、相信人的问题能得到最终解决，并以这种运动为中心的文化现象。[③]这就是说，宗教的最基本的特征就是相信人生问题能得到最终解决。岸本英夫的这个规定与上述英格的宗教观异曲同工。一个认为宗教是使人获得“最高幸福”的工具，一个则认为宗教是使人生问题求得“最终解决”的手段。人有了最高的幸福，当

① 关于杜尔凯姆的宗教观，请参见拙作：《西方宗教学说史》第15章。

② M·英格：《宗教的科学研究》，纽约，1970年版，第7页。

③ 岸本英夫：《宗教学》，日本大明堂，1961年版，第17页。

然也意味着人生问题得到了最终的解决。

按照宗教研究中社会功能学派的主张，我们势必会得出一个结论：凡是与他们所规定的宗教社会功能起着相似作用的社会文化形式，都可以成为宗教的等价物或类似物，他们事实上也作如是观。他们一般都把在社会功能上近似于宗教的非宗教现象称之为“非宗教的宗教”、“准宗教”或“世俗宗教”。进一步还把共产主义、爱国主义、民族主义、科学主义……等等都视之为类似宗教的“世俗宗教”。因为，他们认为这些社会文化形式都起着维系社会秩序、加强社会一体化、决定社会伦理价值的功能，与宗教的社会功能等价。而且宗教体验的外在表现，如崇拜、忠诚、虔信、入迷、自我牺牲之类宗教行为，在共产主义、爱国主义、民族主义、科学主义等社会文化体系中也有同样表现。

上述三种宗教本质论和宗教定义只是就大概情形而言，既有例外的情况，也有不能简单归属于其中任何一类的主张。要对它们作出公正的评价，有必要进行一番比较性的研究。

我认为，如果要对宗教作一个比较科学的规定，必须解决一个认识论和方法论上的问题：对一类事物或概念下定义，也就是对这个概念所反映的那类事物的界限作出规定，揭示出这类事物之所以是这类事物，而不是他类事物的质的规定性，即揭示其本质。定义是事物之本质在概念上的表现。定义如不表现事物之本质，必然不能把此类事物和他类事物清楚地区别开来。同类事物只是在本质上是相同的，而在现象形态上则可能是多种多样的。如果从现象形态上，而不从本质上规定一类事物，这样的规定便不能涵盖该类事物在现象形态上的多样性，从而失去其普遍的适用性。在我看来，上述三种类型的宗教定义都各有一定的缺欠。它们或者是以现象为本质，或者未能全面准确地把握宗教的本质。神秘的宗教体验看来不应视为决定和产生一切宗教现象的本质，宗教经验乃是宗教传统、宗教教育以及习俗迷信的结果。人心中并无天赋的上帝神灵观念，此类体验必然来自后天。即使把我们的探索追根溯源地推进到底，找到某个第一位自称拥有此种宗教体验的人（佛陀、耶稣、穆罕默德……），其根源仍来自传统的宗教和文化背景。所以，宗教体验并非宗教生活的出发点和原动力，而是传统的宗教和文化生活积淀而成的副产品。

宗教的社会功能，显然是宗教体系中的重要问题。宗教研究中的社会功能学派强调这种研究，当然是有益的。不过，我们不能因此而把宗教的社会功能看成是宗教的本质。一种事物的“功能”，乃是它所表现出来的作用和作用的效果，因而属于事物之现象形态范围。不同的事物可能有相同或相似的作用和效果。坏事可能是坏人干的，也有可能是好心干坏事。能够对维系社会的秩序和一体化起作用者，可以是宗教，也可以是政治法律体系，还可以是哲学世界观和伦理道德规范；给予苦难不幸者的安慰，既可来自来世的天堂，也可以来自现实的世界。宗教与它的社会功能之间，并没有等质、等量或等价的关系。

任何事物的功能都是其内在本质的外在表现，不仅不能决定事物的本质，相反倒为其本质所决定。宗教的社会功能，与政治、法律、道德、哲学、文化艺术的社会功能，尽管彼此有互相交叉和重合的现象，但如仔细地观察和分析，是厘然有别的。它们各自发生作用的方式更是大不相同。究其原因，只能说，这是由于这些不同的社会文化形式各有其独特的本质，它们各自决定其自身并把自身与他物区别开来。由于宗教的社会功能乃是宗教之本质的表现，我们可以而且应该通过它来认识和揭露宗教的本质，却不能用宗教的社会功能来代替宗教的本质。要想给予宗教的社会功能以科学的说明，只有真正科学地把握了宗教的本质才有可能。这就像普通车工和工程师的关系一样。一个熟练的车工对车床的功能很熟悉，但他并不一定熟悉车床的设计原理，而工程师之所以在技术上高于普通的车工，就在于他掌握了车床的设计原理，正是这些原理决定了车床之所以为车床，并且决定了车床的工作效能。

按照社会功能学派的说法，宗教的社会功能主要在于它能维系社会的稳定和一体化。可是，能发挥此种社会功能者，不止于宗教一家，其他许多社会文化形式亦可发挥同样的作用。为了区别起见，就必须从它们发挥作用的方式、工具和方法上寻找各自的特殊性。用他们的话讲，宗教之所以是宗教，就在于它是以某种象征体系和价值体系来发挥其社会功能。即使我们接受这种理论，宗教社会学家仍然必须进一步回答：宗教的象征体系和价值体系是什么？它为什么就能发生如此这般的社会功能？这就是说，必须进一步探索宗教社会功能的内在根据，即宗教的本质。所谓宗教的象征体系和价值体系无非就是神、神性和天命、神迹之类。宗教之为宗教，正是由于它用神和神的诫命作为人们敬畏崇拜的象征性对象，从而发挥其特有的社会作用。所以，宗教社会学最后仍然必须把神观念作为宗教社会功能的内在根据和区别于其他社会文化形式的基本标志。实际上，离开了神观念和对神的信仰与崇拜，宗教社会学家就不能谈宗教及其社会功能，或者，所谈的对象就不复是真正的宗教，而是其他的社会文化对象了。正是由于这个缘故，杜尔凯姆仍然认为宗教是与对“神圣事物”的信仰和行为相关联的统一体系；岸本英夫也得在其功能性宗教定义之后加上附加语，承认宗教在发挥其最终解决人生问题的功能时，常常是通过神的观念进行的。这实际上无异于承认，如果没有神的观念和对神的信仰与崇拜，宗教就无从发挥其社会功能，神观念和对神的信仰与崇拜乃是宗教之为宗教并发生其社会功能的内在根据。

无论是宗教心理学的宗教体验，还是宗教社会学家的宗教社会功能，都离不开神观念，根据这个事实，我们似乎应该得出一个结论：如果要把握宗教的本质，规定宗教的定义，看来还是要返回到以神观念为中心的第一种主张上去。把宗教确定为信仰和崇拜神的体系，从总体上看仍是正确的。至于使用什么样的概念或术语来表述更为恰当，那是可以继续讨论的另一个问题。不管宗教学者使用何种术语，它所指的仍是那超人的、超自然的、神圣的对象。“比人更高的力量”不是“神”又是什么！自然界中至今并未发现什么比人更高的存在。所谓“比人更高的力量”、“神圣者”，仍然是超越于当时人所理解的自然律之外的超人间、超自然的力量。

许多西方宗教学家津津乐道所谓“无神的宗教”，而且把原始佛教和孔孟儒学归入此类。其实，就是从西方宗教神学着眼，这个说法也得作很大的限制和修正。孔子本人“敬鬼神而远之”，“远”则远矣，但“敬”仍敬之，并未否认鬼神的存在。他崇天畏命，颇为虔诚，而对天和天命的崇信，恰恰是中国神道和正统宗教的基础和核心。释迦牟尼宣扬“诸法无我，诸行无常，涅槃寂静”（“三法印”），在理论上似乎否定了永恒不灭、常住不变的神或灵魂实体，但其六道轮回的教义，却又在逻辑上必然肯定接受此种轮回果报的业力主体，这实际上等于承认灵魂不灭。六道轮回中的“天”，就是天神。至于涅槃境界，既被认之为佛徒修道的最后归宿，灵魂在此并非消灭于绝对的无，而只是免除轮回的痛苦得到永恒的安息。释迦牟尼之后，成佛越来越神格化，佛徒心目中的佛与其他宗教的神本质上并无差别。乔·瓦赫（J. Wach）在其《比较宗教学》一书中就对所谓佛教是无神宗教之说表示异议。

历史上是否有过标榜无神的宗教呢？确也有过。18 世纪英国自由思想家约翰·托兰德（John Toland 1670—1722）所主张的“自然宗教”，就是以对自然、自然规律的崇拜代替对神的崇拜。费尔巴哈（Ludwig Andreas Feuerbach 1804—1872）的“爱的宗教”，孔德（Augnste Comte 1789—1859）的人道教和卢那察尔斯基的（Анатолии Васяьсвич Луначарский 1875—1933）的“造神论”和“社会主义宗教”，都可以说是“无神的宗教”，因为它们都是公开否定超自然的神和上帝的存在的。但是，唯其如此，它们不过是借着宗教之名，行反对宗教之实，决不是真正的宗教，而是真正反宗教的哲学体系。

在这个问题上，关键之点似乎并不在于历史上是否确有无神宗教的存在，而是如何理解和确定作为宗教崇拜对象的“神”的概念。世界上各种重要的宗教，其崇拜的“神”都具有强烈而浓郁的与人同形同性的人格性，如果以此为准来衡量一切形态的宗教（特别是原始民族的宗教）就可能会发生所谓例外的情况。但如果象许多宗教学者所主张的那样，对“神”概念作广义的理解，视为某种超人间、超自然的力量，把宗教理解为与此有关的信仰体系，或者对所谓神的“人格性”作更科学的规定，那末，对于宗教涵义的上述规定显然便会有广泛的适用性（笔者的《宗教学通论》在论及神灵观念时对神的“人格化”作了自己的解释，可供参阅）。

二

本世纪50年代以来，马克思主义宗教观在我国宗教研究中的地位是众所周知的。这一代的宗教研究者当时几乎不知道其他的理论与方法。然而，随着改革开放的进展，情况逐渐发生变化。对宗教的多元化理解在对马克思主义宗教理论的解释与应用中也越来越明显地表现出来。马克思、恩格斯关于“宗教是什么”的论断总计约有十来例之多。但究其内容，大体上仍可分为本文第一部分所分别的三种类型。一类是以宗教信仰和崇拜的对象为中心的；一类是以宗教信仰的主体为中心的；另一类则是论述宗教之社会功能的。如果这个分类可以成立，那末，根据上文对宗教本质论的比较分析，我们就不能把第二、第三类视为揭示宗教之本质的宗教定义。至于第一类是否符合定义的要求，也要视其是否揭示了宗教的本质规定性而定。

马、恩论断属于第二类型者，如：

> 宗教是那些还没有获得自己或是再度丧失了自己的人的自我意识和自我感觉。①

这个论断在形式上颇有一点宗教心理学派视宗教信仰主体的心理感受、宗教经验为宗教之本质的味道。不过，马克思这句话并没有把这种"自我意识和自我感觉"说成是宗教的本质。所谓"还没有获得自己，或是再度丧失了自己"，似可解释为尚没有意识到自己的主体性或丧失了自己的主体性的人。这里的"主体性"意指自己的命运。如果这个解释可以成立，那末，马克思这句话可以理解为：宗教是那些尚没有掌握自己命运的人的自我意识，是这种自我意识的异化。不管人们是否赞同这个思想，但应该说，这句话的内容并未说明宗教意识不同于其他意识的本质规定性。人的丧失主体性的自我意识并不一定表现为乞求上帝或追求来世的宗教意识，他完全可能用文学艺术、哲学或政治思想等文化形式予以表现。魏晋大文人阮籍有一番《咏怀诗》："嘉树下成蹊，东园桃与李。秋风吹飞藿，零落从此始。繁华有憔悴，堂上生荆杞。驱马舍之去，去上西山趾。一身不自保，何况恋妻子。凝霜被野草，岁暮亦云已。"所谓"咏怀"，就是阮籍的自我意识的宣泄，自我感觉的表白。这种人生无常，身不自保的感怀岂不正是丧失了主体性或命运主人感的自我意识！但阮籍并未把这种自我意识表现为对宗教的皈依，而是抒发为伤感悲凉的诗歌。在封建专制时代，"君叫臣死，臣不得不死；父命子亡，子不得不亡"。臣、子

---

① 马克思：《〈黑格尔法哲学批判〉导言》，见《马克思恩格斯选集》人民出版社，1972年版，第1卷，第1页。

在君、父面前，也是丧失了自己的人，但臣、子这种丧失主体性的自我意识也不是表现为宗教意识，而是表现为“事君以忠，事父以孝”的儒家伦理规范。在尼采的“超人哲学”中，平庸低能的下等人也是“没有获得自己”的一群人，但尼采为他们安排的“救世主”并不是宗教的上帝（尼采宣布：上帝已死!），而是权力意志达于顶点，才能出类拔萃的“超人”。“超人”是人，不是神，“超人哲学”并不是宗教。

我们大体上可以承认，各种宗教都是不能掌握自己命运的人的“自我意识”。这是宗教的共性。但这种“共性”并非宗教所特有的、其他社会文化形式也可能具有这种性质。这表明它不是决定宗教之所以为宗教，把宗教与非宗教区别开来的本质规定性。只有当这种意识与对超人间、超自然力量（神）的敬畏、崇拜联系起来时，它才是宗教意识。

马克思、恩格斯关于“宗教是……”的论断大多是说明社会功能的。其中最著名者如：

> 国家、社会产生了宗教即颠倒的世界观，因为它们本身就是颠倒了的世界。宗教是这个世界的总的理论，是它的包罗万象的纲领，它的通俗逻辑，它的唯灵论的荣誉问题，它的热情，它的道德上的核准，它的庄严补充，它借以安慰和辩护的普遍根据。①

这一大段话显然讲的是宗教的社会基础和社会功能。说的是宗教作为“颠倒了的世界观”，其社会基础是“颠倒了的世界”，其功能就是为“颠倒了的世界”提供总的理论上的辩护、感情上的安慰和道德上的核准。但这些社会功用也可以是其他形式的“颠倒了的世界观”（例如为反动社会力量服务的社会意识形态）所同样

① 马克思：《〈黑格尔法哲学批判〉导言》，见《马克思恩格斯选集》第1卷，第2页。

具有的。宗教虽是“颠倒了的世界观”，但“颠倒了的世界观”并不就等于宗教，这个论断不能满足作为宗教定义的逻辑要求。

马克思还有一句更有名的论断：

> 宗教是人民的鸦片。①

由于后来列宁把马克思的这句名言誉为“马克思主义在宗教问题上全部世界观的基石”，所以，我国从事宗教工作的人常把这句名言认作为集中揭示了宗教之本质的经典论断。其实，这句话的内容讲的也是宗教的社会功能：对人民的麻醉。功能是本质的表现，并不等同于本质。本质不同的事物可以表现出相似的功能。对人民起鸦片麻醉作用者不仅限于宗教，颓废无聊的靡靡之音，诲淫诲盗的黄色书刊，实际上都是麻醉人民的精神鸦片。可见，“人民的鸦片”不是把宗教和其他社会文化形式区别开来的本质规定性。

上述马、恩的论断是他们在1844年1月之前写的。这属于他们的历史唯物主义的世界观和宗教观的形成时期。这些论述从各方面论及宗教的世俗基础、社会功能以及它们所表现的社会本质，都不是用定义形式规定宗教之为宗教的本质。但在1876—1878年写的《反杜林论》“社会主义”编讨论宗教问题时，一上来就对“宗教是什么”提出了一个定义式的规定：

> 一切宗教都不过是支配着人们日常生活的外部力量在人们头脑中的幻想的反映，在这种反映中，人间的力量采取了超人间的力量的形式。②

马克思主义的宗教理论工作者一般都把这段话当成马克思主义的宗教定义使用（包括笔者过去）。这个论断是以宗教的崇拜对象为中心来规定宗教的本质。毫无疑问，这是一种以唯物主义为哲学

① 马克思：《〈黑格尔法哲学批判〉导言》，见《马克思恩格斯选集》第1卷，第2页。

② 《马克思恩格斯选集》第3卷，第354页。

基础的无神论宗教观。它把一切宗教崇拜的对象——作为“超人间力量”的“神”说成是“人们头脑中”的一种虚假的观念，即对“支配人们日常生活的外部力量”这种“人间力量”所作的一种“幻想的反映”。从马克思主义宗教观看，恩格斯的论断不仅揭示了宗教的核心——神观念的本质，而且进一步揭示了它得以产生的世俗基础，为马克思主义探索宗教存在的根源及其消亡的途径之类重要宗教理论问题提供了思想基础。不管人们是否赞同马克思主义的整个宗教观，但也应该承认，恩格斯的论断言简意赅，内容是丰富而深刻的。

但是，本文所要探讨的主要问题是，恩格斯的这个论断是否可以作为宗教的科学定义而应得到学术界的承认。看来，这是难以实现的。

第一，这个论断带有鲜明突出的无神论色彩，是一个强烈的价值判断。对于那些具有有神信仰和希望在有神无神问题上保持价值中立的宗教学者而言，他们是很难接受的。因此，近现代宗教学者中许多人倾向于在此类宗教问题上最好采取价值中立立场，使用描述性的述语，可以指出一切宗教都信仰和崇拜超人间、超自然力量（神）的事实，但不必一定从定义开始就一句话否定神的存在，从而把整个宗教说成虚假的幻想反映。一种单纯的事实描写只要符合事实，而不涉及对事实的价值判断，对于宗教学者（不管是有神论者，还是无神论者）都是可以接受的。

第二，恩格斯这个论断，严格说来，只涉及宗教的“神”观念的本质，视为对于神观念的定义则尚可考虑，但如视为整个“宗教”的定义，仍有所不足。这是因为，神观念固然是宗教的核心，但整个宗教并不等于就是一个“神”观念。宗教作为整体，并不单纯是存在于个人头脑中的主观观念，它同时也是客观存在的社会事实；宗教也不单纯是个人对某种超人间、超自然力量的虚幻信仰，它同时还是某种与社会结构相结合的现实的社会力量。作为个人信仰的宗教观念是一回事，作为社会现实客观存在的宗教又是另一回事。二者有联系，也有区别。只要信仰者相信有某个超人间、超自然的力量支配着自己的命运和生活，他就会把这种力量反映为头脑中的上帝神明之类观念。没有这种反映形成的神观念，就没有宗教信仰的对象和对它的信仰活动和崇拜行为，从而也就没有所谓宗教的存在。但这种反映而成的超自然体的观念，却完全有可能停留在反映者个人头脑之中，并不必然表现为信仰宗教、崇拜神灵的行为。唯心主义哲学家有可能在世界观上承认某种超验的绝对物的存在，但却不一定把它视为祈求和崇拜的对象，成了某种宗教的信徒。宗教观念只是宗教体系的基础和前提。但只有当宗教反映超出了观念形态的主观性，表现为宗教信仰的外在行为；超出纯个人的信念，表现为社会性群众性的信仰、准则和行为规范的时候，主观的宗教观念才获得了它的"物质外壳"，宗教才作为一种社会现象而出现于世。

总结上文两部分的讨论，我们的结论是：无论是西方近现代各派宗教学的宗教观，还是马克思、恩格斯的各种论断，尽管它们各自都在揭示宗教之本质问题上提出了许多有价值的内容，推动了整个宗教学研究的进步，但它们也都各有自身的缺欠，都还不能作为现存的答案全盘接受过来。我们的宗教研究应该在它们已经提供的基础上继续往前走，把这项重要的研究向前推进一步。

三

通过上文的分析，我们看到，各种类型的宗教规定都离不开神或神性物的观念。具有超人间、超自然的神或神性物的观念在宗教体系中构成核心的、本质的因素。但是，我们同时也指出，单是神观念并不构成宗教的全体，无论我们对神观念作了多么准确的规定，也不等于对宗教有了完整的定义，因为宗教并不单纯是一种主观的观念，而是一种客观存在的社会文化系统，包含有比神观念更广泛的内容。本文尝试对从宗教神观念进一步构成宗教文化系统的各个基本要素作一次比较系统的研究。

一当人们头脑中形成某种超人间、超自然力量的观念，它就成了神秘或神圣的东西。但是，无论这种超人间、超自然的神观念，在人们头脑中被设想得多么神圣、多么神秘、多么伟大，却始终只是存在于个人的观念世界之中，自己以外的其他人无从感知，因而不能成为信众共同崇拜的对象。如果要想做到这一点，神观念就必须表象为信众可以共同感知和体认的感性物。它必须外在化、必须物态化。因此，各种宗教几乎都是把其心中信仰和崇奉的神圣观念客观化为某种具有感性形态的象征系统。原始宗教崇奉为神圣的图腾物、氏族祖先、自然物和自然力，多神教中的各种偶象，都是神灵观念的感性象征。天主教神学家虽然把他们的上帝抽象化为无形的精神性存在，但同时又把十字架、圣母像、圣徒遗物之类作为上帝的象征和神圣事物，把耶稣基督说成是“道成肉身”和“上帝之子”，这实际上也是把他作为上帝和圣灵的感性象征。伊斯兰教谴责一切偶象崇拜，说真主既无形象，也无方所（空间），但真主却偏要通过某个具体的人（真主的使者穆罕默德）来传达他的启示，而且圣城麦加的克尔白庙还要供奉一块黑石头作为神圣的象征物。至于佛教寺庙中的佛和菩萨的偶象更是数不胜数。

主观的宗教观念外在化、物态化为宗教崇拜的偶象或其他象征表现之后，还必须有宗教象征物的安息之地和供奉之所，以便为信仰者提供宗教活动的场所。于是，各种各样的寺庙和教堂便傲然矗立在大地之上，虚无缥缈的神灵便具有了物质存在的形式。这说明，宗教的神明已不仅仅是信仰者主观的观念，它客观化了、社会化了、物态化了。

宗教信仰者的宗教崇拜行为，是信仰者用语言和肉体进行的外在活动，它是内在的宗教观念和宗教感情的客观表现。一定的宗教观念和一定的宗教感情总是像磁铁的两极一样相伴而生。当人们头脑中产生了视某种力量为超人间、超自然力量的时候，也就伴生了对它的敬畏感、依赖感和神秘感。情动于中则形之于外，发之为尊敬、爱慕、畏怖、祈求、祷告、赞美的言词，表现为相应的崇拜活动。各种宗教都通过一定的仪式把这些原为自发而且分散的宗教行为规范化、程式化，并附加上神圣的意义。因此，一切宗教的礼仪行为都是规范化的，而且是有组织地进行的，具有鲜明的社会性。

宗教的社会性更具体地表现为宗教组织和制度的建立。在原始社会里，整个氏族部落都崇拜共同的神灵，有组织地进行共同的宗教活动。宗教信仰和崇拜活动把每一个氏族成员凝结在氏族社会的组织结构之中。在阶级社会里，由于多种宗教的同时共存和彼此竞争，由于新兴宗教和教派的不时出现，各种宗教和教派的信徒往往由于社会利益的不同和信仰上的差异，导致各种形式的冲突和斗争。在此基础上，形成了各种不同的宗教组织。宗教组织的出现，进一步消除了原始宗教信仰上的自发性，而使宗教成为以宗教组织为基础的社会性宗教。宗教既然有了固定的组织形态，为了对外立异和对内认同的需要，便相应地把本教的基本宗教观念教义化、信条化，并建立与教义相适应的各种戒律规范和教会生活制度。这些共同的礼仪行为，共同的教义信条，共同的教会生活制度，共同的戒律规范……强化了宗教的社会性，把广大信仰者纳入共同的组织和体制，规范了他们的信仰和行为，影响以至决定了他们的整个社会生活，这就使宗教在现实生活中成为一种重要的社会力量，更由于宗教的教义、信条、行为规范、礼仪规定……常通过文化、艺术、哲学、道德的形式表现出来，不仅铸型信仰者的信念和灵魂，更规定他们的价值观念和价值取向，所以宗教也是一种社会文化体系。

通过上述分析，我们可以看到，宗教作为一种社会化的客观存在具有一些基本要素。这些要素分为两类：一类是宗教的内在要素，其中有两部分：1. 宗教的观念或思想；2. 宗教的感情或体验。一类是宗教的外在要素，也有两部分：1. 宗教的行为或活动；2. 宗教的组织和制度。一个比较完整的成型的宗教，便是上述内外四种因素的综合。

宗教的四种基本要素在宗教体系中有其一定的关系和结构。长期以来，宗教学者在如何理解和说明这种关系和结构问题上各有不同的看法，体现了他们在宗教本质论上的差异。有强调宗教神道观念是宗教的基础和本质因素者，有强调宗教的感情或体验是宗教的核心者，也有人强调最初的宗教原本是无意识的行为，宗教观念和宗教体验不过是宗教行为理智化和感情化的结果。各执一词，难以一致。看来，如果要以四种要素产生的时间先后来区分宗教的本质因素和非本质因素，是难以找到可信的答案的。实际上，宗教观念和宗教体验是统一的宗教意识的互相依存的两个方面。没有无识之情，亦无无情之识。宗教意识的情与识又必然形之于外，体现为宗教信仰和宗教崇拜的行为。这一切又逐渐规范化、体制化为宗教的组织和制度。概念上可分析为二，实质上内外一体，它们是相互伴生、相互制约的。

如果我们把宗教四要素产生的时间先后这个烦琐问题撇在一边，着重分析它们在宗教体系中的关系结构，那么应该承认，它们在逻辑上是有序的（当然，逻辑的秩序不是一个时间上的先后关系，而是义理上的蕴含关系）。从逻辑次序上看，四个要素在宗教体系中实际上有四个层次。处于基础层或核心层的是宗教观念（主要是神道观念）。只有在有了宗教神道观念的逻辑前提下，才有可能使观念主体产生对它的心理感受或宗教经验。因此，我们把宗教的感受或体验作为伴生于宗教神道观念的第二个层次。各种宗教崇拜的行为（巫术、祭祀、祈祷、禁忌、礼拜、忏悔等）显然是宗教观念和宗教体验之外在的表现，属于宗教体系的第三个层次。宗教的组织与制度则是宗教观念教义化、信条化，宗教信徒组织化，宗教行为仪式化，宗教生活规范化和制度化的结果，它处于宗教体系的最外层，对宗教信仰者及其宗教观念、宗教体验和宗教崇拜行为起着规范、凝聚和固结的作用，保证宗教这种社会文化现象形成为一种有着严整结构的体系，并作为社会结构的重要部分而存在于社会之中。宗教体系四大基本要素之间的逻辑次序和层次结构，可以用一个简单的图式来表示：

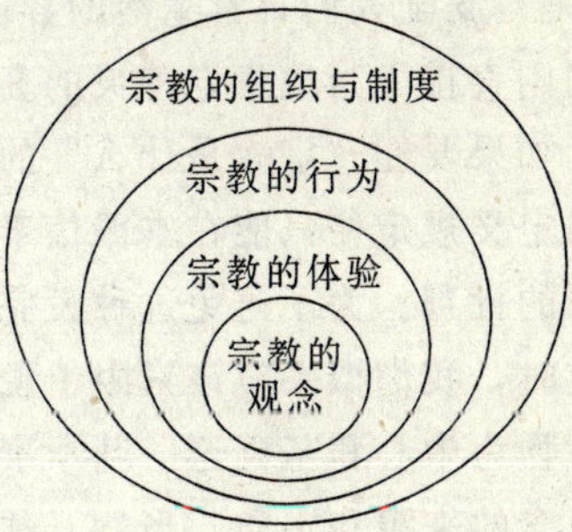

我个人认为，这个图示对“宗教是什么?”问题给了一个一目了然的回答。不仅说明了宗教是四个基本要素的综合，而且形象地表明了这四大要素之间的结构和关系。宗教作为一个整体，就是这四大要素如此结构组合而成的社会文化体系。有此四要素，并如此结构组合起来，就有了宗教体系；缺乏其中任何一个要素都不成其为完整的宗教。因此，现在如果有人问：什么是宗教？我可以这样回答，请看此图。

我把这种研究方法称之为宗教要素的结构性分析。这种分析暂时还是把宗教体系作为一个封闭性的系统来处理的。但是，宗教并不是一个自身决定、自给自足的封闭性系统。宗教的外在要素当然是其内在要素的外在表现。在内在要素中，宗教的感情和体验逻辑上必须以对神或神性物的信仰为条件。问题是，神和神性物又是什么？这种观念从何而来？这就进入于宗教的深层本质。从观念自身去说明神观念的来源，等于把它当成既定的先在的事实，实际上是同语反复，什么问题也没有说。而要说明神观念的来源及其本质，这就涉及研究者的哲学世界观和宗教价值观，仁山智水，绝难一致。泰勒说，一切神灵观念均起源于原始时代野蛮人对于梦幻、出神、疾病等精神现象作了错误理解而产生的“精灵”观念；杜尔凯姆则认为，神灵观念来源于社会本身的神圣化。恩格斯以为那是对支配人们日常生活的异己力量的幻想反映。至于宗教神学家们则直接了当地肯定神灵的真实存在……各种见解分歧如此之大，如果要在“宗教是什么”的定义规定中反映出来，那末，这样的定义规定便只能在本派信奉者中得到承认，而必然受到其他学派的批判。为了避免这种没完没了的争论，在对宗教作出定义规定时，我们似乎应该只限于说明一切宗教皆以信仰和崇拜神或神性物为中心和基础这一基本事实，而不必进一步揭示神或神性物观念的来源和本质。当然，这不是否定这种深层次的研究，而只是说把这种深层次研究保留到宗教定义之后或之外。这样的宗教定义，既然只限于经验事实，而不再涉及神或神性物的真假是非，不包含任何价值性评判，它就比较容易为各派宗教学者所认可。在此之外的进一步宗教研究中，你可以坚持你的无神论，也可以坚持你的有神论，甚至具体阐述你的“精灵论”、“巫术论”、“鬼魂论”、“图腾论”、“玛纳－塔布论”、“超神论”、“泛神论”、“内在神论”、“原始一神论”……。笔者个人过去认为，恩格斯的宗教规定，虽然不足以成为“宗教”的完整定义，但却可以承认为关于“神观念”的定义。因此，曾经把它纳入我的宗教四要素说之中，从而对宗教下了这样一个定义：

宗教是把支配人们日常生活的异己力量幻想地反映为超

人间、超自然力量的一种社会意识，以及因此而对之表示信仰和崇拜的行为，是综合这种意识和行为并使之规范化的社会文化体系。

根据笔者在上文表明的新思考，这种视神观念为“幻想反映”的无神论价值评判在宗教定义中出现是没有必要的（不是说它是错误，而只是说没有必要），我打算对这个论断作如下的修改：

宗教是关于超人间、超自然力量的一种社会意识，以及因此而对之表示信仰和崇拜的行为，是综合这种意识和行为并使之规范化、体制化的社会文化体系。

用不着多加解释，这个表述意在从经验事实上说明宗教是一种宗教意识（宗教神道观念和宗教体验）及其外在表现（各种宗教行为和宗教制度）诸多因素组合而成的社会文化体系，并且蕴含着这四大基本要素的逻辑联系和层次结构。

四

为了寻找一个具有比较广泛的适用性、比较准确反映宗教之所以为宗教、并能与其他社会文化形式区别开来的宗教定义，我们在宗教学领域进行了一番学术漫游，最后得出了自己的结论。无论是对西方各派宗教学，还是对马克思、恩格斯的宗教观，对于他们给出的宗教规定，我们的评论自信是实事求是的，既未轻率地否定一种观点，也不盲目接受一种主张，我对各种宗教定义都有不尽满意之处。为了研究宗教，总得对宗教的本质、特性、基本内容和基本要素有一个基本看法，否则，就连什么是宗教、什么不是宗教也分不清，宗教研究也就根本无法进行了。我按照宗教四要素说对宗教给出的规定，是我个人进行宗教研究的基础理论。我打算从三个方面谈谈我对它的理解与应用。

第一，宗教四要素说揭示了宗教的本质及其基本内容，能把宗教与非宗教明确区分开来。

宗教四要素说一方面揭示了宗教的核心和本质内容是关于超人间、超自然力量的信仰（神观念），另一方面又指出了这种作为宗教之核心和本质的神观念必然伴生宗教的感情和体验，表现为外在的崇拜行为，规范化为宗教的体制。这就意味着这个表述体现了宗教的本质与其表现的综合与统一，给予宗教一种完整的规定，能对宗教与非宗教作出明确的区分。某些西方宗教社会学者之所以把某些非宗教文化形式宣布为“宗教”、“准宗教”、“世俗宗教”……其原因盖在于他们不知道宗教是四种要素的统一，从而把宗教与非宗教在某些外在表现形式上的相似，夸大为整体上的相同。他们之所以把“儒家”说成“儒教”，也是因为他们只看到了儒家对“大成至圣”及其教诲的顶礼膜拜与宗教崇拜在行为方面的相似性，而忽略了一个最基本的事实：孔孟是学者，孔门弟子只把他们说成“圣贤”。所谓“圣贤”，不过是道德高尚、知识渊博的人，而不是超自然的神。孔子创建的理论是一种社会的、政治的、伦理的学说，而不是引导世人追求天堂净土之类超自然境界的宗教体系。对于夏商周三代以来的传统宗教信仰，孔子既有信仰的一面，也有否定的一面。孔子“畏天命”，这是宗教性信仰；但他同时又“敬鬼神而远之”、“不语怪力、乱神”，表现出反传统宗教的态度。孔子并未构想某种新的神灵观念和崇拜体制，我们不能视儒学为宗教。我之所以不采用恩格斯的论断为宗教之定义，也是因为它只表述了神观念（超人间力量）的本质，未概括其他的宗教要素，不能划清有神论哲学和宗教的界限。一个哲学家完全有可能只承认某种超自然力量的存在，可并不把它当成祈求和礼拜的对象。

这里必须回答一个问题。我们如此强调宗教是四大要素的统一，固然可以把某些与宗教部分要素相似的世俗文化形式排斥于真正宗教之外，但是否因此而有可能把某种虽不完备具有四大要素，但却是货真价实的宗教从宗教领域驱逐出去呢？我的回答是：如果它确实是货真价实的宗教，那它就必然具有上述四大要素。且以中国原始宗教为例。北京周口店山顶洞人的葬式，是我国迄今发现的最原始的宗教迹象。由于葬式意味着灵魂观念，所以它是我国宗教的最早萌芽，但尚未发育成型为完整的宗教。可即使在这株宗教“幼芽”中，也已包含了宗教四要素的“种子”。这是因为，如果山顶洞人没有某种死后生活的观念（当然是非常之模糊的），他们就不会把死人进行丧葬处理，并随葬装饰物和生活用物。其中蕴含的观念就是后来发展为灵魂不死和神观念的种子。既然山顶洞人有了死后生活的遐想，就相应会伴生对“死灵”的“敬”、“畏”感；没有这种情绪，就不会出现使用殉葬物的行动。此即宗教的感情和行为。死者不会自己葬自己。在当时，葬他者只能是与他有血缘关系的血缘集团中人。可以设想，丧葬过程是同一血缘集团成员集体进行的。这是一种社会性一集体性的宗教活动，是以原始社会氏族血缘关系为其背景的。可见，即使是在山顶洞人的“丧葬”这种最简单、最原始的宗教活动中，确已存在着宗教四要素的“种子”。随着原始社会氏族制的形成与完备，原始宗教的四要素也发育成型。崇拜的对象越来越具有超人间、超自然的神秘性和神圣性，逐渐成了原始氏族群体的命运的决定者和保护者。原始人越来越强烈地对之感到尊敬、爱慕、敬仰、畏惧、恐怖、震慑，于是便表现为祈求、崇拜、祭祀、巫术利用……之类行动。原始的神灵总是氏族集体共同信仰的对象，对之进行的献祭之类崇拜行动也总是氏族成员集体进行的。集体性的宗教活动要求一致性，于是便越来越规范化、体制化、成为氏族成员共同遵守、一致奉行的制度。宗教要素制度化和社会制度宗教化同步进行，整个氏族制度下的社会生活都宗教化了。可见，原始社会的宗教生活实际上已明显而完备地具有宗教的四个基本要素。原始宗教尚且如此，后来发展程度更高的宗教又岂能例外。古往今来到底有没有不完全具备宗教四要素的宗教呢？当然没有。

第三，宗教四要素及其层次结构为宗教分类和建立宗教学的范畴体系提供了理论依据。任何一门学科，如果它确实是具有科学意义的学问，应具有两点标志。一，它的内容应该反映其研究对象的本质和规律。本质找到了，有关的众多现象就有了共同的根据，得到了统一的说明；规律找到了，这众多的现象之间就有了必然的联系，而不再是偶然的、任意的堆砌。现象与现象之间应该有可重复性，其关联应该是只能如此，不能如彼。二，从表现形式上看，这门学科应有一系列概念和范畴，它们之间的关联也应有其必然的逻辑联系，而不是研究者可以随其所好而任意排列的。因为概念、范畴之间的逻辑必然性乃是事物、现象之间的规律必然性的表现。如果我们要把宗教学这门人文学科建设成为真正的科学，就应使它符合于上述两点标志。我个人相信，宗教四要素说可以满足这两点要求。

首先，这个学说把一切宗教中的众多宗教现象，按照同一原理、同一逻辑予以分类，最后归纳为四大类。并确定，一切宗教现象都可归类于这四类宗教现象之中，似乎没有任何一种宗教现象可以游离于这种分类之外；同时，一切宗教都必然具有这四类现象并以之作为组成宗教的基本要素，似乎也没有任何一种宗教可以不具有这一要素或那一要素。这是否可以表明：宗教四要素说具有一种科学性的理论所应该具有的普遍适用性呢？

其次，它发现并确定了宗教四要素之间的逻辑关系。人们头脑中萌生的宗教观念（灵魂观念、神灵观念、神性观念等）是一切宗教的核心和逻辑出发点。由于它被设想为超人间、超自然的力量和支配自己命运的神圣者，设想者必然伴生对它的依赖感、崇敬感、畏怖感、神圣感、神秘感。内在的宗教敬畏感外在化为崇拜神灵的宗教行为，具体表现为巫术、献祭、祈祷、礼拜、崇拜、皈依、修行、悟道、苦行禁欲……之类宗教活动。由于宗教信仰的社会性和集体性，为了对内认同、对外立异的需要，就自然而然地发展为把宗教的信仰和行为规范化、体制化。于是，就出现了宗教观念的信条化、教义化、经典化；宗教体验的虔诚化、神秘化、目的化；宗教行为的仪式化、礼仪化；宗教信徒的组织化、宗教生活的制度化。于是，就出现了“宗教观念→宗教体验→宗教行为→宗教体制”的逻辑序列。宗教四要素的内在关系是严格符合于上述逻辑必然性的。它们各自在此逻辑序列中的位置只能如此，没有任何主观随意性可言。

再次，宗教四要素说反映了宗教四大范畴之间的逻辑序列与宗教发生发展之历史过程的一致。只要我们认真观察历史上任何一种宗教发生和发展的历史过程，当可发现并都可归纳为“宗教观念→宗教体验→宗教行为→宗教体制”的过程，前面，我们分析过原始宗教从萌芽状态到成型状态的发展历程，它非常典型地体现了宗教四要素的历史逻辑。其实，高度发展的宗教也是如此。佛教的创立，开始于佛陀在菩提树下静坐沉思数日之后的“觉悟”。据说，他“悟”到了最终解脱的“涅槃”境界。有此涅槃境界的直觉，就会伴生对涅槃境界的渴慕与追求。由此出发，佛陀提出了四圣谛、三法印、八正道以及一整套的修行法门。初转法轮之后，有了越来越多的追随者，于是结成僧伽团体。有了一个社会性的集体，自然要求众僧尼奉行共同的教义，执行共同的戒律，实行共同的行为规范。总之，随着佛教僧众的组织化，推进了佛教哲理的教义化、涅槃悟道的目的化、宗教生活戒律化、宗教行为规范化，一个体制化的佛教体系于是成型。

按照新约圣经的说法，耶稣创建基督教的过程与此颇有相似之处。旧约时代以色列先知关于上帝将派“弥赛亚”（基督、救世主）到世上来建立“千年王国”的预言，乃是基督教创教时期的基本宗教观念。耶稣其人于是自称他是上帝之子，上帝派他来此世界拯救苦难大众。信徒认为他就是“弥赛亚”，就是“基督”，他将建立地上的天国，而且做王一千年。据福音书载，耶稣在约旦河受洗之后，天忽然为他打开。他看见上帝之灵如鸽降在他身上，天上有声音说，这是我的爱子，我所喜悦的（《新约圣经·马太福音》第3章第16节）。有了这种宗教体验，耶稣开始传道。随着基督教的传播，信仰者的增多，自然而然地形成教会组织。教徒在共同的教会组织中过宗教生活，礼拜上帝和基督，实行“圣餐”之类宗教仪式。后来，为了在不同宗教的竞争中获得胜利，为了克服教内不同教派之间的分歧，逐渐用各种方式把基督教的思想观念系统化为统一的教义，作为基督徒必须遵奉的“信经”。在成为罗马帝国和中世纪封建制国家的国教之后，又适应社会的政治结构形成教阶制度。

穆罕默德创建伊斯兰教大体上也是如此过程。

所以，无论是原始社会的氏族宗教、国家社会中的国家宗教，还是像佛教、基督教、伊斯兰教等由创教者创建的世界性宗教，它们从其萌芽到成长，再到发展成型的历史过程，实际上都是经历从“宗教观念→宗教体验→宗教行为→宗教体制”这样一个过程。宗教史的历史事实证明，宗教四要素的层次结构体现了宗教发生发展的历史逻辑。如果使用一句黑格尔的术语说：宗教四要素说体现了理论与事实、逻辑的东西与历史的东西的一致。

如果宗教四要素说的科学性能够成立，那末，它的价值不仅可以为比较宗教学的学科体系和范畴系统提供基础理论（本人主编和主笔的《宗教学通论》的理论构架和范畴体系就是按此学说构建起来的），而且也将会对各种具体宗教史的研究发挥一定的理论参照作用。在以往的宗教史研究中，由于学者们一般把“神”观念等同于宗教，于是便自觉不自觉地把宗教史的发展看成是宗教观念（主要是神观念）的发展，具体内容往往局限于宗教观念、宗教教义、宗教哲学的提出和演变、各种宗教和教派围绕这方面问题的分歧与论争之上；而对于宗教的其他要素（宗教体验、宗教行为、宗教体制）的形成与演变，却很少涉及，甚至基本没有涉及。按照宗教四要素说，这样性质和内容的宗教史就并非完整的宗教史，而只能算作“宗教观念史”或“宗教教义史”。一部完整的宗教史，应该包含宗教四大要素诸方面的内容。我希望，宗教四要素说将会为各种具体宗教史的研究提供一种可资参考的认识论和方法论，为宗教史研究开辟更广阔的研究空间，使它的内容更充实，形式更完美。

五

宗教四要素说的宗教定义把宗教规定为四要素构建起来的“社会文化体系”，那末，宗教四要素为什么能够、又如何发挥其社会文化功能呢？这是笔者必须回答的一个重要理论问题。

在漫长的历史上，宗教一直高踞于社会上层建筑的顶端，支配着人类的精神世界。正像宗教的神被视为君临世界的主宰一样，它也被视为人类社会各种文化形式的神圣之源。早在原始时代，各种文化的幼芽几乎无不包含在原始人的宗教观念和宗教活动之中。从那时起，宗教及其神灵的权威，就渗入于人们社会文化生活的各个领域，成了人们包罗万象的纲领，思想的原理，行为的准则，激情的源泉，道德的效准，人际关系的纽带，社会秩序的保证。人际社会关系和各种文化形式无不打上宗教的神圣印记，从宗教观念中吸取自己成长所需的营养，通过宗教活动来展现自己的存在，并由之而获得自己的表现形式。文化与宗教的这种历史性结合，并不完全是上帝启示和皇帝御旨造成的包办强迫婚姻，其中也有自然而然的成分。宗教既有阻碍各种世俗文化自然发展的消极作用，也有在一定条件下促进文化发展的积极性一面。在我国，相当一个时期，由于把唯物史观绝对化、片面化，总认为宗教作为维护统治秩序的上层建筑，其社会功能是反动的，而凡是反动的，就得打倒、消灭。至于传统宗教的文化功能则被放逐于视野之外。其实，就是按照唯物史观的历史辩证法的本来意义，社会的统治阶级在一定的历史阶段并不一定就是反动的。为他们服务的社会意识和上层建筑的社会功能也是如此。更何况，宗教作为一种上层建筑，其功能和作用也不完全局限在政治上。它本身也是一种社会文化形态，对社会文化生活的各方面发挥着独特的作用。我们把宗教规定为一种包含宗教四要素的层次结构的“社会文化体系”，这就意味着宗教体系赖以构成的四个基本要素作为这个“社会文化体系”的一部分，本身都具有文化意义，发生文化功能。

宗教的灵魂观念、神灵观念、神性观念，从科学观点看，当然是人的一种幻想反映，它最初发端于原始时代野蛮人的头脑中，本来是质朴而粗陋的。但在那个使用石器的野蛮人的头脑中，诸如此类的神观念却是他们当时所能想像出来的最伟大、最崇高的一种存在，它集中了原始人的最高智慧，是人性的最高升华，寄托着他们对美好生活的期待以及对人类自身命运的关注。当代的文明人不妨设身处境地想一想，石器时代这些凭借自然本能、终日以生存为务的原始人群，竟然在某一天构想出某种逐渐脱离肉体的“灵魂”观念；再进一步，竟至构想出灵魂的不死；构想出飘忽不定的“精灵”，构想出能创造人类所不能创造的“奇迹”（“神迹”）的“神灵”……我们有理由这样说，这样的幻想本身就是一首充满“灵感”的奇妙的诗，是一部原始时代的“科幻”小说，比之于现代科学家设计的脱离地球引力场的宇宙飞船是毫不逊色的。那是划破原始蒙昧人黑暗精神世界的一道曙光。神灵观念给原始人的想像添上了超自然的羽翼，使之解脱了人类生理本能的自然束缚，翱翔于超自然的无垠空间；也使原始人超出动物式的感性直观，进入于人类所特有的想像空间和抽象思维领域。正是这种具有超人性、超自然性的宗教灵魂观念、宗教神灵观念、宗教神性观念孕育了人类关于人与超人、自然与超自然的思考，成了文明时代各种哲学思辨和科学探索的起点。我们当然也不必像泰勒那样，把产生万物有灵观念的原始人称之为“原始的哲学家”，因为他们头脑中当时所有的东西，不过是某种模模糊糊的意念，而不是明晰的概念和推理。但是，如果原始人没有某种关于“超人间、超自然力量”的意念，就不会有超人的宗教之神，也就不会在文明发展的一定阶段，出现论证它的宗教哲学和神学；也不会因此而激发起把这种“超人性的神性”还原为人性，把“超自然力量”还原为自然力量的启蒙哲学和自然科学。这两种不同的思潮，一方面是论证超自然神灵的宗教哲学和神学，另一方面是把超自然力量还原为自然力量，把神性还原为人性的启蒙哲学和自然科学。它们在历史上不断论战和斗争，又不断互相渗透和启发，既推动这两大思潮自身的发展，又推动了人类理论思维和各种文化思想的发展。

宗教感情随神观念的产生而产生，也随着神观念的发展而发展。神观念愈是发展，神的神性愈益崇高，神的权能愈益巨大，神对人间生活的主宰愈是无所不在，人对神的依赖之感和敬畏之情也就相应膨胀，益发强烈。内在的情感外在化为相应的言词和身体动作，以之来表现他心中的神灵和对神灵的感受。但是，由于神灵只是幻想中的存在，任何人都不可能对神有实在的感触，所以，一切表现神灵的言词和身体动作便不能不是拟人化的、象征性的。或者用某种物质性的实物和偶像来象征那本属虚无的神灵；或者用模拟化的身体动作来表象神灵的活动和事功，以及自己对神灵的感受……一切“象征”性的表现，都是人性的创造性活动，展现为形象化的艺术。语言的象征，发展为讴歌神灵事功，感谢神灵恩德的文学艺术；身体动作的象征性摸拟，发展为舞蹈艺术；神灵偶像的制作，发展为雕塑、绘画之类造型艺术……。人类的艺术活动和艺术创作冲动之最深刻的源泉，无疑是他们的生活实践。但同样无疑的事实是，在人类社会的早期以及以后的文明发展史中，各种艺术的存在和发展，不可能脱离宗教观念的激发和宗教崇拜活动的哺育。文化人类学告诉我们，世界各民族的早期文化艺术几乎无不具有宗教的色彩，寄生于人们的宗教生活之中。

道德、法律和社会习尚的形成，最早也与早期人类的宗教生活和宗教行为有关。人们对神灵的依赖感总是表现为向神祈求、对神献祭之类崇拜行为；对神灵的敬畏感又总是体现为对自身的限制和禁戒规定。不管是在原始社会的氏族宗教、还是在民族国家的国家宗教中，全氏族以至全民族的成员都信仰共同的神灵，进行共同参加的宗教活动，从而逐渐形成全氏族、全民族成员必须共同遵奉的规范化的宗教礼仪，它把全体成员纳入一个普遍性的行为模式和统一性的宗教体制之中。规范化的宗教礼仪具有超个人的权威，对共同信仰体制中的每一个人的行为与活动具有社会的强制力。社会集体和共同信奉的宗教体制赋予宗教禁忌规定和宗教礼仪以神圣的权威，迫使共同体制下的成员逐渐强化了对社会规范的服从和对个人行为的约制。这些神圣的禁忌和规范逐渐构成人们在生活中必须遵守奉行的“无上命令”，使早期社会中人所天赋的动物本能受到抑制，由此而受到自制的教诲。年深日久，这些神圣的禁忌规定和行为规范演变而成为社会共同体的习尚。外在的强制内化为内在的责任，行为上的“必须”积淀为良心上的“应该”，成为判断人们行为好坏善恶的价值准则。这就强化了源于人际关系的行为准则和伦理意识。在人类社会的早期，特别是在原始社会，如果社会上没有与宗教崇拜相联系的礼仪制度和与宗教禁忌有关的禁戒规定，以及随之而来的对犯禁违礼者的严酷可怕的神圣制裁，人类社会的道德规范、伦理准则和“法纪性”规约是难以建立起来的，社会的文明和进步就难以想像了。

在原始时代的氏族制社会和早期民族国家中，宗教的体制和社会的体制基本上是浑然一体的。社会体制宗教化了，宗教崇拜活动的体制也构成了社会的制度。例如，在氏族制社会中，由图腾崇拜而固定了同一图腾氏族男女不婚的外婚制；由祖先崇拜而强化了以血缘关系为基础的氏族制，规定了相应的丧葬制度和礼仪规范；与生产活动相联系的自然崇拜和丰产巫术仪式发展为各种祭祀制度……这一切都说明，宗教渗透到氏族制社会生活中的各个方面，固定乃至构成氏族社会的各种制度。许多社会制度在当时往往是作为宗教的一个组成部分而表现出来的。尽管随着社会的演进，文化和文明的发展，许多上层建筑和社会制度或先或后脱去了宗教的外衣，但如追根溯源，我们几乎总是可以在其中发现宗教的作用与影响，而在原始时代的宗教中则可以找到它们诞生之初的原初表现形态。

上述所论宗教四要素的文化功能，主要侧重于原始宗教的例证，但它的原理和方法同样适合于其他发展程度更高、文化色彩更浓的宗教体系。我们只想得出一个一般性的结论，宗教的四要素在社会文化诸形式中的作用和功能是非常明显和深刻的。不管人们喜爱与否，但这却是历史事实。我希望，本文阐发的宗教四要素说应该有可能为我们研究宗教的文化功能问题提供一种独特的视角和有效的方法。

研究综述

佛教研究

20 世纪的中国佛学研究

佛教是已有 25 个世纪之久的宗教，它传入中国，也近 20 个世纪了。但是除了隋唐盛世鼎盛期的佛教之外，20 世纪的佛教也许在 2000 年的历史上，应该有一个新的说法，至少它在佛学的研究和佛教文化的层面上表现出了它那鲜明的新个性。2000 年来的中国佛教徒在文化建设上成果是灿然可观。一部大藏经达 2 亿字以上，它是中国僧俗两界人士努力奋搏的结果。加上至今还没有收入藏内的文献，据专家估计，应有 4 亿字以上，如此浩瀚的经书，已经了不得了。但是如果再加上用世界各国文字书写的佛教著述，其字数无疑是已经无法统计了。

历代人士译、撰、编了大量的佛家著述，但是作为“佛学”二字来讲，也许应是从近现代开始。佛学本身就是一个比较模糊的概念，佛教博大精深，把它当作学术来研究，当然非常重要，但是在涉及到具体操作时，“佛学”往往又与“佛教”相混淆，故本世纪曾经有人提出将“佛学”与“佛教”加以区别，概言之，“佛学”是指一般学术层面上的事情，即学术的活动；“佛教”是指宗教，即教化的活动。本文所谈的“佛学”，就是指学术层面的学术的活动。中国佛教还应该包括汉语系佛教、藏语系佛教、巴利语系佛教三大部分。就是佛学，又牵涉到社会科学的方方面面，所以远不是一篇文章所能谈清楚的，它应该是一本书甚至数本书加以论述的。本文主要以介绍汉语系佛学研究的情况为主，旁涉其它二系，并以中国大陆的佛学研究为重点，祈盼读者方家谅之。

一

要谈到20世纪的佛学研究，首先是一个分期的问题。从百年来中国社会的发展过程来看，佛教属于社会的一个部分，它的兴衰与整个社会息息相关。佛学也是社会活动中的一个部分，它同样依赖于历史，离不开历史的进程。笔者以为，按中国百年的历史发展而论，中国的佛学研究应该分成大小二个部分。所谓“大”，就是说从大的阶段来看，中国佛学主要分为二期，本世纪初到40年代末是第一个阶段；50年代初到现在是第二个阶段。所谓“小”，就是说在大阶段内还可以分解成若干个较小的时期，如在第一大阶段里可以分成二个时期，本世纪初到全面抗日战争爆发，即到1937年为止是第一个时期；1937年以后到1949年为第二个时期；在第二大阶段里，也可以分为二个时期，1950年到1978年为第一个时期，1978年到现在为第二个时期。站在世纪之交，回首历史，应该指出，第一大阶段的第一个时期和第二大阶段的第二个时期为20世纪佛学研究的繁盛期，换言之，20世纪的首末二端为佛学研究的重头戏，而且这前后两段时间都在20、30年左右，这又与中国社会思想在本世纪内的发展步伐是一致的，由是体现出佛学研究与历史发展同步性的特点。当前我们正在进入下一个世纪，这种发展的势态对佛学研究能够顺利地进入下一个世纪，无疑是起了一个很好的征兆，对从事这方面的学人来说，它确实是值得令人鼓舞的一件好事！

作为佛学研究，在任何时代，都体现在“文字般若”上。佛教之所以能够传世不绝，能够成为中国传统文化的一个重要的组成部分，其最重要的一点就在于它具有非常浓厚的文化性，而这种文化性体现在学术的层面，这就是它的著作、思想等等精神文化创造活动。我们不妨设想一下，如果中国佛教没有强大的译经活动，没有那么一批有学识的高僧和学者一代又一代的努力疏释不止，佛教就不会有如此深厚的文化底蕴，更谈不上给后人留下了一笔宝贵的精神财富，所以佛教文化的继承性，才是中国佛教发展的命脉，如果佛教没有了文化，那又会是怎样一种情形呢？一定是不堪想象的！

本世纪以来，能够荷担弘法，著述立说的人，仍然是一些受过教育，拥有一定文化，尤其是受过系统学术训练的人为主，按照这些人所从事的工作性质和研究成果来看，本世纪上半叶，无疑应该分为如下几个群体。第一个群体是来自于僧伽界的一些僧人学者，如释太虚、释印顺、释圆瑛、释巨赞等一代高僧大德。第二个群体是来自于信仰佛教的一些居士，如欧阳竟无、吕澂、唐大圆、王恩洋等俗信者。第三个群体是来自于学术界的学者，如梁启超、汤用彤、胡适等名家。以上三个群体均有各自的研究特点、研究方向、研究方法，同时也出版各自的佛学研究刊物，三者之间的界限，并不是泾渭分明的，互相之间的交流与切磋始终存在，当然在学术观点上也有不同有看法和歧异，有时甚至是针锋相对的对立。这种现象应属于正常。既是学术研究，就会有不同看法，而且也只有产生不同看法，才会有争论和辩明，学术研究才会有所发展。

既然“文字般若”显得如此重要，回首本世纪的佛学研究就应该从出版事业开始，百年来，有关佛教出版物到现在还没有一个确切的统计数字。在这些众多的佛教出版物中，除了大德讲经说法和古籍再印之外，有相当一部分是带有研究性的佛学刊物，其具体数字是多少？也只能有一个大概而已。台湾著名僧人释东初法师曾在其著的《中国佛教近代史》中谈到本世纪上半叶佛教出版物情况：“我国佛教发行各种刊物，首推民国元年之《佛学丛报》，而历史悠久者，则为《海潮音》月刊，已有55年之历史。此外年刊、季刊、月刊、半月刊、周刊、日报，全国各省各县不下数百种（据日人考据多达三四百余种）……”（释东初著《中国近代佛教史》第237—238页）东初法师在书中列出了55种佛教期刊，但在笔者所掌握的目录中，（此目录系华东师范学院历史研究所何建民博士提供，特此鸣谢）至少有名可考的达180种，这个数目与今天大陆和香港、台湾几个地区的佛教刊物总和，恐怕不相上下。

至今在众多的刊物中仍推历史悠久的《海潮音》为最。这份刊物的重要性在于，它是百年来中国佛教和佛学研究的窗口与见证，因此要了解中国百年佛学发展史，不得不格外重视它，尤其是它在中国佛学发展的第一阶段里，刊出了大量的文章，有着重要的参考价值。例如，当我们要研究中国佛教改革家，著名僧人、社会活动家释太虚大师时，不得不翻阅这份已有近80年历史的刊物，因为太虚大师的许多重要文章，大部分就刊登于此。

1923年南京支那内学院创办《内学》年刊，这是我国最早的一份纯佛学的学术刊物。它是在著名居士、学者欧阳竟无的领导下，以专门刊出纯佛学理论的文章而垂名于世。欧阳竟无在第一辑《叙言》中写道：“悲而后有学，愤而后有学，无可奈何而后有学，救亡图存而后有学，不如是而有学……天下有如是学吾其愈益悲也。夫人心理咸其一致，如理事者在一己，如量者发由乎人，不可以不审。”（《内学》第一辑，支那内学院1924年12月初版本）当代中国许多有成就的佛学家和学者都在这里发表了自己的研究心得，因此这份刊物至今都可以被视为20世纪以来最有价值、最精到的佛学刊物。如今这份刊物发表的文章已经被重复印刷和出版多次，可惜的是此刊仅办了4期以后就不再出版了，以后金陵刻经处的佛学研究文章以《内院杂刊》的形式继续出版，当然这份《内院杂刊》的质量也是属于本世纪学术品位最高的刊物之一。《内学》代表了中国居士佛学研究的最高水平，如要了解近代中国佛学的早期发展及其方向，可说离不开此刊。

周叔迦居士领导的北平佛教会在北京创办的《微妙声》是中国北方的一个学术性刊物，该刊第1期《弁言》谈道："志切弘研，罔恤才短，用集同愿，钻仰玄途。或则教义是研，或惟史籍是考。或述行持所得，或陈弘获之私。部类分居，纂撰所获。月一刊印，名《微妙声》。"（《微妙声》1936年11月25日版）1937年周叔迦先生又于北平创办了中国佛教学院的《佛学月刊》，这二份可以代表中国北方佛学水平的刊物，与南方的《内学》遥相呼应。与《内学》一样，此二刊也未能长期保持发行，《微妙声》一共出版二卷八期，到1940年停办。《佛学月刊》一共出版四卷，约50期，到1944年为止。（《微妙声》和《佛学月刊》的情况，系根据北京中央民族大学历史系教授、著名佛教学者苏晋仁先生所藏的此二刊合订本而作出。特此鸣谢。《佛学月刊》的卷数和期数及年份，据笔者所见为这么多，或许多还有遗漏之处，请方家补识）

除了以上各刊外，据许国霖先生在《微妙声》发表的《佛学论文索引》（《微妙声》第7期、第8期、卷二之一连载），经常刊登佛学文章的刊物，有《现代佛教》、《威音》、《佛化新青年》、《世界佛教居士林刊》、《人海灯》、《佛教评论》、《人间觉》、《四川佛教月刊》、《佛学半月刊》等。当时经常刊载佛学文章的由学术界办的刊物则有《国立北平图书馆馆刊》、《国学季刊》、《金陵学报》、《辅仁学报》、《燕京学报》、《东方杂志》、《学衡》等。可以看出，本世纪前三四十年的佛学研究是异常活跃的，不管是佛教界还是学术界都为此投入了不少的力量，这一方面固然与近代佛教复兴有关，另一方面又与学术界的重视有很重要的关系，许多学者，不管是从外国回来的，如汤用彤、陈寅恪等人，还是在国内一直从事讲学、学术研究的人如陈垣等人，都对佛学发生过强烈的兴趣，由是在教界与学界的共同努力下，本世纪上半叶的的确确掀起一个佛学研究的高潮。

值得指出的是，除《海潮音》之外，其它各种刊物都未能长期坚持下来，造成这种情况的原因很复杂，但有两个主要原因是不得不提到的。第一个是人事和经济上的原因。《内学》在第四辑《本院纪事》里说："本院法相大学特课，原在第二院开办。民国十六年（引者案，指 1927 年）3 月以后，军队驻入院内，历久不去，教授管理，均感困难。院务会议议决，到十六年暑假期满二年，暂行停办。其成绩优秀之学子，分别留院工读。同时第一院各部组织，亦因经济关系，缩小办理，问学部取消，研究部亦停顿。至十七年春，学友渐集，各种讲习，积极进行，研究部颇复旧观，惟大学特科以种种牵制，一时尚无续办之望。""本院校刻经论，历年未缀。十六年三月以后，刻匠工价陡涨，条件繁苛，无法维持，遂告停顿。……"（《内学》第 4 辑，1928 年 12 月支那内学院版本）从上引文可以看出，导致《内学》停刊的原因，一是军队进院，造成"教授管理，均感困难"；二是"刻匠工价陡涨，条件繁苛，无法维持"，所以人事和经济的原因，使得具有学究式的佛学研究不能正常地继续进行，特别是"经济关系"，使得这份饮誉国内外的佛学刊物不得不走上自绝的道路。《内学》如此，其它的刊物亦必然如此，有的刊物如《微妙声》、《佛学月刊》等，虽然没有说到经济的原因，但从它的出版周期越来越长，而且经常是以几期合刊的形式，或者篇幅越来越少的情况来看，至少说明这些刊物已经到了难以支撑的地步。更多的刊物则是办刊一二年即停刊。另一个主要原因是由于局势的关系。众所周知，日本军队的入侵，打乱了中国人的正常生活，颠沛流离，逃难迁徙，成为各阶层人士的日常生活，在国破家亡的形势下，既使有心从事佛学研究，亦无资料和正常的学术环境可言，所以更谈不上出版的事情了。此两大原因，使得已有的佛学研究大好形势转入了低潮，支那内学院被迫迁往四川江津，《海潮音》大量地压缩篇幅，整个抗战时期，其出版的总量，还抵不上正常时期时一年出版量。另一份当时最有影响的《世界佛教居士林林刊》亦因战争将临，而于 1937 年 4 月停刊。

40 年代以后，中国佛教的活动中心是在南方，尤以最大城市上海最集中，佛学研究和刊物的出版，有了一定的新气象。这一时期，比较有名的佛学刊物是《觉有情》、《弘化月刊》、《觉讯月刊》等。巨赞法师在广西桂林创办了《狮子吼月刊》。王恩洋居士在四川创办了东方文教研究院，发行《文教丛刊》，这些刊物在当时起到过一定的影响，但是与前 30 年相比，内容更加关注现实，不象《内学》和《微妙声》那样更加注重于历史教义的考证与训诂，这也是历史的使然，当时举国上下关心的是未来中国的社会发展，远离政治的纯佛学研究，因而不能成为热点。总的来说，民国时期的佛教刊物出版，是千年来中国佛学史上从未有过的繁盛气象，数百种刊物并立，为作者提供了可以发表研究心得的各种园地。各种学说理论杂然纷陈，把中国的佛学研究 下推到一个全新的高度。当然这些刊物都是属于私人或隶属于某个团体创办的，编辑出版这些刊物的人，往往都是一些学者，因此它们对研究百年佛学学术史来说，表现了一种特点，有一种特殊的意义。我们只要抓住这个特点，就很容易获得研究的门径。正如前面所说，《海潮音》是研究太虚大师的主要资料。同样，《内学》是研究支那内学院一系学者如欧阳竟无和早年的吕澂等人学术生涯和窗口。《威音》是研究顾净缘居士佛学思想的根据。《狮子吼月刊》是研究巨赞法师中年时代的佛学观念的依据。《文教丛刊》则是研究王恩洋先生的中年佛学思想及学术成果的来源。此外，从另外一些学术刊物，我们也可以了解诸如梁启超、汤用彤、陈寅恪等人的佛学成就。

50 年代以后，中国大陆社会性质发生根本性的变化，佛学研究者的构成和佛学刊物的出版也有了新特点。这一时期，佛学研究者主要由两部分人士组成,一是隶属于佛教协会的僧人和居士,二是散布在各大专院校的教师及中国科学院哲学社会科学部世界宗教研究所的研究人员。(世界宗教研究所成立于1964年,特此说明)这种人材分布的格局至今仍然未变,仅仅是范围扩大,有更多的研究所和院校的教师参加进来。

当时仍在发行的佛教刊物主要有上海大法轮书局出版的《觉有情》,上海佛教青年会会刊《觉讯月刊》以及弘化社(后由上海佛教协会)出版的《弘化月刊》之三种。(参见阮仁泽、高振农主编《上海宗教史》第307——309页。上海人民出版社)以上三种刊物分别于1953年4月、1955年9月和1958年7月停刊。1950年北京创办了《现代佛学》一刊,作为中国佛教协会的会刊一直在全国发行,1964年6月《现代佛学》停刊。据王雷泉先生主编的《中国大陆宗教文章索引》(台湾东初出版社,1995年10月版。以下的统计数字仍出于此书,不另说明)一书统计,从1949年到1966年的17年间,大陆共发表佛学文章为1003篇,其中最少的年分是1966年,仅发表3篇。最多的年分是1953年,共发表99篇。平均每年发表58.1篇。这些文章绝大部分刊登在《现代佛学》上,仅有少数个别文章发表在《哲学研究》和《文史哲》、《新建设》等社会科学理论刊物上。所以《现代佛学》成为了解中国大陆50年代至60年代佛学研究情况的主要窗口。

1967年到1974年间整个中国大陆没有发表过一篇宗教文章。1974年发表佛学文章一篇。1977年以后,佛学文章渐次增多,到1992年时,中国大陆全年共发表佛学文章达1125篇,一年发表的文章数量,超过了前17年的总和。如今这种趋势仍呈增加的态势。每年发表的佛学文章数量只会增多,不会减少!

与本世纪前半叶比较,世纪末佛学刊物的出版种类及数量,仍然没有达到世纪初的水平,现今中国大陆各种佛教刊物仍然只有二位数,最多也只是到了三四十种,如果再加上一些宗教学的杂志，也不过是 50 种左右，那么，如此巨大数量的文章，决不是仅几十种刊物就能完全解决了的，所以，答案只有一个，众多的佛教文章只能在其它种种刊物上刊出，换言之，它们分流到各种期刊。从统计表上可以看出，如今刊登与佛教有关的文章，涉及了文史哲的各种杂志报刊，可以说，只要是文科类的报刊杂志，没有不刊登佛教的文章的。当然，这些文章并不全是纯学术研究的成果，有相当一批是属于知识性、介绍性或佛教文化范畴的作品。在当今众多的佛教刊物中，与佛学这个学术层面接触的刊物应该说是仍然不多的，象纯佛学的刊物，如今只有由中国佛教文化研究所吴立民所长主编的《佛学研究》，此外还有以整理资料为宗旨，方广锠主编的《藏外佛教文献》，其它的佛教刊物，一般说来，并不以刊出学术性的文章为宗旨。在学术界发行的刊物中，中国社会科学院世界宗教研究所主办的《世界宗教研究》属于国内宗教学界品位最高的纯学术性刊物，但是由于它不是以刊登佛学文章为主，所发表的文章有限，仅是学者论佛的主要园地之一。与此相似的还有四川大学宗教学研究所主办的《宗教学研究》、上海社会科学院宗教研究所主办的《当代宗教研究》，以及山西社会科学院的《五台山研究》等刊物。（请参见王雷泉《国内佛教刊物管窥》，载《佛学研究》创刊号。黄夏年《我国新时期佛教读物的出版》，载《中国出版》1996 年第 6 期；《1995 年中国大陆佛教读物出版综述——兼谈有关佛教读物的出版和评论》，载《台州佛教》1996 年第 9 期、第 10 期；《近期佛教研究著作扫描》，载《出版广角》，1996 年第 6 期）

二

杨仁山居士被人们称为“近代中国佛教复兴之父”。他 27 岁接触佛教，展读《金刚经》，以后又读《大乘起信论》，于是志在归心向佛。《大乘起信论》是属于佛教性宗的著作,旨在说明清净本然的“真如”(或如来藏)因受到净染而产生了不同的认识,因之众生有真、妄二心,众生就是要去掉妄染,恢复体性清净的“真如”。杨仁山是在比较儒、释、道各家学说后,多次阅读《大乘起信论》,才“始知佛法之深妙,统摄诸教而无疑也”。(《与郑陶齐(官应)书》)他自述:“鄙人初学佛法,私淑莲池、憨山,推而上之,宗贤首、清凉,再溯其源,则宗马鸣、龙树。此二菩萨,释迦遗教中之大导师也。西天东土,教律禅净,莫不宗之。遵其轨则,教授学徒,决不误人”。(《与某君书》)莲池、憨山是明代四大高僧之一,贤首、清凉是唐代佛教华严宗的门人,龙树、马鸣是印度高僧。龙树是大乘佛教空宗的理论的创立者,马鸣是《大乘起信论》的作者,大乘佛教性宗的理论家,因之杨仁山由莲池、憨山进至贤首、清凉,再至龙树、马鸣的思想内在轨迹源头就是印度大乘佛教的空宗与性宗的思想,只要“遵其轨则,教授学徒,决不误人”,所以他要“建立马鸣宗,以《大乘起信论》为本,依《大宗地玄文本论》中五位判教,总括释迦如来大法,无欠无余,诚救补偏之要道也”。(《与李小芸(国治)书》)遗憾的是,杨仁山居士的愿望并没有由他的弟子们完成,反而走上另一个方向。杨仁山的继承者,支那内学院的创始人欧阳竟无先生首先对《大乘起信论》提出了疑问,认为这一部被历代佛教徒奉为经典之作的最有代表性著作,仅是一部小乘的论书,它并不能代表大乘佛学了义教的真正水平。欧阳先生的弟子王恩洋先生发挥了乃师的思想,直斥《大乘起信论》是一部“外道论,非佛法也。”(王恩洋《大乘起信论料简》,载《学衡》17 页)另一位弟子吕澂则从考据学上指出《大乘起信论》是对魏译《楞伽经》的摹仿和曲解。由于《楞伽经》本身就有不少错误,所以《大乘起信论》只能是错上加错。由于这些说法牵涉到《大乘起信论》的权威,引起僧界学者的反对,双方展开了激烈的辩论,以太虚大师为首的武昌佛学院的一些人激烈批驳内学院学者的观点,认为《大乘起信论》的观点是符合佛法的,这是因为它确实是表现了体用一如的“真如缘起”的佛法观。(关于《大乘起信论》的讨论具体情况，请参见聂清撰《〈起信论〉义理真伪之争》，载《佛学研究》1996 年刊，总第 5 期，第 288—295 页)总之，《大乘起信论》的讨论是本世纪最早的一场佛学论争，其影响很大，促使了这方面研究有了一个深入发展，当时许多刊物，如《海潮音》、《国学丛刊》、《内学》、《佛海灯》、《人海灯》、《学衡》、《东方杂志》等都刊出有关这方面的研究文章。这场论争延续到本世纪下半叶，吕澂、高振农、游有维、王智隆、蔡惠明、妙有、郑耀秋、葛兆光、韩镜清等人都在 80 年代或 90 年代初发表过这方面研究的心得或随感。“由此可见，《起信论》义理真伪之争必然蕴含了极其深刻的原因，也必然造成长远的影响，是近代佛教史所无法回避的一个问题。”

《大乘起信论》争论的背景是在唯识学的前提下进行的，支那内学院的佛学研究特点，就在于唯识学的研究与阐扬，因此唯识学成为本世纪上半叶佛学理论中的又一个主要内容。唯识学与《大乘起信论》不同，《大乘起信论》的争论是关于它的真伪问题，事关到它的权威性。唯识学是舶来品，玄奘及其弟子在唐朝皇帝的支持下，法相宗曾经风光一时，但是没有多久，即开始衰败。到北宋以后，法相唯识已经奄奄一息，到了清代，更是鲜有人问津。近代唯识学的兴起，与皇帝无关，也与达官贵戚无涉，应是历史时代所造就。张曼涛在《现代佛学丛刊·唯识学概论(三)》之《编辑旨趣》中认为:“而影响思想界最深的，则又可说，只有唯识最为出色。在现代中国几个可数的思想家中，无不跟唯识学发生过关连。主要者如熊十力、梁漱溟、景昌极、梁启超、章太炎等莫不如是。即使是深受西洋哲学影响，而不以东方哲学为意的，如金岳霖、张东荪等，亦对唯识学深表崇意。此原因何在？就在唯识学跟近代西方传来的学术思想，有相当相似的关连，如科学观念、哲学系统，都是有体系、有组织的学问，这与以往中国传统学问中，不重体系、不重组织，完全不同。而在中国，甚至包括印度，能与西方哲学相匹敌，组织化、系统化,从一个观念,而引导出许多连琐观念、系统观念,在整个东方各家学说中,就唯有唯识最具此种精神,因此,西方文化传来的结果,竟不料掀起了一阵唯识研究的高潮。……几乎所有研究佛学的,莫不以唯识为第一研究步骤。”(台湾大乘文化出版社,1978年3月版)张曼涛先生对唯识学在近代中国兴起的看法,还可以值得进一步的讨论,因为唯识学的兴起,除了学术的原因之外,还和当时的社会政治思想等有必然的联系。同时,唯识学也不是唯一的一个在整个东方世界最具系统观念的学说,实际上在印度教里,能与唯识学相提并论的学说也不是没有,如正理派、弥曼差派的学说都具有深刻的思辩内容。就是在佛教体系之内的上座部佛教中,其一百二十一心(汉译时为“九心轮”,但学说不完全)为特点的学说,也是一个十分繁琐的“经院哲学”。整个西方对佛学发生兴趣,恰恰就是从了解上座部的哲学开始的。张曼涛先生指出的“几乎所有研究佛学的,莫不以唯识为第一研究步骤。”确实是中国近现代佛学发展的实际情况,唯识学成为近现代中国佛学的显学,这些成果,基本上体现在张曼涛先生主编的《现代佛教学术丛刊·唯识学专集》中,有关研究目录可以参见王学春的《玄奘研究论著索引》。(黄心川、葛黔君主编《玄奘研究文集》,中州古籍出版社,1995年)当时研究唯识学的团体,除支那内学院外、还有北京韩清净领导的三时学会和太虚法师领导的武昌佛学院,其中尤以前二者最为著名,时人称为“南欧北韩”。著名唯识学者有吕澂、王恩洋、范古农、唐大圆等人。所以也有人认为现代中国应有法相四大家,它们是:东有范古农、南有欧阳竟无、西有王恩洋、北有韩清净。

唯识学成为本世纪中国佛学最有成就的学问，主要体现在对法相唯识教义的阐发和经典的整理之两个方面。就教义而言，对唯识学的名相概念作了现代阐释，使深奥难懂的佛家义理有了一个较为清晰而又通俗的理解，这对普及佛法，促进佛学与现代西方学说接轨，起到了巨大的推动作用。就经典而言，许多唯识经典得到了整理，特别是金陵刻经处，在杨仁山时代就注意古籍版本的考证和梳理，杨仁山从日本引进许多在中国已经失佚的古本，其中有相当一部分就是法相唯识的经典。欧阳竟无和吕澂先生等人将这些经典进一作了注疏和研究，这些成果已在《内学》反映出来。北方的三时学会虽然对唯识经典作了不少的研究，但是刊印后流传甚少，世人难以了解。(关于唯识学的研究情况，可进一步参见佛日的《法相唯识学复兴的回顾》，载《法音》1997年5、6期）1959年汇集油印，取名为《瑜伽师地论科句、披寻记汇编》，共100卷，是韩清净一生的呕心沥血之作。僧伽界的成果除了太虚法师等人对唯识学的阐述之外，最重要的就算得上法尊法师将藏文本的唯识典籍译汉文。50年代以后，中国大陆对唯识学的研究明显减少，但是以玄奘为中心的研究则成为唯识学研究的延续。重要的成果除了上述的韩清净的百卷汇编之外，还有金陵刻经处的《玄奘法师译撰全集》、韩镜清计200万字的《成唯识论疏翼》(尚未出版)，以及田光烈的《玄奘哲学研究》等等。有关这一时期研究的具体情况，请参见笔者的《四十年来我国玄奘研究的综述》(载玄奘研究中心主办《玄奘研究》首刊，海燕出版社，1994年）一文。1992年7月，中国大陆成立了玄奘研究中心，唯识学的研究越来越受到重视，著名学者黄心川、方立天等人的博士生，毕业论文都是以唯识学为内容而撰写的，说明唯识学的研究正在复兴。在僧界，已恢复的闽南佛学院注重唯识学的研学，曾经聘请了田光烈等人专讲唯识，该院的《闽南佛学院学报》是现今大陆刊出唯识学文章较多的一份佛学刊物。

本世纪上半叶，学术界研究重点，主要以佛教史为其特色。汤用彤先生在这方面成绩斐然。他所撰写的《汉魏两晋南北朝佛教史》是一本盖世的佛学名著，现已为治佛教者必读之书。陈寅恪先生虽然写的佛学论文不算多，但他的研究很有特色。他所作的有关支愍度的“心无义”学说的考证，至今也是最详尽的一篇，可与《两汉魏晋南北朝佛教史》的有关章节相互印证。他对武则天与佛教的关系的研究，也受到了中外学者的注意。陈垣先生的佛教史学的著作也是佛学研究中的得意之作，它的《明季滇黔佛教考》是研究晚期佛教史的最重要著作，陈寅恪评价此书云："而于先生是书征引之资料，所未见者殆十之七八，其搜罗之勤，闻见之博若是。"（《明季滇黔佛教考序》）此外，这一时期在佛教史学作出成绩的还有周叔迦及其弟子苏晋仁先生、高观如先生等，苏、高二先生虽然没有专著出版，但是他们发表了不少极有见地的佛教史论，这些论文有不少被编入张曼涛主编的《现代佛教学术丛刊》相关卷之中。而僧界中巨赞法师的佛教史论文颇有力度，他发表的《如是斋琐议》的文章，因考据精到，曾引起陈垣先生的注意，打听其人。50年代以后，中国大陆的佛教史研究取得了不少的成果，任继愈先生以马克思主义的唯物史观来研究佛教思想史，对大陆的佛学研究产生重大的影响。他撰写的《汉唐佛教思想论集》（人民出版社，1962年初版）是这一方法运用的开山之作和代表作。由他主编，杜继文、杨曾文等人参与撰写的《中国佛教史》（全书拟出8卷，现已由中国社会科学出版社出版3卷）则是这一指导思想下的主要成果。属于这一类型的著作还有郭朋先生的佛教思想史系列，其精华浓缩在3卷本的《中国佛教思想史》（福建人民出版社。1995年出版）。此外，黄心川的《印度哲学史》（商务印书局，1989年版）、方立天的《魏晋南北朝佛教论丛》（中华书局，1983年版），也都为中国大陆的佛学代表作品。值得一提的还有吕澂先生的《中国佛学源流略讲》（中华书局，1989年版）和《印度佛学源流略讲》（上海人民出版社，1979年出版）两书，这是吕先生中年佛学研究的精华，代表了他的学术高峰期的成熟之作，也是传世的佛学名著。总之，本世纪下半叶，中国大陆的佛教史学的成果是颇为丰硕的，并不亚于前半世纪的研究，特别是在方法论和指导思想上有着极其鲜明的特色。

本世纪上半叶，胡适的禅宗研究非常风光，正是他的独特研究方法，“大胆的假设，小心的求证”并用，提出了“南宗的急先锋，北宗的毁灭者，新禅学的创立者，《坛经》的作者，——这是我们的神会。在中国佛教史上，没有第二个人有这样大的功勋，永久的影响。”(黄夏年主编《近现代著名学者佛学文集·胡适集》第97页）这个惊世骇俗的观点，无疑对教界和学界是一个极富刺激的挑战。他的许多观点直到今天也不尽人同意，但他同样有许多研究结论为中外学者所称道钦佩。正如张曼涛所说：“鼓动禅宗研究的，则仍以胡适为一时俊彦。尽管他的研究，为佛教徒或真正禅宗学者所反对，可是由他的鼓动，而引起学术界的注意，引起广泛的重视，影响甚深，则是不可否认之事实。”(《现代佛教学术丛刊·唯识学概论》之《编辑旨趣》，台湾大乘文化出版社，1978年元月初版）所以正是胡适，使禅宗成为当时佛学研究的又一显学之一。据袁宾先生编的《禅宗辞典》附录《禅宗研究论文及著作目录》，1950年之前，发表禅宗研究论文60篇，著作2本。(实行数目远不止于此）参与的学者除胡适最耀眼外，还有蒙文通、钱穆、陈寅恪、梅光羲、陈铭枢、欧阳竟无、黄忏华、罗福成、朱自清、吕澂、任继愈等人。僧界有法舫、东初、圆瑛、太虚等龙象。50年代到1978年，中国大陆共发表禅宗研究论文50余篇，专著没有。但是当时著名学者朱谦之曾翻译了日本著名学者忽滑谷快天著的《禅学思想史》和《朝鲜禅教史》两书，惜当时无处可以出版。据朱先生的译稿前记：“本书译出仅供个人将来写《禅学史》时参考之用。……”(朱先生的二书译稿现已出版。《禅学思想史》由上海古籍出版社改名为《中国禅宗思想史》于1994年5月出版。《朝鲜禅教史》改名为《韩国禅教史》，由中国社会科学出版社1995年3月出版。上述引文见《韩国禅教史》黄心川序第17页。）说明当时中国大陆已经有人正在为写禅宗史做准备工作。(关于这一时期中国大陆的禅宗研究，可参见拙文《中国大陆禅宗研究十五年（1950—1964）》，载《佛学研究》1994年刊，总第3期）80年代以后，禅宗研究在中国大陆开始盛行，现已出版多本专著，比较有影响的是杜继文、魏道儒合著的《中国禅宗通史》，洪修平的《禅宗思想的形成与发展》，潘桂明的《禅宗的历程》，邢东风的《禅悟之道——南宗禅学研究》，葛兆光的《中国禅学史》等，此外还有一些禅宗文学研究专著及一大批研究论文面世，总之，数目太多，恕不一一论及。禅宗热在中国大陆兴起的高潮至今仍然未退。

三

张曼涛在编纂《现代佛教学术丛刊》时指出："在现代中国佛学研究的过程中，有三支研究的路向，值得特别注意，第一支就是唯识，第二支是佛教史，第三支是禅宗。"（《现代佛教学术丛刊·唯识学概论》之《编辑旨趣》。台湾大乘文化出版社，1978年元月初版。）这个结论从他所处的时代来看中国佛学研究的状况，也是本文在第二节中介绍当代佛学发展的根据。但是我们也应该看到，他所勾勒出的这三支"研究的路向"，到了1978年后，就被彻底打破了。（关于现代中国佛学研究的状况，可参见拙作《四十年来汉传佛教研究综述》，载《佛学研究》创刊号。）从现在的中国佛学发展的路向来看，第一支（包括《大乘起信论》的研究）基本偃息，不再成为"第一研究步骤"。但是佛教因明学的研究却是发展了。（请参见姚南强《百年来的中国因明学研究》，载《中国社会科学》，1994年第5期。）第二支佛教史，也正在走向萎缩的状态，有力的证据就是，至今再也见不到象汤用彤、陈寅恪、陈垣、吕澂等先生的传世力作出现。第三支禅宗却一下子跃到了第一位，成为当代佛学研究热的不能再热的地步了。这是从治佛学历史来谈本世纪佛学发展的基本变化态势。从中国佛学研究的范围来看，应该肯定，本世纪以来的治学的路向已从三支发展到多支，即中国的佛学正走在走向多元化、多学科的路向。以往被人们视为“至于禅、密、净土，则只作信奉修持的方法”（《现代佛教学术丛刊·唯识学概论》之《编辑旨趣》，台湾大乘文化出版社，1978 年元月初版。）的宗派研究，除禅宗外，密宗、净土宗已经被提到了学术研究的层面，如青年学者吕建福的《中国密教史》一书出版后，曾受到学者的注意。（关于此书中评价，请参见拙文《〈中国密教史〉读后感》，载《世界宗教研究》1996 年第 2 期。）天台宗的研究有了长足的进步，出版了专著。（请参见拙文《四十年来我国学术界对天台佛教研究的综述》，载《台州佛教》1993 年第 8 期）就佛学研究的层面而言，现代中国佛学的研究主要体现在丰富性方面。如佛教考古、（请参见李力《中国石窟寺研究四十年》，载《世界宗教研究》1992 年第 3 期。）佛教艺术、大藏经整理、（请参见李富华《略论〈中华大藏经〉学术价值——写在〈中华大藏经〉正编完稿之后》，载南京金陵刻经处编《闻思》，华文出版社，1997 年。）佛教文学、佛教经济、（请参见白文固《近年来佛教寺院经济研究的综述》，载《世界宗教研究》1997 年第 3 期。）佛教人物（请参见拙文《四十五年中国大陆鸠摩罗什研究的综述》，载《佛学研究》第 3 期，1994 年刊；《僧肇法师著述研究综述》，载《周绍良先生欣开九秩庆寿文集》，中华书局，1997 年 3 月版）等方面所取得的成果是令人瞩目的．最值得一提的是，本世纪下半叶，学术界对藏语系佛教的研究有了重大的突破，“尤其进行全面、系统而广泛地探索和富有成效的科学研究”，“表现了我国这一领域里的雄厚实力和研究特点。”（吕建福《四十年藏传佛教研究》，载《佛学研究》创刊号。另请参见吕建福《一个世纪来的藏传佛教研究》，载《世界宗教研究》1991 年第 3 期。）云南上座部佛教也开始从无到有，取得一些有限的成果。（请参见拙文《云南上座部佛教研究四十年》，载《佛学研究》创刊号。）对国外的佛教研究，包括中外佛教比较研究，都有了不少的成果。(请参见拙文《四十年来对外国佛教研究综述》，载《佛学研究》创刊号，《中日两国的韩国佛教研究》，载《佛学研究》1993年刊。)总之与过去相比，佛学研究的范围扩大了，其研究成果相对于前半世纪而言，主要体现在“新”和“广”的方面，已经超过了前半世纪。本世纪下半叶，中国大陆的佛学研究另一特点还表现在学术会议的频繁举行，从1980年9月在西安举行的“佛教学术讨论会”至今，中国大陆已经成功地举办了全国性的各种佛学会议达70次左右，这是本世纪上半叶不多见的事情。在这些会议中，有的是国际性会议，象中日佛教学术会议，在中日两国学术界都有一定影响。最多的年分，一年曾举行七次会议。佛学会议的召开，既给学者之间提供了一个互相切磋，交流学问的空间，同时也促进了各地的人材培养，深化了一些专题研究，其效果是显明的。(关于国内佛学会议的情况，请参见拙文《近年来我国佛教学术会议活动的综述》，载《宗教》1993年第1期。1993年以后的会议，请参见《世界宗教研究》、《佛学研究》刊出的各种会议报道。由于文章太多，恕不一一举名。)此外，近二十年来，中国大陆创办了不少以研究宗教学为宗旨的研究所，其中有很多都是以研究佛学为主要任务，这也是一个值得称赞的新气象。现在这方面的材料尚无专人搜集，但至少应在30家以上，其中最著名的仍是中国社会科学院世界宗教研究所和中国佛教协会的中国佛教文化研究所，其它的还有一些是各个大学创办的研究所。从1996年起，北京大学成立了宗教学系，这对中国的佛学研究将产生深远的影响，预计其它的大学也将陆续开办宗教学系。

20世纪的佛学研究，有过红火，风光一时，争艳吐蕊的美好春色，也碰到了沉寂萧条，默默无息的严冬腊月，但是不管怎样，它最终走出来了，重新开始迎接迟到的春天。面对即将到来的下一个世纪，中国佛学研究仍然形势不可乐观，摆在我们面前的仍是一个十分严峻的局面。(关于这一情况，请参见拙文《当前中国佛学研究的难点与对策》，载南京金陵刻经处编《闻思》，华文出版社，1997年版。)张曼涛先生出于对佛学的挚爱，曾经发愿主编了《现代佛教学术丛刊》100卷，他受到学者的赞扬，对整理世纪的学术成果做出了巨大的贡献，功不可没，而且功德无量。我们现在所能了解到的世纪学术成果，主要就是依靠他呕心沥血，用生命建立起来的这个窗口。就此一点，他永远值得我们怀念和尊敬。但是他当时编纂这一煌煌巨著时，条件仍然有限，这主要表现在，本世纪还有几十年的道路仍要继续走下去，中国大陆的佛学研究尚没有开始恢复，同时在资料的挖掘上还未能穷尽，在一些重要的，有代表性刊物上发表的文章，并未能全部收入。举例来说，许多上半世纪的佛学刊物的成果如《狮子吼月刊》、《文教丛刊》等未能充分引用，又如吕澂先生、巨赞法师、王恩洋先生的主要学术成果是在他们中年到晚年的时代，他们后来发表的许多成果，都是在经过理智的思考之后，重新修正后再撰述的。此外，还有一些仍然健在的专家学者、高僧大德正在文思泉涌，不断地写出更多的有价值的著述，所以，现有的这一套《现代学术丛刊》实际上是反映了70年前的研究水平。从世纪学术的眼光着眼，这套《现代佛教学术丛刊》应在现有的基础上确有必要进行重新修正或再编，其收录的标准亦应提高，收录的范围和选题亦应扩大，如此才能充分表现出百年来的学术成就。当前百年的佛教研究已成为国内外学术界的热点，但是当人们想在这方面加以研究时，面对的困惑仍然是资料的匮乏，这就说明，基础资料的重建仍然应是当前工作的重点，如此才能在下一个世纪更好的展开工作。

(黄夏年)

1949～1964 年我国的禅宗研究

禅宗是印度佛教传入中国以后，在中国大地产生的一个最富有特色的民族化佛教宗派之一。在1000多年历史的长河中，禅宗以它独特的面貌，简捷的教义，获得了广大佛教徒的偏爱，出现了多个宗门，乃至成为中国大乘佛教发展的主流，并流布到朝鲜、日本、越南等国，近代又远播欧美，已在世界上产生了重要影响。在历史上，各国的僧人都对禅宗的思想做过各种不同的发挥和阐释，造作了各种语录、灯录、法要等，形成了机锋、棒喝等不同的禅机应用。禅宗的思想还影响了中国文学、绘画等领域，谈禅论禅，一度成为社会的时髦风尚，尤其在士大夫身上表现明显。但是，过去的谈禅论禅，都是出于一些这样或那样的想法而进行的。例如，有人谈禅，是从信仰主义的角度来阐明禅宗的顿悟成佛的圆觉大义；有人谈禅，是借助于禅宗的思想来建构自己的理论框架；有人谈禅，是为自己的艺术创作而增加灵感，这些在今天看来，都不是科学的研究。作为宗教的禅宗成为一门学科的研究，应是始于本世纪初。日本学者以忽滑谷快天、铃木大拙、宇井伯寿、矢吹庆辉等人为代表曾经做了最初的研究。中国学者蒙文通、钱穆、陈寅恪、胡适、梅光羲、陈铭枢、欧阳竟无、黄忏华、罗福成、朱自清、吕澂、任继愈等人，也发表了不少心得，胡适则是国内较早在这方面取得成果，影响较大之人。在僧界中则有法舫、东初、圆瑛、太虚等人，而且出版了不少经解注疏，只是这一部分成果仅在教内流通，没有进入学界，所以不大为人所识。总之，1950 年以前，据袁宾编的《禅宗辞典》附录“禅宗研究论文及著作目录”所载，有论文 60 篇，著作 2 本。实际数字肯定不止这些。本文要谈的是在 1950 年至 1964 年中国大陆有关这方面的研究，为便于读者通盘考察本世纪以来的中国禅宗研究情况，故简略地对过去的研究情况作一概括性地回顾。

众所周知，现代中国大陆历史可以划分为二大阶段。佛教及其佛教学研究也不能脱离这二个阶段，而且，作为宗教，其走过的路程似更加曲折一些。1957 年以前，大陆的佛学研究还算基本正常，曾经出过不少的佛学著作，佛学论文则反而要少一些。1958 年以后，佛学研究渐趋消沉，因为当时宗教正受到不大公正的对待，尽管如此，仍然有那么一小批人在逆境中，甘愿冒着受批判的风险，致力于这方面的研究。中国佛教协会的机关刊物《现代佛学》则是当时佛学研究的主要阵地，曾经登载了一批高质量的论文。此外，个别大学的学报也刊出了屈指可数的佛学文章，有关佛学的专著，更是寥若晨星。据笔者所查，从 1950 年到 1964 年这段时间，大陆的禅宗研究论文有 50 篇，专著没有，涉及禅宗人物、宗派、经典、公案、思想几大部分。现分专题介绍如下：

一、禅宗经典和人物的研究

最早发表禅宗研究的是有关经典的文章。1950 年《现代佛学》第一卷第 4 期刊出了《敦煌唐代写本〈顿悟大乘正理决〉》，这是叙述的唐代宗时在藏区发生的内地禅宗僧人摩诃衍与印度僧人莲花戒之间的顿悟和渐悟的争论。作者整理了《正理决》全文，加以标点断句，全文发表。同时又指出：“但考汉文佛教史籍，既不见有彼似之人（笔者案，指摩诃衍），亦未见类彼之书（指摩诃衍所著的三本书）。既在西藏，此三书亦早已失传（案，现已在敦煌发现）……洵为希有可贵之史料。第观其所谈之理，豁达顽空，迥非实悟禅德之言，其所引之教，亦属断章取义，近于曲解……进考摩诃衍之师承，则云‘法号降魔小福张和尚，准仰大福六和尚’，或即神秀之裔。因《景德传灯录》卷四神秀法嗣中有京兆小福禅师及兖州降魔藏禅师也。果尔，则北宗之衰信有以夫。”陈铭枢在《现代佛学》第一卷第8期《我的禅观》一文中，把《坛经》分为知非、无念为宗、识自本性见自本性三个特点。在另一篇《论惠能六祖禅》（《现代佛学》1957年第3期）里，他对“知非”和“无念为宗”作了进一步的解释，说“六祖‘知非’之教，实是宏扬常惭愧的经教，另一方面又为儒家思想能接受大乘教与实践上最鲜明的体现。”“无念为宗”本身就具前正、反、合的辩证法意义。而且在《坛经》里最鲜明地体现了大乘教独盛中国的根源所在，即救人救己的菩萨行。吕澂在《禅宗——唐代佛家六宗学说略述之三》（《现代佛学》1954年第11、12期）文中，认为像三祖的《信心铭》和《坛经》等禅宗要典，“其间虽然不免有是非真伪等问题，可是既为后人所深信，实际对于禅家思想也已发生过影响，无妨看它们为禅家尤其是南宗的根本典籍。”现行的《坛经》本子经过宋契嵩、元宗宝等人的改订，只有敦煌发现的卷子比较近真。据卷子末尾所记传授，已传慧能门下法海一系的再传，距慧能死时至少也有四五十年了。那时南北宗的主张已经判明，势力优劣也已决定，所以《坛经》本文里带着很浓厚的派别色彩，不可不注意分析。在其《〈起信〉与禅——对于〈大乘起信论〉来历的探讨》（《学术月刊》1962年第4期）文中强调，“以《起信》对于隋唐佛学思想的关系那样的密切，如要正确理解隋唐佛学的实质，就非先弄明白了《起信》的真面目不可，因此《起信》来历如何，仍有深入探讨的必要。不过采用枝节的考据方法（如分析有关《起信》撰译问题的资料，比较真谛译本所用名相等等），解决不了问题，应该单刀直入，从解剖论文的重要关键下手。”他首先从《楞伽经》入手，可以看出，《起信》与《楞伽》都是谈如来藏缘起，故《起信》决不是从梵文本译出，而只是依据魏译《楞伽》而写作。其成书年代，最上限不能早于 513 年，最下限暂定为慧远去世之年，即 592 年。接着吕先生又从禅法特点来分析，指出这段时间正是伪书出现的时候，北方流行鸠摩罗什的五停心禅法，南方流行达磨禅（在禅宗初期是将菩提达磨和达磨波罗混而为一的，当然其禅法也就不分家了）。禅宗二祖慧可以《楞伽经》为契经去推行达磨禅，受到了北方禅师执牛耳的道恒之打击，同时北方禅也在受到冲击时，注意吸收《楞伽经》的内容来略变其说，酝酿了新的禅法理论。这种新的禅法，到了道信，提倡一行三昧，接着就是重敞东山法门，继而成为北方禅法的主流。“我们推想，在这段时期内，有人将新禅的理论方法笔之于书，自然会成为一部很好的止观教程。——《大乘起信论》可说即是在这样的情况下制作出来的。由于北禅传统重视马鸣，所以它（被）伪托为马鸣的原著。”至于唐实叉难陀新译本《起信论》，也与禅法有密切的联系。东山法门一系都将《起信》作为本门的重要依据，其主张的息灭妄念的方法与《起信》的止观法关系密切。对唐代东山一系的法师而言，“像旧本《起信》那样的固定廉洁，取为依据，未免太无灵活性而显得不够用了”，于是有人利用旧本而改订出新本《起信》。当时在禅宗内部与神秀平分秋色的只有智诜，世称南诜北秀。而且智诜在弘忍门下以文笔著名，“很可推想新本《起信》大概即是智诜一系所改作的。”本来，关于《大乘起信论》的真伪问题在隋以后就有不同的看法。到了本世纪初，又先后在 1919 至 1921 年和 1926 至 1929 年再发生过两次大的争论。以日本学者为主的学者赞成为印度撰述，以中国学者梁启超等主张为中国撰述，吕先生也是其中之一。吕先生另辟蹊径，“单刀直入”从禅法入手，再根据当时的社会环境和历史情况，以及东山禅法的密切关系，而提出了新的论证，可见其重要，所以《现代佛学》在1965年第5期上再次将此文予以转载。

乃光在《〈碧岩集〉评述》(《现代佛学》1958年第10期)里，对《碧岩集》的公案和雪窦的颂古及佛果的评唱作了述评。认为："单把公案和颂古对看一下，却须慧眼。喜好颂古的人，琅琅上口，不妨念的音调好；但对公案未必了知。佛果评唱的长行有十卷之多，他在公案和颂古每句下的著语也多，把长行看了，著语也看了，要通彻颂古透脱公案却须更着把劲儿。至于佛果评唱则颇不易看，意高词骤处，略嫌繁，意深词简处又带涩，所在都有……"毓之在《读〈宗镜录〉》(《现代佛学》1962年第1期)中，介绍了《宗镜录》的撰写缘起及其演变，指出，永明延寿编撰《宗镜录》是在禅师们轻视义学的流弊发展到相当严重的时候。其思想"很难说不是从法眼的见地发展出来的。"全书虽然问答连绵，引证繁富，千回百转，不外是着眼于"这一念心行从对于事理的彻悟而来，有时又反过来引发对于事理的彻悟。"所以它"毕竟是借教明宗的著作，而不是混宗于教的书籍，因此在九十九卷的问答章里，虽然罗列了天台、贤首、慈恩的教义，而只是一味会通，借以证明心宗的深妙，并没有料拣的异同，解决教理上的问题，这是《宗镜录》的一大特色。"正是如此，他着重于借教明宗，成其对于宗的"圆信"，而并无意于解决教乘的纷争。它的意义在于：书中保存了不少文献，尤其是一些已失传的中观、唯识的著作，在书内还可以"想见原书的大概"。它的编集，"在当时对于佛教界的教育意义很大"。后人撮要刻版，清雍正皇帝也利用政治力量，广为传布，并流布于朝鲜等国。其缺点是，它卷帙太多，对于一般佛教徒的参考来说，是有所不便的。同时，禅宗到了清代，已是强弩之末，所以它即使有统治阶级的推重，也无济于事，不为人所重。

1957年，《现代佛学》第1期上发表了船庵的《菩提达磨禅师》，是为禅宗人物专题研究肇始。以后又在同年第2期、第3期、第 4 期、第 6 期上，分别介绍了慧可、僧璨、道信、弘忍诸祖。这些文章的特点在于，文虽不长，但比较系统地介绍了各位祖师在禅宗史上所起到的作用。例如，初祖菩提达磨借教悟宗，将《楞伽经》授给慧可，作为衡量学者印心的标准，并具有对北方地论学说起调和摄受的作用，《楞伽经》成为早期禅宗的契经，“直到曹溪慧能，把达磨禅的宗典从《楞伽》转为《金刚经》。”二祖慧可，“似已跃入舍弃经论教条而熟练地运用大众口语来表达禅的‘教外别传’之旨了。”他终于发掘了东山法门的源泉，通过白话诗使极难理解的禅成为明白简单易于接受的东西。“这可说是后来禅宗普遍发展的重要因素之一。”三祖僧璨创作的《信心铭》，“从实践生活中表现了禅的精神，成为后来禅家学者的语录公案、颂古评唱取之不竭的源泉，可说是禅家文学之极唱。”他还继承发挥了慧可的“即事不牵”和“从事解脱者气力壮”的积极精神，而且还颂出了华严法界缘起的思想，“这给后来禅与华严两系思想交流融合的影响也是很大的。”四祖道信对禅宗的发展贡献甚大。“自达磨、慧可到僧璨，均以载道之身潜隐于城市与山林之间，宗风尚未显著于世。”道信扩大门庭，南北学者闻风向往的达 500 余人，“这是（达）磨禅发展过程中极大的变化，到道信从微至著，从小到大的一个转折点……道信是这个（指禅宗）奠基的人物。”道信传法于弟子弘忍和法融，“达磨禅到道信，分裂为二，也可说是达磨禅发展过程中的一大变化。”道信又将达磨禅移到长江中心地，“这种法门，自北向南，和当时的三论、天台学派的发展同其趋势，达磨禅实际南播而种植其根者就是道信禅师。”道信开始劝人诵持“摩诃般若波罗密”，“《金刚般若经》转成为南宗顿悟禅的印心宗典，这种法门转变，也显然当是由道信倡导而形成的……达磨禅到道信，内心生活更充实，领域更扩大，在实际生活中的作用更圆熟而有力；宜在他的大冶炉中锻炼出东山禅的弘忍和牛头禅的法融，顿使偏重于学究式的义学的当时南方佛教呈出生龙活虎的气象。”五祖弘忍开东山法门，广传禅法，“达磨禅到弘忍，禅宗的基础益固，门庭更广，当时谈禅习禅者几无不归东山法门。”弘忍主张的“但守一心，即心真如门”的实践方法，“这和后世禅宗的‘默照禅’也许有它深远的渊源。”他只是向学人提出问题而不加以解释，让学人自己去参、思索的教学方法，“后世禅宗最流行的‘看话禅’也似乎和它极有关联。”上述这些比较系统的观点，可以说明，作者对这方面还是有了一定的研究，尤其是勾勒了禅宗领袖在禅宗发展史上所起的作用，如对道信的评价，即便在现代学者那里，也有人认同。因此，我们可以说，它对后世的禅宗研究，起到了一定的参考意义。

林子青在《元贤禅师的“鼓山禅”及其生平》(《现代佛学》1958年第8期)中，对明代高僧、曹洞宗鼓山系永觉元贤的生平和禅法特点作了较为深入的探讨，指出他主张学道之人，要出外参学，反对闭关的风气。在禅学上，他反对当时流行的学偈颂，学答话和上堂、小参等一系列的徒具形式没有内容的作风，主张不落旧套，要自己进行摸索，独立思考，真参实学。他既主张禅宗内部的曹洞和临济融和，又调和佛教内部的禅净一致，还调和儒释二教。“总之，元贤在明末清初是一个唱导禅学为主，而兼融净土，并会通儒释的多方面活动人物。他的清淡朴素的家风，深受寿昌无明的影响。他认为禅人须先具正法眼，门庭施设，实在所缓……元贤在明朝晚年，以提倡洞上心法自任，兼唱临济宗旨，颇与临济宗巨匠汾阳善昭而兼唱洞上之旨，先后辉映。”元贤的鼓山和无异元来的博山二系在法门的辈份上为兄弟，在戒学的授受为师资。由于这两系师资的大力宣传，使曹洞宗风在明末清初的江西、福建、广东三省呈现泼剌的生气，和江浙密云圆悟一系的临济禅形成对峙的形势。林元白的《贯休的生平及其诗》(《现代佛学》1958年第10期)一文，对禅僧贯休的生平介绍外，更多的是讨论贯休的诗。指出“贯休的学问，本来是以佛学为主的”。他的诗的创作，在才力和功力上都很高深，曾受到杜甫、孟郊、贾岛等人影响是无疑的。旅行和交游，对他的诗创作很有关系。又由于他的禅的造诣很深，“所以他的诗具有一种清新隽永的禅味，其诗境的澄沏和艺术的构思，往往吸引住读者的心灵……此外，贯休描写山林禅居生活的‘山居诗’，可以说是他精心结构的作品，曾经是脍炙人口的。”慧风的《牛头法融与牛头禅》一文，对禅宗五祖旁出的法融作了考证。他指出，僧传载法融就学于三论之炅法师，殊为可疑，很可能是茅山三论宗的大明法师，“‘明’和‘炅’也许在抄写行书上的混淆而误其字形。”法融至牛头山，“至少应在贞观十一年，年四十三，那么《续传》说他于贞观十七年到牛头山是不大正确的。”法融北上“入京陈理”，“似乎法融在这一时期一度被迫‘旋于本邑，后方在度’。”他与道信的关系，“终法融之世不很明显，也许即是刘禹锡的《法融塔记》所说的‘密付法印’而已。故在道宣与惠详的传记中，法融始终是‘义学沙门’，不是禅宗的祖师。”法融被尊为牛头初祖，以及他与道信的关系，是在牛头五祖智威门下，即慧忠、玄挺、玄素的时代。当时慧能与神秀的门下正在开展争正统的斗争，“而牛头禅席称盛东南，却成了‘超然派’。为了追溯它的禅河法源，于是乎强调了法融与道信的关系，而抹煞了法融义学上的修养，终而在禅宗史上使法融完全成为宗门的人物。”从而，“牛头禅的来源——道信与法融的关系从偶尔相遇‘密付法印’而被宣染成道信的预言，横出牛头一枝并与六代继承的话结合起来。”这篇文章对牛头慧忠的考证，是有力度的，它试图把禅宗史上的神话预言，通过多种资料对比，排列，爬厘梳董，还原成历史，有已突破了原有的研究模式的趋向。不过，吕澂以为，“此宗祖述《三论》，主张心寂境如，以寂静虚明为归宿，说不到自性妙用的一边，不能算禅家的正宗。”（参见《禅宗》）力谷的《爱国诗僧八指头陀》（《现代佛学》1959 年第 2 期），主要是谈寄禅和尚的生平业绩。对他的评价是"自明末至近代的高僧，求其耿洁精勤如八指头陀者不可多得。八指头陀不但是一位宗门巨匠，特出诗僧，而且是一位具有民族气节的爱国者。打开他的诗集，就看到那一片'先天下之忧而忧'的忧心，外恨帝国主义无理侵略，内痛封建统治者辱国丧权，爱国思想充沛字里行间；这在当时是有启聩振聋、奋发人心的教育意义的。"对寄禅的死，作者列出的二种传说，认为是因袁世凯杀人灭口毒死的。林元白苦心搜访，勾沉史乘，撰作了《晦山和尚的生平及其"禅门锻炼说"》（《现代佛学》1960年第6期）对晦山和尚的生平和学说作了较为详细的解说，全文共分三节，第一节是谈晦山的生平事迹。第二节谈天皇道悟和天王道悟的问题，并介绍了"唐天皇道悟禅师塔"已被发现，详情登在1959年第2期《文物》上。第三节为"禅门锻炼说"，介绍了他的禅学思想。此文在材料的占有上非常丰富，引用了多种史籍，考证也很细致，看的出来，作者对这个问题是下了不少的功夫。不过评价似乎还显的不够充分，如果能够在总体上给其人作一个全面的、公允的评价，那么，文章的力度就更大了，无疑又上了一个阶梯。

二、宗派、公案和思想的研究

50年代后，讨论禅宗的历史较早的文章是许丹的《中土禅宗之导源与发展及其展望》（《现代佛学》1950年第8期）。该文认为，禅宗来自于禅学，但是它不等于禅学。"禅宗之禅与禅学即禅定之禅，名义混同，而意义迥别。然禅宗之教法，与禅学亦有相关。盖非禅莫智……故谓禅宗即禅学，固大不可。谓禅宗教法中不该摄禅学，亦甚不可也。"接着他又把禅宗划为初期、中后期几个阶段，说初期有大乘入道四行和顿悟法门，中期、后期展开有别立禅居、后起行门、五家派别等事实。黄益毅在《禅宗五枝派别》（《现代佛学》1950年第8期）中略将五家最初悟人之因缘，及门庭施设法则，利弊之所以然，分述而出。认为沩仰宗“对人说法处，皆本时节因缘，俟人自悟自肯，方与印证，开示学者，以‘但情不附物即得’七字，为最精华……故为沩山门下之士，净业纯一，皆真修实践，行解相应，一经印证，决无浮光掠影之弊，所为逢缘荐得，永无退失，其法语载之灯录，一字一珠，惜于直指处，尚欠分明，中下士多不得其门而入。”此宗之所以在五家之中灭绝最早，是因仰山传法于慧寂，而寂师“有体无用”，这也“正暴露仰山不济之处。”云门宗其法妙绝无伦，“故云门会下得悟者，最后一着，多能坐亡立化而去，皆涂毒鼓声之力也……其法只能接引上根上智，根稍下者，即退屈别参。又难得有道高德重，福慧庄严，行解相应，慧愿无尽，主法之大善知识，非此不足以坚决学人求法之心矣。所谓人能宏道，非道宏人。故云门宗一传即衰落不振，非偶然也。昔云峰悦禅师云，云门虽有定乱之谋，要且无出身之路。今移此语，为云门宗之定评。”法眼宗高僧倍出，“名噪当时，俱主禅净双修，宏扬念佛法门，不遗余力。禅宗一线，不绝如缕……诸尊宿出，有唱无和。提出‘念佛是谁’四字挽歌，卒因病重药轻，难起沈疴，此禅宗衰落一大原因。皆由法眼当日说道理而恒本心因缘，欲合禅教为一所致，永明更演为禅净不二，不知不觉，变为教外别传无上心宗，为念佛法门也。不但禅宗受其影响，而天台、贤首、慈恩三宗，人也厌其繁难，弃之不顾，连累整个佛教，精髓不存。”曹洞宗（作者认为昔日曹洞为错误）将五位演绎，“盖示人彻悟之后，绵绵细密保任这个，于日用动静之中，应酬往来，或烦恼习气发作时，观照此人，落在何位，或偏或正，或背理入理，念念自处，不随境转，此五位君臣纲宗之妙处也……洞下一宗，到今日尚有门户者，五位君臣纲宗之力也。”临济宗语录，“说来说去句句不离这听法的道人，无依的道人说之又说，再三叮咛，妇人孺子闻之，都能彻悟，其胆量见识，真空前绝后一人。”以后三峰“提出临济三玄三要，参加己意，建立○

相，罗纹密印，双头独结为纲宗，直指学者自性，再用纲宗玄要锻炼之，故明末清初禅宗，又为之一盛。”鉴安在《试论唐末以后的禅风——读〈碧岩录〉》（《现代佛学》1960年第8期）里，对唐末的语句修饰与宗门的风气之关系做了探讨。认为“禅宗五宗七派的祖师们本来各有机用，不易‘凑泊’，自《碧岩录》出而有‘敲门砖’可寻，禅风为之一变……。”这一变应从“笼络当世学者”中来体会，“自唐末至北宋，由于禅师们逐渐脱离人民大众以笼络士大夫们，禅风由质朴而变为讲究修饰语句，影响所及，极为深远，愈到后来就愈盛。”

黄忏华的《看话禅与默照禅》（《现代佛学》1958年第5期），对中期的禅宗机用形式作了一般的探讨。指出，宗杲的看话禅“可以溯源到赵州从谂的狗子无佛性话。”看话禅和黄檗禅是脉络贯通的。默照禅“大概是上承达磨的壁观禅，把它和一般禅家所乐道的‘回光返照’相结合而发展成功的。”乃光推出了《马祖禅要》（《现代佛学》1959年第5期）、《石头禅要》（同上第7期）、《百丈禅要》（同上第8、9期）、《临济禅初探》（同上第11、12期，1960年第1、2期）、《沩仰宗禅要》（同上第3期）、《漫谈赵州禅》（与船庵合作，同上第4期）等系列研究。这组文章与上面所谈的文章相比，则反映在细、专、宽几个方面。其研究的基本线索依然是遵循的传统治学方法，即以禅语录公案来勾勒出禅宗不同阶段之特点。例如，作者指出，“马祖石头的禅风，精力弥满，含蓄闳深，实足以代表我国汉地佛教之极致。”二家因各人的才调、悟缘、作风有异而自成格调，并非天下同风，亦无以言句定宗旨之说，不过为了成就学人以悟为则。“五家以前，全体作用惟在以本分事接人；五家以后，悟得本分事了，必须体会宗旨方许接人。或体会宗旨，具足顿悟意乐，亦可豁破本分事。宗旨的权说，可以印证修证，也可任保学人的悟境，更重要的必须在日月生活上，劳动作务上，要求见地端正，即事明宗。马祖石头两师之示教，实乃五家禅道曲立宗旨依据之本母。”“马祖常道‘是什么’，石头又教看个‘谁’，一对无孔铁笛。”他们即是同时代人，又是宗门巨匠，虽宗风有别，提持则一，道义弥笃，亲切无间，无丝毫门户畛域之见，并不如后代分裂门庭标新立奇。“宗风之异全系才调不同，方便摄化，岂能据此另定两师宗旨？五家出自两师，以后各各曲立宗旨，另有缘故。”百丈的出世，是“一方与教下经论诸家有异；另一方与谨慎细行的毗尼师亦多扞隔。禅宗一天天的发展，使它拥有无数徒侣，因此，在领导僧务上，在独特的参学法事上，即要求产生新的制度与之相适应……‘马祖建丛林，百丈立清规’，实为佛教大事。”在百丈的四条纲领中，从事农业生产这一条最突出，“实是当时建立新兴丛林的经济基础……这个制度是为禅宗服务的，禅宗表现的无比智慧和理性，即是支持这个新制度的主要因素。”临济大师创立的临济宗是“自菩提达磨、六祖慧能以来，发展到高度的产物。汲取教乘精英，传持佛祖慧命，结合世间实际，汇成般若大海第一智声。智度大道，此宗最为开豁。全提祖佛正令，高标顿悟功行，诸家皆逊一筹？”临济禅的宗承，即继承历代禅的宗纲，主要是六祖的“说似一物即不中”和马祖的“野鸭子”、“再参话”三个公案。此三公案加上临济的大悟因缘，“实即成为临济宗历代无上纲宗。”百丈大悟与临济大悟，同为不共般若的显现，正所谓“开示悟入佛之知见道故。”“这二件大事，不仅坚强地巩固了达磨六祖以来创建的禅宗阵地，且更进一步促进禅宗大振家声，辉腾慧业……这两件大悟因缘都能显示顿悟的最高原则、顿悟典型范例，诸家亦应汲取。”特别是临济大悟因缘，有三个特点：“其一、悟缘多而能奋迅集中又不依缘，确有大悟的了因存在；不同于自沉死水，暗中摸索的期待等悟。其次，悟境过程划然分明，又无企求，确有透彻实际的大；不同于侂侗汉得些子惺松小歇场，自以为悟。其三，随大悟的开展即现起观照，鉴沉下炳炳烺烺的机用（棒、喝、言句）自然而至；不同于一般记忆停思的知解，捏合意识的情见。这三点实为顿悟的最高原则，不必斤斤然为知‘有’而了生死也，知有、了生死即在其中。仔细具观，却于临济大悟公案尽得之矣。”所以，“临济这一大悟因缘公案，即正式开端激箭似的禅道。具有冲锋陷阵斩将夺关的勇猛顿悟意乐气概，狠辨了因，穷追实际，撩起便行……临济禅弹射力风高，劲挺有力，却能动人心弦。以后临济宗提持的激箭似的顿悟功行，完全发轫于此。临济此一悟道因缘，不惟本身价值高，其影响亦实极深广。”对临济禅与其它禅门之比较，作者指出，沩仰开示学人，以“寻思”为功行要着，借寻思而触发顿悟，这只是一般传统的禅宗正行。而临济禅提持的逼拶念头的顿悟，非“寻思”所摄，出过沩仰宗。曹洞宗提倡正偏五位，与展开五位功勋禅道，重心在于寻思鉴照，节节推进顿悟，围绕着“机贵回互”之旨，“如以临济来衡量，只是禅宗顿悟功行中的一种分析，不是禅功上的一种动力。”德山禅道只尽扫荡之功，然于扫荡无捞摸处只教人自荐，这还是一个大窠臼。临济则有杀有活，一气呵成，有破有立不另指点，“具有极大辩证威力的活般若。”云门的顿悟，实与临济最近，“以云门所说的病，来看临济大悟公案，则不见一星儿病。”法眼宗受到四家禅道的影响，它无临济轰轰烈烈的涂毒鼓声，但梵音清雅亦复沁人心脾。然“说临济禅提持逼拶念头的顿悟功行，远非法眼宗所能追踪。”从上可以看出，作者对临济宗的评价是相当高的，把它视为是马祖、百丈、黄檗、睦州一系禅道的最高发展，也是禅宗在修持方面的最大的革新，对后代禅风影响极为深广。当禅宗几乎成为末下时，“临济宗风在禅门更蔚成为群星拱北之势。”临济禅的发展线索反映了这样一个事实，即“从达磨观禅一变而为南能顿悟禅，再变而演成为机锋语默禅，而临济禅在佛法禅宗继往开来中占有极其重要的地位。”但是，其它宗门也不是一无长处，如沩仰宗以“寻思”而见“的”，“悟境与功行极于理事如如动即合辙之旨，机用全赅，条条通鬯。

似若平衍，实若一亘晴空涵虚无尽。奇峰异云有时突兀天际。禅趣深至，动容难测，处处练‘禅’，策进无休。醇厚之味，优游乐道之境，他家实难企及。”又如赵州与黄檗、沩山为同辈，示见不让沩山，机锋不下黄檗，直揭马祖禅旨。他的“自说‘使得十二时’，象白云般自在，似春风样悠闲，门迁廓落，气象宏深，接机示人以本分，力避玄奥，教人就理自悟。其禅法是“继承了南泉所力避的‘即心即佛’的话，转而倡导三祖《信心铭》的‘至道无难，唯嫌拣择’之旨……贯彻了不离本分事，即贯彻在寻常生活中的‘平常心是道’之旨。”陈铭枢在《论惠能六祖禅》里对禅宗力主应机方法作了强烈的批判。他说：“机锋倡导后，伪目乱真，末流至于不可究诘。重意好事者有意夸张谤佛谤法的恶报，在祖师说法的公案下附会无根之谈，制造由于说错了话而招致眼前非人为的惩罚的不合理事实……这两者是禅宗遭受的第一个厄运。第二个厄运，是舞文弄墨以欺世盗名的贩卖教条之流，就中，以洪觉范是最突出的代表者……第三个厄运是宋代大慧宗杲所提倡的参话头。此风一开，遂为后代读书人的思想懒汉敷设了一张侊侗瞒旰的温床以遨游其幻境，另一方面又为一般庸夫俗子咬一句佛号以寄托其消极人生，他就交互结合着这两方面，翻然自以为是禅净双修的无上方便和简易的法门，禅的末流至此，学与行修扫地以尽了。故大慧宗杲实禅宗末落的第一个大罪人。”

对禅宗思想的研究，是这一时期研究中的重头部分。陈铭枢《我的禅观》一文中，认为禅宗的底趣是“寂”。因为一切因缘法就是生灭法，所以，“要洞了大乘，禅宗‘寂’的底趣，必须确认这两义。”“千余年来禅宗巨擘接引人种种纵横无方剿绝轨迹底施为，无非归于‘寂’的活用上面……其实并无奥妙之处，寂的活用而已。所以说‘寂’是禅宗的宗趣。”禅家的法门，“是于不可言说之中竭力显示‘般若’底企图，如是而已。”他把禅宗的法门分为四种方面：一、破的方面，“破”是摭义，摭了一切现象都归之于般若空，以牛头融为其代表；二、显的方面，系从“方便”（即世间法）显示“般若”，为有理趣可寻的法门，以沩仰宗、法眼宗为其代表；三、显破双收的方面，以有先破后显，或先显后破，或显破齐用，以临济、曹洞为其代表；破显俱不关的方面，系把显、破撇开，或可说将显破同时捏收，绝无可诣底理路，只有云门宗一家。在《论惠能六祖禅》一文里，他提出把遵经和破邪作为禅学两个标准。遵经，就是“言必该典，理必契教，又绝不是袭陈滥、套形式和死在句下，而自有其对机启发，洞中隐微、无方的妙用在。”破邪，就是破那些谤佛的“附会无根之谈”，所以遵经破邪为治禅学者必由之路。吕澂在《禅宗——唐代佛家六宗学说略论之三》一文里，总结了中国历史上从安世高的禅数到佛陀跋陀罗的“念佛法门”，再到求那跋陀罗的愚夫所行禅、观察义禅、攀缘如禅、如来禅的四种名目，最后到慧能禅的发展演变路径。指出，“以具备自觉圣智内容的如来禅为止观的最高层，契合于‘如来藏心’（这在《楞伽经》里看成真如的异门）的攀缘如禅作它的阶梯，这样直接指示佛家实践的究竟和源头，便启发了当时讲究禅法的人去另辟途径。中国禅宗的思想即导源于此。”禅宗二祖、三祖传习的是《楞伽经》的思想，四祖、五祖受到的是《起信论》的影响，到了慧能才改变了主张，用《金刚般若经》为正宗，而慧能的思想，是在反对偏重文句疏释之风，又受到无著的《金刚经论》的新注影响，将禅的意义扩大后而形成的。关于达磨的思想著述，比较可信的是《略辨大乘入道四行“观”》，其理、行二入的思想，虽说基本上来自《楞伽经》，但是也联系着涅槃师的“一切众生皆有佛性的”的说法。在《信心铭》里，则透露出“夹杂着中国玄学思想的成分”，和齐物逍遥游的思想相通，“后来禅家受了这种影响，益向玄学的方面发展，自然不足为异了。”慧能的思想虽以单刀直入为中心，但是，“渐顿纯就是见道的过程区别，如果推论到最后根据，似乎南北两宗并没有什么不同。所以说‘法即一种，见所迟疾，见迟即渐，见疾即顿。’并且，在南宗的法门中，也含有渐的一种，不过不采用它而已。”南宗禅的根本精神贯穿着无相、无住，又特提般若行，“这样便将从来用的《楞伽经》印心之说轻轻换过了。”南宗又强调“自度”，“由此对于当时侧重它力的净土法门，不得不加有一种看法……心净土净，当前无异西方。如此通融解释，用意深长，是很耐人寻味的。”禅宗到了南岳、青原二传以后，便将禅的意味渗透在学人的日常生活里，使它构成一种随缘任运的态度。“严格地说来，这已不属于佛家三学的纯正类型，而它的理论根据也和教说相去渐远了。”禅家的这种态度又可分为三个层次，“最初要有迫切的寻求，其次凑泊悟解，发明心地，再次是‘保任’和‘行解相应’。”从禅宗的思想史的发展线索来看，各派的家风无非来自几种情况。第一种是“可称为“触目而真”的见解，要从全体（理）上显现出个别（事）来……马祖的真传宗旨正属如此。”这一见解经过黄檗、临济师弟的尽量发挥，就有了临济的一派。沩仰一派也是依据这种见解的。第二种是“即事而真”的见解，“要从个别（事）上显现出全体（理）”，形成于石头的议论，再传云岩，最后成为曹洞一派。历史上云门、法眼二家也是传承即事而真的思想，和石头的思想是一脉相承的，过去把它归为南岳一系，现在看来不过是门户之争，其实是没有根据的。吕澂最后总结说，“禅宗一向是依着《楞伽经》宗通和说通相对的说法，而自居教外别传的。但它并非和教完全绝缘，不过表示所得的传授不在言教文字上，却另有其‘心印’。如果借用现成的解释，便是云门所谓不从学解机智得之。更克实些说，禅宗的主旨在于‘见性成佛’，这个性所指的佛性原是大乘经典里的一个重要论点……我们从典据的方面说，禅宗是佛学思想在中国的一种发展，同时是一种创作。”它的基本理论始终以《起信论》一类的“本觉”思想贯穿着，又显然是凭藉中国思想来丰富它的内容的。更从中国佛学思想流变上看禅家南宗的盛行，可说是反映着当时佛家由于实践的要求对一般义学和信仰的反抗趋势。“这些对于当时一般佛学沉湎义解，或依赖他力，或脱离实际的思想，力求解放，是有其积极的意义的。尤其是这种思想开展于岭南一带文化比较新兴的地方，而提倡它的慧能本人，出生在没落了的士大夫阶级，从事努力，又系文盲，他所接触到的平民阶层生活里想往自由的情绪是相当热烈的……这也可说恰恰符合了当时一部分平民思想自由的要求，因之他的主张很流行于岭南一带……后来他的门人，神会敢于对当时和统治阶级渊源深厚的北宗挑战，力争正统，也只凭籍南方有群众基础的一点。”以后，由于会昌法难，禅宗受到了打击，虽不久恢复，又建立了新的分派，但“它们的共同趋势，不期然地重智轻悲，偏向接引上机，和平民的关系比较疏远，另方面影响所及。形成清谈，无补实际，于是原有的一些积极意义，也就日见消失了。1961年7月3日吕澂又在《光明日报》发表《谈谈有关初期禅宗思想的几个问题》(《现代佛学》转载于1961年第6期)。第一个问题是原始禅宗与《楞伽经》的关系。他认为，从讲经来看，慧可受达磨的启发，专附玄理，不拘文字，自由解经，宗乘一乘宗，“着眼在经文明白解释了佛性和人心的关系”，旧本《楞伽经》只说有一心，新本则说有二心，即净心和染心，这是最根本的分歧。此外，慧可用四卷本《楞伽经》来对抗新译的十卷本，是因为旧译《楞伽》之说由《胜鬘经》而来，而两经都是由佛陀跋陀罗译，又正是南方流行的新学，所以“可以理解慧可一定提出四卷本《楞伽》来立宗的原因。”第二个问题是达磨的禅法究竟如何。从资料上看，达磨主张用壁观法安心，这很可能实行的是南印度禅法，即以修习地遍处定来首先入定。第三个问题是东山法门的变化实际如何。弘忍和神秀的思想受《起信论》的影响，而《起信论》又是来自于《楞伽经》，可是这里所据的《楞伽经》已不是四卷本旧译，而是十卷本的新译。因此，到了弘忍时，禅宗的思想已不是慧可所坚持的一心主张了，“而思想实质，通过《起信》，已经无形中与十卷本《楞伽》合流而面目全非了。这一转折变化，在辨认弘忍、神秀思想的特点时，我想是不应该忽视的。”第四个问题是北宗法门是否只渐无顿，如何理解顿渐意义。现存有关神秀的文献里，神秀也说悟在须臾，又说一念顿悟等等。“我觉得南宗所标榜的顿悟，是走单刀直入，直了见性的路子，而神秀的教人则要用种种的方便。他不但广引经论，着意分疏，以作理论的准备，并还采用指事问答的方法以诱导学者入门……北宗禅法由这样的点滴领会最后得到恍然大悟，但从源头上说来，依旧是逐渐贯通的一类。因此，南宗指斥它为渐悟。南北两宗间顿渐之辨，大概如此。”1962 年 6 月 6 日，吕澂又在《光明日报》发表了《试论中国佛学有关心性的基本思想》（《现代佛学》转载于 1962 年第 5 期），此文在作者以心性本觉和心性本净的中印佛学分歧的框架下，指出“在禅宗方面，自南宗畅行以来，更是围绕着性觉的思想作出种种机用的发挥。象禅师们指点学人所常说的‘即心即佛’、‘本来是佛’、‘平常心是道’以至说到‘一切现成’，无一不要联系性觉思想才能理解其真意……到了后来，禅宗还因宗密揭出荷泽（神会）的秘传，以‘灵知’解人心的本觉，而明言‘知之一字，众妙之门’，甚恐其混同知解，而予以反对。这样用心于知解以外，又不期然成为一种神秘主义。”鉴安不同意一些人将禅定和禅宗的大彻大悟、明心见性分开，以及禅宗是“受了我国传统思想发生同化的一种表现”的看法。他在《禅宗的思想与风范》（《现代佛学》1955 年第 5 期、第 6 期）文里说：“这两种说法固然都有其史实上和理论上的若干根据，但是按实研究起来，就知道不妥当的。”第一，“禅定”是人类心理和生理的一种普遍现象，佛教所要达到的觉悟离不开它。禅宗也不反对禅定，“并从一开始就按照释迦的遗教勤修禅道，称为禅宗，的确是名符其实。”第二，禅宗的思想是印度大乘般若思想在中国发展的一种形态，与我国传统思想关系不大。

在禅宗思想研究有成就的人还有任继愈、萧萐父等人。1957年任继愈在《哲学研究》第4期发表了《禅宗思想略论》(后收入《汉唐佛教思想论集》。)他说菩提达磨学说的主要特点，在于把印度输入的复杂繁难的坐禅的宗教修养方法改变为简易的宗教修养方法。这个特点“完全是北方中国具体环境下的产物。”从达磨到弘忍，这五代法裔相传的过程，可以看作禅宗的预备阶段，也可称为禅宗的先驱。这时期禅宗还没有形成宗派，也没有正式以“禅宗”作为自己宗派的名称。就初期禅学的特点而论，无论它以《楞伽经》为中心思想（佛教大乘有宗)，或以《金刚经》为中心思想（佛教大乘空宗)，它都是客观唯心主义。禅宗到慧能以后，从客观唯心主义转向主观唯心主义，“它标志着唐代佛教发展中遇到危机后的新趋势。”慧能所进行的是一场革新运动，“他们没有隋唐佛教其它宗派的优越条件，没有很多的‘理论’和旧的佛教宗派抗衡。他们唯一的武器就是用主观唯心主义，他们不要论证，不要引经据典，只要凭借每个人主观信仰和良心。”后期禅宗特点也有二个。第一，否认表面语言的表述能够说明禅宗的基本原理，用比喻、隐语、拳打脚踢的动作来表述和方法。这是根本否认概念、推理、判断，因为一切理性思维、逻辑抽象都可以反映真实情况，所以实际上他们否认了人类正常的认识能力和认识作用。第二，禅宗所相信的真理是超现实的，在现实世界中不存在，因而不能用认识现实世界的方法来认识真理。他们所谓真理内容和性质，是建立在宗教信仰、宗教感情、主观意识的基础上的，而不是通过科学实践可以证实的。但是，禅宗也见到了事实的另一面，认识到人类认识能力有它的局限，其失足之处，在于夸大了这一方面，从而做出了神秘主义的结论。所以后期禅宗发展为宗教神秘主义、直觉主义，完全走向反科学、反常识的道路，这是禅宗发展的主流。在哲学史上，禅宗以严肃的态度对待哲学上的主观思维和客观现实的矛盾统一的问题，“它以主观吞没了客观，以心代替了物，但是，作为反面教材，它使中国哲学史上的认识论比过去更加深刻、丰富了。”“它引起人们对认识论问题的重视，虽然它走的方向错了。但是它构成了认识论上不可缺少的一个环节，它起着反面教员的作用，它把认识论引向深刻化的道路。”萧萐父在《唐代禅宗慧能学派》（《武汉大学学报》人文科学版 1962 年第一期）一文强调，禅宗所进行的活动是在革新中得到了相应的反映。慧能学派“以大胆的教义‘革新’，在一般庶族地主的政治意识中，更找到了广阔的传播市场。”这表明了禅宗传教对象及其所依存的社会基础，区别于旧有的佛教各宗而有所扩大的转移。“但慧能学派所以高举起‘革新’佛教的旗帜，并不在于他们是所谓的‘平民派’，而在于当时寺院经济和佛教势力的发展，内部存在着严重危机。这是他们从事‘革新’运动的真正动力。”也为佛教开拓了新的思想领域，为朝野人士重新构建了一根精神支柱。其所进行的‘革新’，乃是在佛教世界观内部别树 帜，并希图用祖师真传的名义来夺取佛教正宗的法统地位。实质上“乃在于想把佛教理论进一步精炼化、哲学化；企图摆脱烦琐的修证过程和经论词句的解释，而把作为宗教本体论的客观唯心主义体系，进一步发展为主观唯心主义的神秘体验论，由思辨推理转入超验直觉。”就慧能学派思想的特点，主要有这样几个环节。第一是“即心即佛”的本体论。该派抓住了这个核心，“企图摆脱种种过回论证的烦琐性，明确地回答：‘心’就是‘本体’，别无‘本体’；现实世界的一切，都依存于‘心’。”第二是“顿悟成佛”的方法论。第三是“凡夫即佛”的宗教归宿。这一理论承袭了南朝的佛性说，又充分吸取和发展了魏晋玄学所提炼过的庄子思想中的直觉体验论，用以会通佛教教义，使之进一步中国化；从而构成中国思想史上一个独特的宗教哲学学派。所以“禅宗思想的出现，在一定意义上，可以说是中国佛教哲学发展的顶峰；同时，也就标志着中古哲学史上佛教这一整个思潮的发展‘圆圈’,达到了它的终点。这就是禅宗慧能学派所进行的佛教‘革新’运动的思想实质。”“这在哲学矛盾发展过程中,对于促进我国唯物主义、辨证法思想的发展是具有客观历史作用的……中国后期封建社会中哲学唯物主义反对唯心主义及宗教神学的斗争就不得不在更高的水平上进行。”

此外,对禅宗与医学及教学等关系也有一些探讨。例如,巨赞的《禅修的医疗作用及其可能发生的心理和生理现象》(《现代佛学》1956年第4期)一文谈道,“禅修中的生理和心理现象不属于‘常态’,要在生理或心理方面不断加上功力才能逐渐得到,得到了如不加以巩固也容易退失。”并具体介绍了一些修习禅定的方法。慧风的《从禅宗的教学方法、劳动精神中看出宗师们的风格》一文,认为“所谓‘不用求真,唯须息见’,是禅宗教学上的基本理论。”禅宗教学的目的是:在于把人从自卑怯弱的思想中解放出来,要求每个人都树立起与佛祖无别的独立自主的人格;它的教学方法是:不离实际生活,运用活的教材,充分表达出“生龙活虎”的精神。

三、结　语

以上笔者比较详细地介绍了50年代到60年代中叶,中国大陆僧俗两界对禅宗的研究。应该指出,有的文章因不能见到,故无法利用。如50年代初上海曾经发行了佛教刊物《觉讯》、《弘化月刊》等,又如,在1963年《山东大学学报》(历史版)第4期上曾经刊登了华山的《禅学小论》,在《文物》上也登载过一些佛教文物发现的报道,然皆因种种原因,至今未见。不过有的刊物没有几年就停刊,一些论文和报道也毕竟是少量而已,估计不会对本文有大的影响。如果确实有重要的文章和大作漏掉,尚祈方家给予增补，以成全玉。通过对过去研究情况的总结，笔者以为大概能有这样几方面的认识。

一、研究文章的比例较高　如果按已有的统计，这一时期大陆共发表有关佛学的文章约 550 篇，那么禅宗的文章约占十分之一。与此接近的就是玄奘研究的文章，约 40 余篇（本）。造成这种原因，仍是因为它在近千年来一直在中国佛教中占主流的地位，影响最大，故吸引了学者，纷纷撰文。毛泽东同志也读过《坛经》，并认为佛经有上层和劳动人民的二种，《坛经》就是劳动人民的。这一切也表明了，禅宗研究一直是佛学研究的热点之一。至于这种研究是否受到国外学界的影响，笔者认为可能性不大，因为当时佛教乃至其它宗教，在大陆都受到了批判，既使国外掀起了禅宗热，也不大可能传入大陆。不过国内学者也有人注意到国外的情况，例如已故的朱谦之先生曾经看到国际禅宗热，于是着手翻译了日本学者的《中国禅学思想史》一书，此书现已由上海古籍出版社正式出版。还翻译了《朝鲜禅教史》，此书也由中国社会科学出版社出版。

二、研究的范围较为广泛　从所见到的研究文章内容来看，有关禅宗的主要内容基本上都涉及了。如上面介绍的禅宗人物、宗派、历史、经典、教义、公案等等，其时限既有初期，也有中期和晚期，最根本的经典如《坛经》等都做了各个角度的阐述，但是这只是人致地勾划了禅宗历史发展的轮廓，是一种提纲性的研究，还不能做到全面地展开。

三、研究重点突出、质量较为精到　毫无疑问，这一时期撰文的作者都是在这方面有一定研究的专家，并且以佛门中居士占多数。由于过去曾经受到国际学界影响的余绪，于是在具体的研究活动中，仍然不免承续了这一特点。如胡适与铃木之间的有关初期禅宗的争论，所以在这一时期学者注重的仍是禅宗初建的内容。又如，日本学者对《坛经》作了很多研究，于是学者发表的重头文章仍是这方面的内容。而且这些文章至今为学者所引用，看来仍然还有其存在的价值。对一些公案的研究与阐述，笔者认为，还是很有价值的，特别是对公案的解释上，至少不是离谱的，做到了紧扣禅宗的原义，而加以点评。对一些人物的研究，虽然有的文章比较浅显，但也有一些有深度的文章，特别是在史料上做了不少甄别，也有自己的观点，这些都是应该肯定的。有人曾经认为，这一时期的禅宗研究只有个别人有成就，笔者以为并不是这种情况，这已为上面的介绍所证明，当然，在这一时期的研究"总的说来开展得还很不够，特别是利用新资料的研究较少。"但是在新方法的运用上不够，还应是这一时期最明显的缺陷，正是由于这一缺陷，使这些研究显的"还很不够"，因而也不能够展开深入的讨论，限制了人们的思路。造成这种情况的原因，一是一些学者受到佛教信仰的影响，一是当时社会思潮的限制，特别是学术界人士参与研究的实在太少。所以我们可以这样说，在"文化大革命"以前，中国大陆的佛学研究群体，主要是以佛教界人士为主，尤以居士为多。而现在，从事佛学的主要力量则来自于学术界。

（黄夏年）

1980～1995年我国佛教学术会议活动综述

佛教学术研究在我国有悠久的历史，但是在中国大陆过去却从没有学术界出面召开有关佛教的学术会议，因此佛教研究工作者没有机会在一起切磋交流研究佛教的心得，这种局面直到本世纪80年代才开始改变。1980年以后，佛教学术研究工作开始全面恢复，并受到了重视，现在除了国内召开专题学术会议外，还与其它国家召开了双边会议，通过这种方式，促进了国内佛教学术的繁荣，加深了学者之间的友谊和了解，推动了佛教学术研究的更加深入。本文对15年来我国召开的一些重要的佛教学术会议做一次总体上的回顾，有疏漏和不实之处，欢迎读者批评和补充。

一

1980年9月17日，由刚成立的中国宗教学学会、中国南亚学会和陕西省社会科学院、西北大学联合在古都西安召开了建国以来的第一次全国性佛教学术会议。来自各地著名的老一辈佛学研究者及正在成长的中青年学者共32人出席了会议，收到论文26篇。代表们分成汉地佛教、印度佛教、西藏佛教和佛教艺术几个专题小组分别进行讨论，提出了自己的看法。会议期间日本著名佛教学者、东方研究会理事长、东方学院院长中村元教授率领东洋思想学术交流团一行8人与中国代表举行了学术座谈会。这次会议的圆满举行，标志了中国佛学界进入了新的时期，也是思想文化战线上的一个新的、重大的突破，在中国佛学研究史上具有极其重要的开拓意义，是现代中国佛教学术研究的里程碑。本届会议的成果收入在《中国佛学论文集》。（陕西人民出版社，1984）

1982年10月26日，四川大足石刻研究会成立大会在大足召开，50余人参加了会议，收到论文10余篇。论文收入《大足石刻通讯》。

11月23日至27日，“上座部佛教传入中国”学术讨论会在高原名城昆明召开。这次会议是由云南社会科学院东南亚研究所主办的，来自北京和云南省内的20多位研究、教学人员参加了会议。代表们就上座部佛教何时传入中国的时间和路线作了认真的讨论，提出了“隋唐说”、“明清说”、“宋元说”等几种看法，虽没有取得共识，但列出了一些新的材料或观点，为今后进一步深入研究奠定了基础。这次会议也是迄今为止的唯一的一次有关云南上座部佛教的专题讨论会，它反映了学术界对此表现的极大热情和认真态度。

1984年8月27日至30日，中国社会科学院与联合国教科文组织在北京召开“国际佛教艺术专家咨询会议”，来自国内外代表30余人与会。代表们讨论了联合国将以“佛教艺术”为主题的第16届巡回展览的本质、总概念、地理和年代限制、展览的结构和内容以及准备展览剪彩的方法等5个议题。会议决定，展出的佛教艺术品要强调佛教艺术的美学价值、表现佛教艺术产生的历史背景及其基本观点，表述和平的含义，传达不同文化形式特点的三个原则。同时还提出了展品的初步目录，南亚和东南亚国家提供50件展品，中国和日本等东亚地区提供40件展品。此次会议是中国大陆举行的首次国际佛教学术会议，表明中国学术界已经开始走出国门。会议期间中国社会科学院世界宗教研究所还举办了“中国佛教艺术图片”小型展览会。

1985年4月11日到17日，中国社会科学院世界宗教研究所和河南洛阳龙门文物保管所在龙门联合举办了“魏晋南北朝佛教史及佛教艺术学术讨论会”。来自9省市、36个单位的近70名代表出席了会议，收到论文近30篇。代表们认为，在佛教研究中要把握时代思潮和风格，要充分注意对考古成果、佛迹等有关资料的利用，进一步提高学术研究水平。代表们还从佛经翻译、佛教与政治、僧官制度和寺院经济、佛教与儒道二教的关系，佛教的民间信仰、疑伪经、中外佛教文化交流、佛教音乐、艺术等各个方面探讨了魏晋南北朝佛教的特点及在中国佛教史上的地位。此外，还就加强龙门石窟等佛教艺术古迹的保护和利用问题提出了建议，及对任继愈主编的《中国佛教史》第三卷（南北朝佛教）的章节进行了讨论。这次会议是大陆举行的第一次以佛教断代史和佛教艺术为题目的学术讨论会，又首次把理论研究、考古研究和艺术研究三方面做了相结合的尝试。从会议论文的题目和讨论范围来看，研究的广度和深度都超过了前几届会议，会议论文集以1985年《中原文物》特刊的形式发表。

同年11月9日至10日，日本《中外日报》社为纪念创刊几十周年，倡议在日本京都举行“首届中日佛教学术会议”，中心议题是：“中日两国佛教的特点和古代中日佛教文化的交流”，双方各出5名正式代表，提交的论文皆为专家撰写，质量精到，概括性强。这次会议是中日两国佛教学术界首次召开的会议，也是中国佛教学者在海外举行的首次讨论会，因此在日本学术界引起巨大反响，日本学者赞为“历史的盛会”。

1986年4月17日至21日，四川大足石刻研究会第二次年会在大足举行，参会者100余人，收到论文33篇。与会者从宏观到微观，对大足石刻中的一些问题作了有益的探讨。会议论文大多选载在《大足石刻通讯》第二、三期上。会议选举了29人的理事会，并聘请了10位专家为顾问。

这一年的9月3日至10日，在日本京都佛教大学召开了“第一届中日佛教学术交流会议”。这是由中国佛教协会与日本佛教大学共同举办的。会议的主题是：“中日佛教交流史”，中国方面有藏汉佛教徒学者7人与会。它把中日佛教界友好推向一个新的阶段，是两国佛教界学术交往的大事。

11月3日至7日，中国社会科学院世界宗教研究所、南亚研究所和陕西省社会科学院长安佛教小组共同在西安举办了“隋唐佛教学术讨论会”，来自全国学术界、教育界和宗教界的20多个单位，近60名代表参加了会议，提交论文33篇。代表们对隋唐佛教的显著地位取得了共识，强调了解隋唐佛教也就大体上了解中国佛教。隋唐佛教对中国古代思想影响极大，要搞中国古代文史哲艺术等研究，就得弄清它们与隋唐佛教的关系及其所受影响，否则很难找出规律性的东西和得出符合历史实际的结论来。还认为对中国佛教，不可孤立地研究，应当将中国佛教纳入世界范围进行综合的总体考察，把中国佛教与印度佛教、中国传统哲学、儒教、道教等进行横向的和纵向的比较研究。此外，还讨论了佛教中国化、佛教寺院研究、加强禅宗研究等问题。会议论文最后收集在《隋唐佛教会议论文集》(陕西三秦出版社，1990)。

1987年10月6日至8日“第二次中日佛教学术会议”移至北京举行，会议中心议题是“佛教和中日两国的文化”，日本和国内北京、上海、江苏、安徽、陕西和山西的部分佛教研究者出席了会议。中日双方商定，今后每两年在两国轮流召开一次这样的会议，同时还要以其它方式积极促进两国学者之间的学术交流活动。已经召开的两次会议的论文，由中国社会科学出版社于1989年出版，书名为《中日佛教研究》。

1988年9月18日至20日“全国印度宗教与中国佛教学术讨

论会”在江南历史文化名城——江苏省常熟市召开。这次会议是由中国社会科学院南亚与东南亚研究所、世界宗教研究所、哲学研究所、中国佛教文化研究所、北京大学哲学系、复旦大学哲学系和常熟市佛教协会共同举办的。来自全国11省市30个单位的代表53名（其中列席代表8名）参加了会议，收到论文25篇。会议就“印度佛教的传入及其中国化”、“中国佛教与传统文化”、“中印密教和其它大乘派别”三个专题进行了热烈讨论。代表们认为，要加强对整个印度文化的研究，还应注意中国文化对印度宗教文化的反向交流。研究佛教要把它看作一件活生生的实体，采取实事求是的态度和科学辩证的方法，印度佛教是源，中国佛教是流，从源到流是不能截然分开的。此外，代表对密教和南北两传比较研究的探讨，都是学术界较少研究的课题。本次会议还是建国以来首次由学术界和宗教界共同举办的学术讨论会，因此意义十分重大。会议大部分论文收入《印度宗教与中国佛教》（中国社会科学出版社，1988）一书中。

10月6日至8日，中国佛教协会在北京举办了“第二届中日佛教学术交流会议”，主题是“中国佛教之研究”。中日两国佛教学者和佛教界人士100多人出席了会议，有10名学者宣读了论文摘要。本届会议也是中国佛教协会第一次在国内公开举行的国际学术活动，引起了新闻界和学术界的重视，它受到了大陆学术界人士的支持，许多著名的佛教学者参加了会议。至此，大陆已经形成了信仰界和学术界两条学术活动主线，佛教研究蓬勃向上，形势喜人。会议的论文摘要载《法音·学术版》第2期。

1989年3月27日至31日，北京大学哲学系和日本驹泽大学共同在京召开“中日禅学研究研讨会”，主题是“中日禅宗研究”。50余人参加了会议。会上中国代表围绕日本学者的5篇论文展开讨论，表现了日本研究重微观，中国研究重宏观的不同学风。会议的特色还在于是近10年来在国内首次举行的以某一宗派为专题的讨论会。

11 月 20 日至 22 日，“第三次中日佛教学术会议”在东京举行。在参会的中国代表中，有来自台湾的学者，所以它是海峡两岸共同组团首次参加的国际学术会议，沟通了两岸学术界的交流，有重要的现实意义。中国代表在会上宣读的有关云南滇密的论文，引起日本学者和台湾学者的兴趣。会议结束不久，台湾佛教界就组团前往大陆云南大理地区考察密教情况。本届会议的所有论文登载在《世界宗教研究》1990 年第 2 期上。

12 月 2 日，四川省乐山市史学会和乐山大佛乌尤文管局在乐山市召开了“大佛文化研究”学术讨论会，有 35 人参加了会议，送交论文 18 篇。会议提出了“大佛文化”的命题，明确指出它是有代表性地方特色的历史文化和传统文化，从现在所发现的文物表明，佛教还可能从西南这条道路向中原传播，打破了“佛法西来”之一说。会议论文收在 1990 年《乐山师专学报》社科版第 1 期上。

1990 年 7 月 24 日至 28 日，“首届五台山中日佛教学术会议”在佛教圣地五台山举行。这次会议是由山西省五台山研究会主办的。中日双方共 60 余人参加了会议，收到论文 29 篇。会议主题是“探讨五台山佛教文化的奥秘”。代表们认为，五台山佛教文化的特点集中体现在五台山佛教的建筑、雕塑、彩绘、经书和佛教事业活动中，世俗化和民众信仰最为显著。与过去会议相比，参加本次会议的地方代表突出，答辩热烈，表明中国佛教的研究日趋成熟。

9 月 2 日至 4 日，在新疆乌鲁木齐市召开了“西域佛教与文化”学术讨论会。会议是由中国社会科学院亚洲太平洋研究所暨南亚文化研究中心、世界宗教研究所、北京大学哲学系、中国佛教文化研究所、上海社会科学院宗教研究所、上海佛教协会、长安佛教研究中心、新疆维吾尔自治区佛教协会等 9 单位联合召开的。来自全国各地 24 个单位 40 名代表出席了会议，收到论文 30 篇。会议强调古代西域佛教与文化发展的脉络线索搞不清楚，就无法写好中国佛教史、文化史，甚至一般的历史。

9 月 9 日至 13 日，陕西省社科联与法门寺博物馆在法门寺召开了“首届国际法门寺历史文化学术研讨会”，来自中、日、法、美等国共 100 多位学者出席了会议，提交论文 60 多篇。代表们分历史、考古、佛教文化和文学艺术四个小组进行讨论。佛教组的代表讨论了“法门寺”命名、唐代佛舍利供养与法门寺、法门寺与佛教宗派、法门寺与密教、韩愈谏迎佛骨的意义、关于法门寺所藏残本佛经的研究等问题。认为法门寺文化作为佛教中国化的产物，其内涵核心部分应是佛教文化，因此把它作为一种文化现象，做多层次、多角度的广泛研究，才能更好地从总体上把握中国佛教的特点及其发展规律。会后成立了“法门寺文化研究会”，出版了《首届国际法门寺历史文化学术研讨会论文集》。

10 月 23 日到 24 日，“第三届中日佛教学术交流会议”在日本京都举行，主题是“中日净土教之研究”。两国代表宣读的 10 篇论文中，介绍了净土宗研究的历史、传播、信仰、经典等各方面的成果，是近年有关净土宗研究的最集中的成果之一，也是继“中日禅学研究研讨会”后，又一次专题宗派讨论会。会议论文刊登在 1990 年的《佛教文化》上。

1991 年金秋时节，“中日第四次佛教学术会议”于 10 于 14 日至 16 日在北京举行，来自中日两国的佛教研究者近 100 人出席了会议，收到论文 11 篇。会议的主题是“十至十四世纪中日佛教”。与会代表深入讨论了中国宋元时期的佛教。涉及了佛教的宗派、思想、寺院经济、佛教哲学和理学等内容。有代表指出，过去历史上三阶教、白莲教和白云宗一直被视为佛教中的“异端宗门”，现在应该对此重新给予评价或重新定位，把它们确定为中国佛教支流宗派的地位。宋以后的佛教一直是中国两国学术界的欠缺项目，有关这方面的研究一直很不充分和不深入。这次会议的召开旨在促进和提高宋元佛教研究水平，因之有着重要的开拓意义。代表们还对宋元佛教的特征，做了新的解释，认为佛教在中国到了此时才真正立足于社会，对传统的学术界观点提出了挑战，会议论文刊登在《世界宗教研究》1992年第2期上。

9月20日至21日和11月26日至28日，南京艺术学院等佛教考古艺术界人士和日本龙谷大学的学者，分别在成都和南京召开了以“早期佛教造像南传系统”为主题的中日学术研讨会。两国参会代表80余人，提交论文30多篇。代表们分析了现今已发现的中国南方地区的佛教造像，力主早期中国佛教的传入应是由南方而来，有可能早于北方丝绸之路的佛教传入。此说虽然过去一直有人提出过，但是缺少详细的论证。所以，这两次会议的召开，从材料和观点上都得到了进一步的补充，有着深远的意义，被认为是填补了中国佛教史和佛教艺术史的一些空白，有利于推动中国佛教艺术的研究。会议论文分期刊载在《东南文化》上。

1992年5月10日到13日，国际法门寺佛教学术会议在陕西扶风县法门镇举行，来自美国、日本和国内各地的代表约60人参加了会议，收到论文22篇。代表们对法门寺佛教文化再次做了深入的探讨，强调法门寺佛教在中国佛教史上的地位应当值得重视研究。会议论文集以《人文杂志》1993年增刊的形式出版。

7月12日到18日，山西大学在太原召开了“中国佛教思想与文化国际研讨会”，来自美国、英国、俄罗斯、韩国、新加坡及大陆、港台地区的代表60余人出席了会议，收到论文46篇，此也是国内规模较大的国际佛教学术会议之一。会议论文集由人民出版社1992年12月出版。书名为《中国佛教思想与文化》。

10月6日到10日，“峨眉山与巴蜀佛教文化学术讨论会”在中国佛教四大名山之一的四川峨眉山举行，参会的国内各地代表共120余人，收到论文64篇。这次会议是国内首次在西南地区召开的全国性佛教学术会议，也是历届佛教学术会议中规模最大，论文最多的一次会议，中国佛教协会赵朴初会长专门为会议题词和发了贺信，称“意义重大”。此外，本次会议的资金全部由峨眉山佛教协会提供，这也是过去所没有的，它为今后继续举办佛教学术会议提供了借鉴。

11月5日到9日，由重庆市文化局和大足石刻博物馆、四川省社会科学院等单位举办的第三届大足石刻研究会年会在四川大足举行。100余人出席了会议，收到论文、资料36篇。会议的宗旨是检阅近年四川石窟研究的成果，交流研究情况的经验，探索四川石窟发展脉络及其价值，从而发动社会各方面重视石窟艺术的发掘、保护、宣传的研究。会议论文收入《四川石窟艺术研究会暨重庆大足研究会第三届年会专集——大足石刻研究会文选》。

11月9日至11日，“第四届中日佛教学术交流会议”移至北京举行。主题“中国佛教的传统与创造”。代表们围绕中日双方正式代表提交的10篇论文展开了热烈讨论。中国佛学院的学生表现突出，说明佛教界培养的后继人材正在茁壮成长。会议论文刊登在《佛学研究》1993年年刊上。

1993年6月3日至6日，由浙江台州地区文化局、天台县人民政府、天台山文化研究会、中国社会科学院世界宗教研究所、亚洲太平洋研究所、中国佛教文化研究所联合发起的“首届中国天台山文化学术研讨会”在天台山召开。会议的主题是“天台山文化在国内外的传播及其影响”。来自北京、上海、陕西、江苏、安徽、海南等地的学者近80名参加了会议，日本、韩国学者13人列席了会议。收到论文53篇。会议论文刊于《东南文化》1994年增刊上。

9月25日至27日，“圆瑛佛学思想讨论会”在上海召开，本次会议由上海佛教协会、中国宗教学会上海分会、上海社会科学院宗教研究所、中国佛教文化研究所共同发起，参会学者50余人，收到论文37篇，收入《圆瑛大师圆寂四十周年纪念文集》。

11月9日，由中国社会科学院世界宗教研究所和中国佛教文化研究所联合举办的“佛教文化景点发展现状研讨会”在北京举行，会议强调建设佛教文化景点的标准是应遵循“庄严国土，利乐有情”八个字，建设一处优秀的佛教文化景点，必须实行专家、艺术家与工程队伍相结合，造一处，成一处，一处成功胜过十处不成功。

11月23日至29日，“早期佛教初传中国南方之路”中日学术讨论会在日本京都龙谷大学举行。会议集中讨论了“中国南方早期佛像性质和年代分期”、“中国南北方早期佛教和佛像的区别”、“中国南方早期佛像的起源及传播途径”。

1994年4月16日至22日，中国玄奘国际讨论会在河南偃师与西安两地举行。主办单位是中国社会科学院南亚文化研究中心、玄奘研究中心、陕西长安佛教研究中心。中国代表80余人，外国代表23人，收到论文60余篇。本次会议的目的是，研讨玄奘在学术文化的贡献，宣传玄奘的思想业绩，弘扬他的爱国主义和国际主义精神，交换世界各国玄奘研究的情况，讨论共同关心的问题，寻求长期合作的可能，加强我国与周边国家的文化学术交流和学者之间的友谊。会议论文《玄奘研究文集》于1995年由中州古籍出版社出版。

8月8日至9月12日，纪念鸠摩罗什诞生1650周年学术讨论会在新疆克孜尔石窟举行，主题是“鸠摩罗什与中国民族文化”，中外学者共140余人参加了会议，收到论文38篇。代表们就“鸠摩罗什对中国佛教的贡献”、“鸠摩罗什与佛经翻译”、“鸠摩罗什与西域佛教”、“鸠摩罗什与佛学思想”、“鸠摩罗什与佛教艺术”五个方面展开了讨论。会议由新疆维吾尔自治区文化厅、中国社会科学院世界宗教研究所、亚洲太平洋研究所、中国佛教文化研究所、新疆佛教协会、新疆龟兹石窟研究所共同举办的。

11月2日至15日，由武汉大学、中国文化书院、中国佛教文化研究所、《禅学研究》编辑部、湖北大学、湖北省佛教协会、湖北省哲学史学会、湖北省社会科学联合会、黄梅县人民政府联合召开的“禅宗与中国学术文化学术研讨会”在黄梅县召开。参会代表100余人，收到论文70余篇。代表们讨论了“东山法门与禅宗历史”、“日本禅与中国禅”、“禅宗哲学与中国文化”几方面的问题。论文集《东山法门与禅宗》由武汉出版社于1996年出版。

12月14日，由中国佛教文化研究所、上海市宗教局研究室、上海社会科学院宗教研究所、上海静安古寺共同举办的“持松法师佛学思想研讨会”在静安寺举行，来自中日两国的僧俗两界人士和学术界人士150余人参加了会议。

1995年3月2日，由中国社会科学院世界宗教研究所、中国佛教协会中国佛教文化研究所、陕西省考古研究所和法门寺博物馆发起，邀请首都学术界、佛教界专家学者在北京中山公园举行了“法门寺地宫唐密曼荼罗学术讨论会”，会上由学者介绍了有关唐密曼荼罗的研究情况。

9月4日至6日，在河南嵩山脚下的登封市内举行了“少林寺与禅文化国际研讨会”，来自韩国、日本和国内北京、上海、天津、河南、江苏、陕西、江西、四川、云南、浙江、湖南、安徽、福建、湖北、新疆、山西、内蒙等地的佛教僧俗二界及学术界人士近百人出席了会议。这次会议是由中国河南嵩山少林寺和中国佛教文化研究所共同发起主办的。大会收到论文（含论文提要）共70余篇。论文集《中国嵩山少林寺建寺1500周年国际学术研讨会论文集》于1996年由宗教文化出版社出版。

9月7日至10日，重庆大足石刻研究会第四届年会举行。全国各地的学者120余人参加了会议。收到论文43篇，其中论述大足石刻的38篇，成为本届会议的一个特色。显示了对石窟造像的研究正在向纵深发展。代表们认为，大足石刻是中国晚期石窟艺术的代表作，具有划时代的意义。其内容之丰富，为研究中国石窟建设、艺术和哲学、宗教（特别是密宗）史提供了新资料，提出了新课题。会议修订通过了《重庆大足石刻研究会章程》，选举宋朗秋为名誉会长，郭相颖为会长，陈明光为秘书长。聘请傅振伦、段文杰、郭朋、黄心川为顾问。

10月7日至8日，中日第六次佛教学术会议在北京举行。本次会议的中心议题是“佛教与儒、道二教的关系”。两国学者围绕中心议题发表论文并进行讨论。日本学者多从某一专题或著作进行微观研究，中国学者多从总体上进行发挥，通过彼此交流，加深了对传统文化中的佛教与儒、道二教会通和结合的了解。会议论文刊于《世界宗教研究》1996年第二期。

11月9日至11日，“佛教文化与现代社会”两岸学术研讨会在北京大学现代物理中心召开。

这次会议是由北京大学哲学系、宗教学系和台湾佛光大学筹备处联合举行的。收到论文23篇。参会的台湾学者认为，本次会议有三点“印象”。(1) 两岸对宗教文化上的影响，都表示相当的重视。但大陆的学者对宗教的看法，仍以马克思的人文主义观点为主，因此对宗教的形上层次及仪式的义理，极少触及。(2) 大陆学者对于宗教的研究多以文献上的考究及义理的整理、爬梳为主；台湾学者在宗教研究上，则结合东、西方理论，研究方法与理论的结构上，较为多元。(3) 大陆学者在宗教研究上，政策宣示意味较重，在实证的田野考察方面，也倾向于提供政策的参考。此一走向，仍是以学术服务于公众事务为主流。台湾学者的研究，在理论面而言，哲学的客观思辨与史实的考证较偏胜；在经验的研究上，则反映了台湾宗教活动的兴盛与其对社会文化的影响。

11月13日，“应慈法师佛学思想研讨会”在上海沉香阁召开。来自台湾、北京、四川、陕西、安徽等地的佛教学者、诸山长老、大德居士、上海佛学院师生150余人出席了会议。会议由上海市佛教协会、中国佛教文化研究所、上海市沉香阁、上海市宗教事务局研究室、上海市宗教学会、上海社会科学院宗教研究所等单位联合举办的。百家出版社出版了《应慈法师圆寂三十周年纪念论文集》一书，内收纪念文章 25 篇，纪念诗词 31 篇，学术论文 15 篇。

10 月 31 日（农历 9 月 20 日），弘一大师诞辰 115 周年纪念暨学术研讨会在福建泉州鲤城宾馆大礼堂举行。这次会议是继 1992 年在天津和 1994 年在杭州二地举办纪念会后又一次学术盛会。会议由泉州市佛教协会和弘一大师学术研究会共同举办的。来自全国各地的学者二百余人出席了会议。收到论文 69 篇。

12 月 18 日，第四届国际佛教学术奖颁奖仪式在北京举行。来自北京的佛学研究专家和学者任继愈、郭朋、方立天、巫白慧等 60 余人出席了仪式。任继愈先生主持了颁奖仪式。专程由韩国到北京参加颁奖仪式的是韩国大韩传统佛教研究院院长、韩国佛教大学院长、韩国精神文化研究院教授金知见先生。自 1978 年 10 月 28 日起召开第一次国际佛教学术会议后，迄今已召开了十一次。颁奖四次，得奖学者有日本东京大学名誉教授镰田茂雄，日本日本大学名誉教授、松冈文库馆长古田绍钦博士，韩国延世大学名誉教授闵泳圭，中国社会科学院亚洲太平洋研究所研究员及印度龙树大学名誉教授黄心川四人。黄心川先生的获奖论文是发表于 1986 年西安隋唐佛教讨论会上的《隋唐时期中国与朝鲜佛教的交流新罗来华佛教僧侣考》（《隋唐佛教论文集》，陕西三秦出版社）一文。该文依据各种中国史籍，详细考证出隋唐时期来华的新罗僧侣有 117 人。这个数字比韩国学者统计的 64 人，日本学者统计的 66 人多了近一倍。

二

15 年间，我国大陆一共召开了至少有 41 次有关专题佛教学术会议，平均每年召开 2. 7 次，最少的是 1 次/年，最多的年份是 5 次/年。此外，一些有关中国史、藏学、傣学、艺术、气功等各种国际国内会议，佛教也是会上交流的重要内容之一，佛教已经突破禁区，受到了学术界的充分重视。

其次，佛教学术会议的主题丰富，内容广泛，在众多的会议中，既有专题断代史主题，又有地区性主题，还有宗派主题。近年来以佛教文化为题的会议日益增多，说明学术界已经接受了佛教不仅是一种宗教，还兼有文化形态之特征的观点。

第三、学术会议推动了各地佛教研究的蓬勃发展，例如五台山、乐山、法门寺、峨眉山等地的佛教学术会议召开后，使当地的佛教研究进一步深入，会议所发表的论文集，论述了地方佛教文化的种种形态，实为一部地方佛教史志，有重要的利用价值。西安召开佛教学术会议后，长安佛教的课题开始上马，成立了长安佛教中心，陕西社科院一批从事历史、考古的研究人员转为研究佛教，短短的几年内就撰写了一批长安寺志，填补了这方面的空白。现在随着学术会议的召开，都会涌现出一些新的佛教研究工作者，佛教研究者的队伍正在扩大，形成了从中央到地方，从社科院到大学的一个佛教研究工作者的群体，佛教的学术力量也正在加强。

第四，佛教学术会议的召开加强了国内各团体和单位间的联系，沟涌了海峡两岸的学术友好来往，促进了国际间的文化交流。过去学术界和宗教界的工作联系不多，双方对佛教的学术看法存在着一些分歧或不同认识，通过学术会议交流，两者之间的差距有了一定程度的缩小，有很多地方取得了共识和谅解。双方共同举办学术会议，表明了双方对佛教学术问题关心，其意义已经超过了会议的本身，以前佛教学术会议通常由一两个单位主办，现在很多会议通常由近 10 个单位共同主办，这固然是为解决经费不足而不得已为之，但也是一件好事，“众人拾柴火焰高”，有钱出钱，有力出力，能有这么多单位出面关心佛教学术事业，势必促进了这一学科的发展。大陆和台湾、香港的佛教学术交流，严格地说只是这几年的事情。过去两地学者只能通过已出版的著述和刊物了解对方的佛教研究情况，无缘面对面地交流学术问题。现在这种局面已经彻底改变，佛教学术交流已经成为海峡两岸学者的经常性工作。台湾学者出席大陆佛教学术会议，并参加大陆的学术代表团到海外与会，促进了两岸的学术繁荣，两岸的学者携手合作已成为现实，这些对祖国统一的千年大计起到积极的作用，有着极其重要的现实意义。

近年来中外佛教文化学术会议交流主要是在中日两国之间展开的。双方所派出的正式代表都是两国学有专长的一流学者，代表了最高的水平。尽管现今中日两国在学术研究方法论和一些学术问题上还存在着明显的不同和差距，但是有益的学术交流，达到了双方取长补短，共同提高的目的。通过数届学术会议的交流，中日双方的学术差距明显减少，两国的佛教学者了解日益加深，学术水平也有了明显的提高，出现了可喜的现象。现在中日之间佛教学术会议至少每年可以定期举行一次。同时，欧美地区的佛教学者参加大陆举行的佛教学术会议，扩大了中国学术界的影响，促进了东西方文化交流。

当前，我国的佛教学术会议活动虽然取得了极大的成果，但会议的配比仍极不平衡。南方广大地区的佛教一直在中国佛教史上占有重要地位，中国佛教四大名山，有 3 个在南方，因此有必要提高对这些地方佛教的研究水平。事实上，对南方地区佛教的忽视，势必会影响到中国佛教研究的整体水平，和造成中国佛教全面性研究不足的缺陷。从会议的主题来看，佛教文化和汉地佛教的特点明显，有关其它宗派、地区及佛教文学等方面的研究还应该加强。希望今后学术界在安排学术会议时，尽可能考虑到这些情况，统筹兼顾整个中国佛教的全面性和研究水平的整体性。在中外佛教文化交流中，除了中日佛教学术会议以外，还应与其它佛教国家的学术界举行多方面的佛教学术讨论会，促进整个佛教学科的全面发展。同时有条件的话还应举行一些以中青年代表为主的各种佛教学术会议，培养他们尽快成长。现在海峡两岸已经进入了学术直接交流的新时期，我们还寄希望于海峡两岸的佛教学术会议能够尽早举行，更加丰富佛教学术活动的内容。

（黄夏年）

1996 年我国佛教学术会议综述

1996 年是中国大陆佛学研究繁荣的一年，这一年以佛教为主题的学术会议有如下几次：

一、大藏经编纂及电脑化座谈会　1996 年 4 月 8 日至 9 日，由国务院宗教事务局办公室主办。参加会议的有国务院宗教局、佛教界和学术界人士。与会者围绕"大藏经工程"的重要意义、"大藏经工程"近年在海外的进展情况、新编大藏经（汉文部分）的编纂整理方案、《中华大藏经》的经验与借鉴、从古文献整理谈"大藏经工程"、"大藏经工程"中的电脑技术、"大藏经工程"的经营管理方案等八个方面进行了热烈地讨论。会议认为，现在我国正在进行深化改革，政治稳定，经济繁荣，进入了盛世，佛教事业也处在空前的大好时期。在国家宗教信仰自由政策的保障下，在学术研究百花齐放的气氛下，和当前信息高速公路的网络技术的飞速发展，重新编纂一部新的汉文大藏经的条件已经具备。新编大藏经应该以"全"为特点，即收入更多的内容；应以"精"为其特色，即版本要精，目录编排科学。应使用方便，最好能够做到用现代标点点断，而且在外观设计上要符合佛教徒的要求。会议建议，成立大藏经建设基金会，在民间筹集资金，采取民办公助或民办官助的形式，依靠中国佛教协会的旗帜和力量，以有经济实力和文化实力的名山大寺作依托，从事这项伟大的工程。

二、首届中原宗教学术研讨会　1996 年 8 月 20 日至 25 日在河南开封大相国寺举行。会议是由河南省宗教文化研究会主办的，主题是“佛教与二十一世纪”。来自北京、上海、天津、南京、武汉、长沙、西安以及河南郑州大学、开封河南大学及佛教界代表共50余人出席了会议。会议收到论文近30篇，它们是黄心川《世界佛教发展概况》、弘法《佛教戒律与社会道德》、黄钊《道信——“东山法门”的奠基人》、温玉成《关于中国佛教20个问题之我见》、加润国《从中国共产党的宗教信仰自由政策看佛教在21世纪的社会作用》、荆三隆《谈佛教文化研究的走向》、郑永福《佛教与基督教在近代中国女性中影响之比较》、黄夏年《当前中国大陆佛教研究的难点与对策》、府建民《当前中国大陆佛教出版物管窥》、王世勇、欧人《佛教中国化问题管窥》、田海林《古代中原佛教概要》、方光华《试论魏晋隋唐时期佛教的历史地位》、徐干祥《政策落实处　古刹又重辉》、王大良《唐代相国寺史事勾沉》、徐金星《关于白马寺的几个问题》、马全智《玄奘与佛教及因明之关系》、玄承玺《佛学与人生》、张风雷《智　的佛教思想》等等。代表们充分肯定了佛教在历史上起到过的良好作用，认为这是它能够在社会主义社会发挥积极作用的重要基础。在即将到来的21世纪，佛教仍然能够发挥其应有的作用。中国佛教是传统文化的组成部分之一，它有着深厚的文化基础，未来的社会需要弘扬传统文化，佛教文化也是其中之一。建设社会主义，需要有强大的精神动力来支持，除了依靠高尚的共产主义道德理想外，佛教的一些优良传统也是社会主义精神文明所提倡的，佛教要人行善去恶，要人道德自律，主张普度众生，以出世的精神来做入世的事业，这些都与共产主义道德有相似之处，因此佛教在这方面是大有作为，有所作为的。佛教的命运历来是与国家的命运联系在一起的，佛教经常讲报四恩，其中“报国恩”就是要爱祖国。历史证明，中国的佛教兴衰总是和国家的存亡密切相联，所谓出世与入世就是国家与教门的关系，在任何时候，国家的利益总是放在第一位的，没有国就没有教可言。在下一个世纪里，中国会变的越来越强大，佛教也会随着国力的增强而变的更加富有生气。现在佛教在世界上正处于发展的时期，对中国佛教界来说也是一个机遇，佛教界要抓住这个机遇，利用中国佛教的传统资源，把佛教的事业搞好，为未来的佛教发展奠定一个好的基础。中国佛教要在下一个世纪有一个发展，就必须克服自己的不足，提高佛教界自身的素质，如此才能顺利地进入下一个世纪。现在，更多的人已经认识到佛教文化建设的重要性，提高佛教界的素质，说到底就是提高文化素质，佛教界在搞好弘法利生的同时，要下大力气支持佛教文化事业的发展，支持佛学研究事业，有了高品位的文化基础和先进的理论，佛教在21世纪就没有了后顾之忧，由是可以立于世界宗教之林。

三、大乘佛教与东亚文化学术研讨会　由中国社会科学院哲学研究所、陕西省社会科学院长安佛教中心与日本学术界共同组办。日本著名学者、东京大学名誉教授、日本国际佛教大学理事长平川彰教授带队，团员有立教大学文学部教授横山纮一、大正大学教授吉田宏哲、武藏野女子大学教授田中教照、松阪大学女子短大教授柏木弘雄以及华严学研究所所长小岛岱山、春秋出版社总编佐藤清靖等人。会议采取了在北京和西安两地接站举办的方式举行。第一站于8月30日在北京中国社会科学院举行，会议的主题是中日佛教哲学。中国学者任继愈、黄心川、巫白慧、陈筠泉、杨曾文、李富华、传印法师等近30人出席了会议。学者的基调讲演是：平川彰《佛教学的方法》、黄心川《佛教如何适应社会主义社会》、巫白慧《龙树的中观论及其几个主要发展阶段》、宋立道《佛教与现代化的关系考察——就南传佛教国家作思考》；广泽隆之《近代化问题与佛教》。第二站于9月3日至4日在西安陕西社会科学院举行，主题是“长安佛教与日本”。中国参会的代表有：黄心川、王正典、杨学义、张宪臣、陈恩志、李登第、许力工、陈景富、张应超等，发表基调演讲有：王亚荣《长安佛教文化的国际性：以长安佛经翻译为例》、平川彰《天台智“戒体论”的现代意义》、岩松浅夫《中亚与中国的阿弥陀佛信仰的实态》、李利安《中国传统佛教观音菩萨信仰的体系》、小岛岱山《中国华严思想再考》、许力工《当前的西安佛教》、田中教照《净土教的展开——昙鸾、善导、亲鸾》、横山纮一《玄奘三藏与〈瑜伽师地论〉》、畅耀《长安佛教与日本佛教的关系》。日本学者认为，中国大乘佛教宗派是值得夸耀的。天台、华严、法相、净土诸宗的思想都是属于世界性的宗教哲学思想。基于西方的科学文明和物质文明，虽然对拯救人类生存取得了成功，但是由科学文明在现代世界所构筑起来的丰富的物质生活，对控制人类的欲望并没有取得成功。人类的欲望使人类在未来发展的道路上无不包含着潜伏摧毁人类的危险，所以它们给人类带来了二元的、不可克服的思想道德危机，而要解决这一切危机，从哲学思想上说，不得不依靠佛教的中道思想。世界进入现代社会以来，有很多近代的东西都被人们放弃，因之我们有必要对近代曾被否定的东西重新给予重视，对一些事物从多元化的立场上给予重新思考，佛教则在这些思考中能提供给我们许多启发。新旧结合，温故知新，在此基础上深入地探讨现代社会中更加普遍的、实质性的东西，看看现代社会不同的价值观是怎样并存的。中国学者说，我们研究中日佛教都深刻地体会到，佛教的传播对中日两国的文化起了决定性的作用。佛教虽然发源于印度，但是它的第二次生命却是在中国发展起来的。中国大乘佛教的宗派都可以在印度找到思想理论的源头，但是它的成长原因只能在中国传统文化的土壤中去寻找。日本的佛教宗派也是在与中国佛教交流中成长的，因此只有通过交流才能加强双方的理解，只有交流才是共同发展的基础。两国间的佛教文化交流传统，得天独厚的佛教文化圈却始终不能割断，东亚佛教文化的共同特点是我们研究看待世界的基础之一，代表着佛教精粹的大乘佛教哲学则是中日两国人民共同继承和发扬的精神文化遗产。中国大乘佛教哲学在古代中日社会生活中曾经起到过重要的作用，在今天现代社会里，仍然有着一定的价值，关键是我们怎样去发掘它、整理它，让它更好地为现代社会服务，温故知新，更重要的是创新，而不是仅仅恢复传统而已。

四、第六届中日佛教学术交流会议　1996年10月22日至23日在北京新万寿宾馆举行，主题是“中外佛教交流”。中国代表团团长是中国佛教文化研究所吴立民教授，正式代表有传印、何云、自然；日本代表团团长是日本佛教大学名誉教授、日中友好净土宗协会总裁藤堂恭俊，正式代表有高桥弘次、稻冈誓纯、鹈司光昌。韩国柳炳德和李法山教授列席。居住在北京的大部分佛学研究的专家和中国佛学院的学生参加了会议。会议论文明显地表现了不同的学风和不同的思考。在中国代表提交的论文中，更注意的是与时代的思潮呼应。吴立民先生的文章注重资料建设，并不满足已有的汉文大藏经，而是更多地看到了目前藏经所存在的不足，强调大藏经编定以后还有不少藏外的资料，藏文大藏经和巴利文大藏经应予汉译。它们同样也是中国佛教文化的宝藏。何云认为，当人们面对未来，正在侈谈世界的“文明冲突”和后现代问题时，却把早已存在又有深厚底蕴以及强大生命力的佛教文明放到了一边。如果说这只是西方文明的代表站在西方中心论立场上来看待未来的世界尚有情可原，因为西方人毕竟对古老的东方文明缺少了解，不知道古老的东方文明中佛教是最古老又最有影响的一种宗教和文化的代表。但是可悲的是在一些东方人中也存在着这些看法，他们似乎认为对未来的东方世界，只要有一种新儒家的思想就能创造出一种新的社会。然而“事实上，儒佛会通，历来因缘甚深，迄至新儒家的几代传人，无一不受佛学薰染者”，由是可见，就是当代那些功成名就的大儒，他们的深邃思想同样离不开佛家的“薰染”，“新佛家”与“新儒家”显得同样重要，

“我们既有新儒家，还有着新佛家”。韩国柳炳德先生则从循环进化论的角度为我们提供了未来宗教发展的又一个视角。他看到了因西方社会的科学和物质的发展使人类宗教逐渐丧失了灵魂，因此未来发展需要“宗教性恢复运动”，即“通过人的心理体验，领悟到宇宙与人生一致的宗教”。这种运动的理论则是“无论何时何地，任何东西都回到现在”的“永劫回归”思想，而这种思想又是得益于佛教的“三世轮回说”。中外学者对未来佛教发展做出了各种思考，回应时代，着眼未来，不能不说是当今佛学界发展的一个新动向。

五、石头希迁与曹洞禅学术研讨会　1996年11月12日至15日在湖南长沙麓山宾馆举行，来自北京、上海、广东、安徽、山西、四川、江西、福建等15省市的62位专家学者参加了会议，收到论文36篇。这次会议是由湖南省佛教协会、南岳佛教协会、中国佛教文化研究所和湖南佛教文化研究会共同发起的。与会代表对石头希迁的禅风、禅学思想的精髓、曹洞宗的宗旨、石头禅与道一洪州禅的异同、曹洞禅的传承及其与儒道的关系，以及它对中华民族思维、价值取向、对东亚佛教文化圈的影响等都作了有益的探讨。代表指出，石头希迁最有代表性的思想主要反映在《参同契》里，《参同契》“在外典方面，主要吸收的是魏晋玄学和儒家的‘易理’；在内典方面，主要是融通《肇论》和华严宗的思想。而在以六祖的禅学为心要，这就是《参同契》的特征。”希迁在当时佛门禅门内部斗争激烈的时候，提出“人根有利钝，道无南北祖”的口号，强调融会各宗的思想，而且还包括佛教以外的儒道两家的思想，这是难能可贵和独具胆识的。因此所谓“石头路滑”就是指明他的圆融思想的理路及其内涵，这个思想给了后人不断的启迪，象后出的云岩昙晟的《宝镜三昧歌》、洞山良价的《玄中铭》、《新丰吟》等，都可以从《参同契》这个“母体”中找到极为直接的遗传因子。研究《参同契》，不只是找对了石头的入路之门，也寻到了青原禅的源头。学者说，石头希迁的禅法一是认为人人本有佛性，“即心即佛”；二是个人的心性与世界万有本体相通，从本质上看，理事圆融，物我一体；三是传授禅法除正面宣示外，经常采取反诘、否定、暗示和比喻的方式，主张自悟自心，不须外求。也有人认为石头心性思想反映在一心灵湛圆；二心地自然；三性理归宗；四无心合道；五无情说法；六一心为宗之六个方面。还有人认为“华严宗说理事无碍、事显明理，理彻于事，这中间的‘理’更类似于后来理学家们的理体之理。而希迁的理则是只使我们猜测到一种解脱与任运自在的禅之境界，是一种自由而无牵挂的心理感受。”有人通过分析《肇论》与希迁的关系，指出，“希迁和尚虽然对《肇论》的解说不多，但书中记载的他的这些话都可以在《肇论》中找到根据……说明他并不是不读书，而是不唯经、不唯上，通过读书，消化内容，最后为我所用。”学者强调曹洞立宗史的经验与教训都是突出的，耐人寻味的。其成功的经验在于一开始就注重思想的“回互”，这种强调文化整合的独特气质与马祖系洪州宗孤军深入、单兵独进的禅界主流迥然有别，成为石头系的逻辑起点和曹洞立宗的特色所在；其危机亦与此有关，即在立宗之初的思想上过度的早熟性（三代禅者为先），特别是在对新义理的生长点缺乏探索，对阐明和发扬本宗特色的指导性思想体系，未曾及时地、自觉地着手建构，所以曹洞立宗之初的内在危机致使后来在其发展史上两度自断法统，而其绵泽不尽，气力不竭的深厚内力，亦同样有赖其立宗之初的“回互”理论之赐，于是不难理解曹洞宗“死的快”之原因。

六、释指空暨云南楚雄州发展旅游业全国学术研讨会　1996年11月12日至16日举行，由云南省武定县政府、狮子山风景名胜区管理处和云南社会科学院共同举办，云南、四川、江苏、河南、山东等地的专家学者30余人参加了会议。学者提交的论文如下：侯冲《元代来云南的印度僧人指空》、《指空的佛教活动真的带有浓厚密教色彩吗》，张福、阿鲁黑格《游方梵僧与“罗罗斯”佛教文化》，张方玉《南丝古道上的佛教文化走廊》，熊美亮《开发新村湖发展武定旅游业》，段启文《狮子山古八景及其诗赋赏析》，朱献荣《试论正续禅寺古建筑群的文物价值与保护》，宋立达《狮子山茶话拾遗》，李德馨《丝路古路今生辉千里彝山换新颜》，何耀华《指空在中韩两国传播佛教文化的业绩》，杨学政《指空弘扬中国西南禅学考》，刘鼎寅《指空研究与武定狮子山旅游文化》，张福《天竺僧侣对武定佛教文化之贡献》，刘景毛《指空行迹及著述考索》，束有春《旅游文化及佛教旅游文化浅论》，郭武《道教成仙信仰形成与韩国无关论——从指空和尚东游高丽谈起》。与会代表认为，指空在云南武定“建寺弘法方面作出努力，正续禅寺被认为是‘西南禅学之滥觞’”。武定是罗婺彝族分布地区，由于指空来后，当地彝族从指空“发心”，使正续寺香火不绝，武定彝族接受佛教肇自指空，所以指空在彝族佛教史上之崇高地位是不言自明的。代表们高度评价了元延佑七年杨兴贤撰的《狮山建正续寺碑记》一文，认为它弥补了韩国李穑的《西天提纳簿陀尊者浮图铭并序》一文的不足，是重要的参考资料。但是有人指出，杨文中也有夸大之处，指空来滇之前，云南已有禅宗流布，所以说“西南禅学实惟滥觞”，“并不是对指空的如实评价”。有学者认为，“指空是以禅僧身分在中国和高丽进行佛教活动，并带有密教色彩”。反对者认为，指空所学不见密教成分；所传无密教成分；不见指空操持密教仪轨；不见指空使用密咒丹书的记载。这些说明，有关指空的研究在中国才刚刚起步，这次学术研讨会的召开，对进一步深入指空的研究，推动云南汉地佛教的研究，无疑是一个促进。

（黄夏年）

大藏经研究

大藏经是按照一定的编纂原则与体例组织起来的汉文佛教典籍的总汇，是中外文化交流的结晶。大藏经的内容并不仅仅局限于佛教，还包括哲学、历史、语言、文学、艺术、音韵、天文、地理、历算、医学、建筑、绘画、科技、民族、社会、中外关系等诸多领域。大藏经也是中华民族文化的重要载体，是中国人对中国文化与世界文化的一大贡献，曾经对古代东方世界产生过深远的影响。大藏经作为佛、法、僧三宝中法宝的代表，在中国佛教的发展中，起到重大的作用。所以，大藏经形成与发展的历史，实际是中国佛教形成与发展历史的一个缩影。对大藏经的研究，是对中国佛教研究的一个重要方面。

与中国书籍载体的演变形态相应，大藏经的发展也经历了古代写本藏经、古代刻本藏经、近代印刷本藏经等三个时期。近年来，已经开始踏入现代电子本藏经的门槛。下面分别予以叙述。

一、写本藏经

写本藏经与中国佛教的传入、发展、鼎盛的历史息息相关，它是刻本藏经的祖本，它的历史与大藏经形成的历史几乎相始终。因此，对写本藏经的研究在大藏经研究中具有特别重要的意义。但是，由于种种原因，80年代以前人们对写本藏经缺乏必要的研究，仅谷响在《现代佛学》1954第10期》上发表过一篇《古代写本藏经考略》，作了概略的介绍。

1991年方广锠在《佛教大藏经史（8—10世纪）》（中国社会科学出版社1991）中利用敦煌遗书、传世文献、金石资料等对写本藏经进行系统的研究。提出写本藏经的发展经过了酝酿阶段、形成阶段、结构体系化阶段与全国统一化阶段等四个阶段。指出藏经的组成包括取舍标准、结构体系、外部标志等三要素。并按照上述理论系统地考察了8—10世纪写本大藏经的历史。首次提出并考察了大藏经形成的基本原因，提出中国传统文化、诸宗判教、三宝思想、功德思想及帝王干预在大藏经形成过程中的意义。首次提出并对历代官藏的形态进行考察，并考察了它与民间流通佛藏的关系，进而考察了全国各地，特别是敦煌地区藏经的组成、收藏、管理、流通等情况，从而提出会昌废佛之后中国出现过一个藏经统一活动，并对该活动的成因、意义作了考察，推翻了传统的《开元录》出现后，藏经便得到统一的观点。第一次提出并考察了藏经形成与宗派的关系以及各种宗派性、专题性佛藏的情况。尤其是提出在敦煌遗书中保存有已佚千年的《禅藏》残卷，对深入推动禅与禅宗研究具有重大意义。第一次系统考察了佛藏帙号产生、发展的历史，探讨了它的流变，恢复了作为后代藏经目录基础的《开元释教录·入藏录》的原貌，澄清了长期以来在这个问题上的一系列错误观点。着重强调功德思想对汉文大藏经形成的重要作用，考察了在功德思想的影响下出现的大藏经的诸种新形态。研究了晚唐五代大藏经在统一过程中出现分化的原因，从而说明了不同系统的刻本藏经的产生原因。指出北宋写本藏经与刻本藏经同时流通，实际处于写本藏经向刻本藏经过渡的阶段，纠正了前此的错误观点。方广锠在《佛教典籍概论》、《道藏佛藏》（合作）等著作以及《佛藏源流》、《关于禅藏与敦煌禅籍的几个问题》、《敦煌经帙》、《四川大足小佛湾大藏塔考》、《俄藏大乘录研究》、《中国大藏经研究的现状与展望》等论文中进一步阐述与完善了上述观点。

今后，在写经的辨伪与整理，特别在藏外佛教文献的整理方面，还有许多工作要做。此外，由于藏经的音义不仅影响着藏经的形态，还与诸藏经的系统有着直接的关系，也将成为今后一个研究课题。

二、刻本藏经

在中国，科学意义上的刻本藏经研究，是本世纪才开始的。开创者有梅光羲、叶恭绰、罗振玉等，但研究者较少，成果也不多，大抵局限于对各种藏经综述性、概貌性的介绍。30 年代以后，由于诸多古代藏经的重新发现，这种局面开始改观。

从北宋《开宝藏》开始，我国历朝历代都刊刻大藏经，但不少藏经因岁月的流逝而湮没无闻。本世纪初，人们知道并能够见到的只有 10 部左右。近代以来，很多研究者致力于古代刻本藏经的调查与发掘，取得丰硕的成果。先后发现的藏经有《碛砂藏》、《赵城藏》、《洪武南藏》、《大字本契丹藏》、《元官藏》、《万历藏》、《小字本契丹藏》。其中《碛砂藏》系南宋刻、元补、明递修，先后经历 100 多年。1931 年由朱庆澜发现于陕西西安开元寺、卧龙寺。《赵城藏》为金代刻本，1933 年由范成发现于山西赵城广胜寺。《洪武南藏》是明代洪武年间刊刻的，后版片被大火焚毁，故传世印本极为罕见，1934 年发现于在四川崇庆上古寺。《大字本契丹藏》是辽代刊刻的藏经，1974 年由文物工作者发现于山西应县木塔。《元官藏》是元朝晚期刊刻的官刻藏经，1981 年由童玮、方广锠等发现于在云南省图书馆。《万历藏》是明末清初刊刻的私刻藏经，1983 年由童玮发现于山西宁武县。《小字本契丹藏》也是辽代刊刻的藏经，1987 年由文物工作者发现于河北丰润天宫寺塔。

五六十年间，大批以往不为人知的藏经被发现，大大推动了对中国古代刻本藏经的研究。这些研究可以分为两种类型，一种是对这些刻本藏经的综述性研究，一种是对其中某种藏经的个案研究。

对刻本藏经的综述性研究的代表是吕澂在30年代出版的《佛典泛论》、道安在台湾出版的《中国大藏经雕印史》以及童玮所撰《汉文大藏经》(《中国大百科全书·宗教卷》)。《佛典泛论》对古代藏经作了鸟瞰式的评述，对佛典知识的普及起到积极的作用。《中国大藏经雕印史》对古代藏经作了较为深入的研究。《汉文大藏经》则对至今为止已经发现的刻本藏经作了全面的介绍。

刻本藏经个案研究的成果尤为丰富。对《碛砂藏》进行研究的，先后有朱庆澜的《影印宋版大藏经缘起》(《海潮音》1931年12期)、蒋维乔《影印宋版碛砂藏经始末记》(《光华半月刊》，1934年、1935年连载)、叶恭绰《碛砂延圣院小志》(《考古》，1936年第四期)、李经玮《世界佛教居士林整理宋碛砂藏残余散片记》(《弘化月刊》132，1952年)、胡适《记美国普林斯顿大学的碛砂藏经原本》(《大陆杂志》19—10，1959年)、张新鹰《〈论碛砂藏〉读后》(《文物》，1986年第九期)、吕澂《碛砂版藏经》(《吕澂佛学论著选集》卷三，齐鲁书社，1991)、汤一介《简介美国普林斯顿大学所藏碛砂藏》(《首届国际法门寺历史文化学术讨论会论文选》)等。上述论文对《碛砂藏》作了较为全面的研究。但是，由于《碛砂藏》时代跨度大，前后衍变比较复杂，因此，还有不少课题需留待将来解决。

对《赵城藏》进行研究的，30年代有蒋唯心著《金藏雕印始末考》(支那内学院印行)，其后较重要的有宿白《赵城金藏和弘法藏》(《现代佛学》，1964年第二期)、童玮《赵城金藏与中华大藏经》(中华书局，1989年)、李富华《赵城金藏研究》(《世界宗教研究》，1991年第四期)、李际宁《金藏新资料考》(《藏外佛教文献》第三辑，宗教文化出版社，1997 年)。蒋唯心的论文是开拓《赵城藏》研究的奠基之作，至今仍有重要参考价值。宿白的论文专论《赵城藏》与《弘法藏》的关系，这个问题至今还没有真正解决。李富华的论文是作者长期收集有关《赵城藏》的各种资料的力作，对《赵城藏》作了全面的论述。李际宁的论文公布了在明代递修的《碛砂藏》中记录的关于《赵城藏》的一条重要史料。

由于辽国采取不准书籍外流的政策，所以存世《契丹藏》十分稀珍。人们仅从某些资料得知《契丹藏》有大字本、小字本两种。近年这两种藏经均由文物部门在修缮古迹时被发现，从而推动了《契丹藏》的深入研究，较重要的成果有毕素娟的《千古法宝破云出》(如闻出版社，1995 年 5 月) 以及罗炤的《有关契丹藏的几个问题》(《文物》，1992 年第 11 期)、、张畅耕的《论辽朝大藏经的雕印》(《中国历史博物馆馆刊》第 9 期，1986 年)、房山石经整理研究组的《房山石经与契丹藏》(《法音》，1981 年第 3 期)。上述著作与论文对《契丹藏》的雕印年代、版本及其相关问题提出了各种观点，并揭示了《契丹藏》与《房山石经》的内在联系：辽金时代云居寺所刻带有千字文帙号的石经，其底本均为《契丹藏》。

对《元官藏》进行研究的，有童玮、方广锠、金志良的《元代官刻大藏经的考证》(《世界宗教研究》，1986 年第三期)、方广锠的《元史考证两篇》(《文史》第 29 期，中华书局，1988 年)。对《洪武南藏》进行研究的有吕澂《南藏初刻考》(《欧阳大师遗集》2，台湾新文丰出版公司，1977 年)。

此外，新发现的藏经还有：

1982 年在云南省图书馆发现的《佛说大随求大明王陀罗尼经》卷下，千字文编次为“松字号”。从版式等诸种情况看，很可能是根据某一藏经覆刻的坊刻零本，因其千字文编次与现知所有藏经都不同，所以所依据的到底是什么藏经，还有待考证。

1984年在北京智化寺发现三卷元代藏经：《大金色孔雀王咒经》（千字文编次：积）；《陀罗尼集经》（千字文编次："福"）；《大宝积经》卷五（千字文编次：鸟）。版式与《开宝藏》相同，但千字文编次则完全不符。发现者认为可能就是传说中的《弘法藏》，但其编次与传说中《弘法藏》的目录《至元录》也不相同。所以，这到底是一种什么藏经，现在还无法做出结论。

元程钜夫《雪楼集·大慈化禅寺大藏经碑》载："（大藏经）为书繁多，世鲜能备，亦莫能以是施。仪天兴圣慈仁昭懿寿元皇太后命刻大藏经板于武昌。既成，辇至京师。印本流传天下，名山钜刹则赐之。"据《元史·后妃传》，武宗至大三年（1310），上皇太后答己封号为"仪天兴圣慈仁昭懿寿元皇太后"；至仁宗延祐二年（1315），又加封为"仪天兴圣慈仁昭懿寿元全德泰宁福庆皇太后"。所以，这部大藏经应该刻于1310年—1315年之间。这部大藏经的详情如何？与前述诸藏经的关系如何？都是值得进一步研究的。

今后中国对刻本藏经的研究将会在如下三个方面有所进展：

（1）刻本藏经的发现与研究。中国地域辽阔，蕴藏文物丰富。虽然历经磨难，但还有不少文物劫后余生。近年不少藏经的发现，就是例证之一。今后还会有新的藏经不断发现，以丰富我们对于古代刻本藏经的知识。其中尤其是元代《弘法藏》的问题、西域出土汉文刊本问题、元代白莲教刻藏问题、西夏刻《汉文大藏经》的问题、方册本《武林藏》的问题已经成为许多研究者关心的焦点。另外，对现在已经掌握的藏经的研究，例如《开宝藏》的目录复原问题、《契丹藏》的版本问题、《万历藏》的刊刻问题、《嘉兴藏》的续雕补刊问题等，也还有许多工作要做。

（2）刻本藏经的系统与相互关系的研究。对于中国刻本藏经的系统，亦即诸种刻本藏经的相互关系。以往中国学术界一般认为刻本藏经可以分为以《开宝藏》为代表的北方系与以《崇宁藏》、《毗卢藏》为代表的南方系。1988年方广锠提出中国的汉文刻本大藏经实际存在以《契丹藏》为代表的北方系、以《开宝藏》为代表的中原系以及以《崇宁藏》、《毗卢藏》为代表的南方系这么三个系统的观点。并进而对这三个系统的大藏经的相互关系进行了一定的研究。

(3) 对藏经的文化史意义的研究。目前中国对大藏经的研究基本上还停留在对藏经本身的调查、考释，对于藏经在中国佛教史上的地位与作用，尤其对于在藏经背后所蕴藏的文化史的意义，还缺乏更深层次的研究。大藏经的出现，与中国悠久而深厚的文化传统有关，也与中国大一统的政治格局有关。大藏经产生之后，又反过来对中国文化，包括儒、道两家，都产生深远的影响。相信今后在这一方面的研究将会有所加强。

三、印刷本藏经

印刷本藏经指近代用铅印、胶印等印刷工艺印制的大藏经。

近代以来，中国编印了几部新的大藏经，其中1949年以前编印的有《频伽藏》与《普慧藏》(未完)，1949年以后大陆编印了《中华大藏经》(汉文部分，上编)，台湾也编印了《中华大藏经》、《文殊大藏经》(未完)、《佛教大藏经》、《佛光大藏经》(正在进行)。下面介绍大陆编印的《中华大藏经》(汉文部分，上编)。

《中华大藏经》是在国家的支持之下编纂的。计划中的《中华大藏经》除了汉文部分之外，还包括藏文、傣文、蒙文、满文、西夏文等中国历史上各种文字的大藏经。现在藏文部分的编纂工作也正在进行。

1982年夏，在当时国务院古籍整理规划领导小组组长李一氓的支持下，由任继愈主持，成立了以中国社会科学院世界宗教研究所、南亚研究所等有关科研人员为骨干的中华大藏经编辑局，开始了《中华大藏经》（汉文部分）的编纂。为了掌握第一手资料，编辑局工作人员走遍全国许多省市，调查藏经资源。克服了任务重，人员少，没有办公场所，经费短缺等种种困难，到1994年底，上编的编辑工作基本结束。先后参加编辑工作的人员多达300余人，其中大多为离退休人员，他们抱着为弘扬祖国文化发挥余热，甘作贡献的精神，为《中华大藏经》的编辑出版作出了无私的贡献。编辑工作还得到佛教界许多寺院及图书、文物部门的大力支持。

《中华大藏经》（汉文部分）分上、下两编。上编以北京图书馆收藏的稀世孤本《赵城金藏》为基础，纳入了我国历代各种藏经正藏部分（即带有千字文帙号部分）的全部典籍，共收入各种佛教典籍1905种，约10000卷。并以《房山石经》、《资福藏》、《碛砂藏》、《普宁藏》、《永乐南藏》、《嘉兴藏》、《清藏》、《高丽藏》等8种在历史上具有代表性的藏经作为校本，进行认真的校勘。从而成为我国各种藏经中收罗最为宏富，校勘最为精良的大藏经。至1996年，全藏精装106册已经全部交付印刷，为佛教界与学术界提供了可靠的基本资料，获国家图书奖荣誉奖。目前，下编的筹备工作正在进行。除《中华大藏经》外，80年代后期以来，文物出版社利用现存的版片，重新刷印了《乾隆版大藏经》，向海内外发行；中国佛教协会影印出版了《房山石经》（辽代——明代部分）。

四、光电版大藏经

用电脑录入佛典，印制书册本大藏经，进而编纂光电版大藏经，这在海外是80年代中期开始的。国内则在1986年也曾经作过试验。整个80年代，海外在这方面的工作进行得一般，但进入90年代之后，发展得比较快，已经形成一股非常可观的势头。最近几年，发展尤为迅速。并出现一些国际性的协调组织。国内不少人士也开始从事或准备从事这一工作。可以预期，随着电脑技术的进一步成熟，新的光电版大藏经在不久的将来即将面世。

（应　重）

中国佛教考古综述

佛教考古学是以佛教遗迹和遗物为主要研究对象的一门学科，属于考古学的范畴。作为一门完整、科学的学科体系，佛教考古学是中华人民共和国成立后建立起来的新兴学科。

研究中世纪的宗教，从历史学方面说，就是从文献中加以考察；从考古学的角度来讲，佛教遗迹与遗物则是主要的研究对象。石窟寺是佛教遗物中的大宗，保存较多较系统，在佛教考古学中占重要地位。佛教考古学除研究石窟寺以外，更主要的是研究寺院（包括佛塔）遗迹，其次还有单体的佛教画塑和法器等等。

中国现存的佛教遗迹和遗物，其绵延时间之久，保存数量之多，历史艺术价值之高，为当世任何国家或地区所无法颉颃，这就为中国佛教考古学的兴起和发展，提供了得天独厚的条件。

我国的石窟寺研究工作，始于对石窟铭记的搜集和整理，沿用传统金石学的方法。至 40 年代前期，研究工作方法进行到实地踏查阶段，但均偏重于古代艺术方面，使用美术史研究方法，只注意个别龛像样式的甄别、艺术风格的演进、技法的递变和画塑题材的考证。我们知道，对石窟及其内容的考察，必须从考古学、美术史和佛教史三方面去全面把握，才能掌握全面的资料，否则只能注意其表面，无法重视其内部联系。国外学者自 19 世纪末以来对中国石窟寺的研究状况，也大体如此。

作为佛教考古学的一部分，中国石窟寺考古学的兴起是 50 年代末、60年代初的事情。北京大学考古系原系主任宿白教授，带领北京大学石窟考古实习队，于1962年在敦煌莫高窟和1963年在龙门石窟进行毕业实习。通过这两次实习以及宿先生在此后发表的一系列石窟寺考古论文，从理论上和方法上为中国石窟寺考古学奠定了基础，创立了完整的、科学的学科体系。宿先生石窟寺考古论文集《中国石窟寺研究》一书（文物出版社1996年版），在美国荣获“岛田著作奖”。这是国际学术界在东亚艺术史研究领域设立的一项大奖。这是国际学术界对其学术贡献的肯定，堪称石窟寺考古学的一块丰碑。

宿白先生认为：石窟寺考古首先要探讨排年、分期和性质，必须将考古学方法引用到石窟寺研究领域。因此，既要注意考察窟龛形制、布局、分组和画塑形象题材、组合及造型特征，又要重视各种有关的文献记载和历史背景的研究。要注意石窟寺创建与重修历史的恢复。在石窟外面应注意崖面遗迹、窟前木构和窟前地面的发掘；在石窟内部着重层次与标型。而做好这一工作的前提，首先要求做好石窟遗迹的全面记录（包括文字、测绘、照片和墨拓），编写石窟寺考古报告。

虽然石窟寺考古学有其共有的宗教特征，但由于各区域经济状况、文化传统和生活习俗上的差异，石窟寺也同其它考古材料一样，呈现出明显的地方特征。宿先生将中国石窟遗迹的分布、划分为新疆地区、中原北方地区、南方地区和西藏地区四大区。佛教艺术在中国的传播与发展，也大体经历了新疆龟兹模式、河西走廊凉州模式和大同云冈模式等三大发展阶段。这一系列发展趋势实际上是中国石窟寺艺术逐渐中国化的进程。而作为一国政治、经济、文化中心的都城所在和地方割据政权的政治文化中心所在，往往是产生造像新样式、开一代风气的基地。

中国的石窟寺考古工作，特别是在改革开放以来，取得了令世人瞩目的成果。反映其研究成果的《中国美术全集》、《中国美术分类全集》中的石窟系列以及中日合作出版的《中国石窟》系列，已成为国内外学术界公认的代表性著作。

佛教徒在山间崖畔开凿石窟，本有令佛、法、僧“三宝”俱备，让神圣的佛教教义与青山共存，与苍石同寿之义。在经历了“魏武”和“周武”两度“法难”的北齐时期，举国上下弥漫着“末法”思想，始终笼罩和充斥着一种“末法”将至的巨大恐惧。因而，为了捍卫佛的尊严并保证佛法的永存，佛教信徒们除在各地开凿石窟、雕凿佛像外，也十分重视保护和皮藏佛教经典。他们知道，金石造像难毁，皮纸经书易破，因而北魏时即已在石窟中刊刻佛经。中国佛教史上大规模石刻佛经始于北齐时期。北齐刻经方式主要有两种；一种是摩崖石刻，以山东泰山经石峪《金刚经》、泰山徂徕山《大般若经》和河北涉县娲皇宫大批刻经为代表。另一种是石窟刻经，即将佛经附刻于有造像的石窟内外，以河南安阳宝山石窟、河北邯郸南、北响堂山石窟为代表。北齐重臣唐邕在响堂山刻经，誓愿将一切经“尽勒名山”。另一位名僧静琬，于“隋大业中，发心造石经藏之，以备法灭”。遂于北京西南白带山（今房山云居寺石经山），采用碑版刻经方式，首于雷音洞刻经 12 部。嗣后至明代续有凿刻，共贮经版 15000 余块于 8 座藏经洞中。静琬之创举，对后世影响很大。此类专门的经窟还曾开凿于南方一带石窟中。如四川安岳卧佛沟唐开元时造经窟 15 座，刻经 40 余万字。

对于佛寺建筑的研究，过去多沿用古代建筑的研究方法，或探寻其结构，或论证其宗教涵义。我国的历史考古学者，试图将考古类型学方法引入这一领域，亦取得了可观的成绩。宿白先生的《藏传佛教寺院考古》（文物出版社，1996 年出版）一书，可为其代表性著作。该书中《西藏寺庙建筑分期试论》一文，将作者历年调查的 54 处藏传寺庙、89 座建筑，依据其建筑形制（以平面布局为主）和藏式建筑中突出而常见的一项构件——柱头托木的发展演变，分作五期，予以论述。佛寺分期作为佛教考古的重要内容，从此掀开了新的篇章。

对金铜佛像与石雕造像（包括造像碑）的考察研究，是佛教考古的另一项重要内容。金铜佛像系指用铜或青铜铸造，表面鎏金的可移动的佛教造像，多供养于宫中或佛寺，大致盛行于南北朝至唐代。新中国成立前间有出土发现，其精品多流往国外。近年来随着各地的大量出土，对金铜佛像进入全面系统的研究阶段，包括分期断代、造像样式和题材内容的考据，现已蔚为大观。石雕佛像多出土于佛寺废址的窖藏中，估计庋埋的原因与历次毁佛事件有关，佛教佛出于护法而深埋。几次重大发现，都曾名震中外。例如曲阳修德寺石造像和成都万佛寺石造像。50 年代初，在河北曲阳修德寺塔基和宋代寺址下，陆续发现大批北魏至唐代汉白玉石雕造像，总数计 2200 余躯，内含纪年铭造像 247 躯，多为小型单体像，还伴出有半成品和少量石料，说明造像出自当年修德寺艺术工匠之手。成都万佛寺遗址自清光绪八年（1882 年）以来，陆续有细砂岩石雕佛像出土，总数达 200 余躯，出土时大部分破损，包括南朝宋、梁和北周、隋唐等历代纪年作品。依据文献记载和出土物的考察，可知石像毁于唐武宗会昌五年（845 年）废佛之厄，并在此后予以瘗埋。此外，1996 年于山东青州龙兴寺旧址，出土 100 余件精美汉白玉石造像，时间为北魏至宋代，以北齐造像最为精美。造像通体彩绘，装饰玉石，极为工巧。龙兴寺为著名大寺，其遗址平面布局亦已大体探明。此事被评为 1996 年中国考古十大发现之一。

对佛塔的考察研究同样成绩斐然，其中以舍利塔基的研究尤为突出。古代印度佛寺以佛塔崇拜为中心，施行右绕礼拜的仪式。佛塔传入中国，也经历了塔居寺院中心位置到塔置寺后的演变。庋埋舍利由塔刹、天宫转入地宫中。北魏著名的永宁寺塔，即位于寺中心，塔高千寻，声闻天下。近年对永宁寺塔基的发掘取得重大突破，出土一批彩塑佛像，可与麦积山石窟彩塑相匹，塔基形制也大致搞清。瘗埋佛舍利的塔基，称为舍利塔基。目前中国发现的时代最早的舍利塔基，是河北定州的北魏太和五年（481）塔基，塔为孝文帝发愿修建，塔基用夯土筑成，舍利石函中有舍利和“七宝”，当时尚无地宫形制。随着时代和信仰的变化，瘗埋舍利的地宫的形制、盛奉舍利的容器及供养法器，以及施舍财物的种类等也在变化。近年发现的舍利塔基已有数十座，其中，有些遗有纪年。舍利塔基的发掘，是佛教考古的重要项目之一。1987年4月，陕西扶风法门寺地宫重见天日。地宫总长21米，由漫道、平台、甬道、前室、中室、后室六部分组成，是国内迄今发现的佛教地宫中最大的一个。地宫中的出土的国之重宝，是震动世界的重大发现。其中，有目前唯一的佛指骨舍利——“一身三影”。以及供奉舍利的希世奇珍，包括金银器、瓷器、丝织品、碑刻等，数逾千件。最具特色的佛教文物，有唐密供品、祕色瓷和唐代茶具等。研究表明，法门寺地宫是唐密舍利供养的祖庭，它与唐密护法祖庭——大兴善寺、传教祖庭——青龙寺，同为唐密三大寺。

新中国成立后，北京大学历史系考古专业（80年代改为考古系）是培养从事佛教考古专门人才的摇篮。五六十年代培养出的毕业生杨泓、丁明夷、马世长、樊锦诗、温玉成，曾长期在云冈石窟、敦煌石窟、龙门石窟工作，至今已成为这一学科领域的学科带头人和中坚力量。北京大学考古实习队，曾先后对响堂山石窟、敦煌莫高窟、龙门石窟、新疆石窟和须弥山石窟进行全面调查，撰写出一批颇具影响的学术论文，共同为创造佛教考古新学科而努力不辍。“文革”结束后，北京大学又先后招收石窟寺研究生与石窟寺研究生班，建立博士后工作站，并在大同云冈石窟和新疆克孜尔石窟举办两届石窟寺考古培养班。江山代有人才出，北京大学考古系李崇峰、李裕群，中国社会科学院世界宗教研究所张总等人，成为佛教考古学领域中青年学者的代表。除北京大学考古系外，专门从事佛教考古、佛教艺术研究的单位，还有中国社会科学院世界宗教研究所佛教文化艺术研究室、中国佛教协会佛教文化研究所等机构。地方上，有敦煌艺术研究院、龙门石窟文物研究所、云冈石窟文物研究所及各地文物保管所。中国敦煌吐鲁番学会、法门寺研究会等群众性学术团体，也定期、不定期召开国际会议，影响广泛。在国务院已公布的四批全国重点文物保护单位中，古建筑与石窟寺占有相当比重，开展了大量的"四有"档案和科学研究工作。

在为数众多的各类出版物中，中国文物出版社与日本平凡社合作出版的《中国石窟》大型系列图册，中宣部组织的《中国美术全集》与《中国美术分类全集》中有关古建、石窟的专著，作为代表国内最高水平，最新科研成果的出版物，在国内外享有盛誉，是中国佛教考古学者集体智慧的结晶。中国社会科学院世界宗教研究所丁明夷、张总参加了其中大部分工作，并相继出版了《中国金铜佛像》、《中国石雕佛像》、《中国石窟寺巡礼》、《图说中国佛教》等多部著作。

（丁明夷）

道教研究

道藏及道经整理

现存道教典籍，一般指收入《道藏》中的经书，也包括在《道藏》以外与道教有关的古籍。这些典籍是我国文化遗产的重要组成部分。下面对《道藏》和藏外道书的整理和研究情况，作一概括的介绍。

一、道藏编纂的历史

据考证，《道藏》的形成大约在唐高宗、武后时期，当时又称《一切道经》。唐玄宗即位之初，曾敕令编撰《一切道经音义》百余卷，对京师所藏道经二千余卷注音解义。开元年间，首次由官方组织编修《道藏》。这部《道藏》即《一切道经》，总计有3744卷，一说5700卷或7300卷。天宝七年（748），唐玄宗曾诏令天下诸道抄写《一切道经》。

中晚唐时期，道教经书因战乱屡遭焚毁。北宋开国之初，宋太宗下令搜访道书，命徐铉等人校刊抄写，凡3737卷。宋真宗大中祥符年间，又大举增修《道藏》，由张君房主持其事。他利用杭州、苏州、福建等地旧《道藏》经本，与诸道士商较异同，编修成藏。至天禧三年（1019）写录成七本献上。这部精心编成的《大宋天宫宝藏》共有4565卷，分装成466函。仁宗天圣年间，张君房又摘录《天宫宝藏》之精要，编成《云芨七签》120卷，进呈御览。此书被称作“小道藏”，是研究道教的重要资料。

宋徽宗即位后，政和年间（1111—1117）又下诏访求道教经书，敕道士元妙宗、王道坚等人校定，送福州刊板。此即政和刊本《万寿道藏》，凡5481卷，分装为540函。两宋之际，各地道经因金兵南侵多毁于战火，《万寿道藏》经板也落入金人之手。金世宗时，经板被押送中都十方大天长观（今北京白云观）。章宗明昌元年（1190），天长观提点孙明道奉诏参校经书，分遣道士搜访遗经，编成《大金玄都宝藏》，凡602帙，6455卷。但这部《道藏》的刻板不久就因天长观失火而焚毁殆尽。

元初全真道士宋德方又倡导刊刻道经。元太宗九年（1237），宋命弟子秦志安于山西平阳县玄都观主持其事，以管州遗存的金《道藏》为底本，并搜罗逸经，校定付刊。至1244年刊刻完毕，共计7800余卷，仍名为《玄都宝藏》。但是这部《道藏》亦存世不久。元世祖至元年间，全真道士与佛教僧侣因老子化胡问题而爆发激烈争辩。至元十八年（1281），元世祖下诏焚毁《老子化胡经》及《道藏》经板。自唐宋以来历代道士精心保存的大批道教典籍，都因此次“至元焚经之祸”而致缺佚。

唐宋金元是道教典籍流传的第二阶段。这一时期统治者和道教徒多次发起编修的《道藏》，由于战乱、灾害和佛道之争，无一留存下来。流传至今的《正统道藏》，编纂于明初。明成祖永乐中，敕令第43代天师张宇初纂修《道藏》。永乐八年（1410）张宇初去世，其弟张宇清继领其事。至明英宗正统九年（1444），全藏编成付刊，名曰《正统道藏》。神宗万历三十五年（1607），又敕令第50代天师张国祥等编成《续道藏》。这部明代《道藏》共收入道书1476种，5485卷，分装为512函，依《千字文》顺序标定函目。

《正统道藏》刊成后，在明清两代曾多次印刷，颁赐各地道教宫观。清光绪庚子年（1900）八国联军侵入北京，《道藏》经板悉遭焚毁。各地宫观所藏的《道藏》印本，也因战乱灾祸而存者甚少。北京白云观原藏有明代印制的《道藏》一部，是迄今能够见到的唯一保存完好的明《道藏》。

《正统道藏》在清末已为世所罕见。民国初，总统徐世昌组织影印《道藏》，以白云观所藏明《道藏》为底本，由上海涵芬楼书馆印制350部，完成于1923—1926年间。涵芬楼影印本将明《道藏》大字梵夹本改为线装册页本，凡1120册。近年来又出现一些新的《道藏》印本。其中有1977年台湾新文丰出版公司影印的十六开精装本《正统道藏》60册；同年台湾艺文印书馆影印的三十二开精装本《道藏》60册；1986年日本中文出版社影印十六开精装本《道藏》36册；1988年文物出版社、上海书店及天津出版社联合影印的十六开精装本《道藏》36册。这些版本中，台湾版插入了明清以来散佚道书15种，大陆版则对原白云观藏本的残缺作了校补。

二、近现代道教典籍的整理

明代编修《道藏》之后，清朝及近现代400余年间，未曾由官方组织续编《道藏》，但民间编辑道经的活动从未停止。清嘉庆年间侍郎蒋元庭编刻的《道藏辑要》，收录道书173种。后经数次增刻，至光绪三十二年（1906）贺龙骧、彭翰然等人在成都二仙庵第四次重刻《道藏辑要》，收入的道书已增至287种，分作245册，其中有114种为明《道藏》未收的道书。民国年间丁福保编辑的《道藏精华录》，收入道书100种，分为10集，其中也有《道藏》未收的道书。此外，明清至民国年间编成的道教丛书还有《方壶外史》、《道言五种》、《道书十二种》、《古书隐楼丛书》、《济一子证道秘书》、《楞园仙书》、《道书全集》、《道贯真源》、《道经秘集》、《道统大成》、《仙术秘库》、《道藏续编》等。

台湾道教学者萧天石，自50年代开始搜集整理道教古书秘籍，主持编纂《道藏精华》，陆续出版了17集，加外集2部。所收道书多达800余种，大多为内丹养生著作，其中亦有明《道藏》未收的道书古本、孤本和手抄本秘籍。该丛书由台湾自由出版社印行，有精装本（75册）、平装普及本（104册）。详细目录见台湾《道教文化》杂志第5卷第12期。美国道教学者苏海涵(Michael Saso)编辑的《庄林续道藏》，凡25册，分为四部，收入符科仪类道书，其中多有手抄秘本，颇为珍贵。

1989年至1994年间，四川成都巴蜀书社出版了一部大型的《藏外道书》。该丛书由胡道静、陈耀庭等道教学者编集，全书共36册，收录道书1042种。所收道书均为明《道藏》未收的明清晚出道经秘籍、近代考古发现的古佚道书，以及民间秘本、抄本、近现代学者研究著作等。其中如上海图书馆藏手抄本《玉芨金箱》、《道家诗记》、明刻本《大成金书》，四川青城山藏《广成仪制》等，皆为道书珍本，具有较高文献价值。但《藏外道书》选用的某些道书底本未能精校，印刷也模糊不清，不无遗憾。

从明清至近现代，是道教典籍流传的第三阶段。这一时期编成的《正统道藏》及其它道教丛书，大多保存至今，为今人的道教研究提供了丰富的资料。从1996年开始，由中国道教协会、中国社会科学院道家与道教文化研究中心、华夏出版社联合组织编修《中华道藏》的动议进入了筹划和实施阶段。整个行动计划分两步：首先在2000年前完成对明《正统道藏》的整理，对原编所收各种道书作校补、标点、重新分类，改编成一部新《道藏》。然后搜集整理《藏》外道书，编成《中华续道藏》。这是一个巨大的工程，目前正在顺利实施。

三、道教相关文献的整理研究

除上述《道藏》等大型道教丛书外，与道教有关的文献典籍还有许多。对这些文献的整理研究近年来也取得一些重要成果。概括起来主要有以下几个方面：

1. 敦煌道经：近百年来考古学的发展，使许多久已失传的古籍重新发现。清光绪二十六年（1900）在敦煌莫高窟藏经洞发现大批古代经卷文书的抄本，其中道经抄本有500余件，内容包括道家诸子书、道教经书、科仪、类书、论著、诗词、变文等。这些道书的抄写年代大约在南北朝末至盛唐，可弥补《道藏》的不足。如《老子化胡经》、《老子想尔注》、《太平经目录》、《无上秘要》、《大道通玄要》、《叶净能诗》等抄本的发现，都可弥补明《道藏》的缺佚，对道教经典教义的研究具有重要意义。自敦煌道经发现以来，中外学者已发表了许多研究论文和专著。日本大渊忍尔教授搜集整理世界各地所藏的敦煌道经抄本，撰成《敦煌道经目录编》(1978年福武书店版)。该书著录敦煌道经抄本496件，对其书名、卷幅、纸质、书写年代、行格款式等均详为考订。1979年大渊又编集出版《敦煌道经图录篇》,刊出敦煌道经的影写图版。这是迄今整理敦煌道经比较完备的成果。但该书中也有遗漏和考订错误，有待改进。

2. 古佚道书：除了敦煌遗书之外，近数十年发现的道教古籍还有许多。例如50年代中国书店从废纸堆中发现的《太清风露经》一卷（现藏北京图书馆善本部），据考证是元代《道藏》的残留。1973年在长沙马王堆汉墓出土的帛书和竹简书中，有大批西汉黄老道家的哲学和医药养生学著作，包括帛书《老子》、《黄帝书》、《导引图》、《养生方》、竹简房中书等。这些抄本都收入了文物出版社的《马王堆汉墓帛书》。80年代在湖北张家山汉墓出土了竹简《引书》、《养生书》等。这些汉代黄老养生家的著作，可以弥补《汉书·艺文志》著录的缺佚，对研究早期道教起源提供了珍贵的资料。

从50年代以来，考古工作者还在各地汉代墓群中，发现大批古代方士为民众死者解罪除过的镇墓文（或称解注文、劾鬼文），这些资料对研究东汉中后期的社会风俗和早期道教经典和符咒法术的来源，也有极为重要的价值，已经引起有关学者的重视。但迄今尚未汇集整理。

3. 道教金石碑文：历代金石铭文中，有许多与道教有关的珍贵资料。民国时期，著名学者陈垣先生曾搜集整理道教碑刻，编成《道家金石略》稿本。80年代陈智超先生又对稿本作了较多增补校勘，编成《道家金石略》(文物出版社1988年出版)。该书收录从汉魏六朝至明代有关道教的碑文1538篇，是迄今收集最完备的道教金石资料集。该书亦有不足之处，如金元明清的碑刻有遗漏未收者。而且以简化字体排印，亦不符古籍整理体例。

4. 道教史资料：历代编撰的各种史书、方志、类书、文集及野史、笔记、小说、戏曲等书中，保存有大量关于道教历史、人物、科仪、文献目录、宫观名山、神话传说等方面的资料。这些史料散见于浩如烟海的古籍中，翻检不易，极需编集整理。陈撄宁先生曾依据二十四史和《资治通鉴》，组织中国道协研究室编成《道教史资料》(1991年上海古籍出版社出版)。这样的史料搜集汇编工作，仍有待继续。

四、近现代的道藏研究著作及工具书

对《道藏》的研究始于明清时期。明朝白云霁撰有《道藏目录详注》四卷，清末著名学者刘师培撰有《读道藏记》。最近数十年，中外学者研究《道藏》的著作和编撰的工具书更多。陈国符所撰《道藏源流考》、日本吉冈义丰的《道教经典史论》，均为研究道教典籍沿革的名著。朱越利的《道经总论》(辽宁教育出版社1992年)，是近年研究道教典籍的较好著作。

道书目录的编撰始于魏晋南北朝。唐宋金元历朝的目录学著作中，也著录了许多当时存在的道书。其中南宋郑樵的《通志·艺文略》共著录道书1320余种，3700多卷，是道教以外的学者所撰目录书中著录道书最详尽的。近代英国学者龙彼得撰有《宋代馆阁及家藏道书综录》。

明《道藏》的编排混乱，研究者查阅时颇感不便。近人翁独健根据《正统道藏》、《道藏辑要》和《道藏缺经目录》，编成《道藏子目引得》一书，其中有道藏目录、经名引得、编撰者引得、史传引得等项，是查阅《道藏》的实用工具书。台湾精装本《正统道藏》附有目录索引一册，可以方便检索明梵夹本、涵芬楼本和台湾本三种版本的《道藏》。《中国丛书综录》中，有根据《正统道藏》、《道藏辑要》、《道藏精华录》三种丛书编纂的道书目录索引，可供检索。日本和法国学者也编有一些道书的目录和名词索引。例如大渊忍尔、石井昌子合编的《六朝唐宋の古文献所引道教典籍目录·索引》一书，依据45种六朝唐宋文献编成，是考察早期道教典籍的年代和名目的重要工具书。法国学者编纂的《抱朴子内篇》、《云笈七签》等书的索引，也很方便。

80年代中国社会科学院世界宗教研究所道教研究室编撰的《道藏提要》(任继愈主编)一书，仿照清《四库提要》体例，扼要介绍了明《道藏》所收各书的成书年代、作者和内容梗概，有助于读者了解《道藏》的庞杂内容。该书中有些不足之处，在胡孚琛主编的《中华道教大辞典》中有所改正。

(王　卡)

道教斋醮科仪研究

斋醮是道教独具特色的宗教祭祀仪式。道教悠久的斋醮历史，丰富的科仪内容，颇具研究价值，但在道教学研究中，斋醮科仪的研究起步晚，可以说是道教研究的弱项。

民国时期，斋醮科仪的研究几乎是空白。建国以后的30年，也无人涉足此领域，进入新时期，中国学者开始道教斋醮科仪的研究。

1985年12月11至15日，在香港中文大学召开“国际道教科仪及音乐研讨会”。中国学者卿希泰《关于道教斋醮及其形成问题初探》（《世界宗教研究》1986年第4期），对什么是斋醮进行了详细考证，认为斋与醮具有密切联系，均为祭祷神灵的一种仪式。

道教斋醮起源于三张时期，而且斋醮仪式随着道教本身的发展而发展，经寇谦之和陆修静的改造制作，形成较为完整的仪注和程式。尤其是陆修静制订灵宝斋法，影响深刻，作用最大，成为刘宋以前整个道教斋醮的集大成者。由于陆修静使斋醮仪轨逐步定型，亦可将陆修静称作道教斋醮的奠基者。总之，唐代以前，道教侧重于斋法，唐代斋醮连称，二者合而为一。南宋以后，多以醮法代替斋法。

陈耀庭《上海道教斋醮和“进表”科仪概述》（曹本治、罗炳良编《国际道教科仪及音乐研讨会论文集》，1989），探讨了上海道教斋醮常用的金箓和黄箓两类仪式。1949年以前，上海道教常用斋醮仪式，从用途可分为五类：醮事、清事、延生、亡事、放戒；从科仪类型又有可分为十三大类，凡遇事而有所祈祷者，道教几乎均有斋醮仪式供斋主选用。

陈耀庭的《论〈先天斛食济炼幽科仪〉的历史发展及其社会思想内容》（《世界宗教研究》1987年第1期），通过对“炼度”、“济幽”和“斛食”三仪形成的历史考证和比较研究，认为香港道教的《先天斛食济炼幽科仪》约形成于南宋，保存着古貌。其中一篇《论道教仪式的结构——要素及其组合》（《道家文化研究》第一辑，上海古籍出版社，1992年，第293页），认为道教仪式是以表现道教教义思想为内容的道教徒的一种行为系统，是道教徒寄托信仰，倾诉宗教感情的行为形式。道教仪式行为的要素都渊源于普通的社会生活行为，因此都是可以理解的；仪式行为又被赋予道教教义的内容，成为其教义的外在形式，因此，又与一般生活行为不同。道教仪式的组合，既有其内容决定形式的规律，又有其形式变化的规律。对于道教仪式的结构研究，将大大加深人们对中国仪礼文化的结构模式的认识。在《照彻幽暗，破狱度人——论灯仪的形成及其社会思想内容》（《道家文化研究》第五辑，上海古籍出版社，1994年，第303页。）一文里，作者认为，灯仪是道教斋醮中常见的科仪，大约形成于北宋年间。唐末五代时，道教科仪有了完整的礼灯仪。唐宋之际，道教科仪中敷衍出了分灯科仪，它既可以作为一种独立的完整科仪进行演习，也可以被包含在其它科仪之中，如进表仪中的分灯，就成为进表仪的一部分。

1992年8月21至24日，在西安召开“海峡两岸道家思想与道教文化研讨会”，陈耀庭的《以生度死，以己度人——论炼度仪的形成及内容》（《道家思想文化——海峡两岸道家思想与道教文化研讨会论文集》，台湾中华宗教哲学研究社，1994年）认为，炼度仪里灵宝派道士编成的科仪，可能对炼度仪的发展有过某些重要影响。作者论述了炼度的要旨，考察了不同炼度仪式的程序和内容的异同。认为炼度仪之所以在北宋末期形成而在南宋时期广泛流传，是因为深刻的社会原因和道教自身发展的需要。炼度仪的流传，使道教仪式摆脱神霄雷法一统天下的局面，而回复到黄箓度亡的传统斋仪之中。

此外，陈耀庭在《从斋醮科仪说龙虎山的历史地位问题》（《道教文化管窥——天师道及其它》，江西人民出版社，1996年）的论文中阐述了两个基本思想：即宗教思想和宗教仪式，从宗教学的角度看，它们并无上下雅俗的区分，都是同等重要的要素；从宗教人类学的角度看，它们也无高低贵贱的区分。作者从三个方面解释了天师道斋醮科仪在思想、内修和文化等方面的丰富内容，认为天师道的斋醮是中国道教的重要组成部分。

田诚阳《道教斋醮科仪》（《世界宗教研究》1990年第3期），以所见所闻，首先解释了斋醮的有关概念，将斋醮发展划分为五个时期：渊源时期（东汉以前）、开创时期（东汉、三国）、完备时期（两晋、南北朝、隋）、盛行时期（唐、宋、元、明）、流传时期（清代至今）。作者还对醮坛执事、醮坛布景用品、醮坛清规、醮坛科仪进行扼要介绍，并论述了现行道教斋醮情况及斋醮的意义。

闵智亭著《道教仪范》（中国道教学院1990年编印。又，《道教仪范——中国传统仪式音乐研究计划之一》，台湾新文丰出版公司，1995年）分道教仪范概述、道教宫观仪范、全真斋醮科仪、略论道教徒的修养几部分，详细介绍了道教徒必须掌握的仪范知识。该书还编集了宫观常行科仪、诸真圣班、诸真疏文、诸符等现行科仪文本。该书资料丰富，极具使用价值。

王育成《明武当山金龙玉简与道教投龙》（《社会科学战线》1994年第3期），以1981年在武当山紫霄宫窖藏发现的赤金龙、玉简、玉璧，结合道经记载，对玉简铭文进行考释，认为道教的投龙仪式，与先秦时代先民对龙的崇拜和对天地山川河流的祭祀有千丝万缕的联系，刘宋陆修静时，已有投龙的明确记载。投龙是唐宋元明时期道教最盛行的仪式，该文是有关投龙的初步研究。

张泽洪《唐代道教斋醮》(《上海道教》1994年第2期)，运用史籍、道经、诗文、金石资料，论述了唐代道教的斋醮活动，对唐代斋醮的投龙简仪式、唐王室的箓斋会，唐代斋醮科仪经书的编撰，有较详细的论述。其《宋代道教斋醮》一文(《宗教学研究》1996年第1期)，对宋代斋醮进行了较详细的论述，认为宋代斋醮的盛行，与赵宋帝王的崇祀颇有关系，宋代斋醮科仪已被用于国家郊祭大礼。并列举宋代文人学士撰写的道场青词，说明宋代道教斋醮已广泛涉及人们生产、生活的各个领域。作者认为：王钦若、张商英等重臣，奉旨亲自编撰审订斋醮科仪，这是历代少有的。在《唐宋元明时期斋醮》(《宗教哲学》第二卷第二期，台湾中华宗教哲学研究社1996年4月1日出版)一文中，作者认为：唐宋元明是道教兴盛发展时期，是道教斋醮最盛之时，帝王的尊崇和需要，使斋醮之风遍行天下，斋醮活动已由民间走向宫廷，斋醮仪式已成为国家祭祀大典。作者对金元时期全真道宗师主持的大型国醮进行了详细考察，也对明代张天师为皇室举行的大型法会进行了辨析，指出明世宗嘉靖年间，是中国历史上斋醮香火最旺的年代，频繁的斋醮，巨额的耗费，导致明王朝国运日趋衰颓。此外，《道教斋醮源流刍析》(《宗教学研究》1996年第3期)，从先秦频繁的宗教祭祀活动入手，说明植根于中华传统文化土壤的道教，继承了先秦宗法宗教的祭祀理论和观念，又受到民间巫术祭祀的深刻影响。作者以《周礼》、《礼记》、《仪礼》为中心，对道教斋醮源流作具体考察，指出道教斋醮的坛仪、投龙简仪式、拜斗科仪、灯仪、斋醮音乐，以及祭祀前的斋戒，都可以在先秦祭祀中，发现其渊源。

张泽洪《步罡踏斗——道教祭礼仪典》(四川人民出版社，1994年7月)是国内第一部研究道教斋醮的专著。该书分斋醮源流、宫观仪范、醮坛仪范、斋醮仪式、当代斋醮巡礼五部分。详细介绍了道教斋醮的历史源流，醮坛的规制、科仪、法乐词章。侧重分析了斋醮仪式中的黄箓斋投简仪、金箓斋投简仪、金箓灯仪、黄箓灯仪、破血湖灯仪、拜斗科仪、施食科仪。对当代道教斋醮举行的开光大典、冠巾仪式、拜师仪式、进表仪式、罗天大醮，也进行了详细介绍。

台湾研究道教的著名学者丁煌、李丰楙，亦发表研究斋醮科仪的论文。丁煌《〈正一大黄预修延寿经箓初研》（台湾《道教学探索》第捌号、第玖号连载，1994 年 12 月，1995 年 12 月。）和《国立中央图书馆藏明宣德本〈上清灵宝济度大成金书〉初研》（郑志明编《宗教与文化》，台湾学生书局，1990 年，第 61 页）都是研究科仪经书的力作。

李丰楙《台湾庆成醮的神圣时空观——一个非常观的庙会文化》（《道教文化管窥——天师道及其它》，江西人民出版社，1996 年，第 278 页）认为，在当前社会变迁剧烈的时代，类似醮典的庙会活动，即为道教及民俗所共同认同的宗教文化。

宗教祭祀仪式是宗教诸要素之一，中国道教丰富的斋醮经典，完备的科仪格式，深刻的祭祀理论，深邃的文化意蕴，有待更多的研究者投入研究。

（张泽洪）

道教思想史研究

百年来的道教思想研究，大致可分为三个阶段：本世纪初至40年代为第一阶段，50年代至70年代末为第二阶段，70年代末至今为第三阶段。

在第一阶段，学者们对道教的研究主要集中在道教历史和道教典籍的考证方面，对道教思想研究得不多。题为道教思想研究的著作只有一部，即姚从吾的《金元全真教的民族思想与救世思想》(四川青城山常道经书社1946年出版)。作者认为，在外族入主中原的情况下，王重阳创立全真教，高唱儒释道三教合一，有保全汉民族传统思想文化的意味。此外，许地山的《道教史》(商务印书馆1934年出版)、傅勤家的《中国道教史》(商务印书馆1937年出版)、陈垣的《南宋初河北新道教考》(辅仁大学1941年排印)等著作，对道教思想也有所涉及。研究道教教义思想的论文，主要有许地山《道教之根本思想及其对于人生的态度》(《读书季刊》1935年9月1卷2期)、姚从吾《金元全真教的民族思想及其对于人生的态度》(《治史杂志》1939年6月2期)、余逊《早期道教之政治信念》(《辅仁学志》1942年12月12卷1—2期)、易君左(《道教教义的检讨与批判》(《文化先锋》1943年10月2卷22期)等。王明的《周易参同契考证》(《史语所集刊》第19本，1947年)、《老子河上公章句考》(《国立北京大学五十周年纪念文集》，1948年)、《黄庭经考》(《史语所集刊》第

20 本，1948 年）虽侧重考证，但对上述三本书的思想内容亦作了深入的研究。

这一时期，在道教思想研究领域中，比较引人注目的是对道教科技思想的研究。1932 年，吴鲁强与美国麻省理工学院戴维斯(T. L. Davis）教授共同发表了《〈参同契〉——中国古代的炼金术著作》（An Ancient Chinese Treatiseon Alchermy，entitled Tsan Tung chi，Isis，18，1932）一文，使得世界炼丹史上现存的第一部理论著作，为世人所知。稍后，曹元宇发表《中国古代金丹的设备和方法》(《科学》1933 年 17 卷 1 期)，援引《参同契》，总结出铅和汞是中国炼丹术的两翼。劳干《中国丹砂之运用及其推演》(《史语所集刊》第 7 本，1938 年)、薛愚《道家仙药之化学观》(《学思》1942 年 3 月 1 卷 5 期)、黄素封《我国炼丹术考证》(《中华医学杂志》1945 年 31 卷）等文进一步从医药、化学方面考察了道教的炼丹术。

50 年代至改革开放前，道教研究受到冷遇，成果不多。学术界争论比较激烈的是《太平经》的政治思想。有的学者认为《太平经》是我国农民革命的第一部理论著作，有的学者则认为对《太平经》不能评价过高，它的大部分篇幅是宣扬封建统治阶级的思想。

对道教科技思想的研究仍然在进行。学者们对《周易参同契》等炼丹书的炼丹理论和实验进行了分析，并高度评价了葛洪、陶弘景、孙思邈等人在医学、药物学、化学等方面的贡献。

王明《试论〈阴符经〉及其唯物主义思想》(《哲学研究》1962 年 5 期）肯定《阴符经》具有批判性的唯物主义思想和辩证法思想因素，同时又指出它在某些问题上保存着浓厚的形而上学色彩。杨向奎《论葛洪》(《文史哲》1961 年 1 期）对葛洪的世界观和历史观进行了分析，认为葛洪在整体上是唯心主义世界观，但在一些问题上具有进步的历史观。汤用彤发表《寇谦之的著作和思想》(《历史研究》1961年5期，与汤一介合作)、《康复札记四则》(《新建设》1961年6月号)、《读道藏札记》(《历史研究》1964年3期)等论文，解剖了寇谦之、陶弘景的政治、宗教思想，对比了佛道二教教义的区别。

"文化大革命"十年，学术研究被迫中断。改革开放以后，道教研究进入了崭新的时期。这一时期对道教思想的研究，可以分为以下几个方面：

（一）综合性研究

1980年，卿希泰所著《中国道教思想史纲》第一卷由四川人民出版社出版，标志着大陆学者系统研究道教思想的开始。该书分析了道教产生的历史条件和思想渊源，论述了汉魏两晋南北朝时期道教思想的发生和发展，并着重研究了《参同契》、《太平经》等道教经典和葛洪、寇谦之、陆修静、陶弘景等道教人物的思想。1985年，《中国道教思想史纲》第二卷出版。此卷勾勒了隋唐五代北宋时期道教理论发展的线索，分析评价了孙思邈、成玄英、王玄览、司马承祯、吴筠、李筌、杜光庭、谭峭、陈抟、张伯端、陈景元等道教学者的思想。全书还对汉魏—唐宋间道教与儒释二教的关系作了分析研究。葛兆光《道教与中国文化》(上海人民出版社1987年出版)共分三编，上编阐述了道教宇宙理论的形成与神化、道教神系及其结构、巫医与道教，中编重点阐述了唐宋时期道教嬗变发展的三种趋向，即巫觋本色、向老庄佛禅靠拢的士大夫道教、鬼神与封建伦理的联姻。下编论述了道教对士大夫文化、俗文化与古典文学的影响。汤一介著《汉魏两晋南北朝时期的道教》(陕西师大出版社1988年出版)一书，在第一章"绪论"中分析了道教哲学的特点，第二章论《太平经》，第四章论《老子想尔注》与《老子河上公注》，第七、八、九章分别论述了葛洪、寇谦之、陆静修的道教思想，第十一、十二章评述道、佛二教在老子化胡、生死形神问题上的争论，第十三章比较道教的

“承负”说与佛教的“轮回”说，第十四章比较道、佛二教对出世与入世的态度。全书贯穿比较宗教学的方法。卿希泰主编的《中国道教史》(一至四卷，分别于 1988、1992、1993、1995 年由四川人民出版社出版）在全面阐述中国道教产生、发展和演变的历史过程的同时，对道教思想也作了充分的研究。该书论述了道教宗教哲学思想的阶段性发展，分析了道教与儒、释既相互斗争又相互吸收、融合的关系，挖掘了道教科技思想，探讨了道教内丹学说,并第一次对明清以及近代的道教思想作了较全面的研究。任继愈主编的《中国道教史》(上海人民出版社 1990 年出版）对隋唐道教重玄哲学、唐代道教外丹、唐宋之际道教神仙思想的演变以及金元全真道教的内丹学说有较深入的研究。卿希泰主编的《道教与中国传统文化》(福建人民出版社 1990 年出版)，论述了道教在中国传统文化中的地位，分析了道教的基本信仰与教理枢要，叙述了汉魏——宋明的道教哲学，评析了道教与儒释的关系，阐述了道教对中国文学艺术的影响，并介绍了道教学者在古化学、医学、养生学和气功学方面的贡献。胡孚琛所著《魏晋神仙道教》(人民出版社 1989 年出版）一书，以《抱朴子内篇》为主线，分析了魏晋时期的道教神学、葛洪的道教哲学和科学思想。萧萐父、罗炽主编的《众妙之门——道教文化之谜探微》(湖南教育出版社 1991 年出版）系 1990 年 7 月在湖北襄阳隆中召开的“道家(道教)文化与当代文化建设”学术讨论会的论文集。全书分三编。上编探讨了道教文化的思想渊源，中编通过对道教代表人物、流派与著作、道教丹术与自然科学、道教思想与文化艺术多角度、多层次的透视和剖析，揭示了道教文化的本质特征、多重功能及其对中国传统文化的贡献和影响，下编探讨了道教文化的现代意义。牟钟鉴、胡孚琛、王葆玹主编的《道教通论——兼论道家学说》(齐鲁书社 1991 年出版）分为上、中、下三编，在中编“道教概说”一章中，对道教从宗教学、文化学的角度进行了分析，在下编中系统阐述了道教外丹黄白术与内丹术两大道术的历史、流派、理论和功法，并探讨道教对文学艺术的影响，以及道术中透露出来的道教精神。卿希泰、詹石窗主编的《道教文化新典》（台湾中华道统出版社1996年出版）从神仙、道派、金丹、医药、气功、符咒、占卜、堪舆、辨兆、禁忌、科仪、艺术等十二个方面对道教文化进行了研究。

（二）道教哲学、神学、社会政治思想研究

1. 概论。李刚《道教哲学刍议》（《哲学研究》1989年10期）对道教哲学能否成立、什么是道教哲学、道教哲学与道家哲学的联系和区别作了充分的辨析，并对道教哲学的特点进行了概括。陈兵《道教之"道"》（《哲学研究》1988年1期）认为道教徒对"道"的具体诠释，大略有四种。刘仲宇《道教思维方式探微》（《哲学研究》1988年1期）认为道教徒的思维的第一要义是强调变化，道教的全部思维方式都建立在一系列流动范畴上。而在道教方术中则贯彻着以《周易》象数为工具的唯象思维。丁小萍《论道教的现世观念》（《浙江大学学报》社科版1992年第2期）以道教与一般宗教相比较的形式，指出道教在生死观上追求长生不死，在灵肉观上主张性命双修，在神人观上强调人在神前的独立性，阐明现世观念是体现道教基本精神的独特观念。

李养正《论道教的基本信仰及特点》（载《道教经史论稿》，华夏出版社1995年出版）把道教的基本信仰概括为九个方面。陈耀庭《论道教教义思想的结构》（《学术月刊》1992年第4期）认为道教教义结构包括四个要素：天道、地道、人道和鬼道，它们之间的关系一是相生相克，二是互相感应。丁培仁《试析道教的"长生不死"信仰》（《宗教学研究》1988年2—3期）从"长生"的可确证性和可证实性、"不死"的不可证实性和可否证性的角度探讨了"长生不死"信仰对道教历史命运的内在影响。

李刚《劝善成仙——道教生命伦理》（四川人民出版社，1994

年出版）一书，提出道教伦理主要是一种生命伦理，即把生命现象与道德现象结合起来，以修身积德作为长生成仙的必要条件。书中概括道教生命伦理具有主体性、可实践性、功利性、形象示范性及融摄性等特征。姜生《宗教与人类自我控制——中国道教伦理研究》（巴蜀书社 1996 年出版）系统地论述了道教伦理的社会控制功能以及这种功能赖以实现的信仰结构与文化载体，建立了道教伦理社会学的理论基础。

2. 流派。比较引人注目的是对重玄学的研究。卢国龙《中国重玄学》（人民中国出版社 1993 年出版）一书将重玄学的历史发展分为“四个阶段、三次宗趣转变”，指出重玄之道继魏晋玄学之后，既以一种虚融通达的文化态度迎接佛学的挑战，融摄其思想以丰富道家哲学，又在更精深的理论层面上，摒弃佛教空宗的“非有非无”之说，提出“亦有亦无”之论，从而复归于传统文化之本位。在如何界定“重玄学”的问题上，学者们提出了不同的看法。詹石窗称之为“老学重玄宗”（《“老学重玄宗”简论》，《世界宗教研究》1987 年 3 期），李刚称之为“道教老学重玄学派”（《道教老学重玄学派》，《宗教学研究》1996 年 1 期），卢国龙称之为“道教重玄学”（《中国重玄学》），简明则称之为“道家重玄学”（《“道家重玄学”刍议》，《世界宗教研究》1996 年 4 期）。

3. 历史。李刚《汉代道教哲学》（巴蜀书社 1994 年出版）概述了汉代道教哲学的思想渊源、内容及特征，并对《太平经》、《老子河上公章句》、《老子想尔注》、《周易参同契》等道经的哲学思想作了具体的研究。姜生《汉魏两晋南北朝道教伦理论稿》（四川大学出版社 1995 年出版）分析了道教伦理的思想渊源和社会历史根源，从生命伦理、社会伦理和神学伦理三个方面探讨了汉魏两晋南北朝时期的道教伦理思想。萧萐父《隋唐时期道教的理论化建设》（《海南大学学报》1991 年 1 期）认为隋唐时期道教的理论化主要有三个方面：(1) 开始占领老庄玄学阵地，大兴注老解庄之风；(2) 着力于融摄佛教的思辨成果，用以建构自己的理论体系；(3) 其后期发展，日益趋向于、并包容在三教融合的思潮中。陈兵《元代江南道教》(《世界宗教研究》1986 年第 2 期) 认为元代江南道教的教义表现出两个突出的特征：(1) 诸派皆倡三教同源一致，以融合三教尤融摄和会理学为教义的共同特色，明显地表现出向理学靠拢的倾向；(2) 诸派之学交参，尤内丹与符箓结合，并皆以"真性"为行法炼之本。

4. 经典。《太平经》的思想仍是研究的热点。王明《论〈太平经〉的思想》(载《道家和道教思想研究》，中国社会科学出版社 1984 年出版) 认为《太平经》的社会政治思想很复杂，既有反映农民思想的进步言论，又有落后乃至反动的思想，而寒门素族知识分子要求改良的思想则居于主导地位。《太平经》的宗教神学包括天人感应论和善恶报应论两大支柱。在宗教神学体系下，《太平经》也吸收了不少唯物主义和辩证法思想。其他学者也纷纷展开对《太平经》的研究，探讨了《太平经》中的元气论、三合相通说、以十概全的思想、承负报应思想以及伦理思想，并将《太平经》的伦理思想与基督教《圣经》的伦理思想作了比较研究。

卿希泰、李刚《试论道教劝善书》(《世界宗教研究》1985 年 4 期)、李刚《〈文昌帝君阴骘文〉试析》、《〈太上感应编〉初探》(分别载《宗教学研究》1987 年 3 期、1988 年 1 期)、《功过格解析》(《道家文化研究》第 7 辑) 等论文对道教劝善书中的伦理思想进行了深入的研究。

5. 人物。葛洪的思想是学者们研究的重点。学者们对葛洪的神学、哲学、社会政治思想以及儒道关系论等诸方面都作了深入的探讨。唐代道教重玄学者也是研究的热点。学者们对成玄英、李荣、王玄览等重玄学重镇的思想作了细致的分析。此外，南北朝的陶弘景、唐代的司马承祯、吴筠、李筌、张果，五代十国时的杜光庭、谭峭、陈抟，宋代的张伯端、陈景元、白玉蟾，金元时期的王重阳、丘处机、李道纯，明代的张宇初、陆西星，清代的王常月、李西月、黄裳，近代的陈撄宁等道教人物的思想，都有学者撰文予以研究。

（三）道教内外丹及医药、养生思想研究

李远国《道教气功养生学》（四川社会科学院出版社 1988 年出版）认为道教气功养生学的基本理论包括重人贵生的人生哲学、形神统一的生命观念、性命双修的内炼体系和逆修源的仙道理论。郝勤《龙虎丹道——道教内丹术》（四川人民出版社 1994 年出版）认为内丹之“丹”在丹家那里有黍米说、气团说、光团说、性圆说、精气神合一说等不同说法。书中阐述了丹道宇宙观、内丹性命观和内丹实践观。胡孚琛《道教史上的内丹学》（《世界宗教研究》1989 年第 2 期）认为，内丹学是传统文化中的瑰宝，它寓道于术，汲取儒、释、道修炼理论的精华，是一种融道教宇宙观、人生哲学、人体科学为一体的理论体系和行为模式。杨茗《时间、本体与归根返元——道教内丹学哲学基础之研究》（《宗教学研究》1994 年第 4 期）认为道教内丹学的哲学基础是由“归根返元”的论题构成的。这个论题包含了两个方面的内容：(1) 时间论意义上的“归根反元”，即让生命时间之矢逆行。(2) 本体论意义上的“归根返元”，即由后天状态返回先天状态，人与宇宙恢复最初的和谐关系。

对道教外丹术的研究仍然很繁荣。赵匡华主编的《中国古代化学史研究》（北京大学出版社 1985 年出版），对道教炼丹术作了深入的研究。孟乃昌研究《周易参同契》数十年，乃撰成《〈周易参同契〉考辨》（上海古籍出版社 1993 年出版）一书，对《参同契进行了“通考”、“通解”和“通释”，阐述了《参同契》的炼丹实验和理论，指出中国炼丹术的基本理论是铅汞论，并论述了中国炼丹术内外丹的联系。孟乃昌的另一部著作《道教与中国炼丹术史》(北京燕山出版社 1993 年出版)在简述中国炼丹史基础上，评价了现存于世的三十部重要丹经，概述了炼丹术的理论体系，并通过现代模拟实验与理论分析，证明了道教炼丹术所取得的十二大项主要化学成就。

对道教医学思想的研究也在深入进行。魏启鹏《〈太平经〉与东汉医学》，对《太平经》在治疗和养生方面（包括药物、针灸、内养功）的一些经验和特点给予了充分的估价，对太平道行医所包含的宗教迷信色彩及其局限性，也做了一定的批判和分析。《西北大学学报》1981 年第 4 期刊登陈克勤《论孙思邈在针灸学术上的贡献》、谢文宗《孙思邈对祖国医学的重要贡献》、姚远《中国历史上一位伟大的医学家——纪念孙思邈诞生 1400 周年》等三篇文章，全面论述了孙思邈的医学成就。孟乃昌《道教与中国医药学》(北京燕山出版社 1993 年出版）从三个方面论述了道教与中国医药学相互联系，一是道教内功功理丰富和修改了中医理论的核心部分，即增加了心肾相交、水火既济、命门学说；二是道教炼丹术影响了历代本草著述；三是在中医奠基理论中包含道家学说。这三个方面都是前人所未涉及的领域。

（四）道教与中国传统文化关系研究

王明《道教与中国传统文化》(载《道家与传统文化研究》)认为道教主要接受传统思想中“变”的观念并加以发展，并从本体论、天命观、物类相感、天人感应、善恶报应等方面论述了道教哲学思想与传统文化的关系。李养正《论道教与儒家的关系》(《世界宗教研究》1992 年 4 期）认为：(1）儒学中的宗教思想是道教造构义理的思想基础；(2）道教的宇宙生成论，本于儒学纬书；(3）道教吸融儒家伦理学说制订规戒；(4）道教吸取儒家政治思想勾画其理想王国；(5）道教吸融儒家心性之学建立其炼性理论；(6）道教以鬼神意志辅助儒家“王道”之社会实践；(7）儒道互补，道教义理也影响儒家发展。李养正《论道教与佛教的关系》(《中国社会科学》1992年3期)认为道教在宇宙观、对人的本质性认识、人生观、理想境界以及成道的途径等方面与佛教有较大差异,但道教吸收了佛教的彼岸世界、因果业报、轮回与地狱等观念以及心性之学。李养正还撰有《道教与诸子百家》(北京燕山出版社1993年出版)一书,对道教与中国古代诸学派的关系作了全面的论述。学者们还探讨了道教与《周易》的关系,道教对中国建筑艺术的影响等等。总之,道教研究的深度和广度正在不断扩展。

(李　刚　尹志华)

中国道教史研究

中国学者对道教史的研究,肇于20世纪初,迄今已将近百年。其研究进程,大致可分为三个时期,第一个时期是从1911年到1949年;第二个时期是从1949到1978年;第三个时期是从1978年至今。这三个时期,其研究状况是各有特点。

第一时期。是学者们对中国道教的历史展开研究的初始期。从总体上看,学者们虽然涉及到许多问题,但主要还是集中在对道教的起源和早期道教派别诸问题的探讨上。研究者也多是从事史学、哲学研究的学者,他们在从事自己的专业时,兼而涉及并开始注意到对道教史的研究。文章不多,专著更少。但是,这一时期的道教史研究,却对后来的研究有着持久的影响,具有重要意义。引起学者们开始关注中国道教史的原因是多方面的。首先,是近代中国社会的变迁,当时的政治、经济、乃至思想文化领域都出现了前所未有的剧烈变化;其次,民国年间道教成立了自己的教会组织,一度在政治上表现活跃;三是道教典籍,特别是明版《道藏》涵芬楼影印本和一系列道教丛书的公开印行,改变了长期以来《道藏》数量少,且隐藏宫观,鲜为人见的局面;四是随着中西方文化交流的频繁,西方现代学术文化的传入,以及海外学者对中国古老道教的研究情况亦逐渐被中国学者所了解。这一切不能不引起学者们对道教这一本土宗教的关注,从而开始涉足道教这一尚未被开发的处女地。

据粗略统计，在1905年—1949年间，关于道教研究的论文有190多篇，专著6部左右，参加撰稿的著名学者有160余人。这些论文和专著，涉及道教的渊源、历史、宗派、经籍、人物、思想、神仙、名山宫观等诸多方面。其中，具有代表性的论文及专著有：

刘师培《读道藏记》、(《国粹学报》1911年7卷1—5期)，对《道藏》中的37种道经勾玄提要，是治道教史者必读之文。陈教友《长春道教源流考》(《亚洲学术杂志》1921年11月、1922年9月2—4期》是研究全真龙门派的重要著述。陈寅恪《天师道与滨海地域之关系》，(《史语所集刊》1933年第3本第4分册)从"滨海地域"这一历史学概念的角度对东汉至北魏时期天师道的起源、流布等做了考察，是道教史研究的传世之作。汤用彤《读太平经所见》(《国学季刊》1935年5月5卷1期)是国内学界对《太平经》研究的第一篇论文，在道教史研究上颇具开拓性。许地山《道教史》上编(上海商务印书馆于1934年印行)是我国第一部道教史。所涉及的主要是道教前史，且带有专题研究性质。傅勤家《中国道教史》(商务印书馆1937年出版)是第一部较为全面而系统地论述道教历史的专著，在道教史研究上有重要意义。陈垣《南宋初河北新道教考》(辅仁大学1941年排印)。考述了全真道、真大道、太一道的始末，资料丰硕，是道教史研究的经典性著述。刘咸炘《道教征略》(《图书集刊》1946年10月第5期和1948年6月第8期)对道教学术渊源，各时期道派以及道书等，如数家珍，颇有创见，实是研究道教历史之力作。蒙文通《校理老子成玄英疏叙录》(《图书集刊》1946年10月第7期)、《晚周仙道分三派考》、《坐忘论考》、《陈碧虚与陈抟学派——陈景元老子、庄子注校记附陈图南学谱》、《辑校老子李宽松注跋》(《图书集刊》1948年6月第8期)诸文章，多有精彩之论，特别是注意将道教哲学放在中国整个学术发展之中加以考察。王明《论〈太平经钞〉甲部之伪》(《史语所集刊》1947年第18份)、《周易参同契考证》(《史语所集刊》1947年第19份)、《太平经校后记》(《大公报》1947年读书副刊)、《黄庭经考》(《史语所集刊》1948年第20份)、《老子河上公章句考》(1948年《北京大学五十周年纪念文集》)、《论老子与道教》(《中央日报》1948年文史周刊第59期)等文有不少精辟见解,尤其是《论〈太平经钞〉甲部之伪》,实为力作,其精密的考证,具指破迷津之功。陈国符《道藏源流考》上、下册(中华书局1949年印行)以资料翔实,考证绵密,结论可靠为特色,在国内外学术界影响很大。

除了述这些具有代表性的论著外,此时期的其他学界名流也颇有涉足道教史的研究者,如钱穆、余嘉锡、张荫麟、陈独秀、胡适、梁启超、顾颉刚、范文澜等人,都撰文对老子、阴阳五行、谶纬、神仙方士、先秦道家、《太平经》等有关道教渊源和早期经典进行研究。总之,道教这一长期不为人注意,而又是祖国传统文化重要组成部分的研究僵局已逐渐被打破,为国内学界对道教的进一步研究奠定了良好的基础。

第二时期,是指1949年中华人民共和国成立到1978年中国共产党十一届三中全会的召开。在这近30年的时间,从研究者的组成来看,人数不多,且分散、自发,基本上仍以1949年前就涉足道教研究的学者为主;二是就研究的范围来看,所涉及的范围主要集中在这样几个方面:对道教早期经典《太平经》作了较为系统的研究;对太平道、张鲁政权以及其它早期道教派别与农民起义的关系,道教与封建统治阶级的关系等作了较多的研究;对葛洪、陶弘景、孙思邈等人从医学、化学、科技史的角度作了探讨;对《周易参同契》及道教炼丹术作了较多的探索。据不完全统计,这一时期所有关于道教研究的文章大约只有50篇左右,专著更是鲜见。但是,在道教史的研究上,也出现了一些新的变化。首先是史学界在1960年前后,开展了对《太平经》的研讨,取得了不少研究成果,间接地带动了道教史其他方面的研究。其次,

1961年3月21日，由全国政协宗教组出面，召开了一次关于开展对道教学研究的座谈会，提出开展对道教史的系统研究的重要性。这表明对道教的研究，已得到政府和学界的关心，遗憾的是，由于“文革”的来临而未能完全实现。

这一时期的代表作有：王明《太平经合校》（中华书局1960年2月出版），它不仅为道教史及道教思想研究提供了重要的史料依凭，且被海内外学术界公认为垂世之作。汤用彤《寇谦之的著作与思想》（《历史研究》1961年第5期）、《读道藏札记》（《历史研究》1964年第3期），被公认为是道教史研究上颇具学术价值的论文。任继愈主编《中国哲学史》第2、第3册中有关道教的章节（人民出版社1963年、1964年出版），大致勾勒了汉魏两晋南北朝及隋唐道教的概貌。袁翰青《推进了炼丹术的葛洪和他的著作》（《化学通报》1954年第5期）、《〈周易参同契〉——世界炼丹史上最早的著作》（《化学通报》1954年第8期）、陈寅恪《崔浩与寇谦之》（《岭南学报》1950年12月1期）、唐长孺《范长生与巴氐据蜀的关系》（《历史研究》1954年4期）、喻松青《道教的起源和形成》（《历史研究》1963年第5期）。

第三个时期，是指从1978年中国共产党第十一届三中全会的召开后至今。在此时期里，就整个道教的研究情况来看，道教研究取得了很大的发展，步入了一个崭新的时期。这主要表现在：第一、建立了专门的道教研究机构。1979年和1980年，相继在中国社会科学院世界宗教研究所建立了道教研究室，在四川大学建立了以道教研究为主的宗教学研究所。后来，华东师范大学又建立了道教文化研究室。这种国家和地方研究机构的建立，改变了过去仅只有学者个人分散地、自发地进行研究的状况。第二，道教研究的课题，正式列入了国家哲学社会科学“六五”、“七五”、“八五、“九五”规划中，由国家拨出专门资金保证研究的开展。第三，在中国社会科学院和四川大学宗教学研究所，先后招收了以道教研究为主专业的硕士和博士研究生，他们成为道教研究的一支生力军。第四，在全国各地的许多高等院校、科研单位及其他部门，出现了一大批从事道教研究的学者，在全国许多地方，都建立了一些道教文化研究会之类的群众性学术团体。第五，积极开展道教研究的学术研讨会。近20年来，不仅各地、各单位举行的道教研究的小型学术讨论会多，而且全国性的大会议型也不少。参会人数一次比一次多，代表的构成也是越来越广泛。有些学术讨论会，不仅有大陆学者，也有港台学者，其他外国学者，还有道教界的代表。充分反映了我国道教学术研究气氛十分活跃和我国道教研究正在不断地深入发展。第六，创办了关于道教研究的专门刊物，现在大约有10种左右。各种有关道教研究的学术专著、论文集、工具书和通俗读物等大量出版。据初步统计，这类书籍大约有100—200种左右，发表的论文大约有800篇以上。这些著作和论文所涉及的内容相当广泛，不少著作和论文具有非常高的学术价值。在这些研究成果中，不仅有老一代学者，如王明、陈国符先生等人的新著，以及一些已故老学者，如陈恒、蒙文通先生等人的遗著，而且，更大量的是中青年学者的著作。还应特别指出的是，文物出版社、上海书店和天津古籍出版社联合出版了《道藏》，巴蜀书社出版了也相继出版了为数不少的道教典籍丛书。这一切，都为道教研究的广泛开展提供了重要条件。

以上所述道教研究在这一时期出现的新变化、新特点，也反映在对道教史的研究中。首先，道教史的研究被列为国家哲学社会科学"六五"、"七五"、"八五"重点研究项目，在国家教委和省一级的社会科学研究项目中亦被列入。其次，从研究的范围来看，也是相当广的。既有通史性的研究，也有断代史、教派史、思想史、哲学史、地方道教史、宫观史、人物史、经籍史、道教与儒释关系史等等。涉及的问题也相当多，对前人研究过的，作了更深入的探讨，对没人研究的，或研究甚少的问题也作了研究。如：

道教史的分期，道教渊源，道教经书的成藏，明清道教，近现代和当代道教，等等。第三，从研究成果来看，成绩可观。其中，具有重要学术价值的也相当多。尤其是写出了第一部较完整的道教通史性著作，编写出了《道藏提要》，等等，这都在海内外学术界产生了较大影响，反映了中国学术界在道教及其道教史研究上的水平。这一时期，道教史研究的代表性著作（仅限于专著）有：

通史性研究

卿希泰《中国道教思想史纲》（三卷本，现已出版两卷。四川人民出版社 1980 年 9 月、1985 年 9 月出版）。该书最明显的特点是在阐述道教思想的同时，也勾勒出了道教发展的历史进程。曾召南、石衍丰著《道教基础知识》（四川大学出版社 1988 年 3 月出版），其特点是在叙述道教一般知识的同时，对“三洞”、楼观道、宋元符箓道派、元代的“玄教”提出了新见解。卿希泰主编《中国道教史》(四卷本，四川人民出版社分别于 1988 年 4 月、1992 年 7 月、1993 年 10 月、1995 年 12 月出版），该著系国家哲学社会科学“六五”、“七五”、“八五”重点研究课题，历时 12 年完成。该论著是目前最完整的一部道教史论著，它全面地阐述了中国道教的历史，为人们提供了一幅道教发展的全景图。该著不仅吸收了以往研究道教史的成果，而且有许多独到的见解。李养正著《道教概说》（中华书局 1989 年 2 月出版）。对道教的历史作了提纲挈领的系统论述。任继愈主编《中国道教史》（上海人民出版社 1990 年 6 月出版）结合中国封建社会发展的历史，对道教发生、发展和衰落的历史作了阐述。卿希泰、唐大潮合著《道教史》（中国社会科学出版社 1994 年 12 月出版）简明扼要地论述了中国道教的产生、会派、流变、发展和现状。

断代史研究

汤一介著《魏晋南北朝时期的道教》（陕西师范大学出版社 1988 年 4 月出版），较为系统地揭示了早期道教发展的主要线索。

胡孚琛著《魏晋神仙道教——抱朴子内篇研究》(人民出版社1989年6月出版)以《抱朴子内篇》为中心，着重揭示了魏晋时期神仙道教的内容及其历史特点。詹石窗著《南宋金元的道教》(上海古籍出版社1989年12月出版)，着重对全真道、太一道、净明道作了系统考察。李养正著《当代中国道教》(中国社会科学出版社1993年2月出版)系统地论述了从1949年到1992年道教的发展和现状。

道派史和地方道教史

郭树森主编《天师道》(上海社会科学院出版社1990年出版)系统论述了天师道的历史沿革和现状。王士伟著《楼观道源流考》(陕西人民出版社1993年2月出版)分期论述了楼观道形成及演变的历史，分析了其宗派特征。王光德、杨立志著《武当道教史略》(华文出版社1993年9月出版),对武当山道教的历史、现状及真武崇拜作了系统阐述。

此外,陈国符著《道藏源流续考》(台湾明文书局1983年3月出版)、张觉人著《中国炼丹术与丹药》(四川人民出版社1981年出版)、詹石窗著《道教美术史话》(上海文艺出版社1992年5月出版)、王宜峨著《道教美术史话》(北京燕山出版社1994年出版)、卢国龙著《中国重玄学》(人民中国出版社1993年8月出版)、李刚著《汉代道教哲学》(巴蜀书社1993年5月出版)，都颇具特色，有的甚至是填补空白的开山之作。

其它

陈垣编纂《道家金石略》(文物出版社1988年6月出版)、洪建林编《道家养生秘库》(大连出版社1991年9月出版)、王明著《道家和道教思想研究》、《道家与传统文化研究》(由中国社会科学出版社1984年6月、1995年4月出版)、卿希泰主编《道教与中国传统文化》(福建人民出版社1990年9月出版)、卿希泰著《道教文化新探》(四川人民出版社1988年10月出版)、萧莲父、罗炽主编《众妙之门——道教文化之谜探微》(湖南教育出版社1991年3月出版)、牟钟鉴、胡孚琛、王葆玹主编《道教通论——兼论道家学说》(齐鲁书社1991年11月出版)、刘国梁著《道教精萃》(吉林文史出版社1991年出版)、陈耀庭、刘仲宇著《道·仙·人》(上海社会科学院出版社1992年出版)、卿希泰主编《中国道教》(四册)(知识出版社1994年出版)、李养正主编《道教手册》(中州古籍出版社1993年8月出版)、胡孚琛主编《中华道教大辞典》(中国社会科学出版社1995年8月出版)、王纯五著《天师道二十四治考》(四川大学出版社1996年9月出版)等也是近期内有学术价值的专著。表明了我国的道教研究已经取得了巨大的成绩,正在向着更深入的方向发展。

(唐大潮　孙喜萍)

10 年来我国道教学术会议活动综述

道教发源于中国，至今已有 1700 多年的历史。与佛、儒一起成为传统中国文化领域的三种思潮之一。道教不仅在宗教领域对中国人的信仰产生了巨大的影响，而且在中国的社会、政治、经济等领域也产生了不可估量的作用。“五四”以后，中国的学术界开始了对道教的研究，新中国成立后，特别是改革开放以来，道教作为一种中国的本土文化，更是日益成为学术研究的重点。80 年代以来，我国召开的有关道教学术研讨会议大致有：

1987 年冬，由《哲学研究》编辑部、四川大学宗教学研究所、四川省社会科学院哲学与文化研究所等单位联合主办的“道教与中国传统文化研讨会”在成都举行。与会者从哲学史、宗教史、思想史、文化发展史、中医、气功、外丹与应用化学等方面对道教与道家的关系、道教与中国传统文化的关系以及道教与科学技术的关系等问题进行了深入的探讨。

1989 年 9 月 6 日至 8 日，中国道教协会在北京主持召开了“道教文化研讨会”，到会者共 35 人，以各地道教界学者为主，同时也邀请了教外道教研究专家。会议提交关于道教文化研究的论文 31 篇。与会者认为，对道教文化的研究工作还刚刚开始，今后应加强对道教科仪、医学、养生、艺术等方面的研究。在这次会上，“道教文化研究所”正式成立。

1989 年 11 月 9 日，由上海科学思想研究会主办的“道家、道教与科学技术研讨会”在上海召开，来自上海各高校及有关科研单位的60余名专家参加了这次会议。代表们就道家思想和道教文化对当代科学技术发展的价值等议题展开了讨论。与会者一致认为，当前研究道家、道教与科学技术的关系，不仅具有理论意义，而且具有实践的意义。代表们还具体分析了道家、道教对自然科学各分支的不同作用。

1990年4月21日至24日，首届妈祖研究国际学术讨论会在福建省莆田市举行，近百位来自美国、日本、韩国、台湾、香港及京、津、沪等地的专家学者，就妈祖研究的有关问题广泛交流了研究成果。具体探讨了妈祖的家世生平、妈祖信仰的起源、妈祖信仰的属性、台湾及海外的妈祖信仰、妈祖文化等问题。

1990年6月3日，中国道教协会道教文化研究所和中国音乐研究院在北京联合举办了“道教音乐研讨会”。参加者有山西恒山、辽宁千山无量观、上海白云观、湖北武当山、苏州玄妙观、北京白云观等道教乐团及部分音乐工作者共50余人。会议就道教音乐的产生、发展和影响，如何发掘、整理地方道教音乐等进行了研讨和交流。

1990年7月10日至15日，“全国道家（道教）文化与当代文化建设学术讨论会”在湖北襄樊市举行，此次会议由湖北省哲学史学会、湖北省道教学术研究会、湖北省社会科学院、武汉大学哲学系等11家单位联合举办。与会代表67人，收到论文51篇。会议本着“全面推进传统文化的研究并使之走向世界、走向未来”的宗旨，具体探讨了如下问题：1. 道家（教）文化在传统文化中的地位和作用；2. 道家（教）文化的特点；3. 道家（教）文化的当代意义；4. 道家（教）文化的源流。

1991年6月，由中国旅游文化学会、北京史地民俗学会和山东省文登市旅游局举办的“中国道教全真派发祥地文登国际研讨会”在山东省文登市举行。来自日本、美国、苏联、韩国和中国台湾、香港以及内地的100多位专家学者参加了会议。研讨会对道教全真派发祥地的历史沿革及其在道教中的地位、全真派在历史上的作用、全真派的处世态度等进行了探讨。

1992年8月22日至24日，由中国社会科学院世界宗教研究所和台湾中华宗教哲学研究社联合召开的“海峡两岸道家思想与道教文化研讨会”在西安召开。来自海峡两岸的专家学者55人出席会议。代表们就老子思想及其流变，道家和道教的关系，老子思想同现代社会生活的关系，老庄思想与现代西方哲学思想的比较，以及道教方术、科仪等问题作了广泛深入的探讨，这是一次水平较高的学术会议。

1992年9月17日至21日，由武当山道教协会在武当镇主办了第一届“中国武当道教文化国际学术研讨会”，来自全国各地的道教学术研究机构和日本、美国的20余名中外专家学者出席了会议。收到论文20余篇，就武当道教沿革及著名道士、玄天上帝信仰、武当道教武术、武当道教斋醮法事音乐、武当山古代道教建筑群等五个方面进行了研讨。此外，还对日本研究道教及武当文化的情况作了介绍。

1992年10月5日至9日，由中国道教协会道教文化研究所和武当山道教协会联合举办的“武当山中国道教文化学术研讨会”在湖北武当山召开。会议旨在通过学术交流，增进道教界和学术界的联系，以期拓展道教研究的深度和广度，弘扬道文化的精华。收到论文40余篇，来自国内外的专家学者70余人在道教文化广阔领域作了多层次、全方位的探讨、切磋和交流。

1992年10月15日至17日，由西安市道教协会、西安市八仙宫和中国道教协会道教文化研究所共同发起召开了“西安中国道教文化研讨会”。此次会议旨在通过这样的研讨会来沟通学术界与道教界的关系和相互了解，使两股力量互益互补，为弘扬民族文化做出贡献。来自海内外的教内和教外道教研究学者近50人会聚一堂，就道教如何适应时代的需求，道教界和学术界携手推动我国道教学研究的深入展开等问题作了热烈的讨论。会议收到论文 40 篇。

1994 年秋季，来自中外的道教研究专家学者共 55 人，参加了由龙虎山道教协会、江西省社会科学院、台湾中华道教总会联合举办的“龙虎山道教文化学术研讨会”。与会代表集中讨论了如何进一步挖掘天师道文化精华，为适应社会主义发展，以及道教文化如何与现代文化相结合等问题。

1994 年 11 月 23 日至 27 日，“道家、道教与中国文化学术研讨会”在四川大学举行，会议的主办者是北京大学中国哲学与中国文化研究所、四川大学宗教学研究所、香港青松观道教学院。来自教内外的百余名学者、教友出席会议。会议提交的论文涉及广泛，有对道家基本概念的重新厘定，有对道教诸观念的分析，有对当代学者研究道家道教之路的反观，以及对西方学者研究道教的评介。会议讨论最热烈的问题有二点，一是由道家的历史地位所引发的儒道关系，二是道家与道教的关系。

1995 年 2 月 23 日，中国社会科学院世界宗教研究所佛教研究室和道教研究室在北京联合举办“南北朝佛道关系研讨会”。北京地区的有关学者共 30 余人出席会议。以南北朝佛道关系为主题的学术讨论会这还是第一次。会议期间，十余位学者作了专题发言，重点讨论了佛道教造像、佛道教经典比较、佛道教思想异同、佛道教斗争与融合的特点和发展趋向、“老子化胡论”及“夷夏之辨”等问题。

1996 年 8 月 12 日至 15 日，由北京大学哲学系与香港道教学院联合主办的“道家文化国际学术研讨会”在北京举行。来自中国、日本、韩国、新加坡、美国、欧洲、香港、台湾等国家和地区的 150 多名代表出席了会议，并提交了学术论文。这是近年来道家文化研究史上的一次盛会，对推动道家文化的研究有着重要意义。

1996年8月16日，中国道教协会、中国社会科学院道家与道教研究中心、华夏出版社共同主持召开了“《道藏》整理座谈会”。来自北京、四川、上海等地的部分道教专家学者参加了会议。会议就《道藏》的整理、出版等方面问题作了具体讨论。

我国道教学术会议的召开，表明了学术界在党的十一届三中全会精神的指引下走上了一条新的道路，道教研究本身，逐渐走出了传统的历史、哲学和考据的老套路，开始涉及到了文化、艺术等多种领域。对于道教自身的发展和未来的走向，会议提出了很多的建议和规划，道教研究作为一门宗教学分支学科，已经取得了它应有的位置。同时也说明了道教在中国，道教研究也在中国这样一个事实。随着道教研究的不断深入发展，有关的道教学术会议的内容将会更加丰富。

（于 光）

伊斯兰教研究

《古兰经》及其它伊斯兰教典籍研究

“古兰学”是伊斯兰教研究中的一个重要分支学科、一个基础学科。

在我国，真正完整意义上的“古兰学”从前不存在、现在也尚未形成。但是，在学术界和教内各类刊物上还是可以经常看到关于《古兰经》的文章。这些文章涉及单节经文的翻译、注解、背景阐释、意义简述等方面。在我国学术界专门从事《古兰经》和“圣训”研究的人员尚无一位。我们还没培养出自己的古兰学专家和圣训学专家。形成这种局面的原因，主要有两条：一是有难度，二是研究人员的主动、自觉的投入很不够。所谓有难度，一方面是《古兰经》本身的难度，如语言上的难度（解读《古兰经》只能用阿拉伯语——这是唯一的）、对经文内容及背景把握上的难度，等等。另一方面是一种思维定势限制了研究人员在这个领域的开拓。从思想上解读历史尚还不够。三是研究《古兰经》和“圣训”的必备的最基础的材料缺少。我国的伊斯兰教学术研究要想攀登一个新台阶、形成一种新局面，令世界各国同行刮目相看、仰视翘指，就必须去精心解读《古兰经》，必须有自己的“古兰学”、“圣训学”，必须有自己的古兰学家、圣训学家。

一、《古兰经》的翻译及研究

在中国，《古兰经》的全译本出版最早是在本世纪的20年代。本世纪以来，据不完全统计，大概有以下数种版本。

铁铮译《可兰经》(1927年、北京)，据日译本转译。

姬觉弥《汉译古兰经》(1931年、上海)，据英、日本转译，文言体。实际由哈同（此译本俗称“哈同本”）主事，参与译事者有多人，其中有穆斯林名家。

以上两个版本均非译自阿拉伯文原本，因而信誉不高，流行不广。

从阿拉伯文原版翻译《古兰经》的工作是由王静斋阿訇完成的。王静斋的译本有三种，出版于不同年代。

《古兰经译解》(甲本、1932年、北京)，文言体。

《古兰经译解》(乙本、1942年、宁夏)，只石印60部。

《古兰经译解》(丙本、1943年、北京)，语体文，有注释与附说，此本流行很广。

此外还有其它人译的各种版本。刘锦标译《古兰经汉译附传》(1943年、北京)，语体文，有注释。

杨仲明译《古兰经大义》(1947年、北京)，文言体。

时子周译《古兰经国语译解》(1958年、台北)，据英文本转译，有注释、索引。

1949年马坚曾把《古兰经》前8卷译本单独出版，并加以注释。因为《古兰经》全书的注释工作没有完成，1981年出版《古兰经》全译本时把前8卷的注释删掉了。

林松《古兰经韵译》(1988年，北京）韵文体，有注释和题解。有两种版本，一种是阿拉伯原文与汉文译文对应排版印刷的，一种是不附阿拉伯原文的版本。前一种版本为懂阿拉伯文的读者提供了相互校阅的方便。

仝道章译《古兰经》(1989年、南京),中文阿拉伯文对照译注本。此版《古兰经》由译者自费印刷,供教内赠阅。

限于作者的涉猎范围,系统论述并公开发表的关于《古兰经》的汉文著作只读过一本,即《古兰经概述》(宁夏人民出版社1991年出版)。本书由多人合作,分专题解读《古兰经》,如《古兰经》的"产生"、"信仰"、"宗教制度"、"哲学思想"、"政治思想"、"经济思想"、"军事思想"、"伦理道德思想"、"法律"、"文化艺术"、"故事传说"、"民俗"、"科学",等等。此书序言中谈道"这本书的特点是,对《古兰经》中各类意思相同而又分散的许多小节,按照编写的需要,作了分门别类的编排,并根据不同的内容,加注了标题和说明,这对于初期研究《古兰经》和伊斯兰教的朋友,一定能收到按部就班、循序渐进的最佳效果。"

维吾尔语译本《古兰经》从本世纪30年代末起有两种手抄本先后流传。1986年买买提·赛来维吾尔语译本《古兰经》,由民族出版社出版,此译本维吾尔语与阿拉伯原文对照排印,并有维吾尔文注释。

二、汉文伊斯兰教典籍("汉刻它布")整理

关于汉文伊斯兰教著述的整理,近十几年来的业绩灼人。这是广泛开展中国伊斯兰教研究必须首先去做的基础性工作。在这个方面,宁夏社会科学院功不可没。

余振贵先后点校了王岱舆的《正教真诠》、《清真大学》、《希真正答》及马注的《清真指南》(均由宁夏人民出版社1988年出版)。张嘉宾、都永浩点校了刘智的《天方典礼》(天津人民出版社)。中国伊斯兰协会内部印行了经冯增烈标点的清代刘智的《天方至圣实录》。

杨永昌、马继祖标注了马复初的《四典要会》及赵灿的《经学系传谱》(均由青海人民出版社出版，1989年)。纳国昌注释了马复初的《朝觐途记》(宁夏人民出版社，1988年)，等等。此外，宁夏社会科学院还影印出版了九大函的《回族和中国伊斯兰教古籍资料汇编》。

90年代初，有人提议中国应当整理编辑出版一套《清真经》。第一步是搜集，即把所有的汉文伊斯兰教著述（“汉刻它布”）全部汇总起来。第二步是整理，即分门别类编成不同卷，再予以校点、注释。第三步是印制出版标准本。这是一个浩大的工程。倘能完成功德无量。但至今仍处于倡议阶段。

(秦惠彬)

中国伊斯兰教研究概说

在中国伊斯兰教历史上，明末清初是一个至为关键的时期。这一时期，产生了具有中国作风、中国气派的教义学体系。它是一个里程碑，标志着伊斯兰教本土化历程的基本结束。成就这番事业的，是中国伊斯兰教著名的教义学家王岱舆、刘智、马注等人。在他们的思想中，最有价值的，是其主张伊斯兰教必须因时因地有所革新。这种革新不只涉及仪规方面，也包括教理在内。而且，后者更为重要。王岱舆说的"理不圆融机不活，空读圣贤万卷书"，就是这个意思。马注认为，即使在穆罕默德时代，变也是常事。"经文屡降"，就是为了"圣教改弦"。他告诫信众，伊斯兰教本身有两个重要因素：一为"因教"，一为"权教"。所谓"权"者，就是变；所谓"因"者，就是变的方向，变，要因时，因地而变。变对于宗教本身来说当是题中应有之义，马注打了个比喻，譬如一个人，他若长住广东，必然学会粤语；他若久居日本，必然要穿和服。伊斯兰教因时因地之变，也如此这般之自然。这一时期，一些有见识的教义学家开始以汉语译讲经典、以传统思想诠释经典。关于是否可以以汉语译经、讲经问题，中国伊斯兰教内是有过一番激烈的争论的。当时，有的教义学家认为，这样做是"哈他"（阿拉伯语音译，指一种教义学意义上的错误）。王岱舆反驳了这种见解，认为"哈他"讲的是对宗教基本精神实质的违背。至于用什么语言译讲经典、如何阐扬教义教理，则不属于"哈他"的范围。中国伊斯兰教义学所开辟的整体方向是“以回附儒”，即适应中国社会大的文化氛围。依靠“逻辑”或“理性”，中国伊斯兰教义学得出结论，在教理方面，它同儒家的关系是，“教有二教、理无二理”，“教道同源”。这一时期，一些有远见的中国伊斯兰教义学家写作了一批“汉文经典”（教内称其为“汉刻它布”）这些著述对后世中国伊斯兰教的发展，产生了极其深远的影响。例如王岱舆的《正教真诠》、《清真大学》、《希真正答》；马注的《清真指南》；刘智的《天方典礼》、《天方性理》、《五功释义》、《天方至圣实录》，等等，至今仍为人们所称道。在清代，中国伊斯兰教的宗教意识空前地强化了，以宗教为旗帜而爆发的穆斯林反清斗争就是证明。中国伊斯兰教意识到了“我之为我”的那些东西。但是，中国伊斯兰教从整体方向上看并没有丝毫背离其始初路线。此时“经堂教育”更加注重“中阿并授”，“汉刻它布”更加注重传统文化的吸收，从传统文化中汲取营养是这一时期教义学发展的基本动力。《清真释疑补辑》是一部向外宣教的书，带有很强的辩教性。它认为，在中国，伊斯兰教义思想“凡与儒者合者”就是有价值的。

清代中后期，从事中国伊斯兰教研究的，大都是教内经师、阿訇等人。在社会上产生的影响与效应远不如其先辈。

民国初年，内地伊斯兰文化开始复兴，新式学校在穆斯林集居区如雨后春笋般普遍兴起。约在其后二十几年，《古兰经》的汉文全译本开始出现。在穆斯林当中，造就了一大批既精通教理又有很深汉学功力的知识文化人。这些人出身穆斯林，但不是宗教职业者，多为教授学者、记者编辑。虽然人数不多，但能量很大，足以掀起社会性的轰动。他们开始以全新的视角研究中国伊斯兰教。他们的研究完全地真正地冲出了清真寺的樊篱，在社会的大背景中去把握中国伊斯兰教，因而受到了教外人士特别是社会科学工作者的关切。

民国时期，已有非穆斯林参与研究工作。他们或者倡导、董理其事，或者置身研究之中，作用是非常独特的。有的非穆斯林学者的研究成果。甚至成为后世穆斯林学者和社会知识界的一面旗帜。陈汉章、陈垣两位教授开中国伊斯兰教历史研究之先河。他们的文章《中国回教史》(1926年《史学与地学》第一期)、《回回教入中国史略》(1928年《东方杂志》第二十五卷第一号)滋育了几代学人。无庸讳言，他们的研究方法是传统的、旧式的。但是，瑕不掩瑜，就陈垣关于中国伊斯兰教分类研究的构想与设计，至今仍有启迪意义。他们的成就终于使中国伊斯兰教史（也仅只这个侧面)可以作为中国历史学的一个独立的分支学科被建树起来。在把这种可能性转变为现实性的过程中，几代学人又洒下了辛勤的汗水。稍后，在这方面，白寿彝作为较多。他的《从怛罗斯战役说到伊斯兰教之最早的华文记录》、《宋时大食商人在中国的活动》,《元代回教人与回教》(均见《中国伊斯兰史存稿》，宁夏人民出版社，1982年）等，都可以作为中国伊斯兰教的断代史去读。此外，金吉堂写作了《中国回教史研究》(成达师范出版部，1935年)。到了40年代，关于中国伊斯兰教史有了大部头的作品问世。首推傅统先的《中国回教史》(商务印书馆，1940年)。此外还有马以愚的《中国回教史鉴》（商务印书馆，1940年)，白寿彝的《中国回教史纲要》(文通书局，1946年）等。这些著作有很高的价值。它们都试图在勾勒中国伊斯兰教历史时，梳理出一些具有规律性的东西。

这一时期中国伊斯兰教内创办了许多具有宣教性质的刊物。后人粗略统计有上百种之多。但延续时间较长、发行覆盖面较广的不多。其中可以谈说的，当属《月华》。它创办于1929年，由北京东四清真寺内的“成达师范学校”编辑出版。在社会上，一般学术刊物也重视了伊斯兰教特别是中国伊斯兰教的研究。顾颉刚主编的《禹贡》，在白寿彝的直接参与下，于30年代后期出版两期“伊斯兰教研究”专号（第五卷第十一期、第七卷第四期）。《月华》及《禹贡》两期专事情所载文章有一些很有见地。它们的可贵之处在于，不只是谈教理，讲历史，而是非常驻重视现实问题。即使考究历史、阐述教理也为着观照现实。还要说，那些涉及当时穆斯林状况的文章尤其有份量。

这一时期，关于中国伊斯兰教义学的研究，社会知识界的兴趣在于将其同儒、释、道、墨等作比较研究。但是，文章甚少，少得可怜，且生发无多。有的文章立意虽好，但太离谱、太乖张。例如说张载“学问同于回教”、张子学说“或许从回教求得“等，都属于大师级的热昏话。在教内，关于教义学的研究，情形也大致如此。就其文章质量及时代意义讲，远逊于先贤王岱舆、马注、刘智。不过，有一点是值得在历史上大书特书的。在30年代后期，在国家民族生死存亡之秋。教内学者在阐释教理教义时提出的“爱国、爱族、爱教”三位一体的主张，无疑是一种符合广大穆斯林心愿和利益的进步思潮。

从20年代后期到30年代中期的十来年，中国伊斯兰教研究呈现出繁荣景象。抗战前夕，甚至可以说出现了一个小小的高潮。《禹贡》的两期专号可以视作其标志。这一时期，在研究方法上前期与后期有很大的不同。在前期，一些文章的特征是胪列史料，诠释作者主观立意，而不经意于显现潜在性的规律以及回答时代提出的问题。而在后期，则不再仅仅是书斋式的，正如上述，开始重视现实问题。

1949年以后，关于中国伊斯兰教的研究可以划分为两个阶段。

第一个阶段，迄于1976年。在第一个阶段，宗教学及其分支学科，从整体上说，处于似有似无的状态中，完全被取消主义的阴影所笼罩。夹缝中产生的一些东西，确属凤毛麟角，不过在学术界也从未因此而泛起多大涟漪，在预先设定的二元对立的前提下，在只能把宗教作为残存的意识形态、只能从社会功能角度对其进行观察与把握的既定原则下，所谓的研究结果也就简单得不能再简单了：它似乎是一种具有随意性的工具。宗教学尚且如此，作为其分支的中国伊斯兰教研究其处境之艰难自不必言。这是大气候。加之，中国伊斯兰教往往同民族结合在一起（即所谓"族教一体"），这又增加了研究者说话的难度。所以，这一时期专门研究中国伊斯兰教的作品根本（或几乎）没有。有些文章虽然有所触及，但视点不同、主旨不同。它们或者是在论述中外文化交流时，或者是在论述穆斯林起义斗争时或多或少地谈到一些中国伊斯兰教的情况。

由于某种机缘，中国科学院哲学社会科学学部（即现在的中国社会科学院）于1964年组建了世界宗教研究所，专门从事宗教学及其分支学科的研究。宗教学似乎看到了一线生机。但是，随后而来的那场狂风暴雨洗劫了社会科学的一切领域。宗教学首当其冲，大难临头，尚未发育就惨死于襁褓之中。

1977年以后，是第二个阶段。这时，中国伊斯兰教研究迎来了它的真正的春天。中国伊斯兰教研究呈现出一派生机蓬勃的景象。中国社会科学院世界宗教研究所把中国伊斯兰教研究作为一个独立的分支学科建设起来。此后，在某些省（区）也相继组织了这一学科的专门研究机构。在这一时期，也仅仅在这一时期，关于中国伊斯兰教的研究，在社会上形成了三种力量组合的队伍，他们是：专业研究工作者、实际工作者和宗教职业者。此外，业余研究人员也发挥了不可忽视的作用。在研究中，他们逐渐形成了行动一致的意向，可喜可嘉。这时，中国伊斯兰教研究已成为社会科学的一个分支学科，换句话说，中国伊斯兰教在这里是社会科学的研究对象，其阵地理所当然地在理论界。不消说，专业研究工作者应该起主力军的作用。对于中国伊斯兰教来说，真正意义上的研究即有组织有计划的、社会性规模性的开展工作于兹开始。

1979年在昆明召开了宗教学科发展规划会议。在这次会议上，对伊斯兰教的研究工作做出了近中期的大体安排。也就是在这次会议上，中国社会科学院世界宗教研究所同西北五省（区）有关部门商定，逐年召开伊斯兰教学术研讨会。首次研讨会于1981年在银川召开，截止1987年，又分别在兰州、西宁、西安、乌鲁木齐、北京召开了同一主题的会议。每次研讨会的参加者均在百人左右，包括专业研究人员、实际工作者、宗教职业者以及业余爱好者；提交论文在百篇以上，涉及伊斯兰教（主要是中国伊斯兰教）的历史、理论、现状等问题。中国伊斯兰教的研究工作出现了空前的辉煌。这几次会议的某些成果具有突破性，将彪炳史册。但是，它们究竟解决了多少问题（当然不少），不是关键。关键在于由此掀起的研究势头与热潮，经年不衰，于今为烈。

这一时期，就中国伊斯兰教研究而言，同其他宗教学科一样，最突出的特点是在方法论和价值取向上所发生的变化。研究者彻底摆脱了旧方法论的束缚，不再简单地把宗教看作一种工具、一种仅仅具有消极、负面作用的社会元素。宗教是人类企图说明或征服自然、社会以及自身而作出的一种努力。尽管在终极上它给出了错误的答案。宗教或许更多地是一种文化现象，本身蕴含着数千年来人类文明的积淀。如同一切历史现象一样，中国伊斯兰教是在扬弃中发展的，是在肯定——否定中前进的。应该多方位、多层次、多视角地动态地观察和把握包括中国伊斯兰教在内的一切宗教。当代中国伊斯兰教其实也是历史意识与时代精神的统一体。在这方面，中国伊斯兰教宗教载体的变化具有决定性意义。就信仰心态来说，用不着多么锐敏的观察力便能发现，20世纪的中国穆斯林不同于19世纪；而到了21世纪，也将与20世纪不同。可以肯定，那时它将具备时代本身独有的特色。人们还更清醒地认识到，宗教（包括中国伊斯兰教）不仅可以理论地演绎，而且可以凭体验成立。在某种意义上，后者也许更为紧要。中国伊斯兰教对穆斯林思想之浸润，怎么估计都不为过，直观地说，就是在习俗上、行为上所表现出来的那些我之为我的东西。这一时期，宗教理论上的建树极大地开拓了各个分支学科的研究视野。这时中国伊斯兰教的研究也不再是单纯地排比史料（当然要依据史料），而是从中找出具有规律性的东西，缔造一个体系（那怕不怎么完备），体现研究主体的意识，直接间接地回答时代问题。总之，随着脑筋的更换（这要有个痛苦的过程），不再仅从意识形态的社会功能角度，而是将其放置于中国大文化背景中，去观察和把握中国伊斯兰教。于是，这一结论就是很自然的了：中国伊斯兰教是中国的宗教，中国伊斯兰文化是中国传统有机组成部分。这一文化有的具有或部分地具有直接的宗教性品格，有的则完全不具有直接的宗教性品格。

这一时期关于中国伊斯兰教的研究成果是非常丰硕的。在教史、教派、宗教哲学、同传统文化之关系等诸多方面都有突破性的进展。关于教史，中国伊斯兰教的通史性著作业已由中国社会科学院世界宗教研究所伊斯兰教研究室撰写完成。许多省（区）正在编修或已经出版关于中国伊斯兰教的地方性史志。关于教派史，有马通的《中国伊斯兰教派门宦制度史略》（宁夏人民出版社，1983年）、《中国伊斯兰教派门宦溯源》（宁夏人民出版社 1986 年），有勉维林的《宁夏伊斯兰教派概要》（宁夏人民出版社，1981 年）。综论性著作有两本同名书籍《中国的伊斯兰教》。关于中国伊斯兰教宗教哲学即教义教理的研究，发表在中央及地方刊物上的不少文章，均为上乘之作，虽然这方面的专著不多。就中近期出版的《中国伊斯兰教与传统文化》（中国社会科学出版社，1995 年）一书堪称独步。用新观点、新方法去研究中国伊斯兰教义理论是这一时期新开拓的一个领域，建树颇多，业绩喜人。主要表现在三个方面：一是发掘出中国伊斯兰教独有的哲学——教义学体系，理论地论证了其成立；二是论述了这一体系的基本架构和具体内容（它的“骨格脉络”，它的概念范畴，等等）；三是阐明了这一体系与传统思想的关系，这一领域的研究空间，异常广阔，峰峦叠翠。不久前，在《中国穆斯林》杂志上读到达浦生的著作《伊斯兰六书》（部分）。笔者认为，达浦生是胤续王岱舆、刘智、马注、马复初等诸位先贤的，但又高出他们。在达浦生的思想中，可窥见耀眼的时代精神，对中国伊斯兰教义学者有拓展、有创新。

关于基础性工作，例如史料（包括汉文伊斯兰教典籍）整理、寺院调查、碑刻译述等，成就也很显著。这是全面深入地研究中国伊斯兰教必须先期进行的工作，意义重大。关于史籍整理，宁夏社会科学院功不可没。他们影印、校注出版了一批汉文伊斯兰教古籍。余振贵点校出版了王岱舆的《正教真诠》及马注的《清真指南》（宁夏人民出版社，1988 年）。他同杨怀中合作的《中国伊斯兰文献（著译）提要》（宁夏人民出版社，1993 年）是目前唯一的一部搜列较全的关于中国伊斯兰教的书目学著述（在华传教士梅逊用英文编纂的《中国回教书目》于 1929 年在北京出版）。杨永昌、马继祖标注了马复初的《四典要会》（青海人民出版社，1988 年），二人又标注了赵灿的《经学系传谱》（青海人民出版社，1989 年）。张嘉宾、都永浩点校了刘智的《天方典礼》（天津古籍出版社，1988 年）。冯增烈标点了刘智的《天方至圣实录》（伊斯兰教协会内部发行，1984 年）等等。关于资料整理，有李兴华、冯今源的《中国伊斯兰教史参考资料选编（1911——1949）》（宁夏人民出版社，1985 年，白寿彝曾于 1948 年出版《〈中国伊斯兰史纲要〉参考资料》）。甘肃省图书馆编纂的《西北民族宗教史料文摘》亦系论文选编，有甘肃、新疆、宁夏、青海四个分册，1984 年后逐年内部印行。《西道堂史料辑》于 1987 年内部印行。关于碑刻，有陈达生的《泉州伊斯兰教石刻》（宁夏人民出版社，1984 年，有中英文两种文字，英文由陈恩明翻译），此书在国外曾一度引起轰动。

中国伊斯兰教的现状研究是比较薄弱的一个环节。未来学意义上的预测性研究，还根本没有开展。在这个问题上，还需要两种因素，一是客观上的适宜气候，二是研究者的主观投入，前者是关键。关于中国伊斯兰教的现状研究，应该成为“重中之重”。

关于伊斯兰教传入中国的研究

伊斯兰教传入中国这一问题，涉及范围比较宽泛，拟从下列三个方面予以叙述。第一是传入时间，第二是传入方式，第三是传入路线。

一、伊斯兰教传入中国的时间

中国学者关于伊斯兰教的研究，可以说是由钩沉“传入”特别是“传入时间”问题肇其端。陈垣的《回回教入中国史略》、陈汉章的《中国回教史》（《史学与地学》第1期，1928年）是中国学者从学术研究角度讨论中国伊斯兰教的首发文章。特别是陈垣的文章，就是从文献学的角度考证伊斯兰教传入中国的时间。

伊斯兰教何时传入中国。划定一个绝对年代是不可能的，也未必科学。但是，为了解读和研究的方便，民国以后，学者们就此问题发表过许多意见，众说纷纭，迄无定论。总其各说，约有如下几种：

第一，隋开皇（581—604年）中说。第二，隋大业年间（605—618）说。第三，唐武德年间（618—626年）说。第四，唐贞观二年（628）说。第五，唐永徽二年（651）说。第六，唐景云年间说（710—711年）说。第七，唐至德二年（757）说。等等。这些见解都不乏史料上的依据。其中后四种主张较有影响。

陈垣力主“永徽二年说”（见《回回教入中国史略》）。其依据是《旧唐书·高宗本纪》云：八月乙丑，大食国始遣使朝献

（《旧唐书·大食传》、《册府元龟》均有相同记载）。陈垣同时论证了“贞观二年说”，认为它是出于对“永徽二年说”的误算。因此，“贞观二年说”同“永徽二年说”，可以视作同一种见解。陈垣论述：明初洪武元年（1368），在故元大都（北京）获“回回天文书”一大批。朱元璋命人协同“回回大师”马沙亦黑等翻译这些书籍。洪武十六年（1383）译竣，并成《回回历》一部。翌年（1384），《回回历》作为《大统历》的辅助历书，得以颁行。这一年即洪武十七年，是1384年，是伊斯兰教历786年。由洪武十七年（1384）按中国历书算法上溯786个年头，应为隋开皇十九年（599）。若按伊斯兰教历算法上溯786个年头，应为唐武德五年（622）。为什么会出现这样的差异呢？因为两历各属不同的历法体系，两历月天数、年天数完全不同。伊斯兰教历从建元开始的786个年头，只相当于中国历法的763个年头，由洪武十七年（1384）上溯763年，亦为唐武德五年（622）。如果按这一算法，两历相合。实际上，伊斯兰教历元年（622）应为唐武德五年（622）。两者算法的误差是23个年头（622——599）。而唐贞观二年（628）与唐永徽二年（651）其间时差恰好是23年。也就是说，由唐贞观二年（628）下溯23年，就是唐永徽二年（651），所以，陈垣得出结论说“贞观二年说”是“永徽二年说”的误算。

陈说影响很大，信者亦众。但是，即使在当时此说也未被学界一致宗尚。驳论认为，“遣使朝贡”是一种政治、经济行为，与一种宗教传入、输出异国他乡是两码事，不可同日而语。就聘使而言，矫借君命者也肯定不少（见白寿彝《中国伊斯兰史存稿》（宁夏人民出版社，1982年）、刘凤五《回教传入中国的时期》（《中国伊斯兰教史参考资料选编》，宁夏人民出版社，1985年）、戴康生、秦惠彬《试论伊斯兰教在回族中传播的一些特点》（《世界宗教研究》，1982年第1期）等。

中国伊斯兰教内学人，如著名的大阿訇王静斋（《中国回教源流考》)、金吉堂(《中国回教史之研究》,成达师范出版社,1935年)、刘凤五(《回教传入中国的时期》)等,大都主张“贞观二年说”(或其前后)。王静斋说他在埃及时曾见过阿拉伯文《百科全书》,书中即有这样的论证。金吉堂找来威尔斯的《世界史纲》(此书近年有冰心等人的译本)作证。据威氏书中说,阿拉伯穆斯林来华始于628年。当代学者认为,这些其实都是“出口转内销”的东西,是自己证明自己,逻辑上有问题。在7世纪20年代,伊斯兰教还不具备世界宗教的品格。

本世纪80年代以后,部分学者重倡“贞观二年说”。但是并未引起多大争论。

“唐景云二年说”,是《回回民族问题》(民族出版社,1980年)的见解。此书据国外史料认为,这一年伍麦叶王朝战将古太白率军越过葱岭,攻占于阗。唐与古太白议和,“并请大食军队也派遣使节来通友好。古太白曾派‘教士’十人和天文学者一人来中国的长安,这是历史上记载伊斯兰‘教士’入中国的开始。”另有学者认为,古太白越过葱岭一事“纯属无稽之谈”。

“唐至德二年说”,是80年代出现的一种新见解。此说脱胎于民初学者丁谦的主张。丁谦认为,伊斯兰教传入中国当在唐肃、代二宗朝。康肃宗至德二年(757),元帅广平王(后来的代宗)征借大食等国家与地区的军队,协助镇压叛乱的蕃镇。第二年,两京收复后局势稍缓,唐朝遣送大食军队的部分成员由陆海两路归国。而大食军队的大部分成员留在了中国。他们在中国娶妻生子,繁衍后代,随着居住年代的久远、永业财产的增加,其性质发生了变化,由侨居进而变为中国人。作者强调,判断伊斯兰教何时传入中国,必须有个标准。这个标准应该是在中国境内有中国人信仰这一宗教。大食士兵在中国的留居,是在中国境内有中国人信仰这一宗教的开端,此即可以视为伊斯兰教在中国传播的开始。如果一定要找出绝对时间,不妨定在唐肃宗至德二年(757)。

二、伊斯兰教传入中国的方式

这一问题的明确提出是本世纪80年代以后的事情。此前，学者们虽然论述过这类问题（见白寿彝的有关文章），但未能做出条分缕析的归纳。伊斯兰教传入中国，不是伊斯兰教传教人员有意识地传播的结果。它是一种宗教以外的行为如军事行为、经济行为、迁居行为的后果。伊斯兰教传入中国的方式大体上可以分为以下几类：

军事行为的后果是指大食士兵在中国的留居。唐朝为了镇压安史之乱曾向回纥、大食等国家与地区借兵4000余众，其中大食兵约千余人。至德二年（757）。这些大食兵众的大部分留居中国。唐与大食另一次军事接触在贞元十七年（801）。是年，唐与南诏为一方，吐蕃与大食为另一方，发生过一次战斗，史称“渡泸之役”。唐朝主帅为剑南西川节度使韦皋。结果吐蕃与大食一方败绩。唐俘虏吐蕃、大食等降卒2万余人。这些降卒肯定就地安置了。

经济行为的后果是指大食贡使、商人来华贡献（变相贸易）、交易，出于某种原因，愿在中国永远居住。这种方式，在京师长安，在沿海城市如扬州、广州，甚为普遍。在长安，河西陇右既设于吐蕃。自天宝以来，安西北庭奏事及西域使在长安者，归路既绝，人马皆仰给于鸿胪礼宾，委府县供之，于度支受直。度支不时付直。长安市肆，不胜其弊。李泌知胡客留长安久者或40余年，皆有妻子，买田宅，举质取利，安居不欲归。命捡括胡客有田宅者停其给。凡得四千人。将停其给，胡客皆诸政府诉之。泌曰：“此皆从来宰相之过。岂有外国朝贡使者，留京师数十年不听归乎？今当假道于回纥，或自海道各遣归国。有不愿归，当于鸿胪自陈，授以职位，给俸禄，为唐臣。”于是胡客无一人愿归者，泌皆分隶神策两军。（《资治通鉴·唐纪48》）

在扬州，唐肃宗上元元年（760），[邓景山]迁扬州长史，淮南节度，……会刘展（宋州刺史——者）作乱，引平卢副大使田神功兵马讨贼。神功至扬州，大掠居人资产，鞭笞发掘略尽，商胡大食波斯等商旅死者数千人。在广州，唐时留居的穆斯林人数，据称上万计。据阿拉伯方面的史料，广州有一座清真寺，由官方委派一位教长管理，负责领拜、讲经，还可以受托处理坊间的一般民事事件。另据外国材料，黄巢在唐僖宗乾符六年（879）攻占广州，杀害穆斯林、犹太人、基督徒、袄教徒达12万之多。这个数字显然是夸大了的，不足为信。然而由此亦可窥见当时居留广州的穆斯林是非常多的。在海南岛留居的穆斯林大多为被掠人口。唐时海南岛有两个大海盗，一个叫冯若芳，一个叫陈武振。两人均以劫掠来中国通商的外国商船特别是波斯商船为业，因而成为家累万金的巨富。他们把外国商船上的珠宝财物攫为己有，把商人船员收为奴婢。鉴真和尚东渡日本时曾在海南作过停留。据鉴真观察，冯若芳“奴婢居处，南北三日行，东西五日行，村村相次”。

外国穆斯林成建制、成批次地迁居中国是中国伊斯兰教扩展和穆斯林人口增多的主要因素。这种方式，宋元时代最为显著。在蒙元时期来华永久居留的穆斯林，有士兵（军屯）、工匠（各种专业工匠司）、商人、宗教职业者、上层人物，等等。这些人来自阿拉伯及中亚地区，其数量难以胜计。在传入时期，在宋代，来华永居的穆斯林以占城籍为多，落户地在广东和海南。如在海南岛，宋雍熙三年（986）、雍熙四年（987）、端拱元年（988）连续三年，占城穆斯林分别有100人、150人、300人三批次的在头人率领下移居海南。这是有组织的行为，事前向宋廷发出照会，得到朝廷及地方当局批准后才进行的。这些人史称“内附人”。在海南岛，所谓“番村”、“番埔”、“番港”，据称就是内附人登岸或居留之地。在广东番禺等地也曾安置过这类内附人。

三、伊斯兰教传入中国的路线

这一问题近十多年来只在零星的文章中有所涉及，但不出最初立论范围（见《中国回教小史》,《中国伊斯兰教史存稿》，宁夏人民出版社，1982年）。

伊斯兰教并不存在一条独立的传教路径。伊斯兰教传入中国的路线也就是双方商贸往来的路线。由于伊斯兰教传入中国是与大食等国穆斯林因经商而在华留居同步的。双方的通商路线基本上有两条。一条为陆路，一条为海路。

关于这两条路线，唐人贾耽在《四夷述》中有详细的记述（见《新唐书·地理志》）。

其陆上通道是：一条出安西、经中亚，抵达大食的路线。这条通道还有一个南线分支，出关换西南行，经于阗、疏勒，由葱岭进入中亚。

其海上通道是：一条出广州，过马六岬，经印度洋，沿次大陆海岸，进波斯湾，溯两河口而上，抵达巴格达（“缚达”）的路线。

“在这两条路线外，还有两条可能的路线。一条路线是自大食从海道到安南，再由安南从陆路到云南。又一条路线，是自大食从海道到天竺，再自天竺从陆路到云南”（《中国回教小史》,《中国伊斯兰教史存稿》，宁夏人民出版社，1982年）。反过来说，就是从云南经安南到大食、从云南经天竺到大食。80年代以后，有的论者提醒人们注意经由次大陆的这条通道。

唐时海上通道与陆上通道作用大致相等。特别是南宋，海上通道事关朝廷命运，意义非同小可。

关于伊斯兰教传入新疆的时间，论者认为，也就是伊斯兰教传入哈拉汗王朝的时间。

伊斯兰教传入新疆与其传入内地比较，有着自己的特点。伊斯兰教传入新疆，首先是征服了作为少数民族地方王朝——哈拉汗王朝的贵族统治集团。然后利用政权机制由上而下，强制推行伊斯兰教。并对非信仰伊斯兰教地区开展圣战。作为军事征服的直接后果，扩大了信仰空间。所以，新疆地区的伊斯兰教从其传播开始就与地方政权关系密切。在南疆，伊斯兰教旗帜既是统治集团巩固他们统治的旗帜，又是他们争权夺利、互相厮拚的旗帜。

唐开成四年（839），回鹘汗国崩溃，其部众分四支逃散。其中主力是庞特勤所率的15部。

这一支“西奔葛逻禄”，就是“葱岭西回鹘”。当时葛逻禄驻牧地的大部分部族已经伊斯兰化。庞特勤到达葛逻禄驻牧地之后，不久，便反客为主，压倒葛逻禄，成为那里的主人，建立了“哈拉汗王朝”。中国史籍称之为“黑汗”、“黑韩”王朝（“哈拉”有“黑”之意）。这个王朝初期建都于巴拉沙。苏图克·布格拉汗（死于955年）统治时期把王朝政治中心移往喀什噶尔。

回鹘人的原有宗教是萨满教和摩尼教，而哈拉汗王朝的臣民绝大多数信奉伊斯兰教。宗教冲击导致了哈拉汗汗族的改宗。最早改宗的统治者是苏图克·布格拉汗（公驼汗）。据说苏图克早在继汗位前就已归信伊斯兰教。他当政后不遗余力地推行伊斯兰教。他在位45年，其精神建设的主旨就是深化并扩大伊斯兰教信仰。他死后，其长子穆萨·阿布杜勒·克里木在喀什噶尔继位，称阿尔斯兰汗（狮子汗）。穆萨统治时期，960年有20万帐突厥人归信伊斯兰教。就在这一年穆萨宣布伊斯兰教为哈拉汗王朝的国教（见《喀喇汗王朝史稿》，新疆人民出版社，1986年、《新疆简史》，新疆人民出版社、《维吾尔族历史》，新疆人民出版社，1991年）等书。

关于中国伊斯兰教分期研究

关于中国伊斯兰教的分期，近十多年来，有一种新观点认为，在讨论中国伊斯兰教的进程、分期等问题之前，首先应该对中国伊斯兰教历史有个总的认识。从总体上观察，中国伊斯兰教的发展道路同佛教、基督教都不一样。佛教传播与发展的动力来自于教义、教理等到思想因素，依据它们吸引、发展信众。因此，可以说是哲学史式的。基督教在中国的传播几起几落。近代传入的基督教（天主教）同古代在中国曾经传播的各个教派，既无道统渊源又无思想渊源。伊斯兰教在唐代传入后，虽然道路曲折，但有脉络清楚的、不间断的历史线索。因而它的面貌也是比较中国化的。同佛教相比，中国伊斯兰教是依靠自身细胞的增长来扩展信仰世界的。它很少或者说不向教外社会宣传自己的教义、教理。因而可以说是社会史式的。一部中国伊斯兰教发展史就是中国穆斯林社团发展史。在18世纪中期以前，中国伊斯兰教同其创行地的联系也不如佛教、基督教（天主教）那么密切。它也因此减少了同当政者的不少麻烦。

中国穆斯林在唐代被称为“蕃商胡贾”，在五代被称为“蛮裔商贾”，在宋代被称为“土生蕃客”，在元代被称为“色目人”（有时也称“回回”）。至明代则回回民族形成，“回回教”这一称谓在社会上广泛流行。蕃商胡贾——蛮裔商贾——土生蕃客——色目人——回回，这就是中国穆斯林成长发展的历程。它同时也是解开中国伊斯兰教发展史的一把钥匙。把握了这条线索几乎等于把握了中国伊斯兰教的历史。“回回教”这一词语的出现早于明代（意谓早于回回民族的形成——引者），可能在元代后期。成书于元末的《草木子》已经使用了“回回教”一词，并且将“回回教”作为一种信仰同“全真教”等并列于一起。（《中国伊斯兰教与传统文化》（中国社会科学出版社，1995年）。

将研究对象依据其自身某些阶段性特征（内在的、外在的）分为若干时期，这是学术界通常采用的办法。系统地探讨中国伊斯兰教的发展分期问题始于本世纪30年代。八九十年代有零星文章再度涉及这一问题，有“四段论”，有“五段论”等等。但是，没有引起多大的争论。

白寿彝认为，中国伊斯兰教的历史可分为两个发展时期（或称“两个时代”）。每一个发展时期（“时代”），又可分为“两个阶段”。因此可以把这种分期法叫做“两个时代、四个阶段”法。第一个时代，从唐迄元。其中，唐宋为前期阶段（第一个阶段），元代为后期阶段（第二阶段）。第二个时代，从明迄清。其中，明代为前期阶段（第三个阶段），清代为后期阶段（第四个阶段）。

第一个时代的前期，即唐宋两朝，是伊斯兰教传入中国的时代。这一时期的伊斯兰教在中国文献上留有比较疏略的（特别就其教义而言）记录。如“两唐书”、《唐会要》、《通典》、《经行记》、《宋史》、《宋会要》、宋人的笔记小说，等等。这些文献对伊斯兰世界的状况，伊斯兰教义的主旨、伊斯兰世界使者的来华、两国之间的商贸交往、中国穆斯林的初期状况等都有概要的说明。特别是南宋对上述商贸活动依赖颇重，此项收入在南宋初年竟占国库年收入的五分之一。这时，在某些沿海城市也出现了穆斯林集居地，史称“蕃坊”，建造了礼拜寺和公共墓地（“蕃人冢”、“圣墓”等）。

第一个时代的后期，即元朝，是“伊斯兰教之传播也就普遍起来”的时期。元代穆斯林分布广泛，“元时回回遍天下”。元代特别在前期，蒙古贵族在经济、政治等社会生活中多倚重穆斯林上层分子。他们同蒙古贵族一起构成元朝的统治阶层。“这时外来的伊斯兰人差不多完全在中国境内定居下来，认为中国就是他们的家。在这里，他们娶妻生子，置产立业。他们不能或不肯再回老家去，他们慢慢的变成为中国人了。同时也有不少蒙古人和汉人信奉伊斯兰教。例如镇守唐兀的阿难答，所部15万人，包含不少蒙古人和汉人在内，其中大半都变为伊斯兰人了。像这样的新教友，也许会比外来的伊斯兰人还要多吧！（《中国伊斯兰之发展》(宁夏人民出版社，1995年)。

以上第一个时代，又说，可以叫做“伊斯兰移植时代”。

第二个时代的前期，即明朝，是中国伊斯兰教在政治上倍受歧视、压迫的时代。“伊斯兰本身在这时的遭遇是太苦了，它的教义和教法与这时的政治局面有极难沟通之处。于是伊斯兰教中便分出两种人来：一种是政治上有地位的人，他们对宗教信条多不能遵守，只因他们的政治地位有助于伊斯兰之发展，伊斯兰群众不能不有形式上的拥护；另一种人是笃守宗教的人，是支持伊斯兰的基柱，但他们的思想行动既不合于当时的一般情势，[中国]伊斯兰世界难免不与外界日益隔膜。”（《中国伊斯兰之发展》）。

第二个时代的后期，即清代，是“伊斯兰困难加重”的时期。

第二个时代有两点特色：“第一，伊斯兰信仰者以中国人为主体，不唯原系汉人的信者是中国人，即其先人来自阿拉伯、波斯等地的信者，也已是中国人了。第二，在经济、政治、文化上，伊斯兰人都居于被动的或被压迫的地位。”具体地说，第二个时代是“厄难时代”。

80年代后期，学者们有不少专文重新讨论这一问题。李松茂认为，讨论中国伊斯兰教史分期，必须充分考虑到新疆的情况。他把两个地区伊斯兰教作为应该同时而不是分别观察的对象，予以分期。这样，就有四个时期的分期法。

第一个时期“唐宋时期”，是“伊斯兰教传入我国的初期，这个时期伊斯兰教的传播区域，主要在我国边疆”。第二个时期“元明时期”，表述的内容是“伊斯兰教在中国广泛传播，在内地成为有影响的宗教，在新疆占了优势”。第三个时期，“明末至清末”，表述的内容是“伊斯兰教和中国信教民族密切结合，带上明显的中国特点”。第四个时期“清末至中华人民共和国成立这段时间”。（见《中国伊斯兰教史分期粗议》（《回族伊斯兰研究》宁夏人民出版社，1993年）。

关于中国伊斯兰教发展历史的分期，最大的歧异点在于，有的学者认为，中国伊斯兰教有两大系统，一是回族等族系统，一是维吾尔族等族系统。自然，两大系统的发展分期就可能有所不同。有的学者主张找出对全国伊斯兰教都适宜的历史分期法。至于每个具体发展阶段，起迄年限的不同，尚在其次。这个问题至今仍没有取得一个统一的共识。

笔者认为，分两大系统来观察中国伊斯兰教历史可能更符合实际，因为两者传入方式不同，际遇不同。在内地，唐宋两朝为第一个发展阶段，元朝为第二个发展阶段，明朝为第三个发展阶段，清朝为第四个发展阶段。

唐宋时期是伊斯兰教传入时期。因为伊斯兰教传入中国是同一定数量穆斯林移居中国相同步的，所以把不同身分穆斯林的来华视作伊斯兰教在中国的传播。这时，他们主要聚居于京师长安、开封、洛阳一带以及沿海城市。就性质而言，在宋末应该将其视作内附的中国人——由唐朝的“为唐臣”到宋朝的“土生蕃客”。中国传统文化则将这一宗教称作“大食法”或“大食教度”。

元代的情形较为特殊。这时中国穆斯林数量陡增，遍及中国各地。这些新成员，既有汉人的改宗，蒙古贵族的改宗，更多的恐怕是随蒙古贵族东来的阿拉伯及中亚地区的穆斯林，他们可以说同蒙古人一样以征服者身分进入内地的。这部分人同唐宋时期原来留居的穆斯林没有什么必然的联系。作为一个整体，它属于统治阶层。大概元末有了“回回教”这一称谓。在蒙元贵族政权垮台后，穆斯林之中的大部分退出了中国，或者去后元，或者去中亚。

元代中国伊斯兰教出现了专门的宗教职业者。史籍中把穆斯林三分之一称“回回掌教”或“回回大师”，一称“迭里威失（苏非），一称“木速鲁蛮”（普通穆斯林）。

明代，中国伊斯兰教虽处于“厄难之中”仍在继续发展。明朝初期的限制措施，多半是政治性的。在明代中后期，这种限制不复存在。同元代比较，明代伊斯兰教处于“封闭”发展时期。明朝政府对朝贡、西北边市以及海外贸易限制非常严格，实行锁国政策。在海禁方面，有“寸板不得过海”之说。中国伊斯兰教同伊斯兰世界的联系基本上中断。在元代，中国西北边境处于开放状态，中国本土同东方伊斯兰世界连成一片，同处于蒙古贵族统治之下。在明代，中国穆斯林改汉姓起汉名，在穆斯林社团内部一时蔚成强劲的风气。中文阿拉伯文两种文字一并讲授的“经堂教育”逐渐成为宗教教育的主导内容。

“元代伊斯兰教改变了唐宋以来自己的发展轨迹，明代伊斯兰教又改变了元代的发展轨迹。明代伊斯兰教的基本趋势是同唐宋时期的发展路线接榫。就此而言，元代伊斯兰教是其发展史上的畸变。如果没有元代那样的政治关系、民族关系的变动，中国伊斯兰教能有现在这样的景象恐怕是难以想象的”(《中国伊斯兰教与传统文化》(中国社会科学出版社，1995年)。

明代，伊斯兰教处于孤立发展时期。正是这种际遇培育了“回回民族”和“中国伊斯兰教义学体系”。在明初一系列歧视性的社会律令下，尽管有一些回回成为朝廷官吏，也多在技术部门如司天监，而不可能预闻要政。从整体上讲，回回的社会地位低于汉人。对回回来说，元明两代真有天壤之别。由于社会地位的改变，外部压力的加大，回回的内聚力增强了，于是作为一个民族的“回回”，在明初形成了。回族的形成是中国伊斯兰教发展史上的又一个里程碑，具有重要的意义。首先，由于回族的形成，中国伊斯兰教在内地有了一个坚实的社会性的载体。其次，由于回族的形成、伊斯兰教的社会化，于是在中国大社会中出现了一个穆斯林小社会。在回族形成中，伊斯兰教起了纽带作用。而回族的形成又促进了中国伊斯兰教的发展。

清朝统治者虽以“三教并垂”施政，但文化专制主义是其祖宗成宪。对于“回教”，清朝统治者是防范多于信任的。

在清代，中国内地伊斯兰教同伊斯兰世界的联系空前加强了。

这是因为清廷有泱泱大国的自信，同时，在明代阻断这种联系的外部因素即蒙古贵族地方政权也臣服了清朝。

在清代，虽然阶级矛盾、民族矛盾、宗教磨擦都尖锐化、激烈化，但是中国伊斯兰教仍在艰难地发展着。有的学者认为，清代中国伊斯兰教开始转衰变弱，后期又有“中兴”。有的学者不同意这种看法，认为即使在清代在打着伊斯兰教旗帜的民族反抗斗争失败以后，伊斯兰教仍在发展，无所谓衰落，无所谓复兴（见《世界宗教研究》1988 年第 2 期）。

就中国伊斯兰教本身而言，清代有四件大事值得提出。一是中国伊斯兰宗教哲学体系或说教义学体系的形成；二是教派门宦的出现；三是穆斯林的反清起义；四是经堂教育的发展。由于具有鲜明中国特色的伊斯兰教义学体系的形成，伊斯兰教本土化的典型时期已经到来。所以，清代在中国伊斯兰教发展史上占有十分重要的地位。对于中国伊斯兰教来说，如果认为元代是其数量的增加，因而覆盖面更加广泛；那末，清代则是其质量的提高，因而对社会浸润程度更加深刻。

一方面是向着中国传统文化融合，其势锐不可挡，形成一种历史潮流；另一方面是特立精神的扬眉吐气——意识到了“我之为我”的那些东西。这似乎矛盾的两个方面同时体现在清代中国伊斯兰教身上（见《中国伊斯兰教与传统文化》）。

关于新疆地区伊斯兰教发展史的研究，近十多年来成果非常丰硕。文章多得不可胜计；单就著作而言不下十余部（含民族史著作），其中不乏大部头的煌煌巨制，如《喀喇汗王朝史稿》（新疆人民出版社，1986 年）、《新疆简史》（新疆人民出版社）、《维吾尔族历史》（新疆人民出版社，1991 年）、《维吾尔族简史》（民族出版社，1985 年）等。

伊斯兰教在新疆传播的源头是哈拉汗王朝。哈拉汗王朝的汗族是西迁的回鹘人即“葱岭西回鹘”（近代维吾尔族的先人），此前关于哈拉汗王朝的汗族是有不同见解的，有“样磨说”，有“葛逻禄说”，有“突厥说”，有“回鹘说”等。近十多年来，我国学者的研究进一步深入，见解渐趋统一，认为这一王朝的汗族是“回鹘”（见《喀喇汗王朝史稿》）。960年，哈拉汗王朝统治者穆萨宣布伊斯兰教为国教，全国开始由上而下、以权力为依托强制推行伊斯兰教。这样，在哈拉汗王朝，伊斯兰教便成为一种政治性的、制度性的宗教。

在宋大中祥符二年（1009）前，哈拉汗王朝征服了于阗王朝。这实际上就是伊斯兰教东向的跃进。大宝于阗国是李氏地方政权，于阗国的宗教是佛教。哈拉汗王朝对于阗的征服，于阗的信仰由佛教逐渐转变为伊斯兰教，这是意义重大的历史事件。西域是佛教的第二故乡。自哈拉汗王朝伊斯兰化后，于阗便成为两种宗教（以及以宗教为背景的文化）交锋的前沿阵地。因此，宗教的胜负不仅关系着这一地区历史的发展，而且关系着这一地区人民精神生活的方向。哈拉汗王朝征服了于阗以后，中国西部的宗教分布发生了根本性变化。伊斯兰教在天山南麓，其势力沿塔里木盆地南缘东抵且末、若羌一带；在塔里木盆地北缘，可以相信，阿克苏、库车（龟兹）等地的伊斯兰化最迟是在哈拉汗王朝末期完成的。在天山北麓，据长春真人的观察，13世纪初可在昌吉（昌八剌）划一条线，其东是佛教天下，其西为伊斯兰教世界。

12世纪早期西辽王朝征服了哈拉汗王朝。耶律大石建立的西辽王朝，中国史籍认为是契丹族辽王朝皇统的延续。“西辽”非汉文史籍称其为“哈拉契丹”。在西辽境内，宗教信仰比较复杂。《新疆简史》说，西辽境内的宗教，主要有伊斯兰教、佛教、景教等。伊斯兰教信徒最多，所占地域最广，势力最大。信佛教的主要有高昌回鹘。天山北麓今昌吉自治州以西地方，已多信仰伊斯兰教。景教的信仰者则比较零散。西辽统治者自己是佛教信徒，但他们对待其他宗教并不排斥。但是，无论如何，在西辽时期，伊斯兰教已成为被统治者的宗教，不再是政治性、制度性的宗教。

1218年蒙古贵族灭西辽。此后，新疆大部包括在窝阔台汗和察合台汗的辖地内，元朝后期，统治新疆的察合台系蒙古贵族分裂。秃黑鲁帖木儿于元顺帝至正七年（1347）建立东察合台汗国。秃黑鲁帖木儿归信伊斯兰教后，成为一个虔诚的信徒，并极力推行伊斯兰教。从秃黑鲁帖木儿开始，伊斯兰教再次成为一种统治者的宗教，成为政治性、制度性的宗教。

在秃黑鲁帖木儿之子黑的儿火者统治时期，他用武力征服了火州、吐鲁番、继而进攻哈密。火州一带的畏兀儿人（“西州回鹘”或“高昌回鹘”）在政治压力下，逐渐地放弃佛教信仰，成为伊斯兰教信徒。这样，原先信仰不同宗教的两部分畏兀儿人，现在信仰同一宗教——伊斯兰教了。这是近代维吾尔族形成的前提条件。大约在16世纪初，东察合台汗国阿里麻汗时期，哈密完成了伊斯兰化。

阿黑麻死后，满速儿为汗，都城仍在吐鲁番。明正德九年（1514），满速儿之弟赛依德在南疆以叶尔羌为中心建立一个新政权——叶尔羌汗国。明正德十一年（1516），满速儿臣服于赛依德，汗国统一。在叶尔羌汗国，伊斯兰教是唯一占统治地位的宗教。这个汗国王族蒙古人因信仰伊斯兰教、与当地维吾尔人通婚，完成了与突厥族混血而突厥化。南疆地区实现了全面伊斯兰化。17世纪初，和卓家族势力进入南疆，并逐渐地控制了当地的伊斯兰教，为这一地区带来了灾难性的后果。清乾隆以后，和卓家族发动数次叛乱，公开勾结外国势力，进行分裂祖国的活动，因而受到广大穆斯林的反对和唾弃，故于19世纪后期在新疆逐渐消失。

明代，新疆北部是蒙古族瓦剌部势力范围。后来，瓦剌分裂为四部。清初，瓦剌被称为“厄鲁特”。17世纪初期，厄鲁特四部之一准噶尔部势力强大，逐渐地独霸了北疆地区。清康熙十七年（1678），准噶尔汗噶尔丹乘叶尔羌汗国和卓家族“白山派”与

“黑山派”内争之机率兵攻入南疆。南疆政权从此成为噶尔丹的傀儡。噶尔丹是藏传佛教信徒，曾在西藏修炼多年。从此，伊斯兰作为政治性、制度性宗教的地位开始动摇。康熙三十五年(1696)，皇帝亲征噶尔丹。噶尔丹兵败服毒，准噶尔屈服。乾隆二十四年(1759)，清军在南疆彻底剿灭大小和卓叛乱，统一新疆，并在南疆开始逐步实施政教分离制度。

关于伊斯兰教中国化的研究

早在本世纪30—40年代，陈垣、白寿彝就论述过涉及此论题的问题。陈垣在《元西域人华化考》、白寿彝在《元代回教之华学》(《中国伊斯兰教史存稿》，宁夏人民出版社，1982年)两文中都重点讨论西域人研究传统文化的业绩以及研究者的华化倾向。当然，陈文搜罗的“西域人”不全是穆斯林。

明确提出“伊斯兰教中国化”(作为一般性论题应该叫“本土化”)这一命题的，是在80年代召开的几次“伊斯兰教学术研讨会”上。当时赞成的人不多，反对的人不少，至今仍然存在分歧。而且口头争论相当激烈，文字之辩几乎没有。反对者认为，伊斯兰教古今中外只有一个，安拉是唯一主宰，《古兰经》是唯一天经，根本不可能存在有这样、那样修饰语的伊斯兰教。“中国伊斯兰教”的英文表述应该是“Islam in China”。赞成者认为，一般的伊斯兰教只是概念性的，只在书斋中存在。现实存在的形态都是具体的，都是有个性的。这个个性就是本土特色。伊斯兰教在中国的传播与发展，有它自己的特殊经历，有它自己的特色，带着“新的作风，新的气派”。“中国伊斯兰教”的英文表述应该是“Islam of china”或者“China Islam”。

这一问题的讨论、研究是逐步深化的。前期，人们的视角多集中于风俗习惯、汉文著述、碑刻铭文、匾额楹联等层面。从这些层面入手开拓，概括出中国伊斯兰教的特点，这代表着当时学界的认识。现在，人们的认识更进一步，认为伊斯兰教在中国这样的大文化环境中传播、发展必然要带上自己的特色。这是两者互动的必然结果。90年代先后出版的《中国伊斯兰教与传统文化》（中国社会科学出版社，1995年）、《伊斯兰教与中国传统文化》（宁夏人民出版社，1996年）两书。后者是本大部头著述，以板块式的结构，论述两种文化的交互影响。前者则专门论述伊斯兰教中国化。其基本观点介绍如下：

第一，伊斯兰教在中国的成长走着一条特殊的道路。观察中国伊斯兰教在内地的传播与发展，必须首先把握这样三条基本前提，(1) 中国伊斯兰教从未取得中央权力，因而它不是一种制度性宗教。(2) 它的分布有很强的地域性，多在远离政治中心的边远地带。(3) 它从未主宰过多数中国人的精神生活，信仰这一宗教的人口所占比例较小，其载体基本上是10个少数民族。

在中国漫长的封建社会里，整体的文化氛围是不同于以游牧和经商为主导的阿拉伯民族的。因而，两者的心理素质也不相同，中国古代先贤比较注重人生观、实履哲学或伦理，至于对事物本源、人类归宿一类问题的探讨，则是很不充分的，对抽象思辩也并不那么十分感兴趣。古代中国人民的信仰是多元化的，没有形成一个全国性统一的宗教，没有凌驾于皇权之上的教权，也从未存在过真正意义上政教合一的中央政府。皇权高于一切。即使在人们的宗教意识里，他们多伦理化，少依赖感，希望直观地认识神，而不是在冥冥的哲学沉思中去领悟神，对神的祈祷带着很强烈的功利主义目的，不是为神作牺牲，而是向神作讨索，并不追求罚赎或人格的完成，它是现实主义的，而非理想主义的。中国人对祖先的崇拜（小宗法），进而对皇权的崇拜（大宗法），几乎等于——如果不说高于——对神的崇拜。中国传统文化源远流长，厚重坚实，有丰富性、开放性、兼容性的特质。创造这一灿烂文明的历史从未间断，虽然有过“薪传一脉，不绝于缕”、“中华民族到了最危险的时候”。伊斯兰教在盛唐时期传入，也包括后来的发展时期，它都缺乏抗衡或吞没传统文化的能力与气魄。伊斯兰教传入中国同新教传入新大陆、伊斯兰教传入次大陆不可同日而语。伊斯兰教要想在中国这样的社会、文化环境中得以传播与发展，就不能不经历一个艰难的历程。

这个历程就是伊斯兰教在中国的本土化、民族化历程。它同时决定了中国伊斯兰教的发展方向以及作为一种宗教文化的质的规定性。

关于这个问题，有两个互相关联的不同层面。一为中国伊斯兰教和它的载体的自身发展与变化，一为传统社会的吸纳。

在谈论中国伊斯兰教载体的变化时，我们的思维逻辑是与历史本身的逻辑相一致的。

在唐代，中国穆斯林多为在华留居的来自伊斯兰世界的商人、士兵，史称“蕃商胡贾”。这时，他们处于由侨居向永久落籍的过渡时期。

在五代，中国穆斯林有的被称为“蛮裔商贾”。在宋代，则被称为“土生蕃客”或“五世蕃客”。这时，他们已完全成为中国人。他们在政治、经济方面的作用，即他们在传统社会中的地位，比唐代有明显的加强。特别南宋，对他们在经济上依赖颇重。

在元代，这时中国穆斯林除唐宋两朝留居者外，主要的是从中亚一带随蒙古远征军东归的信仰伊斯兰教的士兵、工匠、商人、宗教职业者、上层人士等。元朝的色目人（主要是穆斯林）属于统治阶层，整体地位高于汉人。在政治上非常活跃。不谈蒙古贵族的各个汗国，就是在元本土也有个别蒙古宗室改变信仰，成为穆斯林。在皇位争夺中，这一因素曾经发挥过一定的作用。元朝穆斯林分布范围广泛，遍及各地，“元时回回遍天下”。元时西北边境处于开放状态。中国本土和伊斯兰东方世界一样，同处于蒙古贵族统治之下。这些都影响着中国伊斯兰教的发展，延缓了伊斯兰教中国化的历程。可以这样说，元祚苦暂，否则中国人精神生活或许会是另一番面貌。

明代，在内地作为伊斯教主要载体的回回民族形成。回族以汉语作为本民族的语言。唐、宋、元三朝在华留居的穆斯林是形成回族的主要源头和基本成分。在内地，明代的中国伊斯兰教不是元代路线的直接结果，而是沿着唐宋时代的路线发展的。在明代，中国伊斯兰教同伊斯兰世界的联系几乎被阻断，处于孤立发展时期。滋育其成长的，主要是内部营养而不是外来灌输。由此产生两个相应的结果，一是中文阿拉伯文并授的宗教教育，一是中文宗教典籍成为一般穆斯林宗教修炼的必读书。

大约在明末清初，在内地，中国伊斯兰教义学家开始以传统文化为参照系去解读伊斯兰教理，著述了一大批“汉刻它布”即汉文伊斯兰教经典，创造了中国伊斯兰教宗教哲学思想体系或说中国伊斯兰教义学体系。这一变革的目的，就是要达到对中国传统文化的整体认同，“清真者”成为“儒者”，“儒者”成为“清真者”，以期共同成为“清真儒者”。培育、启动这一变革的营养和动力，主要来自传统文化，特别是宋明理学。这一时期，在伊斯兰思想界领导潮流的中国伊斯兰教义学其思维逻辑、理论话语、价值取向等诸多方面几乎都是传统文化的。

第二，关于中国伊斯兰教义学。前面主要讲中国大的文化环境对穆斯林作为一个社会阶层整体成长的影响，这里再讲讲中国大的文化环境对这一宗教的影响，它的结果就是中国伊斯兰教义学的产生。

除《古兰经》外，它在传统文化中寻求自己“安身立命”的根本，成就了中国伊斯兰教义学的这些学者们同其前辈有质的区别。他们自觉地学习、钻研传统文化，深得儒家思想的精髓。他们的汉学功底很深，不逊于教外的儒士们。他们倾向“附儒”，认为“二教（儒、伊斯兰）同源”。不仅“教理”同源，而且“道统”同源。“二教”的伦理观念、政治学说几乎一致。而在“道统”上，他们认为，两者都源于最高主宰安拉。中国伊斯兰教义学家还认为，伊斯兰教理可以弥补儒家之不足。他们说，儒家不讲求“先天原始”，不考究“后天归复”。如果说宇宙、社会、人生都有“始”、“中”、“卒”，那么儒家只讲了“中”。而伊斯兰教理则兼论三者。它恰巧可以弥补儒家学说的不足。

在伊斯兰教部分覆盖的国家和地区，伊斯兰教义面临一个非常现实而又十分棘手的具体问题，这就是如何解释真主与皇权的关系。中国伊斯兰教根据自身所处的历史条件，妥贴地解决了这一问题，即中国伊斯兰教义学把“一元忠诚”改造成为“二元忠诚”。这是意义深远的理论革命。中国伊斯兰教义学家认为，“人生在世，有三大正事”，就是忠主、顺君、孝亲。忠于真主同忠于君王是一致的，是不矛盾的。只有既忠于真主又忠于君王才是“真忠正道”。如果只忠于君父，而不忠于真主，那就已经是“左道旁门”、“异端邪说”而非穆斯林了，是犯了大罪。但是，如果只忠于真主而不忠于君王，那也是未能全面履行做人的义务，因而也是没有全面完成对主的功业。于是，对主也不能算是真忠了。这同样是一种罪过。人生在世必须既忠于主又忠于君。忠于主（宗教的）、顺于君（政治的）、孝于亲（宗法的）三者是统一的。显然，这一问题的解决既有理论意义又有实际意义，否则可能引发灾难性的后果。这样看来，中国伊斯兰教义学做出了有益的贡献。

中国伊斯兰教义学的形成是伊斯兰教本土化的结果。同时，它又推动了伊斯兰教在中国的进一步发展。也恰恰是同样的原因，中国伊斯兰教的宗教意识反而空前的增强了。

第三，中国制度文化对伊斯兰教在中国的发展具有方向性的约束力。伊斯兰教传入中国后，便同传统文化发生了矛盾。它同整体文化氛围特别是其中的制度文化极不协调。后者要规范前者，将其纳入自己的轨道。前者却要最大限度地壮大自己。两者的良性互动，当然是双方的责任，但条件几乎是唯一的，那就是前者必须适应后者。后者对前者的要求是主动的、积极的，而后者的回应理所当然是一个漫长的过程。

伊斯兰教在中国的传播与发展，受着客观环境的制约，不是那么特别“随意”的。在制度上，中央和地方行政机构一直试图掌握和控制它。在宋代，设置“蕃长司”。其“蕃长”由朝廷或地方有司任免。在元代，在中央设置“回回掌教哈的所”。在个别地方可能还有其下属机构。由这一机构统管“回回大师”及宗教事务。清代，在教坊内设“乡约”，管理宗教事务，在经授权的情况下，可以管理行政事务。当然“乡约制”属于非常制，但在某些地方几乎等于常制。

在中国，穆斯林必须学习传统文化。内地尤其如此。中国穆斯林所受教育是传统文化的（宗教职业者另受宗教教育），不管其主观愿望如何，主动抑或被动，都必须这样做。而科举，包括元代的科举，也以传统文化为应试内容。对于中国穆斯林当中的文化人来说，科举同样是一条重要的入仕道路。科举既是他们接受传统文化的原因又是其结果。在宋代，有“蕃学”招收穆斯林子弟入学读书，接受传统文化的教育。在元代，有“回回国子学（监）”。它讲授一种外文，主要课程仍然是传统文化的。后期的经堂教育（宗教教育）也是贯彻“中（文）阿（拉伯文）并授”的方针的。

在明代，在内地，穆斯林几乎全部起了汉姓改了汉名。当然同时保留“经名”。

我们必须动态地认识中国伊斯兰教，因为它本身是动态的。宗教的本土化是一个过程，永远不会有终结。即使这样，我们仍然可以这样说，中国伊斯兰教是中国的宗教，中国伊斯兰教载体是信仰这一宗教的中国各族人民，中国伊斯兰文化是中华民族文化遗产中的有机组成部分。

中国传统文化是一个多元一体的架构。中国伊斯兰文化在这一架构中，作为历史较短的亚系（子系）文化，自非主干。但对整体文化来说，它贡献了它能够贡献的东西。在中国历史和现实中，关于它的作用，既不可“高化”也不可“矮化”。历史证明，在传统文化中有中国伊斯兰文化发展的充裕空间，但后者不能离开前者而存在。历史也同样证明，两者的良性互动是双方的责任。

关于门宦研究

中国伊斯兰教的教派（“门宦”）研究起步较早。关于“门宦”的描述性报告清代即有。40年代成书、80年代重出的《回回民族问题》（民族出版社，1980年）有专门章目谈及这一问题，并将其定名为“门宦制度”。在这本书中，作者引述他人意见说：“中国的伊斯兰教教徒则全是宗奉哈那裴（现译“哈乃斐”——引者）一派”，“中国伊斯兰教教派属于大以吗目（现译“伊玛目”——引者）哈乃飞派的占绝对多数，仅仅新疆有少数属于沙非尔（现译“沙斐仪”——引者）的。”该书又引述他人见解说：“穆汉默德（现译“穆罕默德”——引者）遗留的四大派为哲含忍耶（即“哲合林耶”——引者）、虎非耶、哈的忍耶（即“格的林耶”——引者）、库不忍耶（即“库不林耶”——引者），这四派在西北回族中都有门宦的；此外，还有两派没有门宦，即老阁的木（即“格的木”——引者）和新兴教。”白寿彝在《西北回教谭》（《中国伊斯兰教史参考资料选编》宁夏人民出版社，1985年）一文中说：“西北回教，大体上是分为三派：旧派、新派、新新派”，“新派有四大门宦之分：者黑里耶（即“哲合林耶”——引者），胡菲耶（即“虎非耶”——引者），噶得雷耶（即“格的林耶”——引者）。”在此文中，对哲合林耶历史有过简单的描述。

后来，有的学者把中国伊斯兰教的派别分化归纳为“三大教派”、“四大门宦”，盖源出于《西北回教谭》。

为什么叫“门宦”。人们认为，大概是由这样一些表示门第流派的词语衍生而来，如“宦门”、“门阀”、“门派”、“门户”等。

“门宦”一词始见于杨增新的呈文中。清光绪二十三年(1897）杨增新在代理甘肃河州知州任内曾向省督写过一个呈文，要求“裁革门宦，专崇旧教”。此后门宦一词便泛泛使用开来。现在人们使用门宦一词是指中国伊斯兰教的派别系统。但是，在民国期间这个词语或许还有“教主”、“掌教”的意思。搜集、梳理并编纂成书《甘宁青史略》(俊华印书局，1936年）的慕寿祺说：“甘肃回教各有门宦。门宦者即掌教别名，彼族所称为老人家是也。”还应说明一点，“门宦”系教外（官方、知识界）人士所用。在教内，断无门宦称谓。

80年代中国伊斯教研究盛况空前。在这一领域首先贡献出杰出成果的就是门宦研究。在刊物上发表卓有见地的文章暂且不计，有三部著作是必须认识的。它们是：1981年勉维霖的《宁夏伊斯兰教派概要》(宁夏人民出版社)、1983年马通的《中国伊斯兰教派与门宦制度史略》(宁夏人民出版社）和1986年马通的《中国伊斯兰教派门宦制度溯源》(宁夏人民出版社)。这三本书都是作者的倾力之作，材料翔实、结论平实。二位作者30多年来一直沉浸于门宦问题的研究之中，在门宦地区做过具体工作，参加或主持过关于门宦历史与现实状况的社会调查，搜集到许多十分珍贵而又不可再得的民间文献及口碑资料。在这个基础上，作者又经十数年的材料梳理与理论思考，终于出版了几本权威性著作。

关于伊斯兰教派，研究人员是有共识的，即派系的区分应该是有层次的。从政治层面而去区分，这是第一个层面，中国穆斯林绝大多数属于逊尼派，小部分（而且民族性、地域性很强）属于十叶派。从教法学派层面去区分，这是第二个层面，中国穆斯林绝大多数属于哈乃斐教法学派，小部分属于沙斐仪教法学派。以上两种分类是世界性的通例。另一种分类法或为中国特有。从形式层面去区分，这是第三个层面。这种方法就是把中国的苏非教团同其他派别对立起来，苏非教团为一派，凡不是苏非教团的皆为另一派。前者冠以十分中国化的名字"门宦"，后者称"教派"。无论门宦、教派，都属于逊尼派，都属于哈乃斐教法学派。它们确认"四大哈里发"、"两个王朝"（伍麦叶、阿巴斯）的正统性，执行哈乃斐教法学派的教法主张。这是中国伊斯兰教派门宦的共性、一致性。

在《中国伊斯兰教派与门宦制度史略》一书中，其分类是沿袭了传统方法的。但是，更加细化。该书把"教派"与"门宦"区分开来。按其分类，中国伊斯兰教有"三大教派"即"格的木"（老教）、"伊斯兰瓦尼"（新新教）、"西道堂"；有"四大门宦"即"哲合林耶"、"虎非耶"、"格的林耶"、"库不林耶"。"教派"各派，简言之，重修"教"不太重修"道"。门宦各派即各个苏非教团，简言之，既重"教"更重"道"；对于某个派别的某些人，"道"是其安身立命的根本。那末，什么是"教"，什么是"道"呢？这里所谓"教"指的是"五功"等日常功课。所谓"道"指的是神秘主义苏非主义的功修。这一修炼方式多种多样，其中一个共同因素是念"齐克尔"（神秘箴言）。但是，其目标却是相同的，即通过不同的晋身阶梯（不同的"道乘"修炼阶段），最终达到接近真主、与主合一的最高境界。这样，自己（苏非本人）在精神人格上也成为一个"完人"。

但是，也有一些专业研究人员认为，无此划分的必要。在所谓的教派中也有很虔诚地进行道乘修炼的穆斯林。而在所谓的门宦中也不是所有成员都必须严格地履行道乘修炼。所以，"三大教派"、"四大门宦"都是派别，以中国有"七大教派"归纳之足矣。这类议论较多，但这类文字几乎没有。本文作者认为，这种划分是合宜的。

现在所谓三大教派是格的木、伊合瓦尼、西道堂。这与《西北回教谭》中的划分并不一致。那里所谓中国伊斯兰教大而言之有三是指旧教（格的木）、新教（门宦）、新新教（伊合瓦尼）。

格的木这一教派在全国分布最为广泛、人数最为众多、历史最为久远。在没有教派、门宦分化之前，中国伊斯兰教只有一派，那就是格的木。后来，门宦从中分化出去了，其他"教派"从中分化出去了，于是，剩下来的这个主干就是格的木。当然也必须说明，凡后来形成的派别既从"教派"中也从"门宦"中吸收成员。"格的木"（阿拉伯语古老之意）称谓的出现就是为了同分化出去的"门宦"、"教派"相对称。在没有门宦、教派分化的时候，也当然没有"格的木"这个称谓。大家都统而一之，也就没有分指（"你"、"他"、"我"）的必要。格的木实行教坊制，即以一个清真寺为中心联系周围教众（高目）形成一个坊间，由清真寺主持这一坊间礼拜等事宜的制度。清真寺一般实行三掌教制，有教长（伊玛目）、领拜（海推布）、唤拜（穆安津）等教职人员。坊间另择老成持重者为"乡老"、"学董"，协助行政部门处理坊间除礼拜等宗教性事务以外的其他事务，如财务公差、建筑及维修、阿訇（教长）聘请，等等。教长（阿訇）由坊间聘请，一般多为外乡人士，聘期、待遇等由双方协商议定。教长（阿訇）可在清真寺内开学（此阿訇称为"开学阿訇"），教授生徒。届满，或续聘或改聘（在教长这方而言则是"辞学"），由双方另议。有的小清真寺只聘请一位教职人员（教长）主持礼拜。各个坊间清真寺无论规模大小、历史久暂都没有隶属关系，各个清真寺独立处理各自的教务。换句话说，各个坊间清真寺没有隶属关系。现在，已不存在"乡老"这类人物。处理相关事宜的，是清真寺的"民主管理委员会"，简称"寺管会"。

伊合瓦尼，这是近十多年来才被学术界普遍采用的一种称谓。

从前，称其为“新新派”、“崭新教”、“遵经派”者为多。伊合瓦尼主张“凭经行教”、“遵经革俗”。从其表面看，似乎有点“原教旨”。但是，它抨击的主要对象，即在制定政治性口号时设想论敌，为门宦。它实际上也是作为门宦的对待物而产生的（历史命运如此）。这一派的政治性口号是“打倒门宦，清除拱北”。伊合瓦尼的创行人是马万福。

马万福祖籍甘肃东乡果园村，故又称马果园。马万福原为北庄门宦信众。清光绪十四年（1888）去麦加朝觐。据说就是此行，马果园在沙特接受了瓦哈比派教义思想。瓦哈比派学说在沙特王国是居于统治地位的学说。这一学说创建于18世纪，创立者是穆罕默德·伊本·瓦哈布。19世纪初，沙特与瓦哈布共同组建了瓦哈比派政治宗教性组织“兄弟会”（“伊合万”）。沙特依靠兄弟会的支持，把奥斯曼帝国势力逐出阿拉伯半岛，建立沙特王国，当上了国王。中国伊斯兰教伊合瓦尼派，有人认为即源于沙特的“兄弟会”。马万福朝觐回国后开始传播瓦哈比派主张，结合当时当地的教情提出了“十大纲领”，俗谓“果园十条”。果园十条的主要精神是“遵经革俗”。所谓“俗”就是门宦等组织对正常功修的异动，如崇拜拱北、聚众念“齐克尔”等。马果园初期以清廉面目宣教，主张简化仪式，宗教收入要使用有当，他说：“吃了不念，念了不吃”，即不以念经敛钱。他的这些主张很受当地信教群众的欢迎。同是，也大概因此而同门宦等派别发生了激烈的矛盾与冲突。在很长一段时间里，伊合瓦尼处于弱势地位。只是到了本世纪20年代，在青海马氏军阀的扶植下，伊合瓦尼才终于成为“显教”、“显学”，可以同其他派别抗衡争锋了。马果园于1937年去世。其后，伊合瓦尼开始分为两派，一派被称为“苏派”、“一抬派”，是多数派，对马万福教旨遵行不渝；另一派称为“白派”、“三抬派”。白派自称“赛来非耶”（前三代即穆罕默德门弟子、再传弟子）。白派主张改革马万福教旨。伊合瓦尼主要分布于西北地区，青海西宁、甘肃临夏等地较为集中。此外，全国各地都有信众，在大中城市数量尤为可观。

西道堂创行于清末民初，主要分布于甘肃临潭一带，创建者是马启西（1856—1914年）。马启西原属当地北庄门宦。他颇通儒学，曾考取秀才，在当地人望较高。他遗存下来的一些诗联（其中五七绝较多），读来有一股清新之气，语言隽永，意蕴绵长，颇具哲理，今天仍有启迪意义。脱离门宦后，他在家中设帐讲学。从其教者，日盛一日，逐形成一个派别、团体。初称"凤山金星堂"，后定称"西道堂"。西道堂特别重视汉文伊斯兰教典籍，以此阐释五功之要、性命之旨。汉文伊斯兰教典籍是西道堂宗教活动的基本柱石之一。马启西说过："介廉刘智种子，关川马明心开花，我要结果。"其简则中说："本道堂根据清真教义，并祖述清真教正统，以宣扬金陵介廉（刘）氏学说，而以本国文化发扬清真教学理，务使本国同胞了解清真教义为宗旨。"西道堂有教主，但不世袭，选贤者任之。

西道堂引起关注的主要有两点，一是它有"集体户"，一是它特别重视教育。

西道堂集体户以道堂为家，过集体生活。一般认为，这种举措是受了儒家大同思想及"乌玛"（穆罕默德在麦地那时期成立的穆斯林公社）思想影响的结果。在道堂内推崇并实践共同劳动、各尽其职，共享劳动成果的制度。在西道堂，凡达到学龄的儿童，不分男女，一律入校就读，主要是学习自然和社会科学知识，费用由西道堂支付。西道堂还曾创办过自己的小学与中学。这类学校除教授适当的"经训"知识外，与地方办的小学几无区别。在所有的教派、门宦中，这是西道堂的优势。1949年以前，西道堂有多位名牌大学（如北京大学）毕业生。因其教育水平较高，从事经营（如商业）活动大多是成功的。以财兴教，以教置业，以业积财，过"公社式"的集体生活，这些特点引起社会各界的普遍重视。加之，西道堂的实践确有成效，早在本世纪30、40年代，他们的生活水平就普遍高于当地居民的一般水平。在当时，一些学者、政治家就誉其为“一个新型的社会组织”。

关于西道堂，有人认为应列入门宦（苏非派）。不过，本文作者还是同意将其列入教派的。它是教派，确切点说，它是一个新型教派。

近年来，西道堂的实践活动再次引起社会的关注，专业研究人员及实际工作者曾多次到西道堂信众聚居地做宗教、社会考察。在西道堂影响范围内，一般讲，小气候比较好，社会形势比较稳定，人民生活比较安定。这同其教主思想恢宏有直接关系。西道堂利用集体力量和传统优势举办一些小型服务设施，支助地方办学，鼓励信众走合法的发家致富之路，把宗教激情同建设家园的热忱结合起来，这些做法实在难能可贵。一句话，它能够主动积极地同社会主义社会相适应。近二、三年来，关于西道堂的情况，中央及省级报刊曾发表专文予以介绍。

中国伊斯兰教的“四大门宦”是哲合林耶、虎非耶、格的林耶和库不林耶。

哲合林耶，阿拉伯语意为“高声派”。该门宦创行人是马明心，约在清乾隆（1736—1795年）初期兴盛开来。这是一个人数最多、传播最广、影响最大、发展最典型的门宦。它主要分布于甘宁青一些县市，云南、中原、东北等地也有信众。马明心（1719—1781年），甘肃人，曾去麦加朝觐，据说在也门入“沙孜林耶”道堂求学。回国后，在循化等地传播该道堂教旨，取名“哲合林耶”。马明心提倡简化宗教仪式，反对强征天课，强调布施应用于穷人，教权应传贤不传子。这些主张很有改革性，受到当地穆斯林的欢迎，信仰者日众在第三辈教主马达天的时候，教主由其子继承。教主世袭制由此发端。第七辈教主是马元章。马元章为马明心后裔。教权从此回到其创行人后代之手。关于道统，哲合林耶向有“里七外八”之说。第八辈教主是马震武。马震武系马元章之子。哲合林耶门宦是一个教乘与道乘兼修的门宦，即在不忽视五功的前提下，进行神秘主义修行。它不太重视朝觐，认为朝拜教主拱北、道堂可以代替朝拜麦加。教主传承必须有凭证即“传教衣帽”。清真寺一般不设宣礼楼，以打梆子代替之。拱北、道堂同时又是开展群众性活动的场所。在教区内，实行分级管理的“热衣斯”制。在服饰方面，信众多头戴云牙帽，以示“天大信仰”，教主的为绿色，老人的多为白色，青壮年的多为黑色，男子多不留须。在后来的发展中，哲合林耶又分化出一些支系门宦。各支系门宦之间有矛盾与磨擦。

虎非耶，阿拉伯语意为“低声派”。这一门宦支系较多，有20余个，各个分支门宦之间并无道统传授的直接关系。主要分布于甘宁青一些县市及新疆、云南等地。其中花寺门宦（甘肃临夏）创行较早，创行人是马来迟。马来迟曾去也门留学，回国后创花寺门宦。花寺门宦的创行与哲合林耶同时或略早。据说，马来迟与马明心在也门学习的是同一道堂的同一教旨。回国后，二人各立门户，于乾隆年间（1736—1795年）终致失和，酿成流血事件。

格的林耶，阿拉伯语意为“大能派”。这个门宦可能源于波斯人格的尔所建立的苏非教团。主要分布于甘宁青一些县市。其中人拱北门宦创行较早，创行人是祁静一。祁静一于清康熙（1662—1722年）中期开始传布格的林耶宗旨。大拱北门宦有“出家人”。这是该门宦的显著特点。出家人不娶妻室，在远离家乡的深山老林中静修。大拱北不设教主，由出家人中推举一个“当家人”主管教务及其他事宜。大拱北特别注重“参悟”，出世思想较为浓厚。在思想行为上、在处理人际关系网络中的纠葛上，无不恪守“闹中静”的原则。

库不林耶，阿拉伯语意为“至大者”。自称明朝时传入。据研究，其传入时间最早不过清康熙年间（1662—1722年）。据说由阿拉伯人直接在中国传布。此人来中国后定居临夏东乡大湾头，改张姓，故又称其为“张门”。该门宦传播不广，人数亦不多，主要在大湾头一带活动。

经研究认为，教主制的形成也就是门宦的形成，或者说是门宦的典型化。教主一般世袭。门宦内实行严格的分级管理的寺坊制度。下一级服从上一级，各级统辖于教主，对教主负责。同样原因，新教主的分立也就标志着门宦的分裂及新支干系的产生。若干年来，研究门宦的关注点主要在教主身上。

关于门宦历史沿革的描述、功修特点的归纳、定性的分析、在中国历史上产生影响的价值判断，等等，都已做了很好的研究。中国门宦是“流”不是“源”。它的产生既有苏非神秘主义的思想渊源与道统渊源，又受到了中国传统文化的强烈影响。这两种因素都是不可忽视的。但是，在道统渊源和理论渊源（在文本经典上的联系）等方面，要想梳清脉络还有许多事情要做。

在《回回民族问题》一书中，关于门宦的产生是结合社会基础与历史条件去论述的。它认为，“门宦制度就是回族以农业为主的封建经济发展到一定阶段上的产物。”关于门宦制度的定性分析，该书说：“门宦制度就是一种更集中的扩大的教坊，是教主而兼地主的制度。这是更适合于土地集中与大地主需要的制度。并且因为教长的由聘请转为世袭，门宦又是一种‘世袭罔替’的封建特权制度。”关于门宦与教派的对立与斗争，该书认为这“虽然是社会阶级矛盾的深刻的反映，但却被人简单地认为只是宗教派别的对立与斗争”。“门宦的形成，加深了回族地主与农民的分化，同时农民反抗斗争也兴起了。回族历史上一切内部的矛盾与斗争，最初都是以新起的教派反对旧有的教派形式表现出来”。“新教是为广大回民所拥护的”，“新教在一定程度上，是回回民众利益的反映”，“但只是在一定历史时期和一定程度上的代表”，“一般说来，现在这些教派间的斗争已成为争夺统治权与剥削权的工具”。

在经济基础与上层建筑、生产力与生产关系的矛盾运动中，去考察门宦的产生并为其定性，这不失为一种视角。当代论者指出，它得出一些结论虽然便于把握，但似乎把复杂的事情过于简单化了。

（秦惠彬）

世界伊斯兰教研究

作为宗教学的分支学科之一，伊斯兰教研究按其对象和范围的不同，可以划分为中国伊斯兰教研究和世界伊斯兰教研究两部分。二者是部分与整体的关系，又自成体系，互为补充，相辅相成。

世界伊斯兰教研究涵盖广泛的领域，主要包括伊斯兰教在世界各地的传播发展史、伊斯兰教的经典、教义、法理、哲学、礼仪制度、教派组织、思潮运动等内容。改革开放以来，我国对世界伊斯兰教研究的规模不断扩大，成果愈益增多，涉及的领域更加宽泛，呈现良好的发展势头。但由于底子薄、人力有限、人员素质有待提高等原因，目前研究较深入的领域或课题仍然有限，主要是伊斯兰教史、教义学、教法学、伊斯兰宗教哲学以及当代伊斯兰复兴运动、伊斯兰教与国际政治关系等领域，现分述如下：

伊斯兰教史研究

从史学的角度研究伊斯兰教是我国学者经常采取的一种主要的研究途径，伊斯兰教史学著作实际上也是我国伊斯兰教研究的基础著作，其研究水平的高低直接关涉到伊斯兰教学科建设。

长期以来，由于种种原因，我国宗教学术界一直没有一部关于伊斯兰教史的基本著作，致使研究工作难以开展。80 年代以后，这种落后的状况引起我国学术界的重视。我国学者力图从两方面来改善伊斯兰教史的研究工作：一是译介有代表性的外国学者的相关著作，二是积累资料、组织力量，编著反映中国学者观点和成果的伊斯兰教史学著作。经过20余年的不懈努力，这两方面都取得了可喜的进步。如今我们已经有了一批伊斯兰教史学专著和译著，从而为深入开展研究奠定了坚实的基础。

翻译、出版外国学者编著的伊斯兰教史学著作，意在借鉴国外学术界的研究成果，以改善无书可读的落后状况。过去的20余年间，已出版相关著作多部。由中国社会科学出版社出版的《伊斯兰教简史》译著，反映了东方穆斯林学者的宗教史学观，本书自80年代初面世以后曾多次再版和重印。另一部反映东方穆斯林学者观点的宗教史学译著，是由商务印书馆出版的多卷本《阿拉伯—伊斯兰文化史》，在学术界亦有重要影响。反映西方学者观点的宗教史学译著，当首推由商务印书馆出版的《伊斯兰教各民族与国家史》。本书不同于尤为看重伊斯兰文化史和穆斯林社会发展史的前两部译著，而更加重视历史上受到伊斯兰教影响的穆斯林各民族和国家的历史。这些宗教史学译著在史学观和宗教价值观上或许会有某些局限和不足，但它们在活跃宗教学术文化生活上所起的积极作用则是确定无疑的，这在我国学术界已有定论。

编写反映中国学者理论观点和研究成果的宗教史学著作是一项颇具难度的巨大工程。这方面以两部同名的著作更具代表性。金宜久主编的《伊斯兰教史》（中国社会科学出版社，1990年），既体现了主编者的巨大作用，也体现了中国社会科学院世界宗教研究所伊斯兰教研究室学术同仁集体的智慧。本书框架设计较为合理，繁简适度，文字简明流畅，以四编的篇幅全面系统地评述和介绍了伊斯兰教在各个不同时期在世界各地传播、发展、演变的历史过程，给人以鲜明的动态感、整体感。这部宗教史学著作在编写的过程中，既注意借鉴、吸纳外国学者的研究成果，又注意科研工作的独立性、科学性，在伊斯兰教的起源、伊斯兰宗教制度和各分支学科的形成、近现代伊斯兰教的发展趋势等问题上都反映了最新的研究成果。由王怀德、郭宝华编著的《伊斯兰教史》(宁夏人民出版社，1992年)尽管在篇幅上略小，但仍不失为一部有代表性的宗教史学著作。诚如作者在前言中所言，本书以两个特点而引人注目。一是在对伊斯兰教的界定和理解上，本书不赞成伊斯兰教“包容一切”之说，也就是说作者无意描述作为一种思想体系、社会制度、生活方式的“大”伊斯兰教，而专注于对作为宗教本身最核心内容的伊斯兰教史的著述。二是在编写体例上，本书既以历史发展脉络为主线，又照顾到宗教知识的系统性、完整性，对教义、教法、礼仪、教派组织等内容，皆辟有专章予以评述和介绍。这些见仁见智的观点和做法，反映了作者对“治史”的不同看法和态度，成为本书的显著特色之一。

伊斯兰教史的研究涉及广泛的领域或层面。除通史著作外，还涉及到伊斯兰教的教义学、教法学、宗教哲学、教派发展史、宗教文化艺术史、宗教经济思想史、宗教政治思想发展史等方面的研究和著述。其相关成果或集中反映在专史、专论著作和通俗知识读物、工具书中，或散见于论文和文章中，其中以教义学、教法学和伊斯兰哲学著作中史学含量更大，成果也更为突出。

伊斯兰教史的研究和著述，深化了研究者的历史意识和宏观意识，从历史发展和整体把握的角度开展研究在我国学者中间愈益流行。宗教史学著述水平的不断提高，为研究者提供了丰富的研究资料，提高了研究者的知识水平和科研能力，从而极大地促进了相关领域的研究。这在编写工具书上尤为明显。80年代初当我国学者在着手编写《宗教词典》时，深感伊斯兰教词目编写难度很大，很难找到像样的可资借鉴的中文资料。后来在组织人力编写《中国伊斯兰教百科全书》和《伊斯兰教词典》时，由于有了一批史学著作和专论、概论著作，感觉就明显不同了。

尽管进展显著，我国伊斯兰教史的研究水平目前仍处在“宜粗不宜细”的阶段。由于专业研究人员人数很少，加之知识结构本身的局限和学术著作出版难等原因，我们尚无能力编写、出版更多的断代史、国别史和某一领域的专史著作。从长远的发展眼光看，伊斯兰教史的研究仍有很大的潜力，仍有许多有待开拓的领域。

教义学、教法学研究

伊斯兰教教义学研究涉及的基本内容是伊斯兰教的信仰体系问题。明、清以来，中国穆斯林学者在汉文伊斯兰教著述中曾有过一批这方面的著作，多以译介的形式向中国读者介绍外国伊斯兰学者的有关著作。其中比较专门讨论教义学的著作有《教义学大纲》、《教典诠释》，皆为已故著名学者马坚翻译和注释；从广义教义学或苏非认主学角度论述伊斯兰教义学的有《正教真诠》、《清真大学》、《大方性理》、《清真指南》等著作；从广义的伊斯兰哲学角度涉及到伊斯兰教义学的译著有《回教哲学》、第·博尔的《伊斯兰哲学史》等著作。上述著作对研究教义学皆有一定的参考价值，但站在今天的高度、由当代中国学者撰著的学术性的教义学专著则很少见。

进入改革开放新时期以后，我国学者开始关注教义学研究，其研究成果散见于有关伊斯兰教的史学著作、概论著作、工具书、通俗知识读物和论文中，对某些问题的认识和研究有所深化。比较系统地论述教义学的著作包括由金宜久主编的《伊斯兰教概论》（青海人民出版社，1987 年），该书辟有专章介绍教义学的基本内容，对伊斯兰教历史上形成的各主要教义学派别的基本主张予以评述。其后在该书基础上扩充编著的《伊斯兰教》（宗教文化出版社，1997 年）一书中，作者又以四节的篇幅作了修订和补充，其内容涉及到伊斯兰教义学产生的历史背景、各派别的基本教义思想主张、教义学各分支学科及教义学所讨论的基本论题等。另一部专门探讨教义学的著作是吴云贵撰著的《伊斯兰教义学》(中国社会科学出版社，1995年)。本书虽为“通俗宗教知识读物”，实际上仍不失为一本教义学专著。作者用严谨的学术语言，以八章的篇幅比较系统地论述了教义学发展演变的历史过程，内容涉及早期的教义争论、思辨教义学派的兴起、早期教义学的历史文献、艾什尔里教义学体系、后期的正统教义学派、安萨里的经院教义学体系、思辨苏非的认主学、近现代教义学的发展趋势等。书中首次引用的早期教义学历史文献，对了解以“信纲”、“信条”形式体现的早期教义学形态，有重要的参考价值。

教义学的研究成果还反映在史学著作、通俗宗教知识读物、论文、工具书和译著中。前述两部伊斯兰教史学著作中，皆有讨论教义学的章节，而工具书、论文中涉及教义学的内容大都见诸于教派、学派、思潮、运动等相关著作中。世界宗教研究所伊斯兰教研究室编译的《什叶派》(中国社会科学出版社，1983年)是介绍什叶派伊斯兰教教义最系统的一部著作。王怀德编著的《伊斯兰教教派》(中国社会科学出版社，1994年)，是介绍教派教义思想的重要论著之一。教义学领域最有价值的译著，当首推《伊斯兰思想历程：凯拉姆·神秘主义哲学》(今日中国出版社，1992年)。书中有关艾什尔里教义学、安萨里经院教义学和苏非神秘主义宗教哲学的论述，达到很高的学术水平，具有重要的参考价值。专门讨论教义学的论文鲜见，值得一提的是吴云贵撰著的《伊斯兰教教义学的阶段性特征》(《世界宗教研究》，1993年第4期》一文。作者以宗教思想与社会政治环境相互关系为切入点，以社会文化氛围为主要层面，对伊斯兰教义学的发展历程及各个阶段的本质特征作了系统的梳理和较深刻的分析。

教义学研究还涉及对伊斯兰教教义的另一种形态，即所谓苏非主义或苏非认主学的研究和著述。这一领域因资料缺乏，研究难度很大，我国学者多半在借鉴西方学者研究成果的基础上开展研究。近十余年间，我国学者编著的史学著作、概论著作、通俗知识读物和工具书中，一般都包含苏非主义的内容，发表的论文中也不同程度地涉及苏非认主学、苏非功修、苏非教团组织等内容。但堪称为专著的仅一部，即金宜久撰著的《伊斯兰教的苏非神秘主义》(中国社会科学出版社，1995 年)。作者在多年潜心研究的基础上，就苏非派的起源、发展过程、苏非派的神秘信仰体系、功修道路以及苏非派与逊尼派、什叶派的区别等内容，作了全面系统的论述和介绍。书中关于苏非神爱论、神光论、神智论、照明论、泛神论、完人论、人主合一论等内容的概括和论述，关于苏非功修方式的归纳和描述，皆达到了很高的学术水平，填补了这一领域的空白，具有重要的参考价值。

苏非神秘主义教理研究的新成果，拓宽了伊斯兰教义学研究的范围，加深了对教义学的全面认识，促进了相关研究领域的发展。我国学者后来编写的工具书，普遍增补了大量的苏非词目，与这一领域所取得的进展有直接的关系。

伊斯兰教义学研究的另一类成果同样不容忽视，这就是在研究广义的伊斯兰哲学或阿拉伯哲学过程中所涉及的宗教哲学部分。这方面以三部成果更具代表性。上海外语教育出版社出版的马吉德·法赫里的《伊斯兰哲学史》(1992 年)，是迄今为止在我国出版的最完整的一部伊斯兰哲学史译著，书中有关艾什尔里教义学、安萨里教义学以及以照明学派为代表的苏非神秘主义宗教哲学等内容的论述，具有很高的学术价值。山东大学出版社出版的蔡德贵的《阿拉伯哲学史》(1992 年)，是中国第一部全面、系统地论述阿拉伯哲学史的专著，书中有关宗教哲学的内容，对了解伊斯兰教义学有重要的参考价值。书中有关各教派、教法学派、教义学派哲学思想的论述，以新鲜感引起宗教学术界的注意。北京语言学院出版社出版的由李振中、王家瑛主编的另一部《阿拉伯哲学史》(1995 年)，以资料翔实、观点新颖、体例独特为特色，书中有关宗教哲学的许多内容，也是伊斯兰教义学经常讨论的主题，有其参考价值。

伊斯兰教法学研究在我国属于新兴分支学科研究，现已取得重要进展。过去我国没有一部相关著作，研究工作需要从头做起。80 年代初，自英国进修伊斯兰教法和中东史的吴云贵回国后，在《世界宗教研究》上发表《古兰经与伊斯兰教法》一文，首次探讨教法问题。之后又在该刊和其它刊物上发表论文多篇，其学界同仁周燮藩也在独立研究基础上发表论文多篇，引起学术界的兴趣。80 年代中期，中国社会科学出版社出版了由吴云贵译介的由英国学者 N. J. 库尔森撰著的《伊斯兰教法律史》，使我国学者有了一部可资利用的教法学专著，从而开阔了研究视野。1993 年，中国社会科学出版社出版了吴云贵编著的《伊斯兰教法概略》，为我国在这一领域首部最系统的学术专著。本书以史论相结合，比较全面系统地论述了伊斯兰教法的起源、发展和演变的过程，介绍了教法实体的具体内容，分析了近现代法制改革对教法理论和实体的影响。书末附录部分的专有名词释义表，具有很高的学术性和知识性，有助于初学者掌握教法的基本知识。教法研究领域另一代表作是由青年学者高鸿钧撰著的《伊斯兰法：传统与现代化》(社会科学文献出版社，1996 年)。本书的特色是从比较法学和法律社会学角度切入主题，从法学角度增补了一些新的内容，提出了一些富有启发性的新思考。书中涉及的有关伊斯兰宪法的理论和实践，有关伊斯兰人权观及其与西方人权观的比较研究，以及有关伊斯兰法系与伊斯兰世界法律现代化的思考，是其它宗教法学著作中不常见的内容。

教法学与教义学作为伊斯兰教的两个分支学科，具有十分重要的地位。二者相辅相成，互为补充。教法研究突破性的进展，深化了学术界对伊斯兰教的认识和理解，弥补了长期以来在这一研究领域中的缺失，促进了相关领域研究水平的提高。这一领域的新成果不久就为宗教学术界所吸收，后来编著的《伊斯兰教词典》和《中国伊斯兰教百科全书》都在此研究成果基础上增补了大量的教法学词目。此外，教法学研究的新进展加深了我国学者对当代伊斯兰复兴运动的研究，便利他们从传统宗教政治思想、传统法制复归的视角来观察和认识当代伊斯兰复兴运动。

伊斯兰教法学的研究成果仍然是初步的，还有许多重要课题有待深入研究。由于这一领域难度很大，而我国又缺乏这方面的专门人才，短时间内恐怕难以从根本上改变知之不多的状况。

（希　文）

当代伊斯兰教研究

一、当代伊斯兰复兴运动

传统上伊斯兰教是政教合一的宗教，宗教意识形态、宗教教义往往对国家的政治生活、社会文化生活产生广泛、持久的影响。70年代末以来，伴随着伊朗“伊斯兰革命”的勃然兴起，穆斯林世界的许多国家和地区兴起了一场范围广泛的宗教复兴思潮和运动，我国学术界统称为伊斯兰复兴运动。由于这一新的发展态势，当代伊斯兰教研究的重要性和紧迫性开始引起我国学术界的重视，而“当代伊斯兰教复兴”也被许多研究机构列为重大的前沿性课题。积极参与这一专题研究的，不仅有专门从事宗教研究的学者，也有其他研究领域的学者，特别是从事中东区域研究的学者。

90年代以前，我国关于当代伊斯兰复兴运动的研究项目和著述，一般都更加关注对复兴运动本身所涉及的基本内容的研究，而较少涉及它的横向联系，特别是它与国际政治的关系问题。

1988年4月，由中国社会科学院西亚非洲研究所发起、组织召开了一次范围较大的学术研讨会，专门就当代伊斯兰复兴问题展开讨论。会后于1989年以内部发行的方式，出版了一部《伊斯兰复兴运动论集》，辑录了中国学者有代表性的论著和观点。中国学者主要关注以下问题：(1) 当代伊斯兰复兴运动产生的历史根源、社会现实根源、派别组织、基本主张、发展趋势和实际影响；(2) 如何评估原教旨主义、改革主义、泛伊斯兰主义、民族主义、世俗主义等中东有代表性的社会思潮或运动；(3) 伊斯兰复兴思潮和运动对中东地区主要国家政治生活、社会生活和现代化进程已经产生和可能产生的冲击和影响。

我国学者大多从历史与现实两方面来分析伊斯兰复兴运动产生的根源。张俊彦认为伊斯兰复兴运动反映了中东伊斯兰国家在社会转型过程中所遇到的困难、问题和矛盾，运动所欲回答和解决的根本问题是选择发展道路问题，即如何才能找到一条符合国情，符合伊斯兰文化传统的现代化道路问题。金宜久着重从伊斯兰教传统的历史连续性的角度展开分析，认为伊斯兰教具有一种自我调节、自我更新的功能，而当代伊斯兰复兴运动正是伊斯兰教为适应现代社会发展潮流而付出的一种努力。他强调应当把复兴思潮和复兴运动严格区别开来，认为当代的伊斯兰复兴运动尽管有某种历史连续性，但它不论在内容，还是在形式上，又都明显有别于历史上的伊斯兰复兴运动，不可混为一谈。张士智着重分析了当代伊斯兰复兴运动的主要倾向，包括宗教政治化倾向的加强、“激进”思潮和宗教派别组织的兴起、成员年轻化、知识化因素的加强和泛伊斯兰化的扩张势头。余振贵集中讨论了伊斯兰复兴运动的国际化倾向，认为其显著表现是：(1) 其政治主张往往具有泛伊斯兰主义的内涵；(2) 在对外关系上强调穆斯林民族在伊斯兰教基础上的广泛团结，反对一度颇为流行的世俗的阿拉伯统一的口号；(3) 普遍对霸权主义、强权政治深恶痛绝，表现出独立自主倾向；(4) 尽管没有统一的组织系统和领导中心，但各国的复兴运动之间却有互相支援，彼此呼应的关系。

我国学者在密切关注总体的伊斯兰复兴运动的同时，还对中东主要国家伊斯兰复兴运动的态势进行“跟踪研究”，这些研究成果反映了我国中东学者对现实“热点”问题的关心和重视。张士智在论文中描述、分析了中东最大的原教旨主义派别组织埃及穆斯林兄弟会与埃及政府复杂多变的关系，评述、探讨了伊朗革命对中东周边国家的影响，提供了颇有价值的信息资料。刘竞分析了伊朗革命在沙特阿拉伯引起的巨大冲击，评述了“麦加禁寺事件”发生后，沙特阿拉伯政府出于国家安全考虑在对伊朗政策方面所作的调整。肖宪专注于伊拉克的政教关系，评述了以往不为外界注意的“伊拉克国内政治中的宗教问题”。赵增泉在两篇论文中，分别剖析了新近出现的突尼斯的原教旨主义倾向，评述了以世俗化著称的土耳其国内宗教与政治的复杂关系。赵慧杰在两篇论文中，分别评述了阿尔及利亚、摩洛哥的伊斯兰运动，分析了尼迈里时期苏丹的伊斯兰化运动，她对马格里布国家的研究在当时缺乏资料的情况下是难能可贵的，提供了必要的信息资料。

当代伊斯兰复兴运动研究，促进了我国宗教学的发展。由于课题研究的需要，一些偏重于研究宗教史的学者，也注意把史学研究与现状研究相结合，提高了研究水平。吴云贵在《伊斯兰教与哈里发制度》、《原教旨主义与伊斯兰教国家体制》两篇论文中(见《西亚非洲》1990年第2期、第4期)，以翔实的史料，系统地论述了中世纪伊斯兰教政治学说发展、演进的过程，分析了当代原教旨主义国家观、民族观的缘起及其反对世俗的现代民族国家理论和实践的政治倾向。这些著作为深入探讨当代伊斯兰原教旨主义的“前史”提供了重要的历史线索。金宜久、戴康生、吴云贵等专门从事伊斯兰教研究的学者，都高度重视当代伊斯兰复兴运动的复杂性，反对以偏概全。他们强调除地域、教派差异外，当今的伊斯兰复兴运动至少包括四种互有区别的形态：(1)信教群众的宗教意识、宗教情感明显加深，宗教活动盛况空前，并经常伴有回归传统和寻根意识；(2)一些国家出于现实需要，运用国家政府的力量自上而下地实施“伊斯兰化”，使伊斯兰教尤其是传统的宗教法制，在国家政治生活中发挥更大的作用；(3)许多伊斯兰国家出现了与官方宗教组织相对立的“大众伊斯兰”形态，出现了宗教政党和政治反对派组织，或以合法的方式，或以暴力的方式，反对本国政府；(4)以沙特阿拉伯为“盟主”的国际伊斯兰组织，高举伊斯兰团结的旗帜，致力于伊斯兰国家之间的互助、合作，使伊斯兰教在国际事务中的影响明显加强。我国宗教学者还对复兴运动中主流的宗教意识形态展开分析，有的称之为伊斯兰原教旨主义，有的称之为“伊斯兰主义”；有的强调原教旨主义思想的历史渊源和现实指向，有的强调伊斯兰主义的政治倾向及其与非政治形态的伊斯兰教的明显差异。

二、伊斯兰教与国际政治

90年代以后，由于苏联解体、东欧剧变、冷战宣告结束，世界格局发生了重大而深刻的变化。在新的形势下，以美国为首的西方大国纷纷调整其对外政策。在未来战略问题上，西方的一个新认识是明确把伊朗、伊拉克、利比亚等“反西方势力”，把正在崛起的伊斯兰原教旨主义力量看作是对西方民主制度和战略利益的潜在威胁，提出了广为流行的“伊斯兰威胁论”。与此同时，美国哈佛大学政治学教授塞缪尔·亨廷顿提出了“文明冲突论”，宣称在冷战后时代，不同文明之间的冲突将是未来世界冲突的“主战场”，而异质的伊斯兰文明将成为对西方文明的主要威胁。为了回应“伊斯兰威胁论”、“文明冲突论”，我国学者以“伊斯兰教与国际政治”、“变动中的世界格局与伊斯兰教”为主题，多次举行学术研讨会，从而掀起一次研究热点问题的新高潮。中国学者主要关注以下几个问题：(1) 如何认识和评估当代伊斯兰复兴运动的规模和影响；(2) 如何实事求是地认识和评估伊斯兰世界的现状；(3) 怎样从理论上认识和看待“伊斯兰威胁论”和“文明冲突论”。

我国学者大多承认和重视当代伊斯兰复兴运动的迅猛发展势头，认为原教旨主义力量的兴起是对西方强权政治的一种挑战。有的以“来势猛、发展快、波及面广”来描述原教旨主义思潮的发展势头，认为90年代以后出现了北非、西亚和中亚三个“热点”地区，出现了“政治宗教化、宗教政治化”的新趋势（吴云贵：《伊斯兰原教旨主义与当代国际政治》，《战略与管理》1994年第3期）。有的根据一些基本事实，诸如伊斯兰新月地带动荡不安的国际局势、伊斯兰极端势力威胁大批世俗的亲西方的穆斯林政权、反西方的暴力恐怖活动愈演愈烈、一些激进的伊斯兰国家不顾核不扩散的国际承诺，发展核武器等，认为冷战后伊斯兰势力对西方世界构成“实实在在的挑战”，但其在国际政治中的作用又很有限，不可随意夸大（李荣、李绍先：《冷战后伊斯兰势力对西方世界的挑战》，《战略与管理》1994年第4期）。这里所说的“挑战”，更多地是指意识形态或价值层面的挑战，包括不服从西方大国的战略利益和国际政治游戏规则，而不是指在政治、军事上与西方对抗。许多学者在肯定伊斯兰复兴运动发展规模的同时，又都认为这一运动更多地是对当今穆斯林世界各国所面临的困难和危机所作的一种回应，片面夸大它的反西方倾向缺乏事实根据。

正确地评估当今伊斯兰世界的现状，是实事求是地评价伊斯兰复兴运动的前提。金宜久指出，当代伊斯兰复兴运动中存在三种不同的社会思潮：一是大众层面向原旨伊斯兰教义的复归，可称之为宗教信仰的复归，一般没有政治内涵；二是新泛伊斯兰主义的兴起，它强调加强在共同宗教信仰基础上的国际合作，反对帝国主义、殖民主义、种族主义和犹太复国主义，具有雄厚的经济基础，在不同程度上得到各伊斯兰国家政府的支持；三是伊斯兰主义即原教旨主义，它实际上是在伊斯兰旗帜下的宗教政治反对派，受其威胁的首先不是西方，而是所在国家政权。(《伊斯兰世界与当代政治》,《战略与管理》1994 年第 4 期)。吴云贵指出，所谓伊斯兰世界是从共同的宗教信仰、相似的文化传统和近代历史遭遇对世界所作的一种切割划分。它不是统一的政治经济实体，实行不同的政治制度，其成员国有许多是属于亲西方的或中立的国家，真正在政治上反西方的只占极少数。“宗教信仰认同与政治认同虽有联系，但毕竟不是一回事”，因此像西方学者那样把伊斯兰世界视为“铁板一块”的观点，是完全站不住脚的。

关于如何看待“伊斯兰威胁论”、“文明冲突论”问题，近几年我国学者陆续发表了不少文章、散见于《战略与管理》、《西亚非洲》、《中国穆斯林》等刊物上。许多学者都据理反驳了这种简单化的片面观点，表达了中国学者的独立见解。马小军在《伊斯兰势力的扩张：一个政治神话》(《战略与管理》1994 年第 4 期)一文中指出，当今的伊斯兰世界是一个多元文化的世界，不仅充满了种族、民族、语言、教派、文化、习俗的差异，而且各伊斯兰民族国家的政治、经济制度也大相径庭。尤其是在海湾战争以后，伊斯兰世界就变得更加四分五裂，根本不存在足以“威胁”西方的统一力量。作者认为，所谓伊斯兰势力扩张之说完全是“西方舆论界编织出来的一个政治神话”。吴云贵在《怎样认识和看待“伊斯兰威胁论”》(《中国穆斯林》1996 年第 4 期)一文中，从宗教学角度把“文明冲突论”视为“伊斯兰威胁论”的“变种”，对其缘起和二者之间的联系作了深入、系统的梳理和分析。作者提出实质性的问题是：是西方无端地受到原教旨主义的“威胁”因而需要“自卫”，还是伊斯兰世界受到西方强权政治的威胁因而引起原教旨主义的抗议？显然，“伊斯兰威胁论”的用意是在谴责原教旨主义的名义下，堂而皇之地把伊斯兰世界一切无视西方强权政治的力量都打入"另册"，视为反西方势力。作者认为，"文明冲突论"的出台表明冷战思维影响至深，所不同的在于冷战结束后，西方的政治学家变得比过去斯文了一些，用文明的冲突来代替政治意识形态的对抗，用西方文明来代替霸权主义，但万变不离其宗。

近年来，我国学者还就伊斯兰教与国际政治关系问题发表了一些比较深入、系统的论著。金宜久主编的《伊斯兰教与世界政治》(社会科学文献出版社 1996 年出版)，是这一领域有代表性的最新成果。本书在全面介绍和评述伊斯兰教基本知识的基础上，着重论述了它对伊斯兰世界、中东地区政治和国别政治所产生的广泛影响，不失为这一领域的基础著作，有较高的学术价值。吴云贵撰著的《伊斯兰教与中东政治析论》(《信仰与理性》，沈阳出版社 1997 年出版)一文，以分析二战后政教关系的发展演变为主线，比较系统地评述了原教旨主义的政治观、国家观、民族观，分析了原教旨主义政治理念对现代民族国家观念的挑战。作者还对伊斯兰教与中东国家国际关系的密切联系展开分析和评估，着重评述了中东战争、伊朗"输出革命"、两伊战争、海湾战争中的伊斯兰因素，论述了原教旨主义兴起后中东与西方的关系。这篇长达 3 万字的文章，是近几年来关于伊斯兰教与国际政治研究中份量较重的一篇论著。

(曲　红)

伊斯兰艺术研究

伊斯兰艺术是指公元7世纪至今1300年间，涵盖亚、非、欧地区，以伊斯兰教义为主题，或为伊斯兰教服务的艺术。伊斯兰艺术门类众多，包括：建筑艺术，有清真寺、讲经堂等宗教建筑，为伊斯兰建筑艺术代表。有宫殿、家宅、学校、浴室、花园、坟冢等世俗建筑，也有堡垒、城墙等军事建筑；装饰艺术，主要是以几何纹饰、植物纹饰和阿拉伯书法纹饰组成的饰图。建筑艺术和装饰艺术是伊斯兰的主导艺术；艺品艺术，有陶瓷、玻璃艺品、木器、铁器、纺织品、服饰和地毯等；美术，包括阿拉伯书法、绘画和雕塑等。伊斯兰音乐、舞蹈和诗歌也别具一格，引人入胜。伊斯兰艺术源远流长、博大宏深，传承、兼容、吸收了伊斯兰前后的多民族艺术，既有共同特质，又富于变化。伊斯兰艺术作为宗教艺术，必然是从伊斯兰教的角度来认识和描绘其存在，体现伊斯兰教理，并使之与审美情感结为一体。伊斯兰美学形态包括（安拉）绝对之美与自然之美的统一，万有的均衡、和谐的单一性，物质的运动形态。伊斯兰艺术在世界艺术史上曾占领先地位，照亮了黑暗中世纪的欧洲，给西方的文艺复兴带来了曙光。近代西方艺术向现代艺术的发展过程中亦受到伊斯兰艺术的影响，即现代艺术中的东方主义。阿拉伯纹饰艺术中的抽象成份，被认作西方当代抽象艺术的基础。

伊斯兰艺术研究是门较年轻的学科，西方学者研究较多。1798

年拿破仑率军入侵埃及时，带领了一个庞大的学者队伍。这些西方人为伊斯兰的清真寺、家宅、城堡等所感动，开始实地挖掘、考察，潜心研究伊斯兰艺术。现在西方著名的伊斯兰艺术学者有，英国人克瑞斯威尔（Creswell），法国学者德·劳瑞（De. Lorey）、盖斯顿（Gaston Wiet），德国的库耐（Kuhnel）、法国的马赛（George Marsaus）、美国的艾提高森（Ettig Hausen）等人。伊斯兰世界知名的伊斯兰艺术史学家则有哈桑·阿卜杜·瓦哈卜、艾哈迈德·非克利、法里德·沙非依，等等。

中国伊斯兰艺术，是中国信仰伊斯兰教的十个少数民族吸收、融合伊斯兰艺术与中华民族传统艺术精萃而形成的艺术。千百年的中国伊斯兰教史就是中国伊斯兰艺术的历史。中国伊斯兰艺术包括两大系统，一是具有浓厚西域色彩的，以维吾尔族为代表的维族系统，一是贯穿中原文化特性的，以回族为代表的回族系统。其中，回族系统又包括若干子系统，分为东南沿海、西南内陆、华北平原、东北与内蒙、西北高原和港台等六部分。中国伊斯兰艺术包容的内容与前述的伊斯兰艺术分类并无二致。

当代中国伊斯兰艺术研究涵盖自中华人民共和国成立至今的近半个世纪，与同期的中国伊斯兰教学术研究如影相随、同生共长，经历了中国大地的风云变幻，为中国伊斯兰文化事业的发展繁荣和国家的统一进步做出了卓越贡献。如果说，当代中国伊斯兰学术研究包括艺术研究在本世纪二、三十年代中国“伊斯兰新文化运动”时期植根发芽，那么其吐艳开花是在新中国成立后，而丰收的季节则是在80年代后。

建国之初到“文革”前，在党和政府大力支持下，伊斯兰教学术研究主要配合宣传党的宗教信仰自由政策，同时在伊斯兰新文化运动学者集中对《古兰经》等到经典汉文通译的基础上，继续介绍伊斯兰教的基本义理，未及专门探讨伊斯兰艺术。后来由于政治运动的影响和干扰，伊斯兰学术研究已经凤毛麟角，艺术研究更岑寂无声，难得的几篇论文都是对国内清真寺建筑的考证，如发表于《文物》杂志1973年第4期陈从周著的《扬州伊斯兰教建筑》。

80年代以来，随着拨乱反正、百废俱兴，中国伊斯兰学术研究得以复苏和重建，伊斯兰艺术研究也迎来了日升月恒、万紫千红的春天，研究面扩展，研究层次深化。主要表现在两个方面：

中国的伊斯兰艺术研究成果

《泉州伊斯兰教石刻》，陈达生著，宁夏和福建人民出版社1984年联合出版。对宋元时期泉州的清真寺及其墓冢作了考释和研究。清真寺的遗物包括凹壁、门楣和装饰石雕，墓冢石刻雕镌阿拉伯纹饰，如几何纹、植物纹和书法纹。

《中国伊斯兰教建筑》，作者刘致平，1985年由新疆人民出版社出版。是首部系统论述上自唐代、下至近现代中国伊斯兰建筑艺术的著作，考证研究了清真寺、讲经堂、道堂、陵墓等建筑的艺术特点。

《中国伊斯兰教研究文集》，1988年宁夏人民出版社出版，是1983年1月西北五省伊斯兰教西安学术会议的论文集，其中有“昆明地区回族清真寺调查概述”（王运方著）和“西安的几座清真寺”（马希明著）两篇艺术专论。

《中国的伊斯兰教》，冯今源著，宁夏人民出版社1991年7月出版。全面阐释了中国的清真寺、阿拉伯书法、伊斯兰艺品（包括铜器、瓷器和织品）及音乐艺术。

《中国穆斯林民居文化》，马平、赖存理著，宁夏人民出版社1995年12月出版。总结了中国穆斯林民宅的艺术特点和规律。

中国伊斯兰教协会主办的《中国穆斯林》，辟有中国清真寺建筑和伊斯兰书法艺术专栏，发表了很多文章，如《阿拉伯书法在中国穆斯林中的传播与发展》（陈进惠著，1994年6期）等。

世界伊斯兰艺术研究成果

《阿拉伯通史》,[美]希提著,马坚译,商务印书馆1979年12月出版。其中有自伍麦叶到奥斯曼诸伊斯兰时期阿拉伯世界的建筑、美术、装饰、艺品和音乐的论述,为了解世界伊斯兰艺术提供了珍贵资料。

《阿拉伯音乐史》,[埃及]萨米·哈非兹著,王瑞琴译,人民音乐出版社1980年出版,讲述蒙昧时期到安达卢西亚时期的阿拉伯音乐。这是我国首部专论伊斯兰音乐的译著。

《伊斯兰音乐》[日本]安边成雄著,郎樱译,上海文艺出版社1983年1月出版。论述了伊斯兰音乐的形成、发展,伊斯兰音乐理论和主要乐器。作者运用比较音乐学研究方法,探索了阿拉伯音乐与希腊音乐、波斯音乐及印度音乐关系及其对欧洲音乐及东方音乐的影响。

《阿拉伯—伊斯兰文化史》1、2、3、4册,[埃及]艾哈迈德·爱敏著,纳忠、朱凯、向培科、史希同译,1982—1997年出版。本书被誉为"划时代的伊斯兰百科全书"是研究阿拉伯伊斯兰文化和艺术的重要著作,叙述了倭马亚、阿拔斯时期的文学、女奴与歌舞、建筑等艺术。

《伊斯兰教建筑艺术》,艾山、阿布都热衣布著,新疆人民出版社1989年10月出版。

《伊斯兰教史》,金宜久主编,中国社会科学出版社1990年8月出版,其中有伊斯兰建筑、诗歌等章节。

《伊斯兰艺术风格》,[埃及]穆罕默德·高特卜著,一虹译,中国人民大学出版社1990年10月出版。阐述了伊斯兰艺术中对人的想象、现实主义、人类情感、美、命运、信仰,伊斯兰艺术的本质,《古兰经》与伊斯兰艺术。是我国首部专论伊斯兰美学的译著。

《美学百科全书》中"阿拉伯传统审美观念片断"的辞条,刘一虹撰写,社会科学文献出版社1990年12月出版。阐述了在特定的自然环境中阿拉伯半岛居民审美意识的产生、发展，并在伊斯兰教诞生后，接纳世界各地区古老文化后形成的伊斯兰艺术。美学观点表现在为人与自然相通相感，人以心之骚动迎受自然之美；强调直觉在审美中的首要作用。认为艺术应描写信仰之爱、宇宙之爱，最高的美来自宇宙中的自然秩序。

《伊斯兰教文化面面观》，世界宗教研究所伊斯兰教研究室编，齐鲁出版社1991年10月出版，有冯今源、王俊荣、李文彦撰写的介绍伊斯兰建筑、绘画和书法的辞条。

《传承与交融：阿拉伯文化》，纳忠、朱凯、史希同著，浙江人民出版社1993年3月出版。总揽了倭马亚王朝、阿拔斯王朝、西班牙后倭马亚王朝和法蒂玛王朝的文化艺术。

《中国大百科全书·美术卷》，常又明等撰著的“伊斯兰教美术”、“阿拉伯纹样”、“阿拉伯书法”、“波斯细密画”、“莫卧尔细密画”等近10条有关伊斯兰艺术的辞条。

《伊斯兰艺术百问》，刘一虹、齐前进著。今日中国出版社1996年11月出版。推究了包括建筑、城市、装饰、书法、美术、艺品、文学、音乐和舞蹈多门类伊斯兰艺术，是我国首部全面介绍伊斯兰艺术的著作。

此外，《阿拉伯世界》、《中国穆斯林》、《世界宗教文化》等刊物登载了伊斯兰艺术的论文。有：“伊斯兰教与美术”（庆玉，《阿拉伯世界》1991年2期）、“清真寺建筑历史沿革及其特征”（苏宝贵，《阿拉伯世界》1991年3期）、“阿拔斯时期的阿拉伯伊斯兰音乐”（蔡伟良，《阿拉伯世界》1991年3期）、“红宫的艺术风格”（马进虎，《阿拉伯世界》1992年1期）、“倭马亚时期的阿拉伯伊斯兰建筑艺术”（墨翰，《阿拉伯世界》1992年3期）、“穆斯林的地毯艺术”（马进虎，《阿拉伯世界》1993年2期）、“苏菲派的听术与毛拉舞”（齐前进、刘一虹，《阿拉伯世界》，1996年1期）等。

当代中国伊斯兰艺术研究尽管起步较晚，基础薄弱，但成果尚丰，许多著作、文章属开拓性工作，填补了空白。但与伊斯兰教其他门类的研究相比，伊斯兰艺术还未成为独立的学科，研究的广度、深度有待进一步拓展。随着我国经济建设的深化和文化事业的发展，国内广大穆斯林和读者渴望了解伊斯兰教和伊斯兰艺术，加强中国伊斯兰艺术研究因而十分迫切、非常必要。

（刘一虹）

1979年以来我国伊斯兰教学术会议活动综述

1978年以后，走过了“文革”时期的停顿，中国伊斯兰教研究工作得到了迅速恢复和发展。近20年来全国召开了多次学术性会议，出现了一大批科研成果，对整个伊斯兰教研究领域起到了极大的推动作用。现对一些重要会议综述如下：

1979年2月，中国社会科学院世界宗教研究所在昆明组织召开了全国宗教学研究规划会议。根据这次会议的精神，1979年8月在乌鲁木齐召开了西北五省（区）伊斯兰教研究工作座谈会，会议决定今后每年召开一次西北五省（区）伊斯兰教学术会议。中国的伊斯兰教研究，由此走上了一个新的里程，掀开了崭新的一页。

1980年11月10日至20日，由宁夏哲学社会科学研究所主办，在银川召开“西北五省区伊斯兰教学术会议”（银川会议）。会议主题为：清代中国伊斯兰教。来自全国各地的80余名学者、专家与会，共收到论文、资料47篇。会后从中选择14篇，约23万5千字，编成《清代中国伊斯兰教论集》一书，1981年12月由宁夏人民出版社出版。

1981年10月10日至21日，第二次“西北五省区伊斯兰教学术会议”在兰州举行，承办者是甘肃省民族研究所。会议着重探讨了伊斯兰教在中国传播、发展的特点及其历史作用。151人出席会议，提交论文、资料 65 篇，选出 22 篇 30 万字出版了《伊斯兰教在中国》（宁夏人民出版社，1982 年 9 月）。

1982 年 8 月 18 日至 26 日，由青海省宗教局主办，在西宁召开了第三次“西北五省区伊斯兰教学术会议”。会议围绕四个主题展开讨论：1. 中国伊斯兰教的特点；2. 伊斯兰教教派门宦的演变、分化及其社会影响；3. 历史上的民族教育；4. 伊斯兰教与民族关系。会议人数 120 余人，收到论文、资料 80 余篇。1987 年 7 月由青海人民出版社选出 25 篇，31 万字，出版了《中国伊斯兰教研究》。

1983 年 11 月 22 日至 26 日，陕西省社会科学院主办第四次“西北五省区伊斯兰教学术会议”，会址在西安。会议讨论了伊斯兰教研究如何为两个文明建设服务问题。全国各地专家学者 88 人到会，提交 102 篇论文、资料。会后从中精选 33 篇 33 万字，由宁夏人民出版社在 1988 年 5 月出版了《中国伊斯兰教研究文集》一书。

1986 年 8 月 22 日至 27 日，在乌鲁木齐召开第五次“西北五省区伊斯兰教学术会议”。六个民族的 112 名代表到会，共收到论文资料79篇。大会中心议题是：伊斯兰教在我国的传播和发展史。

以上五次会议形式上是以西北五省（区）为主，实际上是全国性的。这五次会议被人称作中国开展伊斯兰教研究的“里程碑”，对深入发掘整理资料、活跃研究空气、扩大学术成果，起到了促进作用，中国当代伊斯兰研究的骨干队伍正是在这些会议中逐渐形成和发展起来的。

1987 年 8 月 21 日至 26 日，在北京举行了全国伊斯兰教学术讨论会，会议主办者是中国社会科学院世界宗教研究所。来自北京、天津、上海等地的三个民族近 60 位专家学者以及宗教工作部门的领导干部出席了会议。会议共收到论文 20 余篇，重点讨论了三个问题即：中国伊斯兰教史研究的学科化、二次世界大战后伊斯兰教的发展趋势、伊斯兰教的教派问题。

1990年9月12日，中国社会科学院世界宗教研究所在北京召开第二届“中国伊斯兰教史研讨会”。北京地区的40多位专家学者到会，会议主要讨论了伊斯兰教入华后，如何丰富和发展了民族文化、如何接受中国各族传统文化的影响和渗透等问题。

1990年10月19日至21日，中国社会科学院世界宗教研究所、西亚非洲研究所在北京再次主办“全国伊斯兰学术讨论会”，来自全国的专家学者和宗教、民族、统战有关部门的代表80余人出席了会议。会议分为国际片和国内片两组。国际片就战后伊斯兰教的形态、趋向和特点，战后伊斯兰教发展阶段的划分问题进行了讨论；国内片主要探讨中国伊斯兰教研究问题。

1991年10月8日至11日，由西北大学和德国阿登纳基金会联合主办的“伊斯兰教与中国西北地区现代化建设国际研讨会”在西安举行。这是新中国成立以来首次把伊斯兰教与中国西北地区现代化建设问题作为一个专题加以研讨。来自中国社会科学院世界宗教研究所、中央民族学院历史系、宁夏社会科学院回族伊斯兰教研究所、甘肃省民族研究所等单位的专家学者及青海、陕西民委的有关领导与会。会议围绕伊斯兰教与西北地区的对外开放和穆斯林民族的发展、伊斯兰教的经济思想与现代化、国外伊斯兰改革运动与现代化三个问题进行讨论，共提交论文20余篇。此会对全面推动我国西北地区社会主义现代化建设产生了一定的积极影响。

1991年10月14日至17日，在济南市杆石桥南大寺举行了“伊斯兰文化与中国学术讨论会”，这是由济南市伊斯兰教协会、山东大学哲学系、山东省东方哲学研究会发起主办的。50多位全国各地的专家、学者以及宗教界人士到会。会议中心议题是“伊斯兰教与中国”，主要讨论了伊斯兰教传入中国及其发展过程、伊斯兰教在中国生存和发展的原因、中国伊斯兰教在传播和发展中存在的问题等三个问题。

1994年2月21日至26日，为配合联合国教科文组织"文化发展十年活动"，及海上丝绸之路考察泉州三周年纪念活动，由联合国教科文组织丝绸之路项目机构、中国联合国教科文组织全国委员会、中国与海上丝绸之路研究中心等八家机构联合在福建泉州举行"海上丝绸之路与伊斯兰文化"国际学术讨论会。来自18个国家近80名代表出席会议。提交论文38篇，内容涉及海上丝绸之路与伊斯兰教有关的政治、经济、贸易、文化、航海技术、考古、宗教传播、国际关系等方面。具体围绕三个专题进行探讨即：伊斯兰文化在海上丝绸之路沿岸国家的传播及影响，中国与穆斯林国家的友好关系，穆斯林对航海、贸易的贡献。本次会议是中国第一次以伊斯兰教为主题的国际学术会议，对加强中国与国外学者对中国伊斯兰研究的合作交流做出了贡献。

1995年6月16日至18日，"当代伊斯兰复兴运动"学术会议在安徽马鞍山市举行，主办单位是上海国际问题研究所中东研究中心。来自研究机构、高等院校以及政府部门的专家学者20多人与会。围绕四个问题展开论述与探讨：冷战后伊斯兰复兴运动发展的形势、伊斯兰复兴运动性质与特点、伊斯兰复兴运动对国际形势的影响、伊斯兰复兴运动的发展趋势。

1996年10月6日，山东大学哲学系、山东东方哲学研究会、济南伊协在济南主办"伊斯兰一阿拉伯哲学学术研讨会"。与会者就伊斯兰一阿拉伯哲学思想进行了广泛深入的探讨。

与此同时，1986—1988年，江苏、浙江、福建、上海、山东、广州等省市相继召开了东南沿海伊斯兰文史工作座谈会；1988年，中国社会科学院世界宗教研究所按季度举办四次伊斯兰学术研讨会；1983—1996年，先后在银川、兰州、承德、济南、乌鲁木齐、郑州等地举行全国回族史讨论会等等。

这一系列的学术会议，有力地促进了我国伊斯兰研究事业的发展：一批伊斯兰科研骨干脱颖而出；众多伊斯兰历史文献资料被开发、整理；伊斯兰教译著、论著大量问世，中国当代伊斯兰教研究进入了蓬勃时期。

（于　光）

基督教研究

基督教研究概说

基督教研究在中国始于明末清初。20世纪上半叶，中国基督教会及其神学院曾开展过一些基础研究和理论探讨。50年代和60年代，我国学术界亦曾从历史、哲学、中外文化交流和社会现状调查的角度进行过有关研究。自十一届三中全会以来，我国基督教研究进入了系统探讨的阶段，取得了一定成就。

我国基督教研究的机构设置大体分为四个系统：一为从事宗教研究的专业研究所系统，包括中国社会科学院世界宗教研究所和上海社会科学院宗教研究所等，其学科研究较为系统和全面；二为政府职能部门的宗教研究机构，以国务院宗教事务局宗教研究中心为主，其研究重点是现状与动态；三为高校院系及其设立的宗教研究所室和中心，如南京大学宗教研究所、北京大学宗教学系、福建师范大学宗教研究所、复旦大学哲学系基督教研究中心、中国人民大学基督教文化研究中心、郑州大学宗教研究所、杭州大学基督教研究中心、华中师范大学中国教会大学史研究中心和陕西师范大学基督教研究中心等，其特点是集中在某一领域或课题展开专门研究，但其整体涵盖不大；四为教会系统的重要院校，如金陵协和神学院，燕京神学院，中国天主教神哲学院和上海天主教佘山修院等，这些学院以培养教牧人员为主，注重神学教材的编写和教会自身的发展问题。此外，也有一批相对分散的学者从事基督教各个领域的研究。

我国从事基督教专业研究的人员不多，受过其系统专业教育或培训的人员则更少。据初步统计，全国以基督教研究为主、具有高级职称者不足百人。从近十余年来的基督教研究成果来看，已出版的专著和译著约200部，论文和译文约千余篇。其中各分支领域的主要成果包括如下一些方面：

在基督教历史研究领域，较有影响的有杨真著《基督教史纲》(1979)，福建师大外语系译《基督教简史》(1981)，徐怀启著《古代基督教史》(1988)，孙善玲等译《基督教会史》(1991)，张绥著《基督教会史》(1992)和唐逸主编《基督教史》(1993)等。

在基督教经典研究领域，较有影响的有张久宣译《圣经后典》(1987)，朱维之著《圣经文学十二讲》(1989)，卓新平著《圣经鉴赏》(1992)，文庸著《圣经蠡测》(1992)，蔡咏春著《新约导读》(1992)，以及金陵神学院出版的系列丛书等。在编辑、翻译出版的众多圣经词典中，以梁工主编的《圣经百科辞典》(1990)较有影响。

在基督教神学思想研究领域，较有影响的有尹大贻著《基督教哲学》(1988)，高师宁等译《二十世纪宗教思想》(1989)，傅乐安著《托马斯·阿奎那基督教哲学》(1990)，刘小枫著《走向十字架上的真》(1990)，刘小枫主编《二十世纪西方宗教哲学文献》(1991)，何光沪译《现代基督教思想》(1992)，唐逸著《西方文化与中世纪神哲学思想》(1992)，卓新平著《尼布尔》(1992)，张志刚著《猫头鹰与上帝的对话》(1993)和赵敦华著《基督教哲学1500年》(1994)等。

在中国基督教史研究领域，较有影响的有顾长声著《传教士与近代中国》(1981)，江文汉著《中国古代基督教及开封犹太人》(1982)，何高济等译《利玛窦中国札记》(1983)，郝镇华译《一五五〇年前的中国基督教史》(1984)，中国社会科学院世界宗教所组织翻译《中华归主》(1985)，顾长声著《从马礼逊到司徒雷登》(1985)，张绥著《东正教和东正教在中国》(1986)，江文汉著《明清间在华的天主教耶稣会士》(1987)，张力、刘鉴唐著《中国教案史》(1987)，曾钜生译《中国教会大学史》(1987)，顾裕禄著《中国天主教的过去与现在》(1989)，耿昇译《中国和基督教》(1991)、伍昆明著《早期传教士进藏活动史》(1992)、朱谦之著《中国景教》(1993)，管震湖译《利玛窦评传》(1993)，许明龙主编《中西文化交流先驱》(1993)，高时良主编《中国教会学校史》(1994)，以及顾卫民著《基督教与中国近代社会》(1996)等。

此外，在基督教现状方面的研究成果有于可主编《当代基督新教》(1993)，重要工具书的编辑包括丁光训主编《基督教文化百科全书》(1991)，以及集体合作的《简明基督教百科全书》(1992)和《基督教词典》(1994)等。有关基督教研究的专门学刊则有《金陵神学志》、《基督教文化评论》等。

在近十余年来，我国基督教研究领域还多次召开有关专题的国际学术研讨会。例如，1989年6月在武汉华中师范大学召开的"中国教会大学史国际学术研讨会"，出版了由章开沅等主编的会议论文集《中西文化与教会大学》(1991)，此后同一主题的学术研讨会又多次举行。1993年8月，上海复旦大学曾召开"近代中西文化交流国际学术研讨会"、并出版了由朱维铮主编的会议论文集《基督教与近代文化》(1994)。1994年关涉基督教研究的学术会议较多，如5月在四川联合大学召开的"教会大学与中国现代化国际研讨会"，10月在北京由中国社会科学院世界宗教所和爱德基金会联合召开的"基督教文化与现代化国际学术研讨会"、燕京研究院召开的"基督教与文学"国际学术研讨会，以及12月在上海复旦大学召开的"近代中西文化交流学术研讨会"等。近年召开的论韦卓民、卫匡国等人思想的学术研讨会，亦与基督教研究直接相关。

综合而言，我国基督教研究尚处于初创阶段，存在人员少、经费不足、研究领域过窄、研究计划不系统等问题。其研究的总体进展与别的学科比较亦相对缓慢。

我国当前基督教研究的热点包括基督教历史发展，基督教神学思想，中国基督教史及其教会教育、教案研究，基督教文化，基督教现状等问题。其中基督教历史研究已初具规模，出版了几部简史，但其通史研究尚属空白，对中世纪和近现代教会史的研究亦很薄弱，缺乏一部资料翔实、历史脉络清楚的多卷本世界基督教通史。

基督教神学思想探究正处于起步阶段，虽然已有一些关涉某一主题或思想家的专著或散论问世，却无系统的基督教思想史著作。目前的研究比较注重当代神学思潮，但因资料缺乏和神学发展仍处于动态之中而难度较大，不易捕捉和把握。中世纪基督教神哲学研究已有几部著作填补了空白，但不够深入。而随着近些年来国际学术界对中世纪社会、思想重新审视和评价的展开，我国亦需要有更为深化和详尽的中世纪基督教哲学著作。此外，对古代和近代基督教思想的研究尚较零星，有必要填补其空白，并使其研究系统化。

中国基督教史的研究在我国本应放到首要地位来抓，但因种种原因而使这一领域仍属我国基督教研究中的薄弱环节。目前虽有一批研究专论和小册子问世，涉及到利玛窦、汤若望、南怀仁、徐光启、艾儒略、司徒雷登、吴耀宗等人，以及“礼仪之争”、“神名之辩”、“自立”、“本色”等问题，但缺乏一部自古贯今、史料充实的中国基督教史，而对其中史料的系统整理、研究亦迫切需求。由于学术界在资料、人才和资金上的空缺，这两项大的工程在目前研究中都付阙如。中国教会教育的研究侧重于教会学校的历史，迄今基本上处于收集资料和个案研究阶段，主要由高校教育系和历史系的一批专家学者来进行。而教案研究领域已有四川社联的《近代中国教案研究》(1987)和上述《中国教案史》等成果出版，但这一课题的重点乃为福建师大历史系组织的教案史料汇编，将由中华书局以《中国近代史资料丛书续编》之名出版，其中《清末教案》共分6册，前3册中文档案与故宫合作，共同推出。此外，中国基督教研究中对于教会"中国化"、"本色化"的提法亦有不同看法。一派认为，中国基督教会及其神学的真正奠立，要靠其摆脱近代以来西方传教士及其神学思想、方法和话语的影响，进入中国文化境域，实现其"本色教会"或"本色神学"之目的。另一派则认为，"中国化"和"本色化"之说乃是在理解基督教本真上的一种误识；该派指出基督教在华不存在"中国化"或"本色化"问题，而且其"化"之说有悖于基督教的普世性和超越性意义，因此在基督教传播之整体上倡导用"处境神学"和"母语神学"来代替"本色化"之说，而在中国"处境"中则致力于一种"汉语神学"的建构和发展。

基督教文化的研究亦刚刚展开，有关学者正从事基督教文学、艺术、音乐等专题研究。但这些本属于多学科综合性研究的课题，实际上却处于一种分散和孤立研究之状。基督教研究的学者和文学、艺术、音乐等专业领域的学者在这些课题的设计和探讨上尚缺乏横向联系和沟通，因而妨碍了其全面实施和深入发展。

（卓新平）

中国基督教史研究

基督教传入中国已有1300余年的历史。先后传入中国的派别有唐代的景教（聂斯脱利）、元代的也里可温教（聂斯脱利、天主教的统称）、明清之际的天主教与近代以来传入的天主教、基督新教与东正教。基督教各派的传入与中国传统文化冲撞、融合，对于中国历史，尤其是近代历史带来很大的影响。本世纪初，中外学者对于中国基督教史开始进行研究以及资料的整理，使之成为中国历史研究中的一个专题。1978年以后，中国基督教史在中国大陆也逐渐成为热点课题。

一、1978年以前研究的回顾

本世纪30、40年代中国学者在研究中西交通史的过程中开始注意到中国基督教史的研究，使之成为中西交通史的重要组成部分。其中开创此专题的学者当推陈垣、方豪。陈垣自1918年发表《元也里可温考》之后，于1943年出版《民元以来天主教史论丛》一书，收录了16篇相关的论文，其中《吴渔山先生年谱》、《汤若望与木陈忞》、《修宁金声传》、《泾阳王徵传》等都颇具学术价值。他充分利用了书画题跋与诗文别集中的资料，并且对资料进行精湛的考订，表现了其史学研究的深厚功力。此后方豪继承了此课题的研究，自40年代起先后出版了《中外文化交通史论丛》、《中国天主教史论丛》甲集、《方豪文录》。奠定了其在中国天主教史研究方面的学术地位。方豪移居台湾后，又先后出版《中西交通史》、《李之藻研究》、《中国天主教史人物传》以及《方豪六十自定稿》、《方豪六十至六十四自选待定稿》，其中以《中国天主教史人物传》影响最广泛。方豪作为陈垣私淑弟子，在史学研究方法上与陈氏一脉相承，另外作为天主教司铎，方豪在运用教会所藏的天主教史料以及法文、拉丁文等外文史料方面为许多学者所不及。此外，张星烺《中西交通史料汇编》（辅仁大学，1930)、《欧化东渐史》（商务印书馆，1934)、向达《中西交通史》(中华书局，1934）等著作中都有天主教传教士的论述。梁启超《中国近三百年学术史》和《清代学术概论》、陈受颐《明末清初耶稣会士的儒教观及其反应》(《国学季刊》5—2，1935)、朱谦之《中国思想对于欧洲的影响》(北平商务印书馆，1940)、张维华《明清间中西思想之冲突与影响》(《学思》1—1942)、《明清间佛耶之争辩》(《学思》1—21942）等论文从哲学思想角度对中西文化异同、冲突以及相互的影响作了比较深入的研究，对以后从事此项课题研究的学者确有启迪之功。有些译著也很有影响，如（德）魏特著、杨丙辰译《汤若望传》(商务印书馆，1949)、费赖之著、冯承钧译《入华耶稣会士列传》(商务印书馆，1938)、沙不列著、冯承钧译《明末奉使罗马教廷耶稣会士卜弥格传》(商务印书馆，1941)、德礼贤《中国天主教传教史》（商务印书馆，1934)、萧浚华译、裴化行著《天主教十六世纪在华传教志》(商务印书馆，1936）等。萧若瑟《天主教传行中国考》(献县胜世堂，1922)、徐宗泽《中国天主教传教史概论》（上海圣教杂志社，1938)、王治心《中国文化与基督教》(上海青年会，1927)、《中国基督教史纲》(上海青年协会书局，1940)、吴雷川《基督教与中国文化》(上海青年协会书局，1936)、王文杰《中国近代史上的教案》(私立福建协和大学中国文化研究会，1947）等都是比较有影响的著作。

从1949年至1978年中国大陆学术界对于西方来华基督教传教士基本持否定态度，批判传教士充当“殖民主义侵略先锋”、“文化侵略分子”。此时期相关研究著述也较少。只有朱谦之等少数学者仍从事此专题研究。1962年朱氏将《中国思想对于欧洲文化之影响》暂定改名为《中国哲学对于欧洲的影响》，1966年完成《中国景教》一书，但是这两本专著在80、90年代始得出版。此外，何兆武执笔作为侯外庐主编《中国思想通史》第四卷第二十七章的《天主教传入的时代背景和耶稣会士的作用》(人民出版社，1957）是此时期比较具有学术价值的论著之一。文化大革命期间，此专题更是被视为学术禁区，除了1969年中苏珍宝岛边境冲突之后，部分学者对于入华耶稣会士在尼布楚谈判中的作用有所研究，很少有人涉及此专题研究。当时出版的译著有王立人译《耶稣会士徐日升关于中俄尼布楚谈判的日记》（商务印书馆，1973)、陈霞飞译《张诚日记》（商务印书馆，1973）等。

二、港台等地的研究

1949年以后的30年中，中国基督教研究的专题在台湾、香港等地获得较大发展。50—70年代，方豪陆续出版了《中西交通史》(中华文化出版事业委员会，1953)、《中国天主教人物传》上、中、下3册（光启出版社等，1967—1973)、《方豪六十自定稿》(1969）著作。罗光著有《徐光启传》（香港公教公理会，1953)《利玛窦传》(光启出版社，1960)、《教廷与中国使节史》(光启出版社，1961)、《天主教在华传教史集》(光启出版社等，1967)。张奉箴《福音流传中国史略》(辅仁大学出版社，1970—1971)、《利玛窦在中国》(闻道出版社，1983)。近年来有古伟瀛《教廷与教会之间——中国天主教中的南怀仁》(《庆祝王位之教授七秩嵩庆中西历史与文化研讨会论文集》(文史哲出版社,1988)、查时杰《明末佛教对天主教“辟邪运动”初探》(《明清之际中国文化的转变与延续学术研讨会论文集》,1990)、《南堂与耶稣会公墓——与汤若望有关的北京两处天主教建筑》(《历史与宗教——纪念汤若望四百周年诞辰暨天主教传华史学国际研讨会论文集》,辅仁大学出版社,1994);林东阳《明末西方宗教文化初传中国的一位重要人物——冯应京》(《明清之际中国文化的转变与延续学术研讨会论文集》,1990)、《杨光先及其反教事件》(《历史与宗教——纪念汤若望四百周年诞辰暨天主教传华史学国际研讨会论文集》);张永堂《明末方氏学派研究初编—明末理学与科学关系试论》(台北文镜文化事业公司,1987)、《明末清初理学与科学关系再论》(台北学生书局,1994);张增信《明季东南中国的海上活动上编》(东吴大学中国学术著作奖助委员会);黄一农主要研究明清之际士大夫对西学西教的态度以及“康熙历狱”和“礼仪之争”的背景过程与影响,发表论文近30篇。此外还有《纪念利玛窦来华四百周年中西文化交流国际学术会议论文集》(辅仁大学出版社,1983)、《南怀仁逝世三百周年国际学术讨论会论文集》(辅仁大学出版社,1987)、《历史与宗教——纪念汤若望四百周年诞辰暨天主教传华史学国际研讨会论文集》(辅仁大学出版社,1992)。香港杨意龙所撰《东西方融合:利玛窦与儒学》(香港大学出版社,1980)、《儒学与基督教的首次相遇》(香港大学出版社,1983)等著作也颇有影响。此外关于基督教方面的著作还有:杨森富《中国基督教史》(台湾商务印书馆,1968)林治平主编《基督教在中国之传播与近代中国》(台湾商务印书馆,1970)、《基督教入华百七十年纪念集》(台湾宇宙光出版社,1977)、《基督教与中国本色化——国际学术研讨会论文集》(台湾宇宙光出版社,1980)、魏外扬著《宣教事业与近代中国》(宇宙光出版社,1978)、查时杰《中国基督教名人小传》(台北《基督教论坛报》,

1979)、王尔敏《上海格致书院志略》(香港中文大学出版社,1980)、叶仁昌《五四以后的反对基督教运动》(久大文化,1992)、王成勉《文社的盛衰——二十年代基督教本色化之个案研究》(宇宙光出版社,1993)。香港简又文《中国基督教的开山事业》(辅侨,1956)、罗香林《香港与中西文化之交流》(中国学社,1960)、梁元生《林乐知在华事业与万国公报》(香港中文大学出版社,1978)、李志刚《基督教早期在华传教史》(台湾商务印书馆,1978)、林荣洪《风潮中奋起的中国教会》(天道书楼,1980)、吴利明《基督教与中国社会变迁》(基督教文艺出版社,1981)、梁家麟《福临中华——中国近代教会十讲》(天道书楼,1988)、林福增《文化适应与中国基督徒》(香港建道神学院,1995)等。

港台等地的学者对与中国基督教史的研究取得很大成绩,其中杨森富《中国基督教史》一书是继王治心著作之后一部较为完整的中国基督教通史著作。王治心所作《中国基督教史纲》是中国基督教史中第一部比较完整的中文基督教通史著作,该书史料翔实,行文流畅,叙述详尽,评论也比较客观。刊行以来,颇为风行,在香港一再重版。杨森富所著《中国基督教史》是继王氏著作之后的一部较为完整的基督教通史著作。杨氏自序称,其书与王书不同之处在于史学观点,王书以基督教观点主论,而其书纯以客观的史学观点立论。杨书在史实的补充上,比王书增加不少,如东正教、边疆地区与台湾地区,海外地区等的教会历史,以及中华圣经翻译的历史;此书在史料方面还引用了日文资料,使其书在详尽方面超出了王书。此外对于地方教会史、基督教与中国社会、中国基督教本色化运动等方面的研究,港台学术界也处于领先的地位。

台湾学界对于文献的整理作出较大的贡献。台湾学生书局出版了吴相湘主编明清之际天主教中文文献影印本:《天学初函》

(1965)、《天主教东传文献》(1965)、《天主教东传文献续编》(1966)、学生书局主编的《天主教东传文献三编》(1972)；华文书局影印出版了林乐知(AllenY. J.)主编的《教会新报》(1968)、《万国公报》(1968)；以及鼎文书局出版的杨家骆主编的有关此专题的文献汇编：《洋务运动文献汇编》(1963)、《鸦片战争文献汇编》(1973)、《太平天国文献汇编》(1973)、《义和团文献汇编》(1973)、《戊戌变法文献汇编》(1973)、《教务教案档》(台湾"中央研究院"近代史研究所汇编、发行，1974)。还有一些书目索引的出版也为专题的研究提供了方便。主要有赵天恩编《中国基督教史书目——初编》(1970)、中华福音神学院、中国教会史研究中心编纂的《中国基督教史研究书目——中、日文专著与论文目录》(1981)、徐宗泽著《明清间耶稣会士译著提要》(1949)。这些文献史料的重印出版对于中国基督教史的研究无疑起了很大的促进作用。

三、1978—1996 年的研究状况

一、研究的新趋势

1978 年以后，改革开放带来社会和思想文化的变动，学术界重新关注和投入对于中西交通史和基督教教会史的研究，近 20 年来此专题已渐成热点课题。除了中国社会科学院世界宗教研究所以外，一部分省市自治区的社会科学院和高等院校也建立了宗教研究机构。刊物主要有中国社会科学院世界宗教研究所 1979 年创刊的《世界宗教研究》、《世界宗教资料》(1995 年改版为《世界宗教文化》)、南京大学宗教研究所的《宗教》、四川大学宗教研究所的《宗教学研究》、上海社会科学院宗教研究所的《当代宗教研究》、金陵神学院的《金陵神学志》以及《中国天主教》、《天风》等教会刊物，其他综合性的学报也都刊登了不少论文。国内外学

术交流活动逐渐展开，如1993年8月上海“近代中西文化交流国际学术研讨会”、1994年4月北京“卫匡国与中西文化交流先驱国际学术研讨会”、1994年10月北京“基督教文化与现代化国际学术研讨会”等。

近20年来，很多学者投入了此课题的研究并且取得很大成绩，大批论著、译著问世。据不完全统计，近20年来共发表论文千余篇，专著、译著、资料汇编等50余部。这些著述都有试图重新评价基督教在华传播历史的趋势，对一些问题开始重新体认和思考，从辩证唯物主义和历史唯物主义的观点客观地对待基督教在华传教史的研究。1949年以后的30年中，中国大陆学术界对于中国基督教史的研究“一直从属注重民族主义，强调中华民族与西方列强的民族矛盾的史学体系和构架之内”（顾卫民《近年大陆的中国基督教史研究概述》，台湾《近代中国史研究通讯》16期，1993·3），近20年来，对于西方来华传教士以及西学东渐都有重新探讨和评价的趋势。大多数学者主张应该历史的对待这些问题，顾卫民认为“对于西方传教士在华的宗教和学术文化活动，以及由此产生的复杂的影响，需从当时中西社会各自的历史条件和人文背景考察，离开了特定的历史条件，而根据后来的学术需要加以评估，势必会得出背离历史真实的结论。”（同上）冯天瑜认为，西方来华传教士的活动“是一个相当复杂的问题，只有将其提到一定的历史范围内，具体分析具体情况，才有可能得出比较科学的结论，引出有益的教训。”（《明清文化史散论》，华中工学院出版社，1984）基于这种历史唯物主义态度，学术界对于一些课题进行了比较深入的研究和讨论。

近20年来，大陆学界也开始进行资料的整理与出版工作，成果有《反洋教书文揭帖选》（王明伦编，齐鲁书社，1984）、《山东教案史料》（廉立三编，齐鲁书社，1980）、《天主教基督教在广西资料汇编》（庾骆良等编，广西民族出版社，1985）、《四川教案与义和团档案》(四川档案馆编，四川人民出版社，1985)、《中华归主——中国基督教事业统计 1901—1920》(中国社会科学院世界宗教研究所编译，1985)、《清末教案》(中国第一历史档案馆、福建师范大学历史系合编，中华书局，1996)、《职方外纪校释》(谢方校释，中华书局，1996)等。

二、研究课题及争论热点

过去学术界对于中国基督教史的研究侧重于西方列强利用宗教侵华的问题，研究面较窄，很多领域未曾涉及。近 20 年，学术界对于中国基督教史的研究比较全面地展开，研究课题不断拓宽，深入，并且对于一些问题进行争论。

(1) 明清耶稣会士的研究与评价是中国基督教史研究中的一个重点和热点课题。近 20 年来关于此课题研究的专著、译著及论文几乎占二分之一。主要有：杜文凯编《清代西人见闻录》(中国人民大学出版社，1983)、(法) 古洛东著、译《圣教入川记》(四川人民出版社，1981)、利玛窦、金尼阁著、何高济、王遵仲、李申译《利玛窦中国札记》(中华书局，1983)、(法) 史式徽著、天主教上海教区史料译写组译《江南传教史》(上海译文出版社，1983)、秦家懿、孔汉思著、吴华译《中国宗教与基督教》(三联书店，1990)、谢和耐著、耿昇译《中国和基督教——中国和欧洲文化之比较》(上海古籍出版社，1991)，此书还另有于硕等人译本，名为《中国文化与基督教的冲撞》(辽宁人民出版社，1989)、(英) C. R. 博克舍编注、何高济译《十六世纪中国南部之行》(中华书局，1990)、利奇温著、朱杰勤译《十八世纪中国与欧洲文化的接触》(商务印书馆，1991)、斯宾塞著、孙尚扬、王丽丽译《利玛窦的记忆之宫》(台湾辅仁大学出版社，1991)、裴化行著、管震湖译《利玛窦评传》(商务印书馆，1993)、耿昇译法国学者论文集《明清间入华耶稣会士和中西文化交流》(巴蜀书社，1993)、荣振华著、耿昇译《在华耶稣会士列传及书目补编》(中华书局，1995）等。此时期的著述有：梁家勉编《徐光启年谱》（上海古籍出版社，1981）、张维华著《明史欧洲四国传注释》（上海古籍出版社，1982）、张维华著《明清之际中西关系简史》（齐鲁书社，1987）、江文汉《明清间在华的天主教耶稣会士》（知识出版社，1987）、宋伯胤编《明泾阳王徵先生年谱》（陕西师范大学出版社，1990）、孙江著《十字架与龙》（浙江人民出版社，1990）、董丛林著《龙与上帝：基督教与中国传统文化》（台北锦绣出版社，1992）、李亚宁著《明清之际的科学文化与社会——十七、十八世纪中西文化关系引论》（四川大学出版社，1992）、陈卫平著《第一页与胚胎——明清之际的中西文化比较》（人民出版社，1992）、樊洪业《耶稣会士与中国科学》（中国人民大学出版社，1992）、伍昆明《早期传教士进藏活动史》（中国藏学出版社1992）、孙尚扬著《明末天主教与儒学的交流和冲突》（台北文津出版社，1992）、《利玛窦与徐光启》（新华出版社，1993）、许明龙编《中西文化交流先驱》（东方出版社，1993）、林华等编《历史遗迹——利玛窦及明清西方传教士墓地》（中国人民大学出版社，1994）、陈村富主编《宗教与文化论丛》（东方出版社，1994）、林金水著《利玛窦与中国》（中国社会科学出版社，1996）、刘小枫主编《道与言——华夏文化与基督教文化相遇》（上海三联书店，1995）等。

如何评价来华耶稣会士及其所传入的西学，是此课题争论热点。80年代以来，中国大陆学术界对于在华耶稣会士有重新评价的趋势。陈申如、朱正谊《试论明末清初耶稣会士的历史作用》（《中国史研究》1980·2）一文认为，建国30年以来对在华耶稣会士全盘否定，不符合马列主义实事求是的辩证唯物主义态度。耶稣会士虽然作为葡萄牙殖民主义对外扩张的先锋队来华，但是当时中国是一个独立的封建专制主义的大国，来华耶稣会士根本谈不到对中国进行武装侵略，不能与鸦片战争以后西方传教士在中国所起的侵略帮凶作用等同起来。而且耶稣会士带来的西方先进的科学文化技术，对中国文化产生一定影响，同时他们也把中国文化带回欧洲，“在客观上起了中、西科学文化交流的桥梁作用，播下中西学术交流的种子。”马雍《近代欧洲汉学家的先驱马尔蒂尼》（《历史研究》1980·6）认为，“耶稣会士来华传教的宗旨，与所有其他宗教企图不断扩大其信仰范围的愿望相同，那是一种正当的传教活动。”他们与“中国历史上有过张骞、班超、法显、玄奘、鉴真、郑和这些著名人物”一样，“对中外文化交流作过重大贡献”。对此有的学者提出不同的看法，如张维华、孙西《十六世纪耶稣会士在华传教政策的演变》（《文史哲》1985·1）认为，把利玛窦等耶稣会士的活动看成是一种正当的传教活动，甚至与法显、玄奘、鉴真等宗教人物的活动简单地等同起来，是一种值得商榷的意见。当时耶稣会的活动是与葡萄牙、西班牙的海外殖民侵略“密切结合的”。该文从耶稣会士在华传教政策的演变过程，说明耶稣会士的整个传教事业与“殖民者的利益要求相一致”，“是当时资本主义殖民活动的一个组成部分。”许淑明《关于顺康雍乾时期的耶稣会士评价问题》（《中国史研究动态》1985·10）认为“耶稣会士终究代表一股历史逆流。由传教士充当中西文化交流的媒介和传播者，实在是一桩令人遗憾的事。”何桂春《关于明清耶稣会士在华活动评价的几个问题》（《学术月刊》1992·11）对于马雍、林金水等人的观点提出不同的看法，认为“对整个耶稣会士在华活动的评价必须坚持两点论，既要看到他们在明末清初对中西文化交流所作出的重要贡献，在中外历史上留下很大影响；也要联系耶稣会士入华的社会背景，看到他们为罗马教皇扩张天主教势力和自觉或不自觉为早期殖民侵略扩张政策服务的消极的一面。如果只讲一面，回避另一面，都不是实事求是的历史唯物主义态度。”

其次，关于耶稣会士所带来的西方科学技术和思想文化对于中国文化产生的影响与作用的评价，学者们也有不同的看法。臧荣《明清之际来华耶稣会士的评价》(《北方论丛》1981·4)、徐明德《明清之际来华耶稣会士对中西文化交流的贡献》(《杭州大学学报》1986·4)、朱维铮《十八世纪中国的汉学和西学》(《复旦学报》1987·3)、沈定平《"西学"的传播与中国早期近代化》(《基督教与中国现代化学术研讨会论文集》1994，台北)等论文认为，来华耶稣会士所带来的西学促进了中国早期近代化的发展，对于中国思想学术界产生了积极的影响。史静寰《谈明清之际入华耶稣会士的学术传教》(《内蒙古师范大学学报》1983·3)提出不同的看法，认为耶稣会士介绍的西洋文化和学术思想并非出于传播文化与学术角度，而是考虑对传教的效益，因此在内容的选择上不超出神学所能允许的范围为限。耶稣会士所介绍的科学大多数是过时货，而没有涉及当时文艺复兴运动的人文主义思想与社会政治学理论。他们在学术与政治上都是保守的，"事实上，耶稣会士从传教需要出发介绍西洋学术理论，有不少并未超出中国原有理论水平，甚至在某些方面离真理更远。"林金水近作《利玛窦与中国》对此有较为全面的认识，他说："耶稣会士来华目的是使中国基督教化，而不是使中国科学技术近代化，传播西方科学技术仅仅是一种手段而已。他们来华的动机很清楚，是为了挽回16世纪初马丁·路德宗教改革给欧洲天主教造成的损失，而来到中国的，即失之东隅，收之桑榆。耶稣会是对抗宗教改革而成立的一个宗教团体，耶稣会士的阶级本性、宗教偏见和知识的限制(他们毕竟是宗教家，而不是科学家)，决定了他们不会让也不可能让中国走上近代科学的技术发展的道路。这是很明显的道理。因此，西学东渐对中国的历史作用，起到的最多只是刺激作用。但我们也不能因为耶稣会士与西、葡殖民主义海外扩张有联系，而不分历史阶段，不作具体分析，简单地一概而论，把凡是来华传教士一概视为'文化侵略分子'、'殖民主义先遣队'，这也是不符合历史唯物主义的精神。”

(2) 关于新教传教士的研究评价则是近代基督教历史的一个重要内容。这方面的著作主要有：顾长声《传教士与近代中国》(上海人民出版社，1981)、《从马礼逊到司徒雷登：来华新教传教士评传》(上海人民出版社、1985)、朱维铮《基督教与近代文化》(上海人民出版社，1994)、杨天宏《基督教与近代中国》(四川人民出版社，1994)、熊月之《西学东渐与晚清社会》(上海人民出版社，1994)、顾卫民《基督教与近代中国》(上海人民出版社，1996) 等。

从1807年第一个新教传教士马礼逊来华，19世纪下半叶到20世纪初新教传教士充当了近代西学东传的先锋。他们来华的背景与明清之际耶稣会士来华的背景已经有所不同，有的学者认为这一点决定了他们在华活动的性质，即“帝国主义的爪牙”、“文化侵略分子”等等。有的学者提出不同看法，认为尽管“西方传教士与西方列强以及近代不平等条约体系”存在“复杂联系”，同时也应看到“无论在古代各民族交往方式落后，或是近现代交通发达、物质丰富的情形之下，宗教的热忱以及由此伴随而来的文化传播，是促进东西方民族由误解而至理解的重要管道。”(顾卫民《近年大陆的中国基督教史研究概述》)程伟礼《基督教与中西文化交流》一文认为，传教士的人员很复杂，背景又很不相同，因而用‘文化侵略’的字眼来概括新教传教士的全部活动，非常不妥贴。并且用‘文化侵略’的提法又十分不准确，在文化、思想和学术领域内，本无所谓‘侵略’与‘反侵略’。在‘文化侵略’一类说法的深层，残留着本位文化的‘国粹’思想以及‘中体西用’的保守倾向，不符合中西文化交流、交通、融合的世纪潮流，缺乏‘全球性意识’。”

其次，对于新教传教士所传播西学的内容和影响的评价也存在某些分歧。顾长声《传教士与近代中国》一书认为“从以上广学会出版的主要书刊中，人们不难看出传教士们的真实意图。当时维新派为了使中国能够独立富强而竭力向西方学习，包括广泛地阅读广学会的各种书刊，希望能从中获得可以救中国的西方社会学说和自然科学，但是，传教士们却通过广学会向中国兜售殖民地的奴化思想，而对西方资产阶级上升时期出版的有参考价值和鼓舞作用的西学却一本也没有介绍给中国。”又“在教会学校开设的当时称为格致之学的课程里，传教士们塞进了许多唯心主义和宗教神秘主义的货色，充满了反科学的东西，它除了应付殖民地加工工业和进出口贸易所需要的一点知识外，真正的科学知识是很贫乏的。”熊月之《西学东渐与晚清社会》一书认为，当时西方传教士所传播的西学对于中国近代化进程有很大影响，“百年之中，西学输入，或由政府规划，或出个人胸臆，或为西人控制，或系华人主持，尽管他们终极目标各有不同，但从中国实际出发、比较中西异同、引进西学、改造中国的操作原则却有相通之处。中国社会的变动曲线，也就成了西学东渐的主线。”西学东渐对于当时中国了解世界、求强求富、救亡图存、民主革命、科学启蒙都产生巨大影响。该书以翔实的史料、平实的论点，回顾了明清之际西学东渐的历史，论述了自马礼逊来华以来近百年西学东渐对于中国社会各方面的影响。并且对于晚清社会对于西学的选择、吸收，即当时许多革新派人物只注重在物质层面、制度层面吸收西学，却排斥西方精神层面的伦理道德的原因，认为“这是一个涉及到文化演变的根源和逻辑的根本问题。”“对真善美认识和追求的逻辑，才是西学东渐的内在逻辑。”科学属于求真，标准统一，客观性强，所以判断真假所需时间最短，最容易取得交流双方的共识。而对善恶美丑的判别，标准难以统一，主观性强，受人们的文化素养、历史背景影响较大，所需时间较长。此说很有新意，可惜未深入展开。而且书中对于中西方在宗教价值方面的交流冲突也较少论述，而中西文化的交流，宗教也是重要的方面。

(3) 教案史的研究近年来获得较大成果。主要著作有：四川档案馆编《四川教案与义和团档案》(四川人民出版社，1985)、四川联社编《近代中国教案研究》(四川社会科学出版社，1987)、张力、刘鉴唐《中国教案史》(四川社会科学出版社，1987) 等。此课题研究由四川省文史工作者倡导开始。并举行多次学术研讨会，如1982年6月大足“反洋教运动和余栋臣起义学术讨论会”、1987年9月安徽绩溪“19世纪中国教案——义和团学术讨论会”、1989年6月贵阳“近代中国教案学术讨论会”、1992年11月湖南怀化全国第四次“近代中国教案”学术讨论会等。1986年成立了四川省近代教案史研究会。关于教案发生的根本原因有人认为是西方列强对于中国的侵略，有人认为中西文化冲突。有人认为多种原因，如某些传教士成为帝国主义侵略者的爪牙，激起中国人民的反抗；传教士庇护不法教民等劣迹，引起人们的愤慨；中西文化与习俗歧异引起的冲突等等。

关于教案的性质有反帝说、反帝反封建说、农民革命说等。此外，学者还对于教案的历史地位和作用、反洋教斗争中盲目排外现象、“顺清灭洋”、“扶清灭洋”等政治口号、教案与义和团运动的关系、教案与会党的关系、教案与士绅的关系、教案与洋务派的关系以及传教士在华传教活动的评价等问题作了较为深入的探讨。此课题的论文有：李时岳《反洋教斗争的性质及其他》(《近代史研究》1986.5)、卢仲维《乡绅与反洋教斗争》(《近代史研究》1986.1)、孙江《儒家思想与近代士大夫反基督教》(《南京大学学报》1988.1)、程歗《论近代教案中的多层矛盾》(《历史教学》1988.7)、 《民族意识与近代教案》 (《广州研究》1988.10)、赵春晨《晚清洋务派与教案》(《历史研究》1988.4)、赵书刚等《中国近代反洋教思想剖析》(《求索》1989.2)、路遥《论近代中国甲午战前的教案与反洋教斗争》(《山东大学学报》1990.1)、丁名楠《关于中国近代史上教案的考察》(《近代史研究》1990.1)、戚其章《近代教案和义和拳运动的兴起》(《贵州社会科学》1991.1)等。

(4)中国教会大学史研究是近年来一个热点课题。自80年代中期以来，就此课题已在中国大陆、香港、台湾和美国等地召开了8次学术会议，编辑出版了7本学术会议论文集，发表了学术论文100多篇。如1989年武汉会议，会后出版了章开沅、林蔚主编的《中西文化与教会大学》(湖北教育出版社，1991)，1994年成都会议，会后出版了顾学稼主编的《中国教会大学史论丛》(成都科技大学出版社1995)等。1994年华中师范大学章开沅等创办了“中国教会大学史研究中心”，该中心与香港中文大学崇基学院联合出版《中国教会大学历史研究通讯》，计划编辑出版《教会大学史研究》和《教会大学史译丛》等大型丛书，以及《基督教与中国文化》丛刊，1996年出版了丛刊首辑《文化传播与教会大学》。学术界普遍认为，不能简单地把教会大学看成是帝国主义文化侵略的工具，而是要根据马克思主义的观点和方法，对教会大学进行全面的、历史的、客观的分析，正确地认识教会大学的历史地位和作用。学术界普遍认为教会大学是近代中西文化交流的产物，对于中国近代化作出了一定贡献。学术界还就教会大学与民族主义和民族运动的关系进行了讨论，杨天宏《基督教与近代中国》一书从近代民族主义的大背景对20世纪初内地的非基督教运动和收回教育权运动作了许多细致深入的分析。此外就教会大学的特点、盛衰原因以及教会大学毕业生作了分析。相关的译著主要有曾钜生译、鲁珍晞的《中国教会大学史》(浙江教育出版社，1988)等。

(5)非基督教运动与中国基督教本色化运动研究在港台等地处于领先地位，大陆对此研究则比较薄弱，此课题研究开始启动。近年来相关论文有：沈以藩《中国基督教的自立运动》(《上海社会科学》1982.3)、刘心勇《第一次国内革命战争时期的非基督教运动》(《上海青运史资料》1986. 3)、《非基督教运动述评》(《复旦学报》1989. 2)、马蹄《谈谈教会"本地化"问题》和庄索原《试论中国天主教的本色化、本国化、本性化》(《中国天主教》1988. 3、4)、夏瑰琦《论我国1922－1927年间的非基督教运动》(《杭州大学学报》1988. 2)、王继武《试论中国基督教本色教会运动的起因》(《世界宗教研究》1988. 1)、王玉祥《二十年代"非基督教"运动的文化内涵》(《徐州师院学报》1992. 4)、杨天宏《中国非基督教运动(1922－1927)》(《历史研究》1993. 8)、王美秀《基督教的中国化及其难点》(《世界宗教研究》1996. 1)等;《金陵神学文选》、《宗教论文选集》对此也有论述。这些著述对于中国非基督教运动和中国基督教本色化运动产生的社会背景、起因、经过及其影响,都作了阐述。港台地区的主要成果有林荣洪《风潮中奋起的中国教会》、吴利明《基督教与中国社会变迁》、林治平主编《基督教与中国本色化国际学术研讨会论文集》、叶仁昌《五四以后的反对基督教运动——中国政教关系的解析》、王成勉《文社的盛衰——二十年代基督教本色化之个案研究》、梁家麟《徘徊于儒佛之间——基督教与中国文化相关研究的评介》、邢福增《本色化与民国基督教教会史研究》等都对此进行较为深入细致的探讨与详细介绍。

(6)对于中国基督教现状的研究近年来有所开展。主要著作有罗竹风《中国社会主义时期的宗教问题》(上海社会科学院出版社,1987)、顾裕禄《中国天主教的过去与现在》(上海社会科学院出版社,1989)等;论文有方立天《中国宗教十年》(《世界宗教研究》1990. 2)、汪维藩等《中国基督教四十年》(《世界宗教研究》1990. 4)、朱世昌《中国天主教四十年》(《世界宗教研究》1993. 3)等。这些著述追述了建国40多年基督教的发展,尤其是1978年以来宗教界所发生的变化,并对当前基督教界存在的一些问题,如对某些地区基督教徒迅猛增长原因、宗教与社会主义相协调等问题作了分析。《宗教》、《当代宗教研究》近年来也发表了很多中国基督教现状的文章。

(7) 中国基督教史研究的另一新趋向是开始注重整理教会史料，各地“文史资料”中均有关于教会历史的文章发表。学术界对于地方教会历史和边疆少数民族地区教会历史的研究已经开始起步。著作有伍昆明《早期传教士进藏活动史》(中国藏学出版社，1992)、王毓华《北京基督教史简编》(1996) 等。相关论文有唐世民《基督教在新疆的传播》(《新疆社会科学》1984. 4)、赵坤生《近代外国天主教会在内蒙古侵占土地的情况及其影响》(《内蒙古社会科学》1985. 3)、房建昌《基督教在青海传播小史》(《青海师范大学学报》1989. 3)、《西藏基督教史》(《西藏研究》1990. 1)、《近代西方基督教传教士在中国西北少数民族中的传教活动及有关文献概述》(《西北民族研究》1994. 1)、秦和平《近代云南基督教传播述略》(《世界宗教研究》1988. 4)、陈理《基督教的传播与西南民族文化变迁》(《世界宗教研究》1993. 4)、龙基成《新教在华传播始于台湾高山族地区说：兼与杨森富、顾长声等先生商榷》(《民族研究》1994. 3)、伍新福《近代基督教在我国苗区的传播和影响》(《中南民族学院学报》1996. 4)、张巨成《论近代云南少数民族基督教文化》(《云南学术探索》1996. 6) 等。地区教会史的研究与深入必定会推动、促进整体中国基督教史研究的开展。

(8) 对于中国古代基督教史的研究一向较为薄弱，近年来有所开展。对于唐元两代景教研究的力作当推朱谦之《中国景教》(东方出版社，1993) 一书。此书为朱谦之撰写的最后一部专著，完成于1966年，1993年正式出版。此书记述了景教即聂斯脱利派产生的历史背景、神学思想、及其与天主教、祆教、摩尼教、伊斯兰教等宗教的关系；景教东传的历史及其传入中国的原因，对于景教碑和景教文献、景教遗物、遗迹，作了深入的考订与研究。

此书可谓是景教研究总结性的著作，是本世纪中国大陆研究景教著述内容最完备、资料最丰富、研究最深入的一部专著。此外，江文汉《中国古代基督教及开封犹太人》（知识出版社，1982）、（美）穆尔著、郝镇华译《一五五0年前的中国基督教史》（中华书局，1984）、翁绍军《汉语景教文典诠释》（三联书店，1996）等都是近年来较好的景教研究著述。相关论文有近30篇。杨钦章《泉州景教石刻初探》（《世界宗教研究》1984. 4）、《泉州新发现的元代也里可温碑述考》（《世界宗教研究》1987. 1）、《南中国“刺桐十字架”的新发现》（《世界宗教研究》1988. 4）、《元代南中国沿海的景教会和景教徒》（《中国史研究》1992. 3）等从考古学角度对泉州等地的景教遗迹一史实作了考释与论述。此课题相对来说还是中国基督教史研究较为薄弱的一环。

四、未来研究的展望

本世纪以来，中国基督教史研究成为中西交通史研究的重要组成部分。近20年来，此专题渐成为一个脱离中国古代史、中西交通史和中国近代史研究体系的独立学科。但是此专题研究还有许多研究领域未曾涉及，有待于进一步开拓。如中国大陆学术界至今没有一部较为完整的中国基督教史通史性著作，也缺乏对于国外相关著作的翻译介绍。王治心、杨森富的著作虽然是迄今为止较好的两部中国基督教史通史性著作，但是写作年代都比较早，对于近几十年中国基督教的发展都不可能涉及。赖德烈(Kenneth Scott Latourette)《基督教在华传教史》(A History of Christian Mission -in China，1929)、鲍勃·怀特《中国和基督教——未完成的对话》(Unfinished Encounter：China and Christianity，1988)是两部较好的中国基督教史英文著作，但至今对之缺乏翻译介绍。一部新的中国基督教史有待于中国大陆学术界来完成。此外对于中国基督教史研究热点过于集中，比如明清耶稣会士研究集中于利玛窦、汤若望、南怀仁等少数人，对于大部分来华耶稣会士的研究都很不够；又如对于中西文化交流这一课题研究比较集中但是比较泛泛，缺乏一定的深度和广度。而且对于西学东渐介绍多，对于东学西渐的介绍则几乎付之阙如，未达到朱谦之《中国哲学对于欧洲的影响》一书的研究方向和水平。这些方面仍需学术界进一步开拓。

对于史料的占有是历史研究的重要前提条件之一。台湾学术界对此作了不少贡献。近年来大陆学术界也作了一定的工作，但是对于研究的需要来说，则远远不够。明清天主教的中文原始文献现存大约有七八百种，但分散于世界各国。有的藏书又属于教会图书馆，很少对外开放。因此一般对于原始史料的搜求是比较困难的。又如对于明清档案中的天主教的史料，至今也未系统地梳理、编辑、出版。西文史料，台湾、大陆学术界作了一定的翻译介绍，但是仍嫌供不应求。总之，史料的发掘、整理、出版、交流还需要国内外学界的共同努力和通力合作。此外大陆学术界是否应有一、二种关于中国基督教史研究的专门刊物，这样对于此专题的研讨、交流则比较集中，必定会促进这一专题的深入。

比较其他专题，中国基督教史这一专题的国内外学术研讨会则比较少，而此专题是一个涉及中西文化的专题，更需要国内外经常性的学术交流活动来推进。"大陆的基督教史研究者需与国外和港台的研究者加强沟通和联系，具有不同信仰和理念的研究者也应相互理解彼此的观点和立场，相互吸取彼此合理的因素，在保持各自学术独立性的前提之下增进相互的尊重和了解，在史学资料上互通有无，共同提高。"（顾卫民《近年大陆的中国基督教史研究概述》）此外，西方传教士在华活动和西学东渐涉及到多门知识领域，如宗教史、科技史等，需要各学科的合作和交流，才能使此专题研究深入开展。

（郭熹微）

《圣经》翻译综述

基督教自唐朝贞观九年（635）传入中国后不久，就开始了中文圣经的翻译工作。据1625年出土的刻于公元781年的《大秦景教流行中国碑》记载推测，景教（聂斯脱利派，当时被正统基督教定为异端派别）在唐太宗时就有了译经工作。那时是由叙利亚传教士阿罗本根据叙利亚文圣经翻译的。据学者研究，本世纪初在敦煌发现的景教经典，应是中国最早的圣经翻译，只是这些译本带有浓厚的佛教色彩，且不完整。

基督教第二次传入中国是在1294年的元朝，天主教意大利传教士孟德高维诺曾把当时的《圣咏》和《新经全书》译为"鞑靼人通用的语言"，鞑靼语即蒙语。以后这一译本失传了。基督教第三次传入中国是在明末清初。17世纪来华传教士因未见到教皇首肯的"通谕"，利玛窦等人都没正式进行译经工作。直到1700年巴黎外方传教会会士巴设（J. Basset）根据拉丁通俗文本圣经将《新约》中的部分内容，其中包括《四史福音会编》、《宗徒大事录》、《圣保禄书信》、《希伯来书》第一章译成中文。但这些译文并没有正式出版，只有抄本流传。其译文手稿自1739年之后便保存在大英博物馆内。

自19世纪开始，圣经中文译本陆续问世。尤其是在鸦片战争之后，基督教利用不平等条约第四次传入中国后的100多年间，圣经的中文译本愈来愈多。特别是新教，各种圣经译本更是层出不穷。现将东正教、天主教、新教这三大派在华的译经情况作一介绍。

东正教在17世纪下半叶传入中国，由于它本身带有强烈的民族性，在中国的信徒始终很少。尽管如此，1864年俄罗斯正教会驻北京的传教士郭遂主教（Gowry Karpoff）出版了他根据希腊文本译成的中文《新约圣经》。另一位主教兼汉学家巴拉第·卡法罗夫（Pallady Kaffaroff）在19世纪下半叶把《诗篇》译为中文。

就天主教而言，19世纪初耶稣会士贺泰清（LouisdePoirot）译了全部《新约》和大部分的《旧约》各章，可算为第一部中文的《新旧约全书》。但此译本并没出版，其手稿在解放前存放在北京西什库天主教北堂图书馆内。

在鸦片战争后，天主教的两位神父，王多默和辛方济分别于1875年和1883年译出《四福音》，王神父还译了《宗徒大事录》，它们均没有出版，手稿在1949年前被存于上海徐家汇图书馆。1892年巴黎外方传教会会士德雅（J. Deiean）出版了他的《四史圣经译注》。1897年耶稣会士李问渔（李陆遁）（Ly Laurent）出版了他的文言文中文译本《新经全集》。

1913年我国著名的教育家天主教徒马相伯先生翻译了《新史合编者按直讲》，1937年出版了他的《救世福音》，1947年又出版了他的《注解四史圣经》。

1919年耶稣会士萧静山翻译出版了《四福音》。1922年，又出版了他的中译本《新经全集》，译文流畅动人，成为中国天主教会的通用本。1948年出版了修订版。

文笔高雅的译文有曾任驻梵蒂冈大使的吴经熊博士，他在1946年和1949年根据英、法两种文字分别译出《圣咏释义初稿》及《新经全集》。

天主教中文圣经译文最全、水平最高的首推“思高本”圣经。它是由方济各会士雷永明（Gabriel M. Allegra）于1945年在北京创建的（1948 年迁至香港）“思高圣经学会”中十几位方济各会士历经 16 年（1945—1961）共同翻译的结果。它不仅包括新旧约圣经的全部经文。而且还附加了引言、注释、附录等 11 卷。1963—1968 年他们又花了 5 年时间加以修订，最终出版了《圣经》合订本。1992 年经中国天主教主教会团核准，中国天主教教务委员会正式采用此《圣经》为中国天主教会通用本。

台湾光启社出版了《新经全集新译本》，共分上下两册。

新教自 1807 年由马礼逊（Robert Morrison）首先传入中国。而新教《圣经》的第一个中文译本是由在印度传教的马士曼（John Marshman）及其助手拉沙（Joannes Lassar）译成。1811 年中文《新约》出版，1822 年《圣经全书》出版，当时称《新旧遗诏全书》。

马礼逊来华时曾带了天主教传教士巴设译稿的手抄本。在这基础上他于 1813 年译成了《新约圣经》，并于 1814 年出版。接着他又与米怜（William Miline）两人合译了《旧约》，并于 1823 年在马六甲出版了《新旧约全书》，称为《神天新旧遗诏全书》。以后，由麦都思（Medhurst）、郭实腊（Gutzlaff）、裨治文（Brigman）及马礼逊之子马鲁汉（J. R. Morrison）组成四人翻译小组，对此书进行全面修订。其中新约部分基本由麦都思重译。1840 年出版了修订版《神天新旧遗诏全书》。同年郭实腊又对此书的新约部分再次作了修订并单独出版，定名为《救世主耶稣新遗诏书》。太平天国所用的正是这一译本。

1843 年在华各大差会于香港召开“第一次联合差会会议”共同商讨重译圣经一事，并组成“委办译本委员会”。但一开始就因译名问题产生分歧。美国浸礼会首先退出。其后他们由高德（J. Goddard）对最早的马士曼的译本进行修订，并于 1853 年出版了《新约圣经》。该文本后又经罗尔梯（E. C. Lord）修订后于 1883 年出了修订版。1868 年两人又合作出版了《旧约圣经》译本。

留在委办会的成员则于1853年出版了《新约圣经》。由于对“God”一词的译法产生分歧，形成了两种版本。一称“上帝”本，也称“委办译本”，由大英圣经会采用；另一称为“神”本，由美华圣经会采用。以后麦都思等人又于1854译出委办译本的《旧约全书》，1867年与原已译出的《新约》合成《新旧约全书》的委办本。“神”本则由裨治文等人译出《旧约全书》，并于1864年出版了“神”本《新旧约全书》。

以上所说的这些版本都属“深文理本”，至1925年，各种问世的深文理版本约有230多种。

除了这种文本外，从19世纪下半叶开始还出现了不少半文半白的“浅文理”文本和白话文的官话文本。

“浅文理”本的主要译者是杨格非（John Griffith）和施约翰（S. L. Schereschewsky）。施约翰曾在1880年用浅文理中文译出第一篇《旧约圣经》中的一章——《诗篇》。1902年出版了他的《新旧约全书》浅文理本。杨格非于1885出版了他的浅文理译作《新约》，1905年出版了他译至《雅歌》的大部分《旧约》各章。

“官话”最早的译本是在1857年由麦都思和施敦力合译的南京官话本《新约全书》。1866年北京官话本《新约全书》问世。它是由丁韪良（W. A. P. Martin）、施约瑟、包约翰、白汉理（H. Blodget）、艾约瑟（J. Edkins）等5人组成的委员会历时8年译成。1872年又出了该书的修订版。由于对“God”一词的译法有分歧，形成了三种版本，即“神”版、“上帝”版、“天主”版。1874年施约翰用北京官话完成了《旧约全书》的翻译工作并且出版了该书。1878年大英圣书公会把该书与上述北京官话本《新约全书》合并为《圣经全书》出版。1889年杨格非翻译出版了他的《新约全书》的汉口官话译本。

1890年，在华的基督教各差会于上海召开传教大会，英美各圣经公会派代表参加。会议通过了以英文“钦定本修订版”为蓝本，翻译一本为各教派都通用的圣经中文译本，称为“和合译本”，并定出了“《圣经》唯一，译本则三”的原则。由此开始进行深文理、浅文理和官话三种和合译本的翻译工作。深文理译本由艾约瑟、惠志道（J. Wherry）、湛约翰（J. Chalmers）、谢卫楼（Z. Shelffield）、沙伯（M. Schaub）等人负责。1906 年他们出版了“深文理和合译本”的《新约全书》。“浅文理和合译本”由白汉理、白约翰、纪好弼（R. H. Graves）、叶道胜（J. Genahr）、汲约翰（J. C. Gibson）负责。他们于 1904 年出版了该文本的《新约圣经》。以后负责深、浅两文理翻译工作的委员会合并，从中选出 5 人翻译《旧约圣经》。1919 年，《新旧约全书》的“文理和合译本”问世。

“官话和合译本”先由 7 人负责。以后实际上仅有 5 人承担：狄考文（C. W. Mateer）、富善（C. Goodrich）、鲍康宁（F. W. Baller）、文牧师（G. Owen）和鹿依士（S. Lewis）。1906 年出版了《新约圣经》。1919 年出版了“官话和合本”《圣约全书》。它比“文理本”《圣经》早一个月出版。自它问世至今已近 80 年，始终是中国新教各教会通用的译本。

除这些译本外还有各种版本的各地方言译本。

地方方言主要分吴语、闽语、客家语、广东语四大类。其中用吴语出版的各种版本的圣经（包括各种单行本）有：杭州话 3 种、金华话 1 种、宁波话 37 种、台州话 21 种、温州话 4 种、上海话 49 种、苏州话 7 种。闽语包括的各种版本有：福州话 56 种、闽南话 32 种、莆田话 9 种、闽西话 8 种、潮州话 55 种。客家语的各种版本有 34 种。广东语的各种圣经版本约有近 60 种。此外，北方方言的译本有胶东话和直隶话的版本各 1 种。应该说明的是这些译本中有许多采用了外国传教士根据汉字发音创造的罗马拼音文字，当然也有用中文书写的。

以上所有译本大抵由外国传教士所译。中国人自己译圣经始于1929年，由朱宝惠和赛兆祥（Sydenstriker）合译的《新约全书》出版。此后朱宝惠独自修订《新约》并完成《旧约》的翻译工作，于1939年出版了《串珠注解原文释词重译新旧约全书》。1933年王元德翻译的《新约全书》出版。1939年又有郑寿麟、陆亨理（H. Ruck）合译的《新约全书》，书名为《国语新旧库》。1946年吕振中出版了《新约新译》，1949年又加以修订，1952年在香港出版了他的《新约新译修订本》。以后他又完成了《旧约》的翻译，1970年在香港出版了他的《新旧约全书》。

60年代以来在香港、台湾翻译出版了一系列的中文圣经。1964年香港出版了肖铁笛所译的《新约》，书名为《新译新约全集》。香港圣经公会以Living Bible为蓝本，于1974年出版了意译本《当代福音》（《新约》），1979年又出版了《当代圣经》（《新旧约全书》）；1981年又出版了简体字本《当代福音》。1971年，港、台圣经公会组织了许牧世、周联华、骆维仁等人承担了以《现代英语译本》（Today's English Version）为蓝本的译经工作，1975年译成并出版了《佳音》（《四福音书》）、《给现代人的福音》（《新约全书》）；1979年出版了《现代中文译本圣经》（《新旧约全书》）；1989年出版了《现代中文/现代英文对照圣经》（《新旧约全书》）。此译本的《新约》后还出版了天主教版，仅把个别译名作了少许改动。1976年，香港出版了对“官话和合本”《新约》稍作修订的新译本《新约全书》。1986年台湾“联合圣经公会”着手进行“官话和合本”《圣经》的新订版工作。

1979年在丁光训领导下，陈泽民、王神荫、骆振芳等人对“官话和合本”圣经进行修订，其中《诗篇》、《四福音》、《使徒行传》和《保罗书信》的修订稿初稿已完成，其它部分至今尚未完稿。1981年以来大陆仅新教出版的各种版本的圣经至1990年就有551万册，近几年来又增加了数百万册。其中包括《新约全书》、《新约附诗篇》、《新旧约全书》（神版）、《新旧约全书》（上帝版)、《新约附诗篇》(简体横排本)、《新旧约全书》(简体横排本)、《串珠圣经》等。

除了上述各种中文版本的圣经和部分用罗马拼音的地方方言的圣经译本外，还有用各种少数民族文字或用罗马拼音标出的少数民族文字的不同的圣经版本，有蒙文(包括康属话、喀克哈话、部利阿话)、朝鲜文、满文、哈萨克土耳其语、6种藏文(语)(包括西藏文、Ladakhi、Bunan、Manchad、Tinan、Abor Miri 等语)、泰语(包括仲家话、元江地区的傣族语、善语)、藏缅语(包括彝语、东、西傈僳语、拉祜语、纳西语、喇家语、瓦佤语)、苗语(包括川苗语、黑苗语、白苗语)以及哈尼族的 Kada 语和安南语等。此外在50年代以来台湾还出版了以“国际音标”或罗马拼音标出的雅美语、阿美语、布农语、排弯语、泰雅尔语等少数民族的各种版本的圣经。80年代以来，大陆新出的少数民族《圣经》有朝文、苗文、傈僳文、彝文、景颇文、佤文、拉祜文等。

(段　琦)

15年来我国基督教学术会议活动综述

随着改革开放的不断深入和宗教学研究的繁荣发展，我国学术界与基督教界自80年代初以来先后召开了多次有关基督教研究的学术讨论会，现将有关会议简述如下：

1982年6月10日至15日，由四川省《社会科学研究》编辑部、四川永川地委宣传部等单位联合举办的“反洋教运动和余栋臣起义学术讨论会”在四川大足县召开。约50名专家学者出席会议，共提交论文30余篇。会议讨论了反洋教运动和余栋臣起义的性质及其在中国近代史上的地位和作用，反洋教运动、余栋臣起义同会党的关系及其对义和团运动的影响等问题。

1985年4月20日至25日，由四川省《社会科学研究》编辑部和江苏省《江海学刊》编辑部等21家单位联合主办的“近代中国教案学术讨论会”在成都举行，这是建国以来首次关于近代中国教案专题的学术讨论会。150多位专家学者及史学工作者出席了会议。会议共收到论文80余篇，主要讨论四个问题，1. 关于“教案”的概念；2. 关于教案的起因；3. 关于反洋教斗争的性质；4. 关于反洋教斗争的历史地位和作用。

1987年9月20日至24日，在安徽省绩溪县召开“19世纪中国教案——义和团学术讨论会”，此会由吉林《社会科学战线》编辑部及全国25个学术单位联合发起。120多位专家学者及史学工作者出席会议。他们就教案斗争的性质、教案斗争的历史地位和历史作用、教案斗争的分期、各种社会力量与教案的关系等问题进行探讨。这是 1985 年成都会议之后，中国教案史研究工作者的又一次盛会。

1987 年 11 月 12 日至 19 日，“文艺复兴与宗教改革学术讨论会”在西安举行。来自全国 48 所大专院校、科研单位和新闻出版机构的专家、学者探讨了文艺复兴、宗教改革以及两者之间的联系等问题，提出了许多新的研究课题，例如：罗马教皇权与人文主义，支持文艺复兴运动的教皇和人文主义代表人物，文艺复兴和宗教改革的关系；马丁·路德后期实践和思想，马丁·路德与其他宗教改革家的比较，马丁·路德的经济观与宗教观等。本次会议对增进各地学者间的联系、交流最新研究成果起了积极的作用。

1988 年 3 月，21 位学者聚集在四川大学，召开了有关合作研究中国教会大学史的工作会议。与会者就教会大学史研究的意义、方法及中外学术合作的可能性等问题，进行了深入的探讨，并决定 1989 年 6 月在武汉举行首次教会大学史国际会议。

1989 年 5 月 18 日至 20 日，天主教上海教区光启社在徐家汇天主教堂举行徐光启学术研讨会，120 名天主教界与学术界的徐光启研究专家和学者与会。会议重点探讨了徐光启的宗教思想。

1989 年 6 月 1 日至 3 日，“中国教会大学史国际研讨会”在武汉举行。来自全国各高校、科研单位的 19 名代表，以及香港和美国、加拿大学者 8 名共 27 人与会。会议提交论文 24 篇。中外学者就教会大学的缘起、结构、办学特点和社会功能、教会大学与民族运动、教会大学与中国近代知识分子、教会大学与中西文化交流、教会大学的历史地位及演变、教会大学档案整理等问题进行了讨论。这次会议之后，中国教会大学史研究开始走向深入，并形成一定的声势。

1989 年 11 月 20 日至 25 日，第四次近代中国教案问题学术讨论会在贵州省贵阳市举行，与会者90余人。会议讨论了中国教案的起因、反洋教斗争和爱国主义、反洋教斗争的发展阶段等问题。

1990年10月7日至11日，由中国史学会、中国义和团研究会、山东省社会科学联合会和山东大学四单位联合在济南举行了“义和团运动与近代中国社会国际学术讨论会”。与会者共136人，其中国内学者108人，其余来自日、美、澳等国。“义和团运动与西方在华教会、教案”为会议主题之一，这方面的论文约有15篇。会后出版了《义和团运动与近代中国社会国际学术讨论会论文集》。

1991年6月，第二届“中国教会大学史国际研讨会”在南京师范大学举行。来自中国、美国、加拿大等国及香港、台湾地区的专家学者30余人出席会议。会议中心议题是：教会大学的办学环境与办学特点问题。

1992年11月10日至14日，由中国义和团研究会、四川省社科联、湖南省社会科学院、江苏省社会科学院等25个学术机构和团体共同发起的第四次“近代中国教案学术讨论会”在湖南怀化市举行。参加会议的专家学者来自北京、天津等11个省市及香港地区共70余人。会议提交论文30篇，着重探讨近代教案的起因、性质和评价，以及教会与传教士活动等问题。

1993年8月，由上海复旦大学文博学院、上海研究中心和美国旧金山大学利玛窦中西文化历史研究所共同主办，在上海复旦大学举行“近代中西文化交流国际学术研讨会”。来自中国、美国、日本、韩国等国家的30余名学者出席会议，发表论文25篇。会后出版了题为《基督教与近代文化》的论文集。

1993年10月，作为华中师范大学校庆90周年系列学术活动之一的“韦卓民学术思想国际研讨会”在华中师范大学举行。12位代表作了发言，分别从哲学、宗教、教育等方面对韦卓民先生学术思想进行了探讨。

1994 年 4 月，由中国国际文化书院、意中协会和特兰托大学联合在北京中国社会科学院召开“卫匡国与中西方文化交流国际学术研讨会”。来自中国、意大利、德国等地的 30 多位学者出席了会议，发表论文 30 余篇。会后用中、意、英文出版论文集《卫匡国，一位在十七世纪中国的人文学家和科学家》。

1994 年 5 月，在成都举行了“教会与中国现代化国际研讨会”。会议除讨论了教会与中国政治、经济、文化教育和宗教等问题之外，还论述了教会大学的建筑、教会大学在不同历史时期的作用、基督教在内地传播以及在华传教政策等问题，拓宽了教会大学史的研究领域。

1994 年 10 月 10 日至 14 日，由中国社会科学院世界宗教研究所和爱德基金会共同主办的“基督教文化与现代化国际学术研讨会”在北京举行。来自国内外的 45 名专家学者出席会议。会议围绕基督教与东西文化交流、基督教与民族文化、基督教与现代科学、基督教与经济发展、现代化对基督教的挑战、基督教与后现代化等议题，分别就 42 篇论文展开讨论。部分论文会后结集出版。

1994 年 10 月 26 日至 29 日，由北京大学哲学系和宗教研究所主办的“中美哲学与宗教学研讨会”在北京大学举行。来自北京大学等四所大学以及中国社会科学院等有关宗教研究部门的 14 位中国学者和来自美国 11 所大学的 12 位美国学者分别就其研究成果作了学术报告。中国学者主要阐述了他们对于中国宗教的历史和现状以及中西文化与宗教比较研究的学术论文，美国学者的论文主要从宗教哲学和神学的角度对基督教信仰所面临的挑战作了解说。

1994 年 12 月，由上海复旦大学历史系与美国旧金山大学利玛窦中西文化历史研究所共同主办的“近代中西文化交流学术研讨会”在复旦大学举行。研讨主题为：中西文化交流中的天人关系。30多名来自中国、美国、德国、韩国的专家学者出席会议，20多人在会上宣读论文或发言。

1995年10月，“社会转型与文化变迁国际学术研讨会”在华中师范大学举行，教会大学与文化变迁被列为会议的主要议题之一，20余名中外学者围绕教会大学与中国近代社会转型、教会大学的国际化特征，教会大学与女子教育、教会大学与国学研究等问题进行了广泛深入的探讨。

1995年10月，第二届“中西哲学与宗教研讨会”在北京大学举行。来自中国、美国、英国等地的约20多名学者出席会议，发表论文20余篇。

1996年10月，第三届“中西哲学与宗教研讨会”在北京大学举行。中国、美国等地的20余名专家学者与会。会议提交论文20多篇，会后出版论文集《东西方宗教伦理及其他》。

由上可知，15年来在我国召开的基督教学术会议涉及了基督教文化的方方面面，其中教案和教会大学是主要议题，自80年代中期以来，仅中国教会大学史这一主题，就编辑出版了7本学术会议论文集，发表了100多篇学术论文。传教士的历史作用及地位也是学术界和宗教界所关心的重要内容之一。这些会议的召开，有力地促进了我国基督教研究的发展。

（于 光）

其　它

儒教研究综述

学术界有人认为儒教是我国古代政教一体、始终居主导地位的宗教。近代以来，随着民族危机的加深，康有为等改良派思想家在鼓吹政治改革的同时，也提出了儒教的改革计划。其要点是仿照基督教的模式，更广泛地修建孔庙，并允许人人祭孔。辛亥革命的成功，不仅废除了帝制，也废除了和帝制联为一体的祭天祭孔活动，儒教失去了它的物质载体。在这种情况下，康有为等人组织了孔教会。强调孔教就是儒教，孔教和儒教的区别，仅是由于帝制的不存在，不能再以皇帝的始祖配天享受祭祀，而主张由孔子配天享受祭祀。孔教会要求当时的中华民国政府将孔教定为国教，在袁世凯复辟帝制的活动中，孔教会的要求起了推波助澜的作用。

君臣父子、三纲五常是儒教，也是孔教政治伦理的基本原则，以孔教为国教，就要有君主，也就是要复辟帝制，这是当时进步人士绝对不能允许的。以陈独秀为代表的进步人士指出，传统所说的儒教，只是教化之教，而不是宗教之教。他们不承认孔教也是宗教，因而不给孔教会以信仰自由。到 1937 年，终由当时的国民党政府下令，取消了孔教会，迫使它改名为孔学会。

以陈独秀等为代表的新派人物是中国新文化的始点，他们的论断也就影响了一代又一代的中国学者，并且经过中国学者影响到国外。从那时起，中国古代是个和世界上其它国家不同的、不以宗教为指导的国家的论断就成为定论,中国学者也常以此自豪，并以此为基础来论述中国文化和其它文化，首先是从西方文化的异同，来谈论新文化建设中的种种问题。

论者认为，由于近代社会诞生之初，西方教会对新派科学家的迫害，使宗教在数百年中被进步人士视作仇敌，造成这样的局面，首先是西方教会的责任。接受西方新的思想，把科学作为一切是非标准的中国新派学者，对宗教也采取排斥的态度。新中国建立以后，受这种思想的影响，在相当长的时间中，宗教也很少有人研究。

“文化大革命”之后，随着对“文化大革命”的反思，进而引起了对整个中国传统文化的反思。正确认识中国文化的本来面貌，首先成为研究中国传统文化的学者们的强烈愿望。

随着宗教研究活动的深入，对宗教和哲学都有深厚造诣的任继愈先生发现，中国古代并不是一个不以宗教为指导的国度。他指出儒教就是中国古代的国教。

1978 年年底，在中国无神论学会成立大会上，任继愈先生首次公开提出了儒教是宗教的论断。1979 年，在太原召开的文化大革命以后中国哲学史首次全国性会议上，任继愈先生又发表了同样的意见。同年，任先生访日，作题为“儒学与儒教”的学术报告。这个报告于 1980 年加以修改，以《论儒教的形成》为名，发表于《中国社会科学》1981 年第一期。该文指出，以孔子为代表的儒学本来就是继承了商周时代的天命神学和祖宗崇拜思想，在历史发展中又经过了两次大的改造。第一次在汉代，第二次在宋代。经过改造，孔子被作为宗教教主，儒家学说被改造成了儒教。儒教以天地君亲师为崇拜对象，以六经为经典；它有自己的宗教礼仪，那就是祭天祀孔的仪式；它有自己的传法世系，那就是儒家的道统论；它不讲出世，但追求一个精神性的天国；它缺少一般宗教的外在特征，但具有宗教的一切本质属性。因此，中国古代并非没有宗教神权的统治，因为儒教本身就是宗教。他还从一个更加广阔的角度指出，在资本主义以前，人类还不能摆脱宗教思想的全面统治，中国古代也不例外。1980年，《中国哲学》第三辑发表任继愈先生《儒家与儒教》一文，该文进一步指出，“宋明理学的建立，标志着中国儒教的完成”，儒教的“宗教组织即中央的国学及地方的州学、府学、县学，学官即儒教的专职神职人员”。儒教把宗教社会化，使宗教生活渗入到每一个家庭。朱熹是儒教思想的集大成者，他建立了一个庞大的儒教思想体系。此后，任继愈先生又在《中国社会科学》1982年第2、第5期连续发表了《儒教的再评价》、《朱熹与宗教》两文，进一步从世界史的广阔视野指出，儒教在中国的诞生，乃是“历史的必然”。董仲舒独尊儒术，还只是儒教的雏形；宋明理学，才是儒教的完成。并深入分析了朱熹学说的宗教性特征。这些文章从一个对近代人来说是全新的视野来观照中国的传统文化，在学术界以及社会上都引起了巨大的反响。但是由于儒教非教说的长期影响，要人们接受儒教是宗教说还要有一个相当长的过程。在此后的十多年里，学术界，首先是中国哲学史研究领域，许多学者都在自己的论著里表示了对儒教是宗教说的批评意见，而几乎没有一个学者表示支持。反对的意见指出，儒家不信鬼神，不能说它是宗教；儒家是入世的，不讲彼岸世界，不能说是宗教；儒教没有自己的宗教组织，也没有自己的宗教礼仪，不能说是宗教。也有的文章指出，儒家学说在历史上起着宗教的作用，但它自身不是宗教，最多可说它是一种准宗教，而且正由于它起了宗教的作用，也就使宗教不可能在中国古代成为统治思想。

1990年，牟钟鉴在《世界宗教研究》第一期发表《中国宗法性传统宗教试探》一文。该文指出，中国古代在佛、道二教之外，还存在一个“正宗大教”。这个大教对于中国传统文化的意义，比佛、道二教要重要得多。该文详细描述了这个大教的神灵系统，但不承认它是儒教，而认为它是国家官吏系统的宗教，与儒家无关。

1991年，何光沪《多元化的上帝观》(贵州人民出版社)出版，该书在序言中指出，中国古代以在天坛祭祀的昊天上帝为至上神的宗教体系，就是儒教。儒教尊奉的“天地君亲师”的天，就是“天佑下民”、“天讨有罪”的天，是万物的主宰，是有人格、有意志的神。同时，序言还批评了学术界对人格神理解的狭隘。1993年，赖永海《佛学与儒学》(浙江人民出版社)，指出，中国古代文化与世界上许多文化一样，“在相当程度上是一种宗教文化”。孔子和中国古代思想，都没有抛弃作为至上神的天。儒家的伦理、心性问题，其源头在天，是天道演化的产物。研究者只注意儒家对人事和政治的言论，抛弃对儒家有关天的言论，是将儒家“拦腰砍断”。这是在宗教学界最早支持儒教是宗教说的公开言论。

1994年，任继愈主编的《宗教大辞典》，经过激烈争论，决定将儒教入典。计词条约350，字数约5万。该词典大约于1998年由上海辞书出版社出版。

1994年，中国广播电视出版社出版了由李申主编的《中国古代宗教百讲》，该书包括儒教、佛教、道教、原始宗教、藏传佛教、伊斯兰教，其中儒教约占四分之一篇幅。1995年，李申在《世界宗教研究》第二期发表《关于儒教的几个问题》，对十多年间学术界对儒教是教说的批评作出了自己的回答。该文指出，孔子虔诚地相信天命鬼神，儒者们也都把昊天上帝作为自己信仰的至上神。儒者研究政治伦理诸问题，是在奉行上帝所赋予的治、教民众的责任。中国古代的国家组织，就是儒教的宗教组织，儒家特别重视的礼，就是儒教的礼仪。儒教是一个从外在形式到内在本质都完全合格的宗教。

从1983年至1994年，人民出版社陆续出版了由任继愈主编的《中国哲学发展史》先秦卷、两汉卷、魏晋南北朝卷和隋唐卷共四卷。先秦卷序言明确指出，儒教是中国古代占统治地位的意识形态，由孔子所创立的儒家学说，构成了儒教的思想基础。儒教“以儒家的封建伦理为中心，吸取了佛教、道教的一些宗教修行方法，加上烦琐的逻辑思辩的论证，形成了一个体系严密、规模庞大的宗教神学结构。它既是宗教又是哲学，既是政治准则，又是道德规范，将四者融合为一体”。这个序言表明，《中国哲学发展史》已自觉地在儒教是教说的指导思想之下进行工作。

在20世纪八九十年代之交，中国古代文化研究领域也开始有人承认或半承认儒教是宗教说。他们说儒教是准宗教或半宗教，有的也明确承认儒教是宗教。这些文章多是在论述其它问题时顺便提及儒教问题，明确支持儒教是宗教的言论还不多见。1996年，谢谦在《传统文化与现代化》杂志1996年第五期发表《儒教：中国历代王朝的国家宗教》一文，指出，儒教是中国历代王朝的国家宗教，“孔子及其儒家则是传教者，儒家之于儒教，非常类似西方神学之于基督教”。这是在传统文化领域明确支持儒教是宗教说的第一篇专论。

1996年，世界宗教研究所儒教研究室召开“儒教问题讨论会”。会上表示支持儒教宗教说。同年九月，在为北京大学宗教学系成立所召开的国际学术讨论会上，李申发表了《中国有一个儒教》的论文，该论文在会上引起了激烈争论，得到了北京大学一些学者支持。

通观儒教是教说在近20年间的发展状况，虽然到此文写作时为至，明确支持儒教是教说的学者在整个学术界还屈指可数，但儒教是教说正在被越来越多的学者所接受，所理解，所支持，则是一个不可否认的现象。

（李　申）

中国民间宗教研究

在中国封建社会，民间宗教被统治者视为“邪教”、“匪类”，不是研究的对象。为了查办这些宗教教派，官方或部分官僚知识分子曾记录了一些教派的活动，为后人留下了笔记杂录和官方文件。诸如明代的《餐微子集》、清代的《钦定剿平三省邪匪方略》、《钦定剿捕临清逆匪纪略》、《靖逆纪》、《破邪详辩》、《义和拳教门源流考》等等。本世纪初，革命党人陶成章为了联络会党及民间宗教共同对付清政权，撰写了《教会源流考》，提出了“北教南会”的观点。用现代意义考察，上述著作，均算不上研究，但对后世研究者或多或少提供了资料上的帮助。

真正现代意义上的研究，应从本世纪初开始。荷兰人德·格瑞特于1904年著《宗教受难史》，真正涉及了包括罗祖教、斋教在内的民间宗教的活动。在我国类似研究应首推陈垣。1923年陈垣在《国学季刊》发表了《摩尼教入中国考》。虽然意在考证外来的摩尼教在中国的展开，但客观的考据涉及到了该教被指为异端，遭受镇压及与秘密教派之关系，无疑为后人研究摩尼教的民间化有启迪。30年代初，日本也开始了中国民间宗教研究。最著名者为重松俊章，他在《史渊》上发表了《唐宋时代的弥勒教匪——附更生佛教匪》、《初期的白莲教会》等数篇文章。中国的陶希圣在1935年《食货月刊》发表了《元代弥勒白莲教的暴动》，基本史料皆取自重松俊章。清史专家孟森曾撰《满州老档译件论证之一》，此文借清政权入关前对民间教派善友会（闻香教之一支）的杀戮、收用并重的两手政策的考证及清实录对此类事件删润之真相，于考证中显露出善友会在清初的部分活动状况。孟森逝于1937年，此文不知撰于何时。另一篇水平较高的文章是吴晗撰于1940年的《明教与大明帝国》。该文对明教即摩尼教进行了较陈垣更详细的考证。特别对佛教弥勒信仰与摩尼教的融合、明教在宋元时代与农民运动、朱元璋建立大明帝国之关系更着力考证。此文虽非单纯考订明教渊源流脉，却让人感受到民间宗教运动曾在历史上发挥过巨大作用，因而格外引起学界注目。40年代尚有另外一篇研究摩尼教的重要文章，即牟润孙撰写的《宋代之摩尼教》。尽管后人对此文有不同观点，但仍在用他细心发掘的史料。

40年代前后的学者虽然在研究历史时或多或少地涉及到民间宗教，但未把它放到应有的学术地位而专门从事。1947年李世瑜在其比利时籍导师贺登崧指导下，首次采取田野考察的方法，前往河北万全县对宗教、庙宇、民风民俗诸方面进行了解，无意间发现了一个活着的民间教派——黄天道。李世瑜对黄天道的庙宇分布、信仰状况、教派祖师、源流进行了考察。在此前后他还对“大盛于沦陷区的秘密宗教”，诸如一贯道、归一道、一心天道龙华会等教派或会道门进行了调查。1948年他完成了《现在华北秘密宗教》一书。这部书是研究及资料的合集，具有开拓性意义，他向世人第一次以学者的眼光透露了中国民间宗教世界的一角，并从社会史的角度指出其研究的方法。这部著作的缺憾是几乎没有涉及后来研究者使用的第一手文字资料——档案、宝卷及其他官书、笔记杂录，因而导致口头传说惯有的以讹传讹及非系统化。李世瑜在1961年出版了《宝卷综录》，这是一部相当详尽的宝卷目录索引，为研究者提供了很大帮助。这部宝卷索引是以傅惜华编《宝卷总录》、胡士莹编《弹词宝卷书目》以及郑振铎、恽楚材、赵易林等人的研究为基础，经李世瑜自己的辛勤劳动集辑而成。这部索引，并未因人们又发现了大量新的宝卷而过时。1949年后李世瑜还发表了《宝卷新研》(1957年《文学遗产》增刊第四辑)，批评了郑振铎在《佛曲叙录》及《中国俗文学史》关于宋元时代即出现了宝卷的观点，认为最早宝卷是明正德间罗祖教的五部六册宝卷。1985年马西沙发表于《世界宗教研究》之《最早一部宝卷的研究》分别对郑、李两种观点进行商榷。以后李世瑜和加拿大学者欧大年共著文认为明宣德五年刻本《佛说皇极结果宝卷》为最早者。否定了明正德说。李氏的另一篇文章是发表于1963年《文史哲》的《青帮·天地会·白莲教》，文中指出青帮与罗教无的观点。马西沙和程歗于1984年在《南开史学》发表《从罗教到青帮》一文，以大量档案及宝卷史料考证和阐述了青帮起源及历史演变。"文革"以前另外一篇引人注目的文章是熊德基《中国农民战争与宗教及其相关问题》(1964年《历史论丛》)，较早地把民间宗教问题放在理论高度加以讨论，引起了人们的兴趣。

"文化大革命"中，民间宗教研究成为禁区。1980年以后，中国民间宗教研究成果累累，引起学界注目，至今已形成一个新的学科。喻松青于1981年发表于《清史研究集》第一集的《明清时期的民间宗教信仰和秘密结社》，以及李济贤于1982年发表在《明史研究论丛》的《徐鸿儒起义新探》、《白莲教主王森、王好贤不是农民起义领袖》及胡一雅《明代后期白莲教起义》等文章的意义是冲出禁区。李、胡的文章在史料运用上是严谨的，但仍囿于传统的农民战争与民间宗教关系上立论。喻松青则摆脱了这种传统观念，专注在民间宗教本身。但她对档案等第一手资料未作深入探讨、挖掘，遂使其文章力度不够。1987年喻松青将其论文集成《明清白莲教研究》(四川人民出版社1987)，较多地注意了对几部宝卷的分析。80年代中国对摩尼教研究有了突破并形成系统。其突出代表是林悟殊。他发表了《摩尼的二宗教三际论及其起源初探》(《世界宗教研究》1982年第3期）等十几篇关于摩尼教的文章，并于 1987 年撰就《摩尼教及其东渐》（中华书局 1987）专著。对摩尼教起源、教义、传入中国年代断代、及摩尼教寺庙等做了系统考析。此书虽然并非是民间宗教形态之摩尼教的专论，但对该教进入中国后的华北及民间化问题进行了考析。其不足是对明代以后摩尼教几乎没有考析。

对中国民间宗教做出深入钩沉并成体系研究的是马西沙和韩秉方。1983 年马西沙发表了其硕士论文《清前期八卦教初探》（《中国人民大学 1982 届硕士论文选》）这篇四万字的论文考析了八卦教的起源、组织结构，及世袭传教家族兴衰及华北地区民间信仰、农民运动之间的内在联系，深入到一种民间宗教内部探求其历史发展的轨迹。此文使用了大量以第一手清代档案资料。此后，马西沙与程歗合作发表了两万余字的《从罗教到青帮》（《南开史学》，1984 年第一期）的论文，从而解决了青帮起源和发展的问题。此文被全文翻译成日文发表。此后马西沙又撰写黄天教、江南斋教、三一教、白莲教、收元教及宝卷多篇论文。与此同时与合作者韩秉方进行了十余年的田野调查，多方考察并发掘史料。1989 年马西沙发表第一部专著《清代八卦教》。论者认为“作者以八卦教的起源、演变为线索，深刻地揭示了一个神秘的地下王国的内部结构、它的教义、仪式与教规，教权接续方式，传教掌权家族的兴衰及其与农民运动兴起的内在联系”。著名宗教史专家徐梵澄在 1992 年《读书》以《专史·新研·极成》为标题对《清代八卦教》一书进行了很高的评价。与此同时台湾《汉学》杂志也评论此书，并给予很高的评价。韩秉方则发表了《传入中国的摩尼教是如何演变为秘密宗教的》、《弘阳教考》、《罗教五部六册思想研究》等文。马、韩两人除了进行多年田野考察，并潜身于明清档案馆、北京图书馆、科学院图书馆、北大图书馆多年，多方收集第一手资料。1992 年 12 月马西沙、韩秉方合著的《中国民间宗教史》由上海人民出版社出版。这部专著共 107 万字。此书分析了民间宗教主要的思想资料及它与民间文化、正统宗教、正统思想之间的关系。指出作为中国宗教领域的一个重要组成部分，虽然它自成体系，但又与上层宗教、思想有着千丝万缕的联系；不仅如此，两者还存在着对抗、转化，存在着变革与创新。这种关系充斥在漫长的历史进程中。该书特别强调，民间宗教及一切俗文化是高雅文化和正统神学的孕育之母。正是下层民众及其文化、信仰、风习首先孕育了最初形态的民间宗教，进而正统宗教又在民间宗教的基础上锻造而成。一旦正统宗教形成，又对民间宗教的发展起到改变或重构的作用。

专家认为“在国内外同类著作中，无论广度还是深度上看都是首屈一指，它填补了中国宗教史学建设的空白，堪称这一领域的开拓性著作（《世界宗教研究》1993年4期）。《金陵神学志》也载文说“这是近年笔者所见同类著作中最好的一本，可谓体大思精。其史料丰富，识见深刻，浏览一过，很有入宝山目不暇接之感”。台湾学者江灿腾认为此书“充分利用军机处档案的资料，再配合长期的田野调查资料，于是写成划时代的巨著”。此书于1996年荣获中国社会科学院第二届优秀科研成果奖。

改革开放以后，中国大陆尚有一批学者从事民间宗教研究，其中，专以义和团研究为重点、其后又涉入民间宗教的山东大学路遥和中国人民大学程歉两人合著的《义和运动史研究》，不仅是义和团研究方面的力作，而且深入地涉及了清代华北地区的民间宗教问题。路遥在研究义和团后在山东地区进行深入广泛的调查研究。对八卦教、清水教等提供了新史料，进行了新的分析，撰写了《关于八卦教内部的一个传说》、《义和拳钩沉》等文章。程歉的专著《晚清乡土意识》虽然不是民间宗教专著，但他大量地应用民间宗教教义等资料分析流行于民间的宗教意识，颇有新意和深度。

长期从事秘密结社研究的上海学者周育民、邵雍也旁及到民间宗教，且有深度。周育民对一贯道前期史的研究与马西沙几乎同时进行，只不过两人使用资料来源不完全一致，周偏于官方史书及个人专集，马偏于清代诸类档案，两人成果分别见于《清代八卦教》及《近代史研究》。周育民与邵雍合著《中国帮会史》中对清代民间宗教多有涉及，时有深意。邵雍则在其后完成了《中国会道门》，从此书名目可知作者并不认同“民间宗教”的概念。除上述学者外，专门研究元代白莲教的杨讷成果丰厚，除了其发表在 1983 年《元史论丛》第二期的长篇论文《元代白莲教》外，尚有数篇专文。而他编的《元代白莲教资料汇编》及与人合编的《元代农民战争史料汇编》，都使研究者受益。天津的学者濮文起多年来努力从事民间宗教研究，他主编的《中国民间秘密宗教辞典》是我国第一部此类辞典，倾注了编者的心血和努力。更值得注意的是他发表在台湾《民间宗教》第 2 辑上的长篇现状调查《天地门教调查与研究》不仅是一篇佳作，而且展示了调查、研究的新的眼光与领域。此外，福建的谢重光、连立昌、北京的吴之称等人，对民间宗教也都有上乘的研究，极大地丰富了这一领域的成果，不可埋没。

台湾学者在民间宗教领域研究亦有骄人成绩。戴玄之 1968 年在《中国学诘》发表了《白莲教的源流》，1977 年在《大陆杂志》发表了《老官斋教》等文章。1990 年戴氏将毕生研究集成《中国秘密宗教与秘密社会》，代表了那一时期台湾学者的研究水平。1968 年李守礼发表了《明代白莲教考略》，史料详实、颇见水准。80 年代初庄吉发利用档案发表了《清代乾隆年间的收元教及其支派》、《清代青莲教的发展》等文章。庄氏利用第一手档案资料，无疑为台湾民间宗教研究拓宽了史料的来源。但庄氏并未能很好地利用可贵的资料。他缺乏把握历史的眼光和钩沉、解析历史的角度。其后则有林万传，他的《先天教研究》是一部非常具有参考价值的专著兼史料的作品，从中可以看出著者多年来专精于此的诚致。另外一位专攻民间宗教研究的是郑志明。他发表了《无生老母信仰溯源》、《中国社会与宗教》、《明代三一教主研究》等等一大批文章专著，其中除了《无生老母信仰溯源》颇见水准，其余无论史料钩沉还是理论构架都略嫌浮泛。与郑志明同时尚有宋光宇，其著《天道钩沉》，在政治意义上更大于学术意义。1992年年轻学者王见川发表《从摩尼教到明教》一书。此书借鉴了国内外学者，特别是陈垣、柳存仁、林悟殊及英国刘南强诸人著述，着力于明教在宋、元、明的展开。这部著作是王见川著述中较扎实者。此后王见川研究方向转向台湾斋教，并连续发表三篇长文对大陆学者马西沙、韩秉方《中国民间宗教史》第十章附录《台湾金幢幢教》进行批驳。马西沙、韩秉方分别著文《金幢教渊源史实辩证》和《罗教教派发展及其演变》（两文皆载于《台湾斋教研讨会论文集》，文津出版社）进行答辩。此后王见川、蒋竹山又编《明清以来民间宗教的探索》以纪念戴玄之教授。国内外许多学者撰文，使此书增添新色，水准亦高。此后王见川发表了《台湾的斋教与鸾堂》一书，对斋教三派的源流、经典、仪式、组织及鸾堂进行研究，并对《中国民间宗教史》有关章节“屡次言及，甚而有时亦持反论”（日本窪德忠语）。现在王见川正在编《民间宗教》杂志。

（马西沙）

宝卷研究

宝卷是一种传播宗教思想、宣扬因果报应、劝人向善的特殊的俗文学形式。它由通俗上口的散文和韵文诗、偈、曲相间组成，可供传诵说唱。

宝卷就其源流而言，可谓是唐代“变文”的嫡脉传承。当“变文”在宋初被官方禁令所消灭之后，宫观寺庙再不能讲唱这类经变故事了。但是，民间市井群众却依然喜爱这种说唱故事。于是在瓦子里（市肆街巷）便有人模仿着和尚、道士讲唱这些经书故事，宝卷就是由这类“讲经”故事演变而来。（据郑振铎:《中国俗文学史》东方出版社 1996 年版本，第 478—479 页）说唱的内容都是一些因果报应和佛教、道教故事。

关于宝卷何时出现，学术界有三种看法。其一是郑振铎先生的看法。他认为宝卷最早可能出现在宋崇宁二年(1103)，不然就是“宋或元”，最迟也不晚于“元末明初”。其二是李世瑜先生的看法。他认为宝卷出现要晚近得多，并反驳了郑先生的“宋元说”。认为:“郑著中根据一段关于《香山宝卷》的传说和《销释真空宝卷》、《目连宝卷》两种钞本的写绘形式就断定了宝卷可能起于‘宋崇宁二年’，不然就是‘宋或元’，再不然就是‘元末明初’，这样的说法是不可信的”。他断定:“无生老母的崇拜是起于明末，无生老母是秘密宗教的中心崇拜，宝卷是秘密宗教的经典，所以也是起于明末。”（李世瑜《宝卷新研》，载《文学遗产增刊》

第四辑，1957 年）。事实上，依据历史和逻辑的统一来判断，既然宝卷是从“变文”和“讲经”发展演变而来，那么，郑先生的看法就比较符合历史发展的真实，或出现在宋末，至迟也不晚于金、南宋时。可惜的是，郑先生只拿出了颇具“神话色彩”的宋崇宁二年（1103）《香山宝卷》这个不可靠的孤证。李世瑜先生断定宝卷的产生必然与民间秘密宗教联系在一起，把最早的宝卷也断定是民间秘密宗教的经典，这也是值得商榷的。因为宋代僧道们或民间说书人“说经诨经”、“弹唱因缘”（即演化为后来宣唱的宝卷），内容皆以“因果报应及佛道的故事为主”（郑振铎《中国俗文学史》，东方出版社，第 479 页）。只是到了后来，才被民间宗教的创教祖师们看中利用，把宝卷当作了演说其教义思想的载体，使宝卷成了民间宗教的经典。然而，即使到了这时，作为民间宗教经典的宝卷仍只是众多宝卷中的一部分，同时还有许多劝善故事类型的宝卷存在着。1985 年秋马西沙、韩秉方在山西发现了迄今为止所见最早的一部宝卷——《佛说杨氏鬼绣红罗化仙哥宝卷》，证明上述的推断是正确的。这部由山西省博物馆藏的木刻刊本《佛说杨氏鬼绣红罗化仙哥宝卷》，扉页上赫然刻有“至元庚寅新刻”字样，在该宝卷目录后，且刻有“依旨修纂，颁行天下，崇庆元年岁次壬申长至日”字样。据此可知，《红罗宝卷》初刻于金崇庆元年（1212，南宋嘉定五年），新刻（即重刻）于元朝至元庚寅（1290）年，即元世祖忽必烈登基后的 27 年。这一发现，使宝卷至迟在金、南宋时已经出现说，有了确凿的证据。

如果说从金——南宋时就已经有了在市井和社会下层民众中传唱流行的宝卷，那么尔后至迟到明代，层出不穷的各民间宗教教派又纷纷编撰出以传播某种教义思想为特色的宝卷，从此，数量日益增多的劝善性宝卷与民间宗教经典的宝卷就在社会上广泛传布，四处传唱，对元、明、清乃至民国时期的社会生活和文化思想，特别是对广大下层民众的思想意识、道德信仰产生了深刻影响。但是，长期以来，历代统治者与上层知识分子对宝卷却熟视无睹，不予理睬，认为它们内容粗俗，鄙俚无文，不值得重视与研究。只是当某些民间宗教（如罗教）的信徒，试图把宝卷混入佛教大藏经，遭到朝廷的明令禁毁（明万历四十六年）；或者是农民起义的领袖们利用私刻与传抄的某些宝卷的内容鼓动造反，因而受到官方（清代中后期）的追查毁禁时，才引起人们的注意。尽管如此，在社会上明里暗里流传的宝卷数量仍然很多，截止到民国时代，当不下百种。

关于宝卷的研究，不得不提到黄育楩。他是清代嘉庆道光年间的一位地方官，为配合朝廷镇压“邪教”（即民间宗教），他将当地民间并寺庙所藏的民间宗教经典——宝卷68种，“摘出各经各品妖言”，“择其主意所在之处，详为辩驳”，写成《破邪详辩》六卷，广为刊刻印发。作者本意当在痛加批驳和销毁这些宝卷，但客观上却对后来的研究者提供了难得的线索和资料。事实上真正对宝卷进行收集研究还是现代的事。如胡适、俞平伯、周作人、向达、郑振铎、吴晓铃等人都对宝卷作过探讨。其中史学家向达先生，早在30年代初就已指出：明清时期曾大量出现在下层社会的宗教性宝卷，就是“白莲教的经典”（当时对民间宗教通称之为白莲教）。而郑振铎先生则从俗文学史的角度对其源流进行了深入的探索。到了40年代后期，青年学者李世瑜则对流行于华北地区的黄天教、一贯道和皈一道等四个教门，进行社会调查，写出了《华北秘密宗教》一书。书中对四个教门所涉及的宝卷的教义思想，作了比较深入的分析研究。同时，傅惜华先生编辑出版了《宝卷总录》，对已知和存世的宝卷目录作了首次检阅。尔后在《总录》的基础上，李世瑜又进行了大规模的查找、收集、整理，于1961年出版了《宝卷综录》，这是迄今为止最完整的一部宝卷目录。此外，李世瑜还写出了《宝卷新研》，发表于1957年《文学遗产增刊》第四辑上。该文对宝卷的出现、内容和性质提出自己的新看法。这里还应该指出，战后日本学术界利用他们在中国收集到大量宝卷这一优势，开展了对中国民间宗教和宝卷的研究，如酒井忠夫、铃木中正、泽田瑞穗和浅井纪等学者，先后发表了一系列文章与著述，取得了引人瞩目的成绩。比较重要的有酒井忠夫的《中国善书的研究》，铃木中正主编的《千年王国民众运动的研究》，泽田瑞穗的《宝卷的研究》(后又出版更为详尽的《增补宝卷研究》)和《校注〈破邪详辩〉》，浅井纪的《明清时代民间宗教结社的研究》。

“文化大革命”结束后，中国学术界冲破科学研究的禁区，民间宗教和宝卷的研究也掀开了新的一页。

如所周知，1949年以后，在中国历史界最重视的课题是农民战争问题，所以，与历次农民起义往往有密切关系的秘密宗教也经常被涉及到。与此相连，民间宗教的经典——宝卷，也当然会受到关注。事实上，早在60年代，史学家熊德基就曾睿智地指出罗教的五部六册宝卷，对明清时代各民间宗教的教义思想有重要影响。上海学者杨宽则在分析一些宝卷的思想内容的倾向性时，认为某些宝卷中宣扬的追求平等、同财共色的思想，就是农民起义的纲领口号。显然，当时杨氏这种看法，未免有拔高之嫌。“文革”以后，学术复兴，一些关注民间宗教的史学工作者，开始在研究民间宗教的历史作用时，对宝卷中的宗教教义思想进行较多的新探索。如喻松青在70年代至80年代初，写出《罗教初探》和《明清时代民间的宗教信仰和秘密结社》两篇文章，就对在五部六册宝卷中所体现的罗教的教义思想进行了分析。虽然这些文章试图突出民间宗教的个性，但论文还是围绕着长期以来着重于探讨宗教在农民战争中究竟起什么作用这一主题展开的，且仍沿用把一切民间宗教教派统称为“白莲教”的旧称谓，带有转型期的特点。尽管如此，他们的研究成果，确实起到了一定带头作用。到了80年代初期，中国社会科学院世界宗教研究所马西沙和韩秉方两位学者，以新的视角，全力投入到民间宗教的研究事业中，才使宝卷研究出现新局面。他们采用查阅内阁大库档案、翻检官书方志、搞田野调查与访寻宝卷相结合的方法，依据大量第一手资料研究民间宗教，并结合教门分析宝卷的教义思想内容，陆续取得了一系列的研究成果。其中与宝卷研究关系较大者计有：论文：《黄天教源流考略》（马西沙著，《世界宗教研究》，1985 年第 2 期）、《最早一部宝卷的研究》（马西沙著，《世界宗教研究》，1986 第 1 期）、《江南斋教》（马西沙著，《清史研究集》第七辑，光明出版社 1990 年）、《罗教“五部六册”宝卷思想研究》（韩秉方著，《世界宗教研究》，1986 年第 4 期）、《弘阳教考》（韩秉方著，《世界宗教研究》，1985 年第 4 期）等；专著：《清代八卦教》（马西沙著，中国人民大学出版社，1989 年）、《中国民间宗教史》（马西沙、韩秉方合著，上海人民出版社，1992 年）。其中最重要的是马韩两位通力合作撰写的专著《中国民间宗教史》。这部长达 100 多万字的著作中，全面考察了上至汉代，下迄清末两千年中国民间宗教发展的历史，研究分析了近 30 个教派宗门，是他们历尽 10 年，在浩瀚史料中辛勤耕耘的结晶。该书在所涉及的 30 多个教派的研究中，对明清时代的每个教门编撰的宝卷，都尽可能地进行了详尽的分析研究。

从南宋至民国时期这七八百年间，宝卷一直在下层社会民众中间流行传唱，数量极为众多。随着时间的推移，历经无数劫难，有相当数量的宝卷则在传播过程中被销毁或遗失了。保存到现在的宝卷，弥足珍重。据不完全的统计仍约有千种之多。但国家各级图书馆仅保存了一小部分，而更大量的是分散收藏在私家和失落在民间，至今没能集中力量进行全面的搜集和整理，这是研究宝卷的一大缺憾。宝卷不仅数量大且内容非常丰富，是研究下层社会、宗教、民间信仰、民俗、俗文学……总而言之是研究中国传统文化的又一个重要宝藏。可以毫不夸张地说，迄今尚未完全收集起来的上千种宝卷，是继20世纪被发现的甲骨文、敦煌藏书和内阁大库档案之后又一个资料集群，有重大的学术价值。目前，国内外学者对宝卷的研究，仅仅只是开始。大量宝卷仍有待于人们去发现、收集、整理。

可喜的是，近年来国内从事于宝卷收集、整理、研究的学者正在增多，如天津社会科学院成立了以李世瑜为顾问的“中国民间宗教研究中心”。中国人民大学的程歉和宋军，福建的林国平、连立昌，南京大学的蔡少卿，扬州师范学院的车锡轮等人，都从不同角度，开展对宝卷的研究，取得了一定的成绩。此外，在台湾也有一些学者，近些年来开始注重宝卷的研究，如郑志明、林万传、宋光宇、王见川等人。他们利用台湾现实社会中民间宗教仍在蓬勃发展的有利条件，对民间宗教和宝卷进行研究，取得了引人注目的成果。除日本以外，国外一些汉学家如著名的美国学者欧大年、德国的苏维德、俄罗斯的斯徒洛娃等，也从各自不同的视角研究宝卷，对中国学者有一定的启发作用。

总之，宝卷的研究已摆脱了过去那种形单影只，孤掌难鸣甚至少有人问津的冷落状况，正在渐渐地变成国内外学术界关注的热门课题了。预计不久将会有重大成果问世。

（方则之）

新兴宗教研究综述

对新兴宗教的研究在我国开始于1977年。最初只是对个别新兴教派和现象作些零散介绍。随着改革开放的步伐加快，到80年代，尤其是80年代的下半叶，学术界对新兴宗教的研究和文章逐渐增多，其研究深度和广度也较前有所突破。进入90年代不仅文章数量更多，而且出版了好几本有关书籍，对新兴宗教的研究又上了一个新台阶。如今中国社会科学院世界宗教研究和上海社会科学院宗教研究所正集中一批力量对新兴宗教进行较系统的研究。

当前对新兴宗教的研究在理论层面上有：新兴宗教的定义、特点、分类、产生的根源（包括社会、经济、政治、文化、心理等诸多因素）。所涉及的具体的新兴教派研究主要包括：形成的背景、创始人、历史、经典、信仰、组织、活动、对社会的影响及分布等。

有关国外新兴宗教的研究，主要侧重于美国和日本，其中相对集中的教派有摩门教、耶和华见证会、巴哈伊、创价学会、立正佼成会、灵仙真佛宗以及50年代以来所创立的被许多人视为邪教的统一教会、科学学派、上帝的儿女、人民圣殿教等。近年来则对震惊世界的日本奥姆真理教有颇多的文章和书，此外对美国的大卫支派、太阳圣殿教等也有一定的研究。如今对西方新兴宗教中异军突起的新时代运动也开始有人进行这方面的研究，例如德君的“西方的‘新时代’运动与宗教的复兴”（《世界宗教资料》，1992年第1期）。在这些研究中，最系统而详实地对某一个新兴教派进行研究的书是何劲松所著的《创价学会的理念与实践》（中国社会科学出版社，1995年）。该书从历史的发展和沿革的角度，全面系统地阐述和展示了如今发展为全日本最大的宗教文化团体创价学会理念和实践的发展变化，特别是阐明了该学会如何将传统的佛教理论与现代哲学思想巧妙地结合起来，形成自己独特的宗教教义，并成功地运用于折伏传教的实践之中，从而使佛教走出了形骸化的躯壳，重新回到了人间，获得了新的生命。有关其它新兴宗教资料较丰富的书有：《美国宗教嬗变论》（段琦著，今日中国出版社，1993年）中的部分内容、《当代西方邪教》（陈训明著，四川人民出版社，1992年）、《奥姆真理教的覆灭》（于红雨等编，国际文化出版公司，1996）、《当今世界宗教热》（邢东田编写，华夏出版社，1995年）、《世纪末的疯狂——西方邪教透视》（于长洪、张义敏著，世界知识出版社，1996年）。后两本书中都对新兴宗教产生的根源作了一些分析和探讨，尤其是最后一书，从多层面作了分析，例如社会变化之快使人产生迷失感，文明的进步造成的威胁（环境污染、天气异常等），人际关系淡漠，内心世界的苦闷，道德的沦丧等等构成了“世纪末灾难”说的流行等。在对新兴宗教在西方社会兴盛的原因分析的论文中，罗伟虹的“末世邪教——世界新宗教热剖析”一文值得一读。该文重点分析了邪教兴盛原因，主要有“利用神秘主义来吸引信徒”，并“以科学为幌子，替神秘主义披上一件科学的外衣，借科学手段，表现宗教神奇功能”，“以末世论与拯救社会为号召”，再加“封闭的社团组织”，实行“爱的轰炸”、“精神治疗”等手段。

国内新兴宗教的研究一般侧重在邪教。上海社会科学院宗教研究所的“八五”重点项目——“上海宗教问题研究”中专门就邪教组织活动情况作了研究。他们从三方面作了阐述：一是新宗教运动与邪教的特点；二是我国邪教发展情况；三是上海邪教活动情况及对策研究（《当代宗教研究》，1996 年第 4 期）。中国社会科学院世界宗教研究所的研究人员钟科文先生在对中国一些地区的宗教作了大量的调查后于 1993 年 10 月写了调查报告《有神论的新载体和新时代、新宗教运动；兼论神化气功和特异功能》。此后又在此报告的基础上写了《气功与特异功能解析》(当代中国出版社，1996 年)，对我国当前以伪科学的面貌出现的新兴宗教的特点作了透彻分析和揭露，有理论、有实际，有相当的深度。全书共分 13 章，主要有：宗教神异怎样转译成“科学”语言、“宗教神学”中的“特异功能”现象、“大气功师”的神迹种种、“特异功能”与中国传统宗教信仰的特点、中国传统文化和民族精神都包含些什么内容、神化气功、特异功能与现代科学哲学问题、中国传统哲学的“科学”新解、“禅”和“潜意识”、反对者的意见和科学的检验、科学界的解释和“巫”的历史遭遇、“新宗教”和“新时代”的历史回顾、“新宗教”在当代中国的存在是可能的吗？等等。实际上这是我国第一本从新兴宗教角度揭露伪气功，并把它与“禅”和“新时代”运动相联系的书。它提出的问题也发人深醒。此外，由中国基督教三自爱国会与基督教协会出版的《坚持真理抵制异端》(赵志恩编，1996 年）一书，对我国以基督教面貌出现的异端邪教进行了介绍和揭露。

对港台的新兴宗教研究方面也有不少文章和一些书籍。在这些研究中内容较为丰富的是台湾郑志明教授写的《台湾当代新兴宗教》(灵鹫山般若文教基金会国际佛学研究中心，1996 年）。该书首先对台湾的新兴宗教现象作了总的分析，并对新兴宗教的各种界定和发展情况加以阐述，接着对具体的三个台湾新兴教派——灵仙真佛宗、禅定学会、万佛会作了系统的介绍，包括它们的创始人、发展的历史、主要的宗教思想和活动、今天在台湾和世界的分布等情况。在大陆发表的台湾李亦园教授的文章《新兴宗教与传统仪式》(《思想战线》(昆明)，1997.3) 从人类学的角度考察台湾新兴宗教，颇有新意。大陆学者也有对港台新兴宗教进行研究的，如张新鹰的《台湾“新兴民间宗教”存在意义片论》(《世界宗教文化》，1996 年夏季号)，对台湾以古老传统的承继者相标榜的新兴宗教作了剖析。

以上的这些研究从总体而言尚属起步阶段，与国外在这方面的研究差距还很大。特别是在宗教心理层面上的研究几乎是空白。这个问题已开始引起一些学者的注意。

当前研究新兴宗教的机构主要是中国社会科学院世界宗教研究所的“新兴宗教研究课题组”，此项研究项目由国家社科基金资助，列入“九五”计划。上海社会科学院也把新兴宗教作为当前研究的重点。此外国务院宗教局宗教研究中心对新兴宗教研究也十分重视。

反映新兴宗教研究情况较多的杂志有《世界宗教文化》(前身为《世界宗教资料》)、《当代宗教研究》、《宗教与世界》(内部资料)。

(段　琦)

1979～1996 年我国宗教学学术会议综述

1979 年初，中国社会科学院世界宗教研究所在昆明召开全国宗教研究规划会议。这次会议是党的十一届三中全会之后，我国宗教学研究事业从十年浩劫中苏醒过来，重新起步的重要标志。会议讨论了新的历史时期宗教研究的方针、任务和指导思想，检阅了当时全国宗教学研究的力量分布和所达到的学术水准，制定了全国宗教学研究 1979—1985 年规划（草案），成立了全国性的宗教学术研究群众团体“中国宗教学学会”。从此，我国的宗教学研究工作开始了长足的发展，宗教学作为独立的学科，引人注目地登上了人文社会科学的舞台。

1981 年 7 月 26 日至 31 日，中国宗教学学会在北京召开“全国宗教学学术讨论会”，来自 18 个省、市、自治区的宗教学科研、教学人员及宗教部门工作者 90 多人到会。收到论文 66 篇，包括佛教、伊斯兰教、基督教、道教、少数民族宗教、民间宗教及马克思主义宗教学原理等方面内容。会议对 1979 年中国宗教学学会成立以来各地宗教研究开展情况进行了广泛交流。

1982 年上半年，由中国社会科学院世界宗教研究所主持召开的宗教理论座谈会在北京举行。60 多位从事宗教研究和宗教工作人士出席了会议，代表们结合建国以来宗教工作正反两方面的历史经验，以及我国社会主义时期宗教问题的基本观点和基本政策，着重讨论了宗教理论的研究问题。

1984 年 12 月 12 日至 14 日，中国社会科学院世界宗教研究所在北京举行纪念建所 20 周年学术讨论会。会议以“新时期的宗教研究”和“中国历史文化和宗教”为题，就在新的历史时期，宗教研究应如何为社会主义物质文明和精神文明的建设服务，在研究范围上应包括哪些方面，应当运用什么方法、采用什么手段从事研究等内容，展开了热烈的讨论。

1984 年 12 月，上海宗教学会举行 1984 年度会议，会议交流了近年来在宗教研究方面的成果，就宗教在社会主义时期还将长期存在的原因、宗教与社会主义社会相协调问题以及建国以来宗教界的变化等方面进行了探讨。

1988 年上半年，由安徽省委统战部、省统战理论研究会和省政府宗教事务处联合主办的“安徽省宗教理论讨论会”在合肥举行，收到论文 53 篇，来自本省的 80 多位理论工作者和实际工作者出席会议。会议就社会主义初级阶段的宗教问题和如何做好宗教工作展开了深入讨论。

1988 年 12 月 16 日至 18 日，中国宗教学学会在北京举行第三次会议。会议议题为：十一届三中全会以来我国宗教研究工作的回顾和对今后的展望；修改学会章程；调整领导机构。党政机关、科研部门、高等院校和宗教团体的 100 多名代表参加会议。会议通过将学会名称改为中国宗教学会。

1990 年 6 月 28 日，上海社会科学院宗教研究所和上海市宗教学会在上海举行“宗法性传统宗教讨论会”。30 多位学者到会。与会者就宗法性传统宗教的定义、宗法性传统宗教的历史作用、研究中存在的问题以及理论和现实意义发表了各自的见解。

1990 年 11 月 1 日至 3 日，中国社会科学院世界宗教研究所“当代宗教研究室”在北京举行首次“中国当代宗教现状研讨会”。会议以我国当代宗教现状的估量和分析为主题，出席会议的教内外代表80余人围绕中国当前的宗教现状、特点及发展趋势进行了深入探讨。

1991年5月3日至5日，“中国宗教学会华东地区学术讨论会”在上海举行。会议主题是介绍宗教学和分支学科研究现状及发展趋势。来自全国近60位专家学者围绕当代世界宗教概况、我国宗教研究现状及学科建设等问题进行了广泛深入的研讨。

1991年5月，由文登市政府、北京史地民俗学会、中国旅游文化学会联合主办的“宗教文化国际研讨会”在文登市召开。来自中国内地、台湾、香港以及日本、美国、苏联、加拿大的专家学者80余人参加了会议。研讨会就中国宗教文化的研究现状，宗教文化中的民族优秀文化成分，以及全真派道教文化的历史地位等问题做了广泛研讨。

1992年11月24日至27日，由江苏省社会科学院、省社科联、南京师范大学、省哲学史与科学史研究会四单位联合发起的“儒释道与中华民族精神学术研讨会”在南京师范大学举行。出席会议的近50名专家学者来自北京、上海、浙江、安徽、江苏、山东、河南等省市。共收到论文15篇、专著1本。这次会议从中国传统文化的主体内容儒释道入手，探讨其特点、变化以及相互关系，重点论述了儒释道与中华民族精神的关系。

1993年10月11日至14日，由中国宗教学会和宁夏社会科学院回族研究所、中东伊斯兰国家研究所联合筹办的中国宗教学会西北地区学术讨论会在银川举行。来自北京、上海、江苏、陕西、甘肃、宁夏、新疆等省、市、自治区的40余位代表出席了会议。会上22位代表作了学术发言，提交论文13篇。主要议题围绕宗教与经济的关系、宗教工作与经济工作的关系、宗教经济行为与宗教经济活动、宗教理论研究的前景及方法四方面展开。

1994年6月21日，上海宗教学会在上海召开“宗教与社会主义社会相适应讨论会”。来自宗教工作部门、学术界和宗教界的学会会员约40人参加会议。与会者认为：宗教与社会主义社会相适应，是总结了社会主义社会中宗教发展变化的实践而得出的结论，宗教与社会主义社会相适应是一个动态过程。为使宗教与社会主义社会相适应，党和政府必须从法律和政策的角度，真正保护公民的信仰自由权利。

1994年8月16日至18日，由中国社会科学院世界宗教研究所和台湾“中华宗教哲学研究社”共同主办的“海峡两岸中国传统文化与儒道会通学术研讨会”在北京召开。来自内地与台湾的48名专家学者到会，收到论文34篇。会议以中国传统文化、儒道思想在中国历史文化架构中的定位及对现代社会发展作用为主题，进行了深入探讨。

1994年11月15日至17日，“当代宗教问题研讨会”在北京召开，主办者是国务院宗教事务局宗教研究中心。北京、上海、江苏、辽宁、四川、山东、新疆、宁夏等地46名代表出席会议。与会者就当代宗教问题的研究展开讨论。

1995年9月，由北京大学主办的“宗教学国际学术研讨会”在北京大学举行。本次大会共有包括中国在内的10多个国家和地区150多人参加，提交论文70多篇，分三个组进行讨论。学者们对宗教的本质、历史、作用、存在与发展的原因以及未来趋势进行了深入研讨。在本次大会上正式宣布北京大学宗教学系成立。

1995年10月13日，由上海教育学院宗教文化研究中心，上海社会科学院宗教研究所和华东师范大学宗教研究室联合主办的“宗教与文化学术研讨会”在上海教育学院举行。此次会议旨在对宗教与文化的关系，包括宗教与民族文化传统、宗教与当代文化建设等问题展开探讨。

1995年12月6日至8日，“中国宗教学会第四次会议暨宗教与中国现代化学术研讨会”在天津举行。来自学术界、政府宗教事务部门及宗教界的120多位代表出席了会议。会议集中交流和探讨了宗教与中国现代化问题。并选出了学会新一届理事会和领导成员。

1996 年 9 月 4 日至 6 日，中国社会科学院世界宗教研究所与台湾“中华宗教哲学研究社”共同举办的“海峡两岸中国文化与中国宗教学术研讨会”在成都举行。内地与台湾的代表 57 人出席会议，收到论文 41 篇。会议围绕中国传统文化、传统宗教以及中国传统文化与中国宗教在世界文化体系中的作用和在当代人类社会中的地位等问题展开了深入探讨。

这一系列宗教学术会议的召开，一方面对宗教学研究起到了推动作用，另一方面也是对研究工作的总结与评述。正是通过这些会议，集中地探索了宗教学研究的方向、目标与理论方法，讨论了宗教如何与社会主义社会相适应，为两个文明建设服务等问题。随着人们思想的进一步解放，宗教学术研究的日益繁荣，宗教学研究作为人文社会科学的一个重要组成部分，定会以它独特的魅力为促进社会良性发展起到积极的、更大的作用。

（于　光）

资　　料

已故当代中国宗教学者撷英

才旦夏茸　藏族，1910年生，青海化隆县人。13岁被认定为青海德扎寺活佛，接受系统藏传佛教寺院教学。三四十年代在青海、甘肃、四川等地参加辩经和讲经活动。50年代在青海民族学院任教。1980年后，被聘为西北民族学院教授。1985年逝世。毕生致力于藏族传统文化研究，对藏传佛教文化、藏族语言和藏族历算尤为见长。主要著作有《堪仓全传》、《喇嘛教等称谓正误辨》、《藏族历史年鉴》、《藏文文法论》、《藏区各教派名称考》等。

马　坚　伊斯兰教学者。字子实，1906年生，云南个旧人，回族。早年就读于上海伊斯兰师范学校。1931年被选送埃及爱资哈尔等校学习。此间著义《中国回教概观》，译《论语》为阿拉伯语。回国后主要从事《古兰经》及阿拉伯文论著的翻译工作。1945年后，先后任云南大学、北京大学东方语言系教授。1949年9月出席中国人民政治协商会议，是第一、二、三、四、五届全国人民代表大会代表。历任中国伊斯兰教协会常务委员，中国亚非学会理事。译著较多，出版的有《回教哲学》、《回教真相》、《伊斯兰哲学史》等。1978年逝世。

马肇椿　伊斯兰教学者，1917年1月13日出生，安徽安庆人，回族。1939年毕业于清华大学外语系。1946年赴美、英、法、瑞士等国考察，开始研究世界伊斯兰历史和伊斯兰学术文化。1949年回成都从事民族工作，1956年调中国伊斯兰教协会编译组任翻译，并在中国伊斯兰教经学院任教，编写《世界伊斯兰教史》教材。是中国伊协第四、五届委员会委员、中国伊协研究部副主任，并被聘为中国社会科学院世界宗教研究所副研究员；担任《简明不列颠百科全书》中文版的主要译者和审校者、《中国大百科全书·宗教》卷伊斯兰教分支学科副主编。参加《中国通史》的编写工作。学术论文有《伊斯兰教简介》、《先知穆罕默德传略》、《世界伊斯兰教新气象》等。1996年1月8日在北京逝世。

王　明　浙江乐清人，1911年10月生。毕业于北京大学，先后任国立中央研究院历史语言研究所助理研究员，中国科学院考古研究所副研究员，中国社会科学院哲学研究所研究员，并担任中国哲学史学会副会长。致力于中国思想史和道教史的研究。主要著作有《道家和道教思想研究》、《太平经合校》、《抱朴子内篇校释》等。1992年3月13日在北京逝世。

王　森　1912年生，河北新安县人。字森田，号雨农。1935年毕业于北京大学哲学系，师从汤用彤、周叔迦先生。历任清华大学、北京大学、中央民族学院教授。1958年后任中国社会科学院民族研究所、世界宗教研究所、中国藏学研究中心研究员。1991年逝世。一生专治藏传佛教、藏传因明学和藏族史，精通梵、藏、英、日等文字。主要著述有《西藏佛教发展史略》、《民族文化宫藏梵文贝叶经目录》、《佛教梵文读本》等。

王恩洋　1897年生，四川南充人，字化中。1919年在北京大学学习印度哲学，后在南京支那内学院师从欧阳竟无研究法相唯识，1925年在该院任教。此后十几年主要从事教学和著述工作。

1942 年创办东方文教研究院。1957 年出任中国佛学院教授。1964 年在成都病逝。通内外学，精通法相唯识，主要论著有《摄大乘论疏》、《唯识通论》、《心经通释》、《佛学通论》、《人生学》、《人生哲学与佛学》、《起信论料简》等 200 余篇（部）。

牙含章　1916 年 10 月生于甘肃和政县。1936 年开始在拉卜楞寺和拉萨哲蚌寺研究藏族史和藏传佛教。1938 年在陕甘宁边区关中分区陕北公学学习。曾任中共西藏工委秘书长、内蒙古大学副校长，中国无神论学会副会长，中国社会科学院民族研究所所长。1989 年 12 月病逝。长期从事民族宗教问题研究，主要著作有《达赖喇嘛传》、《班禅额尔德尼传》、《无神论和宗教问题》等，主编《中国无神论史》。

巨　赞　僧人，佛教学者。1908 年生于江苏江阴。俗姓潘，名楚桐。毕业于江阴师范学校，肄业于上海大夏大学。1931 年投杭州灵隐寺，拜却非和尚为师出家，法名传戒，后改名巨赞。同年在宝华山受具足戒。此后研习佛学，对唯识和禅宗有独到见解，并掌握俄、英、德三种外语。1937 年至 1948 年先后任广西北流无锡国学专科学校教授、杭州武林学院任院长，在江、浙、闽、粤、桂等省和香港讲经弘法。1938 年曾在湖南组织南岳佛道救难协会和佛教青年服务团，投身抗日救亡运动。1949 年到北京出席中国人民政治协商会议第一届全体会议，先后当选为第二、三、四届全国政协委员及第六届常务委员。1950 年参与创办《现代佛学》社，任主编。翌年参与发起成立中国佛教协会，并当选为常务理事。1957 年任副会长至 1984 年入灭。著有《灵隐小志》等，后人编有《巨赞集》。

吕　澂　原名吕渭，字秋逸，现代佛学家。1896 年生于江苏省丹阳县。曾先后就读于常州高等实业学校和南京民国大学，后到金陵刻经处设立的研究部学习。1915年留学日本。翌年回国，先任上海美术专科学校教务长，后任支那内学院教务长、院长。解放后，担任《佛教百科全书》(英文) 副主编。并任中国人民政治协商会议第二、三、四、五、六届委员，中国科学院哲学社会科学学部委员，中国佛教协会常务理事。吕澂的佛学造诣甚深，主要研究印度和中国佛学及佛教因明学，著作颇丰，主要有《佛典泛论》、《佛教研究法》、《中国佛学源流略讲》、《印度佛学源流略讲》《因明纲要》等。1989年逝世。

朱谦之　现代哲学家、哲学史学家。字情牵，1899年出生于福建福州。在北京大学读书期间参加“五四”运动，1920年被捕入狱，经营救出狱后，赴日本留学两年，从事哲学研究。此后在上海暨南大学、广州中山大学任教。新中国成立后，先后在北京大学、中国科学院哲学社会科学学部世界宗教研究所工作，任教授、研究员。1972年逝世。早年曾出版《革命哲学》一书，推崇虚无主义，以后又著《周易哲学》等书，宣讲“宇宙生命——真情之流”。1931年后，专攻历史和哲学史研究，著有《日本的朱子学》、《老子校释》、《中国景教》等，译有《中国禅学思想史》、《朝鲜禅教史》等。

汤用彤　现代佛教史学家。字锡予，1893年生于湖北黄梅。早年在北京清华学堂求学。1918年留学美国，获硕士学位。1922年回国，历任东南大学、南开大学、北京大学、西南联大教授。新中国成立后出任北京大学校务委员会主席、副校长，是中国科学院哲学社会科学学部委员，全国人民代表大会第一、二、三届常务委员。汤先生是一位现代杰出的爱国学者，专治佛教史及哲学史研究，治学严谨，成绩卓著。代表作有《汉魏两晋南北朝佛教史》、《隋唐佛教史稿》、《印度哲学史略》、《魏晋玄学论稿》等。1964年逝世。

苏渊雷　又名仲翔，别名钵翁。1908年10月生，浙江平阳县人。解放前曾任上海世界书局编辑所编辑、中央政治学校教员、立信会计专科学校国文讲席、中国红十字总会秘书兼第一处长等职。1995年去世前为上海华东师范大学教授、中国佛教协会常务理事。专治文史哲研究，对佛学研究独到，尤洞悉禅宗。主要著作有《名理新论》、《玄奘》、《佛教与中国传统文化》等。

严北溟　字渤侯，湖南湘潭人，1907年生。因家贫，无缘进正规学校，靠自学成才。历任《浙江潮》周刊主编，《浙江日报》社社长，上海大夏大学、光华大学、复旦大学等高校教授、国务院古籍整理出版规划小组成员、中国宗教学会理事、上海宗教学会副会长。擅长中国思想史的研究，对佛教有精深了解。著有《中国佛教哲学简史》、《孔子的哲学思想》、《论佛教的美学思想》等。1990年3月逝世。

李安宅　1900年生，河北省迁安县人。字仁斋，笔名任责。1926年燕京大学社会学系毕业，后赴美国深造。1938年赴甘肃拉卜楞寺对藏传佛教进行实地调查，后任教于成都华西大学。1947年到1949年在美英从事研究工作。1950年进藏任教。1963年任教于四川师范学院。1985年逝世。一生从事民族学、宗教学、社会学、藏学的研究，颇有成绩。宗教方面的专著有《藏族宗教史之实地研究》、《拉卜楞——李安宅的调查报告》、《宗教与边疆建设》等。

杨化群　1923年生，四川峨眉山人。1932年出家，法名永灯。后进重庆世界佛学苑、汉藏教理学院学习，师从太虚大师和法尊大师。1943年考取蒙藏委员会游学西藏公费僧，入拉萨色拉寺申戎康村，开始学习藏语和因明学。1956年任西藏日报社藏文编辑部代理副主任。1980年考取中国社会科学院世界宗教研究所研究员。1983年在西藏大学任教。1994年逝世。在藏传因明学研究上独树一帜，1990年出版了我国第一部此方面的专著《藏传因明学》。

张克强　1917年生，天津武清人。号建木。毕业于辅仁大学国文系，后又在北京大学文科研究所深造，师从陈垣、沈兼士等大师。1949年后，到中国佛教协会专事佛学研究，并在北京师范大学等高校兼职授课。为中国佛教协会名誉理事，中国佛教文化研究所研究员，中国西藏佛教研究会理事。著有《大乘起信论研究》等论文，晚年将多罗那它的《印度佛教史》（藏文）译成汉语，为佛学研究作出了贡献。1989年逝世。后人编有《张建木文集》。

张春波　1930年生，河北交河县人。1950年至1953年在中共东北局党校学习，1954年考取中国人民大学哲学系研究生。1956年到中国科学院哲学社会科学部哲学研究所工作，后任中国社会科学院哲学研究所研究员。曾师从著名佛学家吕澂研习佛学，发表的重要佛学论著有《中印佛学心性论》（英文）、《近现代佛学的特点和作用》、《论中国初传的佛学》、《慧能评传》、《宗密评传》等。1994年逝世。

陈　垣　现代史学家，字援庵。1880年11月12日出生，广东新会人。早年在广州参加反清斗争。1907 年考取美国教会办的博济医学院。1913 年当选众议员，留居北京，从事历史研究和教育工作。1926 年至 1952 年任辅仁大学、北京师范大学校长。为中国科学院哲学社会科学学部委员。1958 年起为历届全国人民代表大会常务委员会委员。陈先生一生撰写史学专著和论文近 200 篇，是中国宗教史研究的开创者之一，对各种宗教均有深入研究。主要宗教史专著有《释氏疑年录》、《明季滇黔佛教考》、《中国佛教史籍概论》、《元也里可温考》、《南宋初河北新大道教考》等。1971 年 6 月 21 日在北京病逝。

陈寅恪　现代史学家。江西修水人。1890 年出生于一个清朝官吏家庭。13 岁赴日本留学，1910 至 1924 年在柏林大学、苏黎世大学、巴黎大学、哈佛大学读书并开始研究工作。精通西方多种语言及梵文、突厥文等。1926 年至 1952 年在清华大学、西南联合大学、香港大学等高校任教，后任中山大学教授，兼任中国科学院学部委员，中央文史馆副馆长，英国皇家学会研究员，第三届全国政协常务委员等职。陈先生学识渊博，涉猎广泛，是学术界之泰斗。对历史、语言、哲学、宗教等学科影响广泛。有关论文汇编于《寒柳堂集》和《金明馆丛稿》。1969 年逝世。

罗竹风　1911 年 11 月出生，山东平度县人。语言学家、宗教学家。早年在北京求学，1938 年加入中国共产党。抗战时期在胶东参加游击队。解放战争期间任山东大学军代表等职。解放后，曾任华东局宗教处处长。后担任全国宗教学科规划小组副组长、中国宗教学会副会长、《中国大百科全书》总编委兼宗教卷主编，是宗教理论学科带头人之一。主持编著有《中国社会主义时期的宗教问题》、《宗教通史简编》、《宗教学概论》等。主编《汉语大词典》。1996 年 11 月 4 日在上海逝世。逝世前为上海市社会科学学会联合会会长、中国宗教学会顾问、上海宗教学会会长、上海社会科学院宗教研究所名誉所长。

周叔迦　1899年生，安徽东至县人。原名明夔，字志和，笔名云音、演济等。1918年肄业于上海同济大学，后转向佛学。1930年后，历任北京大学、清华大学、中国大学、辅仁大学等校教授。1940年主持《佛学月刊》，同年在北京创办中国佛教学院，任院长。新中国成立后，组织参与中国佛教协会的创建工作，并担任佛协副会长、中国佛学院副院长兼教务长、中国尼泊尔友好协会副会长等职。1970年逝世。一生潜心佛学，是著名佛学家，重要著作有《中国佛教史》、《法华经安乐品义记》、《唯识研究》等，有《周叔迦佛学论文集》二册传世。

法　尊　僧人。俗姓温，字妙贵。1902年生于河北深县。在五台山显通寺玉皇顶出家，在北京法源寺受具足戒。曾先后入武昌佛学院、北京藏文学院学习法相、因明及藏密，师从太虚和大勇和尚。后随大勇组织的赴藏学法团到西康甘孜，从昌都安东格西专攻藏文。1932年入藏，在拉萨哲蚌寺学习。1936年在重庆代理太虚主持汉藏教理院至解放前夕。1950年在北京主持菩提学会藏文译事。历任中国佛协常务理事、中国佛学院副院长、院长之职。1980年圆寂。通晓藏文，译著甚多，主要有《菩提道次第论》、《密宗道次第论》、《辨了不了义论》、《大毗婆沙论》等。

高　杨　原名荆又新，1925年2月生，山西安邑人。1944年入北京师范大学历史系学习，1949年在北京文管会，接管清华大学、北京师范大学，后任中央教育部第一组组长。1950年赴西北大学任教。为陕西省历史学会副会长、陕西社会科学院长安佛教中心研究员。1988年3月病逝。高杨通晓俄、英、日、巴利、梵等多种文字，是一位知识广博的学者，曾参加中国百科全书哲学卷、宗教卷的撰写，并主持出版了《中国佛学论文集》。主要著作有：《佛教起源论》、《金刚经新注与全译》（与荆三隆合著）、《印度佛教史》等。

高观如　1906年生，江西安义人。早年赴日本留学，1930年回国，从事佛教史、文学艺术等研究和编辑工作。并参与撰写了《实用佛学词典》一书。新中国成立后，任三时学会编辑室主任，中国佛教协会《佛教百科全书》的编辑主任，中国佛协理事，中国宗教学学会理事等职。1979年逝世。代表作有《大乘佛学概述》、《中国佛教文学与美术》、《法华经述要》等。

萧志恬　1924年8月出生，湖南长沙县人。上海复旦大学社会学系毕业。解放后，先后在青年干部训练班、华东青委联络部、华东文委宗教事务处、上海市宗教事务局和中国社会科学院世界宗教研究所等处学习、工作。1980年参加上海社会科学院宗教研究所的筹建工作，并担任该所领导及《当代宗教研究》主编。1993年11月6日在北京逝世。萧志恬是中国当代宗教问题研究专家，他参加主持编写的《中国社会主义时期的宗教问题》一书及论文《谈社会主义初级阶段宗教与政治关系的几个问题》、《宗教问题长期性再思考》等对当代宗教学研究产生很大影响。

郭元兴　1920年生，江苏睢宁人。自幼学佛，通晓内外典籍、梵文和英文。解放前从事过重庆考试院院长办公室书记等工作。1949年后，在上海进行佛学研究，1956年参与撰写《中国佛教百科全书》和斯里兰卡《佛教百科全书》（中国佛教）的部分内容。1980年在南京金陵刻经处工作，后调到中国佛教协会研究部。1986年成为中国佛学院研究生导师。后又受聘于中国佛教文化研究所，为研究员。1989年6月30日在北京逝世。主要著述有《达摩二入四行与道家言》、《佛教与长寿》、《高僧法显行迹杂考》等。

童　玮　1917年生，云南昭通人。1945年毕业于云南省立英语专科学校，后从事英语教学工作。1953年开始研究中国云南上座部佛教，学习了梵文、巴利文和傣文等文字。以后在中国科学院语言研究所、中国佛教协会、中国社会科学院亚太研究所工作，并任《中华大藏经》编辑。在佛教领域偏重于上座部佛教和佛教经目的研究，主要著述有《我国傣族和布朗族僧阶名称语源》、《谈谈我国的傣文佛典》、《赵城金藏与中华大藏经》、《二十二种大藏经通检》等。1993年逝世。

蒙文通　原名尔达，1894年生，四川盐亭人。早年在四川存古学堂学经学。1927年后先后在成都大学、成都师范大学、中央大学、河南大学、北京大学任教。新中国成立后，执教于华西大学、四川大学，并任中国科学院历史研究所研究员、学术委员。致力历史及道教研究，颇有建树。主要著作《古史甄微》、《辑校李荣老子注》、《辑校成玄英老子义疏》、《周秦少数民族研究》、《经学抉原》等。1968年逝世。

虞　愚　1909年生于福建厦门，原籍浙江山阴。原名德元。曾入武昌佛学院、南京支那内学院学习，学有所成。1930年毕业于上海大夏大学。历任贵州大学、厦门大学、中国佛学院副教授、教授。1979年为中国社会科学院文学研究所兼职研究员，1982年任该院哲学研究所研究员。兼任中国逻辑史研究会顾问、中国佛教协会常务理事、中国佛学院教授。1989年7月在厦门病逝。著有《因明学》、《中国名学》、《印度逻辑》等，有《虞愚文集》三卷留世。

熊十力　著名学者，哲学家。字子真。1884年2月生于湖北黄冈。曾参加武昌起义和护法运动。1920年入南京支那内学院研究佛学。1922年至五十年代末到北京大学任教，抗战期间曾在四川讲学，晚年定居上海，1968年5月23日病逝。解放后为中国人民政治协商会议特邀代表及政协第二、三、四届全国委员会委员。专治佛教和哲学研究，自成一体，其代表著《新唯识论》主张融合儒释，归宗儒教，后舍佛学《易》。晚年所著《体用论》与《乾坤衍》强稠“体用不二”，主张“摄体归用”。其它著作还有《破“破新唯识论”》、《十力论学语要》、《佛家名相通释》等。

潘雨廷　著名道教学者，易学专家，上海人，1925年3月26日生，别号观玩客。1949年毕业于圣约翰大学教育系。后师从周孝怀、熊十力等潜心研究中国传统文化。70年代初，开始从事道教文化研究，对道教史学及易学有很深造诣。1978年受聘入华东师范大学讲授易学，任古籍研究所教授和哲学研究室主任，1985年后担任上海市道教协会副会长，1987年任该协会道教文化研究室主任，1988年兼任《上海道教》主编，并担任中国《周易》研究会副会长、上海宗教学会理事。1991年12月24日在上海逝世。一生撰写了大量道教史和道教文化等方面的论著。治易40年，既继承了传统的象数理论，又发展了象数学义理，代表作有《周易终始》、《周易集解》、《易学史论文集》、《周易参同契考证》等。

（于　光　编撰）

部分宗教学著作简介

《宗教协调论——中国宗教的过去、现在和未来》 顾伟康著，学林出版社出版，1992年3月，176页。本书运用马克思主义基本理论，探讨宗教的结构和功能，认为由于特殊的本质结构和运动机制，在总体上，在任何条件下，宗教对世俗社会的作用总是肯定的、维系的，而不是否定的、瓦解的，宗教的这一情状即“宗教协调”，以这一理念为指导，作者分析了中国宗教的历史、宗教存在和宗教运动。

《中国无神论史》 牙含章、王友三主编，中国社会科学出版社出版，1992年5月，1282页（2册）。本书在详细占有史料的基础上，运用马克思主义的立场、观点、方法，以无神论与有神论的斗争为基本线索，实事求是地揭示了中国各民族无神论思想产生、发展的过程及其规律。本书上起先秦下迄近代，并用专篇探讨了少数民族无神论思想，是我国第一部系统论述中国无神思想的专著。

《西方无神论史》 陈麟书编著，华中师范大学出版社出版，1993年12月，436页。本书属宗教批判范畴，从古代希腊述至20世纪70年代末，对无神论发展的历史形态及其发展规律作了概括性的论述，评价了各宗教批评学派和无神论的代表人物，既是系统性很强的大学教材，又是一本具有学术价值的专著。

《人·社会·宗教》 罗竹风主编，上海社会科学出版社出版，1995 年 2 月，564 页。本书分为两编：第一编，世纪之交的宗教观，切入宗教内层探讨其本身的诸多属性和侧面，包括宗教发生、发展，各学派对重大问题研究成果和影响，从社会生产力水平、社会关系以及文化发展的角度阐述。第二编，20 世纪宗教学发展的轨迹，历史地阐述宗教研究各分支学科，包括宗教人类学、宗教史学、比较宗教学、宗教社会学、宗教伦理学等的研究成果,介绍著名学科创始人和带头人以及各种学派有关著作。此书摆脱了哲学史、思想史的模式，就宗教本身所固有的规律和特点研究宗教，是一部颇有新意的学术专著。

《宗教观的历史·理论·现实》 陈麟书主编，四川大学出版社出版，1996 年 7 月，664 页。本书把宗教观的历史、理论和现实融为一体,对古今中外宗教观发展变化的历史作了概述,对宗教学基本理论作了新的高度理论概括，并对宗教社会现象加以分析与评述。全书分为四编：宗教观的历史、宗教学的基本理论、当代宗教和社会主义、宗教和当代社会。

《世界三大宗教》 黄心川、戴康生等编著，三联书店出版，1979 年 8 月，137 页。本书简要介绍了世界主要的三大宗教：基督教、伊斯兰教和佛教的起源、发展、教义、宗教制度及在中国的传播。此书是“文革”后第一本系统介绍世界宗教知识的读物，在宗教学研究方面有开创之功。

《宗教词典》 任继愈主编，上海辞书出版社出版，1981 年

12月，1343页。本词典共收词目6710条，包括宗教一般、史前和原始宗教、古代宗教、佛教（包括藏传佛教）、基督教（包括天主教、东正教、新教）、伊斯兰教、道教、中国部分少数民族宗教、中国民间宗教、其它宗教（包括犹太教、琐罗亚斯德教、摩尼教、印度教、耆那教、锡克教、神道教等）十类。是我国第一部宗教学专业辞书。

《各国宗教概况》 中国社会科学院世界宗教研究所编写，中国社会科学出版社出版，1984年9月，574页。本书按各洲次序编排，分别介绍各国或地区的宗教基本概况，是一部知识性的参考书籍。

《中国社会主义时期的宗教问题》 罗竹风主编，上海社会科学院出版社出版，1987年4月，268页。本书遵循历史唯物主义的观点，从中国宗教的历史特点出发，全面地展示了我国宗教的历史概貌。同时回顾了建国以后，在中国共产党的领导下，我国各宗教组织的政治状况、宗教人士的思想状况的巨大变化，以及宗教神学的变化，论述了社会主义时期宗教存在的长期性，首次论证了宗教与社会主义社会相协调问题，阐明了党对宗教的基本政策的理论依据，回顾总结了三十多年来的经验教训，并附有不同地区、不同民族和不同宗教状况的调查报告九篇。

《中国大百科全书·宗教卷》 罗竹风主编，中国大百科全书出版社出版，1988年1月，642页。这是我国第一部大型宗教学科工具书。本书按学科体系、层次，以条目形式编写，分为：宗教学、佛教、基督教、伊斯兰教、道教、中国少数民族宗教、中国民间宗教及其它宗教八部分，并附有彩图插页。每一部分又以教义、术语、派别、人物、经典、制度、仪轨、建筑等划分为若干子目，叙述准确，检索便利。其卷首语概括了当时中国学术界对宗教及其作用的最新认识，体现了这一研究领域的重要理论进展。

《世界十大宗教》 黄心川主编，东方出版社出版，1988年9月，402页。本书对琐罗亚斯德教、摩尼教、婆罗门教、印度教、耆那教、佛教、锡克教、神道教、犹太教、基督教、伊斯兰教等主要宗教作了较全面的介绍，对世界宗教的历史、现状和发展趋势作了基本概括和总结，是一部学术水平较高的宗教研究专著。

《宗教学通论》 吕大吉主编，中国社会科学出版社出版，1989年7月，884页。本书分导言、宗教的本质及其表现、宗教的起源与发展、宗教与其它意识形态的关系、社会主义与宗教等部分，全面地论述了关于宗教的各种问题。同时介绍了西方宗教学的内容和进展，并且批判地吸收了它们的研究成果。本书既具有相当的理论性，又具有丰富的知识性，建构了具有中国特色的宗教学理论体系。

《宗教通史简编》 罗竹风主编，华东师范大学出版社出版，1990年11月，555页。全书分为七编：史前宗教与古代宗教、佛教、道教、犹太教、基督教、伊斯兰教及其它宗教（包括琐罗亚斯德教、摩尼教、耆那教、印度教、神道教），客观反映宗教史的真实面目，从中探索其发展的规律性，是第一部深入研究世界各主要宗教及其派别的学术专著和教材。

《人道与神道》 吕大吉著，上海人民出版社出版，1991年

3月，375页。作者运用唯物史观的阶级分析方法来研究探讨宗教与道德关系问题，是国内第一部研究宗教伦理学的专著。全书分七个章节，分别论述了宗教与道德的起源，宗教与道德生活的保证，宗教道德和世俗道德，神道主义与人道主义，宗教与禁欲主义，宗教与道德在历史进程中的互渗与互补，宗教会不会非神化为“道德宗教”等内容，并附有《关于宗教本质问题的思考》、《论宗教与社会主义》等四篇论文。

《宗教学概论》 罗竹风主编，华东师范大学出版社出版，1991年12月，432页。本书力求从不同层次上对宗教问题作尽可能的全方位的客观认识。试图从一般角度考察宗教在人类社会生活中的地位和作用，为了解和研究宗教提供参考。全书分五编：宗教学的一般概念、宗教意识、宗教与社会生活、宗教与历史文化、社会主义宗教。

《上海宗教史》 阮仁泽、高振农主编，上海人民出版社出版，1992年7月，1019页。本书是一部地方性宗教史专著，包括佛教、道教、伊斯兰教、天主教、基督教五种宗教的历史源流、经典教规、组织结构、传统习惯等，对上海宗教全貌作了较完整介绍。

《世界宗教总览》 宗教研究中心编，东方出版社出版，1993年12月，943页。本书对当今世界的主要宗教和各个国家、地区的宗教概况进行全面介绍，分三部分：第一部分为当今世界宗教概述，从总体上介绍宗教的现状，并对近年来世界宗教的发展趋向作一概括；第二部分介绍各国宗教的基本情况，包括各国家宗教机构和政府对宗教问题的立法与基本政策；第三部分介绍一些跨国界的宗教组织与机构，其中包括少数被正统宗教看成是

“旁门左道”，而它们自己却认为是宗教的组织。

《社会主义与中国宗教》　戴康生、彭耀著，江西人民出版社出版，1994年6月，146页。本书分四章：中国宗教的历史与特点、社会主义社会与中国宗教、改革开放后的中国宗教、中国宗教的展望与思考。对中国宗教的历史、现状与未来，宗教与社会主义的关系，与社会主义相协调等问题均作了分析与评述。是研究社会主义与宗教问题的一部专著。

《西方宗教学说史》　吕大吉著，中国社会科学出版社出版，1994年11月，961页。本书以西方各历史时期的思想家、哲学家及宗教学者对宗教问题所做的一系列理智性、学术性的探讨为研究对象，通过大量的思想资料和透辟的理论分析，辩证地提示了西方种种宗教学说的启蒙性质、内在逻辑结构及其发生发展的历史轨迹，构建起西方宗教学说史的范畴系统和逻辑体系，填补了我国宗教学学科体系的空白，为我国宗教学术研究的发展提供了更为坚实的基础。

《世界宗教名胜》　黄夏年主编，四川人民出版社出版，1994年7月，635页。本书对散布在世界各地的各种宗教的圣地、寺院、庙庵、清真寺、教堂等作了较为详细的介绍，共收入世界80多个国家和地区的名胜3000余处。全书按原始宗教、古代宗教、佛教、基督教、伊斯兰教和其它宗教六大部分编排，每一部分又分洲分国排序。介绍了它们的产生、发展、规模、布置等内容，是了解世界宗教的一部重要的参考书。书后附有中外文译名索引。

《中国寺庙文化》　段玉明著，上海人民出版社出版，1994年12月，975页。作者通过对中国寺庙、古迹的实地考察，在拥有大量资料的依据下，系统论述了寺庙文化的形成与发展、各种宗教的寺庙概况、寺庙建筑、寺庙经济、寺庙艺术、寺庙游俗、以及寺庙文化与宗教、政治、社会的关系等内容。此书既是一部关于宗教、文化以及建筑方面的学术专著，也是一部资料丰富，具有参考价值的可读性书籍。

《宗教禁忌研究》　金泽著，社会科学文献出版社出版，1996年5月，194页。本书分为三部分：宗教禁忌的起源与演变、宗教禁忌的性质、宗教禁忌的功能。作者在拥有大量资料的基础上对宗教禁忌问题作理论性的分析，是宗教禁忌研究方面的一部学术专著。

《中国各民族原始宗教资料集成》　吕大吉、何耀华总主编，上海人民出版社、中国社会科学出版社出版，第一册名为《中国原始宗教资料丛编·纳西族、羌族、独龙族、傈僳族、怒族卷》，1993年10月出版，此后更名。本书通过实地调查和文献整理，全面系统地收集了中国各民族迄今所发现的有关原始宗教的原始资料，包括考古、文献记载、实地调查报告和有关论著中具有资料价值者，以民族为单元分卷编辑集成，预计出六册。1996年8月出版《彝族、白族、基诺族卷》。除各民族分卷外，还有《考古卷》1996年3月出版。本书全面系统评述了宗教、宗教学产生和发展的源流及各学派的主要观点，近百年来中国对原始宗教研究的状况及缺项，概述了正在着手进行的这一带有抢救性的文化学术工程之体系及意义。现已出三册，其他各卷将陆续出版。

《中国佛学源流略讲》 吕澂著，中华书局出版，1979年8月，396页。1961年吕澂受中国科学院哲学社会科学部委托举办了一个为期五年的佛学研究班，本书就是根据学员笔记整理并经作者修改的讲稿之一。作者对中国佛学的传译、典籍、师说、宗派、传播区域及思想渊源等，穷源竟委，条分缕析，做了比较全面、系统的介绍，为佛学研究者提供了一部概要性的参考书，具有很高的学术价值。

《印度佛学源流略讲》 吕澂著，上海人民出版社出版，1979年10月，346页。该书是吕澂在1961年受中国科学院哲学社会科学部委托举办的为期五年的佛学研究班的讲稿之一。全书把印度佛学分为六讲：一、原始佛学；二、部派佛学；三、初期大乘佛学；四、小乘佛学；五、中期大乘佛学；六、晚期大乘佛学。作者对印度佛学1500年的历史作了基本的概述，是我国第一部原原本本讲述印度佛学史的专著。

《中国佛教》(1～4) 中国佛教协会编，知识出版社出版，1980年4月～1989年5月，本书是为锡兰《佛教百科全书》所撰写的中国佛教内容，以词条形式，对中国佛教作了全面概括介绍。第一卷：中国佛教史略、中外佛教关系史略、中国佛教宗派源流；第二卷：佛教人物和仪轨制度；第三卷：佛教经籍，对在中国佛教史上发生过重大影响的大小乘佛教的经、律、论著有分篇介绍和论述；第四卷：佛教经籍和佛教教理，介绍论述了中国佛教中“杂藏”部类中的重要著作，教理是对中国佛教重要的教理教义的阐释。

《中国佛教史》(1～3) 任继愈主编，计划出8卷，中国社会科学出版社于1981年9月～1988年4月已出版了前3卷。以东汉到三国佛教为第一卷，两晋、南北朝佛教为二、三卷，介绍了佛教传入中国的历史背景及在中国的传播与发展。全书以唯物史观为指导，全面分析了中国佛教的思想、历史及特点，对中国佛教形成的社会历史文化背景有深入开拓。

《隋唐佛教史稿》　汤用彤著，中华书局出版，1982年8月，312页。本书是作者30年代初的授课讲义，由汤一介整理。作者首先从宗教与政治社会的关系角度，论述隋唐佛教势力的消长及原因，其后分别阐发隋唐佛教的传译、中国僧人的撰述、隋唐佛教宗派及其向朝鲜、日本的传布。书后附有隋唐佛教大事年表和五代宋元明佛教事略。

《达赖喇嘛传》　牙含章编著，人民出版社出版，1984年9月，358页。本书依据藏文版的历代达赖喇嘛传，采用传记体裁，介绍了一世至十四世达赖生平、思想、历史作用，既是各世达赖的立传，也是关于西藏近现代史的著作。

《中华大藏经（汉文部分）》　中华大藏经编辑局编，中华书局出版。由三编组成。第一编为历代大藏经所收集的编有千字文编号的典籍，即历代的正藏。以《赵城藏》为影印底本，8种有代表性的大藏经作校本而成。此编已于1985年～1997年出版，共106册。第二编是历代汉文大藏经中所收的没有千字文编号的典籍，即续藏。第三编收集历代大藏经未收的藏外逸典及近代新出现的佛教著译。第二编、第三编的准备工作正在进行。此外《中华大藏经（藏文部分）》（由《甘珠尔》和《丹珠尔》组成）自1986年也开始由中国藏学研究中心组织整理、对勘。1995年已开始出版《丹珠尔》。

《西藏佛教发展史略》　王森著，中国社会科学出版社出版，1987 年 6 月，318 页。本书以历史的先后为序，分门别派，全面系统地叙述了西藏佛教的兴衰沿革。曾对西藏佛教研究方面，有着填补空白的作用。

《班禅额尔德尼传》　牙含章编著，西藏人民出版社出版，1987 年 11 月，386 页。本书采用传纪体裁，详细介绍了一世至十世班禅的生平、思想及历史作用，是班禅世系立传，也是一部论述西藏地区近 600 年历史的著作。

《西夏佛教史略》　史金波著，宁夏人民出版社出版，1988 年 8 月，424 页。本书为一部民族佛教史专著，记述了佛教在西夏的发展，西夏佛经的翻译、印施和流传，西夏的寺庙和僧人，西夏佛教的宗派和艺术以及西夏灭亡之后党项人的佛教活动等内容。同时也分析了西夏佛教发展的历史背景，和它在西夏政治、文化中的地位，并附有西夏碑碣铭文、佛经序、跋、石窟题记及各地所藏西夏文佛经目录，具有较高史料价值，填补了西夏佛教研究的空白。

《藏传因明学》　杨化群著译，西藏人民出版社出版，1990 年 5 月，348 页。本书是一部关于藏传佛教因明学理论的著、译文集。著作部分包括“藏传因明学提纲”、“藏族学者的因明著作初探”和“藏传因明学发展概况”，简要阐述了藏传因明学的思想和历史。译作部分（由藏文译出）包括“因明七论入门”、“因明学启蒙”、“因明学名义略集”、“量学”和“正理滴论”，皆是藏传佛教因明理论的基本著作。

《中国僧官制度史》　谢重光、白文固著，青海人民出版社出版，1990年8月，318页。本书是我国第一部系统论述僧官制度发生、发展和演变的专题通史，全书分十章节，第一章论述僧官制度的产生，第二至第九章介绍南朝至明清的僧官制度，第十章为藏传佛教的僧官制度。此书对宗教事务管理学研究有良好影响。

《佛教哲学》　方立天著，中国人民大学出版社出版，1991年2月增订版，421页。本书论述了佛教哲学的历史演变，着重阐明佛教的人生价值论、宇宙要素论、宇宙结构论、宇宙生成论、本体论和认识论，总结了其理论思维的经验教训。

《佛教大藏经史》　方广锠著，中国社会科学出版社出版，1991年3月，518页。本书从敦煌千佛洞所藏佛经着手，系统地考察了8至10世纪写本汉文大藏经的形成、发展过程，为中国大藏经的形成和演变勾画出了一个基本的轮廓。同时亦考察了世俗信仰、功德思想与大藏经形成的关系，大藏经编辑的宗派特点，皇家官藏的形成及其地位，大藏经的各种表现形态等诸问题。

《吕澂佛学论著选集》(1～5)　吕澂著，齐鲁书社出版，1991年7月。本书共收入文稿67种，附录28篇，由作者选取文章，编次目录。卷一主要由经论释译和论文组成，包括“杂阿含经刊定记”、“显扬圣教论大意”、“集量论释略抄”、“起信与楞伽”、“禅学述原”等。卷二集中了作者的经论讲要，如“法句经讲要”、“辩中边论讲要”、“人楞伽经讲记”等。卷三包括若干代表作者基本佛学理念的论文和有关大藏经的撰述，如“正觉与出离”、“缘起与实相”、“观行与转依”和“新编汉文大藏经目录”等。

卷四、卷五是专著“印度佛学源流略讲”、“中国佛学源流略讲”。此书基本代表了吕澂的主要佛学思想。

《佛教史》 杜继文主编，中国社会科学出版社出版，1991年12月，707页。本书系统介绍了佛教的产生、发展；南传佛教与北传佛教的形成及演化；佛教在世界各地的传播；其教义、教理的主要内容；宗教组织的基本形式和现状以及近现代佛教在欧美的发展和状况。是一部世界佛教通史。

《藏传佛教思想史纲》 班班多杰著，三联书店上海分店出版，1992年4月，390页。全书分四大部分：藏族原始思维和远古苯教的发端、佛教的输入隆盛与苯教的佛教化、汉地佛教在藏区的传播和影响、藏传佛教各大宗派的形成及各教派的佛教思想。比较全面地论述了佛教传入藏地的经济基础和文化背景，提示了苯教和佛教的对立统一关系，评介了藏传佛教各宗派的思想。是第一部系统研究藏传佛教思想的专著。

《佛典精解》 陈士强著，上海古籍出版社出版，1992年11月，1438页。本书是一部系统而又详尽地考释中国佛教文史类典籍的源流及大意的佛学工具书。全书按部、门、品、类、附五级分类法编制，分为经录、教史、传记、宗系、纂集、护法、地志、杂记八大部。为研究中国佛教的宗派、人物、教理、典制、译述等提供了大量史料。

《当代佛教》 杨曾文主编，东方出版社出版，1993年7月，416页。本书较全面地介绍了当代佛教在世界各地的分布、概况、现状、特点及国际佛教组织与主要活动。涉及了佛教历史、教义、组织、人物、圣地、学术研究等方面的内容，为研究当代世界范围的佛教提供了翔实的资料。

《中国禅宗通史》 杜继文、魏道儒著，江苏古籍出版社出版，1993年8月，649页。本书是一部中国禅宗历史的专著，分九个章节：禅宗前史——禅学和禅僧团，禅宗的形成及其分布，禅宗的南北对立和诸家态势，诸家竟起和它们的分布，晚唐五代十国的形势与禅宗五家的分立，两宋社会与禅宗巨变，元代禅宗及其南北分流，明代禅宗的衰退和分解，清初禅宗的最后活跃及其终结。作者意在通过研究禅宗的产生和变迁的历史，来提示"禅"的实际内涵，全面认识我国的历史与文化。

《中朝佛教文化交流史》 黄有福、陈景富著，中国社会科学出版社出版，1993年12月，544页。本书作者从汉文、朝鲜文史籍中高度概括出中国佛教东渐朝鲜半岛及其发展的历史。侧重论述天台教、律学、华严学说、密教、唯识学说、禅法的传播，介绍朝鲜僧侣在中国佛教发展史上的突出贡献以及两国佛教文化艺术的交流。既是研究中朝两国佛教文化的专著，也是研究中朝友好交流史的专著。

《中国佛教思想史》（上中下） 郭朋著，福建人民出版社出版，1994年9月～1995年9月。全书分为三卷：上卷为汉魏两晋南北朝佛教思想；中卷为隋唐佛教思想；下卷为宋元明清佛教思想。本书通过研究佛教思想的发展和演变，探索、揭示了佛教发展的历史进程、思想特点、阶级实质和社会作用，从而使人们更全面地了解和认识佛教。

《中国密教史》 吕建福著，中国社会科学出版社出版，1995年8月，718页。本书以客观的态度，翔实的史料，科学地再现了中国秘密佛教的历史轨迹和理论概貌，对中国密教的历史、理论、派别、礼仪、生活行事及与密教有关的种种文化现象作了阐述，是一本比较系统和深入的研究中国密教的专著。

《日本佛教史》 杨曾文著，浙江人民出版社出版，1995年9月，664页。本书全面介绍了佛教在日本初传、盛行和发展的全过程，以论述日本民族佛教格局的基本形成为重点，大篇幅论述了平安时代的天台、真言二宗和镰仓时代兴起的净土、真宗、临济宗、曹洞宗、日莲宗等。是第一部由中国人撰写的日本佛教通史。

《中国佛教文化历程》 洪修平著，江苏教育出版社出版，1995年12月，559页。本书是《中国佛教文化》的上部，主要从佛教中国化的角度探讨并论述中国佛教文化的历程，及其与中国社会政治、经济、文化、民间习俗等的密切关系。全书分为十章，依次为：佛教的印度之源、中国佛教文化的开端、中国佛教文化的初具规模（魏晋）、中国佛教文化的趋于繁兴、中国佛教文化的鼎盛（隋唐）、中国佛教的由盛而衰及其新特点（宋辽金元）、中国佛教的衰落与世俗化（明清）、中国佛教在衰落中的革新（近代）、佛教在少数民族地区的传播、中国佛教文化的对外交流。

《智觊评传》 潘桂明著，南京大学出版社出版，1996年2月，574页。本书以丰富翔实的原始资料为依据，通过智觊时代的佛学背景、他的生平和著述以及构成他止观学说体系主要内容的一心三观、圆融三谛、一念三千、性具实相、性具善恶等哲学命题的阐述和辨析，对智顗的政治态度、佛学渊源、哲学性质和特色，以及判教原则等问题，发表了自己的看法，提出了许多新的学术观点，力图客观、公正地对智顗及其天台学说的历史地位作出全面的系统的评价。

《日本近现代佛教史》 杨曾文等著，浙江人民出版社出版，1996年3月，481页。全书分为八个部分，第一部分为绪论，简要介绍日本民族佛教的发展历程；第二部分为明治维新与佛教；第三部分为大正、昭和前期的佛教；第四部分为战后佛教的重建和发展；第五部分新兴佛教宗派的兴起；第六部分为当代佛教与政治、文化；第七部分为日本的佛教研究；第八部分为日本佛教在国外，主要介绍其在亚洲及南北美洲的传教。此书是一部系统研究日本近现代佛教的专著。

《佛教般若思想发展源流》 姚卫群著，北京大学出版社出版，1996年10月，364页。本书以大量翔实资料为基础，以般若思想为题，对般若学在印度的起源和演化，以及在中国的传播、发展和影响作了全面系统的阐述，并深刻分析了般若思想体系所包含的各主要观念间的内在联系和逻辑发展，提示了般若学说在各个主要发展阶段的基本特征及在思想文化史上的重要意义，对般若思想这一佛教哲学史中的重大课题作了全方位、多层次的研究。是一部有较高学术价值的研究般若思想的专著。

《道家和道教思想研究》 王明著，中国社会科学出版社出版，1984年6月，380页。本书是作者研究道家和道教思想的论文集，分上下两编。上编是思想史论著，论述了老聃、老子兵书、庄周、葛洪、陶弘景、《太平经》、《阴符经》、无能子的思想。下编是考据文字，包括对《太平经》成书年代、作者、目录、《太平经钞》、《周易参同契》、《老子河上公章句》、《黄庭经》、李弘和弥勒等问题的考证。

《中国道教史》(1～4) 卿希泰主编，四川人民出版社出版，1988年4月～1995年12月。本书以时间为序从道教产生的历史条件和思想渊源述至新中国成立后的道教现状，历时二千年，客观、系统、全面地论述了道教的兴衰历程、精典教义、神仙道派、科仪斋醮、方技方术等及其在世界各地的传播和影响。是一部集理论性、资料性于一体的学术专著。

《道教概说》 李养正著，中华书局出版，1989年2月，418页。全书分上下两编，上编为道教历史，从道教起源述到明清道教；下编主要介绍道教教义、流派、清规戒律、道教经典、宫观、道术等，较系统地介绍了道教知识。

《内丹养生功法指要》 王沐著，东方出版社出版，1990年5月，295页。本书是作者以50余年的内丹修炼为基础，对道教内丹学作出的理论总结。全书分三编。上编阐发道教内丹功基本理论，包括道教与道家的关系、内丹功宗派、李道纯的道统、《悟真篇》丹法。中编论述内丹功法的具体内容，包括缘起、发展、纲要、女丹概论，以及练功秘窍。下编是对王船山、陆西星等人有关道教内丹养生著作的分析。

《中国道教史》 任继愈主编，上海人民出版社出版，1990年6月，811页。本书共五编，分别为：汉魏晋南北朝道教、隋唐道教、宋元道教、明清道教、明清民间宗教与道教，并附有中国道教史年表、道教主要人物与道派索引，是一部全面论述中国道教史的专著。

《天师道史略》　张继禹著，华文出版社出版，1990年11月，248页。本书较详细地介绍了天师道的起源、形成以及天师道在历代的发展、演变和兴盛，特别是书中附有历代天师传略，为了解、研究天师道提供了很有价值的参考资料。

《道藏提要》　任继愈主编，中国社会科学出版社出版，1991年7月，1532页。本书仿《四库全书总目提要》体例，介绍《道藏》每一部分的时代、作者、内容，并附有目录索引、道书撰人编者的简介。是一部研究《道藏》典籍丛书及道教研究的工具书。

《道教与科学》　金正耀著，中国社会科学出版社出版，1991年7月，230页。此书为作者的博士论文。除导论和总论外分上下两篇八章，该书采用宗教学的研究立场，以汉魏两晋道教历史及其教义演变为考察中心，从原本历史事实的时代层面上回答道教与科学之间复杂关系的"为什么"和"怎么样"的问题，把握救世的和度世的宗教特点，揭示道教与科学的关系，如实地区别宗教与科学的界限。

《道教通论》　牟钟鉴等著，齐鲁书社出版，1991年11月，773页。是一部较全面介绍道教的综合性著作。全书分上中下三编，上编：溯源，从先秦两汉道家追溯到原始文化，对道家作鸟瞰式的俯视，给道教作历史定位。中编：寻流，以概说道教为总纲，具有道教简史的规模，分别论述汉末道教的发生和它在魏至清各代的发展和演化。下编：探术，系统阐述道教外丹与内丹两大道术，同时探讨道教学术对于文艺的影响，以及道术中透露出来的道教精神。对中国道教发生、发展和演变作历时式的论述并兼论道家学说。

《道经总论》 朱越利著，辽宁教育出版社出版，1991年12月，488页。本书是系统研究道经的论著，收入《国学丛书》。全书共8章，依次分析道经的源头，道经自两汉，经六朝、隋唐五代、宋元、明清直至近现代的历史，《道藏》的编纂史，道经的分类，道经目录，敦煌道经和藏外道经，最后对道经作了评价。书后附有综合索引。

《道教文学史》 詹石窗著，上海文艺出版社出版，1992年5月，581页。本书是我国第一部以道教文学作为研究对象的史论著作。作者将汉代至北宋期间具有文学价值的道教经典和反映道教思想、道教活动的文人创作以史的顺序兼收并蓄，提示了独特的文学现象——道教文学的产生、发展和繁荣的过程，丰富了中国文学史的研究领域。

《中国重玄学》 卢国龙著，人民中国出版社出版，1993年8月，503页。本书全面系统地论述重玄之道，勾勒出其历史轨迹，提示不同发展阶段的理论特质，其中的内在联系与转折，及特定时代的风貌，是中国哲学史及道教史研究领域的一部力作。

《中国道教》（1～4） 卿希泰主编，东方出版中心出版，1994年1月。本书以道教的类别为序进行论述，第一册为道教的历史概要、宗派源流和人物传略；第二册论述道教的经籍书文和教义规戒；第三册为神仙谱系和科仪方术；第四册论述文化艺术、仙境宫观。本书对中国道教的记述和论述具有全面系统性和客观科学性，具有很高的学术和史料价值。

《道教大辞典》 闵智亭、李养正主编，华夏出版社出版，1994年5月，1009页。本书以道教经书为依据，从中摘选道教常用名词、术语、短句作为词目，约近2万条，包括教理教义、仙籍语论、道经道书、神仙人物、道派组织、斋醮科仪、清规戒律、道功道术、洞天福地、灵图符箓、仪典节日、仙道禁忌、方技术数、执事称谓、文化艺术等内容。是道教界人士编写的大型专业工具书。

《中华道教大辞典》 胡孚琛主编，中国社会科学出版社出版，1995年8月，2207页。本辞典近二万辞目，按门类编排，分为道家、道教门派、人物、道教经籍、教理教义及基础知识、斋醮科仪及戒律、符箓、法术及占验术、道教医药学、道教养生功法及武术、内丹学、房中养生、外丹黄白术、道教神仙及民俗信仰、道教文学艺术、洞天福地及宫观共16大门类，是一部道家与道教的百科全书。

《中国伊斯兰教派与门宦制度史略》 马通著，宁夏人民出版社出版，1983年1月，499页。本书简要叙述了伊斯兰教的创立、发展及其在我国的传入，主要介绍了中国伊斯兰教三大教派（格底目、依黑瓦尼、西道堂）四大门宦（虎夫耶、嘎的林耶、哲赫忍耶、库不忍耶）及其数十个支系的产生、发展的历史过程和现状，以及宗教思想和宗教礼仪方面的特点。对于研究中西文化交流、中国思想史、中国伊斯兰教史、回回等民族史，均有所裨益。

《泉州伊斯兰教石刻》 福建省泉州海外交通史博物馆编，宁夏人民出版社、福建人民出版社出版，1984 年 11 月，本书收录了已发现的泉州伊斯兰教碑刻两百余方，并附有照片（或拓片），对其来源作了记录，对其造型作了描述，对碑上的外文进行了全文翻译，并附原碑古阿拉伯文或波斯文的现代书写体，同时，对碑刻的一些问题作了初步的考证，澄清了一些历史事实，提供了一些独到的见解，为研究伊斯兰教提供了第一手资料。

《中国伊斯兰教史参考资料选编（1911～1949）》 李兴华、冯今源编著，宁夏人民出版社出版，1985 年 8 月，二册，1824 页。本书为新中国成立后第一部中国伊斯兰教史论文、资料集，汇集 1911－1949 年间散见于中文报刊、丛刊中有关中国伊斯兰教历史、文化的论文、调查、散记、报道、译文等资料共 197 篇，并附有《部分未收资料一览表》、《伊斯兰教主要中文刊物一览表（1911～1949）》。全书共分八部分：史略概述、寺院古迹、人物掌故、教派门宦、文化教育、经著学说、各地概况、其他。比较全面地反映出民国时期我国学术界、宗教界对中国伊斯兰教历史、文化研究的广度与深度。为研究中国伊斯兰教史提供了丰富的参考资料，也为我们保存了比较完整和系统的历史文献资料。

《伊斯兰教史》 金宜久主编，中国社会科学出版社出版，1990 年 8 月，681 页。本书是高等学校宗教史教学参考书。全书分为四编：伊斯兰教的兴起、伊斯兰教的全面发展、伊斯兰教在各地的传播、近现代伊斯兰教，并附有关于伊斯兰教的各种数据统计表，对伊斯兰教研究极具参考价值。

《中国的伊斯兰教》 冯今源编著，宁夏人民出版社出版，

1991年7月，197页。这是新中国成立以来第一部系统阐述中国伊斯兰教的中国风格与特色的学术专著。全书共五章：第一章“伊斯兰教的传入”，分别论述了伊斯兰教早期传入中国内地与新疆地区的时间、传入方式与传入特点；第二章“中国的清真寺”，对中国清真寺的名称、社会职能进行分析，对早期、当代及维吾尔地区中国清真寺的建筑风格进行不同凡响的系统总结和研究；第三章“中国的伊斯兰教派”，系统地阐述了中国伊斯兰教的各教派，着重分析了中国伊斯兰教教派的五个主要特点，并在此基础上提出作者对中国伊斯兰教教派问题的四点认识；第四章“中国穆斯林的文化”，对各族穆斯林在中国科技史、社会科学史、文化艺术史上的历史贡献进行了内容丰富的科学论证和深入发掘；第五章“经堂教育”，对中国回族地区伊斯兰教经堂教育的历史沿革、组织结构、经费来源、课程设置、经堂语、小儿锦进行考证与评论。

《伊斯兰教法概略》 吴云贵著，中国社会科学出版社出版，1993年2月，335页。本书涉及宗教、道德、民事、习俗等，全面介绍了伊斯兰教法的起源，古典法学理论和教法学派的形成，关于婚姻、财产继承、刑法等法律规定的基本内容，近现代伊斯兰教国家的法制改革及基本内容。分为三编，分别为：伊斯兰教法的起源、实体法与法律程序、近现代法制改革。是中国学者对伊斯兰教法研究的第一部专著。

《中国伊斯兰文献著译提要》 余振贵、杨怀中著，宁夏人民出版社出版，1993年6月，652页。本书提要介绍了上起唐宋，下至本世纪90年代，中国伊斯兰教史上所有重要的汉文译著，和其他少数民族语种的伊斯兰教古籍共578部，160余部参考书目，对作品的定义题解、作者情况、写作宗旨、著译经过、出版时间、版本印数、篇章结构、内容概略、序跋插图、撰述特点、社会价值和公众评论均作了介绍。是一部系统介绍中国伊斯兰教历史文献、研究著作与作品的工具书。

《中国伊斯兰百科全书》 宛耀宾总主编，四川辞书出版社出版，1994年3月，773页。本书以伊斯兰教知识体系为核心，兼收与伊斯兰文化有密切关系的学科知识，由世界伊斯兰教和中国伊斯兰教两大部分组成。按本学科体系和知识层次分别设立大、中、小和参见条四类不等的条目。共收条目3360条，分经训典籍、教义学说、教法制度、宗教功修、教派学派、中外人物、历史事项、《古兰经》人物及传说、组织团体、教职称谓、圣地寺院、陵墓碑铭、著作文献、文化教育、各国伊斯兰教、传播地区、穆斯林民族、节日礼俗共18类。是第一部全面、系统地介绍伊斯兰教基本知识的大型专科工具书。

《当代伊斯兰教》 金宜久主编，东方出版社出版，1995年1月，349页。本书从第二次世界大战结束迄至本世纪90年代初，论述了伊斯兰教概况，伊斯兰教在各地的传播，及其与政治、经济、文化的关系，并附有关于伊斯兰教的各种调查表，为了解和研究当代伊斯兰教提供了大量的理论依据和参考资料。

《中国历代政权与伊斯兰教》 余振贵著，宁夏人民出版社出版，1996年11月，480页。本书依时间顺序从唐代写到中华人民共和国建国前，阐述了各个历史时期伊斯兰教与政治的关系，尤其是明末清初以来伊斯兰教与西北地区社会安定的关系。以分析评估我国历代政权处理伊斯兰教事务的治理策略和实际效应为主线，揭示出伊斯兰教在我国政治发展史上的重要作用和伊斯兰教在中国的发展史。本书对中国伊斯兰教史、中国政治史以及政教关系、民族关系、民族政策等的研究均有参考价值。

《伊斯兰教与世界政治》 金宜久主编，社会科学文献出版社出版，1996年11月，368页。本书主要讨论伊斯兰世界，既伊斯兰国家的当代政治问题，分为：历史上伊斯兰教与政治的关系、伊斯兰教与民族、民主革命、伊斯兰教与现代改革、伊斯兰教与“社会主义”、新泛伊斯兰主义、伊斯兰复兴运动及伊斯兰主义七个部分。是研究当代伊斯兰教及世界政治的一部专著。

《传教士与近代中国》 顾长声著，上海人民出版社出版，1981年4月，455页。本书较系统地记述了自鸦片战争迄一九四九年传教士在中国的活动过程，以传教士依托和推行帝国主义的侵略政策为主线，对他们参预军事、外交、政治、及文化教育和慈善事业的种种行为，进行了有机的论述，同时对较有代表性的传教士、教案、教会学校和出版机构作了介绍和分析，揭露帝国主义利用宗教侵华的历史。

《中国古代基督教及开封犹太人》 江文汉著，知识出版社出版，1982年12月，222页。本书论述了三个问题：景教，即唐代对“聂斯脱利派”的称呼，它是基督教的一个支派；也里可温，即元朝蒙古人对基督徒的一种称呼；中国的犹太人，则是我国历史上曾经与古犹太教有血缘关系存在的一小部分居民。作者在大量资料的基础上对这三个问题作了系统、全面的论述，运用比较宗教学的研究方法，根据特定的历史条件，对三者从教理、教义、仪节以及社会风尚、生活方式等方面与现在的基督教作了对比。本书的出版，填补了当时这方面研究的一个空白，具有一定的学术价值。

《从马礼逊到司徒雷登——来华新教传教士评传》 顾长声著，上海人民出版社出版，1985年8月，486页。本书记述了马礼逊到司徒雷登共29位基督教(新教)传教士在华在军事、政治、文化、教育、出版、慈善事业等领域的活动及对华影响，从横向对外国传教士在近代中国的活动进行考察，对他们的生平作了客观评价。

《东正教和东正教在中国》 张绥著，学林出版社出版，1986年10月，345页。本书分为三编，第一编东正教的产生、发展及其历史、思想背景；第二编介绍了东正教的各自主教会和自治教会的情况，叙述了东正教的教义、礼仪和修院制度，以及俄罗斯正教等内容；第三编论述东正教在中国的历史，并提供了大量历史资料。此书是一部比较全面、系统地论述东正教，特别是“东正教在中国”这一领域的学术专著。

《中国教案史》 张力、刘鉴唐著，四川省社会科学院出版社出版，1987年4月，890页。本书概括了8世纪基督教开始传入中国至解放前基督教各教派在中国传播、流行及有关教案的历史，详细记录了其对华在思想、文化、科技、艺术等方面的影响。是一部有关天主教、基督新教和东正教在华传教及其引起纠纷的教案史录。

《明清间在华的天主教耶稣会士》 江文汉著，知识出版社出版，1987年6月，144页。全书分为十章：依次为：天主教耶稣会士来华的时代背景、天主教在中国的奠基人——利玛窦、中国天主教的“三大柱石”与南京教案、南明政权挣扎中的耶稣会士、明清交替时耶稣会士的活动、传教士内部有关名词与礼仪的争论、耶稣会士与中俄尼布楚条约、百年禁教与耶稣会士、耶稣会士与学术活动、耶稣会士的历史地位。系统叙述了近300年间天主教在华传教的兴衰，是一部资料丰富的学术著作。

《基督教哲学》 尹大贻著，四川人民出版社出版，1988年5月，515页。全书分上下两编，上编为19世纪中叶以前基督教哲学的发展，下编为现代西方基督教哲学。作者从基督教的产生论起，述至20世纪中期，全面、系统地论述了基督教哲学思想发展的过程。是一部概括了解基督教史及西方哲学史的专著。

《古代基督教史》 徐怀启著，华东师范大学出版社出版，1988年7月，443页。本书对古代基督教的诞生和演变、经典与基本教义、教会组织与宗教生活等作了比较全面的阐述。是研究基督教史的一本具有一定学术价值的参考书。

《中国景教》 朱谦之著，东方出版社出版，1993年5月，256页。本书全面、完整地论述了景教的起源、发展和在中国的传入及传播情况，分为11个部分，一、景教与基督教；二、景教思想之异端性；三、景教东渐史略；四、中国景教产生的背景；五、景教碑发现的历史；六、景教碑在景教文献中的位置；七、景教碑中之景教思想；八、景教碑中之史地问题；九、唐以后之景教；十、中国境内的景教遗物；十一、景教之衰亡及其原因，各个标题均提示出全文的内容。是本世纪中国研究景教著述最新、资料最丰富、研究最深、篇幅最多的一部学术专著。

《基督教史》 唐逸主编，中国社会科学出版社出版，1993年5月，499页。本书以详尽的资料，系统介绍了基督教的形成、发展及现状。对耶稣其人，本书论证了史书中和《福音书》中的不同记载，作出合理的解释。对基督教历史上的重大事件、教义教理的形成与演变，教会组织的形式与功能，本书都有详细的介绍。特别是20世纪以来基督教在世界各地的发展状况，近年来基督教内部出现的新思潮，如“解放神学”、“上帝已死”派等，亦有较详细的介绍与分析。

《当代基督新教》 于可主编，东方出版社出版，1993年7月，364页。本书分为九个章节，分别为：概述：基督新教的历史和现状、当代神学的发展与派别、当代新教的宗派、六七十年代兴起的新崇拜团体、当代新教在西方国家的社会作用和主要活动、西方传教活动与第三世界、当代中国基督新教的发展与特色、普世教会运动、当代新教的发展趋势。全面系统论述当代基督新教的总貌，及其与政治、经济、社会的关系，为研究当代基督新教提供了依据。

《基督教哲学1500年》 赵敦华著，人民出版社出版，1994年8月，700页。本书根据作者自己多年的研究和在国外留学期间的资料，以历史时代为经，人物和学说为纬，全面描述了2—16世纪这1500年当中基督教哲学多姿多彩的概貌，为认识和理解基督教文化背景下形成的“中世纪哲学”提供了系统的脉络，客观、平实地评价了基督教哲学的发展对于哲学史的贡献，从而恢复了“中世纪哲学”在西方哲学史上重要的、承先启后的地位，同时填补了我国学术界对中世纪哲学研究的某些空白。

《基督教与近代中国社会》 顾卫民著，上海人民出版社出版，1996年5月，558页。作为“近代中国社会史丛书”的一种，本书从社会史角度对中国基督教进行研究梳理。基督教在中国的传播，分为唐朝的景教、元代教廷使节东来、明清耶稣会士的活动，近代天主教复归和新教输入四个时期。本书特别注重基督教与中国本土社会文化的沟通、适应和融合问题，对于20世纪新教的“本色化”和天主教的“中国化”的背景、内容、意义，着墨尤浓。

《当代天主教》 傅乐安主编，东方出版社出版，1996年6月，401页。主要评述20世纪60年代后天主教会的变革概况。全书分为：梵蒂冈第二届大公会议、当代罗马天主教会的对话活动、梵二会议后的神学思想、当代天主教哲学、当代天主教伦理学、罗马天主教会在当代世界的社会作用和主要情况，为宗教研究工作者和关心宗教问题的读者，介绍了当代天主教的原始资料，提供了一些研究线索。

《明清白莲教研究》 喻松青著，四川人民出版社出版，1987年4月，317页。本书对明清时期影响较大的白莲教及其所派生衍变的各种教派的源流、组织情况、主要经典、社会影响、与儒、佛、道的关系及民间宗教家的生平、思想作了较为系统的研究和剖析，是系统研究明清秘密宗教的一部专著。

《摩尼教及其东渐》 林悟殊著，中华书局出版，1987年8月，337页，图版60页。本书是摩尼教及其东渐研究的论文集，共收入论文18篇，深入论述、考证了摩尼教在华的传入、流传、发展及其所产生的影响，书中还附有汉文摩尼教经文释文及有关摩尼教的图片多篇，是摩尼教研究方面的一部资料丰富的论文集。

《清代八卦教》 马西沙著，中国人民大学出版社出版，

1989年9月，367页。本书以八卦教的起源、演变为线索，深刻揭示了八卦教的内部结构、教义仪式与教规、教权接续方式、传教掌权家族的兴衰以及它与农民运动兴起的内在联系。描绘了华北平原底层群众的信仰与风习。讨论了捻军、黑旗军、一贯道、义和团与八卦教的关系。是宗教史、社会史、清史和近代史研究领域的一部力作。

《犹太教与中国开封犹太人》 张绥著，三联书店上海分店出版，1990年3月，187页。全书分四个部分，第一部分讲述犹太人初到中国；第二部分记述元、明、清三朝的中国犹太人；第三部分论述今天的开封犹太人后裔和犹太人文物；第四部分是作者对来华犹太人的研究见解。此书旨在通过犹太文化在犹太教的维系下所显示出的坚实性这样一个背景作“比较”，来认识中国汉族文化之活力。

《中国民间信仰》 金泽著，浙江教育出版社出版，1990年11月，257页。本书对民间信仰的性质、特点，及其演变加以阐述，意在研究探讨民间信仰中的基本理论问题。全书共五章，第一章论述民间信仰最核心的观念和最朴素的崇拜；第二章探讨与每个人一生密切相关的一些宗教礼仪；第三章分析群体性的民间信仰，诸如图腾崇拜等等，第四章考察纵贯于诸宗教形态之中的巫术与禁忌；第五章探索民间信仰与传统文化的相互关系和作用。

《中国民间宗教史》 马西沙、韩秉方著，上海人民出版社出版，1992年12月，1453页。本书上起汉末，下止清末，记述了白莲教、罗教、江南斋教、黄天教、弘阳教、闻香教、八卦教、一贯道等数十种民间教派的起源、特点、教义、组织形式、发展演化，书中利用了大量第一手档案资料，是我国第一部系统的民间宗教史专著。

《中国民间秘密宗教辞典》　濮文起主编，四川辞书出版社出版，1996年10月，524页。本书为有关中国民间秘密宗教的第一部专科辞典。以中国民间秘密宗教发展为主线，收列了中国民间秘密宗教的神灵、教派、教义、仪规、修持、术语、组织、经卷、人物、事物等方面的条目约1500条；并选收了资料图片20余幅。全面反映了中国民间秘密宗教的研究成果，有助于对中国民间宗教的了解。

（于　光　编撰）

国内宗教研究教学机构（一）

中国社会科学院世界宗教研究所

成立时间 1964.8

地址 北京建国门内大街 5 号

邮编 100732

电话 010－65138329

传真 010－65221532

主管单位 中国社会科学院

宗旨 运用科学的立场、观点、方法并积极吸收和借鉴古今中外一切有关的学术成果，对宗教学基础理论和世界范围内包括中国本土各种宗教的教义、经典、历史、现状以及宗教与中国传统文化的关系进行多视角、多方位的研究，以增进对人类观念形态和社会文化发展的整体认识，加强对世界面貌和中国国情的全面了解，为中国的现代化和社会主义精神文明建设服务。

历任负责人 所长：任继愈（1964～1985）、杜继文（1985～1988）、孔繁（1988～1993）、吴云贵（1993～）

机构设置 佛教研究室、基督教研究室、伊斯兰教研究室、道教与中国民间宗教研究室、儒教研究室、宗教学原理研究室、当代宗教研究室、佛教文化艺术研究室、编辑部、资料室、科研处、办公室等

重要学术活动、成果 承担了一批国家和中国社会科学院的重点研究项目，已完成和正在进行的研究项目有50多个，其中《中华大藏经》（汉文部分）和《宗教学通论》等十几项成果荣获中国图书奖和中国社会科学院优秀成果奖；出版专著类图书200余部，发表论文1000余篇，并完成了译著、译文、工具书、古籍整理等一大批学术成果。1990年代以来重要学术活动及对外交流情况参见本书“1990～1996年中国社会科学院世界宗教研究所部分重要学术活动”部分。

（于 光）

上海社会科学院宗教研究所

成立时间 1980

地址 上海卢湾区淮海中路622弄7号

邮编 200020

电话 021－53066471

传真 021－53066471

主管单位 上海社会科学院

历任负责人 所长：罗竹风（1980～1982.2）、阮仁泽（1982.2～1985.1）、萧志恬（1987.2～1988.8）、陈耀庭（1991.1～1994.7）、业露华（1994.7～）

主要研究范围 我国社会主义时期的宗教问题及我国宗教的历史、现状和趋势

重要学术活动、成果 成果：1.《中国佛教》，高振农，上海社会科学院出版社；2.《中国社会主义时期的宗教问题》，罗竹风，上海社会科学院出版社，上海哲学社会科学（1979～1985）优秀成果著作类三等奖；3.《中国近

现代高僧与佛学名人小传》，高振农，华东师范大学出版社，上海社会科学院（1988～1990）著作奖；4.《佛教历史百问》，业露华，建设出版社；5.《中国天主教的过去和现在》，顾裕禄，上海社会科学院出版社，上海社会科学院（1988～1990）科研成果奖；6.《道藏要籍选刊》（10册），陈耀庭，上海古籍出版社；7.《一个历史学家的宗教观》，晏可佳，四川人民出版社，上海社会科学院（1988～1990）青年科研人员优秀成果奖；8.《融合四方文化的智慧》，龚方震，三联书店；9.《中国佛教图象解说》，业露华，上海书店；10.《上海宗教史》，阮仁泽，上海人民出版社，上海社会科学院（1991～1992）院特别奖；11.《佛教文化与近代中国》，高振农，上海社会科学院出版社；12.《藏外道书》（36册），陈耀庭，巴蜀书社，1992年国家古籍整理二等奖；13.《道·仙·人》，陈耀庭，上海社会科学院出版社；14.《中国的佛教仪规》，业露华，台湾海南杂志社，上海社会科学院（1993～1994）著作奖；15.《人·社会·宗教》，罗竹风，上海社会科学院出版社，上海哲学社会科学（1994～1995）优秀成果著作三等奖；16.《安乐集释注》，业露华，台湾佛光出版社；17.《〈弥勒经〉注释》，业露华，台湾佛光出版社；18.《基督教圣经和历史故事图说》，晏可佳，上海书店；19.《佛学与佛教》，业露华，上海古籍出版社；20.《上海宗教问题研究》，罗伟虹，载《当代宗教问题研究》，上海社会科学院（1995～1996）著作奖。论文、调查报告略。

学术活动：1986年12月召开“人和宗教”学术讨论会；1988年3月31日召开“社会主义初级阶段宗教问题”讨论会；1990年6月28日召开“宗法性传统宗教”

讨论会；1991年5月3日～5日，中国宗教学会华东地区学术讨论会在上海社会科学院举行；1992年11月19日，宗教所与上海市政协宗教委员会市宗教局等单位联合召开纪念中共中央《关于我国社会主义时期宗教问题的基本观点和基本政策》发表十周年研讨会；1993年9月25日～28日，宗教所与宗教学会、市佛协、中国佛协、中国佛教文化研究所在上海龙海宾馆联合举办“圆瑛法师佛学思想研讨会”；1994年12月1日，与市政协等单位召开“宗教与社会主义相适应”讨论会；1995年10月13日，宗教所与上海教育学院宗教研究中心联合召开“宗教与文化”研讨会；1995年4月2日，宗教所举行“‘九五’上海宗教的发展和思考”研讨会；1996年12月10日，宗教所与上海市政协宗教委员会、上海宗教局、上海市宗教学会等单位就宗教和社会主义精神文明这一主题联合召开讨论会。

人才培养 有宗教学专业的硕士点。

（黄建凤）

天津社会科学院宗教文化研究所

成立时间 1996.4

地址 天津市南开区迎水道7号

邮编 300191

电话 022－23364046－504

传真 022－23364039

主管单位 天津社会科学院

历任负责人 所长：濮文起，顾问：李世瑜

机构设置 采取课题组形式，聘请海内外专家为该所特约研

究员，目前已聘中国、美国、加拿大、日本、马来西亚等国学者10余名

主要研究范围 中国民间宗教文化兼佛教、道教文化

重要学术活动、成果 1. 濮文起著《中国民间秘密宗教》（专著）1991年浙江人民出版社版（台湾南天书局1996年版，日本东方书店1997年版）；2. 濮文起主编《中国民间秘密宗教辞典》（工具书）四川辞书出版社1996年版；3. 濮文起撰《清代民间秘密宗教组织体系初探》（论文），载《天津社会科学》1996年第4期；4. 濮文起撰《〈家谱宝卷〉表微》（论文），载《世界宗教研究》1996年第3期；5. 濮文起撰《天地门教调查与研究》（论文），载《民间宗教》（台湾）第二辑；6.《〈定劫宝卷〉管窥》（论文），载《世界宗教研究》1997年第4期；7. 李世瑜撰《天津红阳教调查研究》（论文），载《民间宗教》（台湾）第二辑；8. 李世瑜撰《天津在理教调查研究》（论文），载《民间宗教》（台湾）第二辑等。

（濮文起）

五台山研究中心

成立时间 1985

地址 太原市并州南路282号

邮编 030006

电话 0351－7068694

主管单位 山西省社会科学院

历任负责人 主任：崔正森（1985～）

主要研究范围 五台山政治经济、佛教文化、对外往来以及山西佛教

重要学术活动、成果 举行过"中国五台山国际学术会议"两次，接待过香港、台湾、日本、美国、韩国、英国、俄国的参观考察团多次。崔正森先生还参加过台湾、澳门举行的佛教学术会议，其著作有《五台山游记选注》、《五台山诗歌选》、《五台山碑文选注》、《五台山楹联牌匾集锦》、《山西寺庙大全》、《三晋古塔》等等，发表论文200余篇。

（周祝英）

陕西省社会科学院历史宗教研究所

成立时间 1995.9

地址 西安含光南路7号

邮编 710065

电话 029－5254006－216

主管单位 陕西省社会科学院

历任负责人 宗教研究室：主任：畅耀（1988～1991）、王亚荣（1992～1995），现任历史宗教研究所所长：张宪臣

主要研究范围 佛教、道教以及基督教、天主教、伊斯兰教、宗教学基本理论和民间信仰、地方史考古等

重要学术活动、成果 1996年重要学术活动、成果（专著、论文）及其作者以及刊用情况：重要学术活动：1. 协助长安佛教研究中心筹办"中日长安佛教与日本学术研讨会"（9月3日～4日）；2. 举办"宗教与人体科学座谈会"（9月12日）；3. 国家课题"长安佛教史"立项（王亚荣）。主要成果："陕西华山文化"（王雷生），载宗教文化出版社《中国道教宫观文化》；"李道谦与全真道"（张应超），载《中国道教》1996.3；"陕南地区宗教状况

调查报告”载《当代陕西宗教概况》；“莫叫盛事竟湮没——记三十年前西安的两次法会”，载《说古道今》1996.1；“关于利用西安的名胜古迹和历史文物，发展旅游经济，同时进行爱国主义教育的思考和建议”，载《经济改革》1996.1；“金刚经诸汉语译本之比较”（李利安），载宗教文化出版社《少林寺国际学术研讨会论文集》；“中印佛教观音身世信仰的主要内容与区别”（李利安），载《中华文化论坛》1996.4；“观音信仰对中国古代艺术的影响”，载《华夏文化》1996.4，《真谛大师传》（通俗本），台湾佛光出版社出版；“近代回教教育”（陈月琴），载《教育界》1996.3；“宗教学的流派及其主要观点”，载《陕西社科信息》1996.5；“中日长安佛教与日本学术研讨会简述”，载《陕西社科信息》1996.5；“《慧坚禅师碑》与慧坚禅师”（王亚荣），载宗教文化出版社《少林寺国际学术研讨会论文集》；《义净大师传》（通俗本），台湾佛光出版社出版。

（王亚荣）

长安佛教研究中心

成立时间 1987

地址 西安含光南路7号陕西省社会科学院

邮编 710065

电话 029－5254006－220

主管单位 陕西省委统战部、陕西省政府民族宗教委员会、陕西省社会科学院

历任负责人 长安佛教研究组组长：畅耀（1986～）；长安佛教研究中心主任：黄心川（1987～），副主任：李登第

(1987～1993)、王亚荣(1993～)

主要研究范围　古代长安佛教

重要学术活动、成果　继1994年“玄奘国际学术讨论会”后，1996年8月20日又主办了“中日长安佛教与日本学术研讨会”，以黄心川、平川彰为首的中日双方90多位学者出席了会议(其中日方18人)，研讨会发表了如下学术成果：基调报告：长安佛教文化的国际性——以长安佛经翻译为例(王亚荣)，天台智𫖮“戒体论”的现代意义(平川彰)；专题报告：中亚与中国的阿弥陀佛信仰的实态(岩松浅夫)，中国汉传佛教观音菩萨信仰的体系(李利安)，中国华严思想再考(小岛岱山)，当前的西安佛教(许力工)，净土教的展开－昙鸾、善导、亲鸾(田中教照)，玄奘三藏与《瑜伽师地论》(横山纮一)，长安佛教与日本佛教的关系(畅耀)；此外，中心派荆三隆出席了河南开封“中原佛教文化研讨会”，发表论文“论二十一世纪的佛学研究”。

(王亚荣)

敦煌研究院

成立时间　1944

地址　甘肃省敦煌市莫高窟

邮编　736200

电话　0937－8869088

传真　0937－8869028

主管单位：甘肃省文化厅、甘肃省文物局

历任负责人　常书鸿：(1944～1981)先后任国立敦煌艺术研究所所长，敦煌文物研究所所长；段文杰：(1982～1997)先后任敦煌文物研究所所长，敦煌研究院院长

机构设置 保护研究所、文献研究所、考古研究所、美术研究所、编辑部、摄录部、敦煌资料中心、敦煌石窟保护研究陈列中心、接待部、学术委员会、人事处、院办公室、党委办公室、保卫处

主要研究范围 石窟艺术、石窟历史、石窟考古、敦煌文献、敦煌石窟科学保护与科学管理

重要学术活动、成果 1.《中国石窟·敦煌莫高窟》,共五卷,文物出版社,1982 年～1987 年;2.《敦煌莫高窟供养人题记》,文物出版社,1992 年;3.《敦煌莫高窟石窟内容总录》,文物出版社,1987 年;4.《敦煌研究文集》,甘肃人民出版社,1982 年;5.《1983 年全国敦煌学术讨论会文集》(石窟艺术编,文史遗书编),甘肃人民出版社,1985 年,1987 年;6.《1987 年敦煌石窟研究国际讨论会文集》(石窟考古编,石窟艺术编),辽宁美术出版社,1990 年;7.《1990 年敦煌学国际学术研讨会文集》(石窟考古编,石窟艺术编,石窟史地编,语文编),辽宁美术出版社,1993 年;8.《敦煌石窟艺术》系列丛书共 30 本,现出 16 本,江苏美术出版社,1993～1997 年;9.《莫高窟窟前殿堂遗址》,文物出版社,1985 年;10.《敦煌建筑研究》,文物出版社,1989 年;11.《段文杰敦煌艺术论文集》,甘肃人民出版社,1994 年;12.《段文杰敦煌研究五十年纪念论文集》,世界图书出版公司,1996 年;13.《敦煌莫高窟史研究》,甘肃教育出版社,1986 年;14.《敦煌研究》(总 52 期),《敦煌研究》编辑部,1983 年～。1983、1987、1990、1993、1994 年相继举办了四次敦煌学国际学术讨论会,与美国合作召开了一次“丝绸之路古遗址保护国际学术讨论会”。

（陈菊霞）

宁夏社会科学院回族伊斯兰教研究所

成立时间 1963年成立，1990年易今名

地址 宁夏回族自治区银川市新市区新风巷

邮编 750021

电话 0951－2074543

主管单位 宁夏社会科学院

历任负责人 所长：杨怀中（1985～1994），副所长：丁国勇（1983～1994）、余振贵（1990～1994）、马平、丁朝君（1995～）

机构设置 回族史研究室、伊斯兰教研究室、民族理论研究室、少数民族古籍整理办公室、《回族研究》编辑部

主要研究范围 中国伊斯兰教历史文化、中国回族历史传统文化、当代中国伊斯兰教、历代政权的伊斯兰教政策

重要学术活动、成果 1.1981年在银川筹办召开西北五省区第一次伊斯兰教学术讨论会。2.已出版专著：《伊斯兰与中国文化》（杨怀中、余振贵，1995年，宁夏人民出版社）；《中国历代政权与伊斯兰教》（余振贵，1996年，宁夏人民出版社）；《伊斯兰教与经济》（张永庆、马平、刘明天，1993年，宁夏人民出版社）；《中国穆斯林民居文化》（马平，1996年，宁夏人民出版社）；《中国伊斯兰文献著译提要》（余振贵、杨怀中，1993年，宁夏人民出版社）；《中国伊斯兰历史报刊选萃》（余振贵、杨怀中主编，1993年，宁夏人民出版社）；《中国穆斯林朝觐纪实》（铁维英、李荣忠，1994年，宁夏人民出版社）。3.出版：王岱舆《正教真诠·清真大学·希真正答》，刘智《清真指南》，李廷相《天方文化历史》。

（余振贵）

青海省社会科学院民族宗教研究所

成立时间　1978.10

地址　西宁市上滨河路附1号

邮编　810000

电话　0971－8226343

主管单位　青海省社会科学院

历任负责人　刘醒华（研究室主任1978.10～1985）、蒲文成（副主任1984～1986，所长1987.12～）、拉毛扎西（副所长1987～1995）、穆兴天（副所长1996～1997.8）、吕建福（副所长1997.8～）

机构设置　民族研究组和宗教研究组

主要研究范围　世居青海的藏、土、回、蒙古和撒拉族等少数民族政治、经济、历史、宗教、习俗、教育等及相关的民族理论、政策问题

重要学术活动、成果　在国内曾参加1983年7月在拉萨召开的全国首届藏族学术讨论会，1985年10月在成都召开的全国首届藏族历史学术讨论会，1985年11月在厦门召开的全国民族史学术讨论会，1991年5月在拉萨召开的纪念西藏和平解放四十周年学术讨论会，1994年中日佛教学术讨论会，1992年首届国际法门寺历史文化研讨会等，并在昆明、温州、洛阳、北京等地数次参加有关著作的编写会或定稿会。科研成果：专著：1. 吕建福著《中国密教史》，中国社会科学出版社1995年出版，获1996年青海省哲学社会科学优秀成果二等奖；2. 蒲文成主编《甘青藏传佛教寺院》，青海人民出版社1990年出版，获青海省哲学社会科学优秀成果二等奖；3. 蒲文成、拉毛扎西著《觉囊派通论》，青海人民出版社1993年出

版，获1996年青海省哲学社会科学优秀成果二等奖；4. 蒲文成等合编《藏文古体诗格举例汇编》，甘肃民族出版社1984年出版；5. 穆兴天（穆赤·云登嘉措）主编《青海少数民族》，青海人民出版社1995年出版；6. 穆赤·云登嘉措著《藏传佛教与藏族社会》，青海人民出版社1997年出版；7. 合著《塔尔寺概况》（蒲文成为统稿人之一），青海人民出版社1987年出版；8. 合编《青海百科大辞典》（蒲文成任副主编），中国财经出版社1994年出版；9. 合编《青海藏传佛教寺院明鉴》（蒲文成任副主编，负责统稿），甘肃民族出版社1993年出版；10. 才仁巴力著《英雄黑旋风》，内蒙古文化出版社1990年出版；11. 吕建福著《〈大日经〉研究》，台湾佛光出版社出版。论文、译著略。另：蒲文成、何峰、穆兴天著《十世班禅大师的爱国思想》获1995年全国和青海省"五个一工程"入选作品奖，1996年获青海省第四届哲学社会科学优秀成果荣誉奖；蒲文成著《吐蕃王朝历代赞普生卒年考》1986年获青海省首届哲学社会科学优秀成果二等奖；蒲文成著《对社会主义初级阶段宗教问题的一些再认识》1988年获青海省社会主义初级阶段理论研讨会优秀论文二等奖；穆兴天、张改措《社会主义市场经济体制与各民族的繁荣发展》1994年获青海省市场经济理论研讨会优秀论文奖。（其它获奖作品略）

注　1978年10月成立，初名"民族宗教研究室"，1986年6月更名"民族宗教研究所"。

（蒲文成）

新疆社会科学院宗教研究所

成立时间 1979

地址 乌鲁木齐市北京南路16号

邮编 830011

电话 0991－3837045

主管单位 新疆社会科学院

历任负责人 陈慧生、李泰玉、何炳济、阿吉努尔·阿吉、唐世民；现任副所长：刘仲康、艾碧布拉（所长缺）

机构设置 伊斯兰教研究室、佛教研究室、理论室、翻译资料室、办公室

主要研究范围 新疆伊斯兰教、佛教历史与文化，现实宗教问题及宗教政策

重要学术活动、成果 1986年主持西北五省伊斯兰教学术研讨会，多次参与全国宗教方面的学术研讨会。主要成果：《新疆宗教》(李泰玉、唐世民、马品彦、谭吴铁等著)，《新疆伊斯兰教史》(陈慧生、马品彦、李进新、谭吴铁等著)，《新疆伊斯兰教简史》(维吾尔文，陈国光、阿吉努尔·陈吉著)，《新疆回族伊斯兰教史略》(谭吴铁、傅禹著)，《无神论教育读本》(杨发仁、唐世民、刘仲康、马品彦、李进新著)，《马克思主义宗教观通俗读本》(杨发仁、唐世民、刘仲康、李进新、马品彦著)，《新时期新疆民族宗教问题研究》(刘仲康著)；发表论文200余篇；获奖情况：《马克思主义宗教观通俗读本》获自治区第三届社会科学优秀成果(通俗)一等奖；《新疆宗教》获自治区第二届社会科学优秀成果二等奖；多篇论文分获自治区一、二、三届社会科学优秀成果一、二、三等奖和青年佳作奖。

（刘仲康）

云南省社会科学院宗教研究所

成立时间　1984

地址　昆明市气象路45号

邮编　650032

电话　0871－4154726

主管单位　云南省社会科学院

历任负责人　所长：杨学政，副所长：颜思久、韩敬（1984～1987）、韩丽霞（1988～）

机构设置　第一研究室（佛教道教）、第二研究室（基督教含天主教，伊斯兰教）、第三研究室（原始宗教、民间宗教）、资料室

主要研究范围　以云南为中心的西南少数民族宗教的历史及现状。

重要学术活动、成果　云南宗教文化丛书共14本专著：《原始宗教论》、《云南境内的世界三大宗教》、《藏族纳西族普米族的藏传佛教》、《云南宗教史》、《云南省志·宗教志》、《宗教与民俗》等，由云南人民出版社1991～1997年出版。杨学政主编这套丛书，作者为杨学政、韩军学、李荣昆等。1989年与日本国立民族学博物馆合作研究"傣族与南传上座部佛教"，并互访学术交流；1996与韩国精神文化研究院联合举办"中韩佛教文化暨旅游业国际学术会"（昆明）。

（杨学政）

西藏社会科学院宗教研究所

成立时间：1985.8.5

地址　西藏拉萨市色拉路大门21号

邮编　850000

电话　0891－6324413

主管单位　西藏社会科学院

历任负责人　所长：黄文焕（1985～1988）、晋美（1988～1991）、何宗英（1991～1993），副所长：次旦伦珠（1993～1994）、西尼崔臣（1994～）

主要研究范围　藏传佛教及“苯教”

重要学术活动、成果　重要学术活动：《珠穆朗玛峰自然保护区生态旅游总体规划》（生态旅游资源与评价，包括人文旅游资源评估），作者：西尼崔臣，主持单位：联合国开发计划署、中华人民共和国对外经济贸易合作部中国国际经济技术交流中心、珠穆朗玛峰自然保护区工作委员会，1997年内部出版；1985年本所主持召开区内“桑耶寺学术座谈会”；1986年编写《活佛转世制度》供自治区领导参考（内部资料）；1996年编写《藏传佛教知识手册》，待出版。以上是集体编写。编著：《西藏封建农奴制社会形态》（寺院组织部分及喇嘛衣、食、住、行），作者：西尼崔臣，1996年藏学中心出版；与挪威奥斯陆大学合作编译（藏译英）《苯教格珠尔目录》，参加编译者：赖珠朗杰。

（西尼崔臣）

中国社会科学院研究生院世界宗教研究系

成立时间　1981.10

地址　北京市建国门内大街5号

邮编　100732

电话　010－65137744－5485

主管单位 中国社会科学院

主办单位 中国社会科学院研究生院、中国社会科学院世界宗教研究所

历任系主任 林英、孔繁、余敦康、卓新平

宗旨 培养国内学生掌握运用马克思主义基本原理，坚持正确的政治方向、科研方向、理论方向，热爱祖国，遵纪守法，积极献身于两个文明建设，使学生掌握本学科广泛的基础理论知识和系统的专业知识，具有独立从事专业工作的能力，成为宗教研究和宗教实际工作的骨干力量。

人才培养 专业总名称为宗教学，下设宗教学原理研究、中日佛教研究、基督教思想文化史研究、伊斯兰教研究、道教与中国民间宗教研究等分支专业。到1996年共培养硕士生58人，博士生24人（其中包括部分中国哲学史专业学生）。毕业生分配到高校、科研、统战、宗教、政法等部门。

（吴　军）

北京大学宗教学研究所

成立时间 1994.10

地址 北京市海淀区

邮编 100871

电话 010－62751670

传真 010－62751671

主管单位 北京大学宗教学系

历任负责人 所长：楼宇烈（1994～）

机构设置 见北京大学宗教学系教研室

主要研究范围 佛学、道教典籍，基督教学术思想史

重要学术活动、成果 见北京大学宗教学系。

人才培养 见北京大学宗教学系硕士与博士专业。

注 该研究所附属于北京大学宗教学系。

（赵敦华）

北京大学宗教学系

成立时间 1995.9

地址 北京市海淀区

邮编 100871

电话 010－26751670

传真 010－26751671

主管单位：北京大学

历任负责人 系主任：叶朗（1995～）；副系主任：赵敦华、魏常海（1995～）

宗旨 培养德智体全面发展，具有宗教学基础知识及比较广泛的哲学社会人文科学知识的中、高级人材，建设有中国特色的宗教学教学体系和课程系列，成为宗教学人才培养基地和对外交流窗口。

人才培养 本科专业：宗教学，硕士点：宗教学，博士点研究方向：道教、佛教、基督教。毕业生分配面向高等院校和研究机构，各级宗教事务管理部门、新闻出版部门及其它文化事业部门。

重要学术活动、成果 1994、1995（以北大宗教所名义）及1996年连续三年举办三期宗教学暑期培训班以及三届中美哲学宗教学研讨会，1996年举办宗教学研究国际研讨会，佛学国际研讨会，道家文化国际研讨会

注 该系设置佛教、道教、基督教（天主教及新教）、宗教学原理、伊斯兰教等五个教研室。

（赵敦华）

中国人民大学宗教研究所

成立时间 1991.6

地址 北京市海淀路175号

邮编 100872

电话 010－62515303

传真 010－62515303

主管单位 中国人民大学哲学系

历任负责人 所长：方立天，副所长：李秋零、张风雷、徐兆仁、黄克克

主要研究范围 佛教、道教、基督教

重要学术活动、成果 一、学术活动：1. 与台湾有关人士举行“安祥禅”的对谈；2. 安排美国田纳西大学唐力权教授的“场哲学”系列讲座；3. 协助哲学系安排台湾大学、辅仁大学邬昆如教授等举办“士林哲学”系列讲座等。二、著作：1.《宗教学》，索爱群等合著，江苏人民出版社，1991年出版；2.《魏晋南北朝佛教论丛》，方立天著，中华书局，1982年出版，1995年再版；3.《佛教哲学》，方立天著，中国人民大学出版社，1986年出版，1991年改为增订本出版，1997年列入“人文丛书”出版，1996年获中国图书荣誉奖，1995年获国家教委全国首届人文社会科学优秀成果一等奖；4.《中国佛教与传统文化》，方立天著，上海人民出版社1988年出版，1992年再版；5.《法藏》，方立天著，东大图书公司，1991年出版；6.

《佛门大师评传丛书》，方立天主编，京华出版社，1995年出版；7.《佛学精华》，方立天主编，北京出版社，1996年出版；8.《佛藏辑要》，方立天为主编之一，巴蜀书社，1994年出版；9.《宗教箴言录》，方立天、徐兆仁主编，中国国际广播出版社，1994年出版；10.《禅悟之道》，邢东风著，中国人民大学出版社，1992年出版；11.《智顗评传》，张风雷著，京华出版社，1995年出版；12.《道教与超越》，徐兆仁著，中国华侨出版公司，1991年出版；13.《道教纵横》，徐兆仁著，中国人民大学出版社，1992年出版；14.《上帝·宇宙·人》，李秋零著，中国人民大学出版社，1992年出版。

（方立天）

中国人民大学基督教文化研究所

成立时间　1995.12

地址　北京市海淀路175号

邮编　100872

电话　010－62514619

传真　010－62514619

主管单位　中国人民大学中文系

历任负责人　所长：杨慧林，副所长：梅瑛

机构设置　研究所及学刊编辑室

主要研究范围　西方文学与基督教

重要学术活动、成果　1.《罪恶与救赎：基督教文化精神论》，东方出版社，1995，杨慧林著；2.《西方文艺理论史》（合著），中国人民大学出版社，1994，杨慧林等著。另有论文多篇。

人才培养 为博士生和硕士生开设“西方文化伦理与宗教”课程。1996年博士2名，硕士2名。

（梅 瑛）

上海教育学院宗教文化研究中心

成立时间 1994

地址 上海市淮海中路1045号

邮编 200031

电话 021－6475

主管单位 上海教育学院

历任负责人 主任：刘仲宇（1994～）

主要研究范围 道教、天主教、佛教逻辑的历史以及当代宗教和宗教文化

重要学术活动、成果 《基督教与近代中国社会》，顾卫民著，上海人民出版社，1996年5月；《信仰的多元选择和宗教的发展趋势》，刘仲宇著，载《宗教与世界》，1997年7期；《朱熹与生天学》，刘仲宇著，载《道家文化研究》第九辑；《掐诀初探》，刘仲宇著，载（台）《道教学探索》第九号；《谭峭〈化书〉与道术——兼论道教变化观的若干特点》，刘仲宇著，载《中国哲学》第17辑；《道教科仪在近代的传承与演变》，刘仲宇著，载《宗教学研究》，1996年2期；《汉族地区民俗中的宗教符号》，刘仲宇著，载《上海教育学院学报》，1996年1期；《儒释道与中国民俗关系述要》，刘仲宇著，载《世界宗教研究》，1996年4期；《刚恒毅与近代中西文化交流》，顾卫民著，载《世界宗教研究》，1996年4期。

（刘仲宇）

南京大学宗教研究所

成立时间 1979

地址 南京大铜银巷17号

邮编 210029

电话 025－6641439

主管单位 南京大学

历任负责人 所长：丁光训（1979～），副所长：韩文藻、徐如雷（1979～）

机构设置 1980年金陵协和神学院复课后，宗教研究所的人事、经济与神学院是两块牌子一套班子，宗教研究所本身无编制，无机构设置。

主要研究范围 基督教

人才培养 1980年至1985年曾先后培养研究生4名，1名现任教于大学哲学系，1名在政府宗教事务部门工作，2名现在美国。

（吴超雄）

东南大学佛教文化研究所

成立时间 1995.5

地址 南京

邮编 210000

主管单位 东南大学

历任负责人 董群

主要研究范围 本所宗旨是研究和弘扬中国佛教文化，以佛教文化为纽带，促进东南大学和海内外相关领域的联系和交流。目前该所承担江苏省“九五”社科“当代中国宗教伦理研究”和国家“九五”社科“华严禅研究”两项课题。

华中师范大学中国教会大学史研究中心

成立时间 1992.7

地址 武汉武昌桂子山华中师范大学

邮编 430079

传真 027－7862368

主管单位 华中师范大学

历任负责人 主任：章开沅

机构设置 附设在华中师范大学历史研究所

主要研究范围 中国教会大学史、基督教史

重要学术活动、成果 章开沅主编：《文化传播与教会大学》，湖北教育出版社，1995年；章开沅著《南京大屠杀的历史见证》，湖北人民出版社，1995年；章开沅著：《南京1937年11月～1938年5月》，香港三联书店，1995年；马敏（主编之一）：《跨越中西文化的巨人》，华中师范大学出版社，1995年。另外，本中心还出版《中国教会大学史研究通讯》六期。

人才培养 设有中国教会大学史博士专业。

（刘家峰）

四川联合大学宗教学研究所

成立时间 1980.9

地址 四川省成都市望江路29号四川大学文科楼一楼

邮编 610064

电话　028－5142533

传真　028－5146076

主管单位　四川联合大学

历任负责人　所长：卿希泰（1980～1995）、李刚（1995～），副所长：石衍丰（1980.9～1994）、潘显一（1995.5～）、杨光文（1992.11～）

宗旨　培养又红又专的宗教学研究专门人才，以硕士生、博士生为主，并与本校哲学系合作培养本科生。

人才培养　1.中国道教，培养硕士、博士。2.中国佛教，培养硕士、博士。3.宗教学理论，培养硕士。4.西南少数民族宗教，培养硕士。本所现有博士生导师3人，硕士生导师8人。已培养硕士生40余人，博士生10余人。毕业硕士生、博士生有的已成为教授、博导、副教授。多分配在大专院校、科研部门及公安、政府宗教局、统战部。

重要学术活动、成果　1992年以来，本所主办全国学术会议2次，参加国际学术会议9人次。卿希泰《中国道教思想史纲》（一、二）1995年获国家教委人文社科优秀成果一等奖，并获四川省政府一、二等奖；卿希泰主编《中国道教史》（一至四卷）1996年获四川省政府哲学社会科学优秀成果一等奖；李刚《汉代道教哲学》，巴蜀书社1995年版，1996年获四川大学人文社科二等奖；卿希泰主编《道教与中国传统文化》获四川省政府1992年度二等奖；陈兵《佛教禅学与东方文明》获四川省政府1994年度三等奖；陈麟书《宗教社会学通论》1994年度获四川省出版局优秀图书奖。目前承担国家“九五”规划重点项目《中国道教思想史》。

注　近年来还吸引了20多名外国留学生和高级进修生来所

研习中国道教、佛教及西南少数民族宗教。现有三名台湾人，一名香港人，一名韩国人在本所攻读博士学位，并有三名港台硕士生（均攻读道教）。

（李　刚）

国务院宗教事务局宗教研究中心

成立时间　1988.7

地址　北京市朝阳区2304信箱

邮编　100023

电话　010－67473602

传真　010－67473602

主管单位　国务院宗教事务局

历任负责人　宗教研究中心主任：赵匡为（1990～）

机构设置　国内研究部、国外研究部、联络部、办公室

主要研究范围　当代宗教问题

重要学术活动、成果　1994年11月，宗教研究中心主办“当代宗教问题研讨会”；1995年11月，宗教研究中心国外研究部主办“各国政教关系研讨会”；1996年9月，宗教研究中心与贵州省宗教学会主办“宗教学术研讨会”。主要著述：《世界宗教总览》，赵匡为主编，东方出版社，1993年；《台港澳宗教概况》，李桂玲编，东方出版社，1994年；《中国伊斯兰文化》，中华书局，1996年。

（裴红卫）

中国藏学研究中心宗教研究所

成立时间　1988

地址 北京北四环东路131号

邮编 100101

电话 010—64937946

传真 010—64917619

主管单位 中国藏学研究中心

历任负责人 所长：陈庆英，宗教室主任：才让太

机构设置 因明研究室、梵文研究室、宗教研究室

主要研究范围 藏传佛教

重要学术活动、成果 1. 梵文目录；2. 藏传佛教历史现状研究（系列调查、报告、丛书）；3. 四川藏传佛教寺院志（甘孜卷），（即将出版）；4. 达赖、班禅研究（现行项目）；5.《从灵童到领袖——历代班禅秘传》，海南出版社出版，张云等著；6.《灵塔与金身——历代达赖班禅生死仪规》，海南出版社出版，冯智著；7.《历史宗教研究论文集》，中国藏学出版社出版；8.《因明学起源及其理论探讨》（藏文），中国藏学出版社出版，晋美桑珠著；9. 西藏贝叶经目录编辑；10. 第三、第四达赖喇嘛传（翻译），缩微中心出版社出版，陈庆英译；11.《五世达赖传》（翻译），中国藏学出版社出版，陈庆英译；12. 笨教文献集成，才让太著；13. 笨教寺院调查研究（才让太与日本民族学博物馆合作）；14. 论文：郑堆：《略述达赖喇嘛转世制度》，载于《中国藏学》1993年4期；豆格才让、扎呷：《班禅世系的产生及历世班禅的转世过程》，载于《西藏研究》1991年第1、3期。

（陈庆英）

甘肃省民族研究所

成立时间 1960.1成立，“文革”中被停止工作以至撤销，1981年恢复

地址 甘肃兰州市滨河东路335号

邮编 730030

电话 0931－8828160

主管单位 甘肃省民族事务委员会

历任负责人 所长：王梓杞（1983～1992）、罗发辉（1992～）

机构设置 民族历史宗教研究所、民族学研究室、民族经济教育研究室、编辑部、办公室

主要研究范围 以甘肃为中心的西北少数民族历史宗教、经济教育、民俗文化等

重要学术活动、成果 重要学术活动：1981年：西北五省（区）伊斯兰学术讨论会（兰州会议）；1987年：全国第三次回族史讨论会（兰州会议）；1993年：西北五省（区）民族研究工作联席会（兰州会议）；1996年：《甘肃民族研究》创刊十五周年暨民族理论研讨会。成果主要有：《中国伊斯兰教派与门官制度史略》，宁夏人民出版社1983年版，马通著；《西北穆斯林社会问题研究》，甘肃民族出版社1991年版，高占福著。

（张世海）

中国佛教协会综合研究室

成立时间 1989.10

地址 北京西四阜内大街25号

邮编　100034

电话　66166540

主管单位　中国佛教协会

历任负责人　（副秘书长）分管：游骧（1989～），主任：徐玉成（1993～）

机构设置　编制四人

主要研究范围　宗教理论、宗教政策、宗教法律与法规

重要学术活动、成果　1. 在赵朴初会长指导下起草宗教理论政策性的讲话报告等文件；2. 撰写多篇有影响的宗教理论、法律、政策性论文；3. 编辑完成《赵朴初文集选编》、《当代中国的宗教·佛教篇》；4. 编辑出版《宗教政策法律知识答问》（中国社会科学出版社出版）；5. 编辑发行内部刊物《研究动态》、《会务通讯》；6. 编辑发行《中国韩国日本佛教友好交流会议纪念集》；7. 编辑并内部发行各级佛学院法律教材；8. 对有关佛教状况及宗教政策落实情况、佛教自身建设的调查研究。

（玉　成）

中国藏语系高级佛学院藏传佛教研究室

成立时间　1988

地址　北京市德外黄寺大街 11 号

邮编　100011

电话　010－62356577

历任负责人　研究室主任：联波·哈尔瓦嘉木样洛周（1988～）

主要研究范围　藏传佛教

重要学术活动、成果　《藏文文选》（1～26 册），民族出版社

出版；《雪域百科荟萃》（1～10册），青海民族出版社出版；《宁玛派念诵集》、《格鲁派念诵集》（1～6册），青海民族出版社出版。

（丹迥·冉纳班杂）

中国道教协会研究室

成立时间 1961

地址 北京市西便门外白云观

邮编 100045

电话 010－63463531

主管单位 中国道教协会

历任负责人 陈撄宁、朱蔚华、李养正、张继禹

主要研究范围 道教史、道教教义、道教经典、当代中国道教

重要学术活动、成果 《道教与养生》，陈撄宁著，华文出版社出版；《道教概说》，李养正著，中华书局出版；《道教文化丛书》（十本），李养正主编，燕山出版社出版；《道教大辞典》，中国道教协会编，华夏出版社出版；《道教神仙画集》，张继禹主编，华夏出版社出版。

（王宜峨）

中国伊斯兰教协会伊斯兰文化研究部

成立时间 1981

地址 北京市宣武区南横西街103号

邮编 100053

电话 010－63533727

主管单位 中国伊斯兰教协会

历任负责人　副主任：马肇椿（1981～1987）、马忠杰（1981～1993）、陈进惠（1993～）、张广麟（1995～）

主要研究范围　伊斯兰教义、教法、教史、哲学、文化和现状与政策

重要学术活动、成果　1. 编写《中国大百科全书·宗教》卷伊斯兰教分支学科；2. 参与编写《中国伊斯兰百科全书》（获国家图书奖和首届国家辞书奖）；3. 陈进惠"试论阿拉伯书法在中国穆斯林中的传播与发展"，刊《世界宗教研究》，1994年2期；4. 张广麟"伊斯兰教与现代化"，刊《中国穆斯林》，1996年4期。

（陈进惠）

中国天主教神学研究中心

成立时间　1992

地址　北京市西城区柳荫街14号

邮编　100009

电话　010－66183436

主管单位　国务院宗教事务局

历任负责人　主任：涂世华（1992～）

机构设置　为中国天主教团和中国天主教爱国会所属的专门学术机构

主要研究范围　国际天主教神学状况及其发展变化、中国教会的历史现状、适应于我国社会主义社会及历史文化的中国神学

重要学术活动、成果　自成立以来，共召开4次有关神学课题的研讨会。出版内部《神字研究专辑》，1996年和1997年先后编辑印行两期，共收录12篇论文。有些成员也不

断在《中国天主教》刊物上发表文章和译著。

（连秋航）

中国宗教学会

成立时间 1979

地址 北京东城区交道口菊儿胡同乙区8门811号

邮编 100009

电话 010－64012106

主管单位 中国社会科学院

挂靠单位 中国社会科学院世界宗教研究所

历任负责人 会长：任继愈（1979～1988）、赵复三（1988～1989）、孔繁（1989～），秘书长：赵复三（1979～1988）、戴康生（1988～1995）、王志远（1995～）

机构设置 设理事会，下设秘书处

宗旨 本会是全国宗教研究者的群众性学术团体。学会遵循“百花齐放、百家争鸣”方针，发扬实事求是和理论联系实际的学风，开展国内外学术交流和友好活动，为发展与提高我国宗教研究的学术水平，繁荣我国的科学文化事业而努力。

重要学术活动、成果 见中国社会科学院世界宗教研究所主要学术活动表。

（于　光）

福建省宗教研究会

成立时间 1994.11

地址 福州市东大路大营街1号

邮编　350001

电话　0591－7548514

传真　0591－7548249

主管单位　福建省宗教事务局

历任负责人　会长：余险峰（1994.11～）

机构设置　秘书处：（主任）沈瑞其，宣传联络部：（主任）洪新坤，学术部：（主任）陈支平

主要研究范围　宗教学、当代宗教问题和宗教政策

重要学术活动、成果　成立以来举行了两次学术研讨会，第一次是“宗教与社会主义社会相适应”研讨会；第二次是纪念中共中央（82）19号文件下达15周年研讨会。编辑出版了两本论文集（其中第2册论文集正在编辑中）。举行过一次吕大吉、戴康生学术报告会。1996年7月后，编辑出版《福建宗教》（季刊）杂志，按章程每年举行理事会一次，并分别于会后赴江西龙虎山、安徽九华山进行宗教学术考察。

（张善荣）

四川省宗教学研究会

成立时间　1994.5.4

地址　成都市新华大道玉沙路98号三楼

邮编　610017

电话　028－6747512

传真　028－6624981

主管单位　四川省宗教事务局

历任负责人　会长：李月春（1994～）

机构设置　下设四川省宗教学研究会秘书处

主要研究范围 宗教学、宗教政策

（范 敏）

泉州市区道教文化研究会

成立时间：1989.12.9

地址 福建省泉州市涂门街112号（通淮关岳庙后二楼）

邮编 362000

电话 0595－2286613

主管单位 中共泉州市鲤城区委统战部

历任负责人 会长：沈继生

机构设置 研究会下设秘书组（办理日常工作）、编委会

主要研究范围 泉州道教和民间信仰

重要学术活动、成果 几年来配合和单独举办如下几次学术研讨会：1.1993年3月配合吴真人研究会举办闽泉台吴（本）真人学术研究会；2.1994年12月举办关公文化学术研究会；3.1995年12月举办泉台首次萧（望之）太傅学术研讨会；4.1996年12月举办泉州民间信仰学术研究会；5.1997年12月举办泉台第二次萧（望之）太傅学术研讨会。

注 本会1997年4月21日更名为“泉州市区民间信仰研究会”。

（郑国栋）

中国佛学院

成立时间 1956

地址 北京市宣武区法源寺前街7号

邮编　100052

电话　010－63535798

传真　010－63533966

主办单位　中国佛教协会

历任负责人　院长：喜饶嘉措（1956～1966）、法尊（1980.9～1980.12）、赵朴初（1980.12～）

宗旨　培养具有坚定正确的政治方向，拥护中国共产党的领导，热爱祖国和社会主义制度，遵纪守法，具有正信、合格的僧伽人才，佛教学术研究人才，佛学专业教学人才，国际佛学交流人才和各地寺院的高级管理人才。

人才培养　“文革”后恢复教学（1980年9月），设二年制预科、四年制本科及研究生班，并选送优秀学生赴日本、斯里兰卡等国进修、考察、攻读学位。学生毕业后分配到全国、省、市、县佛教协会及各大寺院工作。

（传　印）

中国藏语系高级佛学院

成立时间　1987.9

地址　北京市德外黄寺大街11号

邮编　100011

电话　010－62018966

传真　010－62018966

主管单位　国务院宗教事务局

历任负责人　院长：十世、十一世班禅大师，副院长：赤耐、却西、那仓、曹自强

宗旨　以维护祖国统一，加强民族团结，发展藏传佛教为办院方针，以培养中国藏传佛教的教学、研究，国际佛学

交流和寺庙管理高级专门人才为教学目标;服务社会,利益众生,为建设中国特色社会主义伟大事业做贡献。

人才培养 设佛学、佛教史、教派源流、藏语文、时事政治、汉语文等课。已有六届大专班学员毕业,毕业生共计229人,大多数为藏蒙地区的青年转世活佛。毕业生不包分配,毕业后返回原寺院。

重要学术活动、成果 《十世班禅》大型彩色生平画册,作者为丹迥·冉纳班杂、曹自强,1991年由深圳海天出版社出版;《班禅大师驻锡地——扎什伦布寺》大型彩色画册,作者为丹迥·冉纳班杂,1993年由中国外文出版社出版。

(丹迥·冉纳班杂)

中国道教学院

成立时间 1990.4.17

地址 北京西便门外白云观内

邮编 100045

电话 010—63462579

主办单位 中国道教协会

历任负责人 院长:黎遇航(1990.4～1992.3)、傅圆天(1992.4～)

宗旨 中国道教学院是由中国道教协会主办的宗教院校。在中国共产党和人民政府的领导下,坚持爱国爱教的原则,根据国家宪法及道教教理教义进行教学。

人才培养 中国道教学院设专修班和进修班。专修班学制两年,进修班学制两年。中国道教学院面向各级道教组织和宫观招收青年道教徒,学习期满,经考试合格,发毕业证书。分配办法原则上哪里来哪里去。

（陈兆康）

中国伊斯兰教经学院

成立时间　1955

地址　北京宣武区南横西街 103 号

邮编　100053

电话　010－63528846

传真　010－63529483

历任负责人　历任负责人：达浦生、马松亭、张杰；现任院长：安士伟；副院长：宛耀宾、马贤、夏米西丁、杨宗山

宗旨　培养热爱社会主义祖国，拥护社会主义制度，具有较高伊斯兰教学识和阿拉伯语、汉语文化水平的伊斯兰教专业人才。

人才培养　在伊斯兰专业之下未设分支。宗教专业课（包括阿拉伯语）占全部课程的 70%，大学文化课占 30%。学制为五年，毕业生（包括短期培训结业生）514 名，绝大多数从事教务或教学研究工作，部分学生在阿拉伯伊斯兰国家留学深造。

重要学术活动、成果　一、作为编写单位之一，参加了国家“七五”期间哲学社会科学重点研究项目《中国伊斯兰百科全书》的撰稿和审定工作。该书于 1994 年由四川辞书出版社出版，曾荣获第二届国家图书奖和首届全国辞书奖。二、同伊斯兰教科文组织合作，于 1997 年 7 月在本院举办“阿拉伯语和伊斯兰教育教师培训和经验交流会”，为期 10 天，由教科文组织派来的阿拉伯专家和本

院教授联合授课。学员来自全国各地经学院和阿语学校的青年教师。

（杨宗山）

中国天主教神哲学院

成立时间 1983.9

地址 北京市海淀区西三环北路厂洼街3号

邮编 100081

电话 010－68420379

主办单位 中国天主教主教团、中国天主教爱国会

历任负责人 院长：涂世华（1983～1991）、宗怀德（1991～1997）

宗旨 培养热爱社会主义祖国，热爱教会，具有较高的神哲学知识，善度超性生命，模范遵守国家法纪及教会规诫，立志终身献身教会，宣扬基督福音，服务人群，坚持独立自主自办教会原则的神职人员。院训是：祈祷、勤奋、奉献、牺牲。

人才培养 学制六年，其中哲学二年，神学四年。主要课程有圣经、教义神学、伦理神学、神修学、牧灵学、教会法典、教会史及逻辑、心理、宇宙等哲学，还有语文、政治、法律、外语等。学院面向全国各教区招生，毕业分配基本上哪来哪去。

（刘明廉）

金陵协和神学院

成立时间 1952

地址　南京大铜银巷 17 号

邮编　210029

电话　025－6641439

主管单位　国务院宗教事务局

历任负责人　院长：丁光训（1952～）；副院长：陈泽民（1981～）、彭萃安（1994～）

宗旨　培养政治上爱国爱教，宗教上有高深造诣的基督教神学师资和教牧人员。

人才培养　有四年制的神学本科生，学制三年的研究生。约90％以上的毕业生在全国各地教会任职，10％左右在神学院和基督教机构任职。

（吴超雄）

九华山佛学院

成立时间　1990

地址　安徽省池州地区青阳县九华山甘露寺

邮编　242811

电话　0566－5011264

传真　0566－5011100

主管单位　安徽省宗教局

主办单位　九华山佛教协会

历任负责人　院长：仁德，副院长：圣辉（1990～1992）、果卓（1992～）

宗旨　培养信仰虔诚，既有一定佛学水平，又有切身修持的国际文化交流和各地寺院的管理人才。

（果　卓）

普陀山佛学院

成立时间 1988

地址 浙江省普陀山福泉禅林

邮编 316107

电话 0580－6091343

主管单位 舟山市宗教局

主办单位 普陀山佛教协会

历任负责人 院长：妙善，教务长：圆真（1988～1991）、介如（1991～1993）、惟航（1993～）

宗旨 培养爱国爱教，德才兼备和品学兼优的跨世纪合格僧才。

人才培养 本院设有预科二班，正科二班，天台研究班一个。课程比例：佛学课占70%，文化课占30%。毕业僧大部分留在本山工作或继续深造。

重要学术活动、成果 本院出版了1993届正科班毕业论文专集。

（惟　航）

福建省佛学院

成立时间 1983冬

地址 福建省莆田市南山广化寺

邮编 351100

电话 0594－2686252　2698747

传真 0594－2698747

主管单位 福建省宗教事务局

主办单位 福建省佛教协会

历任负责人　院长：释普雨（1983～1984）、释妙湛（1984～1995）、释学诚（1996～）

宗旨　培养爱国爱教、品学兼优、具有较高的佛教学识及文化水平，从事佛学研究，寺院管理和弘法的僧才。

人才培养　本院属佛教专科学院。设基础、预科和大专三个班级。主要以“三藏”中的部分经、律、论为基本学科。毕业生的去向：1. 报考中国佛学院。2. 留院任教。3. 去省、市、县佛教协会工作。4. 回原推荐寺院。5. 出国留学、讲经等。

重要学术活动、成果　1. 院长释学诚1995、1996年参加中、韩、日三国佛教交流会议；2. 编辑福建佛学部分教材。

（释贤空）

广东省岭东佛学院

成立时间　1933.10，1991.10复办

地址　广东省潮州市开元路50号

邮编　521021

电话　0768－2236542

传真　0768－2236542

主管单位　广东省潮州市宗教事务局

主办单位　广东省佛教协会

历任负责人　院长：太虚法师（1933.10～1935.6）、定然法师（1991.10～　）

宗旨　培养热爱祖国，拥护中国共产党的领导和社会主义制度，遵纪守法，具有坚定的佛教信仰，愿意终身献身佛教事业，具有中等佛学知识及政治、文化水平的佛学研究、佛学教育和寺庙管理的年轻僧人。

人才培养　本院学制两年，主要设置佛教八大宗派基础理论课及古典文学、中外通史、中外哲学、政治、会计、书法等课。本院面向全国，招收具有初中毕业以上，在寺庙出家一年以上，严守律仪，并能背诵五堂功课的身体健康，五官端正，无残疾及传染病的汉族男僧。年龄限制在18至28周岁。毕业后学院不包分配，原则上一律回原推荐单位或佛协安排工作。对品学兼优者，推荐报考北京中国佛学院本科深造。另根据需要由本院调配安排工作。

重要学术活动、成果　本院释宏明有论文《般若观空的殊胜义》、《戒律在菩提道次第中的地位》等。

（释宏明）

四川尼众佛学院

成立时间　1984

地址　成都市南郊石羊场铁像寺

电话　028－5180066

主管单位　全国佛教协会

历任负责人　院长：隆莲（1984～）

宗旨　培养爱国爱教的新一代女佛学人才。

人才培养　设汉语、外语、戒学、定学等，面向全国招生和分配。

（范　敏）

四川藏语佛学院

成立时间　1984

地址 四川甘孜县斯俄乡

邮编 626700

电话 0836－22694

主管单位 四川省佛教协会

历任负责人 院长：喜饶俄热活佛（1984～）

宗旨 以培养藏传佛教人才为目的。

人才培养 设文化、正字、三十颂等课。招收及分配回、川、贵、云等藏族地区学员。

（范　敏）

四川基督教神学院

成立时间 1984

地址 四川省成都市四圣祠街

邮编 610017

电话 028－6747930

主管单位 四川省基督教协会

历任负责人 院长：李连克（1984～1991）、蔡约生（1992～）

宗旨 为云、贵、川三省教会培养传道人员。

人才培养 课程设置：英语、新约导论、旧约导论、宣道法等课程。分配方向：云南、贵州、四川各地教会。

（范　敏）

四川天主教神哲学院

成立时间 1983

地址 四川郫县郫洞镇一里村

邮编 611730

电话 028－7866651

主管单位 四川省天主教爱国会

历任负责人 院长：李熙亭（1983～1989）、段荫明（1989～1993）、陈适中（1993～）

宗旨 以培养天主教神职人员为目标。

人才培养 专业设：文化、圣经、神学、圣乐等课；人员主要分配到云南、贵州、四川各地教会。

（范　敏）

期刊·杂志·出版社

《世界宗教研究》

创办时间 1979.8

编辑 《世界宗教研究》编辑部

出版 中国社会科学出版社

发行 中国社会科学出版社

地址 北京建国门内大街5号

邮编 100732

电话 010－65138393

国际标准刊号 ISSN 1000-4289

国内统一刊号 CN 11-1299

刊期 季

文种 汉

开本 16

页码 156

定价 4.50元

发行范围 国内外

主管单位 中国社会科学院

主办单位 中国社会科学院世界宗教研究所

历任主编、社长 主编：张林翰（1979.8～1984.11）、王镇（1984.11～1988.12）、郑天星（1988.12～ ）

宗旨 以马克思列宁主义、毛泽东思想为指导，反映我国宗教学研究成果，开展国际学术交流，坚持百家争鸣的方针，坚持实践是检验真理的唯一标准，开展学术交流。主要刊载有关马克思主义宗教学原理、科学无神论以及世界各大宗教的历史、现状、教派、教义、经典、社会历史作用等方面的研究文章。

（郑天星）

《世界宗教文化》

创办时间 1980.1

编辑 《世界宗教文化》编辑部

出版 中国社会科学出版社

发行 中国社会科学出版社

地址 北京市建国门内大街5号

邮编 100732

电话 010－65137744－5479

国际标准刊号 ISSN 1007-6255

国内统一刊号 CN 11-3631/B

刊期 季

文种 汉

开本 16

页码 64

定价 2.50元

发行范围 国内外

主管单位 中国社会科学院

主办单位 中国社会科学院世界宗教研究所

历任主编、社长 主编：冯嘉方（1980～1992）、高师宁（1992

～）

宗旨 介绍各种国内外的宗教文化知识，评析各种宗教大事和热点，探讨宗教理论、教义的发展，服务于国家，服务于社会，服务于人生。

重要成果 本刊所发表的文章曾多次被人大复印资料中心转载，国内许多出版物都借鉴。

注 创办时名为《世界宗教资料》，1995年改为现名。

（黄夏年）

《五台山研究》

创办时间 1985

出版 《五台山研究》编辑部

地址 太原市并州南路282号

邮编 030006

电话 0351－7068694

刊期 季

文种 汉

开本 16

页码 48

定价 4.00元

发行范围 国内外

主管单位 山西省社会科学院

主办单位 五台山研究会

历任主编、社长 宋玉岫（1985～1990）、刘贯文（1990～）

宗旨 本刊是一份多学科的综合性的刊物。它坚持党的一系列方针政策，以实事求是的科学态度，研究五台山的过去、现在、未来，报道五台山的发展变化，介绍五台山的名胜古迹，反映它与国内外名山往来和学术文化交流。

重要成果 本刊所登论文在中国人民大学复印报刊资料《宗教》的转载率在50%以上，如1996年全年发表26篇，被收录索引的就有13篇；另外，有一篇文章获国际青年优秀论文奖，多篇获山西省社联的优秀成果奖。

（周祝英）

《敦煌研究》

创办时间 1983

编辑 《敦煌研究》编辑部

出版 《敦煌研究》编辑部

发行 兰州市邮局

地址 甘肃省兰州市滨河东路292号

邮编 730000

电话 0913－8866013

传真 0931－8415026

国际标准刊号 ISSN 1000-4106

国内统一刊号 CN 62-1007/K

刊期 季

文种 汉

开本 16

页码 188

定价 4.50元

发行范围 国内外

主管单位 敦煌研究院

主办单位 敦煌研究院

历任主编、社长 主编：段文杰（1983～）

宗旨　刊发国内外敦煌学研究成果和资料，以加强国内外敦煌学研究者的交流，推动敦煌学的发展。

重要成果　1990年获甘肃省社科优秀期刊奖；1994年评为甘肃省一级期刊；1995年获“首届全国优秀社科学术理论期刊奖”。

（陈菊霞）

《回族研究》

创办时间　1991年初

编辑　《回族研究》编辑部

出版　《回族研究》编辑部

发行　银川市邮政局

地址　宁夏社会科学院内

邮编　750021

电话　0951－2074543

国际标准刊号　ISSN 1002-0586

刊期　季

文种　汉

开本　16

页码　104

定价　3.00元

发行范围　国内外

主管单位　宁夏社会科学院

历任主编、社长　主编：杨怀中，副主编：余振贵、丁国勇

宗旨　促进回族伊斯兰教学术研究的繁荣与发展，发表回族学术研究最新成果，推动回族地区社会主义精神文明建设。

重要成果　本刊自1991年创刊至今，共出刊27期，发表回族伊斯兰教方面学术论文470余篇，极大地推动了国内回族伊斯兰教学术研究的繁荣与发展，团结了一批作者及读者队伍，得到学术界和一般回族群众的好评。据统计，近7年来有25篇学术论文被《中国人民大学复印报刊资料》转载，90%的论文篇目入该《资料》索引。1991年被确定为中国民族类哲学社会科学核心期刊。1994年宁夏回族自治区新闻出版署组织的社会科学期刊综合评比中荣获第3名。

（丁明俊）

《新疆宗教研究资料》

创办时间　1981

地址　乌鲁木齐市北京南路16号

邮编　830011

电话　0991－3837045

刊期　不定期

文种　汉

开本　16

页码　不定

发行范围　内部

主办单位　新疆社会科学院宗教研究所

宗旨　主要刊载有关新疆伊斯兰教、佛教历史和文化，以及现实宗教问题与政策研究的调查报告和研究成果。

（刘仲康）

《当代宗教研究》

创办时间 1989.1

编辑 《当代宗教研究》编辑部

出版 上海社会科学院宗教研究所

发行 《当代宗教研究》编辑部

地址 上海淮海中路622弄7号589室

邮编 200020

电话 021－53066471

传真 021－53066471

刊期 季

文种 汉

开本 16

页码 48

定价 4.00元

发行范围 国内

主管单位 上海社会科学院

主办单位 上海社会科学院宗教研究所

历任主编、社长 主编：萧志恬（1989.1～1993.11）、陈耀庭（1993.11～）

宗旨 以介绍和研究当代中国和世界的宗教为重点，特别是中国社会主义时期宗教发展的特点和规律，力图以实事求是的态度和方法科学地、全面、完整地认识已有千年以上历史并且至今仍有巨大影响的宗教现象。

重要成果 《上海宗教问题研究》，罗伟虹著，上海社会科学院（1995～1996）著作奖；《关于原始宗教、巫术和原始思维的若干思考》，龚方震著；《佛教与近代中国》，高振农著；《滇北少数民族地区基督教现状考察》，姚民权著；

《改革开放形势下的宗教状况和有关思考》，姚民权著；《学习邓小平同志讲话，漫谈当前宗教》，萧志恬著；《十九号文件是估量宗教形势和指导实践的指南针》，萧志恬著；《商品经济的发展与宗教的世俗化倾向》，罗伟虹著；《改革开放形势下的松江天主教》，许鸿宝著；《关于民族与宗教关系的若干断想》，葛壮著；《上海宗教十年发展刍议》，罗伟虹著；《福建宗教情况的调查与思考》，罗伟虹著，上海社会科学院（1993～1994）论文奖；《阿拔斯王朝的文化成就》，葛壮著；《改革开放形势下的西北伊斯兰教》，葛壮著；《从世间善恶到出世间的善恶》，业露华著；《试析宗教经验产生的原因》，顾邦文著；《'人性论'问题在中国佛教思想中的反映》，业露华著；《汤因比的神学思想》，晏可佳著；《阿拉伯时期的袄教及其钵罗婆文献》，晏可佳著；《试析密特拉教中的袄教成分》，晏可佳著；《二十年代内地会传教士与土匪的接触》，晏可佳著，上海社会科学院（1993～1994）青年科研成果奖；《当前天主教爱国会的地位和作用》，罗伟虹著；《福建道教与民间信仰状况一瞥》，吴亚魁著；《从〈圣经新约〉看基督教与古希伯莱和古希腊文化》，倪慧良著，上海社会科学院（1995～1996）青年科研成果奖；《对当代精神的批判及基督教的回答》，倪慧良著；《辛亥革命时期道教适应社会变化尝试及结果》，陈耀庭著；《宜兴宗教现状调查》，孙立著；《论慧远法师的法本性论思想》，业露华著；《孝为戒先一论契嵩的孝道观》，业露华著。

（黄建凤）

《云南宗教研究》

创办时间 1986.12

编辑 《云南宗教研究》编辑部

出版 云南省社会科学院宗教研究所

发行 自办

地址 昆明市气象路45号，云南省社会科学院宗教研究所

邮编 650032

电话 0871—4154726

期刊准印证号 云南内部期刊准印证第119号

刊期 半年

文种 汉

开本 16

页码 70

定价 2.50元

发行范围 内部

主管单位 云南省社会科学院

主办单位 云南省社会科学院宗教研究所

历任主编、社长 杨学政（1986～）

宗旨 以马克思主义，毛泽东思想为指导，坚持四项基本原则，坚持理论联系实际，实事求是和百花齐放，百家争鸣方针，结合云南实际，对宗教的历史、现状和动态进行调查研究，提供决策部门参考。繁荣马克思主义宗教学理论研究，为云南民族团结，政治稳定，学术繁荣服务。

重要成果 《社会主义初级阶段宗教的几个认识问题》获"云南省1979～1989年社会科学优秀成果奖"；本刊编辑部于1991年获云南省优秀成果编辑奖。

（韩军学）

《宗教》

创办时间 1979

编辑 《宗教》编辑部

出版 南京大学宗教研究所

发行 南京大学宗教研究所

地址 南京大锏银巷17号

邮编 210029

电话 025－6641439

刊号 苏新编JSXK（94）

刊期 季

文种 汉

开本 16

页码 150

定价 10.00元

发行范围 国内

主管单位 南京大学

主办单位 南京大学宗教研究所

历任主编、社长 丁光训、徐如雷

宗旨 根据百家争鸣方针，为宗教研究工作中某些成品或半成品提供一块交流园地。它作为内部未定稿性质的刊物，刊登涉及宗教的论述、资料和动态文章，供专业和业余宗教工作研究者参考。

（吴超雄）

《宗教学研究》

创办时间 1982

编辑　《宗教学研究》编辑部

出版　四川大学出版社

发行　四川省新华书店、《宗教学研究》编辑部

地址　四川成都望江路 29 号四川联合大学文科楼一楼

邮编　610064

电话　028－5142533

传真　028－5146076

国际标准刊号　ISSN 1006-1312

国内统一刊号　CN 51-1069/B

刊期　季

文种　汉

开本　16

页码　130

定价　8.00 元

发行范围　国内外

主管单位　四川联合大学

主办单位　四川联合大学宗教学研究所

历任主编、社长　主编：卿希泰（1982～），副主编：石衍丰（1982～1995）、李刚（1995.5～）、潘显一（常务副主编）（1995.5～）

宗旨　本刊力求立足宗教学学术前沿，推动有中华民族文化特色的宗教学学科的发展。本刊以中国道教研究为主，兼及宗教学原理、佛教、基督教（天主教）、伊斯兰教、中国民族民间宗教及其他宗教研究。

重要成果　1996 年获四川省政府哲学社会科学一等奖的《中国道教史》（1～4 卷，卿希泰主编）部分前期成果曾在本刊发表。曾刊用日本、韩国及港台地区学者研究道教的文章。“九五”国家社科重点项目《中国道教思想史》的

前期成果的一部分亦已或将陆续刊登在本刊。卿希泰主编、曾获四川省政府哲学社会科学优秀成果二等奖的《道教与中国传统文化》部分前期成果刊用于本刊。

注 1982年8月《宗教学研究》第1期内部出版；1985年11月《宗教学研究》第1期公开发行。

（李 刚）

《中国宗教》

创办时间 1995.6

编辑 《中国宗教》编辑部

出版 《中国宗教》杂志社

发行 《中国宗教》杂志社

地址 北京东城区安内交道口北三条32号

邮编 100007

电话 010－64001717

传真 010－64001717

国际标准刊号 ISSN 1006-7558

国内统一刊号 CN 11-3598/D

刊期 季

文种 汉

开本 大16

页码 64

定价 7.40元

发行范围 公开

主管单位 国务院宗教事务局

主办单位 国务院宗教事务局

历任主编、社长 主编：贺克敏（1995～）

宗旨 以邓小平理论和党的基本路线为指导，坚持为人民服务，为社会主义服务的方针，介绍和宣传中国的宗教、宗教政策等法规和宗教工作，为扩大改革开放，促进经济发展，维护社会稳定服务。

重要成果 本刊文章多次被《人民日报》、《新华文摘》、《人大复印资料》等权威报刊转载。

（韩 松）

《宗教与世界》

创办时间 1994

编辑 宗教研究中心

出版 宗教研究中心

发行 宗教研究中心

地址 北京市朝阳区2304信箱

邮编 100023

电话 010－67473604

传真 010－67473602

刊期 月

文种 汉

开本 16

定价 3.00元

发行范围 内部

主管单位 国务院宗教事务局

主办单位 国务院宗教事务局宗教研究中心

历任主编、社长 主编：赵匡为

（裴红卫）

《中国藏学》

创办时间 1987.10

编辑 《中国藏学》编辑部

出版 《中国藏学》杂志社

发行 北京市报刊发行局

地址 北京北四环东路131号

邮编 100101

电话 010—64917618

传真 010—64917619

国际标准刊号 ISSN 1002-557X

国内统一刊号 CN 11-1725/C

刊期 季

文种 藏、汉

开本 16

页码 160

定价 3.00元

发行范围 国内外

主办单位 中国藏学研究中心

历任主编、社长 主编：廖祖桂，前任社长：彭哲，现任社长：大丹增

宗旨 努力突出藏学学科特色，为繁荣和发展我国藏学研究事业，促进中外学术、文化交流，为加强我国西藏及其它藏区的“两个文明”建设，为维护祖国统一和增进民族团结服务。

重要成果 1.《西藏佛教界的爱国主义传统》(获中央统战部奖)；2.《第十世达赖喇嘛转世灵童寻访认定和坐床考实》(获中国史学会近代史优秀论文奖［东方奖］，作者

廖祖桂)；3.《论清朝金瓶掣签制》，廖祖桂、陈庆英、周炜合作，此文用汉、藏、英三种文字，分别在《中国藏学》、《中国藏学》(藏文版)、《人民日报》、《人民日报》(海外版)、《西藏日报》、《中国社会科学》、《中国社会科学》(英文版)、《四川民族宗教》刊登。

(大丹增)

《河北民族宗教》

创办时间　1984.10

编辑　《河北民族宗教》编辑部

出版　《河北民族宗教》杂志社

发行　《河北民族宗教》杂志社

地址　石家庄市裕华西路377号

邮编　050051

电话　0311－7092867

传真　0311－7024891

国内统一刊号　CN 11-201/032

刊期　双月

文种　汉

开本　16

页码　48

定价　1.50元

发行范围　全省

主管单位　河北省民族宗教事务厅

主办单位　河北省民族宗教事务厅

历任主编、社长　鞠志强(1984～1992)、马云周(1993～1995)、时振国(1996～)

宗旨 宣传马克思主义民族观、宗教观，宣传党的民族宗教政策，传播民族、宗教知识，指导民族宗教工作。

重要成果 1994年被河北省新闻出版局评为优秀期刊。

（侯志华 于庆芳）

《甘肃民族研究》

创办时间 1981.12

编辑 《甘肃民族研究》编辑部

出版 甘肃省民族研究所

发行 《甘肃民族研究》编辑部

地址 甘肃兰州滨河东路335号

邮编 730030

电话 0931－8828160

期刊准印证 甘内刊字第1013315

刊期 季

文种 汉

开本 16

页码 120

定价 3.50元

发行范围 内部

主管单位 甘肃省民族事务委员会

主办单位 甘肃省民族研究所

历任主编、社长 罗发辉（1996.9～ ）

宗旨 以马列主义、毛泽东思想和邓小平建设有中国特色社会主义理论为指导，坚持四项基本原规和“双百”方针，立足甘肃，兼顾西北，面向全国，积极反映民族科研成果，开展学术交流，促进民族研究事业，为民族地区社会实践服务。

重要成果 1992年本刊获首届甘肃省内部期刊评比栏目设置奖；1996年1期龙远蔚的《略论民族地区的劳动者素质与经济发展》一文获中央国家机关青年优秀论文二等奖；1996年第2期高占福著《从伊斯兰教的发展变化谈我国伊斯兰教界为四化建设服务的问题》获甘肃省首届社会科学优秀成果奖三等奖；1991年第3期丁宏著《回族教育问题管窥》获中央民族大学“吴文藻民族学奖励基金”1991年度优秀奖。

（李吉和）

《福建宗教》

创办时间 1996.7

编辑 《福建宗教》编辑部

出版 福建省宗教研究会

发行 福建省宗教研究会

地址 福州市东大路大营街1号

邮编 350001

电话 0591－7548514

传真 0591 7548249

刊期 季

文种 汉

开本 16

页码 48

发行范围 内部

主管单位 福建省宗教局

主办单位 福建省宗教研究会

历任主编、社长 编委会主任：余险峰（1996.7～）；主编：林兆荣（1996.7～）

宗旨 坚持马克思主义的宗教观，全面正确地宣传和贯彻党的各项宗教政策。弘扬各宗教教义中的积极因素，促进各宗教的团结合作，为社会主义两个文明建设服务。

（张善荣）

《四川宗教》

创办时间 1992.12

编辑 《四川宗教》编辑部

出版 四川省政府宗教事务局

发行 《四川宗教》编辑部

地址 成都市新华大道玉沙路98号

邮编 610017

电话 028—6747512

传真 028—6624981

刊号 四川省内部期刊准印证第01—004号

刊期 月

文种 汉

开本 16

页码 32

定价 1.80元

发行范围 内部

主管单位 四川省政府宗教事务局

主办单位 四川省政府宗教事务局法规处

历任主编、社长 主编：郭桂求（1993～），执行主编：余孝恒（1996.4～）

宗旨　宣传贯彻党的宗教政策，反映四川的宗教工作和宗教情况，介绍有关宗教的各种知识。

（余孝恒）

《法音》

创办时间　1981.1

编辑　《法音》编辑部

出版　《法音》杂志社

发行　邮局

地址　北京西四阜内大街25号广济寺

邮编　100034

电话　010—66161881

传真　010—66151260

国际标准刊号　ISSN 1007-M500

国内统一刊号　CN 11-82/535

刊期　月

文种　汉

开本　16

页码　48

定价　3.50元

发行范围　国内外

主办单位　中国佛教协会

历任主编、社长　主编：净慧（1981～）

宗旨　发扬佛教优良传统，提倡人间佛教，启迪智慧，净化人心。

（王丽心）

《佛教文化》

创办时间 1992.2

编辑 中国佛教文化研究所

出版 中国佛教文化研究所

发行 邮局

地址 北京西城区北长街27号

邮编 100031

电话 010—66038749

传真 010—66019319

国际标准刊号 ISSN 1004-2881

国内统一刊号 CN 11-2619/B

刊期 双月

文种 汉

开本 32

页码 48

定价 4.50元

发行范围 国内外

主办单位 中国佛教文化研究所

历任主编、社长 社长：吴立民（1992～），主编：王志远（1992～1994）、何云（1994～）

宗旨 启迪智慧，净化人生。

（善 昭）

《佛学研究》

创办时间 1992

编辑 《佛学研究》编辑部

出版 中国佛教文化研究所
发行 中国佛教文化研究所
地址 北京市北长街 27 号
邮编 100031
电话 010－66038749
传真 010－66019319
国内统一刊号 CN 11-3346/B
刊期 年
文种 汉
开本 16
页码 352
定价 27.00 元
发行范围 国内外
主办单位 中国佛教文化研究所
历任主编．社长 主编：吴立民（1992～），副主编：黄夏年（1992～）
宗旨 继承发扬佛教优良传统，促进人类社会精神文明建设，开展对佛教经典、教理、教史及其佛教文化遗产的研究，同海内外佛教界及社会各界交流学术研究成果，提高中国在世界佛教文化学术研究领域的地位。
历年主要专题 1992 年：40 年的佛教研究系列；1993 年：《汤用彤遗稿二篇》，田光烈《赖耶缘起与宇宙人生的奥秘》；1994 年：吴信如《佛法禅定论》系列；1995 年：佛教现代化专题研究；1996 年：中外佛教交流专题研究。

（黄夏年）

《中国道教》

创办时间 1987.1

编辑 《中国道教》编辑部

出版 《中国道教》编辑部

发行 自办

地址 北京西便门外白云观内

邮编 100045

电话 010－63463531－1202

国际标准刊号 ISSN 1006-9593

国内统一刊号 CN 11-1670/B

刊期 季

文种 汉

开本 16

页码 64

定价 3.00元

发行范围 国内外

主办单位 中国道教协会

历任主编、社长 李养正、张继禹（现任）

宗旨 宣传党的宗教政策，帮助道教徒提高爱国主义和社会主义觉悟，积极参加祖国四化建设，开展道教研究，发扬道教优良传统，增进国际间宗教界的友好往来，维护世界和平。

（王宜峨）

《中国穆斯林》

创办时间 1957.7

编辑 《中国穆斯林》编辑部

出版 《中国穆斯林》编辑部

发行 邮局

地址 北京宣武区南横西街103号

邮编 100053

电话 010－63531265

传真 010－63529483

国际标准刊号 ISSN 1004-3578

国内统一刊号 CN 11-1345/B

刊期 双

文种 汉

开本 16

页码 48

定价 2.30元

发行范围 国内外

主办单位 中国伊斯兰教协会

历任主编、社长 马寅（1957～1960）、龚清志（1982～1993）、马忠杰（1994～）

宗旨 协助人民政府宣传、介绍党和国家的民族宗教政策及改革开放等方针，团结各族穆斯林积极参加社会主义物质文明和精神文明建设；发扬伊斯兰教的优良传统和道德传统，传播伊斯兰学术文化知识。

重要成果 纳忠:《伊斯兰教以前麦加经济与社会的发展》;达浦生:《伊斯兰六书》(连载);吴云贵:《怎样认识和看待"伊斯兰威胁论"》;冯今源:《试论伊斯兰教与社会主义精神文明建设》;郑勉之:《郑和家世考》;马忠杰、米寿江:《伊斯兰经济思想与我国穆斯林经济的发展》;张广麟:《伊斯兰教与现代化》。

（马忠杰）

《中国天主教》

创办时间　1980

编辑　《中国天主教》编辑部

出版　《中国天主教》编辑部

发行　《中国天主教》发行组

地址　北京西城区柳荫街14号

邮编　100009

电话　010－66184321

刊期　双

文种　汉

开本　16

国内统一刊号　CN 11-1669/B

页码　48

定价　2.00元

发行范围　国内为主

主办单位　中国天主教爱国会、中国天主教主教团

历任主编、社长　主编：连秋航（1980～）

宗旨　宣传贯彻中国天主教独立自主自办教会方针，协助政府宣传贯彻宗教信仰自由政策，团结信教群众，为祖国社会主义建设贡献力量。

注　1964年创刊，原名《信鸽》，后停刊；1980年复刊，改名为《中国天主教》。1994年改为双月刊，此前为不定期。

（连秋航）

《天风》

创办时间　1945

编辑　《天风》编辑部

出版　中国基督教两会

发行　《天风》发行组

地址　上海市圆明园路169号3楼

邮编　200002

电话　021－63210806

传真　021－63232605

国际标准刊号　ISSN 1006-1274

国内统一刊号　CN 31-1124/B

刊期　月

文种　汉

开本　16

页码　48

定价　2.00元

发行范围　国内外

主办单位　中国基督教三自爱国运动委员会，中国基督教协会

历任主编、社长　沈承恩（1980～）

宗旨　宣传党和国家政策法规，引导信徒爱国爱教，报道探讨教会工作，提高信徒灵性素质，鼓励信徒荣神益人。

（包智敏）

《金陵神学志》

创办时间　1953年创刊，1957年停刊，1984年9月复刊

编辑 《金陵神学志》编辑部
出版 金陵协和神学院
发行 金陵协和神学院
地址 南京大锏银巷 17 号
邮编 210029
电话 025－6641439
刊号 CN 11-苏新编 JSXK（94）
刊期 季
文种 汉
开本 16
页码 128
定价 5.00 元
发行范围 内部
主办单位 金陵协和神学院
历任主编、社长 陈泽民、汪维藩
宗旨 报导神学院的教学、研究工作和团契生活，发表了一些有关自传和神学探讨的文章，为中国教会提供一块神学教育和自传研究的思想交流园地。

（吴超雄）

《禅》
创办时间 1989
编辑 《禅》编辑部
出版 《禅》编辑部
发行 河北省赵县柏林禅寺《禅》发行组
地址 河北省石家庄市于底虚云禅林河北省佛教协会
邮编 050071

电话　0311－3631695

国内统一刊号　登记证冀 201028 号

刊期　双月

文种　汉

开本　大 32

页码　96

发行范围　内部赠阅

主管单位　河北省民族宗教事务厅

主办单位　河北省佛教协会

历任主编、社长　主编：净慧（1989～）

宗旨　研究禅学文化，继承宝贵遗产；教育信徒爱国爱教，遵纪守法，积极为四化建设服务；通过刊物，广交朋友，为维护世界和平做出贡献。

（高士涛）

《甘露》

创办时间　1991.2

编辑　《甘露》编辑部

出版　《甘露》期刊社

发行　《甘露》期刊社

地址　安徽省池州地区青阳县九华山甘露寺

邮编　242811

电话　0566－5011264

传真　0566－5011100

国内统一刊号　CN 11-内准/1060 号

刊期　季

文种　汉

开本 16

页码 56

发行范围 内部

主办单位 九华山佛学院

历任主编、社长 主编：黄复彩（1991.2～1993）、延续（1994～1995）、刚晓（1996～）

宗旨 弘扬佛教文化，继承佛教优良传统，启迪智慧，净化人生。

重要成果 1996年获池州地区内部报刊二等奖。

（《甘露》编辑部）

《浙江佛教》

创办时间 1993.2

地址 浙江省杭州市天竺路78－8号

邮编 310013

电话 0571－7963386

刊期 季

文种 汉

开本 16

页码 48

发行范围 国内佛教界（赠阅）

主办单位 浙江省佛教协会

历任主编、社长 主编：李祖荣；副主编：翁志鹏、俞中元

宗旨 宣传宗教政策，提倡人间佛教，弘扬佛法和文化，指导佛教徒学修，努力提高佛教徒自身素质，教育和团结佛教界为社会主义两个文明作贡献。

（李祖荣）

《台州佛教》

创办时间 1988.3

编辑 《台州佛教》编辑部

发行 《台州佛教》编辑部

地址 浙江省临海市赤诚北路142号

邮编 317000

电话 0576—5114215

刊期 月

文种 汉

开本 16

页码 48

发行范围 国内

主管单位 台州市民族宗教事务局

主办单位 台州市佛教协会

历任主编、社长 主编：林克智（1988.2～1994）、江建昌（1995～）

宗旨 宣传宗教政策，推行人间佛教，普及教理知识，指导教友学修。

（卢金龙）

《闽南佛学院学报》

创办时间 1989

编辑 《闽南佛学院学报》编辑部

出版 《闽南佛学院学报》编辑部

发行 《闽南佛学院学报》编辑部

地址 厦门市思明南路515号南普陀寺内

邮编 361005
电话 0592－2096881
传真 0592－2096881
准印证 闽报刊字 2104 号
刊期 半年
文种 汉
开本 16
页码 100
发行范围 国内
主办单位 闽南佛学院
历任主编、社长 主编：释妙湛（1989～1995）、释圣辉（1995～）
宗旨 弘扬佛教思想，传播佛教理念。

（高 铭）

《广东佛教》

创办时间 1988.5.1
编辑 《广东佛教》编辑部
出版 广东省佛教协会
发行 《广东佛教》编辑部
地址 广州市光孝路 109 号（光孝寺内）
邮编 510180
电话 020－81083396
刊号 GD-1181
刊期 双月
文种 汉
开本 16

页码 100

定价 5.00元

发行范围 国内外

主管单位 广东省宗教事务局

主办单位 广东省佛教协会

历任主编、社长 主编：黄礼烈（1988～）

宗旨 为贯彻党的宗教信仰自由政策，发扬佛教优良传统，坚持爱国爱教立场，为改革开放服务。立足广东，面向全国，放眼世界。

（黄礼烈）

《人海灯》

创办时间 1933

编辑 《人海灯》编辑部

出版 岭东佛学院

发行 《人海灯》编辑部

地址 广东省潮州市开元路50号

邮编 521021

电话 0768－2236542

传真 0768－2236542

刊号 潮出准字第052号

刊期 季

文种 汉

开本 大32

页码 78

定价 赠阅

发行范围 公开

主管单位 广东省佛教协会

主办单位 广东省岭东佛学院

历任主编、社长 主编：太虚法师（1933～1935）、定然法师、弘悯、胜涛、宏明（1994年复刊后）

宗旨 宏宣正法，净化人心，增长智慧，共享法喜自在。

重要成果 本刊复刊至今刊用了如印法师等许多海内外佛教研究者，佛学教育者的文章（略）。

注 《人海灯》原为《厦门日报》的一个副刊，1933年10月太虚法师来潮州创办岭东佛学院移至潮州，1935年停刊后曾经在香港办了一段时间，1994年7月定然院长复办，现为岭东佛学院院刊。

（释宏明）

《上海道教》

创办时间 1988.11

编辑 上海道协文化研究室

出版 《上海道教》编辑部

发行 《上海道教》编辑部

地址 上海西林后路100弄8号

邮编 200011

电话 021－63775402

市内刊号 0145号

刊期 季

文种 汉

开本 16

页码 48

定价 3.00元

发行范围 国内外

主管单位 上海市宗教事务局

主办单位 上海道教协会

历任主编、社长 主编：潘雨廷（1988～1991.12）、陈莲笙（1991.12～）

宗旨 在爱国爱教的基础上，以研究和探索中国道教文化、继承和发扬道教优良传统为中心，致力于沟通道教界和学术界的联系，增进道谊，交流教务，办成具有学术性、文献性、艺术性、健身性和导游性的综合性刊物。

重要成果 本刊自发行以来，受到学术界和道教界的好评，在国外道教界也产生了一定的影响。1995 年，本刊被北大图书馆和北京高校图书馆期刊研究会收入《中文核心期刊要目总览》（宗教类）核心期刊。1996 年，被上海图书馆收为宗教类重要期刊，并向国内外介绍。

（丁常云）

《泉州道教文化》

创办时间 1993.10

编辑 泉州市区道教文化研究会编辑组

出版 泉州市区道教文化研究会

发行 泉州市区道教文化研究会

地址 福建省泉州市涂门街 112 号（通淮关岳庙后二楼）

邮编 362000

电话 0595－2286613

文种 汉

开本 16

发行范围 国内

主管单位 中共泉州市鲤城区委统战部

主办单位 泉州市区道教文化研究会

历任主编、社长 顾问：陈允敦；编委会主任：郑国栋；主编：吴幼雄

宗旨 立足泉州，搜集整理道教和民间信仰文化遗产，为“三胞”寻根和社会主义两个文明建设服务。

注 1997年4月，“泉州市区道教文化研究会”更名为“泉州市区民间信仰研究会”，《泉州道教文化》从第11期起更名为《泉州民间信仰》

（关国栋）

宗教文化出版社

创办时间 1995.2

地址 北京市东城区交道口北三条32号

邮编 100009

电话 010－64027526

传真 010－64027523

主管单位 国务院宗教事务局

主办单位 国务院宗教事务局

历任主编、社长 社长兼总编：王作安，副社长兼副总编：陈红星，副社长兼编辑室主任：戴晨京

宗旨 我国唯一的出版宗教图书的专业出版社。出版宗教政策、宗教学理论、宗教文化和宗教历史方面的研究著作，以及宗教经典、教规、教义、解经、讲道、经像等方面的社科书籍。

主要出版物 《新时期宗教工作文献选编》、《宗教政策学习纲要》、《中国近现代佛教人物志》、《古兰经》、《太虚法

师年谱》、《弘一法师年谱》、《西藏度亡经》、《藏语系佛教念诵集》、《初机佛理解说》、《宗教工作政策要点》、《走进上帝的世界》、《圆瑛法师年谱》、《明旸法师》、《佛教名胜楹联》、《藏外佛教文献》(二)、《走进佛陀的世界》、《劝忍百箴》、《基督教词语英汉对照手册》、《中国道教宫观文化》、《宗教活动场所年度检查工作手册》、《多视角看社会问题》、《韩国佛教史》(上)、《历代高僧故事》(四册)、《中国宗教音乐》等。

(戴晨京)

1996年我国宗教学及宗教类新版图书简目

一、宗教学及宗教通论

解释与拯救：宗教多元哲学论/王志成著．—学林出版社．—180千字

宗教文化学导论/张志刚著．—东方出版社（第二版）．—244千字

宗教观的历史·理论·现实/陈麟书主编．—四川大学出版社．—500千字

黑格尔的宗教哲学/赵林著．—武汉大学出版社．—289页

当代西方著名哲学家评传（第六卷）·宗教哲学/傅乐安主编．—山东大学出版社．—330千字

上帝与新物理学/（英）保罗·戴维斯著，徐培译．—湖南科学技术出版社．—247千字

社会主义与中国宗教/戴康生、彭耀著．—江西人民出版社（第二版．—120千字．—（科学社会主义研究系列丛书/江流主编）

宗教禁忌研究/金泽．—社会科学文献出版社．—155千字．—（中国社会科学院青年学者文库）

世界三大宗教的起源/于可著．—广东人民出版社、华夏出版社．—110千字（历史爱好者丛书）

新编世界宗教史/史仲文、胡晓玲主编．—中国国际广播出版社．—1512千字

袁珂神话论集/袁珂著．—四川大学出版社．—330千字

诸神的起源：中国远古的太阳崇拜/何新．—光明日报出版社．—440千字

中国宗教思想史大纲/王治心．—东方出版社．—160千字．—(民国学术经典文库)

中国宗教名胜事典/袁一锋、郑石平等编撰．—上海人民出版社．—538千字

中国著名的寺庙宫观与教堂/余桂元．—商务印书馆．—75千字．—(中国文化史知识丛书/任继愈主编)

儒释道与东北教育史/李洪钧、刘兆伟编著．—辽宁教育出版社．—380千字

圣哲四传(上下)(佛陀、耶稣、苏格拉底、孔子)/罗兰等著．—团结出版社．—620千字

台港澳宗教概况/李桂玲编著，赵匡为审阅．—东方出版社．—372千字

南通市民族宗教志/南通市民族宗教志编纂委员会编．—黄山书社．—247页

扎兰屯民族宗教志/陈鹤龄编著．—文化艺术出版社．—245千字

福建宗教史/陈支平．—福建教育出版社．—429千字

中日文化交流史大系(4)·宗教卷/杨曾文、(日)源了圆编著．—浙江人民出版社．—275千字．—(中日文化交流史大系/周一良、(日)中西进主编)

二、佛 教

佛法·西与东/(日)池田大作著，王健译，单广培校．—四川人

民出版社.—100千字.—(宗教与世界丛书/何光沪主编)

佛学十日谈/苏渊雷、杨同甫编著.—上海书店.—210千字

梵佛探/金克木著.—河北教育出版社.—350千字.—(当代学者自选集)

觉悟之路/(斯里兰卡)那烂陀长老著,学愚译.—山东人民出版社.—340千字

佛:觉悟与迷情/龚隽著.—广东人民出版社.—194千字.—(百家学术与中国心态文丛)

走进佛陀的世界/陈咏明著.—宗教文化出版社.—180千字

印光集/印光著.—中国社会科学出版社.—158千字.—(近现代著名学者佛学文集/黄夏年主编)

吴地佛教文化/邓子美编著.—中央编译出版社.—67千字.—(吴文化知识丛书/高燮主编)

真禅法师纪念文集/上海佛教协会编.—华东师范大学出版社.—300千字

释宽能法师纪念集/释昌慧编.—宗教文化出版社.—70千字.—130页

佛学与佛教/业露华著.—上海古籍出版社.—90千字.—(中华文明宝库/李国章、马樟根主编)

中国现代学术经典·太虚卷/刘梦溪主编.—河北教育出版社.—568千字

中国现代学术经典·杨文会、欧阳渐、吕澂卷/刘梦溪主编.—河北教育出版社.—576千字

中国现代学术经典·汤用彤卷/刘梦溪主编.—河北教育出版社.—690千字

悲愤而后有学:欧阳渐文选/欧阳渐著,王雷泉选编.—上海远东出版社.—350千字.—(中国现代思想家论道丛书)

佛教般若思想发展源流/姚卫群著.—北京大学出版社.—300千

字

中外佛教大师演讲录/田雨编．—山东人民出版社．—349页．—汤开建主编

印度学讲义/释传印．—宗教文化出版社．—160千字

佛学常见词汇/（马来西亚）陈义孝编．—宁夏人民出版社．—355千字

现代佛学小辞典/陈兵编著．—成都出版社．—175千字

佛家逻辑通论/郑伟宏著．—复旦大学出版社．—377页

中国佛家/陈志良、黄明哲等著．—宗教文化出版社．—350千字

中国佛教/张践著．—广东人民出版社、华夏出版社．—110千字．—（历史爱好者丛书）

华化佛教/梁晓虹著．—北京语言学院出版社．—168千字．—（中华文化书系/冯天瑜主编）

佛学辞书集成（10册）/凡痴居士等编．—汕头大学出版社．—16开．—11500千字

佛学精华（影印）（上中下）/方立天主编．—北京出版社．—2677页

大般涅槃经今译/昙无谶原译；破瞋虚明注译．—中国社会科学出版社．—250千字．—（白话佛经系列）

中华佛典集成（15册）（影印）/李富华、宋立道、黄夏年编纂．团结出版社．—16开．—15000千字

佛话经典/何学威、李素素、梵陀编著．—湖南文艺出版社．—350千字．—（神秘文化精品系列/刘城淮主编）

藏外佛教文献（第二辑）/方广锠编．—宗教文化出版社．—368千字

历代高僧诗选/陈耳东编著．—天津人民出版社．—407千字

中国历代僧诗精华/吕子都选注．—东方出版中心．—230千字

天台山历代诗选/刘长春、朱封鳌编著．—黄山书社．—260千字

中国文学中的维摩与观音/孙昌武著．—高等教育出版社．—330千字

佛经故事一百篇（汉英对照）/张庆年选译．—中国对外翻译出版公司．—203页．—（一百丛书）

佛经故事/丁一编著．—中国文史出版社．—400千字

敦煌艺术宗教与礼乐文明/姜伯勤著．—中国社会科学出版社．—494千字．—（唐研究基金会丛书/罗新主编）

敦煌石窟内容总录/敦煌研究所编．—文物出版社．—16开．—300页

新疆石窟艺术/常书鸿著．—中共中央党校出版社．—114千字

佛教与工艺杂项/潘守永．—天津人民出版社．—110千字．—（佛教艺术丛书）

敦煌吐鲁番学研究论集/北京图书馆敦煌吐鲁番学资料中心、台北《南海》杂志社合编．—书目文献出版社．—163千字

敦煌艺术叙录/谢稚柳著．—上海古籍出版社．—522页

中国佛教文物精华鉴赏/张健、万金丽主编．—书目文献出版社．—16开．—134页

敦煌宝藏/王惠民著．—上海古籍出版社．—84千字．—（中华文明宝库/李国章、马樟根主编）

佛教画藏：禅部：公案（一）（上中下）/古干主编．—东方出版社．—1000页．—（佛教画藏系列丛书）

佛教画藏：佛部：释迦牟尼佛（上中下）/古干主编，史程、郑茜编文，于绍文等绘．—东方出版社．—1007页．—（佛教画藏系列丛书）

佛教画藏：罗汉部：佛陀十大弟子（上中下）/古干主编，李丹妮编文，于绍文等绘．—东方出版社．—998页．—（佛教画藏系列丛书）

佛教画藏：寓言部：人物故事（上中下）/古干主编，平常编文，

袁辉、于绍文等绘图．—东方出版社．—1003页．—（佛教画藏系列丛书）

佛教画藏：名胜部：少林寺（上中下）/古干主编，王征编文，周中等绘．—东方出版社．—1011页．—（佛教画藏系列丛书）

图说佛教：百喻故事/江苏美术出版社编，吕建福编文，马永欣绘画．—江苏美术出版社．—94页

图说佛教：佛陀格言/江苏美术出版社编，梁黎编文，娟子绘画．—江苏美术出版社．—94页

图说佛教：佛教常识/江苏美术出版社编，愚人编文，尚可绘画．—江苏美术出版社．—94页

图说佛教：禅门轶事/江苏美术出版社编，子旷编文，杨雨青绘画．—江苏美术出版社．—94页

图说佛教：释迦牟尼八相成道/江苏美术出版社编，万度编文，张友宪绘画．—江苏美术出版社．—94页

观音百像图/娄西元著，郭富贵编．—陕西人民美术出版社．—144页

法门寺佛教文化奇迹：舍利、宝塔、地宫/裴建平著．—四川教育出版社．—179页

中国名寺/范玮、林岩编著．—文汇出版社．—120千字．—（中国旅游风光丛书）

红尘世界的倒影：古代佛寺/张连成、孙德富著．—辽宁师范大学出版社．—195千字．—（中华文物古迹旅游/朱耀廷、郭引强、刘曙光主编）

宗教与艺术的殿堂：古代佛教石窟寺/辰闻著．—辽宁师范大学出版社．—195千字．—（中华文物古迹旅游/朱耀廷、郭引强、刘曙光主编）

中国寺观/傅谨、沈冬梅著．—浙江人民出版社．—140千字．—（造型文化丛书/洛齐、徐恩存主编）

中国石窟/徐恩存著.—浙江人民出版社.—200千字.—(造型文化丛书/洛齐、徐恩存主编)

宣威胜景松鹤寺/雷宏安主编.—云南大学出版社.—151千字

龙门石窟一千五百周年国际学术讨论会论文集/龙门石窟研究所编.—文物出版社.—16开.—341页

中国石窟寺研究/宿白.—文物出版社.—16开.—481页

中国佛寺志丛刊(120册)/白化文、刘永明、张智主编.—江苏广陵古籍刻印社.—1992印张

上海佛教寺院纵横谈/潘明权著.—宗教文化出版社.—200千字

佛祖真容:中国石窟寺探秘/常青著.—四川教育出版社.—146千字.—(华夏文明探谜丛书)

白马寺与中国佛教/释海法著.—四川辞书出版社.—16开.—669千字

擎天摩云的七宝庄严:古代名塔/罗哲文著.—辽宁师范大学出版社.—195千字.—(中华文物古迹旅游/朱耀廷、郭引强、刘曙光主编)

中国名塔/林岩、范玮编著.—文汇出版社.—163千字.—(中国旅游风光丛书)

中国古塔/夏志峰、张斌著.—浙江人民出版社.—195千字.—(造型文化丛书/洛齐、徐恩存主编)

中国古塔概貌/罗哲文著.—外文出版社.—105千字

中国古塔鉴赏/顾延培、吴熙棠主编.—同济大学出版社.—580千字

南台寺/高义.—宗教文化出版社.—24开.—80页

中国金铜佛/李静杰编.—宗教文化出版社.—16开.—288页

中国佛像巡礼/胡光凡、赵志凡著.—湖南出版社.—226页

五百罗汉图/庐山博物馆编.—文物出版社.—16开.—140千字

佛教历史(上下)(影印)/释雅静著,释圆乘校.—江苏广陵古籍

刻印社.—894页

中国佛教发展史略/南怀瑾著.—复旦大学出版社.—120千字

慧灯无尽照海东:记鉴真东渡与东渡旅游专线/郭振民编著.—海洋出版社.—96页

明清民国佛教思想史论/江灿腾著.—中国社会科学出版社.—280千字

传统佛教与中国近代化:百年文化冲撞与交流/邓子美著.—华东师范大学出版社.—250千字

尼姑谭/蔡鸿生著.—中山大学出版社.—212千字

智顗评传/潘桂明著.—南京大学出版社.—418千字.—(中国思想家评传丛书/匡亚明主编)

玄奘西行/黄珅著.—上海古籍出版社.—95千字.—(中华文明宝库/李国章、马樟根主编)

唐高僧义净生平及其著作论考/王邦维著.—重庆出版社.—163千字

鉴真东渡/王东、陈鹏鸣著.—上海古籍出版社.—71千字.—(中华文明宝库/李国章、马樟根主编)

圆瑛法师年谱/明旸主编.—宗教文化出版社.—320千字.—(中国近现代学僧年谱系列)

明旸法师/朱玉琪编.—宗教文化出版社.—200千字

成佛之路:藏传佛教大师生涯/周炜著.—青海人民出版社.—200千字.—(藏传佛教文化现象丛书)

毛泽东与佛教/王兴国著.—中国书籍出版社.—195千字

中国净土宗大全/李淼编著.—长春出版社.—16开.—1650千字

净宗法语大观/魏磊辑著.—百花洲文艺出版社.—380千字

唐代密宗/周一良著,钱文忠译.—上海远东出版社.—220千字.—(学术集林丛书/王元化主编)

日本佛教史/杨曾文著.—浙江人民出版社.—520千字

日本近现代佛教史/杨曾文主编.—浙江人民出版社.—366千字

道家与禅宗/李霞著.—安徽大学出版社.—215千字.—264页.—(中国青年学者丛书)

禅与东方文化/季羡林、吴亨根等著.—商务印书馆国际有限公司.—260千字.—(中国禅学丛书/季羡林主编)

禅与人生/洪丕谟主编.—中国国际广播出版社.—191千字

虚云禅学精华录(上下)/张志哲选编.—江苏广陵古籍刻印社.—974页

"东山法门"与禅宗/萧蓮父、黄钊主编.—武汉出版社.—310千字

中国嵩山少林寺建寺1500周年国际学术研讨会论文集/吴立民、释永信主编.—宗教文化出版社.—420千字

禅观正脉研究/南怀瑾著.—中国世界语出版社.—211页

岭南禅文化/覃召文著.—广东人民出版社.—200千字.—(岭南文丛)

禅宗十日谈/高峰、业露华等编著.—上海书店.—150千字.—(传统文化十日谈书系)

坛经(汉英对照、文白对照)/(唐)慧能著,黄茂林英译,欣瑞荣今译、编校.—湖南出版社.—210千字.—(汉英对照中国古典名著丛书)

六祖坛经注译/黄柏权主编.—广东高等教育出版社.—238页

五灯全书(上中下)/河北禅学研究所编辑.—中华全国图书馆文献缩微复制中心.—16开.—2221页.—(中国佛学文献丛刊)

禅林象器笺/河北禅学研究所编辑.—中华全国图书馆文献缩微复制中心.—16开.—858页.—(中国佛学文献丛刊)

祖堂集/(南唐)释静、释筠编撰,吴福祥、顾之川点校.—岳麓

书社.—390千字

神会和尚禅话录/杨曾文编校.—中华书局.—169千字.—(中国佛教典籍选刊)

白话碧岩录/许文恭译.—作家出版社.—306千字

禅趣/卢海山编著.—中州古籍出版社.—222千字

妙语心禅:唐代奇僧慧能/陈墨著.—云南人民出版社.—75千字.—(中国奇人丛书)

习禅录影/南怀瑾著.—中国世界语出版社(第二版).—316千字

顿悟的人生/依空著.—中国青年出版社.—110千字.—(开卷有益丛书)

人生的解脱/(释)妙华法师著述.—山东人民出版社.—441页.—(广化文库)

禅海蠡测/南怀瑾著.—中国世界语出版社.—200千字

红尘禅话/苏浙生著.—江西人民出版社.—140千字

人间巧喻/依空著.—团结出版社.—100千字

禅心人(上下)/方杞著.—团结出版社.—280千字

禅解菜根谈/(明)洪应明著,英呛编译.—宗教文化出版社.—300千字

禅钟/吴泽恒著.—中国社会出版社.—30千字.—(华藏法露丛书)

禅者的态度:洪丕谟随笔/洪丕谟著.—复旦大学出版社.—247千字

禅学与禅意画/范瑞华著.—国际文化出版公司.—120千字

藏传佛教/弘学主编.—四川人民出版社.—230千字

拈花微笑:藏传佛教哲学境界/班班多杰著.—青海人民出版社.—230千字

爱心中爆发的智慧/多识著.—民族出版社.—240千字.—(藏传佛教研究)

生命之轮：藏传佛教活佛转世之谜/诺不旺丹著．—青海人民出版社．—187千字．—（藏传佛教文化现象丛书）

藏学研究论丛（第八辑）/《藏学研究论丛》编委会编．—西藏人民出版社．—200千字

西藏的宗教和中国共产党的宗教政策/江平、李佐民、宋盈亭、辛文波著．—中国藏学出版社．—66千字．—（西藏知识小丛书）

中国藏学研究中心：藏学论文选（1986～1996）（上下）/多杰才旦名誉主编，廖祖桂主编．—中国藏学出版社．—780千字

藏族历史宗教研究（第一辑）/陈庆英主编．—中国藏学出版社．—367千字

西藏经卷插图精选/翟跃飞、张虎生编．—西藏人民出版社．—193页

藏传佛教金铜佛像图典/王家鹏．—文物出版社．—542页．—378幅图

藏传佛教寺院考古/宿白．—文物出版社．—16开．—398页．—68幅图片

中世纪藏传佛教艺术：白居寺壁画艺术研究/熊文彬著．—中国藏学出版社．—200千字

藏传佛教古寺雍和宫/常少如主编．—北京燕山出版社．—121千字

中国古代建筑：布达拉宫（上下）/西藏布达拉宫维修工程施工办公室、中国文物研究所、姜怀英、甲央、噶苏·彭措朗述编著．—文物出版社．—8开．—554页

青海塔尔寺修缮工程报告/姜怀英、刘占俊编著．—文物出版社．—16开．—338页

清代以来中央政府对西藏的治理与活佛转世制度史料汇编/赵学毅等编．—华文出版社．—546页

从灵童到领袖：历代班禅秘传/张云、王维强、周炜、黄维忠著．—海南出版社．—200千字．—（现代藏学文库精品丛书）

历代藏族名人传/曾国庆、郭卫平编著．—西藏人民出版社．—315千字

六世班禅朝觐档案选编/李鹏年、陈锵仪主编．—中国藏学出版社．—374千字

班禅转世：第十一世班禅额尔德尼寻访、认定、坐床纪实/杉舟编著．—五洲传播出版社．—83页

十一世班禅坐床记/刘伟著．—内蒙古人民出版社．—212页

十世班禅转世灵童寻访认定坐床写真/西藏人民出版社编．—西藏人民出版社．—150千字

佛门盛事：第十一世班禅额尔德尼寻访、认定、坐床纪实/朱晓明主编．—中国藏学出版社．—12开．—162页

荒原古堡：西藏古格王国故城探察记/张建林著．—四川教育出版社．—135千字

西藏佛教神秘文化：密宗/尕藏加著．—西藏人民出版社．—210千字

二、道　教

道教思想/李大华著．—广东人民出版社．—282页．—（岭南文丛）

道：回归自然/冯达文著．—广东人民出版社．—210千字

道家文化研究（第九辑）：道家与道教学术研讨会论文专号/陈鼓应主编．—上海古籍出版社．—348千字

道家与道教/刘仲宇著．—上海古籍出版社．—88千字．—（中华文明宝库/李国章、马樟根主编）

道教常识问答/卿希泰、王治中、唐大潮著．—江苏古籍出版社．

—163千字.—(宗教常识问答丛书)

道教入门/(日)窪德忠著;萧坤华译.—四川人民出版社.—162千字

玄境:道学与中国文化/张立文等主编.—人民出版社.—275千字

中国道教/牟钟鉴著.—广东人民出版社、华夏出版社.—120千字.—(历史爱好者丛书)

中国的道教/金正耀著.—商务印书馆.—77千字.—(中国文化史知识丛书/任继愈主编)

宗教与人类自我控制:中国道教伦理研究/姜生著.—巴蜀书社.—230千字

道解菜根谈/(明)洪应明著;英晗编译.—宗教文化出版社.—300千字

道书十二种/刁者、祁威、于志坚点校.—书目文献出版社.—411千字

道学精华(上中下)/汤一介主编.—北京出版社.—2274页

黄帝四经今译·道德经今译/郑开、张慧姝、谷斌注译.—中国社会科学出版社.—207千字.—(白话道教经典/曾传辉主编)

南华经/周苏平、张克平译注.—三秦出版社.—310千字

南华真经今译/郑开注译.—中国社会科学出版社.—285千字.—(白话道教经典/曾传辉主编)

冲虚至德真经今译/曾传辉注译.—中国社会科学出版社.—230千字.—(白话道教经典/曾传辉主编)

太平经注译(文白对照)(上中下)/罗炽主编.—西南师范大学出版社.—1180千字

抱朴子内篇今译/邱凤侠注译.—中国社会科学出版社.—226千字.—(白话道教经典/曾传辉主编)

黄庭经今译·太乙金华宗旨今译/杜琮、张超中注译.—中国社会

科学出版社．—198千字．—（白话道教经典/曾传辉主编）

化书/（五代）谭峭撰，丁祯彦、李拟珍点校．—中华书局．—54千字．—（道教典籍选刊）

文白对照太上感应篇（上中下）/（宋）李昌龄著，（清）黄正元图注，任琳、宁志荣主编．—北京燕山出版社．—1100千字

云芨七签/（宋）张君房纂辑，蒋力生等校注．—华夏出版社．—16开．—1308千字

劝善书今译/唐大潮等注译．—中国社会科学出版社．—132千字．—（白话道教经典/曾传辉主编）

道藏分类解题/朱越利著．—华夏出版社．—336千字

道藏索引：五种版本道藏通检/（法）施舟人原编，陈耀庭改编．—上海书店出版社．—16开．—530千字

唐诗与道教/黄世中著．—漓江出版社．—137千字．—（唐诗与中国文化丛书/梁超然主编）

道教诸神/（日）窪德忠著；萧坤华译．—四川人民出版社．—140千字

中国道教诸神/马书田著．—团结出版社．—300千字．—（中国神文化丛书）

中国神仙画像集/成寅编．—上海古籍出版社．—16开．—398页．—500余幅图

列仙传今译·神仙传今译/邱鹤亭注译．—中国社会科学出版社．—298千字．—（白话道教经典/曾传辉主编）

列仙传神仙传注译/滕修展、高艳、王奇、张淑琴注译；邓安生审定．—百花文艺出版社．—308千字

新镌绣像列仙传/还初道人辑；傅钢等标点．—中国社会科学出版社．—108千字

道教传说大观/祁连休、冯志华编．—百花洲文艺出版社．—528千字

道教故事/（日）窪德忠著；萧坤华译．—四川人民出版社．—130千字

长生久视的仙境：古代仙山道观/顾军、朱耀廷著．—辽宁师范大学出版社．—195千字．—（中华文物古迹旅游/朱耀廷、郭引强、刘曙光主编）

中国道教宫观文化/朱越利主编．—宗教文化出版社．—240千字

道教史/许地山著．—华东师范大学出版社．—120千字．—（二十世纪国学丛书）

中国道教发展史略/南怀瑾著．—复旦大学出版社．—90千字

历代名道传/赵立刚主编．—山东人民出版社．—490千字

天师道二十四治考/王纯五著．—四川大学出版社．—235千字

苏州道教史略/赵亮等著．—华文出版社．—170千字

四、伊斯兰教

伊斯兰教与世界政治/金宜久主编．—社会科学文献出版社．—296千字

民族冲突和宗教战争：当代中东热点问题的历史探索/杨灏城、朱克柔主编．—人民出版社．—280千字

中国伊斯兰文化/《文史知识》编辑部、国务院宗教事务局宗教研究中心编．—中华书局．—177千字

古兰经/马坚译．—中国社会科学出版社．—300千字

伊斯兰教艺术百问/刘一虹、齐前进著．—今日中国出版社．—155页．—（宗教文化丛书/王志远主编）

中国历代政权与伊斯兰教/余振贵著．—宁夏人民出版社．—379千字

伊斯兰教创始人天方至圣穆罕默德传/（清）刘智著，周致一编译，郑隆审读，马国利校订．—黑龙江人民出版社．—250千字

五、基督教

论隐秘的上帝/（德）尼古拉·库萨著，李秋零译．—三联书店．—100千字．—（历代基督教学术文库/刘小枫主编）

基督教文化与现代化/高师宁、何光沪编．—中国社会科学出版社．—298千字

当代天主教/傅乐安主编．—东方出版社．—310千字．—（当代世界宗教丛书/冯嘉芳主编）

论怀疑者/哲学片断/（丹麦）克利马科斯（克尔凯郭尔）著，翁绍军、陆兴华译．—三联书店．—184千字．—（历代基督教学术文库/刘小枫主编）

历史社会中的信仰：对一种实践的基本神学之研究/（德）默茨著，朱雁冰译．—三联书店．—195千字．—（历代基督教学术文库/刘小枫主编）

基督的二性/（德）马丁·开姆尼茨著，段琦译，徐炳坚审校．—译林出版社．—120千字

莫扎特：音乐的神性与超验的踪迹/卡尔·巴特、汉斯·昆著，朱雁冰、李承言译．—上海三联书店．—78千字．（基督教学术研究文库/刘小枫主编）

汉语景教文典诠释/翁绍军校勘并注释．—三联书店．—151千字．—（历代基督教学术文库/刘小枫主编）

走进上帝的世界/陈咏明著．—宗教文化出版社．—240千字

新荒漠甘泉/（美）考门夫人．—作家出版社．—336千字

英国中世纪教会研究/刘城著．—首都师范大学出版社．—204千字

利玛窦与中国/林金水著．—中国社会科学出版社．—256千字

基督教与近代中国社会/顾卫民著．—上海人民出版社．—412千

字

清末教案（第一册）/朱金甫主编.—中华书局.—720千字.—(中国近代史资料丛刊续编)

基督教教育与中国社会变迁/黄新宪著.—福建教育出版社.—329页

圣经故事精品绘画/(德)尤利乌斯·绍尔·卡罗尔斯菲尔德绘画，张福生撰文.—中国文联出版公司.—16开.—240页

圣经故事/姜传东等编.—吉林文史出版社.—410千字

六、其他

中国古代宗教与礼乐文化/谢谦著.—四川人民出版社.—200千字

中国古代神秘数字/叶舒宪、田大宪著.—社会科学文献出版社.—240千字

生死事大：生死智慧与中国文化/袁阳著.—东方出版社.—152千字

古代宗教与伦理：儒家思想的根源/陈来著.—三联书店.—261千字.—（三联·哈佛燕京学术丛书）

神秘文化与中国人/卫绍生著.—河南人民出版社.—233千字.—（中国人的奥秘丛书/孙荪主编）

鲁迅与宗教文化/郑欣淼著.—陕西人民出版社.—330千字.—(鲁迅研究书系)

永恒的家园：古代陵墓/桑永夫著.—辽宁师范大学出版社.—195千字.—（中华文物古迹旅游/朱耀廷、郭引强、刘曙光主编）

神灵与苍生的感应场：古代坛庙/龙霄飞、刘曙光著.—辽宁师范大学出版社.—195千字.—（中华文物古迹旅游/朱耀廷、郭

引强、刘曙光主编)

中国古代的祭祀/刘晔原、郑惠坚著.—商务印书馆国际有限公司.—100千字.—(中国古代生活丛书)

中国古代的宗族与祠堂/冯尔康著.—商务印书馆国际有限公司.—110千字.—(中国古代生活丛书)

神人之间:中国民间祭祀仪礼与信仰研究/黄强著.—广西民族出版社.—300千字

中国神怪故事/陈子艾编.—中国广播电视出版社.—449千字.—(中国民间故事精品文库/刘锡诚等主编)

中国民间信仰/乌丙安.—上海人民出版社.—208千字.—(中国文化史丛书/周谷城主编)

泉州市区寺庙录/泉州市区道教文化研究会编.—124页

怪话连篇/刘春风、黄继文编著.—湖南文艺出版社.—320千字.—(神秘文化精品系列/刘城淮主编)

鬼话连篇/徐华龙编著.—湖南文艺出版社.—320千字.—(神秘文化精品系列/刘城淮主编)

传说的继续:中国神祇的性与创造力/闻树国著.—敦煌文艺出版社.—442页.—(当代思想者文库·五色石书系)

中国各民族原始宗教资料集成.考古卷/于锦绣.杨淑荣主编.—中国社会科学出版社.—16开.—1331千字

中国各民族原始宗教资料集成:彝族卷、白族卷、基诺族卷/何耀华、詹承绪、杜玉亭主编.—中国社会科学出版社.—16开.—1465千字

中国少数民族禁忌大观/方素梅主编.—广西民族出版社.—330千字

傣族神灵崇拜觅踪/朱德普著.—云南民族出版社.—311千字

三山国王文化透视/吴金夫编著.—汕头大学出版社.—80千字

中国关帝文化寻踪/朱正明著.—今日中国出版社.—16开.—90

页

门祭与门神崇拜/王子今著.—上海三联书店.—240千字（中华本土文化丛书）

关公百图：中国民间四百宝相图说/关树村编.—岭南美术出版社.—12开.—116页

白话仙佛奇踪/（明）洪应明著，杨曾文、斯亦译.—中国文联出版公司.—449页

逛庙指南/戴宏志著.—今日中国出版社.—175千字.—（宗教文化丛书/王志远主编）

红白喜事：旧京婚丧礼俗/常人春著.—北京燕山出版社（第二版）.—308千字.—（北京旧闻丛书）

仙佛全传演义（上中下）/无垢道人等著.—春风文艺出版社.—1200千字

聊侃鬼与神/曾煜编.—吉林人民出版社.—270千字.—（名人笔丛书）

中国民间秘密宗教辞典/濮文起主编.—四川辞书出版社.—480千字

中国历史上的民间宗教/李尚英著.—广东人民出版社、华夏出版社.—105千字.—（历史爱好者丛书/宋德金主编）

中国古代相术研究与批判/萧艾著.—岳麓书社.—110千字

中国古代风水与建筑选址/一丁等编写.—河北科学技术出版社.—315页

西方星相学研究/石笛主编.—海南出版社.—526千字

反犹主义解析/徐新著.—上海三联书店.—180千字.—（犹太文化丛书/顾晓明主编）

阿伯特：犹太智慧书/（以色列）阿丁·施坦泽兹诠释，张平译.—中国社会科学出版社.—75千字

近现代犹太教运动：解放与调整的历史/（美）大卫·鲁达夫斯基

著，傅有德等译．—山东大学出版社．—400千字．—（汉译犹太文化名著丛书）

犹太的技艺/陈超南编著．—上海三联书店．—300千字．—（犹太文化丛书/顾晓明主编）

犹太教审判：中世纪犹太—基督两教大论争/（英）海姆·马克比，黄福武译．—山东大学出版社．—280千字．—（汉译犹太文化名著丛书）

世纪末的疯狂：西方邪教透视/于长洪、张义敏著．—世界知识出版社．—168千字

奥姆真理教的覆灭/于红雨等编．—国际文化出版公司．—150千字

沙的智慧/奥修著，林国阳译．—学林出版社．—195千字．—（奥修智慧金言录系列）

生活智慧：放轻松一些·一休禅话/奥修著，林国阳译．—学林出版社．—280千字．—（奥修智慧金言录系列）

智慧奥秘/奥修著，林国阳译．—学林出版社．—250千字．—（奥修智慧金言录系列）

智慧金块/奥修著，林国阳译．—学林出版社．—70千字．—（奥修智慧金言录系列）

生存智慧：工作与金钱/奥修著，林国阳译．—学林出版社．—88千字．—（奥修智慧金言录系列）

到达真爱的旅程：从性到超意识/（印度）奥修著，林国阳译．—上海三联书店．—115千字．—（印度哲人奥修如是说）

没有水、没有月亮：禅的故事/（印度）奥修著，陶希译．—上海三联书店．—160千字．—（印度哲人奥修如是说）

隐藏的和谐：关于赫拉克利特断篇的演讲/（印度）奥修著，何文珊、顾瑞荣译．—上海三联书店．—222千字．—（印度哲人奥修如是说）

虚舟：谈庄子/（印度）奥修著，朱文秋、方世忠译．—上海三联书店．—232千字．—（印度哲人奥修如是说）

春来草自青/（印度）奥修著，虞莉、顾瑞荣译．—东方出版中心．—150千字．—（奥修人生箴言系列）

生命的真意/（印度）奥修著，金晖、王健伟译．—东方出版中心．—190千字．—（奥修人生箴言系列）

当鞋合脚时/（印度）奥修著，范佳毅译．—东方出版中心．—190千字．—（奥修人生箴言系列）

静心：狂喜的艺术/（印度）奥修著，吴畸、顾瑞荣译．—东方出版中心．—200千字．—（奥修人生箴言系列）

上帝唇边的长笛/（印度）奥修著；陈舒译．—东方出版中心．—220千字．—（奥修人生箴言系列）

（邢东田　陈　平）

1996 年我国七种宗教研究专业刊物篇目一览

一、世界宗教研究（季刊）

1）1996 年第 1 期总第 63 期

宗教神秘主义的性质/王六二
试论宗教与民族的关系/何光沪
古代华南少数民族的宗教文化/陈伟明
“宗教与社会主义社会相适应”断想/彭耀
慧能“顿悟”说之评价/孔繁
“性具实相”述评/潘桂明
儒学和天主教在明清的接触和会通/龚道运
试论中华内地会的产生及特点/郭熹微
基督教的中国化及其难点/王美秀
景教与佛教关系之初探/黄夏年
《老子想尔注》教育思想简论/瀚青
南京净觉寺文化/米寿江
那马人的山灵崇拜及其演变/刘龙初
论中国古代的桑崇拜/钟年
古希腊及罗马的 Μυστηριον（神秘仪式）/王来法

日本道教研究史和一些相关的问题/(日)福井文雅，辛岩译
“宗教与中国现代化”学术研讨会述要/章绍武
重庆大足石刻研究会第四届年会综述/陈明光、黎方银
《西方宗教学说史》的成就与启示/黄浩涛
评《人·社会·宗教》/阿良
读《伊斯兰教与西北穆斯林社会生活》/李兴华

2）1996年第2期总第64期

佛教与宋明理学的和合人文精神/张立文
宗密的三教观——以《原人论》为中心/(日)镰田茂雄，杨曾文译
南朝佛教论中印文化之同异——析齐宋之际佛道两教的夷夏之辩/许抗生
佛教与全真教的成立/(日)福井文雅，何劲松译
儒、佛、道的境界说及其异同/蒙培元
《父母恩重经》中的儒教·佛教·道教/(日)冈部和雄，方广锠译
林兆恩的三教合一思想/马西沙
从汉晋壁画墓及副葬物中发现佛像的意义/(日)荒牧典俊，杨曾文译
从伦理观到心性论——契嵩的儒释融合学说/魏道儒
佛教的接受与传统命运的改变/(日)中嶋隆藏，何劲松译
佛教学术交流的桥梁——中日佛教学术会议/杨曾文
论道教拟兆/詹石窗
论彭晓的“还丹”说及其“数”论/李大华
论林灵素创立神霄派/唐代剑
敦煌道教试述/邵文实
《道家金石略》补正六则/杨立志
宗教学经验范畴的再考察/(韩)尹以钦，王六二译

创价学会与政治——以池田大作“中道政治”思想为中心/何劲松
三山国王信仰考略/谢重光
传统信仰中的灵魂载体/郭振华
略论宗教崇拜的社会心理功能/杨宜音
中国民间宗教：国外人类学研究综述/王铭铭
大藏经编纂及电脑化座谈会纪要/本刊通讯员
评《日本佛教史》/黄心川
《中国密教史》读后感/夏星
读李兰琴《汤若望传》/郭熹微
《汉魏两晋南北朝道教伦理论稿》评介/郭武
《台湾佛教百年史之研究（1895—1995）》简介/郑天星
了解台港澳三地宗教现状的一本好书《台港澳宗教概况》/赵红宇

3）1996年第3期总第65期

三教关系论纲/李申
试论中国民众的主体宗教意识特性/郑立勇、林松光
《歧路灯》展示的清代盛世士人对三教的态度/朱越利
论中国古代宗教道德在当代的现实价值/黄钊
价值观的矛盾运动与道教伦理的历史演变/姜生
宗教与儒家文化的本质区别/周国黎
西汉国家宗教功能的演变/王青
俄罗斯东正教与现代化/（俄）A. 罗曼诺夫，乐峰译
《法华经》的中心思想——以一佛乘思想为中心/（日）菅野博史
关于《楞严经》的几个问题/李富华
关于唐初僧道译《老》为梵的争论/李养正
景教的产生及其在西域的传播/高永久
受苦的上帝与人的解放——莫尔特曼的政治神学/安希孟
道教八论/王煜

建兴廿八年“松人”解除简考述/连劭名
《家谱宝卷》表征/濮文起
《破邪详辩》所载明清民间宗教宝卷的存佚/车锡伦
《中国佛教文化历程》评说/王月清
读《中国近代佛教人物志》/北辰
台湾《中国回教》/李松茂
宗教文化出版事业正在起步/戴晨京
1995年国内报刊有关宗教的部分文章目录索引/王子华

4）1996年第4期总第66期

印度早期禅法初探——奥义书的禅理/巫白慧
永明延寿与宋代禅宗的综合/麻天祥
隋唐幽州城区佛寺考/黄春和
儒释道与中国民俗关系述要/刘仲宇
宗教及其命运——略论冯友兰先生的宗教观点/单纯、丛春霞
试论明清之际道教“三教合一”思想的特点/唐大潮
论儒教伦理观对道教美学的影响/潘显一
“道家重玄学”刍议/简明
元代宗教政策的民族性/张践
杀牲献祭与结合仪式——以贵州傩仪中的献祭仪式为例/张建建
天主教会及其在20世纪的世界性扩展/（意）安东尼奥·阿切尔比，任延黎译
刚恒毅与近代中西文化交流/顾卫民
明清来华耶稣会士汉名琐议/康志杰
论汉语景教经文的传述类型/翁绍军
中世纪基督教神学发展的逻辑线索/赵林
苍石碑魂——中西文化交流的历史见证/高智瑜
近年来大陆中国教会大学史研究综述/马敏

《世界宗教研究》1996 年第 1～4 期（总第 63～66 期）目录

二、世界宗教文化（季刊）

1）1996 年春季号总第 5 期

伊斯兰文化的共性与个性/吴云贵
政教关系浅议/任延黎
现代基要主义/王美秀
东南亚华人信奉哪些宗教？/谭景秀
寻求宗教间的新和谐——约翰·希克的宗教多元论思想/王志成
宗教与人生——四人谈（续四）/王卡等
在伯利恒和耶路撒冷过圣诞节/黄陵渝
加德满都的藏传佛教圣迹/王璐
侯赛因诞辰纪念纪实/沙秋真
生不逢时与瑜亮情结/彭怀真
有时信有时不信/栾光生
基督教与科学关系的三种解释/张志刚
莎士比亚与宗教仪式/（英）威尔逊·奈特
寻望天国之路的希腊诗神/刘光耀、史惠风
日本佛教雕刻之杰作/张总编译
道教对云南民间音乐和舞蹈的影响/郭武

2）1996 年夏季号总第 6 期

宗教与中国现代化问题的思考/龚学增
简论中国佛教的特点/方广锠
面对“九七”的香港宗教/薛征
冷战后伊斯兰原教旨主义的新特点/刘中民
西方教会有关同性恋问题的争论/段琦

俄罗斯东正教现状（续）/乐峰
宗教与人生——四人谈（续五）/王卡等
中国传统思想与禅宗/乙涓
印度教的新兴教派/朱明忠
有关宗教礼仪的几种学说/杨淑荣
要象谁一样爱人？——我读《圣经》/祈光
信主独一与劝善戒恶——浅谈伊斯兰教的真主观/王俊荣
访马纪行/沈瑞其
旅美华人教会活动见闻/新哲
道教金丹术何以未能衍化出中国近代化学/盖建民
1995年世界基督教信徒的增减状况/于可

3）1996年秋季号总第7期

关于宗教神灵观的讨论/方广锠等
台湾“新兴民间宗教”存在意义片论/张新鹰
伊斯兰教与经济现代化/杜红
乱世纽约　信仰犹存/詹尼·斯科特
证实、证伪与上帝/安希孟
西方教会的堕胎之争/段琦
几度访西墙/黄陵渝
好像走进了另一个世界/唐锡阳
成为人的上帝　还是成为上帝的人/栾光生
佛家孝亲观/苦心
印度教的海外社团/朱明忠
葛洪的养生术/韩建斌
中国禅院茶礼与日本茶道/张家成
中古：西方文学的天路历程/刘光耀、史惠风
评《中国佛教思想史》/黄夏年

盛世修藏　聚沙成塔/何云
简讯

4）1996年冬季号总第8期

宗教道德与社会主义精神文明建设/冯今源
信仰与理性——简论魏晋南朝的学术变迁及社会现象/陈咏明
第二个千年终结时的基督教神学：希望之涨落/约翰·麦奎利，何光沪译
从美国黑人教堂被焚说起/段琦
罗马天主教会的第二届梵蒂冈大公会议/任延黎
基督教与人道主义/魏琪
以色列纪行/梁工
崆峒山记/葛昌永
我读《圣经》/祈光
社会学与神学的结合——贝格尔《天使的传言》新版简介/高师宁
尼古拉·别尔嘉耶夫和他的《历史的意义》/张雅平
新版大藏经种种/魏德东
九天玄女授天书——水浒札记/新江
简讯
《世界宗教文化》1996年总目录

三、当代宗教研究（季刊）

1）1996年第1期总第22期

宗教文化研究中的几个关系问题/吴孟庆
孝为戒先——论契嵩的孝道观/业露华
因明的历史发展和文化交流/姚南强
论延寿人生哲学及其学术源流/沈顺福

论道教炼丹术化学的方法论基础——葛洪“变化之术”的科学思想评析/周瀚光

宗教长期性与死亡恐惧/来建础

当前天主教爱国会的地位和作用/罗伟虹

社会的历史变迁与天主教在中国的传播/刘建

浅析山西省天主教自养渠道及其作用/刘志敏

当代日本的宗教动向——关于宗教的多层构造和新宗教的问题/(日)盐原勉,邵力群编译

2)1996年第2期总第23期

川西九座汉传佛教寺院经济现状分析(上)——兼论寺院经济与市场经济的关系/王光龙

对上海郊县佛教状况的调查及思考/桑士光、厉良才、柴志光

宗教与中国现代化/王仲义、詹家锋

伊斯兰教与现代化关系刍议/杜红

继承加强学科建设,积极参与国际交流——我国道教研究的现状和展望/陈耀庭

我国佛教研究的现状和走向/业露华

弗莱切尔的基督教“境遇伦理学”/田海华

分清宗教与封建迷信的界限/黄世如

佛寺建筑艺术的宗教情趣——禅文化美学思想对佛教建筑的影响/王寿云

有继承有创新——从《圣经新约》看基督教与古希伯莱和古希腊文化的关系(上)/阿良

3)1996年第3期总第24期

哈尔滨市群众信教热现象研究/叶乃滋

川西九座汉传佛教寺院经济现状分析(下)——兼论寺院经济与

　　市场经济的关系/王光龙
转轨时期基督教的现状和趋势/徐钢泓
过程中的内在性——过程神学/安希孟
有继承有创新——从《圣经新约》看基督教与古希伯莱和古希腊
　　文化的关系（下）/阿良
过眼哈佛/晏可佳
英国社会的宗教印象/葛壮
日本学术界关于佛道关系的研究/吴亚魁

4）1996年第4期总第25期
沉痛悼念罗竹风同志/
上海宗教问题研究/《上海宗教问题研究》课题组
一、上海宗教的历史概况及特点
　　（一）佛教
　　（二）道教
　　（三）伊斯兰教
　　（四）天主教
　　（五）基督教
　　（六）上海宗教的历史特点
二、解放以后上海社会变化及宗教的存在状况
　　（一）宗教在政治上的根本转变
　　（二）上海宗教的发展历程
三、改革开放以来上海宗教发展情况
　　（一）上海各大宗教的发展及特点
　　（二）上海教徒的层次构成和信仰特点
　　（三）上海宗教发展趋势分析
四、问题与思考
　　（一）关于培养宗教事业接班人问题

(二) 宗教场所外的宗教活动情况

(三) 关于抵制境外敌对势力利用宗教进行渗透的问题

(四) 关于邪教组织活动情况

五、上海宗教的未来和趋势

(一) 宗教世俗化趋势日趋明显

(二) 宗教发展将呈多元化趋势

后记

四、五台山研究(季刊)

1) 1996年第1期总第46期

菩萨顶的佛教历史/肖雨

菩萨顶的建筑与塑像特点/明和、还玉

菩萨顶的著名高僧——山中宰相继颢/藏绵

菩萨顶诗歌/竺颖

菩萨顶碑文/史辑

菩萨顶楹联牌匾/慧英

吉祥道场金刚舞/宇清

优美神奇的传说/悲福

新时期五台山研究的一块丰碑/宋晓芹、高权德

2) 1996年第2期总第47期

碧山寺佛教简史/震林

碧山寺建筑与塑像概述/高明和

芒鞋踏遍亚美洲的五台山华严行者——寿冶法师/肖雨

五台山上的密法传人——能海法师/辛补堂、郑计怀

心系佛法的高僧因修/妙观

碧山寺的第五代住持——妙江和尚/竺颖

五台山上一居士——胡瑞霖/林森
碧山寺碑文/毕雯
碧山寺诗歌/斯仁
碧山寺楹联牌匾/莲茗

3）1996年第3期总第48期

殊像寺佛教简史/竺颖
文殊菩萨/肖雨
略论中道实相的真实义蕴/闫孟祥
殊像寺建筑与塑像概述/高明和
重整寺庙庄严国土——记殊像寺住持圣忠/春贤
殊像寺碑文/向文
殊像寺里的传说/还玉

4）1996年第4期总第49期

塔院寺佛教简史/肖宇
新加坡佛教的传扬与社会功效/李路曲
塔院寺建筑与塑像概述/高明和
憨山大师是明代五台山的一位著名高僧/崔正森
法门砥柱振锡清凉——记五台山塔院寺住持寂度法师/白福生
毛泽东与佛教/白洁
毛泽东、周恩来和任弼时路居五台山/春荣
塔院寺碑文/悲心
塔院寺诗歌/司近仁
塔院寺楹联牌匾/连瑞文
1996年《五台山研究》总目录

五、宗教（季刊）

1）1996年第1～2期总第31～32期

江泽民同志有关宗教工作的三句话/江泽民
少数民族地区工作的主题是发展经济正确理解和全面贯彻党的宗教政策
1996年抓紧“三件事”/叶小文
引导宗教与社会主义社会相适应的一点体会/王学舟、程宏旭
论宗教与社会主义社会相适应/余继堂
宗教与社会主义社会的适应问题/凤长坤
加强管理，积极引导/安锦龙
宗教与中国现代化/王仲义、詹家锋
从宗教道德的社会作用浅议宗教与社会主义社会相适应问题/何秀衡
宗教与社会主义社会相适应是历史的必然/曾蒙军
我对积极引导宗教与社会主义社会相适应之浅见/匡志森
正确引导宗教与社会主义建设相协调/张本美
对当前中国宗教情况的一点看法/赵匡为、赵红宇
中国特色·社会主义·宗教/徐玉成
“三自”的三个五十年/徐如雷
浅谈“宗教无小事”/赖名槐
大陆的天主教与现代化/李桂玲
正确对待青少年信教问题/赵朴初
应正确对待信教群众不断增加的问题/禾国君、宏旭、劲公
抓好农村宗教工作的三个重要环节/李广谦
科教兴国与贯彻宗教政策/白非、李满春
正确对待信佛之人使宗教工作更好地为社会稳定和经济建设服务

/胡正山

认真贯彻党的宗教政策，为促进社会的稳定和建设服务/何兆国

同邪教组织划清界限/沙广义

重视培养使用年轻神职人员/邵敬良

为了中国天主教的未来——浅谈爱国主义教育与教会建设的相互关系/刘明廉

谈爱国主义教育/袁家耀

转变宗教理论研究的旧观念/徐季良

我国宗教学研究的回顾与展望/吴云贵

略论当代科学对宗教产生的双重影响/陆耀明

论信念、信仰和宗教信仰——兼与人类掌握世界的“信仰方式”论者商榷/俞朝卿

宗教与经济同步发展的典型村——江秋村天主教情况调查/邢孟禧

社会巨变中的上海黄浦区宗教现状/顾邦文

一个山区县滥建小庙情况的调查与思索/肖猷源

上饶县宗教活动场所登记工作的做法/章天洪、酆发荣

固原地区宗教问题的特点及其对策/马汉雄

“上帝死了”之后——宗教关怀的失落和当代西方人的生存困境（转载）/王小章

双重变奏——呼唤基督和基督精神（续完）/马佳

补白：人需要有自己的信仰

《宗教》总第21期至30期要目

2）1996年第3～4期总第33～34期

加强宗教团体自身建设（转载）

关于唯物论和无神论宣传中的几个界限问题（转载）/徐玉成

如何高度重视我国的宗教问题（转载）/石杭

周恩来与宗教工作研究述评/郭林

邓小平关于社会主义时期宗教问题的理论探析/陈秋月、周源

试论邓小平有中国特色社会主义理论对新时期宗教理论研究的指导作用/辛世俊

当前天主教爱国会的地位和作用（转载）/罗伟虹

基督教在华传教事业的历史评价/徐如雷

解放前温州基督教的自立运动/莫法有

从依法治国说到依法对宗教事务进行管理/徐季良

就广东韶关市佛教状况谈加强对寺庵的管理/黄细军

宜昌市年轻宗教教职人员的现状与思考/李万胜、高志泉、蒋庆堤

宗教院校思想政治教育必须跟上时代发展——佘山修院思想政治教育情况调查/邢孟禧

南昌市少数宗教活动场所拒登问题的调查与思考/王新兴、马哲海

从一个基督徒的角度看现代化/阚保平

上海伊斯兰教的历史与现状考察/葛壮

引导宗教为社会主义物质文明和精神文明建设服务——探索上座部佛教与社会主义社会相适应/王保生

山西省运城地区做伊斯兰教信教群众工作的一些办法/王旭东

促进宗教与社会主义市场经济相协调/唐煦渊

对九十年代宗教工作的几点认识/沙玉山

贯彻党的“以寺养寺”方针为经济建设服务——石河子市清真寺（活动点）自养办寺情况/郭唯丽

依法加强对宗教事务管理的几点作法/董银锁、董芬艳

尊重团结守法——宗教与社会主义相适应漫谈/马进虎

21 世纪初徐汇区宗教发展状况展望/谢民

宗教文化研究中的几个关系问题（转载）/吴孟庆

论宗教的超时空性/刘泰星

宗教道德浅论/苑一博

禅宗精神与人文精神的重建/高长江
借用教堂作课堂/贺怀信、申建民
浅谈影视作品中的宗教文化/宋文辉、佳韦
试论宗教的社会功能及其作用/舒天啸
论鲁迅对宗教文化的研究/张树卿
冰心与基督教——析冰心“爱的哲学”的建立/王学富
近代弘法闽南第一人/何绵山
试论中国古代高僧的出国问题/蔡振翔
赫哲族原始信仰和原始宗教/黄任远

六、宗教学研究（季刊）

1）1996年第1期总第30期

道家学风浅议/萧萐父
道教与我国当前伦理道德的建设问题—论道教研究的现实意义/卿希泰
道教老学重玄学派/李刚
“道——美”：道教美学的核心范畴/潘显一
论道教伦理对儒家纲常伦理的弥补功能/姜生
宋代道教斋醮/张泽洪
“惺惺汉，皮囊扯破，便是骷髅”——从吴镇画骷髅说起/丁若木
《维摩诘所说经》思想试探/伍先林
学政蒋超弃官为僧及其对佛教文化的影响/李朝正
论土家族原始宗教/钱安靖、汤清琦
近现代民间秘密宗教中的神仙信仰/石衍丰
道教房中术的性医学思想及现代价值/盖建民
一本通俗易懂的《道教史》/黄夏年
短讯

四川大学宗教学研究所1991～1995年科研成果目录

2）1996年第2期总第31期

《重刊道藏辑要》缩印本序/卿希泰

略论道教的宗旨与方术/赵宗诚

成玄英论“玄”与“又玄”/李刚

论道教美学的“至善——至美”观点/潘显一

再论道教伦理对儒家纲常伦理的弥补功能/姜生

论明清之际“三教合一”思想的社会潮流/唐大潮

宋元明皇室崇信真武缘由刍议/曾召南

也谈二郎神信仰的嬗变/千树德

道教科仪在近代的传承和演变/刘仲宇

近现代宫观情况初探/晋川子

本竹治小考/王纯五

浅谈福建佛教的特点/何绵山

玄机，弘布永嘉玄觉禅法的第一功臣/张子开

论土家族原始宗教的巫师与巫术/钱安靖、汤清琦

《道德经》得“道”心理历程初探/张钦

吴筠的生命哲学思想初探/尹志华

浅析唐朝的宗教政策/唐怡

《中国道教史》（四卷本）完成结题并出版发行/澧渝

中华大道之兴也，海峡变通衢一赖宗贤先生访谈录/观海

漫评李刚《劝善成仙一道教生命伦理》/王煜

道教文化研究的新开拓——评姜生《汉魏两晋南北朝道教伦理论稿》/詹石窗

短讯

3）1996年第3期总第32期

刘牧《易数钩隐图》略析/詹石窗
明王朝与武当道教/唐大潮、石衍丰
清代龙门道教演派识略/王志忠
朱熹对道教的借鉴与吸取/蔡方鹿
郑观应的道教思想/王煜
道教斋醮源流刍析/张泽洪
六朝时代岭南地区的天师道传播——从出土的镇墓文谈起
/范家伟
道教对云南政治之影响述略/郭武
文昌洞经音乐与道释儒雅俗文化/甘绍成
“道教仙传”和“神魔小说”中的“去欲就善”思想/苟波
《南宋初河北新道教考》的几点补正/曾召南
达磨波罗的佛教民族主义思想初探/黄夏年
僧肇思想探究/伍先林
武当山早期佛教活动探佚/喻斌
现代宗教世俗化趋势的革新意义/陈麟书
印度教在中国的传播和影响/黄心川
格利高里一世的神学思想及其著作简论/姜德福
面向现实社会生活－韩国民众神学评述/刘国清
略论道教金丹思想及其在化学史上的意义/盖建民
论内丹修炼心理的几个原则/张钦
道教精神刍议/尹志华
永明延寿及其《宗镜录》/施东颖
道教学研究的里程碑——评四卷本《中国道教史》/王知非

4）1996 年第 4 期总第 33 期

成玄英论“三一”/李叔达
道情考论/詹石窗

道教“美一恶”辩证论/王知非
老庄“无用之用”思想析论/朱哲
汉代老子神化现象考/碣石
道教与“神魔小说”的人物形象来源/苟波
《十戒功过格》及其伦理思想特色/陈霞
近现代宫观情况再探/晋川子
《浮沤歌》考/张子开
1995年中国佛学研究综述——兼谈当前佛学研究有关问题/黄夏年
羌族原始宗教祭司“释比”唱经研究/金绥之
印度教神秘主义及其实践方式概述/孙林
道教行气术研究的一点心得/张钦
对成都地区佛教信徒的调查/崔森
儒佛道研究在俄国/郑天星
专家评《宗教观的历史·理论·现实》/林述栋
学术信息

七、佛学研究（年刊）

1996年总第5期

五年回首
新编汉文《大藏经》、编辑南传《大藏经》之我见/吴立民
净土教思想信仰的特征/（日本）藤堂恭俊
印光法师悟道年时考/传印
慧远与善导之念佛/（日本）高桥弘次
东亚佛教文化圈三问/何云
关于入宋僧奝然的事迹/（日本）鹈司光昌
印光大师及其佛学思想初探/自然

日中佛教交往的一个侧面/（日本）稻冈誓纯
基于永劫回归思想的主体主义宗教观探索/（韩国）柳炳德、金洪喆、梁银容
韩中佛教交流小考/（韩国）李法山
上座部和大众部佛教思想的分化/王恩洋
印度佛教对于原始基督教之影响/朱谦之
简论中印佛教心性思想之同异/方立天
清辨对“空”的逻辑证明/刘威
佛教民族主义在南亚·东南亚的发展/宋立道
达磨波罗的改革主义思想初探/黄夏年
佛教与僧伽罗民族文化/邓殿臣
智顗天台宗与德国古典哲学比较研究/曾其海
佛教与基督教在近代中国女性中影响之比较/郑永福、吕美颐
中国佛教在日本的流传与影响/屠承先
净土宗的机遇——中日两国净土教的比较研究/韩昇
临济禅东传日本及其嬗变/高玉春、薛德合、刘秀萍
慧光法师生卒年考/徐文明
试论吉藏的中道观/华方田
法藏的“无尽缘起说”/徐绍强
试析善导往生净土的主体——众生观/谢路军
钱谦益的佛学思想/孙之梅、王琳
太虚大师的开悟经验/邢东风
略论太虚大师之禅/邓子美
佛法戒律论/吴信如
“不定教”的源流与天台智的“不定教”观/屈大成
东晋南朝佛教戒律发展/严耀中
从唐墓志看唐代世俗语佛教信仰/吴敏霞
元代的寺产官营问题/曹旅宁

辽金的佛教政策及其社会影响/刘浦江
上海佛教的变化与未来发展/潘明权
读《瑜伽师地论记》/汤用彤
读《华严经》记/刘峰
房山石经与《随函录》·《契丹藏》·《开元录》的关系之探讨/何梅
藏传密教的女性观/诺布旺丹、巴桑卓玛
再谈宝顶山摩岩造像是密宗道场及研究断想/郭相颖
《起信论》义理真伪之争/聂清
近年来福建南少林研究述评/谢重光
大藏经编纂及电脑化座谈会纪要/文博
首届中原宗教学术研讨会综述/黄夏年
大乘与东亚文化学术研讨会召开/黄佼
第六届中日佛教学术交流会议观感/本刊通讯员
石头希迁与曹洞禅学术研讨会举行/佩兰
释指空暨云南楚雄州发展旅游业全国学术研讨会召开/本刊通讯员
耶稣基督人子释义序/陈垣
《回鹘佛教》序/黄心川
《佛像鉴赏》序/黄心川
傣族文化斐炳南疆——读《南传佛教与傣族文化》/黄夏年
《北凉译经论》评述/乙涓
三教关系下的佛教——读《中国佛教文化历程》/夏星
格绒寺志/喜绕俄热活佛口述，德威欧体笔录并整理

（陈　平）

1996 年我国部分宗教学术论文目录

一、宗教政策、宗教事务

我国社会主义时期宗教问题探索/王金林/山西成人教育/1996.2—3

“全民信教”提法小议/李建农/实事求是/1996.1

《宗教政策法律知识答问》选编/徐玉成/法音/1996.1～12

大学生中的宗教问题/李培民/民族/1996.7

中国不容邪教/顾列铭/民主与法制/1996.4

分析和处理宗教问题的基本思路/叶小文/中国党政干部论坛/1996.11

引导宗教与社会主义社会相适应/王文衡/新疆日报/1996.6.11

必须坚持无神论的宣传教育/王宝军/江苏教育学院学报/1996.4

正确把握宗教信仰自由政策/郝强/实事求是/1996.5

民族地区宗教方面人民内部矛盾调控机制探索/陈祥骥、何银玲、周武壮/理论前沿/1996.14

甘肃省宗教状况、发展趋势及对策研究/范鹏、丁化、丁福魁/甘肃理论学刊/1996.增刊

充分认识宗教的二重性，积极引导宗教与社会主义社会相适应/许焕新、王训礼/齐鲁学刊/1996.6

共产党人为什么必须坚持和树立马克思主义的宗教观？/王文衡/新疆日报/1996.5.21

关于西藏农牧区社会宗教人员情况的调查与思考/吴云岑/西藏民院学报/1996.3

关于宗教与社会主义社会几个关系问题的探讨/张文/学术论坛/1996.6

关于宗教与社会主义社会相适应的几个问题/许鲁州/民族工作/1996.1

关于宗教与社会主义社会相适应的若干问题/金飞芳、乌成云/青海民院学报/1996.4

关于宗教信仰自由政策的新探讨/郭正礼/新疆大学学报/1996.3

关于积极引导宗教与社会主义相适应问题的探讨/郭正礼/实事求是/1996.2

农村宗教现象透视/邵世轩/益阳师专学报/1996.1

划清宗教与封建迷信的界限/陈宗坤/河南日报/1996.2.17

划清宗教信仰自由和“宗教自由”的界限/刘仲康/新疆日报/1996.5.28

红军长征与宗教/李安葆、胡本志/北京党史研究/1996.3

红军长征经过藏区时的宗教政策及其影响/李豫川/中国宗教/1996.4

讲政策、讲管理、讲适应/叶小文/中国道教/1996.2

论党在社会主义新时期的宗教理论和政策/詹真荣/江西师大学报/1996.3

佛教文化和现代企业管理的契合/郭虹/中华文化论坛/1996.4

我国社会主义时期宗教问题探索/王金林/山西成人教育/1996.2—3

李维汉与党的宗教工作/毛国庆、解军先/山西社会主义学院院刊/1996.3

社会稳定是基础——维西县认真做好宗教工作/杨建水/民族/1996.1

依法加强对宗教事务的管理/刘仲康/实事求是/1996.4

学习邓小平宗教工作思想的体会/张炯/中央民族大学学报/1996.5

宗教工作是党的统战工作的重要部分——学习周恩来对宗教问题的论述/陈运炎/文史杂志/1996.3

宗教与市场经济——昆明地区宗教组织参与市场经济的调查报告/姚顺增/经济问题探索/1996.9

宗教与社会主义社会相适应论的由来与发展/高玉春/中国宗教/1996.3

宗教文化与社会稳定/程宪/西南民院学报/1996.6

宗教文化与社会稳定/程宪/社会公共安全研究/1996.1

宗教存在的根源及其长期性/夏建忠/中央社会主义学院学报/1996.1

宗教信仰自由是中国长期的基本政策——国务院宗教局政法司负责人答香港《紫荆》杂志记者问/本刊编辑部/中国宗教/1996.4

浅议民族、宗教无小事/邢淑芳/中南民院学报/1996.3

浅论宗教的消极性及其克服/李翠平、王为理/南方青少年研究/1996.1

浅析"民族宗教无小事":积极引导宗教与社会主义社会相适应/肉孜·依布拉音/新疆军垦报/1996.3.29

试论民族、宗教方面人民内部矛盾调控机制/陈祥骥、何银玲、周武壮、赵崇义/宁夏社会科学/1996.6

试论民族、宗教信息资源的开发和利用/李愿/人文杂志/1996.1

试论民族教育与宗教的关系/余海波/中国民族教育/1996.6

贯彻政策依法管理——进一步做好新疆宗教工作的关键/陈国光/

新疆社会经济/1996.4

贯彻党的宗教政策，打击民族分裂活动/卢振云/新疆军垦报/1996.6.7

非法宗教活动及其危害/刘仲康/新疆社会经济/1996.3

要引导宗教不要倡导宗教——精神文明建设中有关宗教问题的思考/巩艳芳/河北师大学报/1996.4

迷信活动不等于宗教/容小翔/广东商报/1996.6.29

党员信教的后果不容忽视/刘云/新疆大学学报/1996.4

恩来同志对我国少数民族宗教政策的理论贡献/陈立旭/实事求是/1996.2

积极引导宗教与社会主义社会相适应/沈开运/西藏日报/1996.11.4

谈谈宗教工作中的几个认识问题/贾晞儒/青海民族研究/1996.4

做好宗教工作，维护社会稳定/刘仲康/新疆社会经济/1996.1

做好基层宗教工作的关键是善于引导敢于管理——大通县塔尔乡宗教工作调查/冶青卫/青海民族研究/1996.4

做好新形势下的民族宗教工作/高昭平/民族经济与社会发展/1996.4

深入开展反分裂斗争,进一步做好宗教工作/西藏自治区民族宗教事务委员会/西藏日报/1996.2.15

领导干部要有正确的宗教观/杨光/实事求是/1996.6

搞好民族宗教工作．为社会稳定作贡献/中共黄石市委统战部/统一战线/1996.11

影响当前新疆稳定的主要危险是民族分裂主义和非法宗教活动/熊辉银/新疆社会经济/1996.3

从社会系统机制看宗教与科学的关系/盖建民/自然辩证法研究/1996.10

宗教与科学的发展/曹兴船/河北师大学报/1996.2

谈宗教与科学的不同论域和价值/惟言/贵州大学学报/1996.3

“中国的真正宗教”：20世纪上半期华北农村祖先崇拜与神祇敬奉/傅建成/寻根/1996.1

中国宗教信仰中的文化阶层差异/葛兆光/书与人/1996.4

他们为什么信教——农民信仰宗教心理类型浅析/宋晓勇/心理世界/1996.4

对宗教与现代化问题的思考/杜红/宁夏社会科学/1996.4

市场经济条件下宗教的社会功能/王仲义、田文林/宁夏社会科学/1996.1

当代中国宗教流行原因浅析/张本、陈士成/兰州学刊/1996.2

西藏宗教的新问题及其对策研究/西藏自治区党校课题组/西藏党校/1996.2

论迷信、宗教和科学/张之沧/自然辩证法研究/1996.8

齐齐哈尔宗教旅游资源及其开发利用/车娟、王英利、焦杰/齐齐哈尔师院学报/1996.4

技术迷信与明星神话——大众文化与宗教的分析/陈刚/北京大学学报/1996.4

社会主义市场经济下的宗教观之思考/张端华/淮北煤师院学报/1996.3

宗教、信仰、迷信/墨哲兰/天涯/1996.3

宗教与封建迷信及迷信观念/谢佐/青海社会科学/1996.6

宗教书，缘何热，如何办/李兴武/中国图书评论/1996.8

宗教文化与市场经济/高长江/晋阳学刊/1996.1

宗教信仰与民族习俗有哪些区别？/刘仲康/新疆日报/1996.9.10

审视宗教的新视角——功能分析/辛世俊/求是学刊/1996.6

略论封建迷信与宗教信仰的主要区别/于维民、王宝锦/甘肃社会科学/1996.2

人文精神与宗教情怀/刘心武、张颐武/鸭绿江/1996.6、7

小生产者宗教心理分析/袁银传/求是学刊/1996.6
马克思主义宗教观的新发展/辛世俊/青海社会科学/1996.5
从历史与现实的统一中把握信念、信仰和宗教信仰——兼与人类掌握世界的“信仰方式”论者商榷/俞朝卿/铁道师院学报/1996.3
从宗教的产生、发展看宗教存在的长期性/映雪、刘翠花/史学月刊/1996.2
世纪之交的文化热点思考/胡孚琛/江西社会科学/1996.9
对宗教时代的文明分野问题/赵林/江海学刊/1996.4
正确认识宗教问题的科学指南——读马克思论宗教问题札记/茆永福/喀什师院学报/1996.1
民族宗教纷争困扰世界/邱大军/新世纪/1996.2
全球宗教哲学的含义、根据与方法/何光沪/太平洋学报/1996.2
关于上帝之在的对话——论康德“批判哲学”的神学观/张政文/求是学刊/1996.4
关于信仰结构的认识论思考/陈新汉/空军政治学院学报/1996.1
当代宗教的几种发展趋势/刘福祯/甘肃民族研究/1996.1
当代审美文化的宗教意识/姚文放/学术月刊/1996.3
托马斯·莫尔为坚持什么信念而死的再探讨/李增洪/聊城师院学报/1996.4
论东方神秘主义的特点/王玉德/东方文化/1996.1
论宗教对国际政治的影响/刘中民/欧洲/1996.5
论宗教存在与发展的双重根源/戚菊莉/浙江社会科学/1996.4
论宗教活动在数学早期发展中的作用/杨卫疆/科学技术与辩证法/1996.5
论宗教掌握世界方式的文化根源和人学意义/李火林/求索/1996.4
作为文化现象的信仰与解释/肖峰/中国青年政治学院学报/

1996.1

宗教、善与伦理文化/（英）科廷汉姆著，张铭译/现代外国哲学社会科学文摘/1996.4

宗教与史学/雷戈/喀什师院学报/1996.4

宗教与医学/王全意/山东医科大学学报/1996.1

宗教心理功能初探/宋广文/求是学刊/1996.4

宗教文化与心理卫生/张敬悬、翁正、刘桂花/山东医科大学学报/1996.1

宗教对话的两项原则/孙尚扬/原道（第三辑）/陈明主编，中国广播电视出版社，1996.1

宗教批判在马克思主义形成中的地位/梁劲泰、李碧宪/三秦论坛/1996.2

宗教和宗教规范对罗马法的影响/（意）阿尔多·贝特鲁奇著，徐国栋译/法商研究—中南政法学院学报/1996.3

宗教学研究领域的新开拓——《文明之源》学术研讨会综述/洁非/成都大学学报/1996.3

宗教的复活/约翰·L·埃斯波希托著，萨克达译/信使/1996.12

宗教信仰的情感基础/王金娥/河南大学学报/1996.5

宗教篇二题/张正锐/福建史志/1996.5

现代社会宗教的地盘为何不会消失/黄米富/政治课教学/1996.2

现代性与宗教文化——与刘小枫博士的对话/任剑涛、肖滨/开放时代/1996.3—4

试论宗教存在的人本根源/何建华/学术月刊/1996.4

试论宗教的二重性/杨静/江苏教育学院学报/1996.2

面对宗教：多维视野中的观照——“宗教学国际研讨会”旁听随记/闵惠泉/现代传播——北京广播学院学报/1996.5

哲学：理性与信仰（上下）/金春峰/求索/1996.2—3

哲学神与宗教神/朱宝信/青海社会科学/1996.4

谈对宗教的再认识/李兴华/青海民院学报/1996.4
谈宗教道德与道德/李方真/齐鲁学刊/1996.6
“人类沟通的渠道”——巴姆比较宗教哲学管窥/胡发贵/学海/1996.5
中西宗教文化管见/梁晓鹏/兰州大学学报/1996.1
比较宗教学的史前史追述/徐家玲/东北师大学报/1996.6
论佛教基督教对中西方图书馆事业的影响/彭俊玲/津图学刊/1996.2
佛教与基督教人生哲学之比较/李少惠/社科纵横/1996.6
马克思与犹太人/肖宪/世界历史/1996.6
马基雅维利宗教观述评/龙源/宁夏大学学报/1996.2
韦伯东方理论批判/刘为/史学理论研究/1996.2
当代西方人的信仰危机探析/袁银传/淄博师专学报/1996.3
论黑格尔的哲学上帝观/魏德东/云南民院学报/1996.2
试论东南亚宗教的特点/马丁/历史教学/1996.3
试析蒙田的宗教观/陈晓燕/杭州大学学报/1996.3
哪里有希望，哪里就有宗教——布洛赫的“元宗教”理论/安希孟/社会科学/1996.6
恩格斯的宗教观/罗衡林/求索/1996.2
被宗教异化了的悲剧人物——克洛德形象再认识/金朝霞/郑州大学学报/1996.3
简论东方美的宗教观/余秉颐/江淮论坛/1996.4
简论约翰·希克的宗教多元论哲学/王志成/杭州大学学报/1996.3
世纪大转换时期与政治哲学有关联的神学哲学体系的转变/（韩）金泰昌著，甫玉龙译/国外社会科学/1996.5
从自然神论到无神论/赵林/学术月刊/1996.10
神学的叛逆者——读梅叶《遗书》札记/愚夫/阜阳师院学报/

1996.4

二、宗教文物与考古、宗教与文学艺术

“圣城”耶路撒冷/杨映/编译参考/1996.5

约旦宗教圣地/张如昕/阿拉伯世界/1996.2

初识耶路撒冷/黄陵渝/民族/1996.1

宗教圣地——伯利恒/黄陵渝/百科知识/1996.3

耶路撒冷古城/司马文武/编译参考/1996.1

日本出土的“青龙三年”规矩四神镜/陈洪/文博/1996.4

宗教超越与艺术超越之比较/何明星/湖北大学学报/1996.1

面具艺术的活化石：宗教剧《米拉》/李宝祥/草原艺坛/1996.1

“上下求索”：一个祭祀的模式/过常宝/文学遗产/1996.6

《醒世姻缘传》因果报应思想新诂/邹宗良/蒲松龄研究/1996.2

人神斗争：文化英雄的悲剧——《大雅·生民》新解/王锺陵/求是学刊/1996.1

也谈南宋初年钟相、杨幺起义所利用的宗教派系问题/陈士谔/武陵学刊/1996.1

民俗信仰与正气力量——谈志怪小说中人的价值/左宏阁/西北第二民院学报/1996.3

汉唐间史籍中的志怪/丁毅华/河北学刊/1996.4

因神奇而美丽——评志怪神魔小说的独特审美特征/李根亮/开封大学学报/1996.1

论中国古代小说的言神志怪传统/吴怀修/安徽教育学院学报/1996.1

论唐代佛道小说及其嬗变/程国赋/汉中师院学报/1996.5

读中国鬼戏文本的随想/宁宗一/津图学刊/1996.3

漫谈我国古代笔记小说中之女鬼故事/胡仲实/广西师院学报/

1996.4

"牛鬼蛇神"与中唐韩孟卢李诗的荒幻意象/陈允吉/复旦大学学报/1996.3

"端午"食粽祭屈原说源流考/孙永义/西南师大学报/1996.3

《九歌·山鬼》魅力之探/冯洁/杭州大学学报/1996.4

《九歌·云中君》祀主神格及原型初探/龚维英/云梦学刊/1996.2

《九歌·东君》与古代救日习俗/张树国/中州学刊/1996.1

《诗经》生殖崇拜论/张连举/宝鸡文理学院学报/1996.1

《离骚》系巫术过程之纪事/陈桐生/东方丛刊/1996.2

《九歌》是祈祷胜利的军傩乐歌/罗义群/黔东南民族师专学报/1996.1

《诗经》与周代占卜/顾永新/中国典籍与文化/1996.3

论《九歌·东君》的壮美/颜翔林/益阳师专学报/1996.1

论屈骚中的巫文化语言密码/戴锡琦/云梦学刊/1996.2

论楚巫/巫瑞书/民间文学论坛/1996.4

李贺诗的玉石母题臆说/刘小平/内蒙古社会科学/1996.4

屈原《九歌·东君》的神话和诗艺/褚斌杰/东方文化/1996.2

巫卜散文的文化意蕴探微/程水金/北京大学研究生学刊/1996.1—2

诗·梦·佛·道——论梁朝皇帝的两首梦诗/傅正谷/贵州社会科学/1996.2

采草习俗与献身祭神仪式——《诗经》原型研究之一/杨树帆/西南民院学报/1996.3

荆楚文化与《九歌》艺术/王瑶、张庆利/中州学刊/1996.3

徘徊于神灵与心灵之间——谈《九歌》的创作心态和情感表现/王朝晖、张慧/文史知识/1996.1

湘鄂歌谣与楚巫遗风/刘保昌/华夏文化/1996.1

楚辞《九歌》《九章》与"巴"地民歌之比较/周晓春/民间文学论

坛/1996.4

楚辞巫风习俗考/江林昌/民族艺术/1996.4

《红楼梦》中一僧一道的智慧与悖论/梅新林/北方论丛/1996.1

《红楼梦》中的释道思想及其实质/金玉田/汕头大学学报/1996.5

《红楼梦》宗教精神新探/梅新林/学术研究/1996.1

《红楼梦》僧尼形象管窥/廖信裴/西南师大学报/1996.3

宝、黛、钗为土、木、金相生相克说——《红楼梦》的五行结构/赵健伟/天中学刊/1996.1

浓郁:《红楼梦》诗词的佛道色彩/姜志军、陈世澄/红楼梦学刊/1996.3

崇道尊儒抑佛——《水浒传》的哲学文化内蕴（一、二）/王基/开封大学学报/1996.3、4

化腐朽为神奇：从《聊斋志异》看宗教故事的艺术变形/张振军/辽宁师大学报/1996.2

论聊斋小说中的“仙人还俗”现象/吕扬/蒲松龄研究/1996.1

目连与小说《西游记》之孙悟空/刘祯/明清小说研究/1996.1

宗教光环下的尘俗治平求索——论世本《西游记》的文化特征/张锦池/文学评论/1996.6

生命 痛苦 超越——李贺与佛、道/阮堂明/文史知识/1996.12

“你是天空，你也是鸟巢”——简论《吉檀迦利》中的神秘主义/陈明/国外文学/1996.2

《贝奥武甫》与魔怪故事传统/王继辉/外国文学评论/1996.1

二十世纪西方文学向神学的回复/徐文香、闻阁/承德民族师专学报/1996.2

中国现当代文学中的宗教意识/季红真/文学评论/1996.5

传统中国的小说观念与宗教关怀/周策纵/文学遗产/1996.5

向上帝要回思想的巨人——哈姆莱特思想的再思考/刘铁/外国文学研究/1996.3

在苦难与凡俗中淬砺出的圣洁——比较新文学中两次出现的宗教散文现象/李安东/中西学术（2）/复旦大学中文系编，朱立元、裴高主编，复旦大学出版社，1996.11

寻求超越：文学与宗教比较/刘登阁/烟台大学学报/1996.2

戏曲与宗教祭祀活动的不解之缘/聂春艳/天津教育学院学报/1996.3

西方文学悲剧意识的宗教背景/王本朝/文艺研究/1996.3

论中国当代作家的“宗教热”/李俏梅/广东社会科学/1996.4

论史铁生小说的宗教性意蕴/胡山林/河南大学学报/1996.5

终极价值的寻求：文学与宗教精神之一/何云波/艺海/1996.3

试论三大宗教经典对文学的积极影响/蔡先保/江汉论坛/1996.2

俄国后现代主义文学、宗教新热潮及其它/任光宣/国外文学/1996.2

精神的抗拒与灵魂的救赎—试论张承志作品中的宗教世界与自然世界/严三九/广州师院学报/1996.2

女神文学与女性文学——中印文学比较一例/郁龙余/北京大学学报/1996.3

神光拂照下的东西方文学/吴舜立/唐都学刊/1996.4

死亡与再生：艾青诗的宗教底蕴/汪亚明/诗探索/1996.3

老舍之死的信仰考问/郝长海、王树海/齐鲁学刊/1996.2

雨果的宗教观与创作/吴邦文/重庆师院学报/1996.3

萧乾：现代宗教性小说的反殖民话语/王本朝/延安大学学报/1996.3

鲁迅对宗教文化的研究与运用/张树卿/松辽学刊/1996.4

鲁迅早期思想中的宗教观/周义/鲁迅研究月刊/1996.2

玄学派诗人约翰·邓恩及其十四行圣诗《死神莫骄狂》/刘丽娟/信阳师院学报/1996.4

癫僧传统与托尔斯泰小说的精神特质/李正荣/俄罗斯文艺/

1996.5

艺术想象与宗教想象/蒋述卓/文艺理论研究/1996.1

对艺术起源于巫术的两点新认识/张杰/社会科学战线/1996.5

宗教与建筑（上下）/邓晓琳/同济大学学报/1996.1、2

宗教艺术的象征：意义的蕴藏与转换/蒋述卓/民族艺术1996.2/1996.2

建国以来我国宗教音乐研究学科建设的回顾与思考/甘绍成/中国音乐学/1996.4

波尔多宗教建筑艺术古今谈/黄蓉美/中外文化交流/1996.6

泉州神像雕塑世家——“西藏国”/曾经民/泉州道教文化（总第十期）/泉州市区道教文化研究会编，1996.3

三、各国宗教、中国宗教与民间信仰

日本泷山寺“鬼祭”/(日)有泽晶子著，麻国钧译/民族艺术/1996.3

十八世纪俄国的宗教哲学/张百春/哈尔滨师专学报/1996.2

俄罗斯宗教与俄语成语/朱达秋/四川外院学报/1996.4

赫鲁晓夫反宗教运动剖析/傅树政、姜桂石/内蒙古民院学报/1996.1

赫鲁晓夫时期的反宗教运动及其教训/傅树政、雷丽平/社会科学战线/1996.4

试论菲律宾华人的宗教组织/陈衍德/海交史研究/1996.1

韩国人的宗教信仰/蒙托/当代韩国/1996.6

宗教对美国社会政治的影响/刘澎/瞭望/1996.5

美国早期历史上的天赋使命思想/刘国柱/史学月刊/1996.5

尼泊尔印度教的走向/张惠兰/当代亚太/1996.5

二战中日本军人的死亡崇拜意识展析/陆群/吉首大学学报/1996.4

中国儒教在日本/（日）中嶋隆藏著，蔡毅译/文史知识/1996.4
日本“儒教资本主义”说驳议/启良/求索/1996.5
日本政局动荡中的宗教潜流/高洪/日本学刊/1996.5
日本儒教的贤妻良母主义女子教育观及其影响/张德伟、徐蕾/东北师大学报/1996.4
曼谷的华人庙宇：19世纪中泰社会资料来源/（美）何翠媚著，陈丽华译/海交史研究/1996.2
试论李光耀的宗教政策/蒋春萍、何敬/云南师大学报/1996.6
印度宗教无神论/张保胜/北京大学学报/1996（东方文化研究专刊）
印度现代各少数派宗教的思潮/宫静/东方哲学与文化（第一辑）/中国社会科学院哲学研究所东方哲学研究室编，社会科学文献出版社，1996.2
印度舞蹈与宗教背景的文化阐释/江东/文艺研究/1996.2
浅谈甘地非暴力主义的宗教性与民族性/李义中/安庆师院社会科学学报/1996.4
浅探古代印度法与宗教/钟有为/安徽教育学院学报/1996.2
近代中国民众宗教意识的特征/侯杰/学术研究/1996.5
春秋战国时期“天人关系”之论争/蒋立文/长白学刊/1996.5
论王充与王符的宗教神学批判和社会政治批判/李少惠/甘肃理论学刊/1996.6
论儒、道、佛禅的言语观/王向峰/文艺研究/1996.5
孔子还是孔夫子：耶稣会对儒家的阐述/（澳）鲁勒/国际汉学著作提要/李学勤主编，江西教育出版社，1996
南宋赵氏宗庙——太庙/杜正贤/杭州研究/1996.6
神石原型与中国古代三大名著/朱迪光/衡阳师专学报/1996.5
拒绝超验领域：胡适与宗教/王中江/胡适研究（第一辑）/沈寂主编，东方出版社，1996.8

宗教·生活·文化——访方立天教授/本刊记者/哲学动态/1996.10

朝鲜族大宗教评述/金京振/中央民族大学学报/1996.2

伏羲、女娲和甘肃/贺养州/丝绸之路/1996.4

日本利用宗教侵华之剖析/孟国祥/民国档案/1996.1

论古代赫梯宗教——兼谈赫梯妇女在宗教活动中的地位与作用/刘健/东北师大学报/1996.4

论希特勒纳粹主义的宗教渊源/雷雨田/湘潭大学学报/1996.5

非洲华侨华人社会中的关帝庙/楚汉/八桂侨史/1996.2

韩国的儒教传统与现代文化的建构（一、二）/金强一/延边大学学报/1996.2、3

泰国瑶族的丧葬习俗/玉时阶/世界民族/1996.4

论早期新加坡华人的妈祖信仰/童家洲/八桂侨史/1996.2

泰国华侨民间信仰研究的一部力作——《泰国大峰祖师崇拜与华侨报德善堂研究》/李玉昆/海交史研究/1996.2

宗教与滇文化：读《滇文化散论》/牛军/楚雄师专学报/1996.1

《尚书·高宗肜日》主旨发覆——兼论商族雉凤图腾崇拜/王晖/陕西师大学报/1996.1

《香谱》与古代焚香之风/赵超/中国典籍与文化/1996.4

《周易》"道器论"的文化阐释/吴广平/吉首大学学报/1996.4

《易纬》的文本和源流研究/徐兴无/中国古籍研究（第一卷）/国家古籍整理出版规划小组主办，傅璇琮、许逸民主编，上海古籍出版社，1996.8

《晏子春秋》的宗教观/陈来发/聊城师院学报/1996.1

八卦起源新探/詹石窗/福建师大学报/1996.1

也谈伯唐父鼎铭文的释读——兼谈殷代祭祀的一个问题/刘桓/文博/1996.6

大通上孙家寨出土规矩四神镜琐谈/李前/青海社会科学/1996.6

女巫和妓女的起源——兼向武舟先生求教/董乃强/中国文学研究/1996.2

中国文化中的圣贤崇拜/韩震/唯识/1996.8—9

中国古代气功养生术与传统思维方式/李平/汕头大学学报/1996.3

中国古代宗教仪式上的青铜器——来自商代和西周墓葬、窖藏的考证/杰西卡·罗森著，郭旭东译/殷都学刊/1996.3

中国古代的狂欢节——春节、蜡祭与傩/段宝林/中国文化研究/1996.2

中国古代的宗教与思想/（日本）加藤常贤/国际汉学著作提要/李学勤主编，江西教育出版社，1996

中国古代的祭礼与歌谣/（法）葛兰言/国际汉学著作提要/李学勤主编，江西教育出版社，1996

云梦秦简《日书》“行”及有关秦人社会活动考/贺润坤/江汉考古/1996.1

从母神、冢土到五色坛——周人土地神崇拜的演变/李立/东北师大学报/1996.4

从汉画中的水旱神画像看我国汉代的祈雨风俗/崔华、牛耕/中原文物/1996.3

元代宗教政策宽容性成因浅析/蒋远柏/广西师院学报/1996.1

天人合一：中国祭祀礼仪的文化意蕴/林少雄/社会科学/1996.2

天禄辟邪与古代中西文化交流/林梅村/学术集林（卷八）/王元化主编，上海远东出版社，1996.9

太极图：东方太极科学之光/東景南/寻根/1996.3

太极图的来源/李学勤、邢文/寻根/1996.3

汉《郊祀歌》与谶纬之学/叶岗/绍兴师专学报/1996.1

论《周易》中圣人崇拜思想产生的背景、内容及影响/谭德贵/哲学战线/1996.3

论中国古代的政教合一及其冲突/惠吉星/长沙水电师院社会科学学报/1996.4

论太极图起源于性交合崇拜/普学旺/寻根/1996.3

论辽代宗教文化/黄震云/民族研究/1996.2.3

论西汉“四神”的源流/王志杰/文博/1996.6

论郑州市小双桥商代前期祭祀遗址/裴明相/中原文物/1996.2

论秦人对天或上帝的崇拜/田静、史党社/中国史研究/1996.3

良渚方国与古史传说/林华东/浙江学刊/1996.5

命相论与上古三代帝王神圣化/韩玉德/青岛大学师院学报/1996.1

命相论与西汉政治/韩玉德/东方论坛/1996.1

宗教祭祀与王权/（美）张光直著，明歌编译/华夏考古/1996.3

明清欧人对中国宗教及其习俗的评介（一、二）/吴孟雪/文史知识/1996.8、10

试析殷人的祭日习俗及文化传承功能/陈智勇/殷都学刊/1996.3

殷墟卜辞中的商代筮法制度——兼释甲骨文爻、学、教诸字/徐葆/中原文物/1996.1

读王宇信先生《周原出土商人庙祭甲骨来源刍议》等文后的思考/谭步云/考古与文物/1996.3

商代的巫与巫术/晁福林/学术月刊/1996.10

清世宗崇尚天人感应说的原因及后果/陈国生/学术研究/1996.8

黄帝祭典及其文化意蕴/姚敏杰、何炳武/寻根/1996.2

悲怆的美丽:死亡暗影里的魏晋风度—魏晋时代死亡意识论纲/陈太胜/东方丛刊/1996.2

简论殷商多神崇拜/张玉强/四川大学学报/1996.3

解河图、洛书与八卦图/刘正英/内蒙古社会科学/1996.4

鼓中所沉积的古代宗教意识/费秉勋/寻根/1996.1

漫谈八卦的产生时期/张启成/文史杂志/1996.6

谶纬与经学训诂/李建国/河北师院学报/1996.3

孔子国家崇拜的起源与发展：初步研究/（美）萧洛克/国际汉学著作提要/李学勤主编，江西教育出版社，1996

《论语别裁》对儒释道的剪裁/张荣华/复旦学报/1996.3

《淮南子》儒道结合的养生论/张运华、何国庆/吉首大学学报/1996.3

三教合一思潮—理学的先声/郭熹微/江海学刊/1996.6

三教鼎立，古今并存——《山西寺庙大全》评述/黄夏年/学术论丛/1996.3

从《楚辞·天问》与《圣经·约伯记》的比较中所想到的/韩高年/贵州社会科学/1996.2

从老玄到佛玄：略论玄学的发展与分期/张海明/中国文化研究/1996.1

心性论:三教合一的义理趋向——兼谈心性论与当代伦理实践/刘学智/人文杂志/1996.2

文化整合与文化交融—儒佛人生观之比较/王月清/江海学刊/1996.6

民国时期佛教与基督教思潮关系考/李少兵/历史档案/1996.4

关于儒、道、佛三家的理论极限/韩东育/东北师大学报/1996.3

早期佛道异同论/龚隽/江西社会科学/1996.8

论中国佛教人文特色形成的哲学基础——兼论儒佛道人生哲学的互补/洪修平/中国哲学史/1996.1—2

论时间二维向作为佛道宗教生存论的基本存在原理/高从宜/锦州师范学院学报/1996.2

论儒道的“互补”或“合抱”/白盾/海南师院学报/1996.3

苦难与超越——从唐君毅对基督宗教的理解探讨儒基对话的可能向度/邓元尉/北京大学研究生学刊/1996.4

试论拿破仑和太平天国的宗教政策比较/吴晓燕/昭通师专学报/

1996.1

哪一个佛教，哪一个道教——谈中国宗教与文化研究中的一个问题/葛兆光/东方/1996.3

美学走向一议——读《儒道佛美学的融合》/李兴武/中国图书评论/1996.11

唐代的儒、佛、道/李颖科/华夏文化/1996.3

唐前期王朝崇抑佛道政策浅析/房晓军/淮阴师专学报/1996.4

晁迥与宋学—儒佛思想的渗透与宋学的形成/漆侠/河北大学学报/1996.3

探古今之通玄阐儒释之会融——《佛学与现代新儒家》评介/李智/人文杂志/1996.2

略论道佛二教的相互融摄/杨毅/开放时代/1996.11—12

简论儒、释、道婚姻家庭观/张树卿/东北师大学报/1996.6

儒佛互补的历史考察/潘桂明/长白论丛/1996.1

儒佛道的境界说/蒙培元/百科知识/1996.1

儒教与道教/（德）韦伯/国际汉学著作提要/李学勤主编，江西教育出版社，1996

儒道死亡超越论探析/刘庆华/孔子研究/1996.1

儒道佛人生价值观及其现代意义/方立天/中国哲学史/1996.1—2

儒道佛与中国养生/徐宗良/百科知识/1996.8

儒道释论“中”/郭德茂/暨南学报/1996.1

融合与碰撞：释道思想对“三言”思想艺术的渗透/游友基/山西师大学报/1996.2

仓颉古庙/任飞、袁耀儒/寻根/1996.6

周公庙研究的可喜收获——《周公庙与周文化探索》评介/许正文/陕西史志/1996.2

三代宗教观念之特征及其对儒家心性之学的影响/李景林/中国哲学史/1996.1

广汉文庙/敖天照、敖兴全/四川文物/1996.1

历代京都及地方孔庙考述/曲英杰/孔子研究/1996.3

孔子：神圣的俗人/（美）芬加勒特/国际汉学著作提要/李学勤主编，江西教育出版社，1996

关于鲁迅所言儒教已亡/邓国伟/学术研究/1996.10

论世纪之交的孔教问题大辩论/苏中立/中州学刊/1996.2

论儒学的宗教精神/张允熠/求索/1996.4

论儒家对死的超越/宁新昌/学术论坛/1996.4

论儒教是否为宗教及中国古代小说与宗教的关系/郭豫适/华东师大学报/1996.3

宋金时期京兆文庙“七贤堂”考/路远/文博/1996.2

建水明清祭孔乐舞考略/汪致敏/民族艺术研究/1996.5

明代西安碑林、文庙及府县三学整修述要/路远/文博/1996.1

试论孔子神话思想的内在矛盾/赵沛霖/中州学刊/1996.1

谈文庙与孔子思想的宣传/王建平、梁英平/佳木斯师专学报/1996.1

儒家对天地自然的德化/葛晨虹/学术月刊/1996.7

儒家思想的宗教性问题（上下）/郑家栋/孔子研究/1996.2、3

儒教在汉代被确立为国教考（本文根据1929.0年亚洲文会北华分会杂志第60卷中载文译出）/胡适著，韩荣芳译/胡适研究（第一辑）/沈寂主编，东方出版社，1996.8

儒教是宗教/李申/文汇报/1996.9.18

论孔子的神道设教思想/沈海波/同济大学/1996.1

关于“儒教文化复兴”/（日本）沟口雄三，朱春育、谢谋译/汉学研究（第一辑）/阎纯德主编，中国和平出版社，1996.9

莱布尼兹与儒教：对一致性的追求/（美）孟德卫/国际汉学著作提要/李学勤主编，江西教育出版社，1996

儒学与宗教性问题——成中英教授与中国社会科学院专家对谈纪

要/姜广辉、成中英、李申/现代传播——北京广播学院学报/1996.6

太平天国的宗教思想：中西文化精神最早的契合与紧张/张连国/历史教学/1996.4

汉代《郊祀歌十九章》的游仙长生主题/张宏/北京大学学报/1996.4

王维诗与佛道两家的色彩崇尚/于雪棠/北方论丛/1996.2

楚国巫坛上的舞雩歌/国光红/山东师大学报/1996.3

中国少数民族宗教文化形态简论——兼论宗教文化形态学/施正一/广西民院学报/1996.2

民国初期孙中山先生与民族宗教事务/刘付靖/广东民院学报/1996.3

关于民族与宗教的话题——走访宗教学专家吕大吉研究员/北极/福建民族/1996.3

当代中国少数民族宗教问题的理论思考/龚学增/民族研究/1996.5

论蒙元时期宗教政策的演变对民族关系的影响/徐黎丽/西北民院学报/1996.1

社稷五祀与东夷农耕文化/李立/浦峪学刊/1996.1

香港的民族和宗教概观/郎维伟/中华文化论坛/1996.4

试论巴人鬼（神）信仰脉络/雷乐中/三峡学刊/1996.1

科尔沁民族民间舞蹈与宗教/白翠英/民族艺术/1996.4

佛、道教对纳西族社会的影响/杨福泉/云南社会科学/1996.6

畲族民俗信仰的道教色彩/李健民/中南民院学报/1996.5

布努瑶庙规及其演变/韦成球/广西民族研究/1996.4

文成公主进藏的民俗文化意蕴/周德仓/西藏民俗/1996.3

史诗《格萨尔王传》的禁忌民俗/伦珠旺姆/西藏研究/1996.3

甘肃藏区民俗概述/洲塔/中国藏学/1996.3

甘南藏区的“插箭”活动/陈立健/西藏民俗/1996.1
后藏农村民间祭祀/郑堆/西藏民俗/1996.4
羊与藏族民俗文化/林继富/青海社会科学/1996.5
老藏王“本主”—格萨尔王考/章虹宇/民族文学研究/1996.2
西藏民间的护身符/沈阳/西藏民俗/1996.3
西藏宗教文化与藏族社会历史发展管见/王芳恒/西藏民院学报/1996.1
西藏宗教音乐述论/格曲/民族艺术/1996.1
西藏的宗教音乐/格曲/音乐研究/1996.1
宋代缘迦吐蕃风俗文化嬗变之考略/任树民/西藏民院学报/1996.3
应该加强对周边藏区乃至藏区周边的研究—从西藏、藏区、藏文化圈谈起/王璐/西南民院学报/1996.2
定日的民间信仰与习俗/沈阳/西藏民俗/1996.2
清朝前期治藏特点及相关问题/石硕/西藏研究/1996.1
德格地区的禁俗/噶玛降林/西藏民俗/1996.2
藏区神山、圣湖溯源/张庆有/西藏艺术研究/1996.2
藏民族诗论中的“圆满”观/李晓玲/民族文学研究/1996.2
藏戏溯源/黎蔷/西藏研究/1996.2
藏俗三则/洛桑/西藏民俗/1996.2
藏族历史上的宗教与艺术/陈光国/青海民院学报/1996.4
藏族灶神琐闻/丹巴拉姆/西藏民俗/1996.3
藏族宗教三大万神殿：浩繁庞大的鬼灵神佛信奉体系/刘志群/西藏艺术研究/1996.2
藏族宗教民俗浅议/王一清/甘肃史志通讯/1996.1
藏族宗教音乐初探/田联韬/中央音乐学院学报/1996.1
藏族的箭卜/周锡银、望潮/西藏艺术研究/1996.2
藏族祈祷形式述略/哈斯/甘肃民族研究/1996.1

藏族语言崇拜剖述/林继富、李丽/西藏艺术研究/1996.4

藏族游牧部落的禁忌/敖红/中国西藏/1996.4

中国藏戏与印度梵剧比较研究/刘志群/民族艺术/1996.2

“公妈龛”浅议/王朝小、陈丽华/泉州民间信仰研究（总第11期）/泉州市区道教文化研究会编，1996.11

“虎文化”与云南“沙壶”的关系/李盛铨/四川文物/1996.4

“梅山文化”研究三题/易重廉/民间文学论坛/1996.2

土地神崇拜以及戏曲舞台上的土地形象/翁敏华/山西师大学报/1996.2

女娲信仰起源于西北渭水流域的推测——从女娲人首蛇身像谈起/杨利慧/北京师大学报/1996.6

山东“秃尾巴老李”与湖南“桩巴龙”比较研究/巫瑞书/中国民间文化(总第二十集)/上海民间文艺家协会、上海民俗协会编，学林出版社，1996.12

山东庙会文化考略——兼论世纪之交庙会文化走向/山曼/妙峰山·世纪之交的中国民俗流变/刘锡诚主编，中国城市出版社，1996.2

山神老把头及其祭拜习俗/孙树发/民俗研究/1996.4

广元乌龙山女皇武则天祀殿/周俊麒/成都大学学报/1996.1

中西陵墓建筑之差异与殡葬改革/刘天华/中国民间文化（总第十九集）/上海民间文艺家协会、上海民俗协会编，学林出版社，1996.6

中国北方的狐仙崇拜/姚立江/文史知识/1996.5

中国传统丧葬礼俗及其特色初探/吕静/中国民间文化（总第十九集）/上海民间文艺家协会、上海民俗协会编，学林出版社，1996.6

中国传统庙会中的狂欢精神/赵世瑜/中国社会科学/1996.1

中国丧葬礼仪的历史演变及未来述略/邓云乡/中国民间文化（总

第十九集）/上海民间文艺家协会、上海民俗协会编，学林出版社，1996.6

中国狐文化简论/王振星/齐鲁学刊/1996.1

中国镇物文化略论/陶思炎/中国社会科学/1996.2

从中国民间众神看人神关系/李娓/社会科学/1996.4

从历史发展考察妇女与不死药的关系/龚维英/民间文学论坛/1996.4

从王制到民俗的流变——冢树琐议/范荧/中国民间文化（总第十九集）/上海民间文艺家协会、上海民俗协会编，学林出版社，1996.6

从传统陵墓建筑到现代化的纳骨塔园/李学忠、姜修恒/中国民间文化（总第十九集）/上海民间文艺家协会、上海民俗协会编，学林出版社，1996.6

从横沙岛丧俗论殡葬改革/任嘉禾/中国民间文化（总第十九集）/上海民间文艺家协会、上海民俗协会编，学林出版社，1996.6

历史自然灾害与民间信仰——以近600年来福州瘟神“五帝”信仰为例/王振忠/复旦学报/1996.2

天水求雨习俗/安德明/民俗研究/1996.4

太阳意象：六龙和金乌/谭学纯/民间文学论坛/1996.2

太湖流域的“妇幼守护神——南堂三殿太均信仰调查/钟伟今/中国民间文化（总第二十集）/上海民间文艺家协会、上海民俗协会编，学林出版社，1996.12

认识中国民间信仰的真实图景/葛兆光/寻根/1996.5

风马经幡——人与大自然的沟通和交响/刘志群/东方艺术/1996.1

风俗与宗教/韩养民/深圳特区报/1996.6.3

世纪回顾：中国民俗学面临的选择——为顾颉刚等妙峰山进香调查70周年而作/刘锡诚/妙峰山·世纪之交的中国民俗流变/

刘锡诚主编，中国城市出版社，1996.2

东亚文化圈海神信仰概论/金涛/中国民间文化（总第二十集）/上海民间文艺家协会、上海民俗协会编，学林出版社，1996.12

刍议惠安新亭尾天后宫/郑焕章/泉州民间信仰研究（总第11期）/泉州市区道教文化研究会编，1996.11

台湾民间信仰到福建谒祖现象分析/陈自强/泉州道教文化（总第十期）/泉州市区道教文化研究会编，1996.3

台湾地区丧葬礼俗及其发展的探讨/周宗贤/中国民间文化（总第十九集）/上海民间文艺家协会、上海民俗协会编，学林出版社，1996.6

台湾明郑政权与“开台妈祖”/蒋维锬/寻根/1996.1

台湾的闽西客家移民与定光古佛信仰/刘大可/现代台湾研究/1996（14）

宁都洛口村“朱公庙会”调查研究/罗勇/赣南师院学报/1996.1

民间信仰中的灶君崇拜/黄炳元/泉州民间信仰研究（总第11期）/泉州市区道教文化研究会编，1996.11

民间信仰中的鬼神崇拜与自然崇拜/张炳熙/泉州民间信仰研究（总第11期）/泉州市区道教文化研究会编，1996.11

民间祭赛与戏曲的初级形式：队戏/乔淑萍/山西师大学报/1996.3

民间禁忌中的医学原理/梅兴荣/民俗研究/1996.2

民国时期的妙峰山民俗研究——纪念顾颉刚等人的妙峰山进香调查70周年/吕威/妙峰山·世纪之交的中国民俗流变/刘锡诚主编，中国城市出版社，1996.2

民俗学的多元探索——读《神话·民俗与文学》/刘东远/中国民间文化（总第二十集）/上海民间文艺家协会、上海民俗协会编，学林出版社，1996.12

民俗性迷信的文化功能及其心理特征浅释/宋抵/社会科学战线/1996.6

民俗旅游大有可为——从孔庙赑屃碑亭谈起/李岫岚/妙峰山·世纪之交的中国民俗流变/刘锡诚主编，中国城市出版社，1996.2

汉代民间禁忌与择日之术/马新/民俗研究/1996.1

汉族“神”的观念/潘学方/寻根/1996.6

汉族地区民俗中的宗教符号/刘仲宇/上海教育学院学报/1996.1

生育禁忌初探/蒋德学/贵州文史丛刊/1996.3

龙渊源考/张文彬、秦文生/寻根/1996.1

龙湖龙王庙及其信仰/粘良图/泉州民间信仰研究（总第11期）/泉州市区道教文化研究会编，1996.11

亦佛亦道的法主公/李玉昆/泉州民间信仰研究（总第11期）/泉州市区道教文化研究会编，1996.11

传统禁忌习俗与生育健康/黄光成/云南社会科学/1996.4

全国唯一的女皇庙宇——山西文水武则天庙/梁恒唐/文史知识/1996.1

关于中国丧葬史研究的几个问题/徐吉军/中国民间文化（总第十九集）/上海民间文艺家协会、上海民俗协会编，学林出版社，1996.6

关于泉州民间信仰与社会主义精神文明建设问题的思考/吴乔生/泉州民间信仰研究（总第11期）/泉州市区道教文化研究会编，1996.11

再论吴真人信仰的文化现象/吴幼雄/泉州民间信仰研究（总第11期）/泉州市区道教文化研究会编，1996.11

华山村民俗调查/康新民/中国民间文化（总第二十集）/上海民间文艺家协会、上海民俗协会编，学林出版社，1996.12

吉祥物论/沈利华、钱玉莲/东南文化/1996.3

多神崇拜是民间信仰活动及其习俗/廖渊泉、傅算宝/泉州民间信仰研究（总第11期）/泉州市区道教文化研究会编，1996.11

妈祖传说/杨金远/电视·电影·文学/1996.2
戏神辨踪/廖奔/民俗研究/1996.1
朱仙古镇话门神/王悦勤/东方艺术/1996.1
江海平原庙会之流变/施汉如、张自强/妙峰山·世纪之交的中国民俗流变/刘锡诚主编，中国城市出版社，1996.2
论“还坛神”无神——“还坛神”的神人关系问题试说/萧洪恩/湖北民院学报/1996.3
论龙的起源与演变关系/郭殿勇/内蒙古社会科学/1996.4
论妈祖民间传说、民间信仰之形成/汪梅田/民间文学论坛/1996.1
丽水陈十四夫人崇拜风俗/吴刚戟/中国民间文化（总第二十集）/上海民间文艺家协会、上海民俗协会编，学林出版社，1996.12
何谓庙会——《辞海》“庙会”条释文辨证/朱越利/妙峰山·世纪之交的中国民俗流变/刘锡诚主编，中国城市出版社，1996.2
妙峰山庙会的历史沿革/李春仁/妙峰山·世纪之交的中国民俗流变/刘锡诚主编，中国城市出版社，1996.2
妙峰山的历史文化价值与开发远景/马书田/妙峰山·世纪之交的中国民俗流变/刘锡诚主编，中国城市出版社，1996.2
张山寨的陈十四信仰活动/胡必法/中国民间文化（总第二十集）/上海民间文艺家协会、上海民俗协会编，学林出版社，1996.12
我国古代民间信仰与叙事文学创作/朱迪光/衡阳师专学报/1996.1
我国民俗中的鸟文化琐谈/张得祖/青海民族研究/1996.2
村落集体仪式性文艺表演活动与村民的社会组织观念/刘铁梁/妙峰山·世纪之交的中国民俗流变/刘锡诚主编，中国城市出版社，1996.2
灶神形象演化的历史轨迹及文化内涵/林继富/华中师大学报/1996.1
社稷之神的起源与演化/曾广开/寻根/1996.1

秀出东南麻姑山/邹自振/文史知识/1996.5

近代郯城庙会/谢元鲤/民俗研究/1996.2

丧俗改革与丧家心理/顾伯平/中国民间文化(总第十九集)/上海民间文艺家协会、上海民俗协会编，学林出版社，1996.6

丧葬习俗中生命意识的变奏曲——西部民族风情审美研究之四/李景隆/青海民族研究/1996.3

始母神——女娲神格的基点和中心/杨利慧/民间文学论坛/1996.2

始祖庙庙会的求育习俗/孙其刚/妙峰山·世纪之交的中国民俗流变/刘锡诚主编，中国城市出版社，1996.2

定襄地区正月用针禁忌与反封建意识/朱华彬/妙峰山·世纪之交的中国民俗流变/刘锡诚主编，中国城市出版社，1996.2

庙会中的求子观念——兼述棒槌在民舞中的应用和发展/郭松针、王朝平/妙峰山·世纪之交的中国民俗流变/刘锡诚主编，中国城市出版社，1996.2

建设一种新观念——《汉族民间风俗丛书》述评/陈力/中国民间文化(总第二十集)/上海民间文艺家协会、上海民俗协会编，学林出版社，1996.12

明清时期江南庙会与华北庙会的几点比较/赵世瑜/妙峰山·世纪之交的中国民俗流变/刘锡诚主编，中国城市出版社，1996.2

杭州钱王祠本末/冯振基/杭州研究/1996.2

松阳陈十四夫人信仰调查/李星美/中国民间文化(总第二十集)/上海民间文艺家协会、上海民俗协会编，学林出版社，1996.12

浅谈木版门神画的发展轨迹/李新华/河南大学学报/1996.1

现代化与丧葬处理/庞建国/中国民间文化(总第十九集)/上海民间文艺家协会、上海民俗协会编，学林出版社，1996.6

现代江浙冥婚、寿坟习俗的思考/陈勤建/中国民间文化(总第十九集)/上海民间文艺家协会、上海民俗协会编，学林出版社，

1996.6

祈祷陈十四的讨雨案队/上官新友/中国民间文化（总第二十集）/上海民间文艺家协会、上海民俗协会编，学林出版社，1996.12

试论坟茔文化及其构成要素和文化价值/郑土有/中国民间文化（总第十九集）/上海民间文艺家协会、上海民俗协会编，学林出版社，1996.6

试论梅山神系的特色/陈旸/邵阳师专学报/1996.1

试论满族的关羽崇拜/张德玉、蔡雅文、单铃/抚顺社会科学/1996.10

试述城隍信仰在海外的传播/李天锡/八桂侨史/1996.4

诞生仪礼中生命意识的交响曲——西部民族风情审美研究之三/李景隆/青海社会科学/1996.3

临水夫人信仰及其对民俗活动的影响与解释/石奕龙/民俗研究/1996.3

南安坑口田都元帅宫调查纪实/沈继生/泉州道教文化（总第十期）/泉州市区道教文化研究会编，1996.3

峡山庙会与旅游考察/鲁鸿恩/妙峰山·世纪之交的中国民俗流变/刘锡诚主编，中国城市出版社，1996.2

挖参人崇信的“山神老把头”/山曼/民俗研究/1996.3

泉州“仙公”信仰初探/曾经民/泉州民间信仰研究（总第11期）/泉州市区道教文化研究会编，1996.11

泉州“石敢当”崇拜初探/李国宏/泉州民间信仰研究（总第11期）/泉州市区道教文化研究会编，1996.11

泉州民间信仰中的女性崇拜/沈继生/泉州民间信仰研究（总第11期）/泉州市区道教文化研究会编，1996.11

泉州民间信仰中的巫鬼崇拜/粘良图/泉州民间信仰研究（总第11期）/泉州市区道教文化研究会编，1996.11

泉州民间信仰在印尼的传播及其有关情况/李天锡/泉州民间信仰

研究（总第11期）/泉州市区道教文化研究会编，1996.11

泉州民间信仰是否宗教/陈垂成/泉州民间信仰研究（总第11期）/泉州市区道教文化研究会编，1996.11

神灵依附物、神灵凭依者和"宇宙轴"/（日）荻原秀三郎著、岷雪译/民族艺术/1996.1

神话·妖化·人化——论狐狸形象描写的变异/黄平江/中国民间文化（总第二十集）/上海民间文艺家协会、上海民俗协会编，学林出版社，1996.12

神秘的法官——神判/邓敏文/百科知识/1996.11

禹：成功的中介者/李靖/民间文学论坛/1996.3

说"死"征"鬼"——汉语中的死亡文化论略/詹绪左/安徽师大学报/1996.1

钦公出巡及传话话本/张振国/中国民间文化（总第二十集）/上海民间文艺家协会、上海民俗协会编，学林出版社，1996.12

闽台民间的广泽尊王信仰——《闽台文化研究》之一节/汪毅夫/现代台湾研究（总14期）/

闽台民间信仰与道德/朱天顺/台湾研究集刊/1996.2

闽台民间信仰的功利主义特点探论/徐心希/福建师大学报/1996.2

闽台妈祖信仰源流（上下）/徐晓望/福建民族/1996.1

闽台家族社会与民间信仰/彭文宇/中国史研究/1996.2

首博馆藏《妙峰山进香图》所反映的妙峰山香会习俗/李澄、孙秀清/妙峰山·世纪之交的中国民俗流变/刘锡诚主编，中国城市出版社，1996.2

唐山过台湾城隍爷/林其泉/泉州民间信仰研究（总第11期）/泉州市区道教文化研究会编，1996.11

壶形的世界——葫芦、魂瓶、台湾古陶壶之比较研究/马昌仪/民间文学论坛/1996.4

晋北求子习俗调查三题/张福根/妙峰山·世纪之交的中国民俗流变/刘锡诚主编，中国城市出版社，1996.2

晋江围头六姓王府概况/粘良图/泉州道教文化（总十期）/泉州市区道教文化研究会编，1996.3

晋祠圣母殿勘测收获——圣母殿创建年代析/彭海/文物/1996.1

晋祠献殿/赵怀鄂/文物/1996.1

梨园始祖神与保护神/周濯街/寻根/1996.5

海峡两岸“开漳圣王”崇拜之研究（上中下）/谢重光/现代台湾研究/1996（15）（16）（17）

谈丽水地区陈十四传说的流传及其原因/叶兆雄/中国民间文化（总第二十集）/上海民间文艺家协会、上海民俗协会编，学林出版社，1996.12

梅山神初探/马少侨、王扬修/邵阳师专学报/1996.1

混融社会中的整合力量——《还坛神》调查分析/雷翔/贵州民族研究/1996.2

清代《妙峰山进香图》/李露露/妙峰山·世纪之交的中国民俗流变/刘锡诚主编，中国城市出版社，1996.2

清代台湾寺庙的特殊社会功用——台湾清代寺庙碑文研究之一/颜章炮/厦门大学学报/1996.1

琐谈泉州民间信仰中的女性崇拜/沈继生/泉州民间信仰研究（总第11期）/泉州市区道教文化研究会编，1996.11

略论华侨民间信仰/吴幼雄/泉州道教文化（总第十期）/泉州市区道教文化研究会编，1996.3

略论泉州的民间信仰/张家瑜/泉州民间信仰研究（总第11期）/泉州市区道教文化研究会编，1996.11

略述平浪侯晏公/李玉昆/泉州道教文化（总第十期）/泉州市区道教文化研究会编，1996.3

略谈台湾民间信仰与泉州的渊源关系及其交流/黄天柱/泉州民间

信仰研究(总第11期)/泉州市区道教文化研究会编,1996.11

略谈明代隆万年间惠安的移风易俗/陈桂炳/泉州民间信仰研究(总第11期)/泉州市区道教文化研究会编,1996.11

盘瓠:王爷,盘古:老爷/吴晓东/民族文学研究/1996.4

祭仪剧:中国民间戏剧的重要形式/王廷信/山西师大学报/1996.4

塔葬:从宗教走向民间——天马塔园与殡葬改革/吴文龙/中国民间文化(总第十九集)/上海民间文艺家协会、上海民俗协会编,学林出版社,1996.6

惠安民间信仰中的祖先和鬼魂崇拜——螺城施姓祖厝的调查/郑金洪/泉州民间信仰研究(总第11期)/泉州市区道教文化研究会编,1996.11

渭南河畔郑王庙/元康/中外文化交流/1996.1

湖州渔俗调查/钟铭/中国民间文化(总第二十集)/上海民间文艺家协会、上海民俗协会编,学林出版社,1996.12

湘西的梅山祭祀/刘黎光/邵阳师专学报/1996.1

粤东五华县华城镇庙会大观/张泉清/客家研究集刊/1996.2

紫姑信仰的起源·衍生及特征/黄景春/民间文学论坛/1996.2

裕固族宗教的历史演变/钟进文/裕固族研究论文集/杨进智主编,兰州大学出版社,1996.10

裤裆驱邪考源/周绚隆/民俗研究/1996.1

榆林民间禁忌趣谈/李霁/陕西文史/1996.1

福州城隍庙与闽台城隍信仰/杨彦杰/现代台湾研究/1996(14)

福建城隍文化渊源探略/卢美松/福建史志/1996.1

福建惠安崇武南门关帝庙调查/陈国强/泉州道教文化(总第十期)/泉州市区道教文化研究会编,1996.3

简论民间祖师信仰/张国俊/民间文学论坛/1996.1

简评《泰山娘娘信仰》/叶涛/民俗研究/1996.3

鼓之舞之以尽神/刘宗迪/寻根/1996.5

殡葬习俗改革与精神文明建设/许豪炯/中国民间文化（总第十九集）/上海民间文艺家协会、上海民俗协会编，学林出版社，1996.6

殡葬文化的活化石——哭丧歌/任嘉禾/中国民间文化（总第十九集）/上海民间文艺家协会、上海民俗协会编，学林出版社，1996.6

漫谈中国葬制基本模式的形成/张明华/中国民间文化（总第十九集）/上海民间文艺家协会、上海民俗协会编，学林出版社，1996.6

滕地乡间男孩的祭祀/徐高潮/民俗研究/1996.1

潘家村与横山庙/（新加坡）曾玲/中国西南文化研究/云南社科院历史研究所编，云南民族出版社，1996.9

潮州韩文公祠沿革考/饶宗颐/饶宗颐汕头地方史论集/黄挺编，汕头大学出版社，1996.8

潮神考论/刘传武、何剑叶/东南文化/1996.4

徽州女祠初考/毕民智/安徽大学学报/1996.2

关羽崇拜在泉州的现象/一鸣/泉州道教文化（总第十期）/泉州市区道教文化研究会编，1996.3

“关公信仰”文化现象溯源/石麟/湖北师院学报/1996.1

人神之间话关羽/周征松/山西师大学报/1996.1

义士·忠臣·帝神——关羽形象的演化及其文化涵义/陈同方/淮北煤师院学报/1996.2

从关庙楹联看关公文化的神髓/张淑霞/开封大学学报/1996.3

关羽：儒称圣，释称佛，道称天尊——文化的“变异复合”/于志斌/苏州大学学报/1996.1

试论关羽神圣化的历史过程/李惠明/上海师大学报/1996.4

漫话关羽/罗民介/新东方/1996.5

一张新出土的明代丰都冥途路引/江玉祥/四川文物/1996.4

中原民间庙会文化简论/高有鹏、孟芳/民俗研究/1996.2

从广东省妈祖宫资料看历史上闽粤关系——《妈祖宫集成》广东省部分/张大任/福建论坛/1996.5

从闽台两地的妈祖信仰看海峡两岸的同根同源/徐宜安/黄淮学刊/1996.2

白帝寺始建时代及现存文物概述/陈剑/四川文物/1996.2

名贯关东的吉林北山庙会/傅宝仁/旅游/1996.5

妈祖信仰与华侨社会/李玉昆/文史杂志/1996.5

妈祖信仰为何千年不衰/陈宠章/寻根/1996.1

妈祖研究不同观点综述/江述/寻根/1996.1

妈祖阁与澳门妈祖信仰/章文钦/学术研究/1996.9

扬州观音山香会/张适/民俗研究/1996.3

西华女娲城庙会文化价值雏议/张翠玲/民间文学论坛/1996.3

西华女娲城庙会调查报告/张翠玲/民俗研究/1996.2.3

西藏的几处关帝庙/陈崇礼/中国西藏/1996.6

妙峰山香会的世俗价值/罗明成/民俗研究/1996.2

周公庙祈子会“野合”习俗/刘宏岐、王满全/陕西文史/1996.3

南充羊龙庙牌坊/覃海泉/四川文物/1996.3

闽南粤东妈祖信仰与经济文化的互动:历史和现状的考察/陈衍德/中国社会经济史研究/1996.2

清代台湾官民建庙祀神之比较——台湾清代寺庙碑文研究之二/颜章炮/台湾研究/1996.3

湖北黄陵庙/赵德祥/四川文物/1996.3

雷州人对海神妈祖“敬之独深”试释/吴建华/湛江师院学报/1996.4

华侨社会的宗教习俗及艺能——以长崎、神户为中心/王维/日本研究/1996.3

论蚩尤在历史上的功绩与地位/唐春芳/民间文学论坛/1996.1

打鬼羌姆跳布札/阿·巴德夫/中国西藏/1996.6

“善言天者验于人”——王夫之的无神论、形神论/衷尔钜/孔子研究/1996.2

约翰·希克论相互抵触的宗教真理性要求/王志成/浙江学刊/1996.5

张载哲学探索的主题及其出入佛老的原因/余敦康/中国哲学史/1996.1—2

狄德罗无神论思想的发展道路/侯愚/河北师大学报/1996.4

评霍尔巴赫对宗教与神学的批判/寿建纲/内蒙古大学学报/1996.4

略论梁漱溟人生哲学中的儒佛双重性/龚建平/陕西师大学报/1996.3

四、神话、原始宗教及其残余

“双性同体”的神话思维及其现代意义/周乐诗/文艺研究/1996.5

一部商品位的学术著作——评《神话与时空观》/方明/河北师院学报/1996.2

上古神话中的思维法则观念/张晓芒/晋阳学刊/1996.3

从古代神话传说探索原始社会的婚姻制度/万九河/历史教学/1996.3

从创世神话看天人相副观的形成/詹鄞鑫/文艺理论研究/1996.4

太阳鸟信仰的成因及文化意蕴/陈勤建/华东师大学报/1996.1

东亚系统洞处穴居时代群体构变方式与“历史场”效应——兼论我国神话传说象征的多种吸引子随机演变的历史趋势/张敬秀/内蒙古社会科学/1996.1

论神话的直观想象及向艺术想象与宗教幻想的分化/魏善浩/长沙水电师院社会科学学报/1996.1

神鸟与宇宙卵崇拜神话/陈训明/贵阳师专学报/1996.1
神话与古人在想象中的追溯/张家诚/群言/1996.12
神话与史实二则/陈星灿/原学（第五辑）/陈少峰主编，中国广播电视出版社，1996.7
神话时代的文化特征/赵林/云南社会科学/1996.5
神话学的兴起及其东渐/叶舒宪/人文杂志/1996.3
蚕神信仰与嫘祖传说/刘守华/寻根/1996.1
略论建构世界神话体系/刘城淮/湖南教育学院学报/1996.1
满——通古斯语族民族有关熊、虎、鹿神话比较研究/黄任远/黑龙江民族丛刊/1996.3
鼓之舞之以尽神——论神和神话的起源/刘宗迪/民间文学论坛/1996.4
“白马”、“白鸡”现瑞与“金马碧鸡”之谜——韩半岛新罗神话与中国白族神话现瑞母题的比较研究/苑利/民族文学研究/1996.4
“神女”与“女神”——从上古神话看中、西女性意识的差异/雷华/四川师院学报/1996.1
古朝鲜族源神话与古代朝中文化关系/陈蒲清/求索/1996.3
阿布卡赫赫化身创世与盘古开天辟地——满—通古斯语族民族与汉族化生型宇宙起源神话比较/杨治经/黑龙江民族丛刊/1996.3
叙事文学发展轨迹——神话、传说、故事比较研究/王继英/贵州民院学报/1996.1
韩族始祖神话的文化意义及中韩始祖神话比较/朱恒夫/民族艺术/1996.4
医巫闾山的山神崇拜及民间信仰/王光/锦州师院学报/1996.1
从希腊神话谈西方民族个性解放精神/韩辉/河南师大学报/1996.4

瓦尔登湖的神话/程映红/读书/1996.5

加拿大印第安与英纽特神话初探/刘剑锋/西北师大学报/1996.6

古埃及神话中的宇宙论与象征体系/麦永雄/广西师大学报/1996.2

古埃及神话的基本背景与文化蕴含/麦永雄/外国文学研究/1996.2

左拉:“人”的神话的陨落——论左拉小说的文化时差/蒋承勇/社会科学战线/1996.1

寻找精神家园——论《花狗崖》的神话原型模式/黄涛梅/国外文学/1996.1

论西欧原始神话中人的哲学/李娟芬/社会科学战线/1996.2

论希腊神话和《圣经》对西方文艺艺术观的影响/马小朝/烟台大学学报/1996.1

论希腊神话独特的体系化审美特征/杜望舒/贵州教育学院学报/1996.4

浅谈希腊神话对英美文化的影响/钱莉、赵兰英/社会科学论坛/1996.3

试论伊甸园神话与《荒原》的历史进步意义/何辉斌/上饶师专学报/1996.2

神话与美学－马尔库塞美学片论/张木荣/外国文学研究/1996.3

神话思维与理性精神－论当代德国文学中的后现代主义/张东书/外国文学评论/1996.2

“女娲、媒神、高禖”商榷/贺福顺、张深阁、魏萍、王跃花/四川文物/1996.5

“精卫填海”考/郑朝晖、蒋文革/无锡教育学院/1996.1

《女娲补天》的美学价值/王瑶/蒲峪学刊/1996.1

《天问》宇宙神话的考古印证和文化阐释/江林昌/文学遗产/1996.5

《穆天子传》真实来历的探讨/杨宽/中华文史论丛（第五十五

辑）/钱伯城主编，上海古籍出版社，1996.12

人类生命与自然世界——漫说中国神话的自然意识/邓福舜/大庆高等专科学校学报/1996.1

女娲神话研究的新拓展—序《女娲的神话与信仰》/钟敬文/中国文化研究/1996.2

中国文学中水之神话意象的考察/刘毓庆/文艺研究/1996.1

中国远古神话与审美嬗变/孙云英/思想战线/1996.3

中国洪水神话的类型与分布——对433篇异文的初步宏观分析/陈建宪/民间文学论坛/1996.3

中国神话中的姓氏名号及其文化意义/郭风岚/中国文化研究/1996.3

中国神话传说之研究/（日本）出石诚彦/国际汉学著作提要/李学勤主编，江西教育出版社，1996

中国神话形成的主要途径——历史神话化/王青/东南文化/1996.4

中原神话与宗教巫术/吴效群/中国民间文化（总第二十集）/上海民间文艺家协会、上海民俗协会编，学林出版社，1996.12

从东海神木传说到庄子的鲲鹏扶摇意象/朱任飞/学习与探索/1996.5

从神话的演变看先秦两汉的社会心态/金荣权/信阳师院学报/1996.2

从濮阳西水坡45号墓看“骑龙升天”神话母题/陈江风/中原文物/1996.1

元杂剧中的神话原型解析/李晓桃/艺海/1996.3

凤神话溯源/敖依昌/重庆师院学报/1996.1

巴蜀神话始源初探/贾雯鹤/社会科学研究/1996.2

开拓新领域提供新视角——简评《司马迁与宗教神话》/李静/苏州大学学报/1996.4

伦理意识与中国神话传说的演变/赵林/社会科学战线/1996.3

华夏日月神话文化意蕴之考察/刘毓庆/民间文学论坛/1996.2

华夏神话传说源于山东考/景以恩/民间文学论坛/1996.1

西王母昆仑山与西域古族的文化/王家/中华文化论坛/1996.2

西王母神话新论/尹荣方/中国民间文化（总第二十集）/上海民间文艺家协会、上海民俗协会编，学林出版社，1996.12

论中华民族神话系统的构成及其来源/田兆元/史林/1996.2

论审美意识在中国原始神话中的发展/吴育林/长沙水电师院社会科学学报/1996.4

论春秋战国时期的神话派系/田兆元/中国民间文化（总第二十集）/上海民间文艺家协会、上海民俗协会编，学林出版社，1996.12

齐文化中的神话传说/牟宗艳/管子学刊/1996.4

垂死化身与人祭巫术——盘古神话再探/陈建宪/华中师大学报/1996.1

浅析羿的神话及其蕴涵/翟江月/淄博师专学报/1996.1

物占神话：原始物占与神话的实用化——《山海经》研究之一/赵沛霖/社会科学战线/1996.3

英雄与异能妻子——我国民族神话中的原始文化观念/孟慧英/青海社会科学/1996.5

试论庄子“无待”的神话学意义及其局限性/赵沛霖/南开学报/1996.2

帝王神话与社会整合/史建群/中州学刊/1996.4

美和情欲：梦会神女原型题旨的内核/王守雪/殷都学刊/1996.3

原始初民生命意识的折光——中国上古神话的变形情节破译/万建中/南昌大学学报/1996.2

黄帝的传说与燕文明的渊源/李民/中原文物/1996.1

彭祖神话考略/刘怀荣/中国文化研究/1996.3

敦煌莫高窟中人类传说与性文化——华夏各族人类始祖伏羲和女娲/史成礼/中国少数民族人口/1996.1

葫芦.向天坟及昆仑新解/唐楚臣/思想战线/1996.1

葫芦文化与葫芦神话/林河/中国民间文化(总第二十集)/上海民间文艺家协会、上海民俗协会编，学林出版社，1996.12

鲁迅辑《西游记》神话源流/马旷源/楚雄师专学报/1996.4

简论巴蜀神话/袁珂、岳珍/中华文化论坛/1996.3

我在神话研究方面做的工作/袁珂/中华文化论坛/1996.4

填海追日五十年——袁珂先生生平及学术成就/刘茂才/中华文化论坛/1996.4

“蛋生人”神话、传说与故事/傅光宇/民族艺术研究/1996.4

土家族的族源神话/彭林绪/民族/1996.9

土家族洪水神话的地域性差异/彭林绪/民族/1996.2

中国著名神话在少数民族中的流传/刘亚虎/百科知识/1996.10

从哈萨克族神话看其先民思维方式的演进/穆拉提·黑尼亚提/西域研究/1996.4

从瑶族神话传说看古代瑶族哲学思想/文丰义、盘福东/社会科学家/1996.2

东巴神话之神山象征及其比较/白庚胜/民族文学研究/1996.3

东巴神话论/陈烈/民族艺术研究/1996.6

宇宙建构的奇妙幻想——裕固族创世神话漫议/武文/民族文学研究/1996.1

红河流域哈尼族神话与梯田稻作文化/李子贤/思想战线/1996.3

西北少数民族神话内容的审美思考/吕霞/青海民族研究/1996.4

论毛南族龙神话/韦秋桐、谭亚洲/河池师专学报/1996.1

羌族神话与审美观念/李璞/文史杂志/1996.2

侗族远古神话传说的美学基因/廖开顺、石佳能/中央民族大学学报/1996.1

洪水神话与生殖崇拜——彝族、哈尼族生殖文化探析/杨甫旺/楚雄社科论坛/1996.3

贵州彝族苗族洪水传说的比较研究/敖行维/贵州文史丛刊/1996.1

通古斯——满语族星宿神话比较/黄任远/北方民族/1996.2

瑶族神话传说中的哲学思想试析/陈路芳/广西民院学报/1996.4

瑶族盘瓠神话与渡海神话的象征意义/李学钧、马建钊/广西民院学报/1996.1

藏族神话的特点与认识价值/李学琴/西藏民院学报/1996.3

彝族的葫芦神话与古代遗俗/朱崇先/中国典籍与文化/1996.1

高山族的雕绘艺术与原始崇拜/曾思奇/中国典籍与文化/1996.1

“尸”的遗风：民间祭祀仪礼中神灵凭依体的诸形态及其特征（上下）/黄强/民族艺术/1996.1、2

中国史前“尚黑”观念源流试论/王悦勤/民族艺术/1996.3

巴族蜀族彝族之虎考辨/钱玉趾/四川文物/1996.4

东巴教与苯教“卵生说”的比较/和建华/西藏研究/1996.3

东夷族猪崇拜及其相关文化现象/李立/绥化师专学报/1996.4

北斗祭——对濮阳西水坡 45 号墓贝塑天文图的再思考/伊世同/中原文物/1996.2

台湾史前时代人兽形玉器的用途和宗教意义/古方/考古/1996.4

民族古文化传承者——“腊摩”今昔谈/王光荣/广西师院学报/1996.4

关于下通古斯卡的埃温克人的祭祀建筑/(苏)格·斯·乌博基著，王禹浪译/黑龙江民族丛刊/1996.1

关于鸟葬产生的地域问题/夏之乾/民族研究/1996.6

壮泰各族对“天”的信仰与崇拜/范宏贵/广西民族研究/1996.3

竹与云南少数民族巫术/何明/云南民院学报/1996.2

红山文化女神像与史前宗教中的土地神/张星德/社会科学辑刊/

1996.2

余杭反山良渚文化玉琮上的神像形纹新释/吴汝祚/中原文物/1996.4

我国古代少数民族原始宗教与文化/佟德富/内蒙古师大学报/1996.4

周代吴越民族原始宗教略论/林蔚文/民族研究/1996.4

试论原始宗教研究/蔡家麒/民族研究/1996.2

南李王陶瓶朱书与相关宗教文化问题研究/王育成/考古与文物/1996.2

原始宗教的心理分析/李伯约/云南教育学院学报/1996.4

敖包与社郎堂的比较研究/邢莉、金锦子/民间文学论坛/1996.1

皋陶文化与巫觋活动（上下）/姚治中/六安师专学报/1996.1、2

梯玛巫术文化探究/朱祥贵/湖北民院学报/1996.4

朝鲜巫俗与满蒙巫俗的比较研究/乌丙安/民俗研究/1996.3

楚巫与彝巫/李世康/楚雄社科论坛/1996.2

楚墓帛画、镇墓兽的魂魄观念/郑曙斌/江汉考古/1996.1

魂屋考/王政/民族艺术/1996.4

夔巫角的古遗迹/郭志冰/地理知识/1996.1

《江格尔》战枪崇拜的谱系/（日）若松宽/西北民族研究/1996.2

金宫祭奠及其《金书》的地位和影响/赵永铣/内蒙古社会科学/1996.1

青海和硕特蒙古人的宗教信仰与丧葬习俗/苏依拉/民族/1996.1

蒙古族图腾问题质疑/陈烨/内蒙古社会科学/1996.6

蒙古族崇拜天的文化观/洪玉凡/青海民院学报/1996.3

蒙古萨满面具的演变与消失/白翠英/黑龙江民族丛刊/1996.4

“阿尼郭东”——嘉绒藏族图腾崇拜英雄/张昌富/西藏艺术研究/1996.4

“雍仲”吉祥符/散人/中国西藏/1996.2

万物有灵论与藏族人对森林树木的保护/尕藏加/西藏研究/1996.2
中国西藏文化的人类学研究—在北京大学社会文化人类学高级研讨班的演讲稿/格勒/西藏民俗/1996.1
世间护法神念青唐古拉/三木才/西藏民俗/1996.4
代言神巫与《格萨尔史诗》——论格萨尔及流传于西藏与拉达克代言神巫中间的格萨尔史诗/（瑞典）博·阿内·伯格利著，张岩译/民族文学研究/1996.1
玉树草原的煨桑祭祀和赛马/嘉雍群培/中国西藏/1996.1
华日地区一个藏族部落的民族学调查报告——山神和山神崇拜/王兴先/西藏研究/1996.1
论古代藏族的自然崇拜/谢热/青海社会科学/1996.2
拉卜楞地区山神崇拜之历史渊源及文化现象分析/伦珠旺姆、昂巴/西藏艺术研究/1996.4
浅论藏族本教和白族本主/杨国才/西藏民院学报/1996.1
苯教大圆满的起源、形成及发展/诺布旺丹/西藏研究/1996.2
苯教仪轨“哇曲阔”/益西索朗/西藏民俗/1996.1
迭部境内苯教寺院概况简介/次热扎西/西藏研究/1996.4
青藏高原的岩画与苯教/汤惠生/中国藏学/1996.2
略谈本教内涵及其流变/石硕/西藏民院学报/1996.4
嘉绒地区骀日节和观山节的由来及其传说/华尔丹等/西藏艺术研究/1996.3
藏族浩繁庞大的鬼灵神佛信奉体系·苯教“万神殿”/刘志群/西藏艺术研究/1996.3
回鹘萨满教文化及其古风俗遗存/木合塔尔阿不都热合曼、杜绍源/北方民族/1996.1
苗族地区梅山教的咒诀列析/尹建德/邵阳师专学报/1996.1
苗族单数崇拜趣谈/徐赣丽/民族纵横/1996.3

苗族图腾信仰管窥/海力波/民族论坛/1996.1
苗族春节的来访神/（日）铃木正崇著/民族艺术/1996.3
苗族鬼雄崇拜与《国殇》/罗义群/中南民院学报/1996.3
试论苗族原始宗教的社会历史作用/杨曲强/贵州民族研究/1996.2
试论黔东南苗族图腾问题/雷秀武/贵州民族研究/1996.2
试析苗族“洗寨”文化现象/万必轩/民间文学论坛/1996.4
透过苗族巫术看沈从文作品的价值/洪燕/黔东南民族师专学报/1996.2
清水江苗族龙船节来源传说辨析/田军/贵州民族研究/1996.2
略述《中国苗族古歌》的历史和文化/石宗仁/民族文学研究/1996.1
赫章苗族原始宗教初探/刘代霞/毕节师专学报/1996.4
云南路南彝族习俗与宗教调查/范祖/中国西南文化研究/云南社科院历史研究所编，云南民族出版社，1996.9
红河彝族的自然崇拜/黄世荣/云南史志/1996.3
论彝族的自称和图腾及其关系/罗洪、蓉芝/西南民院学报/1996.1
弥勒彝族祭龙/李维宝/云南史志/1996.2
浅论彝族的信仰与禁忌/王富慧/贵州民院学报/1996.1
贵州彝族毕摩文化与彝文典籍类例/余宏模/贵州民族研究/1996.4
凉山彝族社会中的“苏尼”/黄承宗/凉山民族研究/1996.（年刊）
楚雄彝族的节日文化与习俗/祁树森/民族艺术研究/1996.5
壮族凤图腾考/丘振声/社会科学家/1996.2
壮族蛙神艺术及文化内涵/梁庭望/民族艺术/1996.3
长白山与满族的祖先崇拜/刘厚生/清史研究/1996.3
清宫堂子祭祀研究/白洪希/民族研究/1996.4

满族鸟崇拜及其对北方民俗的影响/郭淑云/西北民族研究/1996.2
满族传说《尼山萨满》汉文版本比较/宋和平/民族文学研究/1996.1
满族萨满神歌的结构/孟慧英/民族文学研究/1996.2
达斡尔传萨满教holier神探源/塔娜/内蒙古社会科学/1996.4
达斡尔族早期信仰观念的语言透视/丁石庆/黑龙江民族丛刊/1996.4
表现诸多原始特征的鄂伦春族萨满教——依据萨满神歌进行的考察/郭淑云、孟秀春/黑龙江民族丛刊/1996.2
鄂伦春族萨满教特点刍议/郭淑云/内蒙古社会科学/1996.2
"飞由合"与"伊纳乌"崇拜——中国赫哲族和日本阿伊努文化比较研究之一/黄任远/黑龙江社会科学/1996.6
赫哲人祭江/郭德文/民族/1996.2
赫哲——那乃族天神神话/喻权中/黑龙江社会科学/1996.6
土族傩文化的形态特征及源流关系/马光星/民间文学论坛/1996.3
从裕固族山神崇拜看藏族文化的渗透力/黄金钰/西藏民俗/1996.3
浅议裕固族的萨满教遗迹/杜曼·叶尔江/裕固族研究论文集/杨进智主编，兰州大学出版社，1996.10
萨满教信仰与裕固族民间文学/钟进文/裕固族研究论文集/杨进智主编，兰州大学出版社，1996.10
裕固族中的萨满——祀公子/陈宗派、雷选春/裕固族研究论文集/杨进智主编，兰州大学出版社，1996.10
裕固族神话中的原始宗教"基因"于民俗中的遗传/武文/裕固族研究论文集/杨进智主编，兰州大学出版社，1996.10
裕固族敬火习俗述论/贺卫兴/裕固族研究论文集/杨进智主编，兰

州大学出版社，1996.10
对锡伯族萨满文化的调查/忠录/民间文学论坛/1996.1
锡伯族巫术的兴衰/贺灵/西域研究/1996.2
锡伯族萨满教研析管见/吴克/黑龙江民族丛刊/1996.2
瑶族宗教信仰的人类学意义/张有隽/广西民院学报/1996.3
瑶族的宗教信仰—祖先崇拜/彭谦/黑龙江民族丛刊/1996.2
彝族人的死亡观念/米正国/贵州民族研究/1996.1
彝族火把节大锣笙的习俗文化内涵/李友华/楚雄师专学报/1996.1
彝族石崇拜与生殖文化初探/杨甫旺/四川文物/1996.6
彝族信仰的毕摩教/普同金/云南民院学报/1996.3
彝族祝咒经诗《紫孜妮楂》的巫化叙事风格/巴莫曲布嫫/民间文学论坛/1996.3
彝族镇物/李世康/寻根/1996.4
白族本主宗教——多民族神的源流/李绍尼/百科知识/1996.8
白族本主庙会及其文化内涵/李东红、杨利美/云南民院学报/1996.4
白族本主神号述略/施立卓/云南民院学报/1996.1
白族本主崇拜所反映的民族性格/缪坤和/思想战线/1996.2
白族的本主文化/王铎/中国典籍与文化/1996.1
红河上游傣族原始宗教崇拜的固有特色—并和西双版纳、德宏等地之比较/朱德普/中央民族大学学报/1996.1
临沧地区傣族勐神崇拜及其内涵探析/朱德普/云南师大学哲学社会科学学报/1996.2
傣族神灵崇拜浅说/朱德普/中南民院学报/1996.3
湾甸傣族原始宗教文化鳞爪/朱德普/云南文史丛刊/1996.2
德宏傣族的勐神崇拜及其历史变化/朱德普/昆明社科/1996.3
论哈尼族祖先崇拜的文化内涵/毛佑全/中南民院学报/1996.5

评《哈尼族自然宗教形态研究》/李子贤/思想战线/1996.4
东巴经殉情长诗《鲁般鲁饶》刍论/杨福泉/民族文学研究/1996.2
论东巴教中的生命树与死亡树/杨福泉/云南学术探索/1996.3
丽江县鸣音乡冷水沟村东巴仪式记/和品正/云南民院学报/1996.2
纳西文化和藏文化的渊源关系/陈烈/民间文学论坛/1996.1
略论纳西族东巴教中的箭/杨福泉/民族研究/1996.4
漫评《东巴文化揭秘》/马叶源/民族艺术研究/1996.5
拉祜族传统宗教文化特点/李根/云南民院学报/1996.4
从宗教祭典到民族节日—景颇族“目脑总过”历史考察/段晓林/民族艺术研究/1996.4
试谈景颇族的“目脑”文化/朱海鹰/民族艺术研究/1996.4
祭祀大禹：布依族“六月六”节探源/谷因/贵州民院学报/1996.1
侗族幻象和意象文化心理探源/廖开顺、石佳能/广西民族研究/1996.2
侗族图腾——卵、蛇/张民/黔东南社会科学/1996.2
谈谈侗乡神明裁判/石焱夫/苗侗文坛/1996.1
土家族原始宗教述略/彭继宽/民族论坛/1996.3
论土家族白虎崇拜的起源与表现功能/朱世学/湖北民院学报/1996.1
珞巴族灶神论析/林继富/民间文学论坛/1996.2
海南黎族历史上的原始文化遗迹/范会俊/中央民族大学学报/1996.6
畲家的宗教“洗礼”——“传法入录”/苗地/福建民族/1996.2
关于畲族民间信仰现状的初步探索/石奕龙/福建民俗/1996.1
略论陈氏神系在畲民中的影响/雷阵鸣/福建民族/1996.1
畲族的凤凰崇拜及其渊源/黄向春/广西民族研究/1996.4
蒙古民族与朝鲜民族巫祖传说比较——《巴里公主》与《郝伯格

泰萨满》/色音/延边大学学报/1996.1

草原文化和力崇拜/孟驰北/新疆艺术/1996.2

蒙古族“九”数崇拜文化/巴·苏和/中央民族大学学报/1996.2

刑天神话·猎首习俗·头骨崇拜/刘黎明/四川大学学报/1996.3

灵魂鸟·引魂鸟/王政/中国典籍与文化/1996.3

美的本义：羊生殖崇拜/王政/文史哲/1996.2

闽台蛇崇拜源流/徐晓望/福建民族/1996.3

殷代河岳崇拜的衰落及其原因/林志强/河北大学学报/1996.2

略论长江、黄河两流域史前时期的太阳神崇拜/吴汝祚/华夏考古/1996.2

“喜相逢”与生殖崇拜/傅小平/文史杂志/1996.6

马石胯男根石祖与生殖崇拜/茆家升/寻根/1996.4

孕体雕像与女神崇拜/王晓丽/青海师大学报/1996.2

母性崇拜与父性崇拜——中西方异质文化范型溯源/仪平策/学术月刊/1996.10

母性崇拜与审美文化——中国美学溯源研究述略/仪平策/中国文化研究/1996.2

辽西地区原始文化的祖先崇拜与生殖崇拜/张锡瑛/中国考古学会第八次年会论文集（1991）/文物出版社，1996

论炎黄崇拜/孟修祥/湖北民院学报/1996.4

造型艺术与西南少数民族生殖崇拜/张胜冰/思想战线/1996.4

高句丽民族艺术遗存中的生殖崇拜/王纯信/社会科学战线/1996.4

葫芦形器物与生育崇拜/何周德/考古与文物/1996.3

新疆大型生殖崇拜岩画发现前后/戴良佐/东方文化/1996.6

二十八宿起源与华夏文明/谢世俊/寻根/1996.6

中国水崇拜与古代政治/向柏松/中南民院学报/1996.4

中国古代的月崇拜及相关节俗文化/熊飞/北京师大学报/1996.6

从箕星、风师到风伯神——论汉代风神崇拜模式的建立/李立/松辽学刊/1996.4

冈底斯神山崇拜及其周边的古代文化/才让太/中国藏学/1996.1

太阳崇拜与太阳神话中的日神信仰及其寓意探析/高福进/青海社会科学/1996.4

太阳崇拜和太阳神话/韩致中/中国民间文化(总第二十集)/上海民间文艺家协会、上海民俗协会编，学林出版社，1996.12

母石崇拜中的宗教意蕴/马旷源/楚雄师专学报/1996.1

论楚人的山川崇拜/徐文武/荆州师专学报/1996.3

屈家岭文化的天体崇拜——兼谈纺轮向玉璧的演变/蔡运章/中原文物/1996.2

易、龙、日神崇拜及其它/杨庆中/河北大学学报/1996.2

葫芦镇物探讨/陶思炎/寻根/1996.6

从“山鬼”异闻录管窥古民族/金汤/福建民族/1996.1

鬼神原始形态初探/孙华先/东南文化/1996.3

中国与日本的追傩仪式/(日)广田津子/中国西南文化研究/云南社科院历史研究所编，云南民族出版社，1996.9

风习——骑射民风与萨满文化/闫崇年/中外文化交流/1996.1

西域萨满论/刘宾/西域研究/1996.3

神话中之昆仑山考述——昆仑山神话与萨满教宇宙观/汤惠生/中国社会科学/1996.5

萨满教二元对立思维及其文化观念/汤惠生/东南文化/1996.4

《说文》所见古代动物图腾事象/赵小刚/兰州大学学报/1996.3

半坡鱼纹是图腾标志，还是女阴象征？/何星亮/中原文物/1996.3

龙在地球东方升起——辽东后洼图腾文化初探/傅朗云/蒲峪学刊/1996.1

红山文化的玉雕艺术与图腾崇拜/李恭笃、高美璇/辽海文物学刊/1996.2

论图腾感生与古姓起源/王泉根/民间文学论坛/1996.4

图腾、塔布、力必多/章怡/读书/1996.4

图腾意识对巴楚美术的影响/胡智勇/湖北大学学报/1996.6

转形期图腾与三星堆文化/范小平/中华文化论坛/1996.1

原始社会的图腾崇拜与龙的形成/杨东晨/衡阳师专学报/1996.2

蛇图腾·三月三·崖棺葬/蓝多民/广西民族研究/1996.4

《礼记·月令》傩仪考/杨孟衡/寻根/1996.3

中国西南地区傩坛述论/郭净/民族艺术/1996.4

中国面具文化中的一枝奇葩——《傩戏面具艺术》评介/孔燕君、龙国辉/贵州民族/1996.1

中国傩戏与日本能乐的比较——兼议东方传统戏剧的特性/曲六乙/民族艺术/1996.3

中国傩面文化审美特征略论/延保全/民族艺术/1996.2

史前傩传说/金弓/民族艺术/1996.2

石阡傩戏/陈晓、陈政/史志林/1996.2

论南丰傩舞的舞蹈构成与发展/王惠云/上饶师专学报/1996.4

岑巩的喜傩神仪式及仪式象征/杨兰、张业强/贵州民院学报/1996.1

巫术禁制与傩除仪式象征之分析——兼作古傩、今傩与跨文化事例比较/小鸣/贵州社会科学/1996.2

绝地天通：作为“圣域”象征的祁请仪式——以贵州傩仪“开坛迎圣”为例的仪式研究/小鸣/贵州师大学报/1996.2

说“傩”字/金弓/民族艺术/1996.1

面具与河北傩文化/张松岩/大舞台/1996.3

秦汉宫傩三制/金弓/民族艺术/1996.4

萍乡傩简述/邓斌、金草/民族艺术/1996.1

傩与假面戏剧文化之研究（节选）/（韩）姜春爱/戏剧/1996.4

傩仪“送下洞”评析/李怀荪/民族艺术/1996.3

傩坛二绝/田永红/贵州民族/1996.5

楚湘傩神探幽/巫瑞书/益阳师专学报/1996.3

黔东北傩戏面具漫谈/喻帮林、吴秀松/民族艺术研究/1996.3

黔东北傩坛道具/唐发勇/民族/1996.10

黔东南傩戏的表演/刘必强/贵州文史丛刊/1996.1

广西左江岩画人像的再探讨/邱钟仑/云南民院学报/1996.4

内蒙古桌子山岩画生殖形象与"好"、"育"本义考释——兼论汉字的文化意象/周延良/中央民族大学学报/1996.5

古代中亚游牧民族的岩画及其原始信仰/袁同凯/西域研究/1996.2

宁夏岩画艺术研究/李祥石/草原艺坛/1996.1

阴山岩画的美学审视/班澜/内蒙社会科学/1996.1

青藏高原岩画年代分析/汤惠生、高志伟/青海社会科学/1996.1

贵州岩画的文化学释义/罗晓明、王良范/贵州文史丛刊/1996.2

贺兰山岩画的艺术风格/李海波/民族艺林/1996.4

福州摩崖石刻述略/黄荣春/福建论坛/1996.6

稚拙的符号：中国生殖岩画美学探索/王政/南方文物/1996.2

褒斜道、石门及其摩崖石刻/陈显远、王云林/西北史地/1996.2

盐·巴人·神/胡继明/三峡学刊/1996.4

萨满教的起源与西伯利亚的岩画/（匈牙利）米哈伊·霍珀尔著，户晓辉译/西域研究/1996.2

一部具有示范意义的著作——评《摩教与摩文化》/张建建/贵州民族/1996.3

五、佛 教

明初孤本《洪武南藏》流入崇州古寺始末/张天健/文史杂志/1996.2

金"法门寺大藏经"钩沉/李发良/文博/1996.5

赵城金藏、弘法藏和萨迦寺发现的汉文大藏经残本/宿白/藏传佛教寺院考古/宿白著，文物出版社，1996.10

清刻《龙藏》漫议/李致忠/北京图书馆馆刊/1996.3

《房山石经题记汇编》遗误举例/王丽华/文献/1996.2

房山石经题记历史资料初探/张建木/张建木文选/宗教文化出版社，1996.11

果洛石经产生的历史背景/尕藏加/西藏研究/1996.3

《出三藏记集》：一部校释精到的佛典/黄夏年/书品/1996.4

《藏汉对照西藏大藏经总目录》问世/黄显铭/中国西藏/1996.1

方广锠主编《藏外佛教文献》第一辑（书评）/荣新江/唐研究（第二卷）/荣新江主编，北京大学出版社，1996.12

中国古代佛经翻译活动考析/朱敏/福州师专学报/1996.4

汉译佛典中的几处错误/怀仁/亚非/1996.1

藏经蒙译简论/吉思/中国藏学/1996.3

藏族古代佛经翻译史略/热贡·多杰卡/西藏研究/1996.2

魏晋南北朝佛经词释/颜洽成/杭州大学学报/1996.1

《般若波罗密多心经》密义浅解/多识/爱心中爆发的智慧/多识著，民族出版社，1996.1

试评法成《贤愚因缘经》藏文译文/其美多吉/西藏研究/1996.1

《百喻经》简说/郑艳芬、于人/山西职业教育学刊/1996.3

《般若心经》元晓新解/（韩）李箕永/中国嵩山少林寺建寺1500周年国际学术研讨会论文集/释永信、吴立民主编，宗教文化出版社，1996.6

南朝的《法华经》普门品变相——刘宋元嘉二年石刻画像内容/（日）吉村怜著、贺小萍译/敦煌研究/1996.4

敦煌疑伪经典《佛母经》考察/李际宁/北京图书馆馆刊/1996.4

《金刚经》中若干词语的释译/艾畦/中国典籍与文化/1996.3

《金刚经》哲学述评/冯殿忠/江西社会科学/1996.4

《金刚经》诸汉语译本之比较/李利安/中国嵩山少林寺建寺1500周年国际学术研讨会论文集/释永信、吴立民主编，宗教文化出版社，1996.6

破执断惑慧宝《金刚经》妙理剖析/多识/爱心中爆发的智慧/多识著，民族出版社，1996.1

敦煌写本《金刚经颂》校诂/褚良才/浙江大学学报/1996.2

论《孔雀明王经》及其在敦煌、大足的流传/王惠民/敦煌研究/1996.4

敦煌写本《生经·佛说舅甥经》语词琐记/方一新/浙江社会科学/1996.2

《大乘大义章》研究/张志强/原学（第四辑）/陈少峰主编，中国广播电视出版社，1996.6

《观世音应验记三种》校点举误（上下）/董志翘/古籍整理研究学刊/1996.5、6

《俱舍论》识小/张建木/张建木文选/宗教文化出版社，1996.11

从回鹘文《俱舍论颂疏》残叶看汉语对回鹘语的影响/张铁山/西北民族研究/1996.2

三宝原理与皈依法通俗解说/多识/爱心中爆发的智慧/多识著，民族出版社，1996.1

与时轮法修持仪规有关的问题/多识/爱心中爆发的智慧/多识著，民族出版社，1996.1

净土思想对天台宗的影响/曾其海/台州师专学报/1996.5

华严宗与般若中观思想/姚卫群/中华文化论坛/1996.4

“风幡不动”解/张建木/张建木文选/宗教文化出版社，1996.11

“东山法门”与禅宗（后记）/“东山法门”与禅宗/萧萐父、黄钊主编，武汉出版社，1996.6

“东山法门”的开创，标志中国禅宗的历史形成/黄钊/“东山法

门”与禅宗/萧萐父、黄钊主编，武汉出版社，1996.6

“圆”：禅宗的审美理想/李天道/西北师大学报/1996.1

“禅”的现代意义初探/张先贵/合肥师院学报/1996.3

“禅”是什么浅论/郁诚炜/“东山法门”与禅宗/萧萐父、黄钊主编，武汉出版社，1996.6

《七祖法宝记》下卷校勘/华方田/中国嵩山少林寺建寺1500周年国际学术研讨会论文集/释永信、吴立民主编，宗教文化出版社，1996.6

《传心法要》的禅学思想/刘泽亮/“东山法门”与禅宗/萧萐父、黄钊主编，武汉出版社，1996.6

千年常青少林禅/孟还/中国嵩山少林寺建寺1500周年国际学术研讨会论文集/释永信、吴立民主编，宗教文化出版社，1996.6

中国大陆禅宗研究十五年（1949—1964）/黄夏年/“东山法门”与禅宗/萧萐父、黄钊主编，武汉出版社，1996.6

中国当代禅宗美学研究概观/刘方/西南民院学报/1996.1

中国禅学史·早期禅法/苏渊雷/华东师大学报/1996.2

从《六祖坛经》看中华文化的融汇力/何方耀/广东社会科学/1996.增刊

从《颂古百则》到《碧岩录》/宋立道/中国嵩山少林寺建寺1500周年国际学术研讨会论文集/释永信、吴立民主编，宗教文化出版社，1996.6

从个人宗教到社会宗教——禅宗发展的历程及其原因初探/吴根友/“东山法门”与禅宗/萧萐父、黄钊主编，武汉出版社，1996.6

从对“如何是佛”的回答看禅宗的核心思想/方立天/中国文化研究/1996.4

少林寺与禅文化国际研讨会综述/乙涓/中国嵩山少林寺建寺

1500周年国际学术研讨会论文集/释永信、吴立民主编，宗教文化出版社，1996.6

少林寺禅学源流略说/侯冲/中国嵩山少林寺建寺1500周年国际学术研讨会论文集/释永信、吴立民主编，宗教文化出版社，1996.6

少林寺禅法中的佛陀系统/董群/中国嵩山少林寺建寺1500周年国际学术研讨会论文集/释永信、吴立民主编，宗教文化出版社，1996.6

少林禅与禅学研究/释惟贤/中国嵩山少林寺建寺1500周年国际学术研讨会论文集/释永信、吴立民主编，宗教文化出版社，1996.6

少林禅曹洞源流考/何云/中国嵩山少林寺建寺1500周年国际学术研讨会论文集/释永信、吴立民主编，宗教文化出版社，1996.6

心性论——禅宗的理论要旨/方立天/中国嵩山少林寺建寺1500周年国际学术研讨会论文集/释永信、吴立民主编，宗教文化出版社，1996.6

东土禅宗的发展和“南顿北渐”/姜玉珍/禅与人生/洪丕谟主编，中国国际广播出版社，1996.8

东山法门与禅宗初创/洪修平、徐长安/“东山法门”与禅宗/萧萐父、黄钊主编，武汉出版社，1996.6

主体意识的觉醒与超越——论禅宗的心性修养论/邵显侠/“东山法门”与禅宗/萧萐父、黄钊主编，武汉出版社，1996.6

对禅宗“南顿北渐”之我见/万松亭/“东山法门”与禅宗/萧萐父、黄钊主编，武汉出版社，1996.6

对禅宗思想的点滴粗浅认识/熊国祯/“东山法门”与禅宗/萧萐父、黄钊主编，武汉出版社，1996.6

生命的充分诞生（上下）——试析禅宗的人格境界和认知方式/曾

晖/海南师院学报/1996.2、3

立足于中华民族文化的创新：从佛教艺术及禅学的演变得到的启示/范瑞华/文艺报/1996.9.13

关于《古尊宿语录》点校本的两封信/萧萐父、茅冥家/书品/1996.3

关于《禅藏》与敦煌禅籍的若干问题/方广锠 /中国嵩山少林寺建寺1500周年国际学术研讨会论文集/释永信、吴立民主编，宗教文化出版社，1996.6

论黄龙三关/黄君/中国嵩山少林寺建寺1500周年国际学术研讨会论文集/释永信、吴立民主编，宗教文化出版社，1996.6

论黄梅禅风/戢斗勇/"东山法门"与禅宗/萧萐父、黄钊主编，武汉出版社，1996.6

论禅与中国智慧/陈耀文/"东山法门"与禅宗/萧萐父、黄钊主编，武汉出版社，1996.6

论禅宗心法及其与西方冥想观的异同/徐朝旭/厦门大学学报/1996.3

论禅宗在中国佛教哲学史上的特殊地位/张化平/"东山法门"与禅宗/萧萐父、黄钊主编，武汉出版社，1996.6

论禅宗思想中的内在性和超越性问题/汤一介/禅与东方文化/季羡林、吴亨根等著，商务印书馆，1996.2

达摩禅法与中国禅宗/刘元春/中国嵩山少林寺建寺1500周年国际学术研讨会论文集/释永信、吴立民主编，宗教文化出版社，1996.6

体验茶禅一味/张德明/禅与东方文化/季羡林、吴亨根等著，商务印书馆，1996.2

宋代云门宗试探/万毅/中山大学研究生学刊/1996.2

近代中国禅门形象探论/何建明/"东山法门"与禅宗/萧萐父、黄钊主编，武汉出版社，1996.6

参究与研究：把握禅的两种方式/邢东风/北京大学学报/1996.3

性灵之美:自然·冲淡·率野——禅宗人生与艺术审美观札记/高长江/“东山法门”与禅宗/萧萐父、黄钊主编,武汉出版社,1996.6

试从般若学说探讨神会禅宗学中的“知”/邢东风/“东山法门”与禅宗/萧萐父、黄钊主编,武汉出版社,1996.6

试论禅境的美感特征/蒋力余/求索/1996.4

诗与禅/丁捷/郑州大学学报/1996.1

临济义玄呵佛骂祖新论/杜寒风/山东师大学报/1996.3

南禅发展大要/黄志辉/岭南文史/1996.3

胡适、铃木大拙、印顺的禅学核心观念之比较/麻天祥/“东山法门”与禅宗/萧萐父、黄钊主编,武汉出版社,1996.6

胡适早期禅史研究方法论刍议/潘桂明/胡适研究(第一辑)/沈寂主编,东方出版社,1996.8

首届禅宗与中国文化国际学术研讨会开幕词(代序)/萧萐父/“东山法门”与禅宗/萧萐父、黄钊主编,武汉出版社,1996.6

唐代少林寺及其禅文化研究/李斌城/中国嵩山少林寺建寺1500周年国际学术研讨会论文集/释永信、吴立民主编,宗教文化出版社,1996.6

唐末五代闽中的曹洞宗/王荣国/福建史志/1996.2

曹洞宗少林法系在江西的弘传/何明栋/中国嵩山少林寺建寺1500周年国际学术研讨会论文集/释永信、吴立民主编,宗教文化出版社,1996.6

略论《大乘起信论》与中国禅/龚隽/“东山法门”与禅宗/萧萐父、黄钊主编,武汉出版社,1996.6

略说祖师禅/吴立民/中国嵩山少林寺建寺1500周年国际学术研讨会论文集/释永信、吴立民主编,宗教文化出版社,1996.6

菩提达摩《二入四行论》的文化史意义/孙昌武/中国嵩山少林寺建寺1500周年国际学术研讨会论文集/释永信、吴立民主编,

宗教文化出版社，1996.6

菩提达摩禅学及其现实意义/林克智/中国嵩山少林寺建寺1500周年国际学术研讨会论文集/释永信、吴立民主编，宗教文化出版社，1996.6

菩提达摩禅法《二入四行论》/杨曾文/中国嵩山少林寺建寺1500周年国际学术研讨会论文集/释永信、吴立民主编，宗教文化出版社，1996.6

菩提达摩禅法是少林寺禅文化的精髓/高振农/中国嵩山少林寺建寺1500周年国际学术研讨会论文集/释永信、吴立民主编，宗教文化出版社，1996.6

隋唐以前流行的主要禅法/杨曾文/中国社会科学院研究生院学报/1996.4

禅门"五家七宗"/洪丕谟/禅与人生/洪丕谟主编，中国国际广播出版社，1996.8

禅门冤案/释延王/中国嵩山少林寺建寺1500周年国际学术研讨会论文集/释永信、吴立民主编，宗教文化出版社，1996.6

禅与人生/罗伟国/禅与人生/洪丕谟主编，中国国际广播出版社，1996.8

禅与中国文人的园林欣赏情趣/任晓红/禅与东方文化/季羡林、吴亨根等著，商务印书馆，1996.2

禅与东方文明/罗伟国/禅与人生/洪丕谟主编，中国国际广播出版社，1996.8

禅与自然/蒋述卓/东方文化/1996.4

禅与禅宗六题/黄夏年/中国嵩山少林寺建寺1500周年国际学术研讨会论文集/释永信、吴立民主编，宗教文化出版社，1996.6

禅——自由的心态/姜超/东岳论丛/1996.2

禅和禅宗/姜玉珍/禅与人生/洪丕谟主编，中国国际广播出版社，

1996.8

禅宗与甘肃早期石窟的开凿/魏文斌、吴荭/丝绸之路/1996.1

禅宗与社会稳定/梁仁华/吉安师专学报/1996.3

禅宗与禅定/南怀瑾/禅与东方文化/季羡林、吴亨根等著，商务印书馆，1996.2

禅宗心性论的哲学意蕴及其民族特色/杜慎凡/“东山法门”与禅宗/萧蓮父、黄钊主编，武汉出版社，1996.6

禅宗发展历程断面及从书法艺术看禅宗思想的异化/傅京生/书法研究/1996.6

禅宗史上的一盏明灯——印顺《中国禅宗史》/张志哲/“东山法门”与禅宗/萧蓮父、黄钊主编，武汉出版社，1996.6

禅宗史上的南北之争及当今禅宗复兴之管见/吴立民/“东山法门”与禅宗/萧蓮父、黄钊主编，武汉出版社，1996.6

禅宗对中国和世界文化的影响/黄夏年/百科知识/1996.4

禅宗的形成、发展及其哲学思想初探/释法成/中国嵩山少林寺建寺1500周年国际学术研讨会论文集/释永信、吴立民主编，宗教文化出版社，1996.6

禅宗美学中“顿悟刹那”的思维方法对唐诗及当代歌词创作的影响/胡杰/乐府新声/1996.1

禅宗顿渐之统一——圭峰宗密的一个观点/董群/安徽大学学报/1996.4

禅宗跨学科论/刘仲林/中国嵩山少林寺建寺1500周年国际学术研讨会论文集/释永信、吴立民主编，宗教文化出版社，1996.6

禅宗精神——禅宗思想的核心、本质及特点/方立天/“东山法门”与禅宗/萧蓮父、黄钊主编，武汉出版社，1996.6

禅定中的审美感/哈斯朝鲁/中国嵩山少林寺建寺1500周年国际学术研讨会论文集/释永信、吴立民主编，宗教文化出版社，

1996.6

禅的可说与不可说：兼谈现代禅学研究的方法问题/邢东风/哲学研究/1996.1

禅的机锋和棒喝/罗伟国/禅与人生/洪丕谟主编，中国国际广播出版社，1996.8

禅的现代诠释/麻天祥/中国嵩山少林寺建寺1500周年国际学术研讨会论文集/释永信、吴立民主编，宗教文化出版社，1996.6

禅语解读："头白"与"头黑"/李壮鹰/北京师大学报/1996.2

禅境：人生的审美境界/崔文良/东疆学刊/1996.1

慧洪以禅论艺的美学意蕴/皮朝纲/四川师大学报/1996.2

1995年中国大陆禅宗与密教研究/黄夏年/社会科学动态/1996.9

中日近代临济宗比较初论/何建明/中国哲学史/1996.1—2

中国禅与如来禅/洪修平/中华文化论坛/1996.4

从禅宗看佛教的儒学化——兼论异质文化相遇的规律性/朱义禄/"东山法门"与禅宗/萧萐父、黄钊主编，武汉出版社，1996.6

天台宗九师相承说与初期禅宗/王雷泉/中国嵩山少林寺建寺1500周年国际学术研讨会论文集/释永信、吴立民主编，宗教文化出版社，1996.6

以佛解《易》援儒证佛——读《周易禅解》/唐明邦/"东山法门"与禅宗/萧萐父、黄钊主编，武汉出版社，1996.6

永明延寿之老庄观/（日）木村清孝/"东山法门"与禅宗/萧萐父、黄钊主编，武汉出版社，1996.6

如来禅与祖师禅/崔正森/中国嵩山少林寺建寺1500周年国际学术研讨会论文集/释永信、吴立民主编，宗教文化出版社，1996.6

如来禅与祖师禅的差别/向世山/中国嵩山少林寺建寺1500周年国际学术研讨会论文集/释永信、吴立民主编，宗教文化出版

社，1996.6

论海德格尔哲学和禅宗相互诠释的可能性及其意义/王为理/华南师大学报/1996.5

达摩禅与般舟三昧/徐孙铭/中国嵩山少林寺建寺 1500 周年国际学术研讨会论文集/释永信、吴立民主编，宗教文化出版社，1996.6

理学与禅学/麻天祥/湖南师大学报/1996.3

禅和庄子哲学/姜超/广东社会科学/1996.3

禅宗与汉传佛教饮食规范的确立/徐建华/中国嵩山少林寺建寺 1500 周年国际学术研讨会论文集/释永信、吴立民主编，宗教文化出版社，1996.6

禅宗所传祖师世系与印度佛教的付法藏传统/王邦维/学人（第 10 辑）/陈平原、王守常、汪晖主编，江苏文艺出版社，1996.9

禅宗的真精神及其对儒、道的影响/徐孙铭/“东山法门”与禅宗/萧萐父、黄钊主编，武汉出版社，1996.6

禅宗思想对《悟真篇》的影响/朱越利/中国嵩山少林寺建寺 1500 周年国际学术研讨会论文集/释永信、吴立民主编，宗教文化出版社，1996.6

禅慧与儒境——白沙心学的持养与境界论/龚隽/中国文化（第十三期）/刘梦溪主编，中国文化杂志社，1996.6

禅藏与敦煌禅籍/方广锠/禅与东方文化/季羡林、吴亨根等著，商务印书馆，1996.2

道家与禅宗的解脱论/李霞/中国哲学史/1996.2

《敦煌新本六祖坛经》（书评）/邓文宽/敦煌吐鲁番研究（第一卷）/香港中华文化促进中心、中国敦煌吐鲁番学会、北京大学中国中古史研究中心、泰国华侨崇圣大学中华文化研究院合办，季羡林、饶宗颐、周一良主编，北京大学出版社，1996.4

论《五灯会元》中同形动量词/张美兰/南京师大学报/1996.1

敦煌《坛经》随想录——反省与展望/(韩国)金知见/禅与东方文化/季羡林、吴亨根等著，商务印书馆，1996.2

敦煌本《六祖坛经》是慧能的原本——《敦博本文禅籍校录》序/周绍良/敦煌吐鲁番研究(第一卷)/香港中华文化促进中心、中国敦煌吐鲁番学会、北京大学中国中古史研究中心、泰国华侨崇圣大学中华文化研究院合办，季羡林、饶宗颐、周一良主编，北京大学出版社，1996.4

禅宗经典要览/罗伟国/禅与人生/洪丕谟主编，中国国际广播出版社，1996.8

《禅与东方文化》序言/(韩国)吴亨根/禅与东方文化/季羡林、吴亨根等著，商务印书馆，1996.2

门外叩诗禅/李寿冈/中国韵文学刊/1996.1

中华禅宗在泰国的传播/段立生/东方文化/1996.5

中华禅宗在泰国的传播/段立生/东南亚研究/1996.1

中国禅宗在日本/(日)冲本克己著，蔡毅译/文史知识/1996.6

手指抚琴音在弦外——禅诗与禅画/翟宗祝/文史知识/1996.4

王维山水诗的禅境与空境/朱丽霞/松辽学刊/1996.3

印度早期禅法初探/巫白慧/中国嵩山少林寺建寺1500周年国际学术研讨会论文集/释永信、吴立民主编，宗教文化出版社，1996.6

佛之梦魇与禅之忧伤——岭南时期苏轼的禅佛情结/覃召文/文史知识/1996.6

作诗与参禅/季羡林/禅与东方文化/季羡林、吴亨根等著，商务印书馆，1996.2

杜甫与禅宗/秦彦士、庾光蓉/天府新论/1996.4

林清玄“禅思散文”探析/黄黎星/福建论坛/1996.2

浅谈禅宗对王维思想和创作的影响/彭多/西藏民院学报/1996.3

试论王昌龄诗歌的禅境/马现成/广西民院学报/1996.4

试论禅思与孟浩然诗歌意境/马燕/青海民院学报/1996.4

试析王维诗歌与禅宗的联系/邱慧、朝仪/河北师大学报/1996.3

美国禅宗诗选/(美)斯奈德等著,张子清译/当代外国文学/1996.3

茶禅一体——试论日本茶道与禅宗的关系/胡攀/重庆社会科学/1996.2

高丽中期的禅思想/(韩国)蔡印幻/禅与东方文化/季羡林、吴亨根等著,商务印书馆,1996.2

朝鲜后期禅佛教流考/(韩国)韩基斗/禅与东方文化/季羡林、吴亨根等著,商务印书馆,1996.2

朝鲜前期禅的系统及其特征/(韩国)金煐泰/禅与东方文化/季羡林、吴亨根等著,商务印书馆,1996.2

禅与严羽的《沧浪诗话》/刘煊/禅与东方文化/季羡林、吴亨根等著,商务印书馆,1996.2

禅诗一束/罗炽/"东山法门"与禅宗/萧萐父、黄钊主编,武汉出版社,1996.6

意境与禅玄——中唐诗歌意境论之诞生/孟二冬/北京大学学报/1996.4

新罗末金海地方的豪族势力与禅宗/(韩国)崔柄宪/禅与东方文化/季羡林、吴亨根等著,商务印书馆,1996.2

新罗前期的禅思想/(韩国)吴亨根/禅与东方文化/季羡林、吴亨根等著,商务印书馆,1996.2

王安石的禅诗与钟山诗/陈磊/古典文学知识/1996.3

苏轼禅诗表现的艺术风格/(韩)朴永焕/中国嵩山少林寺建寺1500周年国际学术研讨会论文集/释永信、吴立民主编,宗教文化出版社,1996.6

俳句与禅文化/马兴国/日本研究/1996.1

俳谐向禅式文化的演变——日本佛教文化研究/张宽信/湖南师范大学社会科学学报/1996.2

镰仓时代禅宗传入与武士兴禅/刘毅/日本研究/1996.1

《禅与东方文化》序言/刘煊/禅与东方文化/季羡林、吴亨根等著，商务印书馆，1996.2

早期禅学与中国石窟艺术/黄河涛/禅与东方文化/季羡林、吴亨根等著，商务印书馆，1996.2

体法自然的意蕴之美——兼谈中国陶瓷审美中的禅/王仲尧/“东山法门”与禅宗/萧萐父、黄钊主编，武汉出版社，1996.6

渐顿之悟与艺术灵感/祁志祥/青海社会科学/1996.4

禅与《红楼梦》/王文宏/禅与东方文化/季羡林、吴亨根等著，商务印书馆，1996.2

禅与书法艺术——虚静斋学书随笔/蒋大康/禅与东方文化/季羡林、吴亨根等著，商务印书馆，1996.2

禅与艺术/李家振/中国嵩山少林寺建寺1500周年国际学术研讨会论文集/释永信、吴立民主编，宗教文化出版社，1996.6

禅文化与苏东坡书法美学思想/沈壮海/“东山法门”与禅宗/萧萐父、黄钊主编，武汉出版社，1996.6

禅悟与艺术想象/蒋述卓/广东社会科学/1996.5

《佛法三根本要义》通俗解说/多识/爱心中爆发的智慧/多识著，民族出版社，1996.1

《菩提道次第广论》的四个殊胜/曲世宇/法音1996.11

中世纪藏传佛教与蒙古统治者——兼论民族宗教与外族的关系/顾邦文/上海社会科学院学术季刊/1996.1

从两件满文档案看西藏宗教领袖的朝贡/喜饶尼玛/藏学研究论丛（第八辑）/《藏学研究论丛》编委会编，西藏人民出版社，1996.11

宁玛派三根九乘的判教理论/许德存/西藏研究/1996.4

甘肃藏传佛教与社会主义社会相适应问题及思考/昂巴、桑吉才让/甘肃民族研究/1996.2

白族梵文火葬基碑、幢考述/李东红、杨利美/云南学术探索/1996.4

关于藏传佛教宁玛派哲学的几个问题/乔根锁/西藏研究/1996.3

再谈宝顶山摩岩造像是密宗道场及研究断想/郭相颖/社会科学研究/1996.1

吐番僧诤记/（法）戴密微/国际汉学著作提要/李学勤主编，江西教育出版社，1996

西藏长治久安的重要举措——漫谈在寺庙进行爱国主义教育/沙舟/中国西藏/1996.6

西藏佛教界的爱国主义传统/江平、李佐民、宋盈亭、辛文波/中国藏学/1996.2

论托丁．曲弥．拉萨三大法会对藏传佛教文化的深远影响/罗桑开珠/甘肃民族研究/1996.1

论西藏宗教哲学的发展/乔根锁/中国藏学/1996.3

论达垅噶举派的源流及其传承世系（藏文）/郑堆/藏族历史宗教研究（第一辑）/陈庆英主编，中国藏学出版社，1996.8

达磨灭佛对佛教在藏区传播趋势的影响/石硕/中国藏学/1996.2

佛教入藏及其演变的环境考察/朱普选/西藏民院学报/1996.3

佛教传入藏区若干因素试探/恰戈·多杰才让/西藏研究/1996.1

佛教密宗奥义及其修持/（英）约翰·布罗弗德著，蒋学松译/四川文物/1996.6

阿吒力教与南诏政权浅说/谷跃娟/思想战线/1996.3

阿吒力教的文化特征/李东红/思想战线/1996.3

阿坝州著名寺院简介/冯岩/西藏研究/1996.2

驱雹喇嘛秘闻/鄂积恩/西藏民俗/1996.3

驳所谓“六字真言考释”的荒唐言论/多识/爱心中爆发的智慧/多识著，民族出版社，1996.1

宗教弱化现象试探一肃南裕固族藏传佛教的调查研究/阎天灵/西

北民族研究/1996.1

明代丽江木氏土司与西藏噶玛巴派关系述略/冯智/藏族历史宗教研究（第一辑）/陈庆英主编，中国藏学出版社，1996.8

浅谈活佛转世的特征/李泰年、元公保太/青海民族研究/1996.3

试谈藏文典籍命名中的色彩及修饰/万果、德吉草/西南民院学报/1996.2

金刚乘与金刚舞/郭净/中国西南文化研究/云南社科院历史研究所编，云南民族出版社，1996.9

金瓶掣签的设立及其意义/吴云岑/西藏研究/1996.1

政教合一制史话/王献军/西藏民院学报/1996.1

活佛转世与金瓶掣签/桑戈/民族/1996.1

活佛转世的产生和金瓶掣签的制定/王玉平/西藏研究/1996.1

桑定多吉帕姆系统教派归属管见/克珠群佩、董莉英/中国藏学/1996.3

流传于滇川结合部的藏传佛教/韩丽霞/民族/1996.2

热振寺、热振活佛与热振事件述略/范洪平/藏学研究论丛（第八辑）/《藏学研究论丛》编委会编，西藏人民出版社，1996.11

热振事件见闻记/柳升祺/中国藏学/1996.4

读《实相宝藏论释》笔记——关于大圆满的思想/刘立千/中国藏学/1996.3

密宗心续部始祖宏嘎拉/慈海/西藏民俗/1996.3

密宗修道场/嘎松泽仁/西藏民俗/1996.1

清朝中央政权对西藏行政体制和宗教制度改革述评/申新泰/西藏民院学报/1996.1.2

略述阿琼南宗宁玛派尼姑寺的宗教文化/德吉卓玛/西藏研究/1996.1

略述清政府平定准噶尔战争中的藏传佛教/周峰/西藏研究/1996.4

略述藏传佛教寺院体育及藏族民间体育活动/甄滋/西北民院学报/1996.2

蒙古族的藏文文献琐议/乌力吉/中国藏学/1996.3

嘉木样世系与土观世系关系史述略/扎扎/西北民院学报/1996.4

漫谈藏传佛教的欢喜佛/齐敬之/承德民族师专学报/1996.3

藏区政教合一制研究综述/王献军/中国史研究动态/1996.10

藏传佛教与酒/泽旺夺吉/西藏民俗/1996.2

藏传佛教中的关公信仰/才让/中国藏学/1996.1

藏传佛教在土族和裕固族中的传播与发展/唐景福/西北民族研究/1996.1

藏传佛教浅说/大昭寺/地理教育/1996.1

藏传密宗瑜伽修法（二）/噶尔仁波切著，李仲霖译注/青海民族研究/1996.1

藏密瑜伽修身论（一）/噶尔仁波切著，李仲霖译注/青海民院学报/1996.2

藏族文化对裕固族宗教民俗的影响/黄金钰/甘肃民族研究/1996.2

浅析裕固族地区藏传佛教与萨满的并存状况/贺卫光/裕固族研究论文集/杨进智主编，兰州大学出版社，1996.10

近代以来日本佛教真言宗在华的宗教活动/忻平/史学月刊/1996.5

意大利的藏学研究及藏传佛教/才让太/藏族历史宗教研究（第一辑）/陈庆英主编，中国藏学出版社，1996.8

九世纪汉藏和盟的丹玛札佛教造像/（法）阿梅·海勒著，张岩译/西藏艺术研究/1996.1

西藏近代建筑艺术概述/张亚莎/中国藏学/1996.4

西藏的宗教音乐/格曲/音乐研究/1996.1

西藏夏鲁寺集会大殿回廊壁画内容研究/熊文彬/文物/1996.2

论西藏寺院神舞“羌姆”的起源/郭净/文艺研究/1996.2

初探喇嘛嘛尼音乐/白曲/西藏艺术研究/1996.3

贡嘎曲德寺及其“阿羌姆”舞/王希华/西藏艺术研究/1996.4

拉卜楞寺羌姆——“米拉劝法舞”之缘起/张庆有/西藏艺术研究/1996.4

青海藏传佛教艺术研究综述/卢士刚/青海师大学报/1996.1

唐卡起源考/谢继胜/中国藏学/1996.4

格鲁派羌姆《切将卓》概述/赵清阳/西藏艺术研究/1996.2

热贡艺术历史考察纪略（上）/赵清阳/西藏艺术研究/1996.4

密宗及其曼陀罗散议/安旭/西藏艺术研究/1996.1

萨迦寺冬季护法神舞/张鹰/中国西藏/1996.4

藏传佛教寺院“羌姆”祭典中的三类角色/郭净/中国藏学/1996.1

藏传佛教桑耶羌姆考察报告/（韩）姜春爱/戏剧/1996.1

藏传佛教造型艺术人物刻画及其审美意蕴/熊文彬/中国藏学/1996.2

藏传佛教密宗金刚神舞——兼谈萨迦夏季神舞/边多/中国西藏/1996.1

藏族艺苑的一簇奇葩——热贡艺术/郭弘/丝绸之路/1996.6

藏地佛教寺院羌姆流派/郭净/民族艺术/1996.2

佛教净土宗早期道场并州大岩寺/王剑霓/山西社会主义学院院刊/1996.春

佛教净土思想与南朝崇尚洁净文风/李炳海/江海学刊/1996.3

大乘佛教各派在云南的信仰与发展/段玉明/中国西南文化研究/云南社科院历史研究所编，云南民族出版社，1996.9

隋唐时期形成的佛教宗派/子尹/华夏文化/1996.4

炳灵寺石窟的环境保护问题/王亨通/丝绸之路/1996.2

祐国寺塔建筑构件的保护研究/河南省古代建筑研究所/中原文物/1996.3

《大隋南宫令宋君为敕建僧尼二寺碑记》再校勘——敬答傅振伦先生/王素芳、石永士/文物春秋/1996.2

《南宫令宋君为敕建僧尼二寺碑》校勘记/傅振伦/文物春秋/1996.2

《宝室寺铜钟铭文考释》商榷/樊英民/文博/1996.4

《嘉祐禅寺元代圣旨碑》释读/丁辛/文物天地/1996.3

一部奇书——《洛阳伽蓝记》/周云乔/文史杂志/1996.4

人间天国止贡替寺/郭翠琴/西藏民俗/1996.3

义乌双林寺铁塔/吴高彬/文物天地/1996.4

千年古刹凌云寺/千树德/文史知识/1996.3

大同禅房寺辽代砖塔/王春波/文物/1996.1

大运河沿线佛寺巡礼/郑秉谦/东方文化/1996.3

山东济南市神通寺殿堂遗址的清理/王建浩/考古/1996.1

山西灵丘觉山寺辽代砖塔/王春波/文物/1996.2

不二寺大雄宝殿迁建保护与研究/李小涛/文物/1996.12

中国草堂寺鸠摩罗什舍利塔（韩文）/郑永镐/亚细亚文化研究（第一辑）/中国中央民族大学韩国文化研究所、韩国暻园大学亚细亚文化研究所编，民族出版社，1996.11

从宏佛塔出土文物论西夏美术/刘均威/民族艺林/1996.1

从青岛海滨到中原古刹/琴琪/旅游/1996.5

东千佛洞石窟述论/周维平/社科纵横/1996.3

仙游古刹九座寺遗址试考/陈金敏/福建史志/1996.2

北京城内庙中寿星——法源寺/佟洵/北京联大学报/1996.2

龙门奉先寺卢舍那大像龛始凿年代考辨/张锴生/文物季刊/1996.1

关于立化寺和立化祖师初考/李敬斋/文物春秋/1996.2

关于洛阳白马寺的几个问题/徐金星/中原文物/1996.4

安多古刹——禅定寺/散人/民族/1996.4

当今国内禅寺瞻礼/姜玉珍/禅与人生/洪丕谟主编,中国国际广播出版社，1996.8

江南悬空寺——建德大慈岩/郑友卿/浙江学刊/1996.1

西宁普法寺小考/张芦丁、李勤璞/中国历史博物馆馆刊/1996.1

西安卧龙寺沿革考略/常青/文博/1996.2

西安的唐塔/苗玉昆/中国名城/1996.2

佛门秘藏——法门寺地宫探奇/张征雁/百科知识/1996.4、5

佛教圣地法门寺/释澄观/陕西文史/1996.1

妙应寺/聂鸿音/中国典籍与文化/1996.1

宋代福津广严院/杨益民、宋钢/丝绸之路/1996.6

张掖大佛寺历史沿革缀述/吴正科、吴莛/丝绸之路/1996.3

沁县普照寺大殿勘察报告/滑辰龙/文物季刊/1996.1

陆良大觉寺古建筑简介/支云华、王志平、王洪斌/民族艺术研究/1996.3

鸠摩罗什舍利塔与草堂寺/陈崇凯/陕西史志/1996.1

宝室寺铜钟铭文考释/姬乃军/文博/1996.1

拉卜楞寺与华锐藏区之法缘关系探析/华锐·东智/西北民院学报/1996.4

明弘治《重修法门寺大乘殿之记》碑—法门寺历史若干问题再探讨/王仓西、杨玺/文博/1996.5

明清时期土族地区的宗教僧纲制度/李向德/青海民院学报/1996.1

明清时期固原的寺庙及其寺庙文化/薛正昌/宁夏社会科学/1996.1

林县宝严寺两道八思巴字蒙古语圣旨/照那斯图、胡海帆/民族语文/1996.3

试论正确处理上座部佛教与傣族教育的关系/米云光/民族工作/1996.1

试论法门寺出土的唐代文物与“衣物帐”/（日）气贺泽保规著，王维坤译/文博/1996.1

金山嘉佑禅寺元代圣旨碑/李文仲/文物天地/1996.3

陕西麟游县东川寺、白家河、石鼓峡的佛教遗迹/中国社科院考古研究所西安唐城工作队、麟游县博物馆/考古/1996.1

南通天宁寺大雄之殿维修记略/凌振荣/东南文化/1996.2

昭化寺大雄宝殿壁画初探/徐建中/文物春秋/1996.1

唐中宗与法门寺/傅升岐/文博/1996.6

唐长安佛寺考/孙昌武/唐研究（第二卷）/荣新江主编，北京大学出版社，1996.12

莲花石塔建于辽、金考辨/关金泉、亓心/牡丹江师院学报/1996.1

密教与法门寺曼荼罗/韩伟/陕西文史/1996.1

略论佛教文化与山岳名胜/何平立/上海大学学报/1996.4

疏钟夜火传寺名——谈寒山寺夜半敲钟与诗/张嘉埙/文史杂志/1996.3

释省常西湖白莲社/欧阳光/宋元诗社研究丛稿/欧阳光著，广东高等教育出版社，1996.9

榆社郝壁村寿圣寺山门时代考/李会智/文物季刊/1996.1

僧侣饮食生活揭秘/华英/民族/1996.9

漫话今日九子寺/吴根杰/江淮文史/1996.1

漫谈普乐寺的缘起/李馥/承德民族师专学报/1996.3

蔚县几座佛教寺院调查考略/云晓/文物春秋/1996.2

蔚县重泰寺/王辉/文物春秋/1996.4

镇雄伴云寺记/李秉耀/云南史志/1996.1

（佛教故事）（南朝梁）《经律异相》对梁陈隋唐小说的影响/蒋述卓/学土（卷二）/苏晨主编，广东高等教育出版社，1996.3

《丑女缘起》变文及其佛经原型/杨青/西北师大学报/1996.6

《红楼梦》《金瓶梅》色空观念之比较/王平/红楼梦学刊/1996.2

《红楼梦》的神话哲学与叙述程式/魏崇新/徐州师院学报/1996.2
《佛本生经》与故事文学母题/侯传文/东方丛刊/1996.1
《还源篇》是唐僧八十一难原型/李安纲/山西大学学报/1996.2
中国佛话中的非佛教因素/何学威/民间文学论坛/1996.3
王维诗歌创作与奉佛思想的矛盾性/刘晓林/中国文学研究/1996.1
仙道活动与王维山水诗歌创作/吴晓龙/南昌大学学报/1996.3
以儒治世以佛治心以道治身——浅析苏轼复杂矛盾的世界观/杨艳梅/松辽学刊/1996.1
北朝末年的摩崖刻经书法/刘涛/文史知识/1996.9
史铁生散文的佛教意识/石杰/海南大学学报/1996.2
优美神奇的传说/悲福/五台山研究/1996.1
关于刘三与苏曼殊的两组唱和诗/马以君/华南师大学报/1996.6
吐火罗文A(焉耆文)《弥勒会见记剧本》新博本76YQ1.30一张两页评释/季羡林/敦煌吐鲁番研究(第一卷)/香港中华文化促进中心、中国敦煌吐鲁番学会、北京大学中国中古史研究中心、泰国华侨崇圣大学中华文化研究院合办,季羡林、饶宗颐、周一良主编,北京大学出版社,1996.4
红学与佛学的世纪末反省:《红楼梦》与清代佛教卮言/张秉健/温州师院学报/1996.5
论唐代浙东的僧诗/姜光斗/唐代文学研究(第六辑)/中国唐代文学学会、西北大学中文系、广西师范大学出版社主编,广西师范大学出版社,1996.6
佛心诗韵两相通一曹操诗风成因一解/左汉林/河北师大学报/1996.1
佛教与新时期文学的融合/石杰/中国人民大学学报/1996.4
佛教文化与《世说新语》/张跃生/华中理工大学学报/1996.3
佛教对戏曲艺术形式的影响——《中国古代戏剧统论》节选/徐震

贵/上海戏剧/1996.4

佛教言意观与南朝文论家的语言艺术论/马现诚/江汉论坛/1996.8

佛教诗作《绿度母传》浅析/双福/内蒙古社会科学/1996.3

佛教影响中国古代戏剧内容论略/徐振贵、徐文凯/济宁师专学报/1996.3

宋代的诗僧与僧诗/张福勋/陕西师大学报/1996.4

庐山净土法门与晋宋之际的山水诗画/李炳海/江西社会科学/1996.6

周作人的佛禅意识与小品散文创作/胡绍华/华中师大学报/1996.1

明清小说化用佛经情节举隅/赵杏根/明清小说研究/1996.2

变文与佛教/袁荻涌/贵州文史丛刊/1996.1

浪漫陶诗与魏晋佛教及当代魔幻现实主义（上下）/丁永忠/三峡学刊/1996.1、2

胸襟气魄与想象夸张——曾公亮《宿甘露寺僧舍》赏析/朱思信/文史知识/1996.4

谈谈我的佛教汉语研究/朱庆之/文史知识/1996.2

略述佛教哲学对中国古代通俗小说的影响（上下）/范军/通俗文学评论/1996.1、2

普救寺：成就爱情的胜地/吕文丽/文史知识/1996.4

游戏精神与澄明之境——佛教与中国传统诗学的“存在深度模式”/荆成/东方丛刊/1996.2

雅与俗：台湾佛理散文一瞥/谭桂林/人文杂志/1996.6

韩、柳、刘、白与佛释/张一平/山西师大学报/1996.4

鲁迅对佛教的探求及遗存的佛典/姚锡佩/鲁迅研究月刊/1996.1

简论魏晋南北朝小说中的情僧形象/詹丹/上海教育学院学报/1996.4

蒙文北京版《格斯尔传》中的佛教文学题材/呼斯勒/民族文学研究/1996.1

蒙古族佛教叙事诗:《摩诃萨陲传》初探/娜琳阿盖/蒙古学信息/1996.4

《目连变》故事基型的素材结构与生成时代之推考——以小名“罗卜”问题为中心/陈允吉/唐研究(第二卷)/荣新江主编,北京大学出版社,1996.12

一部珍贵的目连戏演出本:谈影卷《忠孝节义》/戴云/戏曲研究/1996.总(52)

目连与双下山故事文本系统及源流/廖奔/文献/1996.4

目连戏与中国民间戏剧特征论/刘祯/戏剧/1996.3

目连戏中滑稽小戏的内容及意义/郝誉翔/民族艺术/1996.4

佛教与《目连救母》杂剧的诞生/戏剧/1996.2

京剧《目连救母》/刘祯/民族艺术/1996.3

试论四川目连戏的形态特征/王定欧/渝州艺谭/1996.1

流传于蒙古族的目连救母故事/陈岗龙/民族艺术/1996.3

王维《辋川集》之《孟城坳》佛理发微/陈允吉/中西学术(2)/复旦大学中文系编,朱立元、裴高主编,复旦大学出版社,1996.11

目连戏与中国民间戏剧特征论/刘祯/戏剧/1996.3

印度佛教文学的审美特征/邱紫华/东方丛刊/1996.4

试论《金阁寺》的审美观/肖四新/东方丛刊/1996.1

韩国佛教文学溯源/(韩国)李钟灿/禅与东方文化/季羡林、吴亨根等著,商务印书馆,1996.2

人格范型的历史性蜕变——梁启超鲁迅与佛学关系的比较研究/陈健/鲁迅研究月刊/1996.12

《泰山金刚经》书艺摭谈/翟万益/书法艺术/1996.2

《淮安东魏石刻造像考》质疑/窦修林、张适/东南文化/1996.4

上寺梵天院及其明代壁画/蔡运生/四川文物/1996.3
云冈佛母塔洞的宫闱内秘/赵一德/敦煌研究/1996.1
介绍一面与佛教有关的汉代铜镜/翟玉莘/江汉考古/1996.3
天下奇碑——韦皋《大像记》碑/干树德/文史知识/1996.6
巴中南龛仅存的一道培修记碑/苟廷一/四川文物/1996.5
韦皋《大像记》碑史迹考略/干树德/中华文化论坛/1996.4
丝绸之路上的大佛/向晖/丝绸之路/1996.5
乐山大佛寺的三口大钟/帅秉龙/四川文物/1996.3
北朝造型艺术中人物形像的变化/宿白/中国石窟寺研究（附录二）/宿白，文物出版社，1996.8
辽《耶律琮神道碑》碑文校正与阐释/朱子方/辽海文物学刊/1996.2
龙门石窟舞蹈形象的考察与研究/王克芬/龙门石窟一千五百周年国际学术讨论会论文集/龙门石窟研究所编，文物出版社，1996.5
吉祥道场金刚舞/宇清/五台山研究/1996.1
观音信仰对中国古代艺术的影响/李利安/华夏文化/1996.4
两座珍贵的经幢/汪双喜/文物春秋/1996.3
佛教文物的研究与收藏/金申/美术观察/1996.3
佛教对中国书法的影响/刘币华/南昌大学学报/1996.2
佛教对亚洲文化艺术之贡献/理查德 A·加德著，孙炤译/亚非/1996.1
佛教雕塑艺术中弥勒佛形象的演变/张平一/文物春秋/1996.2
张大千对敦煌壁画研究的贡献/王炜民/阴山学刊/1996.2
苏祇婆与龟兹音乐的东传/王嵘/西域研究/1996.4
龟兹壁画中的服饰初探/吴涛、文爱琼/新疆文物/1996.1
话说乐山大佛摩崖纪事碑/魏奕雄/文史知识/1996.4
炳灵寺附近城关考/石磊/西北史地/1996.4

旃檀佛像的源流及样式/金申/文物天地/1996.2

资阳半月山大佛/袁国腾/四川文物/1996.3

禅宗名刹镇江金山寺/徐时仪/中国典籍与文化/1996.4

跋鄂州孙吴墓出土陶佛像/杨泓/考古/1996.11

走近敦煌/张尚瀛/凝聚/1996.1

(书评)《慧超往五天竺国传研究》、《往五天竺国传笺释》/王邦维/敦煌吐鲁番研究（第一卷）/香港中华文化促进中心、中国敦煌吐鲁番学会、北京大学中国中古史研究中心、泰国华侨崇圣大学中华文化研究院合办，季羡林、饶宗颐、周一良主编，北京大学出版社，1996.4

“艺术、艺术哲学、敦煌艺术哲学”散论/穆纪光/甘肃社会科学/1996.6

《李君莫高窟佛龛碑》三种拓本与两种录文合抄/宿白/中国石窟寺研究（附录三）/宿白，文物出版社，1996.8

《武周圣历李君莫高窟佛龛碑》合校/宿白/中国石窟寺研究/宿白，文物出版社，1996.8

《莫高窟记》跋/宿白/中国石窟寺研究/宿白，文物出版社，1996.8

《敦煌文献语言词典》补正/张涌泉/原学（第四辑）/陈少峰主编，中国广播电视出版社，1996.6

千眼照见，千手护持——敦煌密教经变研究之三/彭金章/敦煌研究/1996.1

中国古代的信息崇拜——惜字林、拾字僧与敦煌石窟/桑良至/北京大学学报/1996.3

从中国书法史看敦煌汉文文书（一）(2)/（日）伊藤伸著，赵声良译/敦煌研究/1996.2

六世纪晚期敦煌壁画之绘画构图与佛经文本的联系/(美)白菁著，王守、房学惠译/敦煌研究/1996.2

关于阿耆理贰伽蓝故址问题/姚士宏/敦煌研究/1996.1

观《化度寺邕禅师舍利塔铭》敦煌本补记/施安昌/故宫博物院院刊/1996.3
两汉魏晋南北朝时期敦煌/宿白/中国石窟寺研究/宿白,文物出版社,1996.8
参观敦煌莫高窟第285号窟札记/宿白/中国石窟寺研究/宿白,文物出版社,1996.8
拓跋鲜卑与敦煌早期艺术/张子中/齐齐哈尔师院学报/1996.5
金塔寺石窟中的早期遗迹概述/秦春梅、姚桂兰/敦煌学辑刊/1996.1
俄罗斯科学院东方研究所圣彼得堡分所馆藏敦煌写本中的转帖/列·伊·丘古耶夫斯基/敦煌学辑刊/1996.1
美国掀起敦煌学热潮/杜川/敦煌研究/1996.1
重庆市博物馆藏敦煌吐鲁番写经目录/杨铭/敦煌研究/1996.1
浙江与敦煌学/黄征/文史知识/1996.10
莫高窟与敦煌佛教教团/马德/敦煌吐鲁番研究(第一卷)/香港中华文化促进中心、中国敦煌吐鲁番学会、北京大学中国中古史研究中心、泰国华侨崇圣大学中华文化研究院合办,季羡林、饶宗颐、周一良主编,北京大学出版社,1996.4
莫高窟张都衙窟及有关问题/马德/敦煌研究/1996.2
莫高窟现存早期洞窟的年代问题/宿白/中国石窟寺研究/宿白,文物出版社,1996.8
莫高窟保护档案数据库系统/王宝义、侯文芳/敦煌研究/1996.2
莫高窟第464窟善财五十三参变/梁尉英/敦煌研究/1996.3
酒泉地区早期石窟分期试论/暨远志/敦煌研究/1996.1
敦煌.麦积山.炳灵寺石窟青金石颜料的研究/王进玉/考古/1996.10
敦煌石窟龙凤与库车石窟蛇金翅鸟图象异源考/汪泛舟/敦煌研究/1996.1

敦煌寺院中的“都头”/田德新/敦煌学辑刊/1996.2

敦煌寺院会计文书/唐耕耦/北京图书馆馆刊/1996.1

敦煌论议考/王小盾、潘建国/中国古籍研究（第一卷）/国家古籍整理出版规划小组主办，傅璇琮、许逸民主编，上海古籍出版社，1996.8

敦煌佛教文化研讨会侧记/钱桂花/丝绸之路/1996.1

敦煌学的由来与发展/高放/百科知识/1996.6

敦煌唐代图案的民族特色/卢秀文、易雪梅/西北民族研究/1996.2

敦煌莫高窟出土蓝色颜料的研究/王进玉/考古/1996.3

敦煌莫高窟早期洞窟杂志考/宿白/中国石窟寺研究/宿白，文物出版社，1996.8

敦煌莫高窟考古新发现/彭金章/丝绸之路/1996.1

敦煌莫高窟近景摄影测量试验工作报告/武汉测绘科技大学航测系、敦煌研究院考古研究所/敦煌研究/1996.1

敦煌莫高窟保护国际研讨会在日本奈良隆重举行/胡同庆/敦煌研究/1996.2

敦煌莫高窟密教遗迹札记/宿白/中国石窟寺研究/宿白，文物出版社，1996.8

敦煌莫高窟隋唐背光研究/卢秀文/敦煌学辑刊/1996.1

敦煌莫高窟壁画——古代民族服饰博物馆/徐晓萍/百科知识/1996.8

敦煌清代崇教寺碑/张玉茂、张瑞峰/敦煌研究/1996.3

敦煌遗书中的佛教文献及其价值/方广锠、许培玲/西域研究/1996.1

新订敦煌莫高窟诸家编号对照表/徐自强/北京图书馆馆刊/1996.4

楚地帛书敦煌残卷与佛教伪经中的伏羲女娲故事/吕威/文学遗产/1996.4

榆林窟艺术概述/赵声良/丝绸之路/1996.6
白居寺壁画人物造型的美学意蕴/熊文彬/中国西藏/1996.2
庐山罗汉图历险记/王宪章/文物天地/1996.3
宝顶山宋刻阿育王山之《宝塔图》考/陈明光/中华文化论坛/1996.4
浅谈四川壁画/曹丹/四川文物/1996.3
试论觉苑寺《佛传》壁画的特点和价值/毋学勇/四川文物/1996.4
庆阳北石窟寺/宋文玉/丝绸之路/1996.5
《大金西京武州山重修大石窟寺碑》的发现与研究/宿白/中国石窟寺研究/宿白，文物出版社，1996.8
《大金西京武州山重修大石窟寺碑》校注——新发现的大同云冈石窟寺历史材料的初步整理/宿白/中国石窟寺研究/宿白，文物出版社，1996.8
大足石刻分期述论/宋朗秋/敦煌研究/1996.3
大足宝顶山大佛湾“六耗图”龛调查/邓之金/四川文物/1996.1
山东历城黄石崖摩崖龛窟调查/张总/文物/1996.4
马蹄寺石窟/钱桂花/文物天地/1996.1
中国石窟寺考古/宿白/中国石窟寺研究/宿白，文物出版社，1996.8
云冈石窟分期试论/宿白/中国石窟寺研究/宿白，文物出版社，1996.8
从出土文物看中古时期龙门地区的区系文化聚落/张乃翥/龙门石窟一千五百周年国际学术讨论会论文集/龙门石窟研究所编，文物出版社，1996.5
巴中石窟三题/罗世平/文物/1996.3
巴中西龛石窟调查记/巴中市文物管理所/文物/1996.3
艺术瑰宝马蹄寺石窟/钱桂花/文物天地/1996.1
东千佛洞石窟述论/周维平/社科纵横/1996.3

与峨嵋并称的大蓬山胜迹考/阙家骆/文史杂志/1996.2

龙门石窟的音乐研究/李文生/龙门石窟一千五百周年国际学术讨论会论文集/龙门石窟研究所编，文物出版社，1996.5

佛教对于中国音韵学的影响/张建木/张建木文选/宗教文化出版社，1996.11

唐代壁画中的龟兹音乐/赵超/文物天地/1996.6

清西陵佛教音乐初探/张松岩/大舞台/1996.6

千佛崖造像/田华明/四川文物/1996.1

大足北山多宝塔内善财童子五十三参石刻图像/黎方银/敦煌研究/1996.3

大足宝顶菩萨堡摩崖造像考述/唐毅烈/四川文物/1996.3

山东广饶佛教石造像/赵正强/文物/1996.12

山东青州兴国寺故址出土石造像/夏名采、庄明军/文物/1996.5

山东章丘市发现东魏石造像/考古/1996.3

中国佛教行像仪式/郝毅/新疆艺术/1996.6

从云冈到龙门的三世佛造像/官大中/龙门石窟一千五百周年国际学术讨论会论文集/龙门石窟研究所编，文物出版社，1996.5

东阳王与建平公（二稿）/宿白/中国石窟寺研究/宿白，文物出版社，1996.8

乐至石匣寺摩崖造像/袁国腾/四川文物/1996.1

北魏飞天图像表现类型——云冈、龙门石窟飞天图像略析/方初惠/龙门石窟一千五百周年国际学术讨论会论文集/龙门石窟研究所编，文物出版社，1996.5

四川摩崖造像柳本尊化道“十炼图”由来及年代探索/陈明光/四川文物/1996.1

龙门北魏石窟二弟子造像的定型化/张宝玺/龙门石窟一千五百周年国际学术讨论会论文集/龙门石窟研究所编，文物出版社，1996.5

龙门石窟北朝晚期龛像浅析/常青/龙门石窟一千五百周年国际学术讨论会论文集/龙门石窟研究所编，文物出版社，1996.5

龙门石窟看经寺洞罗汉群像探讨——两天二十八或二十九祖师说的最早例证/陈清香/龙门石窟一千五百周年国际学术讨论会论文集/龙门石窟研究所编，文物出版社，1996.5

龙门石窟造像艺术风格成因初探/章涪陵/龙门石窟一千五百周年国际学术讨论会论文集/龙门石窟研究所编，文物出版社，1996.5

龙门所见两《唐书》中人物造像概说/温玉成/龙门石窟一千五百周年国际学术讨论会论文集/龙门石窟研究所编，文物出版社，1996.5

关于龙门造像样式及其变年/金维落/龙门石窟一千五百周年国际学术讨论会论文集/龙门石窟研究所编，文物出版社，1996.5

关于优填王造像的若干报告——讨论东南亚对中国唐代佛教造像的影响/（日）冈田健/龙门石窟一千五百周年国际学术讨论会论文集/龙门石窟研究所编，文物出版社，1996.5

延安市收藏的千手千眼观音铜造像/刘智/文博/1996.5

早期佛像火焰式纹身光之演变及对古阳洞起源的一些探想/蒋人和/龙门石窟一千五百周年国际学术讨论会论文集/龙门石窟研究所编，文物出版社，1996.5

两件唐代铜佛像/杨秉礼/文博/1996.2

两尊铜佛坐像年代考/李石杰/辽海文物学刊/1996.2

佛教造像碑尊像雕刻/李静杰/敦煌学辑刊/1996.2

我国的观世音信仰与龙门石窟的观世音造像/李玉昆/龙门石窟一千五百周年国际学术讨论会论文集/龙门石窟研究所编，文物出版社，1996.5

兖州发现北齐造像记/樊英民/文物/1996.3

宜宾市大佛沱唐宋摩崖造像/丁天锡/四川文物/1996.4

西藏拉萨地区佛寺调查记/宿白/藏传佛教寺院考古/宿白著，文物出版社，1996.10

论玉树贝沟大日如来庙吐蕃摩崖造像及石刻（藏文）/德格才让/藏族历史宗教研究（第一辑）/陈庆英主编，中国藏学出版社，1996.8

岗底斯山及其神秘文化/诺布旺丹/中国西藏/1996.3

张掖河流域13—14世纪的藏传佛教遗迹/宿白/藏传佛教寺院考古/宿白著，文物出版社，1996.10

阿里地区札达县境的寺院遗迹——《古格王国建筑遗址》和《古格故城》中部分寺院的有关资料读后/宿白/藏传佛教寺院考古/宿白著，文物出版社，1996.10

呼和浩特及其附近几座召庙殿堂布局的初步探讨/宿白/藏传佛教寺院考古/宿白著，文物出版社，1996.10

居庸关过街塔考稿/宿白/藏传佛教寺院考古/宿白著，文物出版社，1996.10

拉卜楞寺的宗教节日/伊尔·赵荣璋/民族/1996.11

拉卜楞寺藏印考述/丹曲/中国藏学/1996.3

拉萨北郊的邱桑寺/廖东凡/中国西藏/1996.3

拉萨布达拉宫主要殿堂和库藏的部分明代文书/宿白/藏传佛教寺院考古/宿白著，文物出版社，1996.10

武威蒙元时期的藏传佛教遗迹/宿白/藏传佛教寺院考古/宿白著，文物出版社，1996.10

浅析拉布寺的产生与发展过程（藏文）/洛周/藏族历史宗教研究（第一辑）/陈庆英主编，中国藏学出版社，1996.8

现代适应中的藏传佛教寺院学校/徐铭/西南民院学报/1996.3

试论藏传佛教寺院组织的形成及其历史地位与作用/廉湘民/藏族历史宗教研究（第一辑）/陈庆英主编，中国藏学出版社，1996.8

试析阿琼南宗尼姑寺的生活模式/德吉卓玛/青海社会科学/1996.3
试析藏族早期寺院经济的出现及其影响/格桑达吉/中央民族大学学报/1996.2
青川藏交界处的结古寺/嘎巴·江永喜让/中国西藏/1996.5
清廷为何建承德避暑山庄与外八庙/徐鸣/民族/1996.5
略论阿琼南宗尼姑寺的历史沿革及其影响/德吉卓玛/中国藏学/1996.3
略述拉卜楞洪仓峨尼姑寺之缘起仪轨及现状/张庆有/西藏研究/1996.3
榆林、莫高两窟的藏传佛教遗迹/宿白/藏传佛教寺院考古/宿白著，文物出版社，1996.10
雍和宫东书院沧桑记/马兰/民族/1996.12
雍和宫——民族团结的历史见证/黄崇文/北京日报/1996.5.7
雍和宫杂论/陈庆英/藏族历史宗教研究（第一辑）/陈庆英主编，中国藏学出版社，1996.8
避暑山庄的造园艺术/杨天在/承德民族师专学报/1996.3
藏区寺院藏书的形成及其发展概述/孔宪风/西藏研究/1996.4
藏式佛塔考述/尕藏加/中国藏学/1996.3
藏族文化的摇篮——寺院/共确降措/藏学研究论丛（第八辑）/《藏学研究论丛》编委会编，西藏人民出版社，1996.11
藏族木刻印刷的发祥地——德格印经院/吴军/中国西藏/1996.2
藏族地区负盛名的三大文化艺术宝库/中外文化交流/1996.5
印度佛教圣地巡礼/江亦丽/当代亚太/1996.2
“诸法无我”辨析/艾畦/南开学报/1996.1
“缘起性空”说述评/吴根友/武汉大学学报/1996.1
《大乘大义章》简析/张竟业/法音/1996.11
《文心雕龙》对《高僧传》之影响臆探/陈洪/南开学报/1996.1

《佛教起源论》简评/李增宏/三秦论坛/1996.4
三教关系下的佛教——读《中国佛教文化历程》/夏星/1996.5
小乘佛教对湄公河流域国家文化的影响/傅增有/东南亚/1996.1
中国佛教伦理思想论纲/方立天/中国社会科学/1996.2
中国佛教孝亲观初探/王月清/南京大学学报/1996.3
从《高僧传》看佛教词语对汉语词汇的影响/王小莘/学土（卷二）/苏晨主编，广东高等教育出版社，1996.3
从巴姆的比较哲学看《佛陀哲学》/张华/学海/1996.5
从佛教的教义看它的人生哲学/东华尔丹/西北第二民院学报/1996.1
外来佛教向中国佛学发展刍议/傅京生/中国文化研究/1996.3
民间传说中的观音/贺嘉/民间文学论坛/1996.3
民俗佛教的形成与特征/李四龙/北京大学学报/1996.4
寻访智慧之光——《佛语哲思·开头的话》/王先霈/云梦学刊/1996.2
朱熹理学与天台佛学的关系/曾其海/台州师专学报/1996.1
讲“庄严”/白化文/中国典籍与文化/1996.4
论佛经文献在我国图书事业发展中的地位与作用/孟雪梅、田丽君/古籍整理研究学刊/1996.2
迈向佛家型般若治疗学的建立——以《金刚般若波罗密经》为核心的展开/林安悟/原道（第三辑）/陈明主编，中国广播电视出版社，1996.1
佛学中美对教育思想的资鉴/赵月怀/有色金属高教研究/1996.4
佛教“无分别”观念/姚卫群/东方哲学与文化（第一辑）/中国社会科学院哲学研究所东方哲学研究室编，社会科学文献出版社，1996.2
佛教“唯识无境”论对美学意境的影响/祁志祥/广州师院学报/1996.3

佛教与中国文化浅析/甘晓燕、高鸣/云南学术探索/1996.1
佛教与西夏文化述论/尚世东/西北第二民院学报/1996.2
佛教中国化漫议/王守常/未来与发展/1996.2
佛教在当代泰国政治中的作用/李晨阳/东南亚/1996.1
佛教论“以圆为美”及其美学影响/祁志祥/淮海文汇/1996.4—5
佛教现代化略论/赖永海/长白论丛/1996.1
佛教哲学中的辩证思维探析/吴远/南京社会科学/1996.6
我国早期的重要佛教著作《牟子理惑论》/黄柏权/岭南文史/1996.4
近期佛教研究著作扫描/黄夏年/出版广角/1996.6
法国学者对丝绸之路的研究/耿昇/丝绸之路/1996.5
晚明童心说之学术渊源及其与佛学的关系/黄卓越/中国文化研究/1996.1
莲花东渐，菩提兴嬗——试论佛教的中国化/彭华/宜宾师专学报/1996.1
莲花的原型批评/贾一心/青海民院学报/1996.1
读《俱舍论本义抄》札记（附：汤一介整理后记）/汤用彤/学术集林（卷九）/王元化主编，上海远东出版社，1996.12
谈谈佛教学术研究的现代化问题/许抗生/北京大学学报/1996.1
探寻盛唐辉煌的奥秘——关于建立法门学的思考/苏叔阳/人民日报/1996.5.29
深邃的金刚心——悟彻《如意藏》妙理之神功/瑜伽师智美唯赛著，谢健节译/青海民院学报/1996.2
略论大乘佛教哲学空有二宗的理论实质/巫白慧/哲学研究/1996.10
略论石介的排佛老、斥时文思想/仝晰纲/河南师大学报/1996.3
隋唐佛教的十二大哲学命题/陈士强/复旦学报/1996.1
蒙古与吐蕃关系中佛教文化的作用/洪玉范/黑龙江民族丛刊/

1996.2

精神解脱与社会参与——佛教的当代意义之蠡测/郭齐勇/“东山法门”与禅宗/萧萐父、黄钊主编，武汉出版社，1996.6

避世厌世，还是入世益世？——佛教人生观辨/浙江学刊/1996.6

韩中禅画比较研究/（韩国）文明大/禅与东方文化/季羡林、吴亨根等著，商务印书馆，1996.2

《庄子》轮回说——中印佛教思想会通研究/叶舒宪/海南大学学报/1996.2

中印佛教观音身世信仰的主要内容与区别/李利安/中华文化论坛/1996.4

佛教不同于其它宗教的几个特点/多识/西藏民俗/1996.3

汉译悉昙文字的一些问题研究/谭世宝/中国文化（第十三期）/刘梦溪主编，中国文化杂志社，1996.6

传入日本的中国佛教疑伪经典（上）/京户慈光/敦煌学辑刊/1996.1

印度佛教人生理想论略说/方立天/长白论丛/1996.4

论美国佛教传播中的实用主义倾向/张子开/青海社会科学/1996.4

佛教与近代日本思想—近代日本知识分子佛教观概念/李向平/上海大学学报/1996.2

浅谈藏传因明的应成推论式/祁顺来/青海民院学报/1996.2

因明发展史梳理/姚南强/上海教育学院学报/1996.2

论《因明大疏》的逻辑思想——纪念杨仁山迎回《大疏》一百周年/姚南强/中国哲学史/1996.2

陈那和他的新因明/巫白慧、巫寿康/东方哲学与文化（第一辑）/中国社会科学院哲学研究所东方哲学研究室编，社会科学文献出版社，1996.2

法称及其对新因明的发展/徐东来/东方哲学与文化（第一辑）/中

国社会科学院哲学研究所东方哲学研究室编，社会科学文献出版社，1996.2

藏传因明学的产生、发展及主要典籍（藏文）/吉美桑珠/藏族历史宗教研究（第一辑）/陈庆英主编，中国藏学出版社，1996.8

《洛阳伽蓝记》的体例渊源及其与名僧“格义”的关系/范子烨/北方论丛/1996.5

云在青山水在瓶——佛教与中国传统美学的几点联系/汪振军/民族艺术研究/1996.4

佛教伦理中国化的方式与特色/方立天/哲学研究/1996.6

我国佛教研究的现状和走向/业露华/社会科学报/1996.4.4

性理与自然——二程哲学与佛教关系散论/周晋/北京大学研究生学刊/1996.1—2

祥金室杂俎/张建木/张建木文选/宗教文化出版社，1996.11

排拒佛释：乾嘉考据学风形成的一个新视角/路新生/天津社会科学/1996.2

清初文论中的佛学影响/陈洪/南开学报/1996.6

略论汉文佛教典籍的产生与流传/周少川/信阳师院学报/1996.1

中国佛教地理研究史籍述评/张伟然/地理学报/1996.4

佛国于阗漫记——《无声的塔克拉玛干》之二/王嵘/丝绸之路/1996.5

宋代佛教的俗化/曹家齐/杭州研究/1996.2

评《贵霜佛教政治传统与大乘佛教》/徐文堪/学术集林（卷八）/王元化主编，上海远东出版社，1996.9

评介两部研究《往五天竺国传》的新著/董志翘/学术集林（卷九）/王元化主编，上海远东出版社，1996.12

金棺银椁瘗“舍利”与唐王朝的灭亡/管炜/天中学刊/1996年增刊

清末日本传来佛教典籍考/陈继东/原学（第五辑）/陈少峰主编，中国广播电视出版社，1996.7

富于现代意味的宗教史研究——从陈寅恪先生关于六祖偈语的研究说起/葛兆光/东方文化/1996.6

一部富有开创性的力作——江灿腾《台湾佛教百年史之研究》(1895—1995)》评介/方立天、张风雷/法音/1996.7

回顾我的研究及对今后的展望——在接受中国社会科学院文献信息中心荣誉教授称号仪式上的演讲/(日)镰田茂雄著，何培忠译/国外社会科学/1996.1

佛教海上传入中国之研究/吴廷璆、郑彭年/中外关系史论丛（第5辑）/书目文献出版社，1996

唐代广东的佛教/孙繁敏、张连城/中外关系史论丛（第5辑）/书目文献出版社，1996

中国古代佛教的三个问题/杨曾文/原道（第三辑）/陈明主编，中国广播电视出版社，1996.1

扎纳巴扎尔的鎏金铜造像艺术/杨伯达/故宫博物院院刊/1996.4

《日本佛教史》评介/郑天星/法音/1996.9

“法显航渡美洲”说批判/张箭/中国历史地理论丛/1996.1

“散僧入圣”的“杨风子”/刘涛/文史知识/1996.3

《智顗评传》序/任继愈/学术集林（卷八）/王元化主编，上海远东出版社，1996.9

三大活佛转世内幕/邹潮/现代青年/1996.（总31）

川籍华侨对日本的贡献——南宋高僧兰溪道隆的不朽业迹/应骥/八桂侨史/1996.4

中国佛教人物传略（1.支遁，2.胆巴，3.阿底峡）/张建木/张建木文选/宗教文化出版社，1996.11

中国佛教教义的时代的殿军——圭峰宗密述评/向世山/中华文化论坛/1996.4

为人师表：《李叔同传》一章/金梅/名人传记/1996.9

从鉴真渡日航船看唐代造船水平/陈延杭/海交史研究/1996.2

元僧溥光的艺术成就/李峰/文史知识/1996.6

历世桑定多吉帕姆主要事迹/克珠群佩、董利英/西藏民院学报/1996.4

天竺取经第一人/陈礼荣/文史知识/1996.4

王审知入闽、治闽与“崇佛”/林立群、林精华/福建论坛/1996.3

冯承钧及其在中国翻译史上的贡献/邹振环/学术月刊/1996.4

弘一大师与近代闽南佛教/何绵山/近代史研究/1996.1

弘一大师影视热之我见/徐忠良、陈洁华/中国典籍与文化/1996.1

弘一法师未曾刊书札（附：丁红说明并注）/李叔同/学术集林（卷八）/王元化主编，上海远东出版社，1996.9

玄奘在中国逻辑史上的贡献/刘培育/湖北大学学报/1996.1

玄奘译经活动述论/张德宗/史学月刊/1996.3

玄奘诗颂编年考/邹同庆/殷都学刊/1996.2

寺院经济与鉴真东渡/卞孝萱/烟台师院学报/1996.1

成都昭觉寺诗僧丈雪通醉/胡昌健/四川文物/1996.2

有关在日本举行的杨文会居士追悼会之资料/陈继东/原学（第四辑）/陈少峰主编，中国广播电视出版社，1996.6

西行求法第一僧/张兵/丝绸之路/1996.5

论苏曼殊的思想/任广田/西北大学学报/1996.1

论欧阳竟无的佛学贡献/唐江、刘冬爱/江西社会科学/1996.8

宋明州高丽宝云义通大师事迹考——兼论其在佛教史上的作用/方祖猷/宁波大学学报/1996.3

杨化群的藏学生涯/晓浩/中国西藏/1996.5

杨度的佛学思想/刘政文/民主/1996.6

鸠摩罗什与秦陇石窟艺术/项一峰/丝绸之路/1996.3

奉佛宰相—王缙沉浮录/段塔丽/文史知识/1996.3

明代中日僧侣的友好往来/崔荣华、陈情/南通师专学报/1996.1

浅谈龚自珍的佛学思想/檀作文/北京大学研究生学刊/1996.1—2

竺法护其人其事/杨绳信/中华文化论坛/1996.4
南朝君主与佛教/刘莘、陈捷/四川师大学报/1996.4
指空弘扬中国西南禅学考/杨学政/云南社会科学/1996.2
唐玄奘西行与新因明东输/沈剑英/上海教育学院学报/1996.2
唐僧受戒寺院在成都何处/李豫川/文史杂志/1996.1
奚林和尚事迹考略/张崇琛/蒲松龄研究/1996.3
谈八大山人的禅宗思想/洪鹰/南方文物/1996.3
寂灭的海潮音——读《太虚法师年谱》/辛晓征/艺术广角/1996.5
龚自珍的佛像/刘慧宇/文史知识/1996.6
寒山子佛学思想探析/蔡海江/台州师专学报/1996.1
释道安在佛典注释上的贡献/黄亚平/西北师大学报/1996.2
痴志石窟五十年：记敦煌研究院院长段文杰/陈勇进/人民日报/1996.6.15
鉴真对日本佛教文化的影响/郭天祥/宝鸡文理学院学报/1996.4
慧远的净土信仰与谢灵运的山水诗/李炳海/学术研究/1996.2
慧能的佛性思想及其演变/冯巽/学术研究/1996.3
黎庶昌与佛教/王路平/贵州师大学报/1996.1
霍韬晦：当代新佛家/王其水/聊城师院学报/1996.3
再现“第二佛陀”的伟业——评班班多杰新作《宗喀巴评传》/扎洛/法音/1996.8
九世班禅转世灵童寻访认定和十世班禅坐床档案选/中国第二历史档案馆/民国档案/1996.1
十世班禅转世灵童寻访认定纪实/金志国/西藏民俗/1996.1
第十世班禅转世灵童掣出/新华社/民族/1996.1
《唐海东故真鉴禅师碑》引见/白化文/中国嵩山少林寺建寺1500周年国际学术研讨会论文集/释永信、吴立民主编，宗教文化出版社，1996.6
《慧坚禅师碑》与慧坚禅师/王亚荣/中国嵩山少林寺建寺1500周

年国际学术研讨会论文集/释永信、吴立民主编，宗教文化出版社，1996.6

风颠禅师小记/李禾/丝绸之路/1996.1

古代大禅师语录/洪丕谟/禅与人生/洪丕谟主编，中国国际广播出版社，1996.8

百丈和百丈清规/业露华/中国嵩山少林寺建寺1500周年国际学术研讨会论文集/释永信、吴立民主编，宗教文化出版社，1996.6

岭东高僧，禅学之最：著名高僧僧稠及其在嵩岳少林寺的神迹/张泽霖/河南史志/1996.1

菩提达摩祖师禅学思想/佛源/中国嵩山少林寺建寺1500周年国际学术研讨会论文集/释永信、吴立民主编，宗教文化出版社，1996.6

道一禅师的佛学贡献/何明栋/“东山法门”与禅宗/萧萐父、黄钊主编，武汉出版社，1996.6

道信及其禅法/吕有祥/“东山法门”与禅宗/萧萐父、黄钊主编，武汉出版社，1996.6

法演及其禅法/张文良、李浦群/“东山法门”与禅宗/萧萐父、黄钊主编，武汉出版社，1996.6

五祖弘忍是中国禅宗的创始人/熊安余/“东山法门”与禅宗/萧萐父、黄钊主编，武汉出版社，1996.6

弘忍与禅宗/任继愈/“东山法门”与禅宗/萧萐父、黄钊主编，武汉出版社，1996.6

弘忍及记述其禅法的《修心要论》/杨曾文/中国文化（第十三期）/刘梦溪主编，中国文化杂志社，1996.6

弘忍提出新论，发展禅学——读《最上乘论》/曹荫棠/“东山法门”与禅宗/萧萐父、黄钊主编，武汉出版社，1996.6

试论五祖弘忍大师的革新智慧/桂胜、陈赛君/“东山法门”与禅

宗/萧萐父、黄钊主编，武汉出版社，1996.6

试论弘忍创建的中国式禅宗/陈静安/“东山法门”与禅宗/萧萐父、黄钊主编，武汉出版社，1996.6

惠能禅宗与岭南心学/刘兴邦/“东山法门”与禅宗/萧萐父、黄钊主编，武汉出版社，1996.6

禅宗史上的光辉转折——从弘忍到惠能/陈福雄/“东山法门”与禅宗/萧萐父、黄钊主编，武汉出版社，1996.6

慧可禅学思想的特色/真禅/中国嵩山少林寺建寺1500周年国际学术研讨会论文集/释永信、吴立民主编，宗教文化出版社，1996.6

慧能高举禅宗革命大旗/姜玉珍/禅与人生/洪丕谟主编，中国国际广播出版社，1996.8

神秀北宗禅法/任继愈/禅与东方文化/季羡林、吴亨根等著，商务印书馆，1996.2

朱熹与禅/李邦国/“东山法门”与禅宗/萧萐父、黄钊主编，武汉出版社，1996.6

佛祖故乡亲历记/王璐/西藏民俗/1996.1

济公修行地——泾源张台石窟/王治平、李子杰/固原师专学报/1996.2

千手千眼观音圣像源流考/冯汉镛/文史杂志/1996.2

云南观音考释/张楠/云南文史丛刊/1996.1

观音菩萨与女性/温金玉/中华文化论坛/1996.4

六祖慧能与文殊禅法/崔正森/学术论丛/1996.6

慧远的政教离即论/方立天/文史哲/1996.5

元代来华印度和尚与印土寺/杨德华/云南师大学报/1996.4

性彻大师的生平和思想/睦祯培/当代韩国/1996.3

空海入唐路线考略/牛康/福建史志/1996.5

空海到达霞浦赤岸时的中国主人/陈国强/福建史志/1996.3

指空在中韩两国传播佛教文化的业绩/何耀华/云南社会科学/1996.6
圆仁来唐/高风林/徐福文化的思考/杨正光、朱亚非等著，山东友谊书社，1996.10
新罗王子与佛教圣地九华山/张敏/文史杂志/1996.5
玄奘法师的翻译事业/张建木/张建木文选/宗教文化出版社，1996.11
玄奘法相唯识学说在古代日本和朝鲜的传播与发展/张德宗/河南大学学报/1996.6
老不倦勤提携后进/刘兴民/真禅法师纪念文集/上海佛教协会编，华东师范大学出版社，1996.11
《往五天竺国传笺释》校议/张涌泉/书品/1996.1
人间佛教的实践者/惟贤/真禅法师纪念文集/上海佛教协会编，华东师范大学出版社，1996.11
三大活佛转世内幕/邹潮/现代青年/1996.（总31）
三世章嘉呼图克图圆寂前后史料选择（下）/中国第一历史档案馆/历史档案/1996.1
大智法王考/陈楠/中国藏学/1996.4
大颠禅师与《心经注》/饶宗颐/饶宗颐汕头地方史论集/黄挺编，汕头大学出版社，1996.8
元代的维吾尔族喇嘛僧/张羽新/中国藏学/1996.2
历世桑定多吉帕姆主要事迹/克珠群佩、董利英/西藏民院学报/1996.4
宁玛派高僧隆钦然绛大师/蒲文成/青海民院学报/1996.4
布敦《教法史》经录义例——纪念我国藏族学者布敦大师逝世六百周年/张建木/张建木文选/宗教文化出版社，1996.11
弘一法师出家前的情缘/王远生/云南文史丛刊/1996.2
吐蕃统治时期敦煌两位粟特僧官——史慈灯、石法海考/马雅伦、

邢艳红/敦煌学辑刊/1996.1

西藏"喇嘛玛尼"著名民间说唱艺人—次仁群宗/索次/西藏艺术研究/1996.1

佛教文化的继承者和发扬者/高振农/真禅法师纪念文集/上海佛教协会编，华东师范大学出版社，1996.11

作为哲学家的宗喀巴和宗喀巴的中观哲学/王尧、褚俊杰/藏族历史宗教研究（第一辑）/陈庆英主编，中国藏学出版社，1996.8

我被认命为噶伦和昌都总管的经过/拉鲁·次旺多吉/中国西藏/1996.4

抗俄活佛棍噶扎勒参/赤翁克埃/民族/1996.10

苏曼殊的身世/章士严/古今谈/1996.1

宗喀巴大师传/张建木/张建木文选/宗教文化出版社，1996.11

弥膀·朗杰嘉措大师小传/李豫川/民族/1996.9

拉卜楞寺活佛与寺庙藏书/张小莹/中国西藏/1996.5

明朝对西藏高僧的封授/恰白·次旦平措/中国西藏/1996.3

浅谈格达活佛的爱国主义精神/谈士杰/青海社会科学/1996.2

活佛、学者、藏医学家——记青海省河南县香札寺活佛尕布藏/才项吉、赵清阳/中国西藏/1996.2

胡适与敦煌学/刘再聪、陈正桃/敦煌学辑刊/1996.1

乘愿而来各有所归——未中签幼童皈依佛门/多穷/中国西藏/1996.4

真禅法师生平/真禅法师纪念文集/上海佛教协会编，华东师范大学出版社，1996.11

真禅法师年谱/真禅法师纪念文集/上海佛教协会编，华东师范大学出版社，1996.11

莲花生及其对藏传佛教的贡献/索南才让/西藏民院学报/1996.4

读《续高僧传·那提传》质疑/张建木/张建木文选/宗教文化出版社，1996.11

第三辈章嘉呼图克图及其创制的满文经咒新字/胡进杉/中国藏学/1996.1

喇嘛教、黄教和清初四大活佛/张惠民/历史学习/1996.6

普济寺与圣露活佛/段松廷/民族/1996.3

智玹佛教心性论述评/张风雷/中国哲学史/1996.3

缅怀上海市佛教协会会长真禅大法师/郭大栋/真禅法师纪念文集/上海佛教协会编，华东师范大学出版社，1996.11

藏北草原最大的活佛珠康仁波切/周颖/中国西藏/1996.3

第十世班禅额尔德尼·确吉坚赞评传/江平、李佐民、宋盈亭等/中国藏学/1996.4

十一世班禅的佛学修习生活/多吉占堆/中国西藏/1996.3

第十一世班禅活佛学经生活纪实/华子/中国西藏/1996.6

十三世达赖、九世班禅圆寂致祭及其转世灵童的寻访/玛鼐/青海民族研究/1996.1

十三世达赖喇嘛在西藏抗英战争中的功过新论/贾英波、王春焕/西藏民院学报/1996.4

十三世达赖喇嘛新政/格桑达吉、喜饶尼玛/中国藏学/1996.2

护国利民的宗教领袖——西藏班禅大师/姜秀华/党史纵横/1996.1

乾隆盛迎六世班禅/黄崇文/民族/1996.9

十世班禅大师的爱国思想/蒲文成、何峰、穆兴天/青海日报/1996.11.2

马背上的太阳：记十世班禅画师尼马泽仁/岱峻/名人/1996.1

九世班禅与十三世达赖失和前后/研家/文史精华/1996.11

九世班禅返藏问题与英国的阻挠活动/唐洪波/藏学研究论丛（第八辑）/《藏学研究论丛》编委会编，西藏人民出版社，1996.11

从阿弥陀来迎图看西夏的往生信仰/张元林/敦煌研究/1996.3

从国际视野看达赖喇嘛/直云/中国西藏/1996.1

达赖违背历史定制和班禅遗愿罪恶昭彰/旺拉/西藏党校/1996.1
达赖喇嘛与“杰钦修丹”护法神之战/维色/中国西藏/1996.6
达赖喇嘛同麻原勾结的实质/沙舟/中国西藏/1996.1
达赖集团反动本质再败露/飘寒/西藏党校/1996.1
评达赖喇嘛在班禅转世问题上的表演/多杰才旦/中国西藏/1996.3
清末川军入藏与达赖喇嘛出走事件/杨铭/中国边疆史地研究/1996.1
十四世达赖违背教规骗造谎言鼓吹“西藏独立”欺骗国际舆论事例剖析（连载1）/童思淦、平金珊/西藏日报/1996.1.22
十四世达赖违背教规编造谎言鼓吹“西藏独立”欺骗国际舆论事例剖析（连载2）/童思淦、平金珊/西藏日报/1996.1.29
十四世达赖违背教规编造谎言鼓吹“西藏独立”欺骗国际舆论事例剖析（连载3）/童思淦、平金珊/西藏日报/1996.2.5
十四世达赖违背教规编造谎言鼓吹“西藏独立”欺骗国际舆论事例剖析（连载4）/童思淦、平金珊/西藏日报/1996.2.12
十四世达赖违背教规编造谎言鼓吹“西藏独立”欺骗国际舆论事例剖析（连载5）/童思淦、平金珊/西藏日报/1996.2.26
十四世达赖违背教规编造谎言鼓吹“西藏独立”欺骗国际舆论事例剖析（连载6）/童思淦、平金珊/西藏日报/1996.3.4
十四世达赖违背教规编造谎言鼓吹“西藏独立”欺骗国际舆论事例剖析（连载7）/童思淦、平金珊/西藏日报/1996.3.11
十四世达赖违背教规编造谎言鼓吹“西藏独立”欺骗国际舆论事例剖析（连载8）/童思淦、平金珊/西藏日报/1996.3.18
十四世达赖违背教规编造谎言鼓吹“西藏独立”欺骗国际舆论事例剖析（连载9）/童思淦、平金珊/西藏日报/1996.6.3
十四世达赖违背教规编造谎言鼓吹“西藏独立”欺骗国际舆论事例剖析（连载10）/童思淦、平金珊/西藏日报/1996.6.24

浅析吴忠信是主持十四世达赖喇嘛认定坐床专使，还是观礼贵宾/李鹏年/藏学研究论丛（第八辑）/《藏学研究论丛》编委会编，西藏人民出版社，1996.11

五世达赖喇嘛年谱（1654—1662）/陈庆英/藏学研究论丛（第八辑）/《藏学研究论丛》编委会编，西藏人民出版社，1996.11

清初第五辈达赖喇嘛进京及受封经过/柳陞祺、邓锐龄/藏族历史宗教研究（第一辑）/陈庆英主编，中国藏学出版社，1996.8

六世达赖的诗情和命运/黄橙/民族/1996.2

中央政府颁授历世达赖、班禅之金册金印/陈金钟/中国藏学/1996.1

达赖、班禅互为师徒关系考析/沈阳/西藏民院学报/1996.1

宋朝与高丽佛教文化交流述略/顾宏义/西藏民院学报/1996.3

三燕佛教略考/董高/辽海文物学刊/1996.1

元代云南汉地佛教重考——兼驳“禅密兴替”说/侯冲/云南社会科学/1996.2

北凉王族与高昌佛教/姚崇新/新疆师大学报/1996.1

台湾的佛教与政治/魏德东/读书/1996.12

自长安出发的西行求法运动/刘学智/华夏文化/1996.1

浅谈佛教在广西的传播及其对少数民族文化的影响/廖国一/广西民院学报/1996.1

金代佛教发展述略/崔广彬/黑河学刊/1996.5

菩萨顶的佛教历史/肖雨/五台山研究/1996.1

当代尼泊尔佛教走向复兴/张惠兰/当代亚太/1996.6

(佛)唐后期五代宋初沙州的方等道场与方等道场司/郝春文/唐研究（第二卷）/荣新江主编，北京大学出版社，1996.12

十五年来魏晋南北朝佛教研究/王朝晖/历史教学问题/1996.6

中国历史中的佛教/(美)芮沃寿/国际汉学著作提要/李学勤主编，江西教育出版社，1996

中国佛教的历史考察/（美）陈观胜/国际汉学著作提要/李学勤主编，江西教育出版社，1996

对于佛教何时传入中国的两种传说的考察/沈海波/上海教育学院学报/1996.4

民初佛教复兴运动和日本《二十一条》/马烈/江西社会科学/1996.11

论晚清佛学复兴/葛兆光/学人（第10辑）/陈平原、王守常、汪晖主编，江苏文艺出版社，1996.9

佛学与现代新文化——中国现代史上佛化新青年与非宗教新青年论战述评/李少兵/中国文化（第十三期）/刘梦溪主编，中国文化杂志社，1996.6

佛教对中国的征服：佛教在早期中世纪中国的传播和适应/（荷）徐理和/国际汉学著作提要/李学勤主编，江西教育出版社，1996

抗战初期佛教徒参加抗日救亡活动史料选（上下）/中国第二历史档案馆/民国档案/1996.3

试述梁武帝力促佛教僧制的中国化/欧阳镇/江西社会科学/1996.11

唐代江南的淫祠与佛教/严耀中/唐研究（第二卷）/荣新江主编，北京大学出版社，1996.12

唐后期五代宋初沙州僧尼的宗教收入（三）——大众仓试探/郝春文/敦煌学辑刊/1996.2

富于现代意味的宗教史研究——从陈寅恪先生关于六祖偈语的研究说起/葛兆光/东方文化/1996.6

魏晋时期楼兰鄯善地区佛教研究札记——佉卢文沙门名号考证/黄振华/民族研究/1996.4

《佛说天地八阳神咒经》辨析：兼谈高昌回鹘佛教的社会文化意蕴/刘元春/西域研究/1996.1

山水神秀，佛宗道源——评《天台县志》天台编及宗教编的地方特色/孙平/浙江方志/1996.3

从《入唐求法巡礼行记》看唐代山东的对外交往/朱亚非/文献/1996.4

月氏人最早向中国传播佛教文化/何稼政/丝绸之路/1996.6

江西古代佛教文化概说/童辰/江西社会科学/1996.4

佛教的盛衰与金陵的佛寺/周蓉/南京社会科学/1996.6

突厥佛教的源流与古突厥语佛典的出现/（日）森安孝夫著，郗仲平译/敦煌学辑刊/1996.1

浙江宋代佛教与中日茶文化交流/沈冬梅/文史知识/1996.10

四百年殖民统治对斯里兰卡佛教社会的巨大破坏/邵铁生/亚非/1996.1

印度部派佛教争鸣的历史意义/许鸿棣/宝鸡文理学院学报/1996.2

佛教与中世纪东北亚的政治变革/韩瑞常/求是学刊/1996.3

佛教与泰国文化/傅增有/北京大学学报/1996（东方文化研究专刊）

佛教民族主义在南亚·东南亚的发展/宋立道/佛学研究/1996.3

近代斯里兰卡佛教复兴的背景/黄夏年/南亚研究季刊/1996.2

泰国上座部佛教文化述评/岳蓉/云南师大学报/1996.3

高丽末期的佛教/（韩国）李英茂/禅与东方文化/季羡林、吴亨根等著，商务印书馆，1996.2

略论渤海国在东北亚双向交流中的历史地位及其佛教文化（上下）/黄大年/北方民族/1996.1、2

犍陀罗语与佛教在中亚的传播/（德）弗兰兹·伯恩哈德著，姚崇新译/西域研究/1996.4

明治时代的日本佛教改革运动/高洪/日本研究/1996.3

六、道 教

道教的第一部经目/彭清深/中国道教/1996.3

《抱朴子》二题/金毅/安顺师专学报/1996.1

葛洪《抱朴子·内篇》的自然哲学思想及其现代意义/陈克文/江汉论坛/1996.10

《道德经》与阴阳五行观/萧汉明/江西社会科学/1996.12

《道德经》的美学意蕴/孙云英/云南师大学报/1996.2

《道德经》的管理哲学浅议/冯军/中华文化论坛/1996.2

从《老子想尔注》看道家思想的神学化/张运华/文史杂志/1996.3

对《道德经》文本句法层次的分析与解释/夏可君/中州学刊/1996.4

老子及其《道德经》被神化的历史原因和过程/张树卿/松辽学刊/1996.2

敦煌十卷本《老子化胡经》残卷新探/刘屹/唐研究（第二卷）/荣新江主编，北京大学出版社，1996.12

《太平经》与道家思想/张运华/中州学刊/1996.1

《太平经》的民众政治思想/张伟国/道家文化研究（第九辑）/香港道教学院主办，陈鼓应主编，上海古籍出版社，1996.6

《太平经》的教育思想/王伦信/教育史研究/1996.1

论《太平经》中的儒家思想/龙晦/中华文化论坛/1996.2

浅析《太平经》中的政治伦理思想/唐怡/中国道教/1996.4

试论《阴骘文》的德福观/沈亦军/中华文化论坛/1996.2

“真常之道，悟者自得”——李道纯金丹学教育理论的道禅风格/邓红蕾/“东山法门”与禅宗/萧萐父、黄钊主编，武汉出版社，1996.6

《晚坛功课》“步虚”词解/梁俊雄/中国道教/1996.3

论道教符的文化内涵、特点与价值/刘晓/广东社会科学/1996.增

丹道内景谈（之一）/田诚阳/中国道教/1996.2

丹道内景谈（之二）/田诚阳/中国道教/1996.3

内丹之丹及其文化特徵/王家祐、郝勤/道家文化研究（第九辑）/香港道教学院主办，陈鼓应主编，上海古籍出版社，1996.6

中西古代金丹术的比较研究/何法信/自然科学史研究/1996.3

中国金丹术为什么没有取得更大的化学成就——中国金丹术和阿拉伯炼金术的比较/李晓岑/自然辩证法通讯/1996.5

天师道的文化渊源及宗教特征/商庆夫、陈虎/文史哲/1996.5

东汉墓葬出土的解注器材料和天师道的起源/张勋燎/道家文化研究（第九辑）/香港道教学院主办，陈鼓应主编，上海古籍出版社，1996.6

元明全真教盛衰论/王志忠/湘潭大学学报/1996.3

对全真教心性学说的几点思考/邝国强/道家文化研究（第九辑）/香港道教学院主办，陈鼓应主编，上海古籍出版社，1996.6

全真道与“全真正韵”的形成与传播/孙凡/交响/1996.2

全真道传入江西及其蕃衍/郭树森/江西社会科学/1996.9

李道谦与全真道/张应超/中国道教/1996.3

金元全真道后弘期掌握研究/程越/中国社会科学院研究生院学报/1996.4

《太一宫记》考辨/李远国/中国道教/1996.1

《武当道教史略》简评/山田俊著，宋艳琳等译/武当学刊/1996.1

元代山西芮城永乐宫/刘乃和/中国典籍与文化/1996.2

东莱是战国秦汉齐方士入海采药处/李永先/徐福东渡钩沉/吴廷璆、李永先等著，山东友谊书社，1996.10

宁夏中卫老君台道观/张凯/中国道教/1996.1

石狮城隍庙始建时间考——兼论携带永宁城隍到石狮/李天锡、吴永胜/泉州民间信仰研究（总第11期）/泉州市区道教文化研

究会编，1996.11
论道教崇山的原因与实质/姜生/复旦大学学报/1996.6
武当山古建筑群部分古建筑调查简报/武当山文管所/江汉考古/1996.2
武当山白庙敕谕碑与武当官山/徐耀进/江汉考古/1996.3
武当山早期佛教活动探佚/喻斌/武当学刊/1996.1
终南山名胜：楼观/杨隆山/陕西文史/1996.1
泉州元妙观/柯建瑞/中国道教/1996.1
唐太宗与翠微宫/郭劼/华夏文化/1996.2
崂山的道教文化/陈光照/风景名胜/1996.10
泰山封禅与道教/刘慧/泰安师专学报/1996.3
深圳南山赤湾天后宫浅说/徐尚黎/寻根/1996.1
福州民间宫观里的文物/刘湘如/中国道教/1996.3
澳门妈祖阁庙的历史考古研究新发现/谭世宝/学术研究/1996.9
《红楼梦》中的道教人物、道教活动与道家思想/朱亮嘉/中国道教/1996.2
中唐游仙诗的社会学阐释/李乃龙/东方丛刊/1996.1
永春观山百丈岩的马氏仙传说/张家瑜/泉州道教文化（总第十期）/泉州市区道教文化研究会编，1996.3
论琼剧与道教的关系/赵康太/海南大学学报/1996.3
论道教对中国传统小说之贡献/张振军/道家文化研究（第九辑）/香港道教学院主办，陈鼓应主编，上海古籍出版社，1996.6
论道教对宋诗的影响/詹石窗/道家文化研究（第九辑）/香港道教学院主办，陈鼓应主编，上海古籍出版社，1996.6
评《汉魏六朝道教与文学》/徐新平/湖南师大学报/1996.4
神奇幻想下美的象与境——论魏晋南北朝游仙诗歌的神美特质/马炳寿/广西师大学报/1996.1
曹操与曹植的游仙诗/杨建波/江汉大学学报/1996.5

曹操曹植游仙诗的艺术成就/张宏/殷都学刊/1996.1

博识密察，别开生面——钟来因《中古仙道诗精华》读后/王学钧/学海/1996.2

道家道教与重自然文风的形成/张松辉/中国文学研究/1996.4

道教与山水诗的兴起/张松辉/中国文化研究/1996.1

道教与诗教夹缝中的奇葩——论唐代女冠诗人/高利华/唐代文学研究（第六辑）/中国唐代文学学会、西北大学中文系、广西师范大学出版社主编，广西师范大学出版社，1996.6

道教对云南文学之影响示略/郭武/民族艺术研究/1996.5

道教信仰与中国民间口头叙事文学/刘守华/中国文化研究/1996.2

道教信仰与中国民间故事类型/刘守华/黄淮学刊/1996.2

道教想象力对文学的滋润——略论神魔小说和道法的关系/刘仲宇/中国道教/1996.1

漫话唐代著名道士张志和的渔父词/长虹/中国道教/1996.1

魏晋六朝游仙诗与道教/刘允芳、裴世俊/宁夏教育学院学报·银川师专学报/1996.2

鲁迅对道教的思考及遗存的道书/姚锡佩/鲁迅研究月刊/1996.2

大理道教洞经古乐/王锋/民族/1996.10

文昌洞经音乐与道释儒雅俗文化/甘绍成/音乐探索/1996.2

文昌崇拜与洞经音乐/王兴平/音乐探索/1996.2

北京白云观早晚坛功课经音乐解析/张之良/中国道教/1996.1

北魏姚伯多道教造像碑考论/刘昭瑞/道家文化研究（第九辑）/香港道教学院主办，陈鼓应主编，上海古籍出版社，1996.6

正一道音乐与全真道音乐的比较研究/甘绍成/道家文化研究（第九辑）/香港道教学院主办，陈鼓应主编，上海古籍出版社，1996.6

丽江纳西族洞经音乐的传说、曲牌及形态/桑德诺瓦/民族艺术研

究/1996.2

临潼六通北朝造像碑考释/李凇/中国道教/1996.2

剑阁县的道教摩崖造像/蔡运生/四川文物/1996.4

崂山道教宫观古琴发展回眸/彭昭倩、詹仁忠/中国音乐学/1996.1

泰山道教音乐/马吉玉、马晓春/泰安师专学报/1996.3

都江堰市“洞经音乐”初考/蒋纯勇/音乐探索/1996.2

道教与中国画略论/丁若木/道家文化研究（第九辑）/香港道教学院主办，陈鼓应主编，上海古籍出版社，1996.6

道教科仪音乐历史考察/蒲亨强/中国道教/1996.4

道教科仪音乐研究之概念和方法讨论/刘红/中国音乐学/1996.1

道教音乐特征简论/蒲亨强/道家文化研究（第九辑）/香港道教学院主办，陈鼓应主编，上海古籍出版社，1996.6

霓裳羽衣舞仙曲/樊光春/陕西史志/1996.2

“不言之美”与“物化”要求—道教美学辩证论之三/潘显一/天府新论/1996.5

“天地”与“山林”：道教自然美/潘显一/西南民院学报/1996.5

《文昌帝君阴骘文》的伦理观浅析/李刚/中国道教/1996.4

《性命圭旨》是《西游记》的文化原型/李安纲/山西大学学报/1996.4

一张新出土的明代酆都冥途路引/江玉祥/道家文化研究（第九辑）/香港道教学院主办，陈鼓应主编，上海古籍出版社，1996.6

中国道教医学论略/郭树森/开放时代/1996.11—12

什么是道教？及中国文化史的其他研究论文/（美）顾立雅/国际汉学著作提要/李学勤主编，江西教育出版社，1996

从司马承祯、王玄览看唐代道教对宋明理学的影响/陈澍/中国道教/1996.2

六朝道教的终末论——末世、阳九百六与劫运说/李丰楙/道家文

化研究（第九辑）/香港道教学院主办，陈鼓应主编，上海古籍出版社，1996.6

文昌文化在国外/王兴平/中华文化论坛/1996.1

文昌圣诞与民间习俗/黄枝生/中华文化论坛/1996.2

文昌信仰源流与文昌文化/龙吟/中华文化论坛/1996.2

文昌帝君的信仰及其神仙思想的道德决定论/卿希泰、姜生/江西社会科学/1996.6

文物所见中国古代道符述论/王育成/道家文化研究（第九辑）/香港道教学院主办，陈鼓应主编，上海古籍出版社，1996.6

王明先生《道家与传统文化研究》读后/卿希泰、詹石窗/哲学研究/1996.7

老学源流/任继愈/寻根/1996.2

论《扬善半月刊》/吴亚魁/道家文化研究（第九辑）/香港道教学院主办，陈鼓应主编，上海古籍出版社，1996.6

论《西游记》诗词韵文的金丹学主旨/李安纲/晋阳学刊/1996.3

论神仙思想的伦理功能/姜生/河北师院学报/1996.3

论道教“真”美观/潘显一/社会科学研究/1996.6

论道教与民俗的互相影响与互相渗透/邹毅/上饶师专学报/1996.2

论道教生命哲学/李刚/道家文化研究（第九辑）/香港道教学院主办，陈鼓应主编，上海古籍出版社，1996.6

论道教服食方的价值和影响/蒋力生/江西社会科学/1996.12

论道教美学人格理想/潘显一/四川大学学报/1996.3

论精气神/钟肇鹏/道家文化研究（第九辑）/香港道教学院主办，陈鼓应主编，上海古籍出版社，1996.6

张继先道教理论禅学化倾向/郭树森/“东山法门”与禅宗/萧萐父、黄钊主编，武汉出版社，1996.6

李心传《要录》、《杂记》道教条补正/唐代剑/四川师院学报/1996.2

深沉的历史感——道教景观观赏价值的重要内涵/丁晓红/中国道教/1996.4

揭示易道融合规律的学术论著——评《易学与道教文化》/林拓/福建师大学报/1996.2

道之分歧：老子与道教运动/（美）韦尔奇/国际汉学著作提要/李学勤主编，江西教育出版社，1996

道光以来清廷上层社会的神仙信仰/石衍丰/中华文化论坛/1996.2

道家、道教“出世心理”的历史意义与现实意义/胡会林/江西社会科学/1996.6

道家与道教文化的现代意义/胡孚琛/东方论坛/1996.1

道家与道教学术研讨会纪要/陈静整理/道家文化研究（第九辑）/香港道教学院主办，陈鼓应主编，上海古籍出版社，1996.6

道教与人文精神/张志哲/江海学刊/1996.5

道教与科学的相互影响及其同文化的关系/贺圣迪/上海教育学院学报/1996.1

道教文献中历法史料探讨/李志超、祝亚平/中国科技史料/1996.1

道教对酒的态度/曾传辉/中国道教/1996.2

道教戒律中的环境保护思想/尹志华/中国道教/1996.2

道教尚黄考/姜生/中国哲学史/1996.1—2

道教法印考举/刘绍明/中国道教/1996.3

道教的文化根柢/陈兵/道家文化研究（第九辑）/香港道教学院主办，陈鼓应主编，上海古籍出版社，1996.6

道教的文化意义/罗智光/道家文化研究（第九辑）/香港道教学院主办，陈鼓应主编，上海古籍出版社，1996.6

道教的发展与“三教合一”/陈翠芳/厦门大学学报/1996.1

道教的创立与佛教东传无关/李养正/道家文化研究（第九辑）/香港道教学院主办，陈鼓应主编，上海古籍出版社，1996.6

道教的理想人格与神和仙/范恩君/中国道教/1996.4

道教信仰与航海技术/陈垂成/泉州道教文化(总第十期)/泉州市区道教文化研究会编，1996.3

简述道教的伦理思想/许抗生/道家文化研究(第九辑)/香港道教学院主办，陈鼓应主编，上海古籍出版社，1996.6

道教及民间信仰与巫术的关系/陈垂成/泉州道教文化(总第十期)/泉州市区道教文化研究会编，1996.3

透过道教的中日文化交流/(日)今枝二郎/徐福文化的思考/杨正光、朱亚非等著，山东友谊书社，1996.10

道教研究在日本/(日)福井文雅著，蔡毅译/文史知识/1996.5

当代日本的中国道教研究/葛兆光/传统文化与现代化/1996.2

(书评)砂山稔《隋唐道教思想史研究》/葛兆光/唐研究(第二卷)/荣新江主编，北京大学出版社，1996.12

“汉祚复兴”的谶记与原始道教——晋南北朝刘根、刘渊的起义起兵及其他/方诗铭/史林/1996.3

“燕九节”史料札记/长虹/中国道教/1996.2

《汉魏两晋南北朝道教史研究》评介/朱绍侯/河南大学学报/1996.3

汉明帝时无佛道角力事/李养正/中国道教/1996.3

江西道教概说/郭树森/中国道教/1996.3

论“黄神越章”：兼谈黄巾口号的意义及相关问题/刘昭瑞/历史研究/1996.1

论唐代道教对唐代文化的影响/贾剑秋/西南民院学报/1996.3

宋代道教管理机构考述/唐代剑/中国道教/1996.4

唐代道教规模辨析/张泽洪/中华文化论坛/1996.2

隋唐孝道宗源/王卡/道家文化研究(第九辑)/香港道教学院主办，陈鼓应主编，上海古籍出版社，1996.6

道教在元朝的流传与江南民歌隐语/刘跃进/社会科学战线/

1996.3

道教在江油/肖定沛/中国道教/1996.3

四川道教古印与神秘文字/冯广宏、王家祐/四川文物/1996.1

吉木萨尔和阜康的道教探讨/戴良佐/西北史地/1996.1

杭州道教简述(之二)(两宋杭州道教)/陈光熙/杭州研究/1996.2

杭州道教简述（之三）（元明清杭州道教）/陈光熙/杭州研究/1996.3

浅谈道教在云南少数民族中的影响/杨旭东/思茅师专学报/1996.1

试探巫文化和道教文化在青藏高原的足迹/吴健礼/西藏研究/1996.1

闽西南道教闾山派传度中心永福探秘（续二）/叶明生/泉州道教文化（总第十期）/泉州市区道教文化研究会编，1996.3

道教对云南文化的影响/郭武/道家文化研究（第九辑）/香港道教学院主办，陈鼓应主编，上海古籍出版社，1996.6

从《小山乐府》看张可久的道家道教思想/韦金满/道家文化研究（第九辑）/香港道教学院主办，陈鼓应主编，上海古籍出版社，1996.6

从《蟠溪集》看丘处机的苦修/朱越利/道家文化研究（第九辑）/香港道教学院主办，陈鼓应主编，上海古籍出版社，1996.6

元明正一天师与武当道/杨立志/武当学刊/1996.2

文学家兼地理学家的元代道士朱思本/王树林/中国典籍与文化/1996.2

王真的道家用兵之道/何建明/中国道教/1996.3

长春丘真人“龙门七载”述略/舒天啸/中国道教/1996.3

丘处机的西游与白云观/张文澍/中国典籍与文化/1996.2

白玉蟾与留元长/未丑/泉州道教文化（总第十期）/泉州市区道教文化研究会编，1996.3

先秦神仙家渊源考/金晟焕/亚细亚文化研究（第一辑）/中国中央民族大学韩国文化研究所、韩国暻园大学亚细亚文化研究所编，民族出版社，1996.11

刘一明道教教育思想初探/宋守鹏、孙石月/中国道教/1996.4

朱熹与先天学/刘仲宇/道家文化研究（第九辑）/香港道教学院主办，陈鼓应主编，上海古籍出版社，1996.6

老子之为老子/陈炎/东方文化/1996.2

老子的神化/钟肇鹏/寻根/1996.2

论徐福与秦始皇/赵志坚、高广政/徐福文化的思考/杨正光、朱亚非等著，山东友谊书社，1996.10

论葛洪的“道”与道家的“道”/张牛/重庆社会科学/1996.4

阮籍、嵇康游仙思想的审美透视/张振龙/信阳师院学报/1996.1

张三丰在大邑县鹤鸣山天谷洞修炼考/余全琴/中国道教/1996.2

纯阳子吕洞宾生年考证/玉溪道人/中国道教/1996.2

苏轼与道教/李豫川/中国道教/1996.2

陈抟、张守真事迹考/唐代剑/中华文化论坛/1996.2

松乔考——关于赤松子和王子乔的传说/（日）大形彻/复旦学报/1996.4

试论徐福传说的文化意蕴/方印华、王新高/宁波师院学报/1996.2

郑观应道号及学道始年考/邓景滨/学术研究/1996.5

金元道教中的女真名道士/张桥贵/中国道教/1996.2

唐太宗与孙思邈/王明皋、马士琦/华夏文化/1996.3

徐福与齐文化探析/赵仁山、赵志坚/管子学刊/1996.3

徐福方仙道家的海外传播/林仙庭/徐福文化的思考/杨正光、朱亚非等著，山东友谊书社，1996.10

徐福东渡/顾涧清/东方文化/1996.4

徐福出海求仙之谜及启航港埠新考/柴海生/杭州研究/1996.5

徐福自达蓬山东渡日本时间考/王清毅/宁波师院学报/1996.1

徐福现象/赵华富/徐福文化的思考/杨正光、朱亚非等著，山东友谊书社，1996.10

秦方士冤词/张华松/徐福文化的思考/杨正光、朱亚非等著，山东友谊书社，1996.10

秦代方士徐福/张立文、田静/徐福文化的思考/杨正光、朱亚非等著，山东友谊书社，1996.10

秦代方士徐福籍贯新考/陆亭/徐福故里考辨/安作璋、朱绍侯等著，山东友谊书社，1996.10

陶弘景的养生术/韩建斌/中国道教/1996.3

嵇康与文士道教/孙明君/哲学研究/1996.6

葛洪"玄道"对汉魏晋道教哲学的综括/卢国龙/中国哲学史/1996.4

葛洪思想对《桃花源记》的影响/陈立旭/齐鲁学刊/1996.6

道士陈抟述略/张志哲/安徽史学/1996.4

道士傅金铨思想述略/曾召南/道家文化研究（第九辑）/香港道教学院主办，陈鼓应主编，上海古籍出版社，1996.6

楼观访道——记全国政协委员任法融/王殿斌/中外文化交流/1996.4

漫说龙虎山上的张天师/彭琦/文史知识/1996.11

论碧霞元君形象的演化及其文化内涵/刘守华/妙峰山·世纪之交的中国民俗流变/刘锡诚主编，中国城市出版社，1996.2

碧霞元君——道教的女神/邢莉/妙峰山·世纪之交的中国民俗流变/刘锡诚主编，中国城市出版社，1996.2

张果老其人其仙及其仙话流变/黄景春/中国民间文化（总第二十集）/上海民间文艺家协会、上海民俗协会编，学林出版社，1996.12

荣格与道教/（美）托马斯·科施著，朱冶华译/中国文化研究/1996.3

荣格的道教研究/王宗昱/道家文化研究（第九辑）/香港道教学院主办，陈鼓应主编，上海古籍出版社，1996.6

七、伊斯兰教

《古兰经》在中国/金宜久/中国伊斯兰文化/《文史知识》编辑部、国务院宗教事务局研究中心编，中华书局，1996.11

《古兰经》在俄国/周顺贤/阿拉伯世界/1996.4

回顾与启迪——祝贺《汉译〈古兰经〉史话》问世/杨怀中/回族研究/1996.4

拉美西斯二世木乃伊风波——谁是《古兰经》中的法老（续）/夏凉编译/阿拉伯世界/1996.1、3

祝贺《汉译〈古兰经〉史话》结集问世/朱威烈/阿拉伯世界/1996.1

用历法推算确定穆斯林传统节日的实践意义/尤素甫·马忠/青海民族研究/1996.3

伊斯兰教主要节日及纪念日公、农、伊历对照表（1996—2050）/马以愚、马肇曾/中国伊斯兰文化/《文史知识》编辑部、国务院宗教事务局研究中心编，中华书局，1996.11

朝觐在沙特阿拉伯王国/史丽清/北京第二外国语学院学报/1996.2

漫话开斋节/李英华/中国伊斯兰文化/《文史知识》编辑部、国务院宗教事务局研究中心编，中华书局，1996.11

西道堂模式——一个宗教派别的社会实践及带给我们的思考/丁宏/中央民族大学学报/1996.5

西道堂精神及其当代意义/马明良/青海民院学报/1996.3

如何对待异己教派关系重大——伊斯兰教派问题纵横谈/马进虎/青海社会科学/1996.6

西域伊斯兰教黑山派与白山派的斗争及其对叶尔羌汗国的影响/

刘正寅、魏良弢/中国边疆史地研究/1996.2

《中国清真寺综览》前言/《中国清真寺综览》编写组/回族研究/1996.1

关于萨图克·布格拉汗麻扎的研究/（日）滨田正美著/西域研究/1996.1

西安清真大寺总社首先贤马公德政碑/回族研究//1996.3

浅谈女学、女寺的兴起与发展/水镜君/回族研究/1996.1

经堂语与小儿锦/寅住/中国伊斯兰文化/《文史知识》编辑部、国务院宗教事务局研究中心编，中华书局，1996.11

泉州伊斯兰教历史遗迹/黄秋润/中国伊斯兰文化/《文史知识》编辑部、国务院宗教事务局研究中心编，中华书局，1996.11

泉州涂门街清真寺与通淮街清净寺/韩振华/海交史研究/1996.1

维吾尔族与伊斯兰教经院教育/夏米西丁·哈吉/中国伊斯兰文化/《文史知识》编辑部、国务院宗教事务局研究中心编，中华书局，1996.11

额敏塔与伊斯兰文化/孙学雷/中国伊斯兰文化/《文史知识》编辑部、国务院宗教事务局研究中心编，中华书局，1996.11

穆斯林“女学”研究—再访临夏穆斯林女校的调查报告/江波、江锡苓/甘肃民族研究/1996.2

中国古代穆斯林文学的特点及成就/林松/中国伊斯兰文化/《文史知识》编辑部、国务院宗教事务局研究中心编，中华书局，1996.11

从回族汉文匾联看中国伊斯兰文化的特点/冯今源/中国伊斯兰文化/《文史知识》编辑部、国务院宗教事务局研究中心编，中华书局，1996.11

伊斯兰教的传播与维吾尔民间文学的伊斯兰化/凯赛尔，库尔班/民间文学论坛/1996.2

当代回族文学的创作特征/杨继国/回族研究/1996.1

林则徐《竹枝词》中的新疆穆斯林生活/叶哈雅/中国伊斯兰文化/《文史知识》编辑部、国务院宗教事务局研究中心编，中华书局，1996.11

朝圣的故事或在路上——张承志创作精神描述（上下）/何向阳/文艺评论/1996.4、5

马哈只碑/谢方/中国伊斯兰文化/《文史知识》编辑部、国务院宗教事务局研究中心编，中华书局，1996.11

中国的伊斯兰教建筑/沙秋真/中国伊斯兰文化/《文史知识》编辑部、国务院宗教事务局研究中心编，中华书局，1996.11

伊斯兰化的小西藏（巴尔蒂斯坦）民间文化考察/杨恩洪/藏学研究论丛（第八辑）/《藏学研究论丛》编委会编，西藏人民出版社，1996.11

伊斯兰文化中的汉文碑刻/李兴华/中国伊斯兰文化/《文史知识》编辑部、国务院宗教事务局研究中心编，中华书局，1996.11

伊斯兰艺术/张俊彦/新疆艺术/1996.3

伊斯兰建筑艺术的骄傲——水上清真寺美轮美奂/王燕、吴富贵/阿拉伯世界/1996.3

两件正德朝阿拉伯文波斯文瓷器——兼谈伊斯兰文化的影响/李毅华/中国伊斯兰文化/《文史知识》编辑部、国务院宗教事务局研究中心编，中华书局，1996.11

阿拉伯书法与中国传统文化的融合/哈吉·尤素福/中国伊斯兰文化/《文史知识》编辑部、国务院宗教事务局研究中心编，中华书局，1996.11

清真寺建筑的艺术文化透视/马惠兰/西北第二民院学报/1996.4

新疆维吾尔族的音乐舞蹈/袁炳昌/中国伊斯兰文化/《文史知识》编辑部、国务院宗教事务局研究中心编，中华书局，1996.11

天津清真大寺/王大仁/民族/1996.3

牛街礼拜寺创建1000周年/马耀/回族研究/1996.4

北京牛街礼拜寺/杨宗山/中国伊斯兰文化/《文史知识》编辑部、国务院宗教事务局研究中心编，中华书局，1996.11

全国清真寺重点文物保护单位简表（国家级、省级）/李革、陈宗荣、马奋奋/中国伊斯兰文化/《文史知识》编辑部、国务院宗教事务局研究中心编，中华书局，1996.11

叙永清真寺/唐联盟/民族/1996.4

开罗古寺爱资哈尔清真寺/齐前进/阿拉伯世界/1996.3

圣城耶路撒冷点滴/宋淑运/阿拉伯世界/1996.1

约旦宗教圣地/张如昕/阿拉伯世界/1996.2

"当代伊斯兰复兴运动"学术讨论会综述/陈和丰/西亚非洲/1996.2

"范格勒"简述/马有录/回族研究/1996.2

中东伊斯兰原教旨主义的民族主义内涵和政治前途/刘峰/西亚非洲/1996.2

乌里玛在伊斯兰国家现代化进程中的地位和作用/杜红/西亚非洲/1996.2

开展伊斯兰文化的研究/白寿彝/中国伊斯兰文化/《文史知识》编辑部、国务院宗教事务局研究中心编，中华书局，1996.11

伊斯兰与妇女/张志诚/阿拉伯世界/1996.3

伊斯兰与国际政治（上下）/金宜久/世界知识/1996.21、22

伊斯兰的智慧观与审美意识/於菟/东方丛刊/1996.1

伊斯兰原教旨主义与当代国际政治/田文林/世界经济与政治/1996.12

伊斯兰原教旨主义的产生与发展及其对当代中东政治的影响/王仲义/河北师院学报/1996.1

伊斯兰教三大禁忌成因初探/张世满/山西大学学报/1996.1

伊斯兰教与当代伊斯兰世界的国际合作/刘中民/世界经济与政治/1996.11

伊斯兰教的产生与数学的发展/冶成福/青海民院学报/1996.2
伊斯兰教经济文化/马明良/西北民族研究/1996.1
伊斯兰教常识/马利强/中国伊斯兰文化/《文史知识》编辑部、国务院宗教事务局研究中心编，中华书局，1996.11
关于亦思替非文字/陈高华/中国伊斯兰文化/《文史知识》编辑部、国务院宗教事务局研究中心编，中华书局，1996.11
关于伊斯兰复兴问题/张丽东/浙江大学学报/1996.1
回回名源古今论/马肇曾/回族研究/1996.1
当代伊斯兰原教旨主义的新特征/畅征/世界经济与政治/1996.11
论伊斯兰原教旨主义/向祖文/世界经济与政治/1996.12
论苏非主义的思想渊源/陈德成/中央民族大学学报/1996.2
扭曲的必然——试析现代化与伊斯兰原教旨主义之关系/王国荣/西亚非洲/1996.6
现代化与伊斯兰改革思想/刘靖华/太平洋学报/1996.1
穆斯林民族饮食起居中的清洁卫生观/丁俊/西北民族研究/1996.2
中国伊斯兰教与儒家学说/纳国昌/回族研究/1996.2
回儒思想初探/伊斯梅尔/回族研究/1996.2
论伊斯兰教在阿拉伯现代民族国家形成中的作用/黄民兴/西亚非洲/1996.3
《清真指南》海内赠言诗考略/吴建伟/回族研究/1996.3
广元伊斯兰教考略/周传斌/回族研究/1996.4
从“白旗下坝”看伊斯兰教的作用及其它——兼论思茅清真寺在新时期的民族团结工作/蔡立能、李莉/思茅师专学报/1996.1
伊斯兰天文学在中国的传播和发展/陈久金/中国伊斯兰文化/《文史知识》编辑部、国务院宗教事务局研究中心编，中华书局，1996.11
伊斯兰文化与惠安石文化/郭献辉/福建民族/1996.1

伊斯兰文化的结晶——评《中国伊斯兰百科全书》/王志远/阿拉伯世界/1996.1

伊斯兰医学对中国医学的影响与贡献/宋岘/中国伊斯兰文化/《文史知识》编辑部、国务院宗教事务局研究中心编，中华书局，1996.11

伊斯兰教对维吾尔语言文字的影响/王振忠/中国伊斯兰文化/《文史知识》编辑部、国务院宗教事务局研究中心编，中华书局，1996.11

伊斯兰教在中国为什么又称为回教或清真教/马寿千/中国伊斯兰文化/《文史知识》编辑部、国务院宗教事务局研究中心编，中华书局，1996.11

伊斯兰教和中国传统文化的融合/蔡德贵/阿拉伯世界/1996.1

伊斯兰教济贫思想与中国穆斯林的共同富裕/刘天明/宁夏社会科学/1996.4

回族留学生与云南现代伊斯兰文化/姚继德/回族研究/1996.3

当代伊斯兰复兴思潮的发展轨迹与中国/俞正梁/复旦学报/1996.3

论伊斯兰教对社会主义社会的适应性/周倜/宁夏社会科学/1996.1

我国信仰伊斯兰教的民族/胡振华/中国伊斯兰文化/《文史知识》编辑部、国务院宗教事务局研究中心编，中华书局，1996.11

国外的中国伊斯兰教研究/沈青/中国伊斯兰文化/《文史知识》编辑部、国务院宗教事务局研究中心编，中华书局，1996.11

法国对中国伊斯兰教的研究（1948—1949）/（法国）鄂法兰著，耿昇译/汉学研究（第一辑）/阎纯德主编，中国和平出版社，1996.9

试析中国伊斯兰哲学的“真一”论/罗万寿/西北民族研究/1996.1

青海穆斯林经济发展透析/冶福龙/回族研究/1996.2

临夏地区伊斯兰教与社会发展关系述评/丁化、马国珍/回族研究/1996.4

俭廉与奢贪的反复较量——读保定清真寺《俭可养廉》碑有感/马生祥/回族研究/1996.2

简论武术文化与回回民族精神/马岭、马宏/青海民院学报/1996.3

穆斯林区域文化研究的佳作——评南文渊《伊斯兰教与西北穆斯林社会生活》/马启成/中央民族大学学报/1996.3

《瀛涯胜览》所载的西洋穆斯林社会/胡玉冰/西北第二民院学报/1996.4

土耳其繁荣党的伊斯兰民族主义初探/陈德成/西亚非洲/1996.4

大洋洲的伊斯兰教/王林聪/回族研究/1996.4

中东地区伊斯兰世界两种类型的民族主义/王仲义、詹家锋/世界民族/1996.2

中亚伊斯兰教的复兴/向祖文/国际观察/1996.4

半个世纪的新疆情：介绍日本学者佐口透和他的新著《新疆穆斯林研究》/章莹/中亚研究/1996.1

伊朗伊斯兰革命根源探析/吴成/河南师大学报/1996.3

伊斯兰教、民主与西方/（美）赖特著，刘中民译/现代外国哲学社会科学文摘/1996.4

伊斯兰教对国际政治影响评估/吴云贵/西亚非洲/1996.4

回归传统：当代伊斯兰复兴运动的文化渊源/陆培勇/国际观察/1996.2

当代中东社会变迁中的伊斯兰主义/王林聪/宁夏社会科学/1996.5

当代伊斯兰运动：研究视角之我见/东方晓/西亚非洲/1996.4

西方自由民主与伊斯兰的撞击/（美）刘易斯（B. Lewis）著，詹家峰译/现代外国哲学社会科学文摘/1996.4

论伊斯兰教在当代中东伊斯兰国家的社会调控作用/刘中民/宁夏

社会科学/1996.2

论南非宗教及其社会文化作用/黄若迟/西亚非洲/1996.3

冷战后伊斯兰原教旨主义的新特征/刘中民/国际展望/1996.4

沙特对伊斯兰教的贡献点滴/史丽清/阿拉伯世界/1996.3

进退之间:西方出兵海湾期间伊斯兰原教旨主义者的两难境地/林丰民/北京大学研究生学刊/1996.4

阿拉伯社会基质试析/牟宗艳/阿拉伯世界/1996.1

浅析九十年代沙特王国的伊斯兰潮/王铁铮/西亚非洲/1996.6

战后阿拉伯世界伊斯兰研究的发展与变化/罕戈/阿拉伯世界/1996.3

大漠遗响史苑春秋——漫议《回回历史与伊斯兰文化》/纳国昌/阿拉伯世界/1996.4

丝绸之路上的伊斯兰教/朱普选/西北史地/1996.4

叶尔羌汗国政教关系的演变/陈国光/西域研究/1996.3

伊斯兰教哲派历史探源—兼谈《心灵史》中哲派源头的历史真实性/海正忠/宁夏教育学院·银川师专学报/1996.1

西域伊斯兰教派和卓势力的膨胀与叶尔羌汗国的衰落/刘正寅/西北史地/1996.4

试论13—14世纪蒙古贵族的伊斯兰教化及其原因/徐黎丽/西北师大学报/1996.5

伊斯兰文化与中国传统文化的合璧——明清四大经学家汉文译著简谈/李长庆/中国伊斯兰文化/《文史知识》编辑部、国务院宗教事务局研究中心编,中华书局,1996.11

考证洼上师傅家世的珍贵史料/马国强/甘肃民族研究/1996.1

穆罕默德·阿布笃的宗教改革和现代主义/蔡德贵、王佃利/宁夏社会科学/1996.4

马品三教长/郭孝义/镇江师专学报/1996.1

马福祥民族思想探析/丁明俊/回族研究/1996.3

王宽阿訇办学二三事/陈进惠/中国伊斯兰文化/《文史知识》编辑部、国务院宗教事务局研究中心编，中华书局，1996.11
冯增烈先生与回族学研究/丁克家/回族研究/1996.3
刘智与《天方三字经》/艾月洁/中国伊斯兰文化/《文史知识》编辑部、国务院宗教事务局研究中心编，中华书局，1996.11
刘智的《天方字母释义》/金宜久/阿拉伯世界/1996.4
回族学者马以愚/马肇曾/回族研究/1996.4
苏添福族籍传说及其考证/许宪隆/回族研究/1996.4
明清时期中国伊斯兰学者汉泽活动的时代背景/杨桂萍/阿拉伯世界/1996.1
经堂教育改革家马联元/铁迟/民族/1996.2
美国黑人回教徒的崛起/南方朔/百科知识/1996.1
《来复铭》浅析/哈吉·易卜拉欣·冯今源/中国伊斯兰文化/《文史知识》编辑部、国务院宗教事务局研究中心编，中华书局，1996.11
中世纪喀喇汗王朝时期的突厥语文献/李增祥/中国伊斯兰文化/《文史知识》编辑部、国务院宗教事务局研究中心编，中华书局，1996.11
中国伊斯兰文化与中华民族精神文明的历史发展/孙玉杰/史学月刊/1996.3
中国伊斯兰教史研究漫议/李松茂/中国伊斯兰文化/《文史知识》编辑部、国务院宗教事务局研究中心编，中华书局，1996.11
中国伊斯兰教研究史概说/冯今源/民族研究动态/1996.3
中国回回名称的起源/马肇曾/文史知识/1996.12
伊斯兰教在中国历史上的地位/秦惠彬/中国伊斯兰文化/《文史知识》编辑部、国务院宗教事务局研究中心编，中华书局，1996.11
关于元代回回人的“华化”问题/杨志玖/中国伊斯兰文化/《文史

知识》编辑部、国务院宗教事务局研究中心编，中华书局，1996.11

关于古太白（屈底波）“进军中国”与“遣使中国”的问题/纳忠/中国伊斯兰文化/《文史知识》编辑部、国务院宗教事务局研究中心编，中华书局，1996.11

唐长安伊斯兰教传播质疑/葛承雍/人文杂志/1996.6

北通州回族史事/朱向如/回族研究/1996.2

白崇禧将军与桂林回族伊斯兰教片断/常启明/回族研究/1996.2

伊宁市回族和清真寺史略/马玉麟/回族研究/1996.2

伊斯兰教在云南的传播、演变、发展/李荣昆/云南文史丛刊/1996.1

回民在巴彦浩特/金占祥/回族研究/1996.2

两次战争时期香港穆斯林的发展与变化/汤开建/东南亚研究/1995.4，1996.1

试论伊斯兰教在福建的传播和特点/何绵山/回族研究/1996.2

清代伊斯兰教在东北地区的传播发展/麻秀荣、那晓波/黑龙江民族丛刊/1996.2

清政府在新疆建省前后的伊斯兰教政策/陈慧生/近代史研究/1996.6

新疆盖斯拱北探讨/戴良佐/回族研究/1996.2

漳州回族穆斯林的来源及后裔/郭联志/福建民族/1996.2

漳州回族穆斯林概况/郭联志/福建史志/1996.2

马来西亚的“伊斯兰化”运动对华人及其宗教文化的影响/张禹东/华侨华人历史研究/1996.4

中东地区伊斯兰世界的民族主义/王仲义、詹家锋/河北师大学报/1996.2

当代中东热点问题的历史探索——《民族冲突和宗教争端》述评/孙祥秀/西亚非洲/1996.6

阿拉伯——伊斯兰舆地学与历史学/许序雅/史学理论研究/1996.4

关于德里赤丹国时期的穆斯林种姓问题/唐孟生/北京大学学报/1996.东方文化研究专刊

八、基督教

《圣经》典故:《喧哗与骚动》的窗口/王静、范求真/徐州师院学报/1996.2

《旧约》两性生殖喻象义证(一、二)/王政/洛阳师专学报/1996.3

浅谈《圣经》对西方文化的影响/马倩/泰安师专学报/1996.3

谈《圣经》诗歌中的平行结构/马弦/长沙水电师院社会科学学报/1996.1

人性的失落和异化的母题——《圣经·约伯记》和卡夫卡《变形记》之比较/谢家驹/上海教育学院学报/1996.4

“解放神学马克思主义”的兴起及其特征/王谨/教学与研究/1996.5

马克思主义与解放神学(一~五)/(法)M.路埃著,张金鉴译/马克思主义研究/1996.2~6

论罗马天主教关于大国的新神学/任延黎/基督教文化与现代化/高师宁、何光沪编,中国社会科学出版社,1996.6

现代化中的神学处境化/孙善玲/西南民院学报/1996.3

中世纪天主教的鼎盛/张匡娟/历史学习/1996.1

中国近代天主教民信仰研究/程歗、许蕾/湖北大学学报/1996.6

对波兰天主教会的新观察/姚永祥、郭增麟/当代世界/1996.3

罗马天主教与马克思主义在西方的对话(二)/任延黎/马克思主义研究/1996.1

英国伊丽莎白一世时期的天主教政策/王宪生/郑州大学学报/

1996.1

东正教在今日俄罗斯/任光宣/俄罗斯文艺/1996.3

东正教在今日俄罗斯/雷丽平、傅树正/黑龙江社会科学/1996.3

俄罗斯东正教文化的历史沿革/蓝蓓/北京大学学报(外语语言文学专刊)/1996

俄罗斯东正教复兴现象/王小路/东欧中亚研究/1996.6

西方两大宗教改革家——路德与加尔文/赵林/新东方/1996.3

威克利夫宗教改革思想初探/张淑清/烟台师院学报/1996.4

新教伦理与现代资本主义的产生和发展——马克斯·韦伯思想观点述评/徐效鸿/哲学战线/1996.4

上海亚洲文会述论/张海林/南京大学学报/1996.1

中国教会大学的历史命运——以贝德士文献 Bates'Papere 为实证/章开沅/学术季刊/1996.1

当代中国教会的处境化/段琦/基督教文化与现代化/高师宁、何光沪编,中国社会科学出版社,1996.6

应运而生的教会教育——晚清教育转型的一个侧面/余子侠/东方/1996.1

抗战期间教会大学的西迁——以华中大学和湖雅医学院为例/马敏/华中师大学报/1996.2

近代中国天主教会大学对中国传统学术文化的重视/何建明/东方文化/1996.3

近代西方教会在福建办学/王宏/文史知识/1996.1

陈垣与辅仁大学的国学教育/何建明/华中师大学报/1996.2

试论基督教对中国近现代教育的影响/黄立志/西南师大学报/1996.1

教会女子高等教育的历史演变/王奇生/华中师大学报/1996.2

教堂城市班贝格/马文编译/地理知识/1996.2

清末教会学校师资状况分析/陈剑华/上海师大学报/1996.1

《圣经》原型—莎士比亚创作的基石/肖四新/外国文学研究/1996.1
从《神曲》看但丁的民族观/常智敏/西南民院学报/1996.4
圣经与俄苏文学/范一/福建师大学报/1996.4
圣经的故事是否真实/（美）迈克尔·莱蒙尼克著，小小译/编译参考/1996.4
论鲁迅与基督教文化——为纪念鲁迅逝世60周年作/杨剑龙/上海师大学报/1996.3
论潜移默化于莎士比亚悲剧中的基督教因素/王希刚/川东学刊/1996.3
到哪里去寻找伊甸园？——析马克·吐温《夏娃日记》中夏娃的形象特征/曲艳娜/辽宁教育学院学报/1996.1
试论《巴黎圣母院》中克洛德的人物形象塑造/罗君/四川教育学院学报/1996.1
试论弥尔顿的《斗士参孙》/肖明翰/外国文学评论/1996.2
复活的神话——《圣经》叙事模式在西方文学中的体现/任媛/天津教育学院学报/1996.2
莎士比亚作品中的人道主义——基督教人道主义精神的延续和发展/肖四新/国外文学/1996.1
基督教人道主义精神的延续和发展——论莎士比亚作品中的人道主义/肖四新/宁夏大学学报/1996.1
鲁迅对基督教的反思及遗存的圣经诸书/姚锡佩/鲁迅研究月刊/1996.3
源头活水浇灌文学之树长青——论《圣经》对英国文学的影响/刘兰/牡丹江师院学报/1996.3
从基督教说曹禺/刘锋杰/读书/1996.12
从基督教精神研究曹禺的新开拓——读宋剑华的《困惑与求索》/刘锋杰/社会科学战线/1996.6

丝绸之路上的基督教艺术/（德）克林凯特著，牛汝极、彭燕译/新疆文物/1996.1

梵蒂冈所藏中国清代长城图/唐晓峰/文物/1996.12

梵蒂冈城国的历史和现状/顾卫民/上海教育学院学报/1996.2

朝鲜基督教女子青年会联合会的成立及其早期组织（韩文）/千和淑/亚细亚文化研究（第一辑）/中国中央民族大学韩国文化研究所，韩国1996年11月出版

为何冲突？——论基督教与科学关系问题的三种解释倾向/张志刚/基督教文化与现代化/高师宁、何光沪编，中国社会科学出版社，1996.6

从社会史的角度深化近代基督教研究/程歗/文史哲/1996.2

从青年基督徒看中国基督教现状——以上海为例/孙立/基督教文化与现代化/高师宁、何光沪编，中国社会科学出版社，1996.6

加尔文主义与人的现代化/于可/基督教文化与现代化/高师宁、何光沪编，中国社会科学出版社，1996.6

传教和行医：不同道不相为谋/高晞/自然辩证法通讯/1996.4

在“基督教文化与现代化”国际学术研讨会开幕式上的致词/汝信/基督教文化与现代化/高师宁、何光沪编，中国社会科学出版社，1996.6

寻求各文化间的对话——评教皇约翰·保罗二世的新著《跨越希望的门槛》/张庆熊/复旦学报/1996.3

当代天主教伦理学纪实/傅乐安/基督教文化与现代化/高师宁、何光沪编，中国社会科学出版社，1996.6

论不同时期基督教人道思想的特点/魏琪、张双田/三秦论坛/1996.2

论基督教的伦理道德思想——兼论宗教的生命力问题/厉永平/松辽学刊/1996.4

现代化对教会的挑战/阚保平/基督教文化与现代化/高师宁、何光

沪编，中国社会科学出版社，1996.6

现代化是好事情吗？/（英国）马丁·康韦/基督教文化与现代化/高师宁、何光沪编，中国社会科学出版社，1996.6

神的性别：一个基督教语言的问题/叶敬德/自然辩证法通讯/1996.1

选择·责任·天职——对基督教伦理思想及其现实意义的一些思考/邵瑞欣/华东师大学报/1996.4

海派文化与西学东渐/马洪林/上海师大学报/1996.2

基督教与西方近代科学的兴起/郝宁湘/青海师大学报/1996.1

基督教与现代文明的危机/（加拿大）白理明/基督教文化与现代化/高师宁、何光沪编，中国社会科学出版社，1996.6

基督教的奇迹故事与现代化/（美国）安托依内特·怀尔/基督教文化与现代化/高师宁、何光沪编，中国社会科学出版社，1996.6

基督教信仰与今日世界经济/（瑞士）罗伯特·范·德里默莱恩/基督教文化与现代化/高师宁、何光沪编，中国社会科学出版社，1996.6

基督教哲学中的人的概念/（俄）鲍尔沙科夫著，王靖华译/现代外国哲学社会科学文摘/1996.5

略析基督教合法化的内外在原因/林秀玉/福州师专学报/1996.4

超越的循环：基督教、现代性和后现代性三种文化类型的互动关系/赵敦华/基督教文化与现代化/高师宁、何光沪编，中国社会科学出版社，1996.6

中西文化交流中的基督教原罪观/卓新平/基督教文化与现代化/高师宁、何光沪编，中国社会科学出版社，1996.6

评《基督教笼罩下的西欧》/于可、龙源/长沙水电师院社会科学学报/1996.2

浅论基督教与中世纪西欧各民族的宗法制度/陈雄章、李庭华/广

西教育学院学报/1996.3

基督教与韩国现代化/（韩国）金容福/基督教文化与现代化/高师宁、何光沪编，中国社会科学出版社，1996.6

基督教与印度传统文化/江亦丽/基督教文化与现代化/高师宁、何光沪编，中国社会科学出版社，1996.6

中国民间基督教/孙善玲/基督教文化与现代化/高师宁、何光沪编，中国社会科学出版社，1996.6

中国基督教（新教）面对现代化的挑战/陈泽民/基督教文化与现代化/高师宁、何光沪编，中国社会科学出版社，1996.6

中国基督教改革开放十五年/徐如雷/基督教文化与现代化/高师宁、何光沪编，中国社会科学出版社，1996.6

从《利玛窦中国札记》看明代末期司法制度的弊端/萧平汉/衡阳师专学报/1996.1

当代中国知识分子认同基督教心态简析/李平晔/基督教文化与现代化/高师宁、何光沪编，中国社会科学出版社，1996.6

西方友谊观和基督教伦理对中国传统伦理的影响与冲击/郭熹微/基督教文化与现代化/高师宁、何光沪编，中国社会科学出版社，1996.6

西学东渐对中国妇女的影响/杜婉言/青海师大学报/1996.3

试论明清之际基督教平等观念在中国的影响/李志军/唐都学刊/1996.2

基督教的中国化刍议/王美秀/基督教文化与现代化/高师宁、何光沪编，中国社会科学出版社，1996.6

在现代化挑战中的基督教和儒家的仁爱观念：比较与回应/杨适/基督教文化与现代化/高师宁、何光沪编，中国社会科学出版社，1996.6

基督教神秘主义哲学与中国老庄哲学/李秋零/基督教文化与现代化/高师宁、何光沪编，中国社会科学出版社，1996.6

“景风东扇”第一叶/李天纲/读书/1996.2

1861—1899年清政府对基督教的管理政策/杨大春/镇江师专学报/1996.1

成吉思汗祖孙的西征与柏朗嘉宾教士、鲁布鲁克教士的东游/闻漱/中国典籍与文化/1996.2

法国第二批传教士、路易十四与康熙/马军/西安外国语学院学报/1996.1

《洋教士看中国朝廷》之谜/顾静/中国图书评论/1996.2

二十年代内地会传教士与中国土匪的接触/晏可佳/基督教文化与现代化/高师宁、何光沪编，中国社会科学出版社，1996.6

人文精神的根基何在——马丁·路德与人文主义的虚拟对话/一念/浙江大学学报/1996.4

从新发现的有关马礼逊梁发传教档案看新教的传入及影响/吕坚/历史档案/1996.4

艾儒略与福建士大夫交游表/林金水/中外关系史论丛（第5辑）/书目文献出版社，1996

传教士儒学教育/胡卫清/史学月刊/1996.6

传教士与近代中西文化竞争/罗志田/历史研究/1996.6

传教士与洋务运动时期的同文三馆/黄新宪/河南师大学报/1996.4

传教士教育家潘慎文的思想与活动/胡卫清/近代史研究/1996.2

汤若望在华传教之得与失/安双成/历史档案/1996.3

利玛窦、自鸣钟及其它/吉令旭/读书/1996.6

利玛窦入华的行程路线/（意大利）史兴善著，耿昇译/汉学研究（第一辑）/阎纯德主编，中国和平出版社，1996.9

利玛窦和北京/魏开肇/北京社会科学/1996.3

利玛窦的记忆宫殿/（美）史景迁/国际汉学著作提要/李学勤主编，江西教育出版社，1996

评利玛窦的文化交流观/杨国章/汉学研究(第一辑)/阎纯德主编，中国和平出版社，1996.9

近年来传教士与西画东渐研究述评/莫小也/中国史研究动态/1996.11

明代来华传教士的汉语学习及其影响/董明/北京师大学报/1996.6

明末西学东渐与传教士/陈月清/中国青年政治学院学报/1996.3

法国耶稣会士在中国的科技活动/潘玉田/固原师专学报/1996.6

美国传教士明恩溥的中国观/刘天路/文史哲/1996.1

展阅尘封著作应对时世话题——序《美国传教士与晚清中国现代化》/杨生茂/历史教学/1996.8

教皇产生有新招/万同己/世界知识/1996.9

斐洛的上帝观述评/文心/杭州大学学报/1996.3

简论林乐知与《万国公报》/李夫纲/史林/1996.3

洪秀全对待基督教的演变/陈贵宗、陈颂琴/史学集刊/1996.4

萧乾与基督教文化/王学富/江苏社会科学/1996.2

本笃十五时期中国与罗马教廷的外交关系/顾卫民/近代中国/1996.6

美国教会女学与近代中国妇女解放/王立新/美国历史问题新探——杨生茂教授八十寿辰纪念论文集/南开大学历史研究所美国史研究室编，中国社会科学出版社，1996.7

(书评) 克里木凯特《达·伽马以前中亚和东亚的基督教》、朱谦之《中国景教》/陈怀宇/唐研究 (第二卷) /荣新江主编，北京大学出版社，1996.12

十九世纪在华基督教的两种传教政策/王立新/历史研究/1996.3

中国与基督教：清教运动与中国人排外情绪的增长，1860—1870年/(美) 孔宝荣/国际汉学著作提要/李学勤主编，江西教育出版社，1996

中国基督教历史回顾/周燮藩/基督教文化与现代化/高师宁、何光沪编，中国社会科学出版社，1996.6

反洋教斗争和义和团运动关系略论/孙长来/社会科学辑刊/1996.3

对《西学东渐与晚清社会》书评的回应/熊月之/近代史研究/1996.5

好奇的土地：耶稣会士的调解与汉学的起源/（美）孟德卫/国际汉学著作提要/李学勤主编，江西教育出版社，1996

论非基督教运动触发动因/陈秀萍/中国青运史辑刊/1996.1

明末清初西学东渐漫说/袁荻涌/贵州文史丛刊/1996.6

明清之际基督教文化在中土之流传与变异/刘耘华/东方丛刊/1996.2

洪秀全与拜上帝教/唐玉萍/昭乌达蒙族师专学报/1996.2

洪秀全与拜上帝教/董剑平/烟台师院学报/1996.1

洪秀全宗教理论的特色/江贻隆、陈九如/安徽教育学院学报/1996.4

基督教在华传播的质变与近代中国科技之落后/邓培森/史学月刊/1996.2

文化冲突与反洋教斗争——中国近代“教案”的文化透视/胡维革、郑权/东北师大学报/1996.1

试析薛福成的教案观/陈明太、顾万勇/徐州师院学报/1996.3

晚清教案中的习俗冲突/程歗、张鸣/历史档案/1996.4

晚清教案起因的量化分析/赵润生、赵树好/人文杂志/1996.2

拜上帝教新论/张晓思、胡维革/史学集刊/1996.1

论近代云南少数民族基督教文化/张巨成/云南学术探索/1996.6

论基督教的传入与澳门的关系/黄鸿钊/中外关系史论丛（第5辑）/书目文献出版社，1996

近代广西基督教势力述论/谢铭/河池师专学报/1996.3

近代基督教在我国苗区的传播和影响/伍新福/中南民院学报/1996.4
近代基督教在浙江/沈雨梧/近代史研究/1996.4
宽仁院：威海近代史的见证/张云涛/文物天地/1996.5
晚清政府对基督教和传教士的政策/王立新/近代史研究/1996.3
基督教在苏州的开教和初传/王国平/苏州大学学报/1996.4
赤峰出土景教墓砖铭文及族属研究/（法）James Hamilton 著，牛汝极译/民族研究/1996.3
浅识景教碑几个叙利亚文字考释之歧异/周祯祥/文博/1996.6
唐代景教四则/黄夏年、梁晓俭/贵州社会科学/1996.6
论中世纪西欧基督教的精神禁锢/陈曦文/首都师大学报/1996.5
罗伯斯庇尔与非基督教化运动——评罗伯斯庇尔的宗教政策/梁克强/中学历史教学/1996.6
试论拜占廷帝国的圣像破坏运动/李丽/吉林师范学院学报/1996.1
试论基督教对欧洲中世纪史学的积极作用/高拴来/唐都学刊/1996.1
试析十六、十七世纪天主教风行日本的原因/赵德宇/日本研究/1996.3
试析美国的公民宗教/哲新/学习与探索/1996.4
拜占廷毁坏圣像运动的原因/陈志强/世界历史/1996.3
美国基督教的文化内涵刍议/谢江巍/社会科学探索/1996.3
重新认识中世纪天主教的历史地位——《基督教笼罩下的西欧》读后/刘景华/武汉大学学报/1996.6
都铎英格兰宗教改革初探/姜守明/南京师大学报/1996.3
基督教引进和蒙古入侵对俄罗斯文化的影响/安胜杰/北京大学学报（外语语言文学专刊）/1996
天主教与波兰政局变迁/滕海剑/历史教学/1996.12

德川幕府禁绝天主教的原因/赵德宇/历史教学/1996.10

论宗教改革时期英国文化教育的发展/蔡骐/湖南师大学报/1996.6

论英国宗教改革的政治遗产/蔡骐/世界历史/1996.5

英国宗教改革原因探析/蔡骐/湖南师大学报/1996.5

意大利文艺复兴时期的城市宗教生活/王挺之/历史研究/1996.5

九、其它宗教（包括民间宗教和新兴宗教）

日本神道教与佛教简介/许慈惠/国际观察/1996.4

“印度教国家”理论与印度的教派斗争/朱明忠/当代亚太/1996.3

《圣教论》/巫白慧译解/东方哲学与文化（第一辑）/中国社会科学院哲学研究所东方哲学研究室编，社会科学文献出版社，1996.2

《圣教论》研究/孙晶/东方哲学与文化（第一辑）/中国社会科学院哲学研究所东方哲学研究室编，社会科学文献出版社，1996.2

《黎俱吠陀》梵文哲学诗选/巫白慧译解/东方哲学与文化（第一辑）/中国社会科学院哲学研究所东方哲学研究室编，社会科学文献出版社，1996.2

大黑天神流变考/张楠/云南文史丛刊/1996.3

印度教四大节日/任胜/世界知识/1996.12

印度新吠檀多思潮及其特点/朱明忠/东方哲学与文化（第一辑）/中国社会科学院哲学研究所东方哲学研究室编，社会科学文献出版社，1996.2

现代尼泊尔人的宗教意识/张惠兰/当代亚太/1996.3

谈印度教美术——兼议与藏传佛教美术的关系/张亚莎/西藏艺术研究/1996.4

商羯罗的哲学思想探源/江亦丽/东方哲学与文化（第一辑）/中国社会科学院哲学研究所东方哲学研究室编，社会科学文献出版社，1996.2

超越与解脱的冥想——《奥义书》的宗教哲学本体论与认识论/邱紫华/华中师大学报/1996.1

藏文本罗摩衍那本事私笺/柳存仁/中国文化（第十三期）/刘梦溪主编，中国文化杂志社，1996.6

从考古发现看火祆教在中国的初传/林梅村/西域研究/1996.4

祆教对唐代中国之影响三例/张广达/法国汉学（第一辑）/（法）龙巴尔、李学勤主编，清华大学出版社，1996.8

与圣经民族的对话——近十年来中国犹太学侧记/郑鹏程/民族研究动态/1996.3

从《旧约·创世纪》中的神话看希伯来民族的道德观/周辉/新疆师大学报/1996.3

从犹太复国主义的缘起看其国家政治内涵/陈忠卫/西亚非洲/1996.6

以色列宗教党/徐向群/世界知识/1996.13

以色列的宗教势力和宗教党/徐向群/西亚非洲/1996.6

希伯来民族的情媾生殖喻象与世界其他民族的类似经验/王政/世界民族/1996.4

希伯来先知书的文学特质/刘洪一/复旦学报/1996.1

犹太：哲学家的民族/郑鹏程/中南民院学报/1996.6

犹太人的中国缘——试析犹太人两次来华的不同经历/虞卫东/史林/1996.2

近代中国东北的犹太人/房建昌/黑龙江社会科学/1996.4

浅析赫茨尔犹太民族主义思想的历史根源/张彦/宝鸡文理学院学报/1996.1

教育：犹太化的金色纽带/郑鹏程/广西民族研究/1996.3

清末中国对犹太人的了解与态度/李长林/史学月刊/1996.3
古犹太先知文学散论/梁工/南开学报/1996.3
吐鲁番文献所见摩尼的印度之旅/（德）宗德曼著、杨富学译/敦煌学辑刊/1996.2
论古埃及的来世说及其社会意义/赵立行/复旦学报/1996.1
敦煌摩尼教《下部赞》写本年代新探/虞万里/敦煌吐鲁番研究(第一卷)/香港中华文化促进中心、中国敦煌吐鲁番学会、北京大学中国中古史研究中心、泰国华侨崇圣大学中华文化研究院合办，季羡林、饶宗颐、周一良主编，北京大学出版社，1996.4
摩尼教流行中国考/（德）沙畹、伯希和/国际汉学著作提要/李学勤主编，江西教育出版社，1996
巴哈伊教的家庭妇女观/王佃利/妇女学苑/1996.2
世纪末宗教热透视/许正林/社会科学动态/1996.1
末世邪教——世界新宗教热剖析/罗伟虹/东方/1996.3
末世魔教：诡异的内部组织/田岛一郎/同舟共进/1996.3
民间宗教：心灵的寻找与皈依/何清/文艺争鸣/1996.3
白莲教喋血大蓬山/何泽春、罗明常/文史杂志/1996.2
论民间宗教宝卷/高国藩/固原师专学报/1996.2
论红阳教教祖"飘高"/宋军/史学月刊/1996.5
近代会道门经典的政治倾向/邵雍/学术月刊/1996.6
林龙江与仙游地区的"三一教"/陈职仪/东南文化/1996.1
客家妇女与现代民间宗教活动/李泳集/民俗研究/1996.2
清代民间秘密宗教组织体系初探/濮文起/天津社会科学/1996.4
清代民间教门起事浅析/孔祥涛/晋阳学刊/1996.6
黄天教在清代的传播/张莉/历史档案/1996.3
奥姆真理教产生的社会根源及影响/马玉安/外交学院学报/1996.4

十、术数研究

《包山楚简》卜祷简牍释读/吴郁芳/考古与文物/1996.2

《易》学的迷途：八卦热与迷信潮/魏文彬、马彬禄/陕西社会主义学院院刊/1996.3

《易》筮溯源：古筮法研究之一/尉迟治平/华中理工大学学报/1996.1

卜辞所见河岳神之地位/林志强/福建师大学报/1996.2

古代中国占卜术派生的理性思维/（法）汪德迈/法国汉学（第一辑）/（法）龙巴尔、李学勤主编，清华大学出版社，1996.8

试论包山楚简所见的卜筮制度/陈伟/江汉考古/1996.1

春秋筮法/吴前衡/中国哲学史/1996.4

中国风水的起源与传播/刘沛林/寻根/1996.4

对传统风水学的新阐释——《风水——中国人的环境观》一书评介/林立/衡阳师专学报/1996.1

试论壮族民居文化中的“风水”观（上下）/覃彩銮/广西民族研究/1996.2、3

《日书》驱鬼术发微/刘信芳/文博/1996.4

巫风观念探源/江林昌/社会科学战线/1996.1

巫术：医药诞生的产婆/詹鄞鑫/寻根/1996.4

寄寓于头发、指甲或衣服中的灵魂——巫术文化与思维之一、二/詹鄞鑫/中文自学指导/1996.2、3

（王子华　陈　平）

1990～1996年中国社会科学院世界宗教研究所部分重要学术活动

1990.11.1-3　在北京举行“中国宗教现状研讨会”。

1991.10.14-15　与日本《中外日报》社联合举办的第四次中日佛教学术会议在北京举行，会议主题为：10世纪至14世纪的中日佛教。

1991.12.5-7　在北京举行“当代宗教现状理论研讨会”，会议就当前中国宗教现状等问题进行了讨论。

1992.4.6-10　和国际宗教史协会联合主办的“1992年北京国际宗教学术研讨会”在北京召开。会议主题为：“外来宗教与中国文化”和“宗教与现代化”。

1992.8.21-24　和台湾“中华宗教哲学研究社”共同举办的“海峡两岸道家思想与道教文化研讨会”在西安召开，会议就道家和道教在中国传统文化中的地位和影响，以及两岸道家与道教学术研究概况进行了研讨。

1992.10.2-4　中国宗教学会在成都举行以“宗教与社会主义社会相适应”为主题的西南地区学术会议。

1992.10.6-10　与峨嵋山佛协、中国社会科学院亚太研究所、四川大学宗教所等单位联合举办的“峨嵋山及

	巴蜀佛教学术讨论会”在四川峨嵋山举行。
1993.6.3-5	和台州地区文化局、天台县政府、浙江省天台山文化研究会共同主办的“首届中国天台山文化学术研讨会”在浙江天台县召开。
1993.10.11-14	“中国宗教学会西北地区学术讨论会”在银川召开,会议就社会主义经济发展与宗教问题进行了研讨。
1993.10.16-20	第五次中日佛教学术会议在日本京都举行,会议的主题是:鸠摩罗什与中日两国佛教文化——纪念鸠摩罗什诞辰1650周年。本所组团赴会并与日方学者进行了研讨。
1993.11.4-6	在北京举办“1993年中国宗教现状理论研讨会”。
1993.12.15	中国社会科学院召开优秀科研成果颁奖大会,本所有10项科研成果获奖。
1994.8.16-18	与台湾“中华宗教哲学研究社”共同主办的“海峡两岸中国传统文化与儒道会通”学术研讨会在北京举行。
1994.10.10-14	与爱德基金会共同主办的“基督教与现代化国际学术研讨会”在北京举行。中国社会科学院副院长汝信、金陵神学院副院长陈泽民等致辞,代表们围绕基督教的本土化与现代化等问题展开讨论。
1994.11.20	党委书记戴康生、所长吴云贵、副所长卓新平等参加与联合国人权委员会宗教人权报告团阿莫尔先生一行的座谈,双方就中国宗教信仰自由等问题交换了看法。
1994.12.1	在北京举行建所30周年庆祝会,中央统战

	部、中国社会科学院和有关部门的领导及宗教界人士出席庆祝会。
1994.12.1-10	举办建所30周年科研成果展，中国社会科学院有关领导观看了展览。
1995.5.25	成立“中国社会科学院道家与道教文化中心”。
1995.10.17-18	中日第六次佛教学术会议在北京举行，会议主题为：佛教与儒道二教的关系。
1995.11.14	邀请首都部分人文社会科学界宗教研究著名专家、学者在中国社会科学院召开座谈会，学习讨论李瑞环同志在班禅转世灵童领导小组第三次会议上的重要讲话。
1995.12.6-8	中国宗教学会第四次会议暨“宗教与中国现代化”学术研讨会在天津举行，会议选举产生了中国宗教学会第三届理事会。
1996.9.4-6	和台湾“中华宗教哲学研究社”共同主办的“海峡两岸中国文化与中国宗教学术研讨会”在四川成都举行。
1996.9.12	中国社会科学院批准成立“中国社会科学院基督教研究中心”。

（于　光）

1990～1996年我国宗教工作与宗教活动大事记

1990.1.5	中央统战部副部长张声作、国务院宗教局副局长曹锦如视察江西龙虎山天师府。
1990.1.15-19	基督教全国两会主席兼会长丁光训主教赴莫斯科参加环境与发展全球论坛。
1990.1.17	北京佛教界人士举行法会，纪念班禅大师圆寂周年，赵朴初到会并讲话。
1990.1.17	青海塔尔寺举行佛事纪念班禅大师圆寂周年。
1990.1.17	西藏各大寺庙举行回向法会，纪念班禅大师圆寂周年。
1990.1.17	中国基督教三自爱国运动委员会副主席、全国政协委员、广东省基督教三自爱国运动委员会主席熊真沛牧师逝世。
1990.1.20	美国耶稣基督末世圣徒教会负责人兼波利尼西亚文化中心董事长达林·奥克斯一行访问全国政协宗教委员会，受到宗怀德、安士伟、黎遇航等各位副主任的热情接待。
1990.1.20	中共中央统战部、国务院宗教事务局联合举行在京宗教界人士迎春茶话会，国务院副秘书长刘忠德等出席茶话会并讲话。

1990.1.25 赵朴初在全国人大常委会纪念班禅大师圆寂周年举行的座谈会上作关于当前宗教工作的讲话。

1990.2.3 中国基督教三自爱国运动委员会副主席、上海市基督教教务委员会名誉主席戚庆才牧师逝世。

1990.2.12 在全国政协常委座谈会上，赵朴初作关于当前宗教工作的发言。

1990.2.23 伊斯兰事务最高理事会第三届会议在开罗举行，国务院宗教事务局副局长宛耀宾、中国伊协会长沈遐熙出席会议。

1990.2.26 陕西省天主教爱国会和教务委员会在天主教著名爱国人士李伯渔主教的家乡西安户县围棋村举行纪念李伯渔主教逝世10周年纪念会。

1990.3.19 北京教区为宗怀德主教举行庆贺大圣若瑟主保瞻礼茶会。

1990.3.26 巴基斯坦驻华大使代表总统伊沙克·汗在北京举行授勋仪式，把“卡迪·阿兹姆之星勋章”即“最高领袖之星勋章”授予中国伊协会长哈吉·伊里亚斯·沈遐熙。

1990.3.26 中国伊协在北京召开副会长、常委座谈会。

1990.3.27 赵朴初在全国政协七届三次会议上作《进一步落实宗教政策》的发言。

1990.3.27-4.14 中国佛教协会常务理事、上海佛教协会会长真禅法师赴法国、挪威弘法。

1990.3.28-4.14 应加拿大、美国、英国、西德等国基督教会联合会中国联络组的邀请，丁光训主教在美国参加了有关培养中国神学生问题的研讨会。

1990.3.29	崂山太清宫举行神像开光典礼，道协秘书长李文成参加仪式。
1990.3.30-31	中国佛教协会举行藏传佛教座谈会，赵朴初会长讲话。
1990.4.1-10	美国加州三藩市紫根阁阁长谢满根，台湾天师府秘书长龚群，香港专业出版社社长陈达强一行三人来访，国务院宗教局副局长赤耐、中国道协会长黎遇航分别会见了他们。
1990.4.5	中国天主教主教团代团长、中国天主教教委会代主任宗怀德主教视察开封教务。
1990.4.12	赵朴初会长会见台湾“白圣长老圆寂周年朝圣团”。
1990.4.19	赵朴初会长、周绍良副会长在广济寺会见宏印法师率领的“台湾佛教朝圣团”。
1990.4.19	中国天主教主教团代团长、中国天主教教委会代主任宗怀德主教视察山东教务。
1990.4.21	“台湾佛教青年会”导师开证法师及秘书长净耀法师访问佛协，赵朴初会长表示欢迎。
1990.4.27	欧共体七国驻华大使参观塔尔寺。
1990.4.28	中国天主教神哲学院在教委会副主任兼秘书长杨高坚主教的组织下，举行了独立自主自办教会问题研讨会，宗怀德主教等与会。
1990.4.29	应赵朴初会长邀请，世界佛教徒联谊会副主席、台湾佛教学者田刘世纶居士在广济寺宣讲《心经》。
1990.5.5	中国道教学院在京成立，政协副主席、佛协会长赵朴初，中央统战部副部长张声作，国务院宗教事务局局长任务之出席开学典礼，道协会

长黎遇航讲话。

1990.5.6 广州石室耶稣圣心大教堂举行天主教广州教区林秉良神父晋牧典礼，中国天主教“两会一团”的主要领导人宗怀德主教出席典礼，担任主礼主教。

1990.5.7-10 中国天主教主教团代团长、中国天主教教务委员会代主任和中国天主教爱国会主席宗怀德主教视察广东教务。

1990.5.9 重庆市副市长肖祖修视察重庆老君洞。

1990.5.12-17 纪念明真法师圆寂一周年暨灵塔落成法会在南岳祝圣寺举行。

1990.5.13 中国伊协副会长马贤视察宁夏泾源县。

1990.5.22 中国天主教主教团代团长宗怀德主教出席德意志联邦共和国大使馆为纪念基本法公布 41 周年举行的招待会。

1990.5.22-23 应中国伊协和北京大学邀请，伊斯兰世界联盟秘书长阿卜杜拉·本·欧麦尔·纳绥夫等来华访问。

1990.5.23 日本京都龙谷大学授予赵朴初名誉文学博士学位。

1990.5.27 北京宣武门教堂举行中国天主教安徽省芜湖教区正权主教张凤藻祝圣典礼，中国天主教主教团代团长宗怀德主教为典礼主礼。

1990.5.31 中国伊协派代表赴伊朗参加霍梅尼归真周年纪念活动。

1990.6 中国佛教文化研究所、中国民族音乐研究所在京举行佛教音乐座谈会。

1990.6.3 中国道协道教文化研究所和中国音乐研究院在

	北京白云观联合举办道教音乐研讨会。
1990.6.6	佛协副会长刀述仁居士率云南巴利语系佛教青年僧人赴泰国留学。
1990.6.14-16	中国道协在杭州召开"关于散居道士管理问题"座谈会。
1990.6.20	中国佛学院举行86级学生毕业典礼,院长赵朴初、国务院宗教局副局长赤耐参加典礼并讲话。
1990.6.29	孟加拉国总统侯赛因·穆罕默德·艾尔沙德到北京牛街礼拜寺礼主麻拜。
1990.6.30	十世班禅大师纪念塔在四川色达落成。
1990.7.4	中国伊协在京举行招待会,庆祝古尔邦节,全国人大常委会副委员长习仲勋、赛福鼎·艾则孜,全国政协副主席杨静仁、赵朴初等与会。
1990.7.17-8.2	朝鲜天主教人协会中央委员会代表团访华,国务院宗教局宛耀宾副局长、中国天主教爱国会主席、主教团代团长、教务委员会代主任宗怀德等会见了他们。
1990.7.25	拉卜楞寺举行大经堂重建开光盛典,中央统战部副部长伍连元、国务院宗教事务局副局长赤耐、佛协副会长明旸法师致贺。
1990.8.20-9.8	中国道教协会组织学习《关于社会主义若干问题学习纲要》,道协领导均参加了学习。
1990.8.22-28	中国基督教三自爱国运动第四届委员会、中国基督教协会第二届委员会第二次全体会议在上海举行。
1990.8.25	日本良宽禅师诗碑在峨嵋山落成,日中汉诗友好协会会长柳田圣山、中国佛教协会副会长周绍良参加剪彩仪式。

1990.8.25	中国基督教三自爱国运动 40 周年纪念大会在上海举行。
1990.8.26	黑龙江省教区举行茶话会，庆祝王瑞寰主教自选自圣主教周年暨刘焕波助理主教荣晋牧品，全国天主教“两会一团”负责人宗怀德主教和刘柏年等应邀参加。
1990.9	江西“虚云纪念堂”竣工，赵朴初会长题写匾额。
1990.9	中国伊协会长沈遐熙赴东北三省视察伊斯兰教工作。
1990.9.6	中国天主教主教团代团长、中国天主教爱国会主席、中国天主教教务委员会代主任宗怀德主教和中国天主教教务委员会刘柏年副主任在北京会见意大利天民党众议院议会党团主席维森索·斯科蒂一行。
1990.9.9	“弘一大师研究会”在浙江成立。
1990.9.17	河北佛协举办活动纪念虚云和尚诞生 150 周年。
1990.9.18	九华山十轮殿落成典礼，中国佛协会长赵朴初出席并讲话。
1990.9.18	中国佛协会长赵朴初视察九华山。
1990.9.18-27	以中国基督教三自爱国运动委员会副主席兼秘书长沈德溶为团长的中国基督教代表团访问朝鲜。
1990.9.20	第七届全国政协委员、中国佛教协会副会长、青海省第六届政协副主席嘉雅·洛桑丹白坚赞活佛在西宁逝世。
1990.9.20	十世班禅灵塔建造工程在日喀则开工。

1990.9.21	巴斯基坦总统伊沙克·汗到牛街礼拜寺礼主麻拜。
1990.9.25	第七届全国政协委员、中国佛教协会副会长、青海省第六届政协副主席嘉雅·洛桑丹白坚赞活佛示寂回向法会在北京举行。
1990.9.25-28	国际宗教界和平会议在意大利巴里城举行，由佛协副会长贡唐仓活佛、全国基协副会长兼总干事沈以藩主教等组成的中国宗教界代表团赴会。
1990.9.27	第七届全国政协委员、中国佛教协会副会长、青海省第六届政协副主席嘉雅·洛桑丹白坚赞活佛追悼会在西宁举行。
1990.10.6	以中国佛协副会长明旸法师为团长的中国佛教代表团赴日本参加雪舟禅师纪念馆和雪舟禅师铜像揭幕仪式。
1990.10.7	中国佛协副会长周绍良视察泰州光孝寺。
1990.10.16-18	中国佛教协会邀请部分常务理事就宗教界为国家和社会的稳定做贡献一题在北京举行座谈会，赵朴初会长与会并讲话。
1990.10.17-20	中国伊协副会长安士伟阿訇视察保定。
1990.10.21-28	第三次中日佛教学术交流会议在京都佛教大学举行。
1990.10.22-29	世界佛教徒联谊会第17届大会在汉城举行，以中国佛协副会长明旸法师为团长的中国佛教代表团赴会。
1990.10.23	泉州承天寺举行重建落成暨开光典礼，佛协会长赵朴初出席庆典并致辞。
1990.11.1	海湾六国合作委员会的阿曼、科威特、阿联酋、

	巴林、卡塔尔、沙特阿拉伯驻华大使拜会中国伊协，会长沈遐熙接待了他们。
1990.11.4	中国天主教主教团代团长、教务委员会代主任宗怀德主教主持大弥撒，为天水教区祝圣新铎。
1990.11.7	日本阿含宗友好访华团访问中国道协，黎遇航会长会见客人并赠送礼品。
1990.11.14-12.8	基督教全国三自爱国委员会副主席沈德溶访问广西和贵州教会。
1990.11.16	印度尼西亚总统苏哈托到北京东四清真寺访问。
1990.11.23	应中国伊协和宁夏伊协的邀请，伊斯兰发展银行代表团来华进行工作访问。
1990.11.26	中国伊协会长沈遐熙视察河北廿里铺清真寺的经学班。
1990.11.27	中国伊协副会长、著名回族大阿訇哈吉·穆罕默德·叶哈亚·刘品一在北京逝世。
1990.11.30	中国天主教"两会"在北京举行"为四化服务先进教友事迹汇报会"，宗怀德主教等与会。
1990.11.30	中国天主教爱国会、中国天主教教务委员会和中国天主教主教团在人民大会堂召开"中国天主教反帝爱国运动四十周年纪念大会"，国务院副总理吴学谦，全国政协副主席、中国佛协会长赵朴初等到会并讲话。
1990.12.2-4	全国基督教两会主席、会长丁光训主教访问杭州教会。
1990.12.3	全国政协宗教委员会举行报告会，由中国社会科学院世界宗教研究所《世界宗教研究》副主编郑天星作题为"苏联宗教法的前前后后"的

专题报告。

1990.12.4-10	丁光训主教访问温州教会。
1990.12.5	全国宗教工作会议在京召开，李鹏总理作了关于做好宗教工作,建设社会主义祖国的讲话,乔石、吴学谦等领导人与会。
1990.12.7	中共中央总书记江泽民出席宗教工作会议代表座谈会并讲话。
1990.12.10	中国道协举行欢迎宴会，欢迎台湾道教科仪交流朝圣团，黎遇航会长致欢迎词。
1990.12.16	宗怀德主教在北京西什库教堂为河南郑州曲益民神父祝圣。
1990.12.20	苏州灵岩山寺举行印光法师生西50周年法会，中国佛协副会长明旸法师等到会祝贺。
1990.12.22	白云观举行神像开光典礼，黎遇航会长及香港赵镇东先生参加仪式。
1990.12.22-24	中国佛教协会和云南省统战部、宗教事务局在云南允景洪召开上座部佛教座谈会，赵朴初会长赴会并讲话。
1990.12.25	香港圆玄学院参访团访问中国道协和中国道教学院，黎遇航会长在欢迎仪式上致词。
1991.1	中国伊协副会长安士伟率全国政协宗教委员会视察团视察广州。
1991.1.2-22	以中国佛协副会长嘉木样大师为团长的中国佛教代表团访问尼泊尔和斯里兰卡。
1991.1.13	中国佛协在北京广济寺举行新加坡宏船法师示寂回向法会。
1991.1.30	中共中央总书记江泽民邀请我国宗教团体五位领导人到中南海作客，就如何保持宗教政策的

稳定性和连续性问题坦诚谈心。

1991.1.30 中国佛协会长赵朴初致电日中文化交流协会，对日本著名作家井上靖先生逝世表示悼念。

1991.1.31 中国道协领导人在北京座谈学习江总书记会见宗教界领导人时的讲话。

1991.1.31 中国伊协代表团赴德黑兰参加伊朗革命 12 周年庆祝活动。

1991.2.2 国务院宗教事务局副局长宛耀宾、赤耐、杨同祥接见中国天主教神哲学院 85 届全体修生。

1991.2.4 中共中央总书江泽民参观洛阳白马寺。

1991.2.7-20 世界基督教教会联合会第七届大会在堪培拉举行，中国基督教协会派出丁光训主教、沈以藩主教、韩文藻先生赴会。

1991.2.8 天主教全国“两会”召开座谈会，宗怀德主教传达江泽民总书记接见五大宗教领袖时的情景。

1991.2.11 《天风》编辑部在上海召开《天风》复刊 100 期座谈会。

1991.2.20 世界基督教联合会秘书长艾米利欧·卡斯特罗致信中国基督教协会会长丁光训主教，欢迎中国教会重新进入世基联，表示世基联在它的行动上和声明中坚持一个中国的政策，尊重中国基督教协会和一切会员教会的独立以及对自己的认定。

1991.2.27 国务院派“塔尔寺险情考察组”赴青海考察。

1991.3.4 上海市佛协会长、玉佛禅寺方丈真禅法师赴澳大利亚弘法。

1991.3.5 全国政协副主席王光英参观天津清真大寺。

1991.3.8	国务院宗教事务局任务之局长视察龙虎山嗣汉天师府。
1991.3.10	中国佛教代表团赴印度参加玄奘纪念堂落成开光大典。
1991.3.24	国务院宗教局副局长宛耀宾到宝顶圣寿寺视察工作。
1991.3.28	全国政协副主席、中国佛协会长赵朴初视察深圳弘法寺。
1991.4.5-6	中国佛协在北京召开部分常务理事座谈会，学习江泽民总书记、李鹏总理关于宗教工作的讲话。
1991.4.10-5.1	台湾圣严法师率团到大陆考察佛教建筑，受到佛协会长赵朴初等会见。
1991.4.11	中国基督教三自爱国运动发起人之一、中国基督教协会副会长兼总干事、上海市政协第五、第六届委员、上海宗教学会学术顾问郑建业主教在上海逝世。
1991.4.23-5.7	中国天主教第二期学习研讨会在北京举行。
1991.4.25-27	以中国伊协副会长努尔曼·马贤为团长的中国伊斯兰教代表团赴埃及出席伊斯兰事务最高理事会第四次大会。
1991.4.30	中国基督教协会会长丁光训致信世界基督教教会联合会秘书长艾米利欧·卡斯特罗，对他的来信表示感谢。
1991.4.30-5.7	世界基督教会联合会前总干事菲力浦·泡特博士应基督教全国两会邀请来华访问。
1991.4.30	埃及宗教基金部部长穆·阿里·马哈古布代表穆巴拉克总统授予中国伊斯兰教学者努尔曼·

	马贤“共和国总统一级特别奖章”。
1991.4.30	在中国伊协礼堂举行座谈会，庆祝《中国穆斯林》杂志复刊 10 周年，中国伊协会长沈遐熙等到会讲话。
1991.5.26	西藏著名宗教界人士受中央代表团团长李铁映的邀请，在拉萨亲切座谈。
1991.5.27-6.3	以中国天主教爱国会秘书长朱世昌为团长的中国天主教爱国会代表团访问朝鲜。
1991.5.28	贵阳弘福寺举行佛像开光暨方丈升座典礼，中国佛协会长赵朴初发来贺电，刀述仁副会长为典礼剪彩。
1991.5.30	七届全国人大代表，中国佛教协会副会长，青海省人大常委会副主任夏茸尕布在西宁逝世。
1991.5.30-6.16	以香港宝莲禅寺方丈初慧法师为团长的香港宝莲禅寺访问团访问内地，受到国务院宗教局、中国佛协的热情款待。
1991.6.12	国务院宗教局副局长赤耐视察塔尔寺。
1991.6.14-23	香港道友参访团来内地访问，国务院宗教局副局长杨同祥、道协会长黎遇航分别会见了参访团。
1991.6.15-19	由中国佛协、山西省文物局主办的“山西佛教彩塑摄影展”在北京民族文化宫举行，赵朴初会长等为展览剪彩。
1991.6.18	中国天主教主教团、中国天主教爱国会、中国天主教教务委员会就罗马教廷委任龚品梅为枢机主教一事发表声明。
1991.6.24	全国政协宗教委员会在北京举行座谈会，纪念中国共产党建党 70 周年。

1991.6.25	中国道协在白云观召开纪念中国共产党诞生70周年座谈会。
1991.7.	丁光训主教应英国“中国教会之友社”的邀请，参加该社两年一次的大会，并作演讲。
1991.7.	全国基协副会长韩文藻赴美国，接受美国印第安纳州协同神学院授予的人文学荣誉博士学位。
1991.7	以全国三自副主席罗冠宗为团长的中国基督教代表团赴苏联访问。
1991.7.1	基督教全国两会在上海会所召开在沪委员庆祝中国共产党成立70周年座谈会。
1991.7.2-13	以中国佛协副会长周绍良为团长的中国佛教协会友好访朝团访问朝鲜。
1991.7.3-26	中华基督教青年会组成的访问团访问英国。
1991.7.4	中国伊斯兰教协会组织的中国穆斯林朝觐团返回北京，这是1955年以来伊协组织的第23个朝觐团。
1991.7.7-13	以中国佛协副会长明旸法师为团长的天童友好访日团赴日本访问。
1991.7.15	中国道协向全国各地方道协、宫观发出呼吁，捐款捐物支援抗洪救灾工作。
1991.7.16-25	台湾禅学参访团来大陆进行禅学交流活动，中国佛协会长赵朴初会见并宴请了参访团。
1991.7.19	中国天主教主教团代团长、中国天主教爱国会主席宗怀德主教等视察江西教务。
1991.7.19	江西教区举行吴仕珍主教就职仪式，中国天主教主教团代团长宗怀德等主持就职仪式。
1991.7.20	第七届全国人民代表大会代表、七届全国人民

代表大会常务委员会委员、全国人大民族委员会委员、宁夏第六届人大常务委员会副主任、中国伊协副会长哈吉·古德勒图拉·马腾霭在宁夏逝世。

1991.8.15-25 香港穆斯林访问团访问北京、新疆等地。伊协沈遐熙会长接待了香港客人。

1991.8.24 香港显密佛学会会长郭兆明居士向中国佛教协会赠送英译本《南传大藏经》仪式在北京广济寺举行，赵朴初会长亲自接受赠经。

1991.8.24 中国佛协会长赵朴初赴香港出席“山西佛教彩塑摄影展”开幕式并进行访问。

1991.8.29-9.7 香港竹林仙馆朝圣团来内地访问，国务院宗教局副局长赤耐及中国道协会长黎遇航分别会见了他们。

1991.9.4 泰国教育部长卡斯瓦斯迪·帕尼契博士赠送中国佛协英译本巴利文《大藏经》，赵朴初会长接受赠经。

1991.9.7 江西永修县云居山真如寺举行“虚云纪念堂”落成典礼法会。

1991.9.11 马来西亚最高元首苏丹·阿兹兰·沙阿陛卜参观西安化觉巷清真大寺。

1991.9.13 全国政协委员、中国伊协副会长、新疆伊协副会长、新疆库车县政协副主席、库车县清真大寺伊玛目阿木提大毛拉阿吉在新疆逝世。

1991.9.26-10.6 新加坡道教总会参访团访华，中国道协会长黎遇航等会见了他们。

1991.10.3-9 道教正一派在祖庭龙虎山嗣汉天师府为台湾和海外道徒举行授传度醮仪。

1991.10.8-10	以中国佛协副会长刀述仁为团长的中国宗教代表团，赴马耳他参加国际宗教和平会议。
1991.10.13-31	中国伊斯兰教协会会长沈遐熙率中国伊斯兰代表团访问印度尼西亚。
1991.10.14	青城山道教学校成立，傅元天任校长。
1991.10.16-17	全国基督教两会会务会议在上海召开。
1991.10.21-26	全国政协宗教委员会在政协礼堂举办宗教知识宗教政策系列报告会。
1991.10.28-11.2	第四届亚洲宗教与和平会议在尼泊尔举行，全国基协副会长韩文藻、中国佛协副会长刀述仁赴会。
1991.11.7-22	沈以藩主教等访问德国基督教会。
1991.11.8	全国政协宗教委员会邀请在京宗教界委员及部分宗教界人士，在政协礼堂召开《中国的人权状况》白皮书座谈会。
1991.11.12	国务院宗教事务局副局长赤耐视察温州道协。
1991.11.12-16	韩国佛教宗团协议会代表团访华，中国佛协会长赵朴初会见了他们。
1991.11.20	正果法师灵塔在重庆落成。
1991.12.4	落实修复玄奘故里倡议座谈会在中国社会科学院举行。
1991.12.17-20	中国伊协五届二次常委会议在北京召开。
1991.12.20	伊协沈遐熙会长会见伊朗议长卡鲁比。
1991.12.22	香港道教联合会访问团参观北京白云观，中国道协举行欢迎会，黎遇航会长致欢迎词。
1991.12.24-1992.1.9	由国务院宗教局宛耀宾副局长率领的中国穆斯林副朝友好访问团赴麦加副朝。
1991.12.30	中国佛协副会长、中国佛协西藏分会会长色结

堪苏·伦珠陶凯大师的葬礼在拉萨举行。

1991.12.30 中国基督教三自爱国运动委员会第四届常务委员会、中国基督教协会第二届常务委员会举行第四次会议。

1991.12.30，1992.1.6 中国伊协召开以协会开展自养、做好经济工作为主题的办公会议。

1991.12.31 中国基督教第五届全国会议在北京召开。

1992.1.5 十五省、市、自治区联合按立牧师圣职典礼在北京举行。

1992.1.7-12 中国佛教协会在上海召开全国汉语系佛教教育工作座谈会，赵朴初会长主持会议并讲话。

1992.1.7 乔石等中央领导在人民大会堂会见出席中国基督教第五届全国会议的全体代表和大会工作人员。

1992.1.8 中国天主教爱国会主席、政协宗教委员会副主任宗怀德主教率全国政协福建视察组前往福建视察。

1992.1.16 中国伊协副会长、中国伊斯兰教经学院名誉院长、中国人民政治协商会议全国委员会委员、著名回族大阿訇、杰出经学教育家阿卜杜·莱希姆·马松亭大阿訇在北京逝世。

1992.1.28 中共中央总书记江泽民邀请 14 位宗教团体领导人到中南海座谈，14 位领导人是赵朴初、帕巴拉·格列朗杰、刀述仁、丁光训、罗冠宗、沈以藩、宗怀德、傅铁山、金鲁贤、黎遇航、傅元天、沈遐熙、安士伟、阿不都拉大毛拉。

1992.1.30 中国天主教“两会一团”领导人座谈学习江泽民总书记会见宗教界领导人时的讲话。

1992.1.31	国务院宗教事务局邀请在京全国性宗教团体负责人，举行迎春座谈会。
1992.2.20-29	应中国基督教两会邀请，美国基督教会联合会代表团访华，访问期间会见了教会领袖和教牧同工。
1992.2.21-25	全国宗教局长会议在北京召开，会议的议题为：贯彻宗教政策，加强宗教事务管理。
1992.2.29-3.5	信义宗世界联盟秘书长古纳·斯多尔悉特访华，在南京时，会见了丁光训主教。
1992.3-5	全国基协副会长兼总干事沈以藩主教走访了福建、四川和陕西教会。
1992.3.2-6	中国道教协会第五届代表会议在北京召开，通过了《中国道教协会关于道教宫观管理办法》和《中国道教协会关于道教散居正一派道士管理试行办法》。
1992.3.11	中国伊斯兰教协会筹建发起人之一刘格平先生在北京逝世。
1992.3.16-17	中国天主教“两会一团”在北京召开负责人（扩大）会议。
1992.3.30-31	中国佛教协会在北京召开部分常务理事座谈会，就1991年佛协工作进行总结并安排1992年工作。
1992.3.31	国务院副总理朱镕基在北京会见了美国基督教福音派领袖、布道家葛培理一行。
1992.4.1-3	第五届中国基督教三自爱国运动委员会、第三届中国基督教协会在上海举行第一次主席、会长会务会议。
1992.4.6-18	全国政协副主席、中国佛协会长赵朴初考察河

	南佛教工作。
1992.4.8	上海市佛教协会会长真禅法师赴美国弘法。
1992.4.8	净严法师追悼会在开封举行，中国佛协会长赵朴初讲话。
1992.4.9	河南省佛教界代表座谈会在开封举行，中国佛协会长赵朴初到会并讲话。
1992.4.11-18	中国基督教两会主席、会长丁光训，全国三自秘书长罗冠宗访问广东教会。
1992.4.13-20	以中国天主教爱国会主席、中国天主教主教团代团长宗怀德主教为团长的中国天主教友好访问团访问朝鲜。
1992.4.22-5.14	应中国基督教协会邀请，世界信义宗联盟前总干事卡尔·毛夫妇访问中国。
1992.4.25-4.30	由国务院宗教局宛耀宾副局长为团长、中国伊协副会长马贤为副团长的中国穆斯林友好访问团赴香港访问。
1992.4.28-5.3	香港大圆满心髓研究中心住持根造法师及其弟子杨钊居士访问北京，并拜会了中国佛协会长赵朴初。
1992.5.11	中国天主教全国“两会”在神哲学院举行茶话会，与在中央社会主义学院读书班学习的神父、教友联欢。
1992.5.12	全国基督教两会主席、会长丁光训主教在加拿大麦克马斯特大学举行的毕业典礼上被授予神学博士学位，并向所有来宾致词。
1992.5.16	西安市八仙宫举行修复落成、神像开光、监院升座典礼。
1992.5.16	中国佛教协会会长赵朴初应邀访问日本，在日

	期间参加了药师寺“玄奘三藏院”匾额揭幕法会和“日中友好宗教者恳话会”成立25周年纪念活动。
1992.5.17	广东南华寺举行方丈升座暨虚云、惟因和尚舍利塔开光法会。
1992.5.20	印度总统拉马斯瓦米·文卡塔拉曼到陕西化觉寺参观。
1992.5.26-31	国务院宗教局局长任务之考察浙江温岭宗教工作。
1992.5.27	全国基协副会长韩文藻博士赴里约热内卢参加世界基督教会联合会召开的以“环境与发展”为主题的普世会议。
1992.5.29-6.5	应中国伊协邀请，利比亚世界宣教协会代表访华。
1992.6.1	庐山东林寺举行纪念远公祖师创建莲社1600年、莲社大殿重建落成暨庐山东林寺净土宗文化研究会成立法会。
1992.6.8-20	应中国基督教协会邀请，韩国基督教会联合会教育部主任林东奎牧师访华，受到丁光训主教会见及宴请。
1992.6.8	中国伊协会长沈遐熙致函伊盟感谢沙特政府出资修缮远寺。
1992.6.11	中国伊协在北京举行古尔邦节招待会，沈遐熙会长致贺词，全国政协副主席杨静仁等与会。
1992.6.18	深圳弘法寺举行佛像开光暨本焕大和尚升座典礼，中国佛协会长赵朴初到会并讲话。
1992.6.21-30	中国天主教教务委员会副主任刘柏年和中国天主教爱国会秘书长朱世昌考察山东。

1992.6.23-27　全国基协副会长梁福寰牧师赴美国加州圣拉菲尔市多米尼加大学参加美洲华人基督教大会第十三届会议。

1992.7.9-22　应中国伊协邀请，伊斯兰世界联盟常务副秘书长穆罕默德·纳斯尔·阿布迪长老率代表团访华，伊协会长沈遐熙陪同参观各地。

1992.7.21　全国政协副主席赵朴初在京会见伊斯兰世界联盟代表团。

1992.7.23-8.6　应全国天主教“两会”的邀请，由意大利圣埃基迪奥善会副会长阿斯蒂诺·吉奥瓦格诺里教授为团长的访问团访华。

1992.8.5-16　以全国基督教协会副会长兼总干事沈以藩为团长的中国基督教协会代表团访问韩国。

1992.8.16-17　中国天主教爱国会秘书长会议在烟台召开，国务院宗教局副局长宛耀宾到会讲话。

1992.8.24-25　基督教协会在南京召开圣经出版委员会会议。

1992.8.29-31　基督教协会在南京召开海外关系委员会会议。

1992.9.8-10　中国伊协在京召开出口清真肉食验证会议。

1992.9.10　伊朗总统拉夫桑贾尼在北京会见伊协会长沈遐熙等伊斯兰教人士。

1992.9.12　伊朗总统拉夫桑贾尼由新疆自治区主席铁木耳·达瓦买提陪同参访新疆伊斯兰教经学院。

1992.9.14　广东南海西樵云泉仙馆举行圣像开光大典，中国道协会长傅元天前往祝贺。

1992.9.15-20　中国天主教第五届代表会议在北京举行，会议通过了关于调整“中国天主教全国三机构”的决议、《中国天主教主教团章程》、《中国天主教爱国会章程》，选举宗怀德为全国主教团、爱国会主席。

1992.9.17-21　中国武当道教文化国际学术研讨会在武当山召开。

1992.9.19-10.2　尼泊尔佛教复兴会访华团访华，佛协刀述仁副会长会见了代表团成员。

1992.10.6　香港青松观参访团访问北京白云观，道协副会长闵智亭主持欢迎会，国务院宗教局副局长宛耀宾接见香港客人。

1992.10.9-11　广州三元宫、香港蓬瀛仙馆在三元宫联合举办“祈求世界和平暨消灾解厄万缘胜会”，中国道协会长傅元天出席胜会揭榜仪式。

1992.10.9　巴基斯坦总理纳瓦兹·谢里夫到西安化觉巷清真寺礼主麻拜。

1992.10.11-20　中国佛协会长赵朴初赴韩国访问，并参加了在汉城举行的东北亚佛教领导人和平会议。

1992.10.12-24　印尼伊斯兰友好代表团访华，全国人大副委员长赛福鼎·艾则孜、中国伊协会长沈遐熙会见了他们。

1992.10.17　第四世阿饶·旦增格勒航吾活佛在海南赛宗寺坐床。

1992.11.6　开封大相国寺举行佛像开光、迎奉藏经、真禅方丈升座典礼和中国开封大相国寺与日本京都相国寺结为友好寺院签字仪式，中国佛协会长赵朴初居士、副会长明旸法师等参加了典礼活动。

1992.11.7-10　国际路德会平信徒联合会海外关系部主任肯·彼特逊访华。

1992.11.11　金陵协和神学院40周年校庆，院长丁光训讲话。

1992.11.12 中国天主教“一会一团”召开座谈会，学习、座谈十四大会议精神。

1992.11.13 中国天主教主教团顾问、黑龙江省政协第六届常委、省“两会”主任、黑龙江教区正权主教王瑞寰逝世。

1992.11.13 由全国政协宗教委员会、中国五大宗教部分领导人组成的“全国政协宗教工作调查团”赴河南南阳考察。

1992.11.19 台湾中华道教总会道教文化交流团参访北京白云观，道协会长傅元天参加欢迎会，政协副主席赵朴初及国务院宗教局副局长赤耐会见访问团。

1992.11.20-22 中国道教协会五届三次常务理事会在北京召开，国务院宗教局副局长赤耐讲话。

1992.11.21-12.5 以中国佛协副会长明旸法师为团长的“上海龙华古寺赴马来西亚槟城极乐寺法务团”赴马参加极乐寺开山101周年庆典暨新建的观音大士殿落成、佛像开光法会。

1992.11.24-12.1 以丁光训为团长的中国基督教代表团访问香港教会。

1992.12.2-10 以中国道协会长傅元天为团长的中国道协及北京白云观代表团访问香港。

1992.12.3-5 中国基督教三自爱国运动委员会主席会务会议与中国基督教协会会长会务会议在广州举行联席会议。

1992.12.5 国务院副总理田纪云视察塔尔寺。

1993.1-2 由全国政协副主席、全国三自主席、全国基协

	会长丁光训主教率领的全国政协宗教调查团在昆明、版纳、德宏等地进行为时半月的调查活动。
1993.1.5-15	中国佛协副会长、上海市佛教协会会长、玉佛寺住持真禅法师访问台湾。
1993.1.15-22	国务院宗教事务局局长张声作等看望全国天主教“一会一团”驻京负责人。
1993.1.18-27	全国五大宗教团体领导人出席在海南召开的宗教问题研讨会并参观考察海南。
1993.1.19	全国性宗教团体领导人在北京举行迎春座谈会，全国政协主席李瑞环与会并讲话。
1993.1.22	全国政协委员、全国基督教两会顾问、北京基督教两会副主席阎迦勒长老在北京逝世。
1993.1.22	国际伊斯兰宣教大会在摩洛哥举行，中国伊协派新疆喀什市清真大寺伊玛目萨德格阿吉大毛拉等赴会。
1993.1.25	全国政协主席李瑞环参观深圳弘法寺。
1993.1.27	塔尔寺举行第十三世赛赤“呼图克图”活佛转世灵童认定仪式。
1993.1.28	中国藏语系藏语佛学院举行十世班禅大师圆寂4周年法会。
1993.2.5-8	全国基督教男女青年会会长、总干事工作研讨会在上海举行。
1993.2.5	国务院宗教事务局局长张声作检查上海宗教工作。
1993.2.6-11	应全国基督教两会邀请，世界救世军总部英国的王路思大将访华，在华期间会见了国务院宗教局领导、丁光训主教及其他神职人员。

1993.2.8	中国佛协会长赵朴初视察常州天宁禅寺。
1993.2.12	马来西亚伊斯兰代表团访华，在京受到中国伊协会长沈遐熙等会见和宴请。
1993.2.13-16	韩国基督教教会协议会会长崔禧燮等到南京访问，会见了丁光训主教等。
1993.2.20-22	中国天主教主教团与中国天主教爱国会第一次负责人联席会议在北京召开。
1993.2.22	中国佛协副会长明旸法师等赴泰国访问。
1993.3.9	中国天主教主教团顾问、天主教上海教区助理主教、上海市天主教爱国会副主任、上海市天主教教务委员会副主任、政协上海市委员会常务委员李思德主教逝世。
1993.3.11	上海市召开各宗教团体负责人座谈会。
1993.3.21	中国佛教协会第六届全国佛教代表会议筹备工作座谈会在北京举行。
1993.3.25	中国基督教三自爱国运动委员会第三届副主席、第四、第五届顾问，中国基督教协会第二、第三届顾问唐守临长老逝世。
1993.3.31	中国佛协会长赵朴初在北京会见台湾华藏精舍住持净空法师一行。
1993.4.24-30	信义宗世界联盟主席布拉克迈耶博士和该联盟亚洲事务部主任托马斯巴通先生访华。
1993.4.26-29	世界基督教联合会前总干事菲利蒲·泡特博士访华。
1993.4.27	中国天主教主教团礼仪委员会第一次会议在北京举行。
1993.4.27	上海市天主教爱国会举行纪念会，纪念杨士达先生诞辰90周年。

1993.4.30	以中国道教协会副秘书长、北京白云观监院黄信阳为团长的北京白云观经乐团赴新加坡参加“护国祈安大清醮暨超度大法会”。
1993.5.4-7	第五届中国基督教爱国运动委员会、第三届中国基督教协会第二次常委会会议在上海举行。
1993.5.15-23	应全国基督教协会的邀请，世界基督教联合会普世神学教育委员会执行干事尤多·泡维达克多博士访华。
1993.5.16	中国天主教主教团、爱国会主席、济南教区兼周村教区主教宗怀德晋铎50周年及晋牧35周年庆典在济南举行。
1993.5.17-29	应全国基督教两会的邀请，国际路德会平信徒联合会访华团访华。
1993.5.21	中国佛协、上海市佛协、浙江省佛协联合举行日本高僧山田惠谛长老等祝寿宴会，中国佛协会长赵朴初、国务院宗教事务局局长张声作等与会，赵朴初会长致祝寿词。
1993.5.29-6.2	信义宗世界联盟总干事古纳·斯托尔塞特访问北京、南京两地，先后会见了丁光训主教及国务院宗教局张声作局长。
1993.5.31-6.10	香港华人基督教联合会访华，会见了丁光训主教、韩文藻博士。
1993.5.31	中国伊斯兰教协会马贤副会长主持招待会，庆祝古尔邦节。
1993.6.7-10	中国基督教协会沈以藩主教前往斐济群岛的苏瓦市出席由国际宗教自由协会召开的太平洋地区宗教自由大会。
1993.6.10-12	道教界爱国爱教先进集体、先进个人表彰会在

	北京白云观召开。
1993.6.21	北京广济寺举行法会欢迎泰国僧王，中国佛协会长赵朴初会见了僧王及随行人员。
1993.6.24	国家主席江泽民会见泰国僧王，中国佛协会长赵朴初、国务院宗教局局长张声作参加了会见。
1993.7.12-13	中国基督教神学教育委员会第二届第二次会议在大连召开。
1993.7.13-14	八届全国政协宗教委员会在北京召开会议，学习座谈李瑞环主席等在八届全国委员会第二次常委会上的讲话，商讨本委 1993 年度工作计划。
1993.7.16	国家主席江泽民视察青海塔尔寺。
1993.8.1	宁夏教区刘静山神父晋牧大典在银川举行，晋牧中文大礼弥撒由全国主教团主席宗怀德主教主礼。
1993.8.21-23	第五届中国基督教三自爱国运动委员会主席会务会议与第三届中国基督教协会会长会务会议在上海举行。
1993.8.28	印尼雅加达沙里夫·希达雅图拉伊斯兰教学院举办“郑和国际学术讨论会”，中国伊协副会长兼秘书长马贤等与会。
1993.9	中国佛协、中国佛教文化研究所等单位举办圆瑛法师圆寂 40 周年纪念活动。
1993.9.4	十世班禅大师灵塔祀殿开光庆典在札什伦布寺举行，国务委员兼国务院秘书长罗干、全国人大常委会副委员长帕巴拉·格列朗杰、全国政协副主席杨汝岱等前往祝贺。
1993.9.6-15	中国基督教协会副总干事沈承恩等赴台湾访

问。

1993.9.6-14 应中国天主教主教团教务委员会邀请，香港公教教研中心代表团访问上海和北京，国务院宗教事务局张声作局长、宛耀宾副局长接见了代表团。

1993.9.7-9 中韩两国教会合作事奉研讨会在南京举行。

1993.9.15 全国政协宗教委员会组织委员，听取了国务院宗教局负责人介绍宗教立法进展。

1993.9.17-26 北京白云观等联合发起，在白云观启建护国佑民、世界和平“罗天大醮”盛典，并将所得收入100万元捐助希望工程。

1993.9.23 全国基督教两会和上海基督教两会联合召开座谈会，庆祝三自爱国运动发起43周年。

1993.9.26 圆瑛法师佛学思想研讨会在上海举行。

1993.9.26 中国佛协会长赵朴初赴日本参加纪念日中佛教友好交流暨庆祝中国佛协成立40周年大会。

1993.10.15 中国佛教协会第六届全国代表会议暨中国佛协成立40周年纪念大会在北京召开，会议通过了新修改的《中国佛教协会章程》。

1993.10.15 北京广济寺举行大法会庆祝中国佛协成立四十周年。

1993.10.15-25 应中国基协的邀请，联合圣经公会代表团访华。

1993.10.19-29 以丁光训主教为团长的中国基督教代表团出访印度尼西亚。

1993.10.21 全国政协主席李瑞环在北京接见中国佛教协会第六届理事会领导成员。

1993.10.23 中国藏语系高级佛学院在北京召开中国藏语系佛教研讨会。

1993.10.25-11.10 全国政协宗教委员会视察组在宗怀德主教、安士伟阿訇率领下视察四川。

1993.10.29-11.6 应菲律宾基督教联合会的邀请，丁光训主教一行三人访问菲律宾。

1993.11.5-6 中国天主教主教团教务委员会第一次会议在北京举行。

1993.11.6-17 丁光训主教访问美国加利福尼亚州福勒神学院，并在新任院长理查德·穆就职典礼上致辞。

1993.11.6 中国天主教主教团、中国天主教爱国会在北京召开张家树主教诞辰100周年纪念会。

1993.11.15-18 中国天主教主教团副主席、中国天主教爱国会副主任金鲁贤等出席在菲律宾召开的IPC（国际基督教计划委员会）扩大会议。

1993.11.24 中国基督教协会副会长、浙江省基督教三爱国运动委员会主席、浙江省基督教协会会长、全国政协常委蔡文浩牧师在杭州逝世。

1993.11.26 中国基督教三自爱国运动委员会、中国基督教协会顾问,中华基督教青年会全国协会董事,上海基督教沐恩堂顾问,中国基督教协会第一、第二届副会长吴高梓牧师在上海逝世。

1993.11.27 中国基督教三自爱国运动委员会、中国基督教协会在上海召开研讨会纪念吴耀宗先生诞辰100周年。

1993.11.28-12.2 中国基督教三自爱国运动委员会第五届委员会、中国基督教协会第三届委员会第二次全体会议在上海举行。

1993.12.1-11 由中国佛协副会长刀述仁为团长的中国佛教代

	表团访问缅甸。
1993.12.3	蔡秀峰神父由中国天主教主教团主席宗怀德主教在广州石室大堂祝圣为广西梧州教区正权主教。
1993.12.3	上海市政协举行大会纪念中国基督教三自爱国运动发起人吴耀宗先生、中国天主教爱国会发起人之一张家树主教诞辰100周年、中国佛协第一任会长圆瑛法师诞辰115周年。
1993.12.4-10	中国道协闵智亭副会长、李文成秘书长等访问香港。
1993.12.7	南京教区举行祝圣主教大典，由中国天主教主教团主席宗怀德主教主礼。
1993.12.10	中日两国在扬州举行纪念鉴真和尚东渡日本1250周年活动。
1993.12.13-17	中国伊斯兰教第六次全国代表会议暨庆祝中国伊斯兰教协会成立40周年大会在北京举行，会议通过了《中国伊斯兰教协会章程》修改草案。
1993.12.17-18	中国天主教主教团海外联谊委员会第一次会议在北京召开。
1993.12.18	中国天主教主教团、中国天主教爱国会在北京举行纪念毛泽东同志诞辰100周年座谈会。
1993.12.19	中国大陆大型宗教团体赴台参加两岸文化交流活动欢送仪式在湖北武当山举行。
1993.12.29	香港举行大屿山宝莲禅寺天坛大佛开幕典礼，中国佛协会长赵朴初在剪彩仪式上致词，由明旸、真禅法师率领的法务团赴港举行水陆法会。
1994.1.10-17	中国基督教访港团应香港华人基督教联合会之

邀请赴港访问。

1994.1.12-2.14　由中国佛协副会长净慧为团长、中国佛教文化研究所所长吴立民为名誉团长的中国佛教文化代表团访问法国。

1994.1.12　全国政协委员、中国天主教爱国会副主席兼秘书长朱世昌逝世。

1994.1.17　全国政协主席李瑞环等国家领导人会见了中国伊斯兰教第六届委员会领导成员。

1994.1.22-2.5　由中国佛协副会长圣辉法师为团长的中国佛教代表团访问印度。

1994.1.29　全国政协主席李瑞环在中南海会见了全国宗教团体领导人，并与他们进行了座谈。

1994.1.31　李鹏总理签署国务院第144和第145号令，颁布《中华人民共和国境内外国人宗教活动管理规定》和《宗教活动场所管理条例》。

1994.2.21-26　由联合国教科文组织丝绸之路项目机构、中国伊斯兰教协会等单位组织的“海上丝绸之路与伊斯兰文化国际学术讨论会”在泉州召开。

1994.2.24　新加坡佛教领袖、龙山寺住持广洽法师圆寂，中国佛协副会长明旸法师前往吊唁。

1994.2.25　日本天台宗山田惠谛长老示寂回向法会举行，中国佛协会长赵朴初致词。

1994.3.1-2　中国基督教妇女事工委员会在上海举行第一次会议。

1994.3.1　中国伊斯兰教协会就约旦河西岸希布伦清真寺发生的屠杀巴勒斯坦人的暴行发表声明。

1994.3.12-18　全国基督教第五届农村工作委员会在福建连江召开第三次全委扩大会议。

1994.3.20-21	中国佛教协会在北京召开会长扩大会议，会议的主要任务是：总结1993年佛协工作，讨论1994年工作及《汉传佛教寺院传戒实施办法(草案)》。
1994.3.24-26	中国基督教三自爱国运动委员会第五届委员会、中国基督教协会第三届委员会第四次主席、会长会务会议在上海举行。
1994.4.5-12	由中国佛教协会副会长、开封大相国寺住持真禅为团长的开封大相国寺“友好访日团”访问日本。
1994.4.15-16	中国基督教协会主办的华人教会事工研讨会在杭州举行。
1994.4.20	北京佛教界在广济寺举行法会恭送佛牙巡礼缅甸，中国佛协会长赵朴初在法会上讲话。
1994.4.20-6.5	以中国佛协副会长明旸法师为团长、国务院宗教局副局长赤耐为顾问的佛牙舍利赴缅护送团护送佛牙舍利赴缅供奉。
1994.4.21-22	全国政协常委、中国道教协会、四川省道教协会会长傅元天视察江油市道观。
1994.4.26-28	中国道协在上海召开全国部分地区“道教正一派授箓”座谈会。
1994.4.28	中国天主教修院友好访问团出访比利时、法国。
1994.4.29-6.21	中国佛协副会长、中国佛学院栖霞山分院副院长茗山赴台湾访问。
1994.5.	中国首届佛教医药学术研讨会暨传统医药文化学术会议在福建武夷山市举行。
1994.5.7-11	香港佛教联合会代表团来京访问，佛协会长赵朴初接见了访问团成员。

1994.5.11	中国天主教主教团、中国天主教爱国会主席宗怀德主教视察山东济南教区教务。
1994.5.12	海湾六国合作委员会代表团访问中国伊协。
1994.5.15-18	全国政协常委、中国伊协会长安士伟赴沈阳、鞍山视察，指导伊协工作。
1994.5.17	中国天主教“一团一会”副主席、修院教育委员会主任、上海教区金鲁贤主教视察陕西省天主教神哲学院。
1994.5.20	中国伊斯兰教协会在北京国际俱乐部举行古尔邦节招待会，全国人大副委员长雷洁琼、全国政协副主席赵朴初等与会。
1994.5.23	国务院宗教事务局局长张声作视察广东罗浮山冲虚古观。
1994.5.23-31	全国政协宗教委员会调查组考察唐山等地教堂、寺院和教友聚居村。
1994.5.24-25	国务院宗教事务局局长张声作视察广东陆丰、湛江佛教道场。
1994.5.27	中国伊协会长安士伟、副会长兼秘书长宛耀宾等在中国伊协礼堂会见了宁夏回族自治区伊斯兰教界人士。
1994.5.30	安息日会全球总会访问团访问中国基督教两会。
1994.5.30-6.3	中国天主教主教团副主席、主教团修院教育委员会主任金鲁贤主教视察武汉中南神哲学院。
1994.6.8-11	香港道教联合会访问团来京访问并与中国道协领导进行座谈。
1994.6.8	广洽老法师舍利塔在泉州举行奠基仪式。
1994.6.9	全国人大副委员长田纪云视察福建莆田广化

	寺。
1994.6.10-13	中国道协在西安召开道教宫观情况交流座谈会。
1994.6.12	由中国伊协副会长宛耀宾率领的中国穆斯林文化艺术代表团赴马来西亚参加马来西亚’94世界伊斯兰文化节活动。
1994.7.2	中国宗教界和平委员会成立，全国政协副主席赵朴初任会长。
1994.7.3	新疆巴音郭楞蒙古自治州和静县黄庙举行藏传佛教黄教第十世宫明活佛坐床仪式。
1994.7.8	中国佛教协会咨议委员会副主席、江苏省佛教协会名誉会长、苏州市佛教协会会长明开法师圆寂。
1994.7.9-11	中国基督教文字出版委员会在南京举行扩大会议。
1994.7.13-18	全国基督教协会副会长曹圣洁牧师等赴美国参加长老会妇女大会。
1994.7.17	亚洲宗教和平委员会主席姜元龙来华访问。
1994.7.23-27	全国基督教协会副会长韩文藻赴美参加美国路德会平信徒协会大会。
1994.7.29	全国基督教两会顾问、河南省和开封市基督教两会名誉主席、会长曾友山主教在开封逝世。
1994.8.1	中国佛协副会长一诚法师赴石城察看受灾寺庙。
1994.8.1-22	中国佛协副会长真禅法师率团访问西欧七国。
1994.8.2	中国天主教修院访问团访问香港。
1994.8.7	中国基督教协会副会长兼总干事、神学教育委员会主任、中华基督教青年会全国协会董事、第

八届全国政协委员沈以藩主教在山东威海逝世。

1994.8.9 布达拉宫维修工程竣工庆典在拉萨举行，国务委员李铁映等国家领导人出席庆典。

1994.8.14 上海沉香阁举行全堂佛像开光典礼，中国佛协副会长明旸法师主持仪式。

1994.8.16-20 中国伊协会长安士伟和副秘书长马忠杰前往埃及出席伊斯兰事务最高理事会第六次大会。

1994.8.27-29 中国道协在四川青城山召开关于全真派道士传戒座谈会。

1994.8.27 中国佛协会长赵朴初在北京会见日本篆刻家小林斗庵。

1994.8.30 伊朗副总统哈桑·哈比比到牛街礼拜寺参观访问。

1994.9.2 中国基督教协会就关于台湾问题的立场向国际基督教界发表声明。

1994.9.4-11 中国天主教"一会一团"主席宗怀德主教视察辽宁教区并为教区神职人员主讲避静。

1994.9.5-12 日本真言宗各派总大本山会第十一次访华团访华，与中国佛协会长赵朴初、国务院宗教局局长张声作会见。

1994.9.11 英国坎特伯雷大主教乔治·凯瑞访华。

1994.9.19 中国佛协会长赵朴初在北京会见台湾印顺大师。

1994.9.21 英国圣公会坎特布雷大主教来华拜访中国天主教主教团和中国天主教爱国会，与宗怀德主教等进行了友好的交谈。

1994.9.22 全国、上海基督教两会联袂举行三自爱国运动纪念日座谈会。

1994.9.24-10.1 开封大相国寺举行水陆空和平吉祥大法会，中国佛教协会副会长真禅开讲大乘佛经。

1994.9.25 国务委员、国务院秘书长罗干在北京接见十七世噶玛巴活佛。

1994.9.26 中国佛协会长赵朴初在北京广济寺会见十七世噶玛巴活佛。

1994.9.26 江苏镇江焦山定慧寺启建华严法会，中国佛协副会长该寺方丈茗山长老主持法会。

1994.9.27 全国政协主席李瑞环在北京接见十七世噶玛巴活佛。

1994.9.30 中国伊协在协会礼堂举行座谈会，欢迎新疆南疆地区伊斯兰教人士参观团来京参观访问。

1994.10.1 国家主席江泽民在北京会见十七世噶玛巴活佛。

1994.10.2 全国政协副主席王兆国代表党中央向十七世噶玛巴活佛赠送礼物。

1994.10.4 全国政协、中共中央统战部在人民大会堂举行座谈会，纪念已故全国政协副主席、中国伊协名誉会长包尔汉先生诞辰100周年。

1994.10.5-23 应美国联合卫理公会和美国长老会之邀，基督教两会主席兼会长丁光训主教访问美国。

1994.10.6 94年度中国佛教协会传授三坛大戒试点工作在江西永修县云居山真如寺进行。

1994.10.8-11 中国道教协会在北京召开五届二次理事会议。

1994.10.9 中国佛教协会在北京召开会长会议。

1994.10.18 中国道教协会副会长、湖北省道协会长谢宗信视察天台山。

1994.10.22-23	第五届中日佛教学术交流会在日本京都召开，以中国佛教文化研究所所长吴立民为团长的中国佛教代表团出席了会议。
1994.10.23	湖北新洲报恩禅寺落成暨佛像开光庆典举行，中国佛协副会长净慧法师等莅临祝贺。
1994.10.26-28	中国天主教主教团、中国天主教爱国会主席、副主席、主教团常委联席会议在北京召开。
1994.11	伊斯兰会议组织副秘书长穆罕默德·穆哈辛率代表团访华。
1994.11.3	法门寺举行恭送佛指舍利赴泰国供奉法会，中国佛协副会长周绍良主持盛典。
1994.11.3-9	由团长赵朴初、副团长丁光训率领的"中国宗教和平委员会"赴梵蒂冈参加第六次世界宗教和平大会。
1994.11.4	中国道协道教文化交流团赴台湾进行道教文化参访和交流。
1994.11.6	国务院宗教局局长张声作到河北省邯郸教区永年县天主教会视察工作。
1994.11.10-17	以香港教区胡振中枢机为团长的访问团访问内地，并与国务院宗教局局长张声作、北京教区傅铁山主教、中国天主教神哲学院院长宗怀德主教举行了会谈。
1994.11.11-15	由中国佛教文化研究所、湖北省哲学史学会等单位联合举办的首届禅宗与中国文化国际学术研讨会在黄梅小池举行，赵朴初发了贺电。
1994.11.15-17	由国务院宗教事务局宗教研究中心主持的"当代宗教问题研讨会"在北京召开。
1994.11.18	国务院宗教局局长张声作视察宁波七塔寺。

1994.11.21	全国人大副委员长、民盟中央主席费孝通一行参观嗣汉天师府。
1994.11.22-28	香港竹林仙馆组团来内地参访，国务院宗教局赤耐副局长参加欢迎宴会，道协傅元天会长在四川接待参访团。
1994.11.22-26	中国基督教三自爱国运动委员会第五届、中国基督教协会第三届常务委员会第四次联席会议在北京举行，全国两会主席兼会长丁光训致开幕词，国务院宗教事务局局长张声作讲话，会议通过《关于开展爱国主义教育的决议》。
1994.11.25	国务院宗教局召开宗教界学习贯彻《爱国主义教育实施纲要》座谈会，中国佛教协会会长赵朴初、中国基督教协会会长丁光训讲话。
1994.11.28	李鹏总理会见专程来京迎请佛指舍利的泰国外长他信·西那瓦。
1994.11.28	首都佛教界举行法会，恭送佛舍利赴泰国巡礼，赵朴初会长在仪式上致词。
1994.11.29	中国佛指舍利抵达泰国，以川·立派总理为首的政府官员和僧俗各界群众在机场举行了隆重的恭迎仪式。
1994.12.1-4	中国基督教协会副会长韩文藻等赴英国参加欧洲教会与中国教会普世合作会议。
1994.12.1-11	全国政协委员宗怀德主教率全国政协宗教界委员赴粤参观团赴粤参观。
1994.12.1-4	金沛献主教、刘柏年教友参加在伦敦举行的第二届欧洲教会与中国事工联合会议。
1994.12.7	巴基斯坦总统法鲁克·艾哈默德·汗·莱加利访问西安清真大寺。

1994.12.21	北京市天主教爱国会成立 43 周年暨傅铁山主教晋牧 15 周年座谈会举行。
1995.1.9-21	以褚汉雨神父为团长的中国天主教青年代表团赴菲律宾参加第十届普世青年节大会并对马尼拉进行访问。
1995.1.15	全国政协主席李瑞环邀请在京全国性宗教团体负责人到中南海做客。
1995.1.16-24	应日本“日中友好宗教者恳话会”邀请，国务院宗教事务局张声作局长率团访问日本。
1995.1.19	国务院宗教事务局召开纪念两个宗教法规颁布实施一周年座谈会。
1995.1.20	全国政协委员、中国天主教爱国会顾问、湖南常德教区杨高坚主教在北京逝世。
1995.1.28	首都佛教界举行法会，纪念十世班禅大师圆寂六周年，佛协副会长刀述仁居士讲话。
1995.2.9	台湾佛教界祝寿团来沪向明旸、真禅两位大和尚祝寿。
1995.2.10	上海市领导为全国政协委员、中国佛教协会副会长明旸法师祝寿。
1995.2.12	国务委员李铁映参观江西龙虎山天师府。
1995.2.14-3.5	中国伊协副会长阿布杜·热依木·伊明赴摩洛哥出席“哈桑二世斋月演讲会”。
1995.2.15-21	中国基督教协会代总干事韩文藻博士访问日本。
1995.2.15	中国伊协派代表参加在开罗举行的第二届国际《古兰经》朗诵大奖赛。
1995.2.19	我国佛指舍利赴泰巡展返回北京，首都佛教界举行隆重迎奉法会。

1995.2.20 湖州安吉灵峰寺举行蕅益大师圆寂340周年纪念暨灵塔奠基仪式,赵朴初会长为灵峰寺题额。

1995.2.23-28 中国佛教协会六届一次常务理事扩大会议及省级佛教协会工作座谈会在京召开，赵朴初会长在开幕式上发表了书面讲话。

1995.3.7 国务院宗教事务局邀请各全国宗教团体负责人和出席八届全国人大三次会议的宗教界代表及出席全国政协八届三次会议的宗教界委员，学习座谈中共中央总书记、国家主席江泽民关于促进祖国和平统一的重要讲话。

1995.3.8 赵朴初在全国政协八届三次会议上作《关于宗教工作的几点认识和意见》的发言。

1995.3.10 《中华大藏经·丹珠尔》（藏文）对勘本首发式在京举行，费孝通、王兆国、帕巴拉·格列朗杰等与会，全国政协副主席、佛教协会会长赵朴初讲话。

1995.3.13-15 中国伊斯兰协会主办首届全国《古兰经》朗诵比赛。

1995.3.13 中国宗教界和平委员会在北京召开第一次全体会议，赵朴初主席、宗怀德副主席作了讲话。

1995.3.14-16 应中国基督教两会的邀请，信义宗世界联盟总干事以实玛尔·诺科博士访华。

1995.3.15-18 中国天主教主教团、中国天主教爱国会在北京举行了全国修院教育工作座谈会。

1995.3.17 以议长坦·斯里·查希尔·伊斯梅尔为团长的马来西亚下议院代表团参观访问新疆伊斯兰教经学院。

1995.3.23-4.7 印度全印比丘僧伽会代表团来华访问，赵朴初会长会见并宴请了代表团。

1995.3.26　法门寺地宫唐密曼荼罗文化陈列开放。

1995.3.31　西班牙国王胡安·卡洛斯一世和王后访问西安化觉巷清真大寺。

1995.4.1　武昌佛学院师生祭扫太虚大师灵塔。

1995.4.12　十三世嘉雅活佛转世灵童坐床典礼在塔尔寺举行。

1995.4.12-17　应中国基督教两会的邀请，基督教救世军全球将领雷励德大将访华。

1995.4.17　由中国佛协副会长、西藏佛协副会长波米·强巴洛珠活佛为团长的藏传佛教文化交流团赴台湾访问。

1995.4.24 27　中国基督教三自爱国运动第五届委员会、中国基督教协会第三届委员会第八次主席、会长会务会议在南京举行。

1995.4.28　中国道教代表团参加在伦敦举行的“世界宗教与环境保护首脑会议”。

1995.5.5　以全国政协常委、中国道教协会会长傅元天为组长的全国政协民族和宗教委员会视察组，在结束对上海市宗教工作的视察后，举行视察工作汇报会。

1995.5.7　赵州柏林寺举行观音殿落成暨观音圣像开光法会，国务院宗教局副局长胡长清、中国佛协副会长周绍良出席典礼并讲话。

1995.5.8-12　中国佛协组成以副会长明旸为团长的代表团访问香港，参加香港佛教联合会成立 50 周年庆典。

1995.5.8-14　应香港佛教联合会的邀请，张声作率领国务院宗教事务局代表团，明旸率领中国佛协代表团参加香港佛教联合会成立50周年庆祝活动。

1995.5.10 正一派道士授箓座谈会在江苏茅山道院举行，中国道教协会会长傅元天出席了座谈会。

1995.5.10 中国基督教协会代总干事韩文藻博士赴香港参加联合圣经公会工作会议。

1995.5.11 国务院副总理吴邦国视察塔尔寺。

1995.5.14 南岳道教协会举行大庙三元宫神像开光法会，中国道协会长傅元天等出席仪式。

1995.5.15 中国道协会长傅元天视察长沙道观。

1995.5.17 国务院宗教局发言人就达赖喇嘛在印度宣布西藏的一名儿童为“班禅转世灵童”之事回答了新华社记者的提问。

1995.5.18 全国政协副主席、中国佛教协会会长、班禅转世寻访总顾问赵朴初就达赖擅自宣布“班禅灵童”一事发表谈话。

1995.5.20-27 中国教会代表团罗冠宗先生一行7人赴韩国参加“中韩两国教会情况分享研讨会”。

1995.5.22 中国佛教协会西藏分会就达赖喇嘛擅自宣布“班禅转世灵童”一事发表声明。

1995.5.22-23 首次中国韩国日本佛教友好交流会议在北京召开，国务院总理李鹏发来贺电，全国政协主席李瑞环会见了中国、韩国和日本三国佛教友好交流会议代表。中国佛协会长赵朴初致开幕词，国务院宗教局局长张声作致贺词，会议通过“北京宣言”。

1995.5.23 出席首次中国、韩国和日本三国佛教友好交流会的代表在广济寺举行祈祷世界和平法会。

1995.5.23-26　中国天主教各省、市、自治区爱国会秘书长会议在厦门召开。

1995.5.24　国家主席江泽民在中南海会见中国、韩国和日本佛教界人士。

1995.5.24-30　“爱国主义教育和三自与教会建设”研讨会（第一期）在上海举行。

1995.5.25　土耳其总统苏莱曼·德米雷尔和夫人到西安清真大寺参观访问。

1995.5.29　国务院宗教事务局副局长杨同祥会见亚洲宗教界和平委员会执行主席姜元龙一行。

1995.6.8-22　应世界基督教联合会的邀请，国务院宗教局副局长刘书祥率团访问瑞士和英国。

1995.6.9　首都各族各界人士在北京大学集会，纪念穆斯林学者马坚教授诞辰90周年。

1995.6.12　承德普宁寺建庙240周年庆典暨大威德怖畏金刚灌顶法会举行，中国佛协副会长却西活佛，阿嘉活佛等参加法会。

1995.6.24　齐齐哈尔大乘寺举行大雄宝殿佛像开光暨妙修方丈升座典礼，中国佛协副会长一诚法师等前往祝贺。

1995.6.26　辽宁锦州清真寺举行竣工典礼，伊协副会长兼秘书长宛耀宾等到场庆贺。

1995.7.3-14　中国天主教青年神职人员学习研讨会在北京召开。

1995.7.7　中国天主教主教团、中国天主教爱国会为纪念中国人民抗日战争胜利50周年，于中国天主教神哲学院举行会议，宗怀德主教、傅铁山主教等与会。

1995.7.11-13	中国道教协会第五届六次常务理事会在四川青城山召开。
1995.7.19	《中国宗教》杂志创刊新闻发布会在京举行，全国政协副主席赵朴初，中央统战部副部长李德洙，国务院宗教事务局局长叶小文等出席。
1995.7.24	明旸法师代表中国佛教协会和上海市佛教协会赴美国万佛城主持度轮法师宣化上人的追思法会暨荼毗典礼。
1995.7.25-8.1	第二期“爱国主义教育和三自与教会建设”研讨会在威海举行。
1995.7.28-8.6	中国基督教协会副会长曹圣洁牧师应世界浸会联盟妇女事工部邀请，出访阿根廷，出席1995年度浸会妇女世界大会。
1995.8.2	以岳福生神父为团长的中国天主教修院代表团赴香港访问。
1995.8.8-10	中国基督教神学教育委员会二届四次会议在上海举行。
1995.8.8	中国天主教爱国会、中国天主教主教团、天主教北京教区在北京音乐厅举行纪念抗日战争胜利50周年天爱合唱音乐会。
1995.8.12-25	“弘一大师遗墨真迹文物展”在台北揭幕。
1995.8.13-15	中国基督教圣经出版委员会第二届三次会议在江西庐山召开。
1995.8.14	我国宗教界纪念世界反法西斯战争和中国抗日战争胜利50周年座谈会在全国政协礼堂举行，全国政协副主席、中国宗教界和平委员会主席赵朴初代表中国宗教界宣读《中国宗教界和平文告》。

1995.8.14-16　中国道教界举行和平祈祷法会。

1995.8.14　国务院宗教事务局副局长刘书祥在北京会见中华基督教会香港区会代表团。

1995.8.14　中国宗教界纪念世界反法西斯战争和中国抗日战争胜利50周年座谈会在北京举行。

1995.8.18　首都佛教界举行纪念世界反法西斯战争和中国抗日战争胜利50周年祈祷和平法会，赵朴初居士作了重要讲话。

1995.8.18　为纪念抗日战争胜利50周年，中国伊协、北京市伊协在牛街礼拜寺举行和平祈祷集会。

1995.8.20　上海举行纪念世界反法西斯战争和中国抗日战争胜利50周年和平祈祷礼拜，中国基督教协会副会长，全国政协委员曹圣洁牧师讲道。

1995.8.22-28　中国基督教农村工作委员会义工培训研讨会在福建神学院召开。

1995.8.27-29　中国基督教协会副会长兼代总干事韩文藻博士赴新西兰参加亚洲宗教和平会执行委员会会议。

1995.9.2　以吴邦国副总理为团长的中央代表团在拉萨大昭寺，向西藏佛协和21座寺庙赠送绣有江泽民主席题词的贺幛。

1995.9.3-9　河南嵩山少林寺举行建寺1500周年庆典活动，河南省副省长李成玉、国务院宗教事务局副局长杨同祥、中国佛协副会长周绍良等出席开幕式。在此期间中国佛教文化研究所举办了“少林寺与禅文化”国际学术研讨会。

1995.9.4　中国基督教妇女事工委员会与中华基督教女青年会组团出席在北京召开的联合国第四次妇女

大会非政府组织论坛并举办题为“妇女·基督教·社会”的研讨会。

1995.9.8-22 中国基督教协会海外关系委员会副主任邓福村牧师率“中国基督教神学教育代表团”赴美国考察。

1995.9.8 伊斯兰世界联盟秘书长艾哈麦德·穆罕默德·阿里博士到北京市伊斯兰教经学院参观访问。

1995.9.8 国务委员司马义·艾买提在人民大会堂会见世界伊斯兰联盟秘书长阿里一行，国务院宗教局局长叶小文参加会见。

1995.9.9 国务院宗教局局长叶小文在北京会见了参加联合国第四次妇女大会的世界基督教会联合会妇女代表团。

1995.9.21-24 世界伊斯兰宣教协会第五次大会在利比亚的黎波里举行，中国伊协副会长伊明、中国伊协国际部主任杨志波出席会议。

1995.9.22-25 香港佛教联合会代表团访问上海，上海佛协会长真禅法师抱病参加主要活动。

1995.9.23-26 南方部分城市宗教工作第五次座谈会在武汉召开。

1995.10.2 四川青城山老君阁举行落成和神像开光典礼，中国道协会长傅元天等出席。

1995.10.4-18 “中国道教协会赴新加坡道教文化交流团”出访新加坡。

1995.10.6-14 以林家骏主教为团长的澳门天主教代表团来内地访问，中共中央统战部副部长李德洙、国务院港澳办副主任陈滋英等会见了他们，国务院宗教局局长叶小文宴请代表团，中国天主教一

	团一会主席宗怀德等应邀参加。
1995.10.9-19	全国政协民族和宗教委员会一行23人赴长江三峡参观考察。
1995.10.14	中华基督教青年会成立110周年庆祝大会在上海举行。
1995.10.15	以大谷武为团长的日本佛教朋友代表团访华，赵朴初会长设欢迎宴会并讲话。
1995.10.16	忆念日本佛教界先德法会在京举行，赵朴初会长讲话。
1995.10.16	全政协副主席、中国佛协会长赵朴初在人民大会堂会见日本“日中友好宗教者恳话会”访华团。
1995.10.17	“二十一世纪中日佛教友好交流展望”座谈会在京召开，赵朴初会长与会并讲话。
1995.10.18	中国天主教主教团、中国天主教爱国会主席宗怀德主教、主教团副主席兼秘书长傅铁山主教到湖北省考察。
1995.10.20-29	以宗怀德为团长的中国天主教代表团赴韩国访问。
1995.10.26	净严法师灵塔落成及开光法会在开封铁塔公园举行，中国佛教协会副会长真禅等出席。
1995.10.27	开封大相国寺举行建寺1440周年庆典活动。
1995.10.31	中国基督教协会副会长、全国两会圣经出版委员会主任、江苏省基督教协会会长蒋佩芬逝世。
1995.10.31-11.3	中国伊斯兰教协会第六届第二次常委会议在北京召开。
1995.11.1	中国道教协会举办的建国后全真派第二次传戒会在青城山举行。

1995.11.1-10	中国佛教协会周绍良副会长等组成的访日佛教文化团赴日本访问。
1995.11.8-10	中国天主教主教团神学研究中心举行首次神学研讨会。
1995.11.8-11	班禅转世灵童寻访领导小组第三次会议在北京举行，统战部部长王兆国，灵童寻访总顾问赵朴初、帕巴拉·格列朗杰讲话。
1995.11.9-11	中国天主教主教团神学中心在京召开关于天主教会自身建设及妇女问题的研讨会。
1995.11.10	中共中央总书记、国家主席江泽民，全国政协主席李瑞环，国务院副总理朱镕基，中央军委副主席刘华清等党和国家领导人接见了出席班禅转世灵童寻访领导小组第三次会议的小组成员和宗教界代表人士，并合影留念。李瑞环受中央委托，同与会宗教界人士座谈并发表重要讲话。
1995.11.12-12.1	以中国天主教主教团主席、中国天主教神哲学院院长宗怀德主教为团长的中国天主教友好代表团访问德国。
1995.11.13-22	应中国道教协会邀请，台湾道教总庙三清宫访问团来内地参访。
1995.11.13	上海佛教界为中国佛教协会副会长、上海佛教协会会长真禅法师八秩寿辰祝寿。
1995.11.14	首都人文社会科学界宗教研究专家、学者在中国社会科学院举行座谈会，谴责达赖集团在班禅转世灵童问题上的倒行逆施，坚决拥护我国中央政府按照藏传佛教的宗教仪轨和历史定制寻访班禅转世灵童。

1995.11.16 全国性宗教团体领导人和首都宗教界人士就班禅转世灵童寻访领导小组第三次会议举行座谈会，谴责达赖集团干扰破坏寻访工作和分裂祖国的行径。

1995.11.18 北京市伊协在北京市伊斯兰教经学院举行集会，纪念杨明远阿訇诞辰100周年，中国伊协会长安士伟等出席纪念会。

1995.11.20 南疆片《中国穆斯林》杂志维文版复刊发行座谈会在新疆喀什噶尔举行，中国伊协副会长夏米西丁出席会议并讲话。

1995.11.21 中国佛教协会部分常务理事就班禅转世灵童寻访领导小组第三次会议在北京广济寺举行座谈会。

1995.11.21 中国基督教三自爱国运动45周年纪念会在上海举行。

1995.11.22-25 中国基督教三自爱国运动委员会第五届常委会、中国基督教协会第三届常委第五次联席会议在上海召开。

1995.11.26 新加坡广洽法师舍利塔落成暨舍利奉安典礼仪式在泉州举行。

1995.11.27 中国基督教三自爱国运动委员会、中国基督教协会在上海举行了吴耀宗先生生平与思想研讨会。

1995.11.28-30 国务院宗教局宗教研究中心在北京举办“各国政教关系座谈会”。

1995.11.29 认定十世班禅大师转世灵童金瓶掣签仪式在大昭寺释迦牟尼像前举行，国务院代表罗干和特派专员江村罗布等主持盛典。

1995.11.29	国务院批准坚赞诺布继任为第十一世班禅额尔德尼。
1995.11.29	中国佛教协会会长赵朴初和中国佛协发表贺电，祝贺十一世班禅认定。
1995.初冬	中国伊协举行集会，纪念马松亭、刘品一大阿訇诞辰100周年。
1995.12	以副会长兼秘书长宛耀宾为团长的中国伊协代表团访问沙特、文莱。
1995.12.1	全国政协民族和宗教委员会发出贺电，祝贺十一世班禅认定。
1995.12.1	中国佛教协会副会长、上海市佛教协会会长、上海玉佛寺、静安寺、河南开封大相国寺方丈真禅法师在上海圆寂。
1995.12.4-7	全国基督教两会南京办事处举行“中国教会情况介绍会”。
1995.12.5-7	中国道教正一派首次国内授箓传度法会在江西龙虎山天师府举行。
1995.12.6	以中国天主教爱国会副主席刘柏年为团长的内地天主教代表团赴香港，参加社会变迁与教会回应交流会。
1995.12.8	第十一世班禅坐床典礼在日喀则扎什伦布寺举行，国务院代表李铁映和国务院宗教局局长叶小文主持庆典。
1995.12.9-14	第三十七届马来西亚国际《古兰经》朗诵比赛在吉隆坡举行，中国伊协派选手参赛。
1995.12.10	中国佛协副会长、上海市佛协会长真禅法师追悼会在上海举行。
1995.12.14	中国佛协会长、班禅灵童寻访小组总顾问赵朴

初，在北京广济寺听取中国佛协副会长、班禅灵童寻访小组成员嘉木样活佛关于十一世班禅额尔德尼金瓶掣签册立仪式和坐床典礼的情况汇报。

1995.12.14-21　以中国佛教协会副会长兼秘书长刀述仁为团长的中国佛教代表团访问老挝。

1995.12.19　中国佛协咨议委员会副主席，厦门南普陀寺、鼓山涌泉寺住持、闽南佛学院院长妙湛法师圆寂。

1995.12.29-1996.1.16　英国前任坎特伯雷大主教罗伯特·伦西博士访华。

1996.1.8　中国穆斯林学者哈吉·伊布拉欣·马肇椿教授在北京逝世。

1996.1.12　国家主席江泽民在中南海接受第十一世班禅和扎什伦布寺致谢团的拜见。

1996.1.12　全国政协主席李瑞环在人民大会堂设宴，欢迎首次进京拜见江泽民主席的十一世班禅和扎什伦布寺致谢团一行。

1996.1.14-17　全国宗教局局长会议在北京召开，司马义·艾买提、王兆国等领导出席会议。

1996.1.29-2.2　全国基协会副会长兼代总干事韩文藻博士等赴澳门参加“东北亚地区和平研讨会”。

1996.2.6　国务院宗教局局长叶小文在人民大会堂会见以释法智法师为团长的台湾佛教访问团。

1996.2.13　全国政协主席李瑞环在中南海同全国性宗教团体负责人座谈。

1996.2.17　国务院宗教局局长叶小文接受美国有线电视新闻网记者采访。

1996.2.25-3.11　巴基斯坦国际伊斯兰大学代表团访华，受到中国伊协、国务院宗教局的热情款待。

1996.3.2-10 以中国佛协副会长净慧法师为团长的中国佛教代表团访问泰国。

1996.3.4-7 首届全国“卧尔兹”演讲比赛在北京举行，全国伊协会长安士伟在开幕式上讲话。

1996.3.7 全国政协主席李瑞环与出席全国政协八届四次会议的宗教界委员座谈。

1996.3.9 第十一世班禅额尔德尼·洛桑强巴伦珠确吉杰布来到中国藏语系高级佛学院，这是十一世班禅首次在京进行佛事活动。

1996.3.11 中国宗教界和平委员会第三次会议在北京召开，会议通过了《中国宗教界促进祖国统一文告》。

1996.3.19-25 以中国道协副会长、中国道教学院副院长闵智亭为团长的中国道教学院访问团访问香港。

1996.4.8 中国佛教协会会长赵朴初在北京医院会见以菅原钧为团长的日本净土真宗大谷派宗议员“不战学习访华团”。

1996.4.8-9 国务院宗教局召开的“大藏经编纂及其电脑化”（大藏经工程）研究会在宗教局举行。

1996.4.29-5.8 香港蓬瀛仙馆参访团来内地参访，国务院宗教事务局局长叶小文等会见参访团成员。

1996.4.29 中国伊协在北京举行古尔邦节招待会。

1996.5.7，22 《中国宗教》杂志社举行创刊周年座谈会。

1996.5.8 中央统战部设宴祝贺中国天主教主教团、中国天主教爱国会主席宗怀德主教80华诞。

1996.5.8-23 以国务院宗教局副局长杨同祥为团长的中国宗教工作者代表团应世界联合圣公会邀请，访问澳大利亚、新西兰。

1996.5.15　国务院宗教局为中国天主教主教团、中国天主教爱国会主席宗怀德主教举行祝寿宴会。

1996.5.15　越南政府宗教委员会代表团应国务院宗教局的邀请访华。

1996.5.17-19　中国天主教主教团教务委员会在北京开会，讨论《教区管理制度》（草稿）。

1996.5.17　国务委员司马义·艾买提在人民大会堂会见越南政府宗教委员会代表团。

1996.5.18-20　全国政协宗教工作调查组视察湖北武当山。

1996.5.21-30　全国天主教“一会一团”在北京召开南方各省爱国会中青年专职人员学习研讨会。

1996.5.22-31　中国基督教协会代总干事韩文藻等访问芬兰、挪威。

1996.5.22-23　中央统战部副部长李德洙视察北京部分宗教活动场所和宗教院校。

1996.5.28　全国政协宗教工作调查组视察安徽齐云山道教名胜。

1996.5.28　江泽民主席题赠的“护国利民”金匾悬挂揭幕仪式在扎什伦布寺举行。

1996.5.29-6.2　中国佛教协会教制工作委员会扩大会议在无锡举行。

1996.5.29　中国天主教主教团副主席兼秘书长傅铁山主教随中国国际交流协会代表团访问美国。

1996.6.1　第十一世班禅额尔德尼·确吉杰布受沙弥戒仪式在扎什伦布寺举行。

1996.6.6　中国伊协在北京召开《伊斯兰文化知识丛书》编写座谈会。

1996.6.20 由叶小文局长率领的国务院宗教局代表团访问香港和澳门。

1996.6.26-7.14 中国佛教文化摄影书画展在澳大利亚展出。

1996.7.2-12 天主教圣经协会第五届全球代表大会在香港举行，中国天主教代表应邀参加。

1996.7.3 中国基督教三自爱国运动委员会副主席、广东省基督教三自爱国会主席、广州基督教青年会会长、广东协和神学院董事会主席梁福寰牧师在广州逝世。

1996.7.20-22 中国基督教三自爱国运动委员会第五届、中国基督教协会第三届委员会第十次主席、会长会务会议在上海举行。

1996.7.22 全国政协主席李瑞环莅塔尔寺视察工作。

1996.7.24-28 中国基督教神学教育委员会第二届第五次全体会议在上海举行。

1996.7.28 应中国基督教协会的邀请，世界宗教者和平会议主席约翰和秘书长威廉访华，在华期间拜访了中国佛协、中国天主教爱国会、中国伊斯兰教协会、中国道教协会，受到热情接待。

1996.7.29 “第十世班禅转世金银质纪念章”在拉萨正式公开发行。

1996.7.30-8.2 中国基督教妇女事工委员会扩大会议在上海召开。

1996.7.31-8.10 全国宗教团体领导人研讨会在黑龙江和辽宁召开，研讨会的中心议题是：在改革开放形势下，宗教界如何坚持“爱国爱教，团结进步”，加强自身建设，坚持“四个维护”。

1996.8.11 全国政协副主席、中共中央统战部部长王兆国在北京会见全国宗教团体领导人研讨会成员。

1996.8.14 中国道协在北京白云观举行接受香港青松观向内地道教诸山道观捐款仪式。

1996.8.14 国务院宗教局叶小文局长、赤耐副局长在人民大会堂会见并宴请参加由北京大学哲学系和香港道教学院联合主办的道家文化国际学术研讨会的部分港台代表。

1996.8.15-9.15 “历世达赖、班禅敬献中央政府礼品展览”在北京民族文化宫举行。

1996.8.16 由中国道教协会主持的《道藏》整理座谈会在北京召开。

1996.8.16 中国伊协和北京市伊协在北京牛街礼拜寺和东四清真寺分别举行了和平祈祷活动。

1996.8.22 塔尔寺维修竣工庆典在青海举行。

1996.8.26-9.1 国务院宗教局主持召开的天主教、基督教工作座谈会在北京举行。

1996.9.3 北京大学宗教学国际学术研讨会召开，在本次会上北京大学宗教学系正式宣布成立。

1996.9.5-17 由国务院宗教局主办的全国省级宗教局长培训班在四川成都举行。

1996.9.8 国务院总理李鹏视察塔尔寺。

1996.9.10-11 中、韩、日佛教友好交流会议第二次大会在汉城举行。

1996.9.10 中国天主教神哲学院代表团访问韩国。

1996.9.18-20 首届中国基督教艺术研讨会暨第二届中国基督教艺术展在南京金陵协和神学院举行。

1996.9.18-25 以刘书祥副局长为团长的国务院宗教局代表团访问韩国。

1996.9.29-10.4	以中国佛教协会副会长明旸法师为团长的中国佛教代表团赴日本天台宗总本山比睿山延历寺参加纪念智者大师圆寂1400周年法会。
1996.9.30	国务院总理李鹏在中南海接受第十一世班禅额尔德尼·确吉杰布的拜见。
1996.10.1	中国佛教协会暨莆田广化寺规范传戒法会开幕。
1996.10.1	中华基督教女青年会全国协会名誉总干事，中国基督教三自爱国运动委员会、中国基督教协会顾问邓裕志在上海逝世。
1996.10.8-10	中国道协五届七次常务理事会在北京召开。
1996.10.12-31	香港大屿山宝莲禅寺举办传戒法会，以中国佛协副会长明旸法师为团长的戒师戒子团赴港参加法会。
1996.10.21	中国宗教界和平委员会副主席、中国基督教两会主席、会长丁光训率领“中国宗教界和平委员会”代表团赴泰国出席亚洲宗教和平会议五届会议，由于会议出现“两个中国，一中一台”的事件，中国代表团愤然退席。
1996.10.21	祝贺中国道教协会副会长、上海市道教协会会长陈莲笙道长八秩寿辰暨《道风集》出版座谈会在上海白云观举行。
1996.10.21	中国佛学院建院40周年庆祝大会在北京举行，中国佛协会长赵朴初、国务院宗教局局长叶小文等出席大会并讲话。
1996.11.4	上海社会科学学会联合会名誉主席、中国宗教学会顾问、上海宗教学会会长、上海社会科学院宗教研究所名誉所长罗竹风同志逝世。

1996.11.10　中国基督教协会会长、中国基督教三自爱国运动委员会主席丁光训主教致日本圣公会首席主教八代崇回信。

1996.11.12-14　中国伊斯兰教协会在北京召开全国伊协会长、秘书长联席会议。

1996.11.22　全国政协副主席、中国佛教协会会长赵朴初在北京广济寺会见十一世班禅。

1996.11.22　十一世班禅坐床周年法会在北京雍和宫举行。

1996.11.28-12.3　丁光训主教等赴香港参加圣公会港澳教区新主教当选祝圣礼拜。

1996.11.29　西藏扎什伦布寺举行座谈会，庆祝江泽民主席为扎什伦布寺的题词“护国利民”发表暨十一世班禅金瓶掣签、坐床典礼周年。

1996.12.1　中国佛教协会在尼泊尔的蓝毗尼修建中华寺奠基仪式举行，国务院宗教局局长叶小文等出席奠基仪式。

1996.12.1　上海佛教界在玉佛禅寺集会，纪念已故中国佛协副会长、上海市佛教协会会长真禅法师圆寂周年。

1996.12.3　中国天主教神哲学院新址在北京举行奠基典礼，中国天主教“一团一会”主席、神哲学院院长宗怀德主教等出席奠基仪式。

1996.12.6　由国务院宗教局副局长刘书祥为团长的中国佛牙舍利赴缅甸巡礼供奉代表团赴缅甸访问。

1996.12.9-14　中国伊协派选手参加伊朗举办的第十三届国际《古兰经》诵经比赛。

1996.12.9-15　中国伊协派选手参加马来西亚举办的第三十八届国际《古兰经》诵经比赛。

1996.12.14-17	中国天主教主教团、爱国会常委会联席会议和主教团会议在北京召开。
1996.12.27	香港天主教宝血修女会代表团到内地访问，在京期间拜会了中国天主教“一团一会”主席宗怀德主教。
1996.12.29	中国基督教第六届全国会议在北京召开。

（于　光）

后　记

《中国宗教研究年鉴·1996》从正式动议、框架设计、组织撰写、编辑录入到定稿付梓，历时将近一年。其间，得到所内外学者的积极支持和热情关注。四川联合大学宗教学研究所所长李刚教授，该所唐大潮副教授、张泽洪副教授等多位学者，以及本院哲学研究所刘一虹助理研究员，在繁忙的教学、科研活动间隙拨冗写出了他们所承担的内容。本所所长吴云贵研究员认真审阅稿件，亲自动手撰文；党委书记、副所长戴康生研究员和著名宗教学专家吕大吉研究员慨允刊出他们的大作；副所长兼基督教研究室主任卓新平研究员，道教与中国民间宗教研究室主任马西沙研究员、副主任王卡副研究员，伊斯兰教研究室主任秦惠彬研究员，儒教研究室主任李申研究员，佛教研究室副主任方广锠研究员，以及韩秉方研究员、丁明夷研究员、段琦副研究员、郭熹微副研究员和吴云贵所长的在职博士研究生、本院西亚非洲研究所曲红副研究员，都提供了他们在广泛涉猎、精心筛选的基础上写成的研究综述。还应当提到的是，《年鉴》编辑部的同志自己也是重要的撰稿者和资料编纂者。所长助理兼科研处处长张新鹰同志、《世界宗教研究》杂志社社长黄夏年同志、副社长邢东田同志、编辑王子华同志、资料室陈平、于光同志，分别承担了撰写综述和资料条目、编选书刊论著目录和大事记等工作，产成字数多以万记，最高的几近10万。除此以外，邢东田、陈平、于光三位同志在电脑录入、机上编辑方面付出了繁重的劳动，其中甘苦，一言难尽。《年鉴》编辑期间，本所参加过部分校对工作的还有郭清、霍群英、王京同志；办公室、科研处、杂志社、资料室的其他同志也以各自不同的方式给予帮助和配合。书稿送到中国社会科学出版社后，出版社的同志又为之花费了大量心血。

总而言之，离开了上述全体专家学者、学界同仁的辛勤努力，《中国宗教研究年鉴·1996》的出版问世是无法想象的。对此，我身当主编之任，只有再一次用苍白的语言表示我们的万分感谢之情！

同时，我们也要说，这部年鉴的不足之处也是显而易见的。现在拿出的成品，从框架结构、内容体例等各方面，都与最初的设计方案存在着某些差距，有一部分撰稿计划没有及时得到落实，以致在一定程度上影响了年鉴内容的全面性、系统性和均衡性。这种情况更加表明了在今后的工作中加强全局协调、调动全学科整体积极性的特殊重要意义。在这里，我们真诚希望全国的宗教研究工作者和有关的部门、单位，共同来关心这部《中国宗教研究年鉴》，使用它，提携它，充实它，完善它，通过这部年鉴，掌握信息，交流成果，宣传自身，促进发展，把我国的宗教研究事业持续推向新的高峰，也使《中国宗教研究年鉴》不断办出新的水平！

中国社会科学院世界宗教研究所　曹中建

1998年8月于北京